宋和平 著

满族石姓萨满文本译注与满语复原

（上册）

乙未之夏 陳雲君題

中国社会科学出版社

图书在版编目(CIP)数据

满族石姓萨满文本译注与满语复原/宋和平著.—北京：中国社会科学出版社，2018.3
ISBN 978-7-5203-1177-9

Ⅰ.①满…　Ⅱ.①宋…　Ⅲ.①萨满教—宗教文化—研究—中国
Ⅳ.①B933

中国版本图书馆 CIP 数据核字(2017)第 250090 号

出 版 人　赵剑英
责任编辑　顾世宝
特约编辑　郑再帅　殷　芳
责任校对　屈六生
责任印制　戴　宽

出　　版　中国社会科学出版社
社　　址　北京鼓楼西大街甲 158 号
邮　　编　100720
网　　址　http://www.csspw.cn
发 行 部　010-84083685
门 市 部　010-84029450
经　　销　新华书店及其他书店

印刷装订　北京君升印刷有限公司
版　　次　2018 年 3 月第 1 版
印　　次　2018 年 3 月第 1 次印刷

开　　本　710×1000　1/16
印　　张　43.25
字　　数　625 千字
定　　价　188.00 元(全二册)

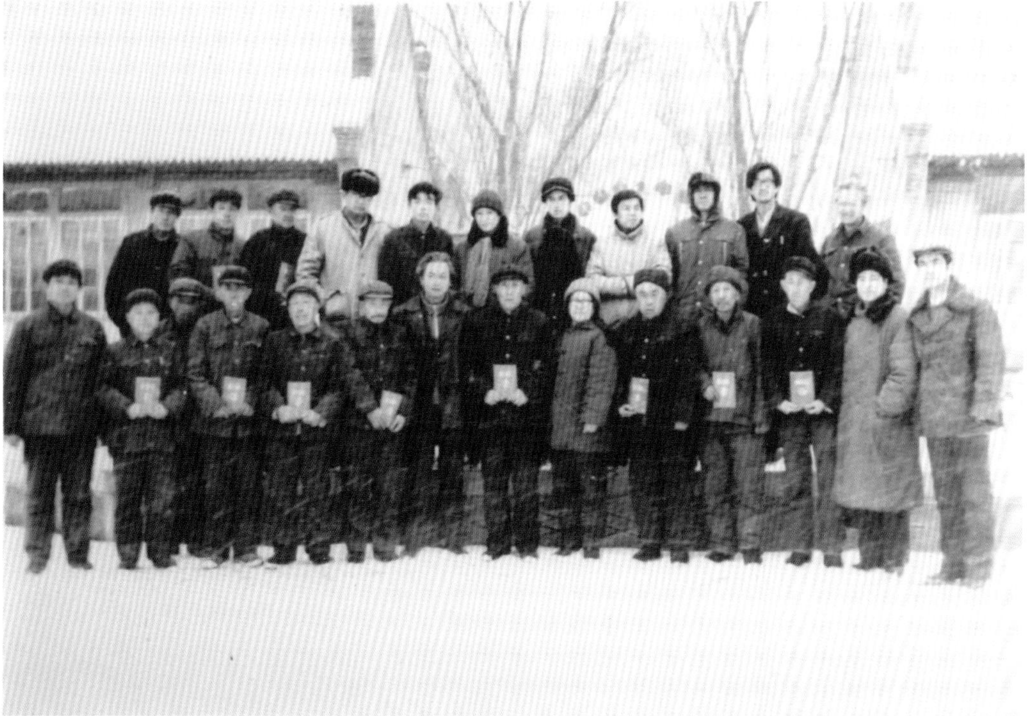

1987 年，石姓萨满祭祀录像人员于莽卡乡

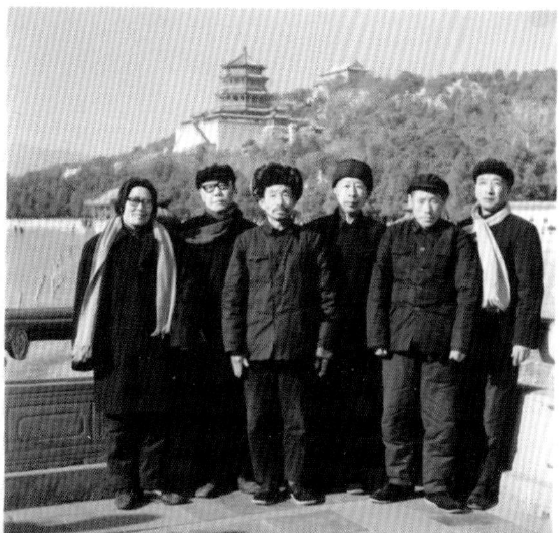

1981 年，萨满座谈会后参观颐和园
（从左至右依次为：笔者、傅英仁、
石清民、石清泉、石清山、石光伟）

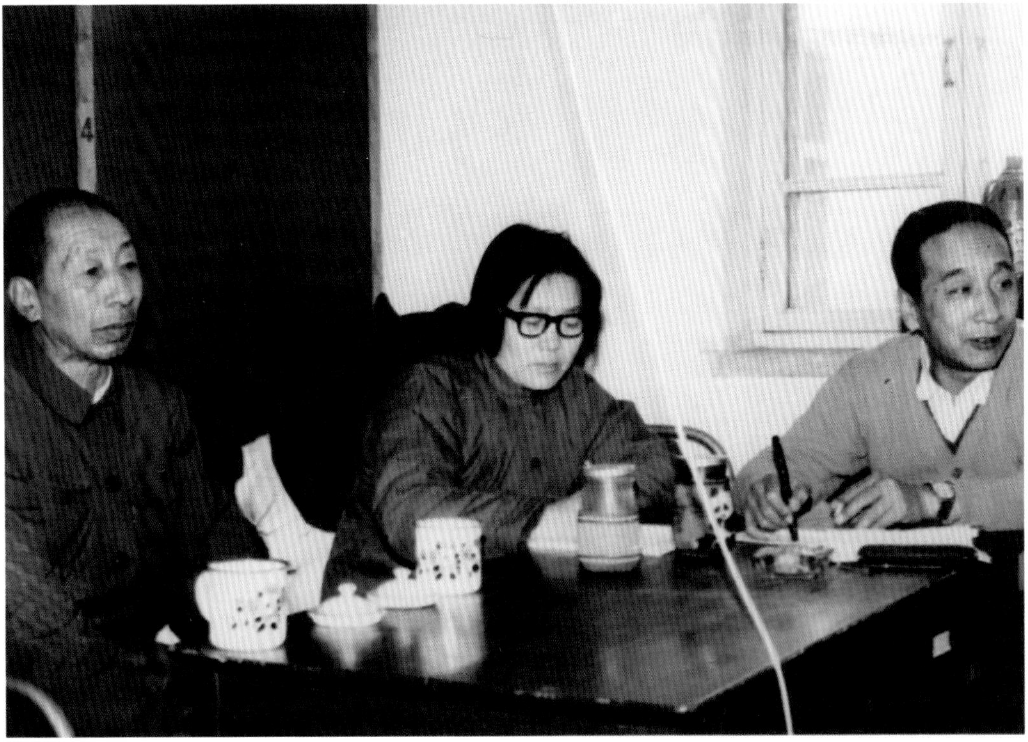

1981 年，中国社会科学院民族文学所邀请吉林省和黑龙江省萨满来京表演和参加座谈会，图为笔者（中）在会上做记录。左一为石清泉，右一为石光伟

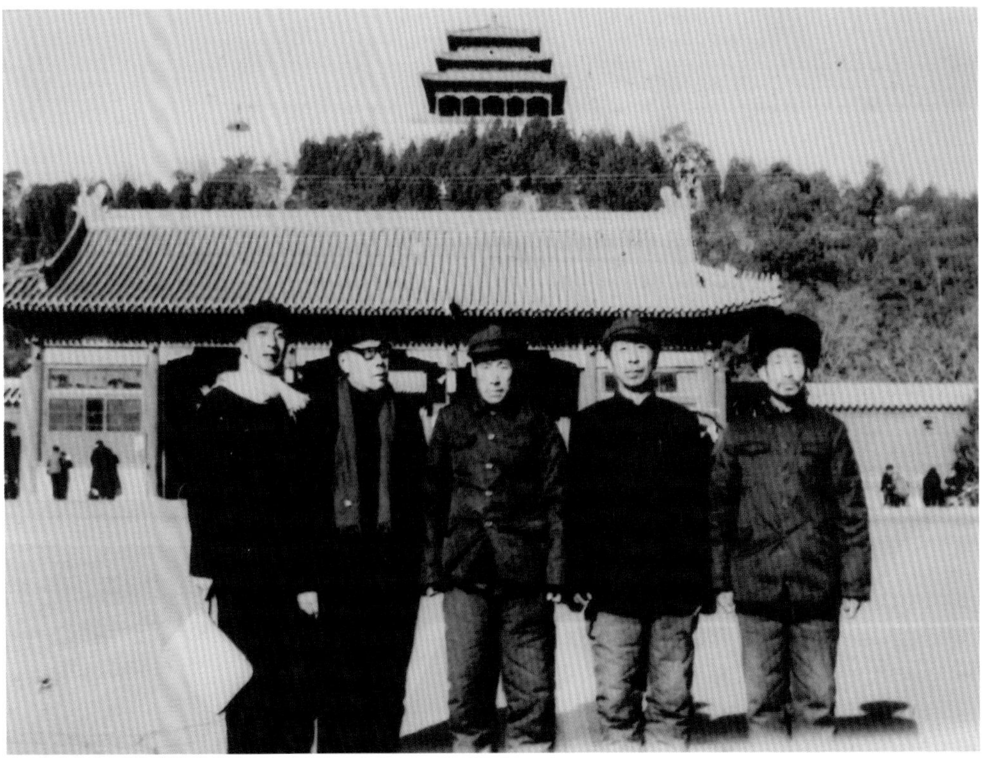

1981 年，萨满座谈会后参观景山公园（从左至右依次为：石光伟、傅英仁、石清山、石清泉、石清民）

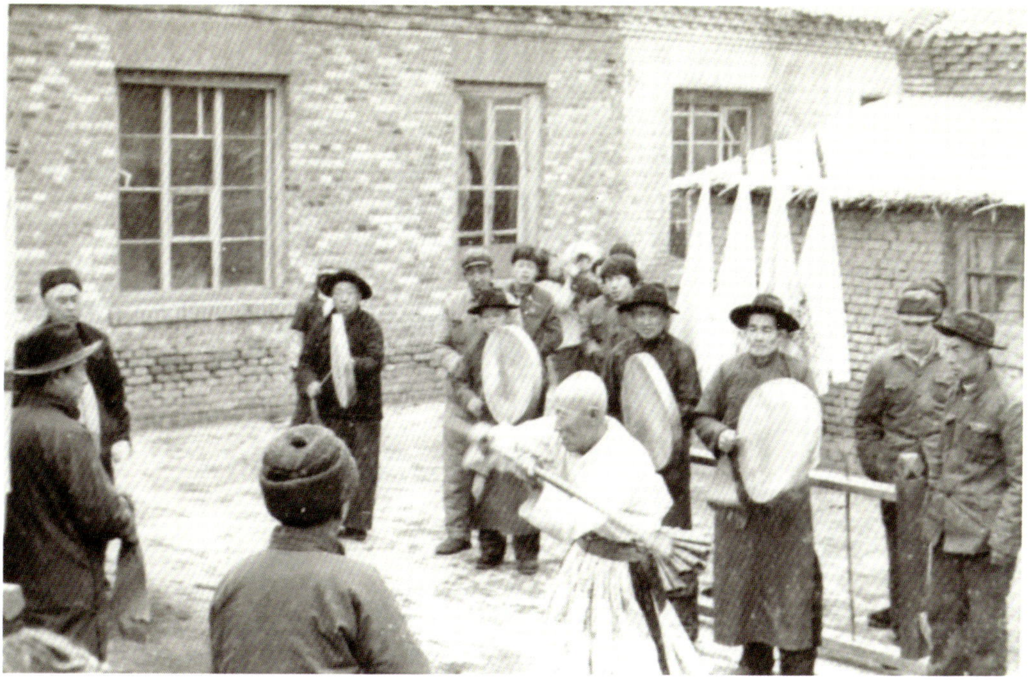
跳胡牙气瞒尼神（隋安福提供）

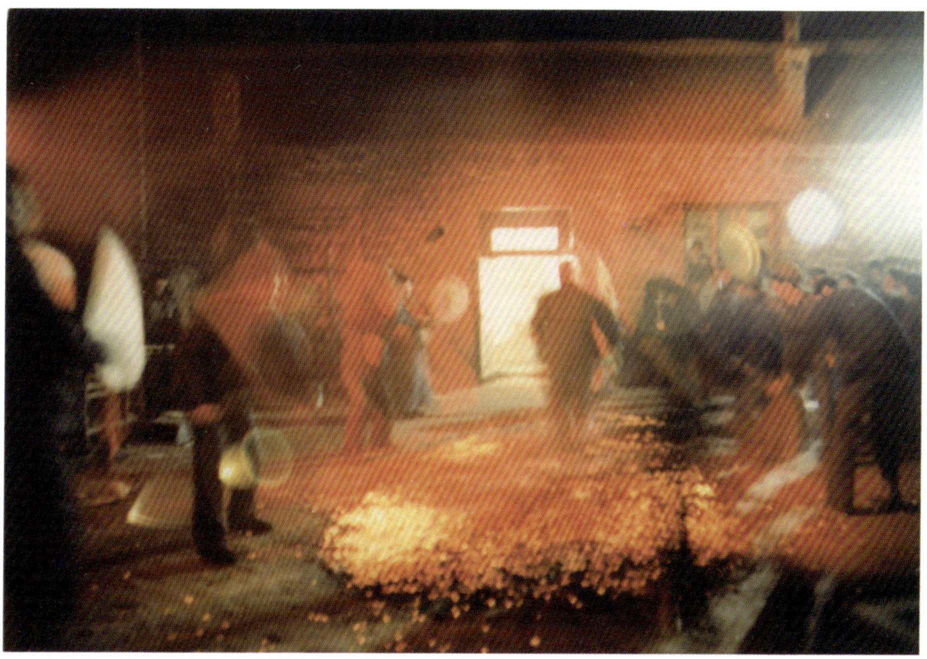
跑火池（1987年曹丽娟摄）

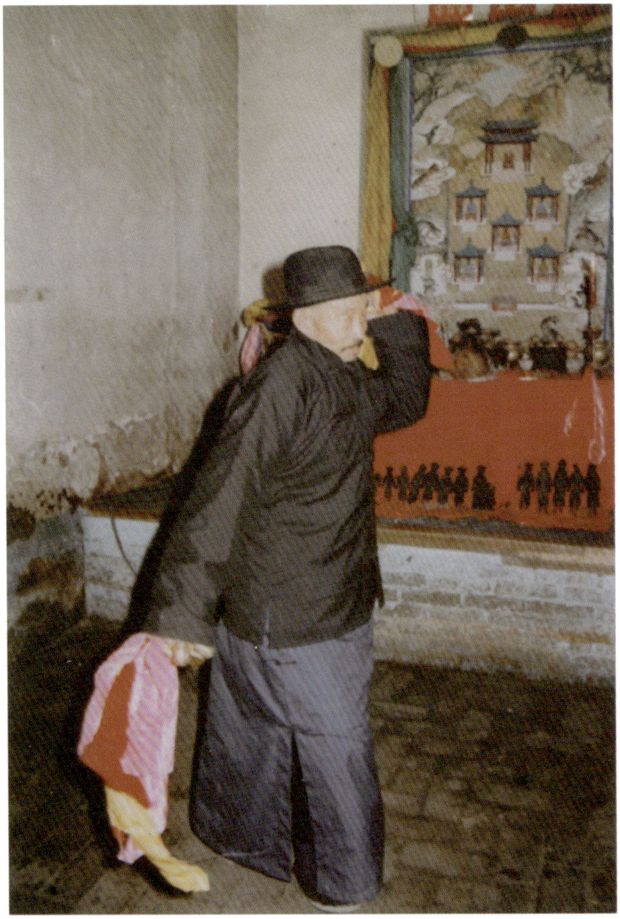

1987 年，石清民跳玛克鸡瞒尼神

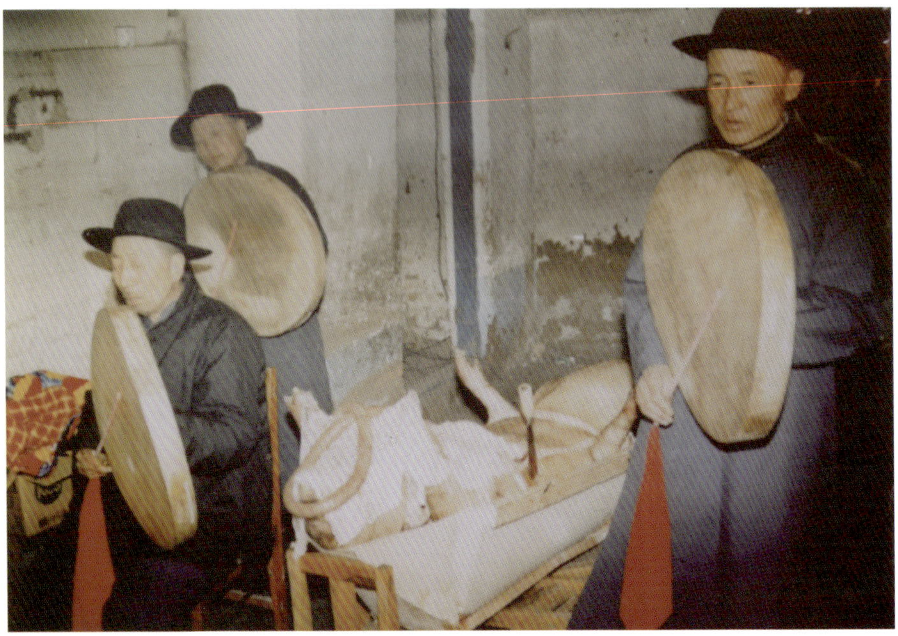

1987 年于莽卡乡，石姓跳神时，石清泉家萨满在摆件仪式中诵唱

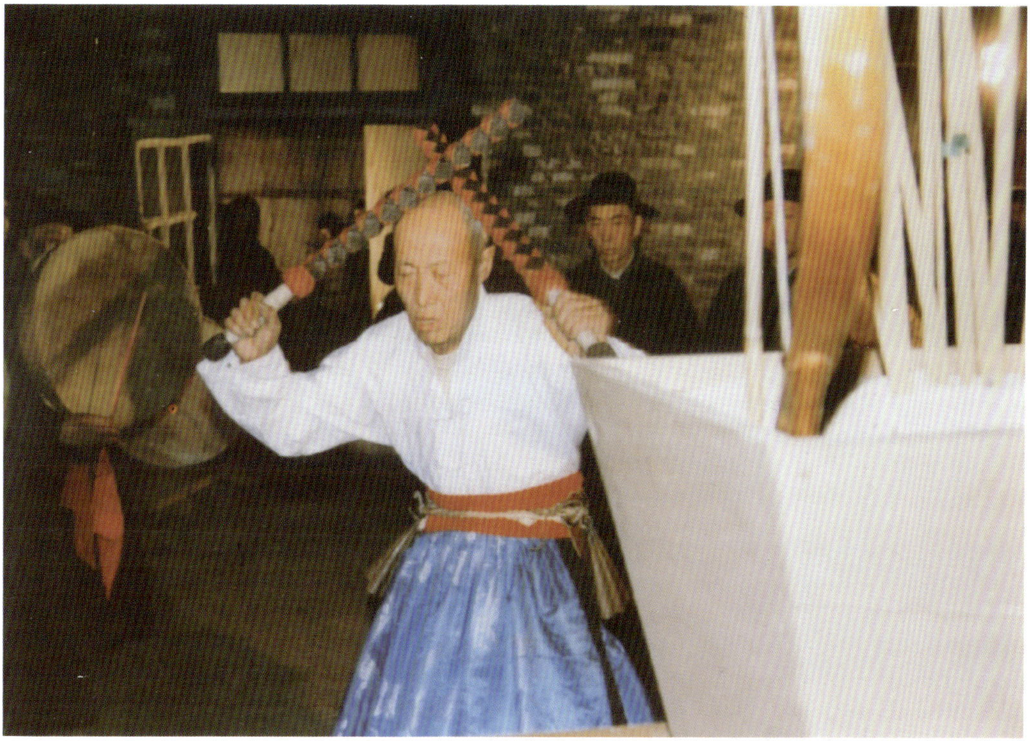

1987 年于莽卡乡，石宗轩跳扎克他瞒尼神

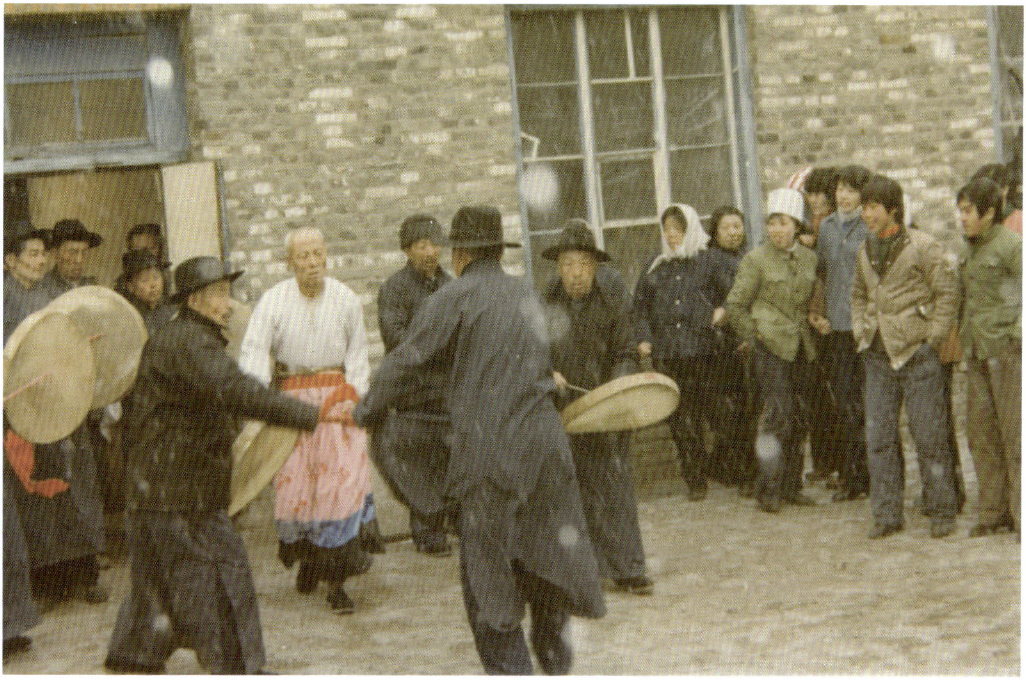

1987 年，石宗轩跳朱录瞒尼神（于国华提供）

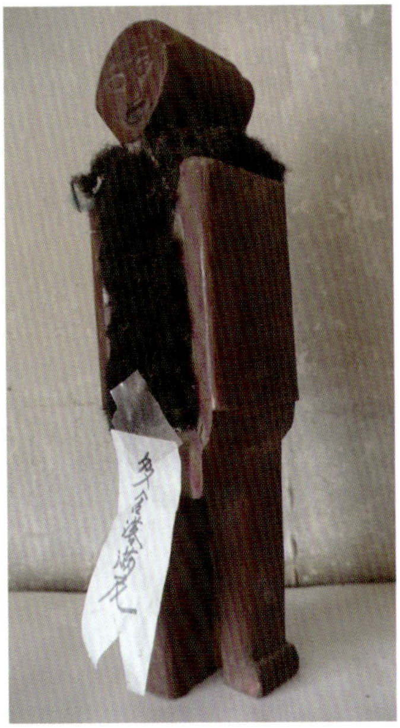

多笞洛瞒尼

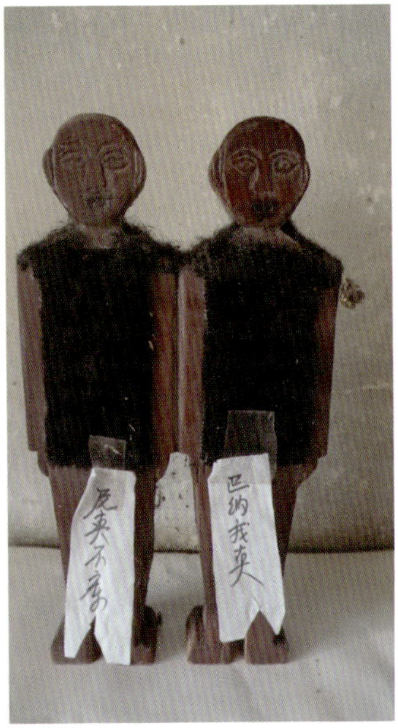

尼贞不库　巴纳我贞

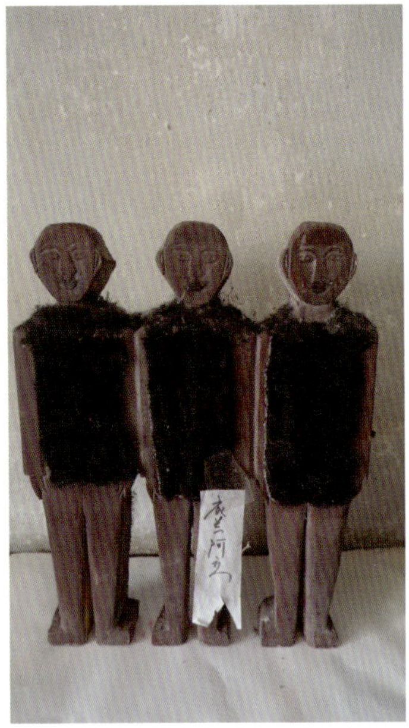

衣兰阿立瞒尼

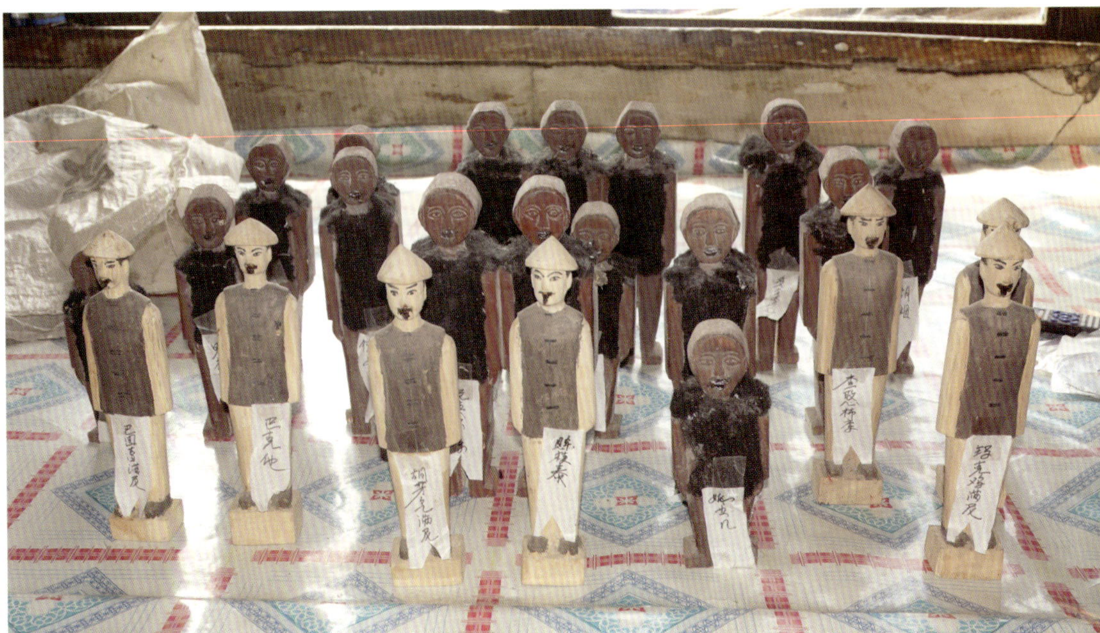

石姓众瞒尼神

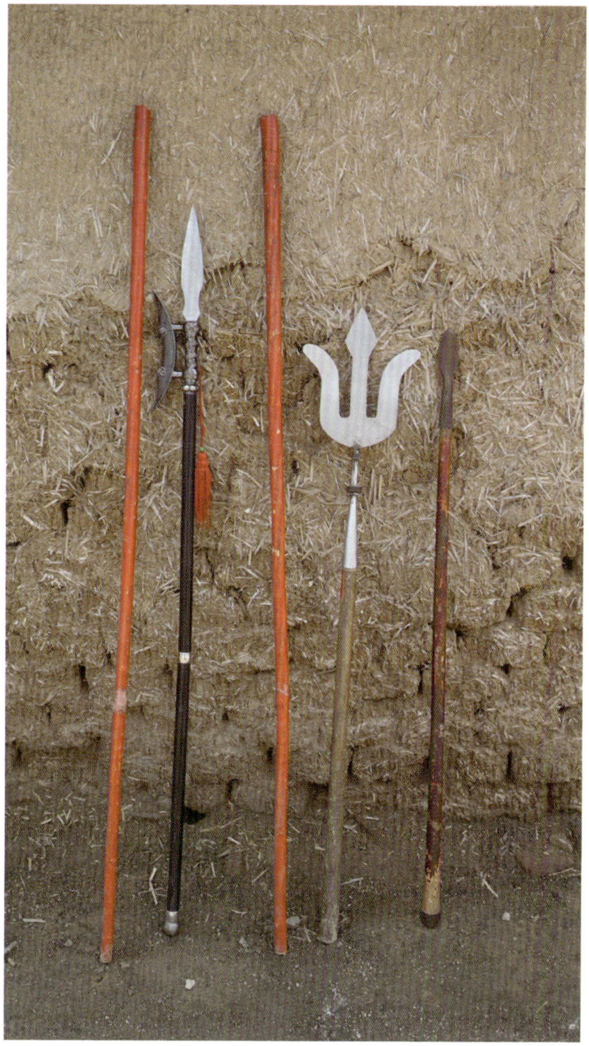
萨满神器

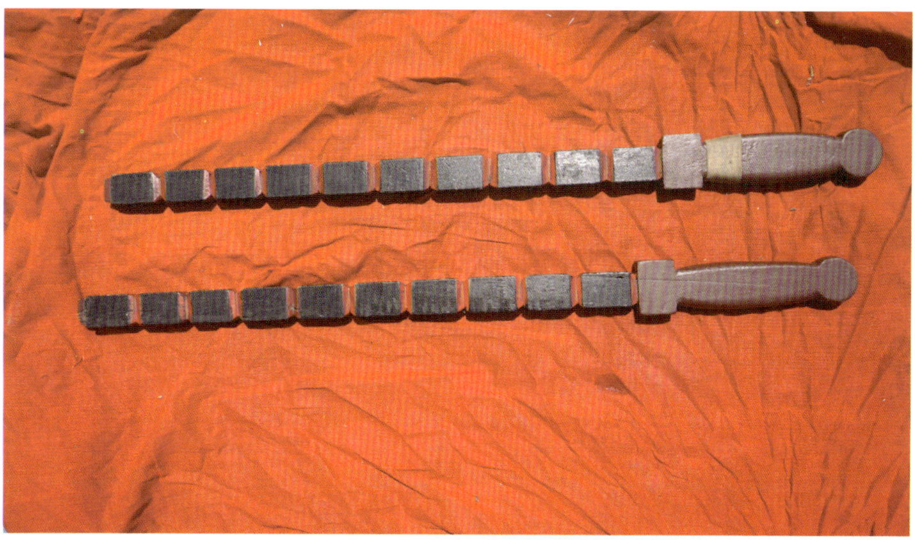
神鞭

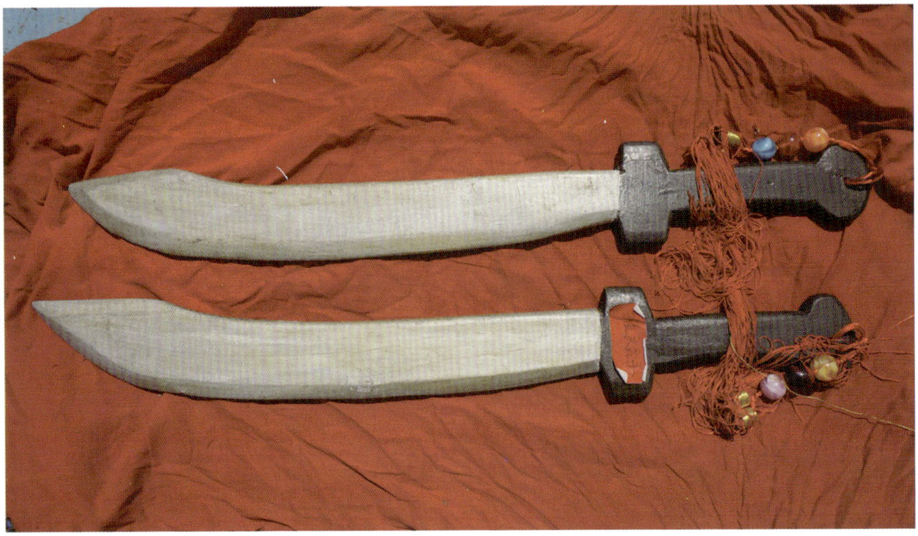

双腰刀

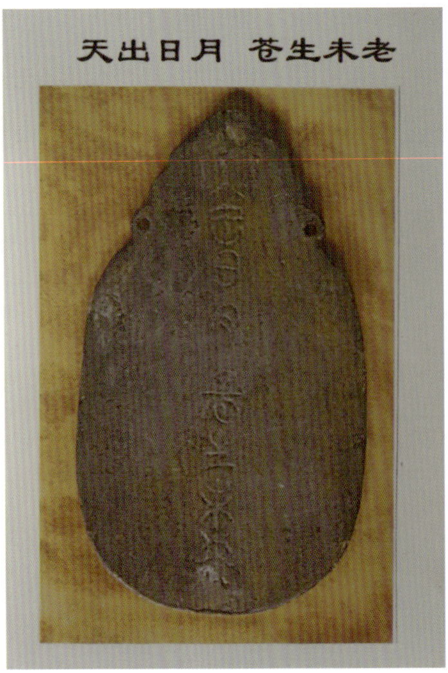

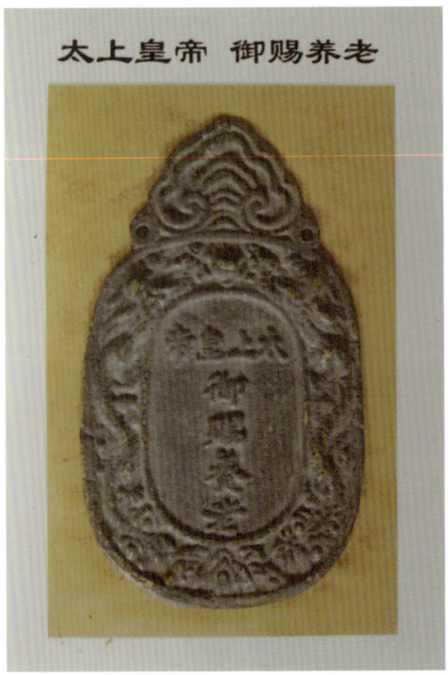

顺治年间养老牌

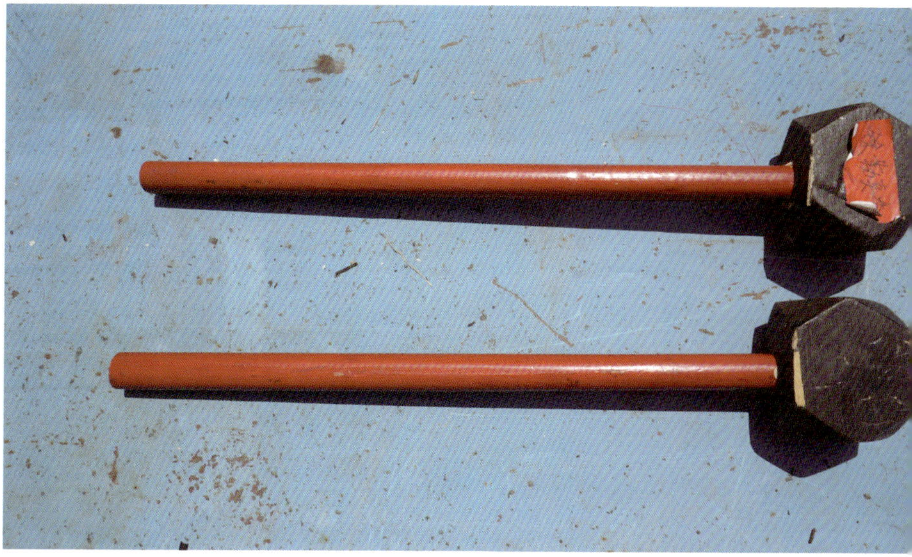

铁锤（色勒迈突）

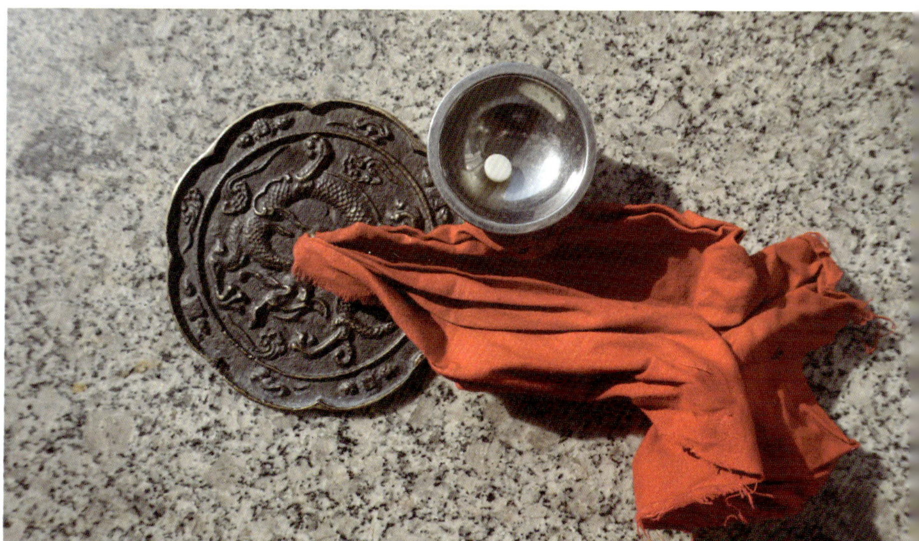

铜镜

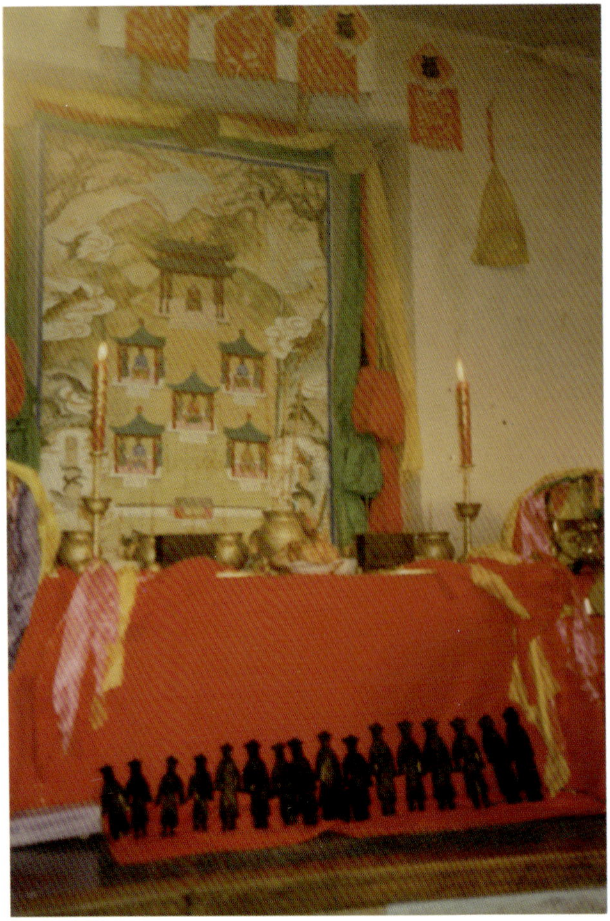

1987 年 3 月 6—10 日，祭祀石姓的大神案子和瞒尼像

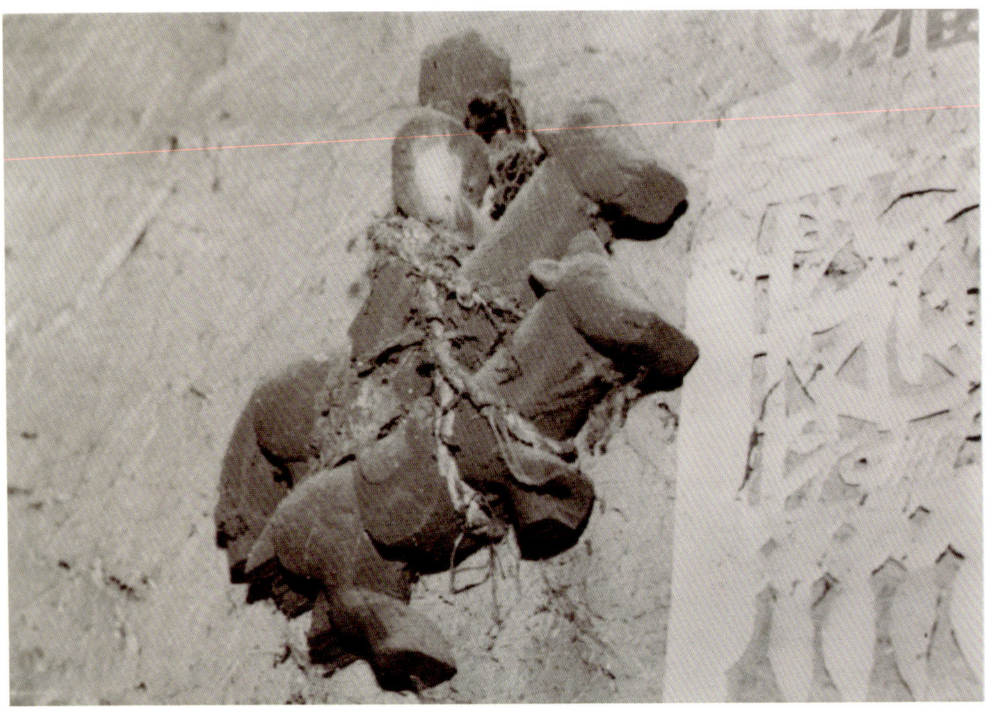

1984 年，小韩乡石清民家中东墙（中间房）上的奥杜妈妈神像

总目录

（上册）

（下册）

目　录

（上册）

第二章　家神神歌译注与满语复原……195

第三章　请神送神神歌译注与满文复原……291

出版说明

综观世界各地区各民族，自远古时代人类有了思维活动以后，就知道拜天、拜地、拜宇宙，拜山河、树木、动物等，祈求平安生活，祈求人类的繁荣发展，这就是人类的原始宗教。它是伴随着人类社会发展而产生的精神生活。它产生于人类社会的母系制时期，甚至是群居时代，直至人类的文明社会和近现代社会中，还有它的遗迹，在某些地区和民族中，它还起着发展生产、繁荣社会文化的作用。这就是广泛流传于世界的萨满文化。

『萨满』一词，在不同民族、国家、地区有着不同称谓，就中国而言，南方称为巫，北方民族有的称『伯』（bǎi）、『巴克西』等。只有满族称『萨满』，而且，只有在满语词汇中，可以找到它的出处。萨满一词是满语的三个动词的词根，含有『知道、跳神、占卜』之意。因此，我们认为『萨满』一词应是来源于满—通古斯语族满语支。

萨满文化，由于它伴随着整个人类社会生活而存在，在有创始人、有成文的教规仪式和入教手续等人为宗教和本土宗教产生之前，这种以信仰自然、人类祖先为主体的萨满教（广义萨满），是原始人类社会的主要精神支柱。所以，它涵盖的内容极其丰富，多彩多义。它虽不能与社会科学中的考古研究并驾齐驱，但对人类远古社会的考察和探讨，起着重要的不可忽视的作用，如萨满神话传说《乌布西奔妈妈研究》[1]中的『乌布西奔妈妈』，《满族萨满神话》[2]《东海窝集传》[3]等，都蕴含着人类远古时代丰富的文化内容。

几十年来，笔者除作满族萨满文化的田间作业外，更多时间用于解读研究萨满文本，除发表了三十多篇论文外，集中出版了研究满族萨满文化的专著《满族萨满文本研究》[4]和《满族萨满神歌译注》[5]。

两本专著中，共涉及二十多个姓氏，其中有吉林省九台县的杨世昌家族的杨姓文本和同一地区的石姓文本，他们都有野祭和家祭，内容全面。还有接受清代萨满祭祀规范化影响，只有家祭的：吉林省永吉县乌拉街、韩屯乡的关柏榕关姓；希林赵姓，杨氏赵姓，郎姓，舒穆鲁氏和黑龙江省富裕县关姓；以及宁安关姓，包括野祭共九个姓氏。还有与杨世昌家族有着密切家族关系的乌苏关，为待出版之本。乌苏关家族姓氏的文本内容，有野祭和家祭，用满文记述，内容丰富。

再者，在《满族萨满文本研究》中，还有十二个家族的萨满文化的口碑。所以笔者所调查研究的萨满文化内容，共有二十多家。笔者对于满族萨满文化有所了解。当然，这与浩如烟海的东北大地传统文化相比，真是九牛一毛，对于据说满族民间仍保留的六十至七十本萨满文本来说，也是不值一提。

对满族的萨满文化，应全方位进行研究，这是中国学者的任务和责任。它的野祭，也称大神祭祀，更应引起学术界的重视。因为，不仅野祭内容丰富，而且原始古朴。前文已述，已经出版和准备出版（吉林省乌苏关）的共十大姓氏。家神和野神祭祀的神歌共有三百九十八篇。十大姓氏神灵共四百五十多位。其中家神数量很少，每姓氏一般是十几位，十大姓氏大约有一百位家神，其余三百五十多位是野神，即大神神灵。

十个姓氏的文本中，主要有八大姓氏，即：石姓、杨姓、乌苏关姓、关姓（吉林省乌拉街关柏榕）、希林赵姓、杨氏赵姓、郎姓、舒穆鲁姓。更有价值、值得研究的有：石姓、杨姓、关姓（乌苏关，待版），三家是野祭、家祭全部保留。其他有关姓（关柏榕家族之关）、希林赵姓、郎姓、杨氏赵姓、舒穆鲁姓，五家共八大姓。这些姓氏的文本都已出版，只有乌苏关姓是准备出版。

从这八大姓氏文本的结构来看，主要内容有：什么原因请神，为谁家之事请神，常常是求太平、子孙满堂、五谷丰登等。再就是说明神灵住处，从什么河流、什么山沟，或是田野等处降临路线。还有神灵形象、神力、神灵动作、手执什么法器以及神灵故事的描写及叙述。还有祭祀主家，有的姓氏称东家，如石姓，也就是具体举行祭祀活动、负责具体操办的主家。满语为『我贞』，当然，满族的萨满祭祀是全氏族性的活动，人力、物力都是如此。祭祀时，不仅表明全氏族如何渴望，祈求举行祭祀，而且如何准备供品，如供肉、供糕、香火，都要向祖先们、神灵们一一汇报。然后是送神灵归山，回到各自住处。最后是人们求太平，清查祭祀场地。当然还有许多其他活动，如治病、戴平安锁、吃肉饭、打糕等。

文本中所涉及的神灵，首先是家神，一般是十来位。最多的是准备出版的宋屯乌苏关的家神有十九位，希林赵姓是二十三位，最少是郎姓，仅八位。

八大姓氏中，家神祭祀的神灵主要是祖先神。满族是以西为尊，在西墙上，满族常称为西炕，设一祖先龛，上放装有祖宗画像的祖宗匣，有的是一个，有的是两个或三个，随姓氏而异。这种西炕上的祖宗匣和祖宗龛，总称为倭车库神（weceku），在《清文总汇》卷十二册上解释为『神主，家内祭祀之神』。可见这一神灵是满族定居后所祭祀的家内之神，被满族普遍祭祀。

第二位是佛多妈妈，这是一位值得学者们重视的神。因为有关她的神话故事繁多，而且她所表示的内涵更为丰富。她是一位从满族远古时代就产生，伴随着满族社会发展而发展的神灵，迄今在满族意识中，仍起着护佑满族的作用。再一位是天神，这也是满族普遍信仰、祭祀的神。他的表现形式及其在满族先民意识中的形象，随历史发展而变化，形态各异。再一位是白山总兵，他的称谓随姓氏不同而变化，如石姓称『山眼玛法』或是『辍和占爷』；杨姓称『朱垒哭兰』，译为『古代兵营总兵』；还有的称『超哈章京』等。再就是萨满神、财神、堂子神、星神和香火神等。

家神祭祀，虽然是以祖先神，主要是部落氏族、萨满英雄神为主，但是，有不少满族姓氏仍保留了动植物神、工匠技术神等，如：只有家神祭祀的关姓、郎姓、希林赵姓、杨氏赵姓和舒穆鲁姓五姓中，都有『鹰、雕神』，希林赵姓和杨氏赵姓还有『牧马神』『天眼神』，尤其是杨氏赵姓家神是二十三位，其中除以上所列神灵，还有其他神灵，如『水狗大母熊神』『棕色猴神』『乌拉草神』『灶神』『亲戚神』『吉祥、柔和之气神』等。

大神文本中所涉及的神灵，大部分都有神歌篇，专门诵唱所表现的神灵，或是在文本中有明确称谓的野神：石姓有六十二位，杨姓有九十四位，宋屯乌苏关姓有一百六十三位。有野祭祭祀的三大姓氏石、杨、关，野神共三百一十九位。笔者以神歌为主要内容，根据满语称谓所含之意，萨满文化中的田野作业以及民间艺人所提供的多方资料，确定各神神职功能及称谓。因此，可以说满族的这三大姓氏的野祭神灵所表现的内容，对人类的语言学、美学、社会哲学、文学艺术、医学等都有明确、深刻的表现，这是满族先人们留给后人、留给社会珍贵的精神财富，是罕见的中华民族的瑰宝。

仅这八大姓氏的神灵，就是一个值得研究的大课题。

三大姓氏的野祭神灵，即三百一十九位神灵所表现的内涵，也是各有千秋。虽然称谓、表现形式不同，但同一神的神职却是相同的。

满族萨满文化中的神灵及仪式，体现了萨满文化的地域性、民族性和时代的变异性。野祭姓氏中的三大姓氏，即石、杨、关。杨姓和宋屯乌苏关姓，其祖先，也就是氏族族源，原是东海窝集部，女真人后期迁移到吉林省。他们的神灵及仪规都表现了东北森林茂密和冰天雪地的文化特点。吉林省石姓的氏族族源，早期是黑龙江以北，俗称『江东六十四屯』的满族，后迁徙到吉林省，他们属海西女真人。满族先人组成三大部分，除了建州女真人外，东海女真人和海西女真人的萨满文化，都已表现得比较清楚了。

三大姓氏野祭神灵中，宋屯乌苏关姓内容最为丰富，女神最多，有三十三位。在该姓十九位家神祭祀中，就有『女儿神』和『神妈妈』两位女神。野祭中有：管家媳妇神、八十岁祖母神、护苗女神、护火女神、挑剔姨娘神、管花女神、头饰女神、帐篷女神和降服八个太阳的姨娘神等。尤其是最后一位降服太阳的竟是一位姨娘神。她的神歌如下：

很古的时候，有九个太阳在天上齐跑，后来有人使八个太阳隐藏起来，是因为把它的嘴，用长长的花绸手帕遮挡起来了。

用花绸手帕把脸遮挡起来的，是德尔苏兰德德和色勒泰巴图鲁。

从神歌中可以看出，女神在降服多余的太阳时，也作出了贡献。该姓第二类是动物神三十三位：金地虎神、金鼻鸟神、银鼻鸟神、杜鹃鸟神、大雕神、鹰神、六十位狼神、八只豺神、八庹蟒神、九庹蛇神、闪光飞虎神等。满族先民们为了形容动物跑得快，常用『飞』字，闪光飞虎神，就是如此。

该姓第三类是瞒尼神，也就是英雄神。这类英雄神，在满族萨满文化中，被普遍祭祀。不仅仅是有野神祭祀的姓氏，就是家神祭祀中，有的也有此神，如关柏榕家族的『芒阿舍色恩杜立』（英雄萨满神）和舒穆鲁氏的『瞒尼师夫』（英雄萨满神）。这一类神灵充分体现了满族历史上的尚武精神。

乌苏关姓的瞒尼神有二十六位，仅指男性英雄。男英雄神有月亮英雄神、色勒泰巴图鲁、乌兰泰巴图鲁、朱兰瞒尼、芒都拉瞒尼等，其中『色勒泰巴图鲁』是同女英雄德尔苏兰姨娘降服八个太阳的英雄。

该姓第四类是萨满祖先神，共十六位。这一类神灵同样是满族姓氏共同祭祀的萨满文化内容，属祖先神崇拜。原始时代的萨满与部落氏族长是不分家的，一人兼之。所以，萨满又是部落氏族长，如『僧舍色夫』，他的神歌为：

祭祀色尔其图玛法和他所领的是从黑龙江降临的九族妈妈僧舍色夫。

神歌中的九族是九个氏族，僧舍是萨满，又是九个氏族的氏族长。还有乌兰泰玛法依恩都立、胡穆鲁玛法、色垒色夫、朱录产尼等，都是如此。

该姓第五类是部落祖先神，共二十五位。如：翁古玛法萨（众曾祖先神）、阿木巴倭车库恩都立（大祖先神）、扎兰泰（远古祖先神）、阿布卡阿古赉（天老者）等。

该姓第六类是自然界掌管天气变化的神灵，称气象神，共八位。这一类神在该姓氏中是很突出、很有特色的神灵，其他姓氏中很少见到，如：尚坚玛法（云神）、尚坚依他曼（雾神）、尚坚尼玛齐（雪神）、巴纳额真（土地神）、富尔尖阿里依巴干（晚霞神）、朱录硕包（露水神）等。不妨用神歌所描述的神灵形象，认识一下乌苏关姓野神文本的价值，如下：

首先，漂浮着青云的空中，居住着尚坚玛法。再就是，空中还漂浮着尚坚他曼。还有，空中飘行的，它使树枝长满了羽毛，它跳着、狂吼着，如同关姓家族内的万马奔腾，它是暴跳的尚坚尼玛齐。

该姓第七类为技术文化神，共十五位，如：依勒图依巴干（净坛神）、乌钦纳阿哥（驯养神）、法盖勒巴图鲁（创始洞穴英雄神）、霍龙古恩都立（护茅草房的威武神）、道方子恩都立（造刀技术祖先神）、道山（爬刀山神）等。

以上七类是大概分类。此姓氏文本中的女神，主要是出现了『德德（姨娘）』和『格赫（姐姐，或指女人）』，这是其他满族姓氏未曾发现的。还有『巴尔柱』（鬼怪）和『依巴干』（狂妄、妖怪）。这两类神灵的出现，都说明该姓氏祭祀内容的古朴、原始。最早可追溯到人类社会的母系社会的早期。同时，『鬼怪』可以作为神灵而崇拜，充分说明原始人类是将不利因素转化为护持人们的有利因素。在原始人看来，世界、宇宙间本无神与怪之分。不管是从哪方面说起，原始人类的思想都是积极向善、向上的。

还有，在该姓氏神灵崇拜中，火神的崇拜得到了充分的展现，这与他们的祖先生活于密密窝集中有直接关系，如：阿立（火源神）、托瓦衣玛法（工匠火神）、阿布卡衣阿立（通天神）和托瓦衣阿立（火种神）。

其次，该姓氏有几位神灵很突出。第一位，是该姓氏中的『押亲哭论娘摄克土根』，它的含义为『洞

可能会更多。

星、尾火虎星、牛金牛星等。从笔者所复印的文本来看，星神篇中有缺页，如果没有缺页，星神的称谓，
动物、事件等，在星神中都有对应的星辰。如：北辰星、司中星、房日兔星、太白星、司命星、心月孤
中都有突出和清楚的记述。首先是五十一位星神，它是满族萨满文化中的佼佼者，可以说人世间有什么
满文本研究》的『文本神祇考』中，解读了五十七位神和五十一位星神。这些神灵从功能来看，在神歌

杨姓家族的族源，也是东海窝集部，所以此姓氏表现火神、星神和森林神较为突出。笔者在《满族萨
有野神祭祀的杨姓文本，也是满族萨满文化灿烂辉煌的一片天地。

总之，宋屯乌苏关姓的神歌是满族萨满文化中又一内容丰富、多姿多彩的珍贵传承文化资料。

该姓祭祀月亮神，也是有野神祭祀姓氏中很少见到的。

代的两位萨满，人们才用上了『火』。
天宫中保护火种者，或是天宫中的火神阿布卡衣阿立和托瓦衣阿立那里取来了『火种』，交给前面第一
语为『托瓦』（tuwa）」是如何来的呢？是由达拉哈代敏（dalaha daimin，它是一位首雕神）飞往天宫，向
裕的生活，就祈求神通广大的萨满朱录库尔尖和朱录产尼，二位萨满使人们懂得使用火了。这种『火』［满

这是一段非常美妙的神话故事。首先，此处的『消息』是指『火的消息』。人们希望过上美好、富

了消息。达拉哈代敏（首雕神——笔者）取来了消息，是在阿布卡衣阿立、托瓦衣阿立的帮助下取来的。
使人们得到消息能富裕起来的人，是第一代师夫，朱录库尔尖和朱录产尼，是莫库勒·克库勒达拉哈代敏，帮助带来

这四位火神我们都是通过神歌和称谓中的满语含义而知道他们的神职，如通天神和火种神的神歌如下：

穴舅母神』，从已出版的文本来看，这一位一定是母系社会时，妇女掌权，起着组织和领导作用，才会成为整个氏族所祭祀的舅母女姓神灵，是目前我们在萨满文本中发现的唯一一位舅母神。

第二位是『乌尖西瞒尼』，译为『猪英雄』，据中国满学专家、满族文化的传承人富育光先生讲：这位英雄是第一个用猪皮记录了人类所积累的劳动知识的神，是一位有文化知识的英雄。

第三位是『杀克窝出库』，这是一位森林神，正是杨姓先民居住密密窝集的真实写照。

第四位是『爱心呆民』，为金雕神。该姓氏的雕神有前往阴间抓魂、使人复活的神通。

总之，该姓氏诸多的神灵，都有着千奇百怪的神话故事。

以上两姓的野神祭祀的文本，宋屯乌苏关是满文，杨姓是汉字转写满文，与石姓相同。

石姓的萨满祭祀，与杨姓、乌苏关姓相比较为规范化，每位神灵都有固定的祭祀仪式，突出了神灵形象和个性。石姓先人们虽然从黑龙江以北迁徙到吉林省境内，但已是久居于此，是以长白山为中心，形成了长白山祭祀的神坛场。他们的祖先神，或是动物神灵等，都居住于石姓先人想象中的长白山山上的各层神楼中。神灵们的降临路线，江河、山沟等，都是从长白山降临下来，如沿着白山山河，或是沿松花江而降临。其中最有代表性的山神祭祀，莫过于长白山上的白山神主，满语称『山眼玛法超和占爷』（šanyan mafa cooha janye），直译为『白山祖先兵老爷』，石姓常称为『白山主』或『白山总兵』。其他姓氏都有『兵营』神的祭祀，但是没有『白山』二字，如：有野神祭祀的杨姓，称谓为『朱坌哭兰』（julen kuwaran），译为『古代兵营神』。只有家神祭祀的关姓称『摄哈占爷恩都立』、希林赵姓称『摄哈占爷』、郎姓称『摄哈占矣』、杨氏赵姓称『超花占爷』、舒穆鲁姓称『超哈章京』，都是『兵营总兵』的称谓。总之，满族许多姓氏中都有『兵营』神的祭祀，但非指白山主神。所以，从萨满文本来看，『白山总兵』是石姓家族独家所有的祭祀神灵，也可称之为吉林省『白山文化』的特色文化。

『长白山总兵』在石姓文本中，神灵形象和神职都有清楚的描述。他是『原居白山，红脸白山玛法总兵，从高耸入云的白山顶而来』。他的神职是『统理征讨军务，坐骑骏马出征』。他的威武雄壮的形象也很突出：有『四十名骑士护卫，二十名强汉随行』。后两句的威武形象，有的姓氏也出现了，形容『兵营总兵』的雄壮。

石姓除了家祭中的武神是『白山总兵』，还有一位是女神，称谓为『奥都妈妈』，这位女神在石姓的祭祀中很受重视，在现在石姓聚居的九台县小韩乡和东阿屯的居民中，几乎是家家都设有她的神龛。而她的神歌记述的形象为：『奥都妈妈，身居兵营，双骥胯下骑。日行千里，夜行八百，来去如飞，紧急而行。战骑英俊强壮，驰骋沃野』，是一位古代女英雄。

石姓的野神祭祀中，主要是萨满神和瞒尼神，当然还有动物神。

石姓的萨满神自古以来，就称雄于方圆百里。石姓文本中仅有七位萨满神，但目前已有九位被列入了其中称雄于世、最有名望的，就算是头辈太爷萨满神了，属野神祭祀。

头辈太爷如何成神，如何神通广大以及如何抓了第二辈太爷等，有一篇很长的神歌进行叙述，此处不赘述。

石姓还有一位萨满神是石殿峰。隆冬时节的中国东北大地，常常是冰冻三尺！这种与冰雪寒天的战斗精神也融入了满族萨满文化中。其中称雄于方圆百里的，就是石姓萨满石殿峰，他曾在一九一〇年时，在松花江上连钻九个冰眼。在石姓大神案上，有白布裹身、手持铁棒站在冰窟窿旁边的，就是此人，他已是石姓第九辈太爷神了。

石姓野神祭祀中还有一类是瞒尼神。这类神，在石姓文本中也很突出。文本中有称谓的是三十五位。据石姓老萨满说，有一百多位。在『文化大革命』期间，装了两三麻袋，都扔到松花江里了。只有『尼贞布库』和『巴那额贞』，又跑回到萨满家中了。这是一则神话。但从中可以看出『尼贞布库』和『巴那额贞』对于石姓来说是如何的重要。还有一种说法，老萨满们常常说：石姓祭祀的有称谓的神灵，都是神头。意思是说，这些『神头』们还引领着或是接受了一些神灵。这样看来，这三十五位瞒尼神后边，不知有多少瞒尼神。所以有上百位的瞒尼神是可信的了。

瞒尼神分文、武两类，武神多于文神。这也符合满族历史上的尚武精神和骑马射箭的习俗。

武神有『在日、月间盘旋的……手执两个大托立』的按巴瞒尼；有『手执一杆钢叉……带兵千万，八位英雄领队，八队行进出征』的巴图鲁瞒尼；还有『箭射不进去，刀破不入』的⿰犭梯⿰犭梯库瞒尼和⿰犭梯⿰犭粒库瞒尼；有『无处不到』的按巴阿立瞒尼；单腿蹦跳的多岔洛瞒尼，性情暴躁的胡阎瞒尼；等等。

文神有『大度量』的巴克他瞒尼，管理『刑罚』的沙克他瞒尼，『如铁刚强、坚硬』的赊棱泰瞒尼，『欢乐愉快』的赊博贞瞒尼，『治河开渠』的额热鸡瞒尼，飞快传递『驿站』消息的丝拉各七瞒尼和『祭坛掌案』的朱克腾瞒尼等。

石姓动物神，文本中描写神灵的神功和形象同样生动，如『全身火红色，深红的双唇，雪白的肚腹』的金舌鸟神和银舌鸟神；『经过了千年、万年苦苦修炼……全身毛绒绒，青嘴尖尖，脚腿肥大』的黑熊神；『爬上了参天大树，在树枝上飞快攀登着』的飞虎神；还有『扭动着身子』，带着小虎仔，『慈祥地走来』的母卧虎神；还有『盘旋日、月间……石头脑袋，金嘴，银鼻子，铜脖』的大雕神等。

石姓家神祭祀中的神灵，同样是灿烂辉煌、绚丽多彩。不仅如此，石姓家萨满祭祀活动是以祖先神为主要内容的，更重要的是目前还活跃在他们的姓氏中，不仅有继承人，而且还起到和谐社会、家庭和全族人际关系的作用，起到弘扬和传承文化的作用，起到激励人们爱国、爱家，发展生产、娱乐、民间艺术的作用，所以被定为非物质文化遗产。

总之，已出版的八大姓氏的文本中的神灵（除宋屯乌苏关是待版），有称谓的四百五十多位神灵，已形成了一个庞大的、色彩斑斓的百神殿堂了。当然，其中有些神灵有重复，但各姓的神灵，不管是形象、神职及来源都有所不同，这体现了氏族性、地域性和时代性的变异。

一个民族要立于世界民族之林，不仅要有发达的经济为基础，还要有其深厚、根基强大和历史悠久的文化资源。常言道：『知道过去，才知道现在；知道现在，才知道如何发展未来。』笔者将石姓汉字转写的满语萨满文本复原为规范化满语，就是受一种对祖国和民族文化的责任感所驱使而为。这种比较全方位的译注和研究满族萨满文本的内容，也很少见。石姓的萨满文本在满族萨满文化中，较有代表性。因此，今将满语复原的规矩和做法，说明如下：

第一，石姓汉字转写的萨满文本在民间流行多册，主要是吉林省小韩乡和东阿屯两处的文本。笔者手中的石姓萨满文本，是一九八一年年初，在我们民族文学所召开的东北地区萨满座谈会上所获得的。此座谈会有傅英仁、石光伟、石清泉萨满、石清山大萨满、石清民萨满共五位同志出席。会上，他们送给我所六册萨满文本，其中有石清泉萨满所赠送文本三册，分大神、家神和满语词汇。笔者吸收东阿屯石殿发萨满文本中的头辈太爷篇，加以排列，以《满族萨满神歌译注》为书名，于一九九三年由社会科学文献出版社出版（以下称《译注》）。分篇为：一、大神神歌篇三十篇；二、家神神歌篇十篇；三、请送神歌篇六篇，还有神谱和满语词汇。这次满语复原是以《译注》为蓝本，将汉字转写的萨满文本内容，包括野神，即大神、家神、请送神及神谱，皆使其满语复原。其中的满语词汇，按原《译注》内容，随之再版。

第二，这部满语复原的全部内容，包括《译注》文本内容和石清泉汉字转写萨满文本，全部复原满语，全书约七十万字，分上、下两册，并用新满语，即规范化的满语复原。人名、地名等转写满语音节，皆用《清汉对音字式》拼写。

第三，上册（约四十万字）满语转写（即『译注』文本）。正文为四体组合格式。凡是满文复原的神歌，皆为四体为一的，称『四体萨满文本』。本书内容是以满文为主，满文的书写规则是由上至下竖行书写，由左至右排列。排列为：左数第一列为萨满文本原文，即满语的汉字转写；第二列为以规范化满语复原的汉字转写满文；第三列为拉丁文转写的满文；第四列为汉译。如第一篇神歌《阿巴瞒尼》的开头部分：

爱以	莫讷	秃拉滚得	卧一	莫讷	扎林	扎林	德	山眼	阿林	哈打
ᠠᡳ	ᠮᡝᠨᡳ	ᡨᡠᡵᡤᡠᠨᡩᡝ	ᠸᡝᡳ	ᠮᡝᠨᡳ	ᠵᠠᠯᡳᠨ	ᠵᠠᠯᡳᠨ	ᡩᡝ	ᡧᠠᠨᠶᠠᠨ	ᠠᠯᡳᠨ	ᡥᠠᡩᠠ
ai	meni	turgunde	wei	meni	jalin	jalin	de	šanyan	alin	hada
什么	我们的	原因	谁的	我们的	为了	为了	在	白	山	山峰

特别指出，在注释中除了『译文注释』外，又加了『语音注释』。这样就使文本内容更全面。横行看来，虽然文字不同，却是同一内容。

下册影印了石清泉汉字转写满语文本，并全部复原为满语（满语词汇本除外，不出版），约三十万字。

第四，石姓汉字转写的萨满文本的满语：第一，还是比较准确的，如：哈打（hada）为『山峰』；特哈（tehe）为『居住』；札伐腓（jafafi）为『拿了』；等等。第二，为了转写满语表达得更准确，石姓有知识有智慧的先人们，用了中国古代注音法，即切音，如：『阿猕』（aniya）中的『猕』，就是『你』和『牙』相切，为『niya』。『件尖』（niowanggiyan）中的『件』，就是『牛』和『任』相切，为『niowang』等。为此笔者特书告知如下：文本中出现的大量切音满语字母还有许多，如犾（liya），甋（tuwa），脸（liyo），欪（kiye），鸦（giya），豶（fin）等，都为右左切，与古代汉语为上下切不同。为了尊重原文，仍用原文中的右左相切。

第五，以规范化的满语来要求，也有些不可避免的不足之处，即在汉字转写的满语中，丢掉音节、增添音节和音变之处很多。丢音如：『舒尔得合』中的『尔』、『按木巴』中的『木』、『吴尔尖』中的『尔』、『郭尔敏』中的『尔』、『付尔尖』中的『尔』等。增添音节如：『尼莫勒勒』中的『勒』、『丝各合』中的『各』、『沙卡扎卡』中的『卡』。音变之处就更多了，如：『瞒尼』应为『芒额』，『巴克山』应为『巴克三』，『各棱』应为『各立』，等等，比比皆是。这些不足之处的出现，其原因是多方面的。其一，萨满文本中的神歌，在请送神过程中，全部都是按照一定的萨满曲调演唱出来，在演唱中有的音节有所变化，这是正常现象。其二，据传说，也是笔者多年来在调查萨满文化中常常听到的，满族萨满文本的出现，大都是在举行萨满跳神时，请懂满语的先生现场记录成册。先有满语文本，后有汉字转写满语神歌。这样，也可能有因记录不准而造成的音节变化。其三，是满语中地方方言所致。

用一种语言去转写另一种语言，无论如何用心也不可能很准确，尤其方块式的汉字，转写拼音式的满语，真是难为满族的先人们了。由于笔者能力有限，对于复原的满语，可能会出现这样那样的不如人意，敬请各方人士指正。

尽管如此，笔者还是将在复原满语过程中，处理某些满语的想法，与各方人士商讨。

首先是『三』『三音』『三得』，这三个汉字转写的满语词汇，在神歌文本中出现最多。第一，是汉字转写『三』的满语，它与『三音』（sain）是同一个满语词。『三』与『三音』为汉意的『吉、贤能、美、好、良、善、佳』。笔者在译文中是择情而定意，常译为『吉祥、洁净、吉庆』等。第二，是『三得』，这个词文本中出现最多，几乎每篇都有，在《译注》的第二百九十七页，竟出现过六次『三得』，可见用处之广。

『三得』由『se』和『de』组成。『se』的汉意，与文本内容有关系的是人们之『们』和省略之说等等之『等』；又是『sembi』的命令式，有『云、谓』之意。『de』的用处更广，主要是『在』之意。

所以，笔者在文本中常引申为『诸位、处处、各处、各种、一切』等。有时『三得』，却译为『吉祥』之意，随文本内容而定。

其次是主持祭祀活动的『萨满』分为野萨满和家萨满，在文本中有多种表现形式。其一是野萨满，即大萨满。他的主要功能是祖先神和动物神灵降附在大萨满之身，还有就是占卜、看病等事项。是不是大萨满，从石姓萨满文本中来看，就是视神灵能否降附在大萨满的身上而定。

在石姓萨满文本中，大神祭祀中出现了两种萨满满语词语表示大萨满。一种是『沙玛我贞』（saman ejen）。除了大神祭祀篇中的第五、第十八、第十九、第二十篇共四篇中没有出现『沙玛我贞』一词外，其余二十六篇都出现了。有个别的神歌中还出现了『我贞沙玛』，与『沙玛我贞』是同一个词。

在译文中，笔者将『沙玛我贞』都译为『主祭萨满』，是指具体主持祭祀活动的野萨满。如《按巴瞒尼》中，满语为『爱阿雅沙玛我贞得』（ai aniya saman ejen de），译为『主祭萨满何属相』，此处虽然没有出现『附体』一词，但它指野萨满。再如《多台洛瞒尼》中，满语为『我贞沙玛得博热得 星俄腓』（ejen saman de beye de singgefi），译文为『请降附萨满之身』。此处已明确指出『附萨满之身』。所以此处的『我贞』更应译为『野萨满』。

另一种在大神祭祀中，表示萨满的是『我贞』（ejen）。『我贞』应是『君主、主子、主人』之意，在萨满文本中常译为『东家』，而且我们调查石姓萨满文化时，萨满们都认可『我贞』，即是『东家』。但在石姓萨满文本中，却另有其他的含义，即指『大萨满』。如『我贞』一词的出现，《译注》中：『我贞博热得兴俄腓』（ejen beye de singgefi），译为『请降附萨满之身』。这里的『我贞』就不能译为『东家』了。因为神灵只能降附在大萨满之身，所以，只能译为『大萨满』了。

在大神文本中还有一种情况是译为『东家』的。如在《胡牙乞瞒尼》神歌中有『我贞各立所立哈』（ejen geli soliha），译为『东家又宴请了』。我们所搜集的满族各姓氏的萨满文化内容，包括我国东北地区、西北地区，都是从近代才开始收集的原始文化资料，其中的变化是不言而喻的。具体到满族石姓，笔者向老萨满调查时，他们明确告知，举行祭祀，不仅是全姓氏的事情，而且还必须有一家来具体承担，办理一切的祭祀事宜。这一家的男主人，也称『东家』，即『我贞』，他要参加具体祭祀活动，如：在七星斗前祈祷，『东家』必须参加。

还有『沙玛我贞』和『我贞』只出现在大神祭祀中，而且同指『大萨满』。表示大萨满的『我贞』，在有野神祭祀的杨姓文本中也出现了，汉字转写满文是『恶真』，与石姓的『我贞』起相同的作用。

因此，『萨满我贞』与『我贞』词汇，什么时候译为『主祭萨满』（即野萨满）与『东家』，必须观其萨满文本的具体内容而定。

其二，在石姓的家神祭祀文本中，出现的『萨满』一词，为『兵垦萨满』，有时是『兵肯萨满』，它们是同一个词。这一个词只出现在家祭文本中。『兵垦萨满』就是『家族的萨满』，即『家萨满』。

其他姓氏中，也出现过这一个词，如郎姓为『背根』，有野祭和家祭的杨姓，在家祭中出现是『彪根』，都是指『家萨满』。

最后，在石姓文本中，出现了这样的符号『~~』，还有『卡~其~』『巴克山~~~』『阿沙立~~~』『伐克沙~~~~』『吴贞~~』『佛德浑~~~~』等。这种符号有两种含义：第一，据笔者多年来与石姓老萨满的交往和对萨满文化的调查，应是此词后尾语音，诵唱时唱腔的延长，民间称为『拉长声』，如『札林』。第二，含有实际意义，如『伐克沙~~~~』，可译为『怒气冲冲啊！怒气冲冲！』，再如『佛德浑~~~~』，可译为『那棵柳树上的柳树枝上』等。如何翻译，须视上下文而定。

还有一些词汇，虽然都是同一个汉字转写的满语词汇，但所表达的意义有所不同，如『多伦』，在不同的文句中，汉意不同：在《飞虎神》《母卧虎神》中的『多伦（duran）』为『样子、模样』；在《按巴瞒尼》中，『多伦（doro）』为『礼仪』；等等。这是汉字转写满语的不准确性和一词多义之现象。

综上所述，我们对石姓萨满文本进行满语复原，是为了更准确地表达文本的译文，同时，文本中保留了大量的方言土语，对于研究满语有其价值，更重要是为了使其文本更科学，更准确。为此，将石清泉汉字转写的萨满文本，复原为规范化的满语，又影印其汉字转写满语原件，定为全书的下册。

【注释】

①郭淑云：《乌布西奔妈妈研究》，中国社会科学出版社二〇一三年版。

②傅英仁讲述，张爱云整理：《满族萨满神话》，黑龙江人民出版社二〇〇五年版。

③傅英仁讲述，宋和平、王松林整理：《东海窝集传》，时代文艺出版社一九九九年版。

④宋和平、孟慧英：《满族萨满文本研究》，台湾五南图书出版公司、中华发展基金管理委员会联合出版，一九九七年。

⑤宋和平译注：《满族萨满神歌译注》，社会科学文献出版社一九九三年版。

序

贾 芝

萨满教是一种世界性的原始宗教，产生于人类母系氏族社会时代，新石器时代的早期。今天在我国还有它的遗存，使我们有机会目睹早期人类社会的一块活化石。萨满教研究目前在国际学术界也是一个『热门』，对它的研究，令人有诸多发现，尤其是对探讨文学艺术与原始宗教的渊源，显然是异常重要的。宋和平同志搜集和译注的这本满族萨满教的神歌，是新中国发掘和研究萨满教遗存的又一新的贡献。

从满族萨满教的发展历史看，它经历了马克思主义的宗教观所论析的自然宗教和人为宗教两个阶段。自统一女真各部落建立了后金政权的努尔哈赤起，到清乾隆颁行满族宗教大法《钦定满洲祭神祭天典礼》，把原来带有氏族部落血缘关系的满族各姓萨满的原始野神祭统一为全民族的家祭；为便于建立和巩固满族的王权统治，野祭遭到禁止，从而结束了女真时期的自然宗教，使萨满教成为封建主义的王权统治的御用工具，以统一的家祭形式为巩固其剥削阶级的利益服务。然而正是处于自然宗教阶段的氏族野神祭祀，在今天恰恰成为很珍贵的原始社会的历史遗存。

满族的神话故事和神歌，是萨满教的重要组成部分，也最能使人们了解萨满教跳大神的丰富的原始氏族社会内涵，都是经典之作。

故事家傅英仁记录的《满族神话传说》，非常丰富生动地反映了母系氏族社会，其首要特征就是以女神为主，有为数众多的女神典型；例如创世纪大神阿布卡赫赫，后来随着母系社会到父系社会变化演变为男性创世纪大神阿布卡恩都力；例如满族也竟有可同希腊神话中的普罗米修斯媲美的盗火女神托娅拉哈；还有反映生殖崇拜的始祖母神佛多妈妈；地母巴那吉额母还生了第一个人兽全体的女儿，能够六请附我萨满之身！
在今天晚上，点燃了一把把汉香，逐一响起了抓鼓，敲响了大鼓，善于扭转困境，争强好胜的，金舌鸟、银舌鸟神，

人们便知严冬已去，春天降临，它带来了欢乐和希望。萨满在祈求这个布谷鸟神的降临中诵唱：

据译者注释：从鸟的形象看，诵唱的是杜鹃鸟，民间称为布谷鸟，叫声是『克库克库』。听此叫声，

金舌鸟神，全身火红色，深红的双唇，雪白的肚腹，展翅飞翔，俯冲降落。玩耍的神鸟啊！

萨满在跳神舞蹈中模拟各种动物的姿态、动作、形象和声音，发展到由娱神到娱人，形成民间的舞蹈表演。在原始初民的这种自然崇拜中，如神歌中对『金舌鸟神、银舌鸟神』是这样描绘的：

同时也表现了人们企图扭转困境的战斗精神，这一点从上述的各种典型女神也一目了然。

神歌中所描绘的祭祀祈福、请神送神，不外乎祈求各种神灵附体，使萨满能够代神行事，降福于人，斗。下的生活条件下，为了能在大自然的威力面前生存，受万物有灵观念的支配，一方面祈求，另一方面战飞虎神，几乎无动物不成神。人们要借助于它们的灵魂附体的威力，消灾除病。初民们在生产力极端低临。各种动物神中，鸟神第一，如鹰神、雕神、白水鸟神，还有各种兽神如熊神、蟒神、豺神、狼神、

野祭的神歌中最值得注意的是动物崇拜。萨满在氏族各姓祈福祛灾跳神诵歌中总是祈求动物神的降中就有三百多位女神，简直是个女儿国了，而且都是各有性格与神计的女神。

手能摘野果、辨百草；还有女战神、舞蹈神、残疾神，等等。流传在野人女真部落的《天宫大战》故事臂托天，人脚、兽腿、马爪、百足之虫的足跑起来风也追不上，眼睛能看到鸟也看不到的地方，闭眼伸

这只春天欢叫降临的神鸟，是能够唱出人们的希望的。又如对金钱豹神附体的祈求：

银山谷降临的，火红的金钱豹神，铜钱布满身。金钱豹神，善于玩耍，技巧高超，口含红火炭，四处飞火花。全身火红色，如同大火珠。

萨满跳神时，不仅模仿豹的爬行，还要口含用空心柳木烧成的炭火喷火的技巧。为祈福、保平安，扭转逆境，这确也反映了人的战斗精神。这正说明初民生活之不易，才产生了原始宗教信仰，而所信仰和崇拜的又是特别在渔猎生活中同他们朝夕相处的各种动物。在萨满祈求飞虎神降临时，还学飞虎的四脚走路，不时吼叫，同时东张西望，寻求虎仔。随即又有一场『抓虎仔』的表演：事先准备有两个小孩，萨满一面学虎吼，一面走近小孩，一手抓住一个小孩，带他们走近西炕神堂前，让小孩躺在地上，母虎神用嘴亲吻小孩的头、身上，又做出口含馒头喂小虎仔的样子，这就叫『抓虎仔』，表现了卧虎神的母爱。

萨满教的跳大神和诵诗揭示了原始宗教与诗歌文学及民间表演艺术产生的渊源。

马克思主义认为文艺产生于劳动和斗争，起源于口头文学。当初民身处以各种努力克服大自然的威力的斗争中，产生了原始宗教信仰；一面向冥冥无知的神灵屈服，一面产生了将自然界和社会人格化的神话，披着神的外衣表现了人的斗争。宗教节日的举行也往往是配合渔、猎活动或不同季节的农业生产活动。而在萨满教的跳神、诵诗的歌舞中，又由娱神逐渐演变为娱人，令人也不难发现诗歌、故事和舞蹈的最初的萌芽和雏形。

萨满诵唱神歌，有萨满和助手的独唱，也有萨满和助手之间一问一答的对歌，或由一人领唱，众人合唱，同时萨满模拟、表演动物神灵的舞蹈动作，载歌载舞。歌舞不只表演动物神，还表演了历史上的祖先英雄神。跳神舞蹈也从最原始的模拟动作、姿态发展为独立的舞蹈，乃至有功力和技巧才能表演的如『跑火池』、『钻冰眼』、『上刀山』以及满族、达斡尔族都有的『穿红鞋』[1]等。其中不仅需要技巧、勇敢，还有气功在。像江西、贵州等地的原始宗教傩戏、傩文化有产生戏剧的光荣史一样，萨满教也产生了即兴歌唱和叙事诗的诗歌雏形，产生了诗歌舞三位一体的艺术。在舞蹈方面的表演和发展尤其值得注意。

在萨满教文化中，我以为格外引人注目和值得探讨的是鸟兽的模拟舞，特别是将鸟作为萨满的神帽上的装饰与以柳枝为满族的生育女神。

石姓萨满跳神时神帽上饰有三只鸟，女萨满神帽上更饰有九只鸟。鸟的多少是萨满的法力大小和地位的标志。女萨满地位更高一些，也该是母系氏族社会的遗迹。作为人神之间的使者的男女萨满，因鸟能在天上自由飞翔，头上戴有跃跃欲飞的众鸟的神帽跳神，也表明其有通天的法力。我曾在北欧冰岛的一个博物馆里看到生活在北极附近的格陵兰的爱斯基摩人的生活展览，其中也有萨满跳神。爱斯基摩的萨满跳神，不仅手执抓鼓，头上也戴着饰有鸟羽的神帽，甚至全身的长衣也全都是鸟羽连缀而成的，可见鸟在萨满的心目中是法力的来源。

满族崇拜动植物神，植物神首先是柳树。满族以柳枝为图腾，各姓都有柳枝祭的习俗。家祭中第一位女神就是佛多妈妈——满族生殖崇拜的典型女神。『佛多』满语意为『柳枝』。柳叶是女阴的象征。按满族习俗传说：柳叶生人。柳枝变美女与人结合，生育了满族。满族与柳枝的这种血缘关系说明柳枝是满族的图腾。佛多妈妈是满族的始祖母神，到家祭发展成为生育之神。传说住在长白山天池旁的一棵大柳树上的奥莫西妈妈，她的外貌是：脑袋像柳叶两头尖尖的，中间宽，绿色的眼睛，尤其是长着两个大乳房，有多少孩子也吃不完的乳汁。这位生育之神也是柳叶的拟人化。她的两个大乳房使我不禁想起去年七月间在奥地利的茵斯布鲁克看到茵斯布鲁克大学民族研究所的考古文物陈列中也有一尊欧洲的生育之神，其突出的特征也是女神胸部垂挂着两大堆小乳房，象征繁衍众多的子孙。在满族，奥莫西妈妈不仅有两只大乳房，神话中还说她的后脑勺上长了一个长管子，一端插在柳树上，如有子孙生病，拔下长管子滴几滴水，病就好了。这就把故事化了的柳树描绘成生命的源泉。

宋和平同志懂满文，能识新老满文，从语言着手，这使她具备了搜集、注释和研究神歌和入乡问俗作实地调查的最好条件，也可说她掌握了一把金钥匙。她长时间到东北三省保存萨满教习俗的地方深入调查研究，收集手抄的神本子。这本神歌大都是从居住在吉林九台县小韩乡和松花江沿岸东阿屯的石姓搜集到的，共四十六篇，内野祭大神（动植物神、萨满神、英雄神）三十篇；家祭神十篇，请送神歌六篇，其中有佛多妈妈与战神奥都妈妈专篇。这些『神本子』都是用粗糙的高丽纸书写的，保存于萨满手中，可见其珍贵。

十年前，在中国社会科学院少数民族文学研究所建所不久，由富育光同志请来了傅英仁同志和三位萨满到所里来，我把这一活动作为研究民族文学的重要着手点之一。我们举行了座谈会，我第一次看到他们带来的『神本子』，看了其中赞颂鹰神等的神歌，深感这些原始宗教的经典记录和它们的传授者萨满，对探讨、研究民族文学和宗教的关系、表演艺术的起源异常重要。宋和平同志到所工作后专门考察研究满族的萨满教文化，她对神歌的搜集和译注具有抢救遗产的性质，也是民族文学与民间文学的科学研究的基础性工作。作者在长篇前言中阐述了她对满族萨满的民间习俗调查和发展历史的研究成果。出版这部萨满教神歌译注的科学版本，是对原始宗教萨满教研究的世界性贡献。黑龙江沿岸和滨海地区一带被学者们称为通古斯人部族形成的摇篮，如果参照一下在那里发掘的新石器时代遗址的萨满教信仰遗物，如萨卡奇——阿梁岩画中的鸟、蛇、兴凯湖畔哈林居址中的熊、虎模拟陶像，黑龙江省新开流遗址出土的骨雕的鹰、游鱼、陶塑人首像等等，而且今天也只有在乌苏里江沿岸到瑷珲河一带、牡丹江流域、松花江中游吉林省周围的三角还有个别姓氏的萨满手中保留着原始部落的野神祭祀文本，我们就愈觉这些神歌手抄本的可贵了。作者在注释中也提到有些字在新、老满文中无从查考，其含义不明，可见以今天的语言加以考证也非易事，还需要有新的发现，这就令人越发觉得译注和奉献这部神歌的弥足珍贵了。

我祝贺作者的成功和贡献！

一九九三年五月十七日夜

六月二日编

按巴托立』（手执大铜镜）；众人合唱：『折依皓皓。』此时围观者如果会唱也可以接唱。领唱人又唱：舞蹈动作的优美及神灵的神力无边等。如跳『按巴瞒尼神』：领唱人首先唱『zhe i hao hao(折依皓皓)，体后，萨满只是模拟或表演神灵的舞蹈动作，此时助手中有一人领唱，其内容是颂扬神灵（实为萨满）什么姓氏、为什么请神等，助手也必须一一回答。第三种是一人领唱，众人合唱。这种形式也是神灵附几道山沟降临的，使用什么神器等，萨满必须一一回答。萨满也可以问助手（也叫侍候神的人）是什么屯、二种是萨满和助手互相问答形式，即助手问萨满（实际是神灵）是从什么山峰上、第几层、什么石磖子、

关于神歌的诵唱形式：第一种是萨满和助手各自独唱，如祭天、排神等，用于家神和大神祭祀中。第

满族的神歌内容，按祭祀仪式可分为家神神歌和大神神歌。

祭天调。这些神歌曲调都高亢有力，富于音乐感。

神歌的曲调很丰富，仅石姓神歌曲调而言，就有家神神调、瞒尼神调、蟒神调、野神调、排神调和

才有可能产生神歌。

想感情时产生的；第二，当宗教产生了并有了崇拜对象，即神灵观念产生后，即需要向神灵祈求帮助时，历史久远和复杂的问题，但有几点是可以肯定的：第一，神歌是在人类有了语言以后，并会用语言表达思及表示祭祀者的虔诚态度和决心等为内容的歌词，因为是唱给神灵听的，所以叫神歌。它的产生是一个

那么，什么是神歌呢？神歌是举行跳神仪式时，以萨满和助手描述神灵特征、颂扬神灵神通广大以

萨满文化中的核心内容是祝词、祷词、神词等，满族民间称为神歌。

一

前言

愿当萨满，精神就恢复了，身体也健康了。此时还不是萨满，要经过学习『乌云』后，才能成为正式九八七年举行萨满跳神被录像的萨满，他很小的时候就迷糊，由此得一绰号叫『小迷糊』。他俩都许石清山，十七八岁时，曾七天七夜不吃不喝，昏迷着，萨满看后说他要出马。另一个是石宗轩，就是一得病，三天三夜昏迷不醒，请萨满看了后，说是要出马，即当萨满。石姓两位大萨满也是如此，一位是『神选』或『神抓』。被神抓的人常常表现为久病不愈，或精神异常。如杨姓大萨满杨世昌，十一岁时区别，主要区别在于，大萨满是前一代去世的老萨满的灵魂，经过修炼成神以后抓下一代萨满，常称为有区别。大萨满是跳大神神灵舞蹈的，又叫野萨满；家萨满是跳家神的。他们的承袭方式既有联系又有

既然有大神神歌和家神神歌之分，那么萨满也必然会有大萨满和家萨满之分了，他们的承袭方式也

二

神歌的诵唱主要由萨满和助手来完成，那么，萨满和助手如何承袭呢？

的艺术表演。

这种鼓铃齐鸣，载歌载舞，配以高亢诵唱，形成了气氛热烈、形式活泼、声势浩大、群众喜闻乐见的场合，也是助手提高技能的机会。

不正确，那么就会被淘汰。所以，萨满跳神时诵唱神歌，实际上是一种赛歌会，又是考验助手能力大小助手之间都可以互相问答，一般是老萨满考问助手，回答问题时要求快而准确。如果回答不上来或回答

据老萨满石清山（已故）和老助手石清民反映，从前举行萨满跳神活动时，萨满与助手、老助手与着。后两种诵唱形式仅用于大神祭祀中。

『砖嘎拉得不勒库街』（两手明晃晃），众助手还是接唱：『折依皓皓。』如此这般诵唱着，萨满也舞蹈

从第三级助手开始，都可以从事主祭仪式，如震米、领牲、做供品等。也都有充当家萨满的资格，岁以上。

第五级叫『萨克达色夫』。『萨克达』（sakda）是『老者、老』之意，就是『老师傅』，在四十是『师傅、老师』之意，译为汉语是『大助手』或『大师傅』，年龄在三十五岁左右。

第四级叫『按木巴侧立』，也叫『按木巴色夫』。『按木巴』（amba）是『大』，『色夫』（sefu）助手』。

第三级是『阿西罕侧立』，年龄在二十五岁左右。『阿西罕』（asihan）是『青年』，即『青年助手，做传递贡品等工作。

第二级叫『德博勒侧立』，年龄在二十岁左右。『德博勒』（deberen）意为『崽子』，是不成熟的即『小助手』，年龄在十至十五岁左右，只做传递祭品等简单工作。

第一级助手：年龄最小，地位最低，叫『阿几各侧立』。『阿几各』（ajige）为满语，意为『小』，式技术熟练程度不同而定的，后一种条件起主导作用。种不同级别的助手，满族其他姓氏也大同小异。这五种不同等级的助手，是根据年龄和掌握萨满祭祀仪许愿当家萨满。什么样的助手可以演变为家萨满呢？根据我们所掌握的石姓助手的情况来看，可分为五

家萨满是如何产生的呢？可以通过两种渠道，一种是由助手演变而来，另一种是族内选出或是自己即恢复健康。也同大萨满一样，是得病后许愿侍候神灵。如杨姓老助手杨玉昌，脖子上长了一个大包，许愿侍候神后，萨满的人。助手主要是通过学习『乌云』而产生，参加学习『乌云』的助手，有的是族内选派的，有的

萨满的助手，满语为『侧立』，也叫侍候神的人，意思是当神灵附萨满之身后，需要有侍候和照顾大萨满。

这其中起主要作用的还是助手掌握祭祀技术的熟练程度。

祭祀仪式中还有一种助手，叫『锅头』，他没有成为家萨满的可能性。

后三级助手中，最有权威和地位的是『萨克达色夫』，即『老师傅』。他不仅是祭祀活动中配合族长的组织者和领导者，而且有权认定助手充当家萨满。当然，在一家族之内，能充当家萨满的助手有许多，只待族长和老师傅认定，并准其参与跳神活动，这样就成为家萨满了。老师傅是法定的理所当然的『兵垦萨满』或『彪棍萨满』。『兵垦』和『彪棍』都是满语boo i mukūn（家族）一词的音变，意为『家族萨满』。老师傅请神送神时，都是坐在神堂前诵唱神词，不跪请送了。如石清民、石清泉、石文才、石殿发等。

『萨克达色夫』即老师傅权力的施展不仅限于祭祀活动中，就是平常日子里，他也参与族内事务性工作，这说明神权与族权有机地结合为一体，更说明萨满教在满族社会中的地位。同时，如果老师傅神通广大，那么他去世后，同样像大萨满一样，被族内尊崇为祖先神，享受全族人的祭祀。我们译注的石姓神本中，就有一位属狗的『萨克达色夫』，被列为第七辈太爷。说明家萨满的地位是随满族历史的发展而逐渐提高的。

助手的这五种不同关系，虽然在经济地位上没有很大差异，但它却反映了人类社会进入阶级社会后的等级观念，更反映了萨满教的历史演变，即原始古朴，内容较丰富的大神祭祀，随满族历史的发展，逐渐被以祭祀祖先神为主要内容的家神祭祀代替了。这一变化过程也是助手演变为家萨满的过程。

助手在祭祀仪式和跳神中的作用是：第一，大萨满跳神时，众助手击鼓助威，并诵唱神歌。第二，配合大萨满跳神，如石姓的朱录瞒尼神，舞蹈动作就是萨满与助手互相配合的。第三，侍候大萨满，帮助他系腰铃、戴神帽，传递萨满神器等。第四，准备祭品和所用之物，如杀猪、做供糕等。

在一个姓氏之内，助手与大萨满的人数是不相同的，助手可以有十几个或二十几个，但大萨满在同铡刀』『结红带』，锡伯族的『上刀梯』，满族石姓的『跑法丹』，黑河地区孟姓的『上刀山』，满族以，我们所指模拟与表演，也仅是神灵主要表现的舞蹈形式而已。混合式也是如此。如达斡尔族的『走如表演神灵：水鸟神的飞撒石子、金钱豹神的爬行、金花火神的夹香火等，又包含着模拟式的因素。所表演式中有模拟，如模拟神灵：鹰神的飞翔、蛇神的爬行、母虎神的慈爱等，都含有表演式的成分；再了很大变化，我们所划分的模拟式和表演式舞蹈，也是互相渗透、互相混合的，就是说模拟式中有表演，

混合式：原始古朴的萨满教，至今还残留于人类文明社会的个别民族和地区，它的表演形式已发生尼』等，但闻名方圆百里的还是『跑火池』和『钻冰眼』。

录瞒尼』『扎克他瞒尼』『赊热鸡七瞒尼』『胡牙乞瞒尼』『舒录瞒尼』『赊棱太瞒尼』和『查憨不库瞒式的神灵很多，满族有富姓的『跳坑』，何姓的『破头先锋』『不库瞒尼』，石姓的『巴克他瞒尼』『朱

表演式：就是萨满通过各种舞蹈，表现英雄神灵的英雄行为和个别动植物神灵的技巧。这种舞蹈形

痒等。

模拟鹰飞翔，杨姓还要模拟猎人给鹰喂食物，石姓模拟母虎抓虎仔，蟒神在地上蠕动，野猪在墙上蹭痒

模拟式：就是模拟狼嚎虎吼、鹰雕飞翔、蛇爬行、兽跳跃等动物的动作，如杨、石、关三姓的萨满

式。世界其他各民族的萨满跳神舞蹈，大致也是如此。

是跳家神，大萨满是跳大神。这里主要阐述大萨满的跳神舞蹈，有三种形式，即模拟式、表演式和混合除邪治病等总体职能。具体到满族的萨满，除上述职能全部具备外，家萨满和大萨满各有其职。家萨满

萨满的职能，也是专家学者们常常提到的人神之间的中介、人的使者、神的代表，还有跳神占吉凶、

姓只是一人。黑河地区五家子屯的何姓、臧姓、关姓也是如此。

黑龙江省富裕县三家子屯的何姓和孟姓虽同居一屯，但在『文化大革命』前各有自己的大萨满，而且每一地区一个姓氏之内一般只有一个。石姓同时有两个大萨满，就是因为该姓分居两地，而且相距比较远。

前面我们已经叙述了萨满的职能，其中有一条是大萨满的昏迷术，就是神灵附体，这也是许多神歌外，在民间学习『乌云』也是很重要的机会。『乌云』不仅是传授神学的课堂，更是劳动群众学习文化、掌握知识的学校。从前，学习满语除了私塾知识。因为举行萨满祭祀活动，与一年四季的经济生活密切相关，所以老萨满又借此机会传授生产知识。跳神中的事项外，还要讲述本家族的族史，如原籍、如何迁徙以及祖先的英雄业绩等，这是传授民族文化

『乌云』是满族萨满教中专门培养萨满和助手的特殊方式。在学习『乌云』期间，老萨满除了传授『乌云』，直至学会为止。如果有的人实在学不会，考核不合格，即被淘汰。没有学会诵唱、击鼓、舞蹈等一系列跳神活动，那么就要继续学习第二个『乌云』，甚至第三、第四个满了，以后可以独立完成跳神活动，助手也可成为正式助手。新萨满和助手，如果在一个『乌云』中还品等。经过跳神考验后，被全氏族成员，尤其是『穆昆达』（即族长）和老萨满所承认，便正式成为萨实地跳神，请神灵降临，表演各种舞蹈。准备成为助手的人，也要学习侍候神灵（萨满）、制作各种供灵等技术和祭祀仪式，就举行烧香跳神，民间称『烧官香』。将要成为萨满的人，要在老萨满的指导下，中学会了上述一切，也就是新萨满学会了跳神，并能进入昏迷状态，即神灵附体，助手们学会了侍候神的老萨满作指导，学习诵唱满文神歌、击鼓、走步法和舞蹈动作等。如果新萨满和助手们在一个『乌云』是很长了，故定九天为一期，即一个『乌云』。在这九天里，也就是在一个『乌云』里，由一位有经验之至数，始于一，终于九焉。』所以，满族先人认为，充当新萨满和助手的人，如果学习九天时间，就常用『九』表示多、大、极的意思，因为『九』是个位数中最大的数字。故医书《素问》中说：『天地传。那么『乌云』的含义以及它的学习仪式又是怎样的呢？『乌云』是满语，为数字『九』。我国古代

前面我们已经提到萨满和助手都是经过学习『乌云』，才能成为正式的萨满和助手，而不是父子相和达斡尔族的『穿红鞋』等[1]。

如幻视幻觉、胡言乱语等。这便是自然气功的产生。古代常有人在深山老林中『打坐』修炼，这种因静寂静的天地。从简单的哲学观点出发，静到极点便是动。在寂静的环境中，有个别人会得到气功的动态，但每个人所产生的功能却不一样。尤其是古代在人烟稀少的深山老林，不用特意去寻找安静场所，处处是但不外乎两大类：一类是自然功，另一类是修炼功。人生活在地球上，都吃五谷杂粮，呼吸大自然的气，所以，萨满教中的昏迷术含有气功因素，是不足为奇的。据有关资料记载，气功种类繁多，有三百余种，上老君、王母娘娘、何仙姑、吕洞宾和某某真人、道长等，都是有名的大气功师，并有种种的神奇传说。如观世音菩萨、普贤菩萨、弥勒佛，还有众多的喇嘛、和尚、尼姑等。中国的道教更是以气功起家，如太

气功存在于宗教中的实例不少。世界著名的佛教中就有许多气功大师，其祖师释迦牟尼就是一例，再气功和特异功能的作用。当然气功与特异功能也是相辅相成、不可分割的。

这种昏迷现象为何能产生奇异的功能呢？这是一个复杂的问题，但有一点是可以肯定的，那就是有萨满的故事》中，都有许多记载。

于萨满的神奇妙术，在满族民间传说中甚为丰富，如举世闻名的《尼山萨满》和傅英仁先生讲述的《七大东北时，猜对了日本人事先藏好的七样东西，等等。这些奇人怪事都是萨满进入昏迷状态时进行的。关的松花江上连钻九个冰眼。还有黑河地区五家子屯的何姓兄弟都是萨满，其兄为大萨满，曾在日本占领了。萨满进入昏迷状态以后，可以做出各种超常的事情来。如石姓有一大萨满十九岁时，曾在冰天雪地

什么是昏迷？昏迷就是神灵附萨满之身后，使萨满精神恍惚，失去自我，此时一切言行都代表神灵案。笔者对此问题，想谈几点看法。

大量资料，很好地归纳研究，还必须结合现代科学技术，利用人体科学研究的成果，才能有较正确的答

萨满的昏迷术是专家学者们感兴趣的问题。这个问题的探讨，不仅要把古今中外的萨满昏迷现象的中都提到的内容。

坐修炼而得来的功是修炼功。佛教和中国道教的气功师具有这种功。民间的萨满教中多为自然功。如石姓的五辈太爷，据说十几岁时失踪了，原来是上了长白山，在那高高而寂静的山上，吃野果喝雪水，与豺狼虎豹生活在一起，共有三年多。回到本屯后当了大萨满，神通广大，百病皆治，武艺高强，方圆百里都传说着他的事迹。笔者采访时，曾见到九十三岁的郎贵儒老人（一九九一年去世），他年轻时见过石姓五辈太爷，说他长得很矮小，干瘦干瘦的，在长白山生活的三年中『喝风咽沫』，就是一种气功态，即自然气功。

从气功的性质来看，有硬气功和软气功。萨满教中也有硬功和软功，前者如『跑火池』『钻冰眼』『上刀山』『跳坑』等；后者就是萨满的各种舞蹈表演。

总之，萨满的昏迷术中含有气功因素是比较可信的。

萨满一词的来源及含义，同样是专家学者们感兴趣的问题。关于其来源不外乎有两种意见：一种意见认为它由梵语中的『沙门』和波斯语中的『歇敏』二语讹传而来；另一种意见认为它来源于『通古斯语』或是『满—通古斯语』。前一种意见证据不足，后一种意见有一定的道理，但不确切。关于『萨满』一词的含义，也有两种意见：一种意见认为『萨满』是指『激动、不安和疯狂的人』，另一种意见认为『萨满』是指『知道』『通晓』和『无所不知的人』。这两种意见都有一定的道理，但前者只凭直观，后者意思不够全面。

那么，『萨满』一词的确切含义究竟是什么呢？『萨满』（saman）这个词包含着三个满语动词的词根，即sambi中的sa，samašambi和samdambi中的sama和sam。sambi在《清文总汇》卷五中解释为『知晓』，由于满族民间口语化造成的混乱，sambi的词根也可以是sam；又由于满语语音和谐律的作用，sam便逐渐演变成saman（萨满）了。所以，我们说『萨满』一词应含有『知晓』的意思。

samašambi和samdambi在《清文总汇》卷五中，分别解释为『巫人跳神』和『巫人戴神帽、束腰铃、扭腰摇摆、打神鼓走着跳神』；在民间神本中分别解释为『跳神占吉凶』和『跳神』。这两种解释虽然在跳神内容和方式上有所不同，但它们都是『跳神』，即『跳动』。上述两词的词根分别为sama和sam，由于与sambi同样的原因，即变为saman了。因此，『萨满』还应含有跳动之意，而且萨满一词最早应是『萨穆』。事实证明，在记载萨满教历史的有关文献上，曾出现过多种语言相近而写法不同的现象，将『萨满』（saman）写成『萨莫』『叉玛』『撒卯』『撒牟』等，就是由『萨满』一词与上面提到的三个动词词根在使用中语尾音节的变化所造成的。

总之，『萨满』一词来源于使用满语的民族，其他民族都是由此借用的。《萨满教今昔》中明确指出『突厥人和蒙古人不懂得「萨满」一词』。确切地说，『萨满』一词来源于满—通古斯语族满语支。

关于『萨满』一词的含义，也应包括两层意思，其一是『知道、知晓、无所不知』，由这层意思引申为萨满是通晓人间、神间的一切事物，即人神之间的中介人。其二，它含有『跳动』的意思，萨满为表现动物的勇猛和祖先之英勇而狂呼乱舞，如此这般从历史上延续下来，萨满也变成了『激动不安和乱舞』之人了。

综上所述，神歌的诵唱是由萨满和助手完成的，他们诵唱神歌是在跳神仪式中进行。那么满族的跳神仪式如何呢？

三

综观近十年来在满族民间所搜集到的萨满文化资料中所含的跳神仪式，共有三种类型：第一种是大神跳神仪式；第二种是家神跳神仪式；第三种是只叩头、烧香，不跳神、不诵唱神歌的哑巴头祭祀仪式。

在第三种类型中，萨满教祭祀的内容几乎没有了，严格来说已不属于萨满教的祭祀范畴了。但是笔者在调查中发现，满族仍将它作为萨满教来看待，也可以算作是满族萨满教的余波，但这种祭祀活动已与汉族的祭祀祖先神灵没有什么两样了。

以上三种跳神仪式，实为两种，即大神和家神跳神，也叫大神和家神祭祀。二者之间有什么不同呢？第一是神灵崇拜的对象和数量不同。大神祭祀中所崇拜的对象，包括人自身在内以及以外的所有物体和现象等，如天上飞的、地上爬的、江河山川等动植物神和自然界以及满族历史上民族形成过程中起过重要作用的英雄人物，即瞒尼神，都被作为神灵崇拜。也就是以万物有灵为思想基础，形成了庞大的萨满教神灵世界；家神祭祀仅仅是以祖先崇拜为主要对象，即使原为动植物神灵，在家神祭祀中也是作为祖先崇拜的内容了，如佛多妈妈等。第二是萨满跳神形式的不同。大神祭祀仪式中的大萨满要表演各种舞蹈动作，即前面叙述的三种形态；家神祭祀中的家萨满仅仅是按照一定的步法，手执抓鼓，击鼓而跳。第三是萨满在跳神过程中的精神状态截然不同。大神祭祀中的大萨满要进入昏迷状态，也就是神灵附体；家神祭祀中的家萨满精神状态始终是清醒的，也就是神灵不附体。这三条也是大萨满与家萨满的不同之处。

满族的萨满跳神，民间称为『烧香』。从烧香的目的和内容来看，共有四种：第一种是烧官香（全氏族、部落之意），就是前面已经提到的为让新萨满和助手有实地参加跳神的机会，学习『乌云』结束以后，必须举行烧官香，考核和锻炼新萨满和助手，合格者即被族长、老师傅以及全族人员所承认，成为正式萨满和助手。第二种是烧太平香，即在秋收以后，为庆祝五谷丰登，感谢神灵的保佑而烧的香。第三种是还愿香，这是因有病、盖房、搬迁等许愿而烧的香。第四种是年节香，是逢年过节时烧的香。这四种香，从其目的来看，实为两种，一种是还愿香，另一种是为求太平、保平安健康而烧的太平香。除年节香以外，其他烧香时间多在秋收以后举行，人们不仅借烧香之机，庆祝一年来的丰收，而且还借此机会娱乐一番，解除一年的辛劳之苦。

在四种烧香中，烧官香和太平香都能进行大神和家神跳神仪式，但还愿香和年节香只能举行家神跳神活动。同时，在举行烧官香和太平香时，还可以进行还愿仪式。

上面这类神器，当萨满穿上时，高高的跃跃欲飞的神鸟，随着萨满跳动而摇摆着；神帽前沿上的彩

满族的神裙是用彩色布缝制而成，上衣仅是白布衫，鞋、裤都是平时穿的式样，但必须是新的。代，腰铃还有用兽骨制成的。海窝集传》记载，腰铃是用青石制成，其重量可想而知了，围此腰铃者一定是大力士。据说，在原始时有的二十几个，重量一般为四十斤左右。据满族故事家傅英仁先生所讲述的父系制社会早期的传说《东

腰铃的满语为『西沙』，现今所搜集到的腰铃实物都是铁制的，其数目随姓氏而异，有的十来个，的翔力而施展自己的法力。的。神帽上鸟的数目的多寡是萨满神力大小的标志，也是萨满社会地位高低的象征，萨满借助神帽上鸟姓氏神帽上曾出现过十三只鸟。满族传说《尼山萨满》中的女菩萨是戴饰有九只鸟的神帽，赴阴间寻魂还有四尺至五尺长的彩带。石姓神帽上最多是三只鸟，杨姓神本中记载是九只鸟，黑龙江省宁安县有的

第一类，萨满装饰神器中的神帽，满语为『扬色』。神帽上的装饰物，满族最常见的是鸟和铜镜，等器具。像、神箱、香炉以及祭祀时一切所用牺牲和不牺牲的供品等，总之是萨满跳神时场地上的装饰物和供品鞭、铁锤、七节鞭、腰刀等，总之是萨满跳神时手中所持的器具。第三类是场地神器，如彩旗、神偶、神是萨满手持神器，如神鼓、鼓锤、神镜、神刀、神铃、扎板、激达、三股马叉等，石姓还有花棍、铁类：第一类是萨满的装饰神器，如头饰、神帽、腰铃、神衣、神裙等，总之是萨满自身的装饰物。第二类

满族萨满教文化中的神器很多，凡是萨满祭祀中使用的器具、服装等都是神器，概括起来，大致有三一词。于满族历史上尚武的缘故，民间有的人称为『武器』。为了与战场上的武器相区别，我们使用『神器』

世界各民族的萨满教，萨满在举行烧香仪式或跳神时，都需要一定的法器，满族称为『神器』，由

线，是萨满的眼睛，看上去似睁非睁；神裙和神帽上的飘带随风起舞；腰间神铃哐哐作响。这一切顿时使萨满披上了神秘的色彩，具有人力不能挡的神力了。

第二类，萨满手持神器很多，我们仅阐述神鼓和神镜。神鼓，满族有两种，满语为『依木亲』和『同昼』，即『抓鼓』和『抬鼓』，都是圆形，用兽皮制作，其不同点主要是尺寸大小和制作方法上的区别。抓鼓一般为四十厘米左右，是单面有皮，所以又叫『单面鼓』，即『单鼓』。抬鼓一般为八十厘米左右，是两面用皮制作的。从整体上看去，抓鼓比抬鼓小而且单薄，抬鼓则显得厚实。

由于把柄位置不同，抓鼓又分为两种，一种是鼓的旁边有把柄，叫『太平鼓』，多为清代汉军八旗萨满跳神时使用。另一种是鼓的中央有把柄，既叫『抓鼓』，也叫『太平鼓』，多为满族萨满跳神时使用。但是，旁边有把柄的太平鼓，不能称为『抓鼓』。

在神鼓中，具有超自然和社会的神秘力量和色彩的，是满族民间所使用的『抓鼓』。它不仅在制作上有严格规定，而且各民族对于它的起源和作用，更是赋予美妙动听的神话和传说，并将它与宇宙万物相联系。满族故事《手鼓的传说》[2]将神鼓解释为是由一个梨变来的。在《松花江下游的赫哲族》一书中，记述『于卡吉尔人以为神鼓是一个湖』[3]。雅库特人和蒙古人都认为神鼓是『萨满的马，他能骑之升天堂，亦能入地狱』[4]。《尼山萨满》中的女主人公坐在神鼓上『飞起来』[5]，越过了午门，进入了皇宫。在阴间时，她又『坐鼓』[6]过河。石姓神本中也记述了一位萨满坐鼓过河的故事。有的民族还把萨满的生命与神鼓联系起来。在《萨满教今昔》中，记述了古代突厥语民族中，因为『规定数量的鼓他都使用完了』[7]，萨满就死了的故事。总之，萨满神鼓不仅有不寻常的来历，而且其作用也是万能的，既能在萨满需要时变作坐骑、飞鸟、渡船等，同时也是萨满生命的保护神。

神镜，满语叫『托立』。当今所搜集到的神镜都是铜制的，所以又叫『铜镜』。满族神镜的作用是：第一，它是萨满神帽上的装饰物，其数量随姓氏而异。第二，是萨满跳神时的手执神器，是他的护身器。

第三，信仰萨满教的满族，认为神镜有驱邪除恶的作用。所以，从前满族家门口挂有铜镜，青年男女结婚时，迎接新娘的喜车上和新娘腰间都挂有铜镜，以避邪和保佑平安。

关于石姓萨满手执神器的渊源和作用，请参看拙文《由萨满神器看满族原始经济生活》[8]。

第三类，萨满跳神时的场地神器就更多了，而且随民族不同而异。满族大致有以下几种：第一种是作为神灵崇拜的，有神偶、神像、祖宗匣子、神箱、子孙口袋、索莫杆等；第二种是牺牲和不牺牲的供品；第三种是燃烧的供香；第四种是场地所需的彩旗、桌椅等。

第一种，神偶：是信仰萨满教的民族普遍存在的文化现象，其种类繁多，所用原料也是多种多样，其中，满族有木制、皮制、石制、布帛制、金属制、骨制、草制等。满族的瞒尼神多数为木刻而成，数量有几百种。石姓老萨满石清民说，他们有一百多位，有两个身体连在一起的，还有瘸腿的。石姓至今还保存着白山主、奥都妈妈、巴那额贞、子孙口袋等神偶。其他姓氏如宁安赵姓和瑷珲吴姓的索利条，黑河地区姚姓的索利条和黄布块，还有瑷珲孟姓的狗鱼等神偶，都保存有实物。多数神偶都在『文化大革命』中作为四旧被扫除了。

我们只对白山主、子孙口袋和索莫杆进行探讨。

石姓白山主即长白山神，其神偶是用一高十四厘米、宽十厘米左右的木块雕刻而成，为尖顶形。满族的传统观念认为女神偶为尖顶形，男神偶为平顶形。据此白山主神偶应为女性。可是，在满族的神话传说中都说它是身怀绝技的白须老者，在许多姓氏的家神案上，也画有白须老者，称为『白山主』画像。石姓的家神案子，就是画了一位头戴顶带花翎、身着黄袍马褂、骑着白马的清代官员，该姓氏解释为『白山主』，也叫『白山总兵』或『超哈占爷』，又称『老憨王』。原为女性的长白山主，随着满族历史的发展和男性社会地位的提高以及逐渐成为历史的主宰，尤其是登上了政治舞台，掌握了政权后，满族信仰中的神灵也必然会随之改变性别和地位。于是白山主自然成为男性了，在融合满族历史上的尚武精神和戎马生涯后，白山主又演变为『白山总兵』和『超哈占爷』；最后由于努尔哈赤以武功统一了满族各部落，民间祭祀活动又将白山主与老憨王——努尔哈赤联系起来。白山主神的地位不断提高，成为满族的民族神，进入家神祭祀的主要神位，演变为祖先神，这是满族社会发展的必然结果。

子孙口袋神偶是一尺左右长的黄布口袋，也叫『妈妈口袋』。这种黄布口袋，目前在石姓的家乡小韩乡个别家庭还保存着。口袋中所装之物是几丈长的用蓝、白、黑三色（有的姓氏还有红色）线组成的子孙绳，又叫『长命绳』。绳上系有小弓箭和红、蓝布条，有的姓氏是系嘎啦哈[9]。每年本家若生男孩，就在子孙绳上系小弓箭；若生女孩，就系红、蓝布条。这样年复一年地积累起来，子孙绳上的弓箭等物就会越来越多，口袋一年比一年增大，象征着本家族子孙兴旺。这一黄布口袋总是挂在满族西屋西墙上祖宗龛的北侧。

与子孙口袋关系密切的另一神偶，就是柳枝。石姓逢年过节时，从山林中选一茂盛清洁柳枝，上系七至九条白纸条，挂在过厅东屋的东南角上。举行跳神仪式时，将子孙口袋中的子孙绳取出，一头系在祖宗龛北侧的原神位上，另一头就系在房屋内东南角的柳枝上。此时，还需要有较粗大的像小柳树一样的柳枝，栽插于庭院的东侧。有的姓氏，在举行跳神仪式时，将子孙绳的一头系在庭院中的柳枝上，房内东南角则无柳枝。房内和庭院中的柳枝叫『佛多妈妈』。『佛多』（fodo）是满语，意思为『求福跳神竖立的柳枝』[10]；『妈妈』（mama）是满族的祖母和对老年妇女的尊称，直译为『柳枝祖母』。这种将柳枝用子孙绳与子孙口袋连接起来的跳神活动，叫『换锁仪式』，亦称『柳枝祭』。其具体做法是在子孙绳上，重新系上红绿布条或丝线，经过跳神仪式后，满族认为这些布条与丝线就有了神力，可以保佑子孙们平安健康，便将布条或丝线戴在子孙们的脖子或手腕上。这就是石姓神歌中『戴锁保平安』之意。

这『换锁』祭是满族历史上萨满教文化中普遍举行的仪式，佛多妈妈是满族源远流长的始祖母女神。早在人类洪水时期，就有《佛多妈妈与十八子》的神话[11]。神话告诉我们，满族认为其先人与柳树有着血缘关系。

佛多妈妈和奥莫西妈妈实为同一神灵，是不同历史时期的不同称呼，其神职功能是相同的，都是满族萨满教中的婴儿保护神。从她的又一则神话[12]中可知奥莫西妈妈是满族最早祖先。

关于佛多妈妈的神话还有柳叶生人[13]，柳枝变美女与人结合生育了满族[14]等，都是由柳树或柳枝直接生育人。因此，我们说柳树或柳枝就是满族的图腾。

随着满族历史的发展，社会文明程度的提高，尤其是大清王朝的建立，佛多妈妈生育满族的神话也开始演变了，增添了文明社会的色彩和各种宗教因素，如道教的老道娘娘、佛教的菩萨形象，都融合在佛多妈妈身上。在《尼山萨满》的传说中，佛多妈妈的形象是端坐在云雾缭绕的宫殿中的白发苍苍的老太太[15]。在《朱拉贝子》中，佛多妈妈是一个骑着驯鹿的『白发老妈妈』[16]。据说，从前吉林乌拉街有一座娘娘庙，庙中供奉的就是子孙娘娘。她是一个穿着道衣、挽着高发髻的美丽的女菩萨，身前身后都有大口袋，里面装着无数个小孩，无子嗣者在此像前烧香叩头，然后从口袋中取走小孩[17]。这与汉族手捧婴儿的送子娘娘还不完全相同，但它保持了满族的民族特色，除了高发髻外，就是身上的大口袋，与子孙口袋是相通的，所以它是满族奥莫西妈妈演化后的形象。

以上这些神话传说，虽然只在满族个别地区和姓氏中流传，但也揭示了佛多妈妈随满族历史的发展而变化的基本线索，即反映满族远古时代，母系氏族社会的早期，佛多妈妈已流传于世了。当进入人类文明社会，在清朝统治全国时期，佛多妈妈的发展变化可分为两种渠道：一种是保留了原始古朴的内容，即满族民间各姓氏的柳枝祭；另一种是寺庙化，即菩萨形象和民间的子孙娘娘，但它的神职功能未变，仍起生育和保护婴儿的作用。总之，佛多妈妈应是满族原始时代的图腾树，后演化为祖先崇拜，已属家神祭祀的范畴了。

索莫杆：『索莫』（somo）为满语，在《清文总汇》中解释为『满洲家还愿立的杆子』。实际上不仅是还愿用，而且更重要的是祭天用，所以又叫『祭天杆』，即『神杆』。有些书中写作『索伦』或

『索罗』，都是不正确的。

神杆是从山林中选一干净笔直、一丈左右长的树木，立于影壁墙后，下放三块石头。关于这三块石头也有种种传说，如有的说是努尔哈赤安营扎寨时支锅的三块石头。这木杆经过祭祀以后，有的姓氏将其送至河中或干净的山林中；有的则仍立于庭院中，待来年祭祀时更换新木杆，再将旧木杆扔在干净之处。

祭祀神杆在满族民间称为『杆子祭』『祭杆子』『念杆子』等，其目的是祭乌鹊和天神。之所以祭乌鹊，是因为乌鹊曾救过满族的祖先，为报恩而祭祀。关于这方面的传说和故事，在民间和史料中多有记载，如《努尔哈赤的传说》[18]《乌鸦和窝楞》[19]以及《满洲实录》等。

天神的祭祀渊远流长。从许多有关天神的神话传说以及神本中反映的内容来看，天神的历史发展大概有以下几种形态：

第一是无形的直观崇拜，只表现在神歌中，如石姓、杨姓和永吉县赵姓的祭天神歌中都有『登阿布卡』（den abka）和『阿巴阿布卡』（amba abka），即『高天』和『大天』。石姓祭天神歌中还有『景齐阿布卡』（jingci abka），即『重天』；『牛捏阿布卡』（niowanggiyan abka）即『青天』和『吴云阿布卡』（uyun abka），即『九层天』。同时，在这些满语神歌旁边分别注有汉意，为『清天高大』『重天之际』『祝祷天神』和『九层之天』。从这些神歌中对天神的称呼来看，此时祭祀天神是对他们居住的周围环境、浩浩苍天的直观崇拜，反映了人类思维还处于童年时代的朦胧状态，所以天神也无具体形体。

第二是人格化的至高无上的天神形态，此种形态已有性别之分，其功能也表现得很突出，即天神创造了万物及人类，如《天神创世》[20]《天宫大战》[21]以及富察氏家祭神谕[22]等。此时的满语名称为『阿布卡赫赫』（abka hehe）和『阿布卡恩都立』（abka enduri），即『天女』和『天神』。这正反映了人类社会所经历的『知其母不知其父』的母系氏族和男子一统天下的父系氏族社会时期。

第三是天神随人类社会的发展而变化，其功能逐渐与人类社会密切相关，形象也更加具体、更加人格化了。这第三种形态是封建社会的『天汗』，满语为『阿布卡汗』，这是石姓『祭天』神歌中的相同用语，已与封建社会的皇帝齐名了。

第四种形态：这一时期天神的地位，在人类社会中更具体化，满语名称是『阿布卡朱色』（abka juse），即『天子』。这是黑龙江省宁安县关姓和吉林乌拉街满族镇关姓『祭天』神歌中出现的用语。『天子』正是中国封建社会中皇帝的自称。在石姓『祭天』神歌中还用了『阿布卡玛法』，即『天老者』，其地位与人类生活更密切了。

从以上天神在满族萨满教历史上表现的四种形态来看，其发展变化的基本线索是清楚的，即从无形体的对空崇拜，发展为至高无上的天神创世，又到『天汗』和『天子』，或是『天老者』。这正反映了人类在宇宙万物面前认识不断深化，力量逐渐强大，地位逐渐提高的历史变化，与天神的关系也更加密切。

天神名称在石姓神歌中出现多次，有『九层天』『天汗』和『天老者』，这几个名称不在同一历史层次中，而且时间相隔久远。那么同一篇神歌中，能反映这么久远的历史内容吗？答案是肯定的。因为萨满文化本来就是从人类远古时期流传至人类文明社会，在其神歌中定会沉积着多种历史层次的文化内容。石姓『祭天』神歌中出现对『天神』不同历史层次的不同称呼，是不足为奇的。

满族除了以上记述的作为神灵内容的神偶、子孙口袋等以外，还有一种是画在纸上或布帛上的画像神（如石姓的白山主神像），即神像，满族对此有独特的称呼，叫『神案子』，就是画有神像的画轴，如同藏传佛教文化的『唐卡』。

满族有两种神案子，即家神案子和大神案子。

家神案子：从前满族每个姓氏都有家神案子，经过『文化大革命』时期扫除四旧后，余者已寥寥无几了。目前只有石姓，牡丹江厉姓，黑河地区五家子屯何姓、于姓，瑷珲地区孟姓，辽宁岫岩县吴姓等，保存或记载着家神案子。这些姓氏的神案子数目及画像上的神灵数目，随姓氏而异，多数为一张，上画有一位老者或两三位不等，老者有的骑在马上，有的站立马上，称为老憨王，即努尔哈赤。只有于姓是六张，其内容为：一张是两匹马，一张是一只鹿，其他都是老者画像。孟姓是一位披着蓑衣的老者，端坐画中；吴姓是画一只狍子；等等。这些家神案子，不管是什么画像，都是作为祖先崇拜而祭祀，反映了满族历史上各姓氏的具体生活环境和经济生活内容。

大神案子，也就是野神祭祀的内容。画面上内容丰富，一般都是用白布作画。目前，在满族民间已搜集不到实物了。据几位老萨满回忆，黑龙江省瑷珲地区五家子屯何姓，富裕县三家子屯富姓、孟姓，吉林省石姓、杨姓，以前都有大神案子。如孟姓[23]，大神案子是画在一块五六尺长的白布上，上下按类画像。第一类是太太、娘娘、萨满爷爷像，在他们周围还画有松树，树上盘绕着蛇和蟒。第二类是武神，都骑马挎枪。第三类是『色勒芒额』（即铁英雄）和巴图鲁神（即勇敢之神）。杨姓大萨满杨世昌回忆说，该姓的大神案子画有九个萨满和九座神楼，前五位老萨满都坐在动物身上。在神像的周围，最上边为老白山（即长白山），两边有日、月、树、鸟，下边是动物，如飞虎、豹等。

石姓根据石清民、石清泉、石文才等老萨满和助手的回忆，复制了一份大神案子，画在六七尺长的白布上，经过画家几次修改，石姓家族认为与原大神案子相同了，才算定论（见文前附图）。画像上最高的是『白山主』神楼，其后是长白山神树与神鸟，下边五座神楼，第一至第五辈太爷端坐于楼中。石姓共有九位萨满神灵，从第六至第九位仅在神案上有名而无神楼。神楼周围的景物有树、云、鸟、兽等，据说动物都是第五辈太爷从长白山上带下来的。有些景物还有神话传说，如神案下边有一人白布裹身，手持铁棒站在一冰窟窿旁边。这是他们的第九辈太爷，属龙的石殿峰连钻九个冰眼的画像，时间是一九一〇年左右，当时约为十九岁。神案旁边还有一棺材，下面燃烧着熊熊烈火，这是石姓头辈太爷的棺材，经过火炼近身之后，上长白山修炼的画像。有一篇神歌正是歌颂其英雄行为的，石姓的『跑火池』正是头辈太爷所表演的舞蹈技巧。所以，我们说石姓的大神案子是用图画来表现萨满文化的特殊方式，其他姓氏的神案也具有同样的作用。

家神案子和大神案子有什么区别呢？首先是画像上的神灵不同。家神案子画有家神神灵，大神案子画有大神神灵。其次是大神案子的画像中含有丰富的神话传说等内容，家神只有祖先神，其内容和形式都比较简单。不管是家神案子还是大神案子，都是满族萨满教中很有特色的文化现象。

以上记述的神偶、神像即『神案子』子孙口袋、索莫杆等，都是满族萨满教神灵崇拜的内容。

第二种是牺牲和不牺牲的供品。

牺牲品：萨满教的供品很多，凡是人类能食用的飞禽走兽等都能作为牺牲供品。原始人的思维方式与现代人不同，在远古时代，原始人常用崇拜物祭神，『关于这点，英国人类学家费雷泽在其名著《金枝》中，曾列举了大量的实例，如美国加利福尼亚州某一信仰大雕的印第安人部落，在每年举行祭奠时，总要杀死一大雕作为祭品；又如古埃及人奉羊为神兽，但在一年一度的阿蒙节上都要杀一只公羊祭神；还有非洲一些部落杀死神蛇，新墨西哥印第安人杀死神龟的风俗等等』[24]。众所周知，满族历史上有崇狗敬狗的习俗，这一点不论在满族民间还是文献中，都有充分反映。直至新中国成立前，黑龙江省宁安地区还有祭祀狗神的活动，叫『阴浑贝子』[25]；黑河地区的钱姓也祭祀狗。这是因为满族历史上狩猎生活中狗能帮助狩猎，人与狗形成了密切关系。在满族传说《尼山萨满》中就用狗敬神，这虽然是到目前为止发现的唯一例证，但它与世界其他各民族杀崇拜物祭祀有同等的意义，所以满族历史上用狗敬神是存在的，但以猪敬神还是主要的。现在我们搜集到的满族萨满牺牲供品，是以猪为主，其次有鸡、鸭、鱼、鹿、牛、羊。一姓氏的牺牲供品多寡以及用什么祭祀，从前常常是该姓氏的富裕程度和强弱的标志。在黑河地区，我们常听老人说：『有钱用牛，钱少用羊或猪。』该地区五家子屯臧姓，用九猪一牛祭祀，以示家族的富有和强盛，这恐怕是满族用牺牲供品最多的一姓，也正是因为如此，臧姓早在新中国成立前就不举行祭祀活动了。用鹿做牺牲是满族神树的祭祀供品，具体到石姓所用牺牲是猪和鸭。

关于这些牺牲供品的宰杀和食用，在满族萨满教文化发展中，都形成了固定而规范的仪式。如从前宰杀羊必须在野地里，有的要求在柳树林中，而且不能用铁刀，而要用一削尖了的木棍，在羊的肚子上扎一窟窿，将手伸进去攥住羊心，挤出血液，使羊死亡；同时，将羊血涂抹在柳树枝上或涂在挂在柳枝上的很粗糙的白纸上，以祭祀神灵。食用牛时，必须在一天之内吃完，余者扔掉。关于猪的宰杀，规矩更多，这也是石姓神歌中常常出现的内容。

第一是猪的选择，原先要求必须是家养神猪，就是将小猪买进家来，必须是纯黑毛的，在猪耳朵上作一记号，成为神猪。这一神猪要特殊喂养，待膘肥肉厚时才能宰杀。后来，如果没有家养神猪，也可以购买他人的猪，但必须符合条件，其重量至少要在二百斤左右。

第二是宰杀之前对神猪的处理。一是捆绑神猪很讲究。满族的重要习俗之一，就是以西为大，所以满族的西炕上不准坐人。但此时，老助手必须坐在西炕沿上，用手搓麻绳，将神猪的嘴、蹄捆绑起来，头朝南、面向东地放在外屋地上。二是踩猪，就是萨满举行跳神仪式时，神灵附体后，萨满手执神鼓在猪身上跳神，踩来踩去，同时诵唱神歌，其目的是让神猪情愿献身于神灵。石姓踩猪是请瞒尼神。三是领牲，就是向猪耳朵里灌水或酒。在《重订满洲祭神祭天典礼》中曾记述『太古无酒，用水行礼』，即『用净水灌猪耳，故名曰元酒』，并在神前供净水。这里充分表现了满族萨满教中原始古朴的内容。后来，萨满教虽然随着满族经济文化的发展，也用酒行此礼节，但在满族民间神猪的领牲，还是保持用净水灌于猪耳内的传统习俗，石姓神猪的领牲就是如此。当水灌入猪耳后，要观察猪的耳朵动不动。如果猪耳朵马上抖动，则是好兆头，意味着神灵已经接受这一神猪了。此时，全族人员，甚至过往行人都向东家打千，行满族礼，以示祝贺。如果猪耳朵不动，就继续灌水，直至抖动为止。如果还不动，就要更换神猪了。信仰萨满教的满族认为，向神灵献牲是一件非常神圣的事情，神猪不仅需要自己圈养，而且必须健康，灵敏度很高。踩猪和领牲就能起到这种检验作用。四是杀猪，必须左手行刀。

第三是将神猪做成供品。将神猪宰杀以后，将其全身各部分如头部、前身、背部、腿部等处的肉，各取少许，连同猪尿泡和五谷杂粮，一起放入草把中，绑在神杆顶上，意为全猪献于神灵。清宫中是用锡斗，以祭祀天神和乌鸦。之后，便是将宰杀的神猪摆腱，即将猪毛除掉后，按节行刀，把猪分成八块、九块或十三块，放入锅中，煮至七八成熟以后，再按活猪趴卧的样子摆起来，其内脏全部放入猪腔中，这个过程叫『摆腱』。这样再供于神堂前，意思是整猪献于神灵。石姓的摆腱是将猪分解为猪头、后背、两个肋骨和四个猪蹄，共八块，『摆腱』献牲于神灵。还有另一种方法，即『燎猪毛』，就是将猪杀死后，整猪架在火上烧，把毛都烧掉，然后供献于神灵。黑龙江省的宁安、瑷珲，吉林的乌拉街等地，都是用『燎猪毛』献牲。古时候，是将野猪捆绑好后，供献于神坛前。

不论是『燎毛猪』，还是『摆腱猪』，其满语名称都为『阿木孙』（amsun），即『祭祀肉』。这种祭祀肉敬神以后，再做成食用的肉，全族人员、过往行人乃至乞丐，都可以来吃，吃完为止。

不牺牲供品，主要是米糕和小米饭。必须用特意挑选并精心保存的谷子去糠后的小米，这也是很神圣的事情，所以，满族许多姓氏都有『淘米』神歌。淘米时，必须用刚从井里取来的水，将米淘干净，盛在专用的器皿中，放在西炕前晾干。准备做供糕的米，蒸熟后还要『震米』，就是把蒸熟的米放在石板上，由两位老助手按照一定的做法，用木榔头捣碎，然后再做成供糕，其形状如牛舌，所以又叫『牛舌饽饽』。这样即可供献于神灵了。

上述供品是满族萨满教文化中的重要内容。因为萨满教具有氏族性特征，所以其供品的具体制作也有些不同，如供糕有各种形状：圆形、长形、棱形等。有的还供水果。

第三种是燃烧的供香。凡举行宗教活动，都需要焚香敬神，在中国普遍流行的是一炷一炷的汉香。满族萨满教祭祀除了使用这种香外，更主要的是粉末香，民间称为鞑子香。根据石姓神歌中所出现的有关供香的不同名称，可以将汉香归纳为三种，粉末香归纳为四种。

汉香：一是『尼堪先』；二是『依兰先』，即三根汉香同时插入香炉中；三是『巴克山先』，即成把的汉香插入香炉中，又叫『把子香』，常是『七星斗』中使用。把子香中一把的数量，至少二十多根，有的上百根，这需要看举行祭祀仪式的人家准备汉香的多寡而定。

粉末香：这种香所使用的香炉与汉香不同，不是圆形而是长形。此香在神歌中的名称：一是『朱录先』，即在香炉中垒出两行香堆，一头点着后向另一头燃烧；二是『安春拉先』，即『安春香』；三是『阿眼先』，即『阿眼香』；四是『年旗香』，也可写作『年祈香』，是年年祈祷所使用之香。这四种粉末香的使用方法都是垒出两行或三行香堆。粉末香的制作原料是生长在长白山上的荆刺，在阴历七月十五日以前采来，将其叶晒干研碎后即可作供香使用，其味香浓，据说有杀菌作用。

第四种，其他神器，如彩旗、桌子等。在举行跳神的庭院周围，要插有若干红、绿彩旗。供神桌有两种：一种是高桌，满族也叫『地桌』，是放在庭院中神杆前的供桌；另一种是放在炕上的饭桌，又叫『炕桌』，是在西炕、北炕、南炕上作供桌使用。

以上所有的神器，平常不举行跳神活动时，放在什么地方，如何保存呢？神偶、神像（神案子）等，都是放在特制的匣子里，叫祖宗匣子。这祖宗匣子放在满族西墙上祖宗龛上，逢年过节时还挂上挂千。古时候满族崇白，所以是白挂千；后受汉族影响，有的全用红色；有的周围是红色，中间用白色。子孙绳放在子孙口袋中。所以满族以西为大，其原因就是如此。西炕上不准坐人，但姑奶奶可以坐。其他神器如腰铃、神帽、神裙、抓鼓等，都用较大的神箱盛装起来，放在固定地方。

萨满跳神仪式中还有一个重要内容就是神坛。满族有哪些神坛呢？主要有西炕、南炕、北炕、奥都妈妈等室内神坛，还有神杆、佛多妈妈、七星斗、祭星等室外神坛。跳神路线家神和大神不同。跳家神时，萨满立于神坛前，如西炕神坛，手执抓鼓，击鼓而跳，有时走棱子形，有时转圈旋『迷勒』，同时口中诵唱西炕神歌，其基本跳神活动是在西炕前的原地跳动，不出室内。如果是家神中的室外祭祀，如十几年来，中国的满学工作者，在满族聚居区搜集到四十多册满文神本。这些神本是什么时候用满文记录下来，成为萨满神本子。

善唱萨满神歌，精通萨满神术，有祭祀经验的老萨满或老助手，将神歌用满文记录下来，成为萨满神本子。

在满文神本出现之前，满族萨满神歌是口耳相传。当满文出现后，满族有文化的人，又懂得萨满祭祀，这是民间用来记述萨满神歌、神灵、祭祀仪式，乃至本氏族、部落的神话传说，以手抄本形式流传的书。本的满语是『恩都利毕特赫』或『特勒毕特赫』，即『神书』或『上边的书』，满族民间称为『神本子』。

满族萨满神歌的保存与流传，从我们目前所搜集到的萨满文化资料来看，主要是通过『神本』。神

四

萨满跳神仪式诵唱的神歌，是通过什么方式保存下来，流传至今的呢？都有差异，我们前面叙述的只是一般情况。

如黑河地区五家子屯的臧、何等姓；富裕县三家子屯的富、孟等姓。各姓氏在神灵崇拜和跳神仪式方面林乌拉街关姓、赵姓等。宁安地区的满族各姓氏，大部分也都是家神祭祀。有的姓氏又只有大神祭祀，姓氏，祭祀情况就不同了，有的姓氏家神、大神都有，如杨、石等姓；有的只有家神，没有大神，如吉

总之，本节所阐述的满族萨满跳神仪式，虽然依据目前所得萨满资料归纳了三种类型，但具体到各线，其他大神跳神路线都是如此，只是每位大神神灵的具体舞蹈动作不同罢了。

蹈动作。之后，再从室内回到七星斗前，助手诵唱着送神歌词送走按巴瞒尼神。这是此神请送过程的路神附体后，即在庭院中表演它的跳神舞蹈，然后便跳动着向室内走去，至西炕神坛前继续表演此神的舞庭院中的跳神后，还要到室内进行。如跳按巴瞒尼神，首先在室内和七星斗前请按巴瞒尼神降临，待此祭星、祭天、祭神树等，也都是在各自的神坛前进行。大神的跳神活动场地则是室内外都有，即完成了

文记录下来的呢？也就是说满文神本产生于什么年代？满族原无文字。清代《满洲实录》中记载：『满洲未有文字，文移往来必须习蒙古书，译蒙古语通之。』[26]这段记载告诉我们，满族最初是用蒙古文。当努尔哈赤认识到没有本民族的文字，行文通讯很不方便，对发展本民族文化和建基立业等都不利时，便于明万历二十七年，即公元一五九九年，命额尔德尼等『将蒙古字编成国语颁行，创造满洲文字』[27]。所以，满族是自努尔哈赤时，才有了自己的文字——满文。所以，满族的萨满神本只能在努尔哈赤时期，即公元一五九九年以后，才有可能用满文记录下来。但是，额尔德尼等所创制的满文，在历史上称为老满文。由于老满文弊病很多，在使用中很不方便，仅推行了三十多年，就跟不上满族飞速发展的政治、经济、文化形势的需要了。于是，在天聪六年，即一六三二年，皇太极命达海对老满文进行了改进。自皇太极六年起，即一六三二年以后的满文，历史上称为新满文。所以，在满文的发展史上有新老满文之分。那么，满族的萨满神本是用哪种满文记录的呢？这需要分析神本中的满文词汇才能得知。

新老满文的主要区别是看有无圈点。因为老满文无圈点，致使浊清音节难辨，『故塔、达，特、德，扎、哲，雅、叶等雷同不分，皆为一体』[28]。《满文老档》中写道：『档（指满文老档——笔者）内之字，不仅无圈点，复有假借者，若不融会上下文字之意义，诚属不易辨识。』[29]这就是老满文的弊病。后来，达海遵旨将老满文『酌加圈点，以分析之，则意义明晓』[30]，纠正了老满文的弊病，使之臻于完善，历史上称为『有圈点满文』或『新满文』。故我们以新满文读音为准。再者，我们从民间搜集到的萨满神本中所使用之文字，有两种情况：一种是用满文记录的手抄本，另一种是用汉字转写的满文手抄本，而且占据多数，仅个别神本保留着满文，如吉林省乌拉街关姓等。这样我们在探讨神本使用什么满文时，情况就复杂多了，会出现许多问题：

第一，由于假借音节，造成汉字转写的满文神本注音不准，如满语『a』音节，神本中注为『阿、额、赫、哈』等；再加『ya』，神本中注为『牙、夜、页』等。而且同一姓氏的神本，如石姓神本中同一音节注音也不相同，更有甚者，同篇神歌中注同一词汇也相差甚远，如石姓同一篇神歌中数字『四』分别注为『墩音』和『堆七』，白色之『白』注为『山眼』和『刷眼』等，总之是各行其是。

第二，汉字转写的满文神本中，丢掉满文音节的现象较多。如『大』的正确汉字注音是『阿木巴』，但许多姓氏的神本中都注为『阿巴』或『阿』等。『天』的正确注音是『阿布卡』，但神本中常注为『阿卡』或『阿布』等。

第三，汉字转写的满文神本中，注音错误较多，如『萨满』一词是很容易转写的，但在石姓神本中却注为『沙茂』，有的还注为『沙玛』『萨玛』等。东西之『东』是『得勒鸡』，有的则注为『秃勒鸡』等。这是由于读音的错误造成转写的错误，也可能是满语地方方言所致。

以上所讲的种种复杂情况，给我们分析神本中所使用的满文带来一定困难，但仔细研究，还是有规律可循的。

第一，神本中的『博』『包』『布』不分。如『把』和『家』的满文正确注音应为『博』和『包』，但神本中将两词合为一词，都注音为『博』。『清洁』一词应注为『包尔国』，神本中却注为『博勒浑』，郎姓是『博尔滚』，杨姓是『博拉浑』，等等。『供献』一词应注为『多包比』，但神本中都注为『多布比』，赵姓、郎姓和杨姓都是『多不比』。总之，凡应是『包』的音节，都注为『博』或『布』『不』等。

第二，『色』『赊』『沙』不分。如『老师』一词应注为『色夫』，但在石姓、杨姓、郎姓神本中，分别注为『赊夫』『舍夫』『涉夫』和『沙夫』。『岁』应为『色』，但石姓、杨姓神本中都注为『舍』『沙』等。总之，凡是应为『色』的音节，神本中都注为『沙』『舍』『赊』等。

第三，『阿』『敖』不分。『祭肉』应为『阿木孙』，但神本中都注为『敖木』或『奥木』。

第四，『特』『德』『登』『腾』不分。『神坛』一词应注为『朱克特』，但杨姓注为『朱克登』，

不识满文者，不能充当萨满和祭祀人员。所以阅读神本，用满语诵唱神歌是容易的事情，正如《重订满洲祭

满族萨满神歌的诵唱必须用满语，清代称为『国语』。原先，满族都说满语，同时，识满文的人也很多。

前面我们分析的神本，都是汉字转写的满文。那么，这批神本是什么时候用汉字转写的呢？

所以它具有较强的稳定性，故神歌中的满文也有较强的稳定性，但是仍有新老满文混用。

神歌用满文记录下来后，因为萨满教是神圣而严肃的，而且萨满神本历来都是由萨满和助手保存，

时代，公元一六三二年前后，十五世纪中期。

音节。所以神本产生的年代，应是新满文在推行之中，老满文尚未完全退出历史舞台之际，即在皇太极

从以上情况可以看出：满族萨满神本中的满语词汇是以新满文为基础的，其中含有老满文的个别

（小）、『沙克达』（老）、『古出』（朋友）、『嘎拉』（手）等，都是注音很准确的满语词汇。

（『没有』之意）、『阿木巴』（『大』之意）等等。再如『爱新』（金）、『蒙古』（银）、『阿几各』

『阿』注为『敖』，但是大量神歌中满文注音都为『阿』，如『阿玛西』（『往后』之意）、『阿库』

但是，从神本中所使用的满文多数词汇来看，还是规范的新满文，如『阿』音节，虽然在『祭肉』中将

满文音节。

音节部分一样，也就是因为老满文无圈点，音节雷同部分所致。所以，我们说神本所用满语中有个别老

以上情况说明神本中用汉字转写满语的混乱，其原因是神本中的浊清音节不分，如同『塔』『达』等

用『哈』和『克』代替了。

哈』。『光亮』应注为『额尔得赫』，但神本中都注为『额尔德克』。这就是说应为『嘎』『赫』音的，都

第五，『嘎』『哈』『赫』『克』不分。『拿去』一词应注为『嘎纳赫』，而石、杨两姓都注为『哈纳

等音代替了。

石姓注为『朱克腾』，有的还注为『朱克德』『朱克滩』等。就是说应为『特』的音节，都用『登』『腾』

神祭天典礼》（卷一）中所述：『昔日司祝之人（指萨满——笔者），国语娴熟，遇有喜庆之事，均能应时编纂祷祝。』这说明满语曾被全民族所掌握，当时是满文兴盛时期。后来，尤其是当清政府统一全国以后，一方面它将满八旗派往全国各地驻守，另一方面又将汉八旗派往东北各地，这样使满汉民族混居，给满汉文化交流提供了方便条件，从清宫到广大满族都渐渐地接受了汉族文化，学习了汉字，致使满文逐渐被遗忘，很少有人学习了。清代咸丰年间，满文已开始走向衰落；慈禧太后执政期间，从清宫到满族民间，说满语的人渐少，尤其是识满文的人已寥寥无几。此时，如果再用满文阅读神本来诵唱神歌，就非常困难了。正如《重订满洲祭神祭天典礼》中所述：『厥后司祝之清语，不及前人。』吉林省舒兰县郎姓神本『前言』中也记述：『满文不兴，满语尚存。』杨氏赵姓神本『志』也说：『其族不殆，其文乃废。』这一切都说明满文被遗忘，满族人识汉字已是大势所趋，识满文字诵唱神歌的条件已不复存在。

另一方面，萨满教是满族的原始信仰，它伴随着满族及其先人几经兴衰，被满族视为『根基』，他们不可能轻易地遗忘和丢失这种『根基』文化。吉林省舒兰县郎姓神本『前言』中又记述：『吾族原为女真旧部，崇信萨满教』，后来虽改为满洲，但『信教未改』。这说明了萨满教祭祀活动在满族心目中的重要地位。要想使这『根基』文化永远流传下去，用神歌的语言来说，就是万代流传，那么，就必须采取另外的方式，即将满文神本用汉字转写的办法解决，使『满洲旧俗不致湮没，而永远举行矣』[31]。也正如老萨满石清民、石清泉所说：『怕后人把祖宗的「根基」忘掉。』因此，便兴起了满族各姓氏用汉字转写满文神本的做法。

满文神歌用汉字转写的时间，不算很久远。根据我们对满族萨满文化的调查，一般都反映是某人的爷爷转写，就石姓来说，据老萨满石清民、石清泉反映，他们的注音时间大概是民国二十六年（一九三七），康德（即溥仪在东北建立伪政权）年间。由本姓家族的另一聚居区——东阿屯的石延三，将满文神本用汉字转写了。这就是说是在二十世纪三十年代左右。郎姓的家神本『前言』指出：将满文用汉字转写的时间是『中华民国现已有十七年（一九二八）』，将『满语祝文照原录成汉文满语』。杨氏赵姓在家神本『志』中也说，于『民国丙寅正月（民国十五年，公元一九二六年二至三月间）择吉修谱』，并用『汉字结成满语』。这两段记录都清楚地告诉我们，将满文神歌用汉字转写的时间是二十世纪三十年代左右，满族其他各姓氏也都是如此。

总之，不管是满文神本，还是用汉字转写的满文神本，都具有重要意义。它不仅是满族由口碑文学走向书面文学的开始，而且使萨满教在祭祀仪式、神灵崇拜及宗教习俗等方面，走上了规范化，与民间口头文学相比较，其变异性相对小多了，这样就使萨满文化中原始古朴的内容保存较多，成为研究人类文化的活化石。再者，满族的萨满神本，虽不能与佛教的《佛经》、伊斯兰教的《古兰经》及基督教的《圣经》等宗教经典名著相比，但它却是原始文化和萨满文化中重要的古文化文献，是中国传统文化中的灿烂花束。

五

本书采用的是石姓部分神歌。那么，石姓神本和神歌内容如何呢？

石姓，满文为『石克特立哈拉』，正黄旗，为佛满洲。现居住在吉林省九台县小韩乡和东阿屯，即松花江沿岸。该姓氏原居长白山、辉岭等地，后随努尔哈赤起兵南下，进驻在今沈阳郊区。顺治元年（一六四四）时，原是兄弟三人的石姓，有两兄弟随军入关，进驻到北京近郊区并落户。最小者名曰吉巴库，奉旨前往『乌拉等处，采珠、捉貂』[32]，便离开沈阳郊区，前往打牲乌拉总管衙门当差。今天的小韩乡和东阿屯两处石姓，便是吉巴库的后代。

石姓的萨满神本共六册，小韩乡和东阿屯各三册。小韩乡的三册神本是家神一册，记录了十篇家神神歌；大神本一册，内载有三十五篇神歌，还附有神灵名称，即神谱；还有一册为满语词汇，有一千二百多个词汇，并非神歌。东阿屯的三册神本都是家神和大神合订本，其中篇数最多的为石文才所保存的那册神本，共四十七篇，内有家神九篇，大神三十八篇。其他两册神本为石殿岐和石殿发所保存，每册各有三十四篇神歌，其中家神各为十篇，大神各为二十四篇，每册后面都附有五十个左右词的词汇表。东阿屯的三册神本，除篇数多寡不一外，其神歌内容大都相同，尤其是后两册，是同一神本的相互传抄。石姓这六册神本全部为汉字转写的满文，都用很粗糙的高丽纸书写而成，其规格大小，两处各不相同。小韩乡为二十四开，东阿屯为十六开，分别保存在两处的萨满和助手手中。我们译注的是小韩乡的家神和大神神本的全部神歌，并吸收了东阿屯的『头辈太爷』篇。所以，本书共译注了三十篇大神神歌和十篇家神神歌，还有六篇请送神歌，共四十六篇。并在译注过程中加了标点，分了段落和以诗歌形式译出。

满族的萨满神歌内容有什么特点呢？第一是体现了满族尚武的民族精神，这一点几乎在各姓氏每篇神歌中都有充分的表现。

第二是神歌表现了神灵的群体性。家神都是『百神合祭』。大神虽然是一篇神歌一位神，但神歌的结尾，也就是送神灵回山时，所用语言都是『一对对』『一群群』地回山。瑷珲地区五家子屯何姓神本中，共有三十二位神头，神歌中虽是请神头降临，但每位神头下不知有多少神灵。这充分反映了神灵的群体性，也是萨满文化的原始性。

第三是神歌内容具有叙事性。如杨姓神歌『鹰神篇』中，不仅详细记述了鹰神是住在第一座山峰上，而且还嘱咐鹰神降临时要『当心猎人的伤害』。在『多活罗瞒尼』神歌中，因为该神是瘸腿神，所以关照他『避开遥远的田野，闪开高高的大山降临』。石姓『头辈太爷』神歌，详细记述了这位太爷成神的过程，同时也说明了石姓『跑火池』的由来。总之，神歌中包含有许多神话传说，只是情节详略不同罢了。

第四是神歌的即兴性。这一点在《重订满洲祭神祭天典礼》（卷一）中也有记载：『遇有喜庆之事，均能应时编纂祷祝。』这里的『喜庆之事』就是指萨满跳神，『应时编纂祷祝』就是即兴诵唱神歌。

石姓神歌内容，除有以上四个特点外，还有自己的特点，即以长白山为中心，形成了以长白山为系统的神灵世界。其表现为：其一，石姓的神灵都居住在长白山；其二，石姓神灵全部在长白山修炼。

满族先民也同世界上其他民族一样，根据自己的生活环境，形成了特有的宇宙观念。满族在历史上久居白山黑水之间，其文化必然带有该地生态环境的特点。满族石姓久居长白山和松花江及其支流地区，其萨满文化必然带有这些地区的特点。石姓先民视长白山为九层山峰，上有九层神楼，各位神灵按神通大小、武艺高低，分居于长白山九层山峰神楼之中。随着历史的发展和人类社会的进步，长白山的九层山峰演变为宇宙的『九层天』。这是家神神歌中『祭天』篇的内容，也是石姓萨满神歌的突出特点。

我们所以译出石姓神本，是因为它内容完整，原始古朴的内容较多。常言道：『一滴水见太阳。』我们虽然译注的是石姓神歌，但它反映了满族文化的普遍内容和普遍规律，我们从石姓萨满文化中可以了解满族萨满文化之一斑。

注释

1 关于『结红带』『穿红鞋』，请参见拙作《萨满教》，载于《宗教知识宝典》，雷振阊、林国灿主编，中国广播电视出版社一九九一年版。

2《满族民间故事选》，乌丙安、李文刚、俞智先、金天一编，上海文艺出版社一九八三年版。

3《松花江下游的赫哲族》，凌纯声著，国立中央研究院历史语言研究所单刊甲种之十四，一九三四年。

4 同前。

5《满族的历史与生活：三家子屯调查报告》，金启孮著，黑龙江人民出版社一九八一年版。

6 满文《尼山萨满》，海参崴本，莫斯科东方文学出版社一九六一年俄文版。

7《萨满教今昔：资料与研究》（萨满教研究参考资料之四），（土耳其）阿·伊南著，姚国民、曾宪英译，中国社会科学院民族研究所《萨满教研究》编写组印，一九七九年。

8 载于《黑龙江民族丛刊》一九九一年第四期。

9 嘎啦哈是小女孩玩儿的骨头子儿。

10 《清文总汇》，（清）志宽、（清）培宽编，荆州驻防翻译总学光绪二十三年刻本。

11 古时候，洪水泛滥时，世上一切生灵都被淹没了，一切生命停止了，只剩下一块石头，叫乌克伸，和一棵柳树，叫佛多妈妈，没有被淹没。于是他们两个便从两处互相喷火，这样水就渐渐没有了。后来它们不知为什么又打起来，被阿布卡赫赫（即天女）看见，她调节说：你们不要再打了，可以结为夫妻。这石头乌克伸和柳树佛多妈妈便生了四男四女。这四男四女又相互结为夫妻，生儿育女。便生了四男四女。这四男四女又相互结为夫妻，生儿育女。后来四女同自己的丈夫反目，把丈夫杀死，带着儿女们向北边去了，就是现在黑龙江下游，成为喝着等民族的祖先。若干年后，石头乌克伸和柳树佛多妈妈又省了四男四女，他们又互为夫妻，生儿育女。四女又与各自丈夫反目，杀夫后带着儿女们向南去了，就是现在的黑龙江上游，成为达斡尔、鄂温克等民族的祖先。后来石头哦耶乌克伸和佛多妈妈又生了一男一女，他俩结为夫妻，生儿育女便繁衍了现在的满族。（这是黑龙江省宁安县满族故事家傅英仁先生一九八八年讲述的。）

12 最早的时候，奥莫西妈妈住在长白山天池旁的一棵大柳树上，那是长白山上最高最粗的一棵，几十个人才能围抱过来。奥莫西妈妈长得不像现在的人，脑袋像柳叶，两头尖尖，中间宽，绿色的脸上，长着如同金鱼眼一样的眼睛。尤其是她长着两个大乳房，多少孩子也吃不完的乳汁。另一位叫乌克伸恩都立的神，每年交给奥莫西妈妈一个石罐。她拿着这石罐，在每一片柳叶上交一滴水，就在这些柳叶上生长了满族子孙。子孙们就是吃奥莫西妈妈的奶水长大成人。他们都很强壮，上山能打猎，下河能捕鱼。在奥莫西妈妈的后脑勺上长着一个长长的管子，这管子另一头平时插进大柳树上，若子孙们有病，奥莫西妈妈就把管子拔下来，滴几滴水给他们，他们就会好。所以满族人强壮不生病，就是因为有了奥莫西妈妈。（傅英仁先生一九八四年讲述）。

13《萨满教与东北民族》，刘小萌、定宜庄著，吉林教育出版社一九九〇年版。

14 同前。

15 满文《尼山萨满》，海参崴本，莫斯科东方文学出版社一九六一年俄文版。

16《满族神话故事》，傅英仁搜集整理，北方文艺出版社一九八五年版。

17 乌拉街韩屯关世英于一九八四年讲述。

18《满族民间故事选》，乌丙安、李文刚、俞智先、金天一编，上海文艺出版社一九八三年版。

19《七彩神火：满族民间传说故事》，富育光搜集整理，吉林人民出版社一九八四年版。

20《满族民间故事选》，中国民间文艺研究会辽宁、吉林、黑龙江三省分会编，春风文艺出版社一九八一年。

21《满族萨满教研究》，富育光、孟慧英著，北京大学出版社一九九一年版。

22《萨满教与东北民族》，刘小萌、定宜庄著，吉林教育出版社一九九〇年版。

23 孟姓大萨满孟照祥已于二十世纪七十年代去世，其子孟宪孝讲述。

24《萨满教与东北民族》，刘小萌、定宜庄著，吉林教育出版社一九九〇年版。

25 傅英仁先生一九八四年讲述。

26《满洲实录》，中国第一历史档案馆编，中华书局一九八六年版。

27 同前。

28《满语语法》，季永海、刘景宪、屈六生编著，民族出版社一九八六年版。

29 同前。

30 同前。

31《重订满洲祭神祭天典礼》，（清）允禄等，辽沈书社一九八五年版。

32 参见石姓家谱。

第一章 大神神歌译注与满语复原

一 按巴瞒尼

ᠠᠮᠪᠠ ᠮᠠᠨᠨᡳ

amba manni

按巴	托立	札伐腓	左	戋拉	得	不勒库	街	我木	七	朱禄	德	戋思哈
ᠠᠮᠪᠠ	ᡨᠣᠯᡳ	ᠵᠠᡶᠠᡶᡳ	ᠵᡠᠸᡝ	ᡤᠠᠯᠠ	ᡩᡝ	ᠪᡠᠯᡝᡴᡠ	ᡴᠠᡳ	ᡝᠮᡠ	ᠴᡳ	ᠵᡠᡵᡠ	ᡩᡝ	ᡤᠠᠰᡥᠠ
amba	toli	jafafi	juwe	gala	de	buleku	kai	emu	ci	juru	de	gasha
大	托立	手持	两	手	在	镜子	啊	一	从	双	在	乌

很一[3]	阿巴卡[4]	七	瓦西哈	孙	叭	博	舒得合[5]	按巴[6]	瞒尼[7]	付七西	赊
ᡩᡝᠨᠨᡳ	ᠠᠪᡴᠠ	ᠴᡳ	ᠸᠠᠰᡳᡴᠠ	ᡧᡠᠨ	ᠪᡳᠶᠠ	ᠪᡝ	ᡧᡠᡵᡩᡝᡥᡝ	ᠠᠮᠪᠠ	ᠮᠠᠨᠨᡳ	ᡶᡠᠴᡳᡥᡳ	ᠰᡝ
denni	abka	ci	wasika	šun	biya	be	šurdehe	amba	manni	fucihi	se
高的	天上	从	降临	日	月	把	盘旋	大	瞒尼	善佛	等

爱以	莫讷[1]	秃拉滚得	卧一	莫讷	札林	札林[2]	德	山眼	阿林	哈打	特合
ᠠᡳ	ᠮᡝᠨᡳ	ᡨᡠᡵᡤᡠᠨᡩᡝ	ᠸᡝᡳ	ᠮᡝᠨᡳ	ᠵᠠᠯᡳᠨ	ᠵᠠᠯᡳᠨ	ᡩᡝ	ᡧᠠᠨᠶᠠᠨ	ᠠᠯᡳᠨ	ᡥᠠᡩᠠ	ᡨᡝᡥᡝ
ai	meni	turgunde	wei	meni	jalin	jalin	de	šanyan	alin	hada	tehe
什么	我们的	原因	谁的	我们的	为了	为了	在	白	山	山峰	居住

屈身	叩头	跪下	逐一	宴请	随降	萨满	身体	在	附
bukdari	hengkileme	niyakūraha	aname	solime	dahame	ejen	beye	de	singgefi
ᠪᡠᡴᡩᠠᡵᡳ	ᡥᡝᠩᡴᡳᠯᡝᠮᡝ	ᠨᡳᠶᠠᡴᡡᡵᠠᡥᠠ	ᠠᠨᠠᠮᡝ	ᠰᠣᠯᡳᠮᡝ	ᡩᠠᡥᠠᠮᡝ	ᡝᠵᡝᠨ	ᠪᡝᠶᡝ	ᡩᡝ	ᠰᡳᠩᡤᡝᡶᡳ
不克打立	恒其勒莫	鸦库拉哈	阿那莫	所立莫	打哈莫	我贞[11]	博热	得	兴俄腓

什么	属相	萨满	主子	在	七	星斗	祈祷	在	尘	地	在
ai	aniya	saman	ejen	de	nadan	naihū	fonjire	de	buraki	na	de
ᠠᡳ	ᠠᠨᡳᠶᠠ	ᠰᠠᠮᠠᠨ	ᡝᠵᡝᠨ	ᡩᡝ	ᠨᠠᡩᠠᠨ	ᠨᠠᡳᡥᡡ	ᡶᠣᠨᠵᡳᡵᡝ	ᡩᡝ	ᠪᡠᡵᠠᡴᡳ	ᠨᠠ	ᡩᡝ
爱	阿猕	沙玛	我贞[9]	得	那丹	乃腓[10]	佛吉勒	得	不拉其	那	得

降临	神灵	啊	松花	江	从	降临	石	姓	乞求	来
wasika	enduri	kai	sunggari	bira	ci	wasire	šekderi	hala	baime	jihe
ᠸᠠᠰᡳᡴᠠ	ᡝᠨᡩᡠᡵᡳ	ᡴᠠᡳ	ᠰᡠᠩᡤᠠᡵᡳ	ᠪᡳᡵᠠ	ᠴᡳ	ᠸᠠᠰᡳᡵᡝ	ᡧᡝᡴᡩᡝᡵᡳ	ᡥᠠᠯᠠ	ᠪᠠᡳᠮᡝ	ᠵᡳᡥᡝ
尼西哈[8]	恩杜立	街	松阿立	必拉	七	瓦西勒	石克特立	哈拉	伯莫	几合

模样	高的	凤	在	动着	有翅的	大	托立	执	在	两位
giru	denni	garudai	de	aššara	ashangga	amba	toli	jafara	de	juru
ᡤᡳᡵᡠ	ᡩᡝᠨᠨᡳ	ᡤᠠᡵᡠᡩᠠᡳ	ᡩᡝ	ᠠᡧᡧᠠᡵᠠ	ᠠᠰᡥᠠᠩᡤᠠ	ᠠᠮᠪᠠ	ᡨᠣᠯᡳ	ᠵᠠᡶᠠᡵᠠ	ᡩᡝ	ᠵᡠᡵᡠ
鸡禄	得一	戉禄代	德	阿沙沙拉	阿思行俄	按巴	托立	札伐拉	得	朱禄

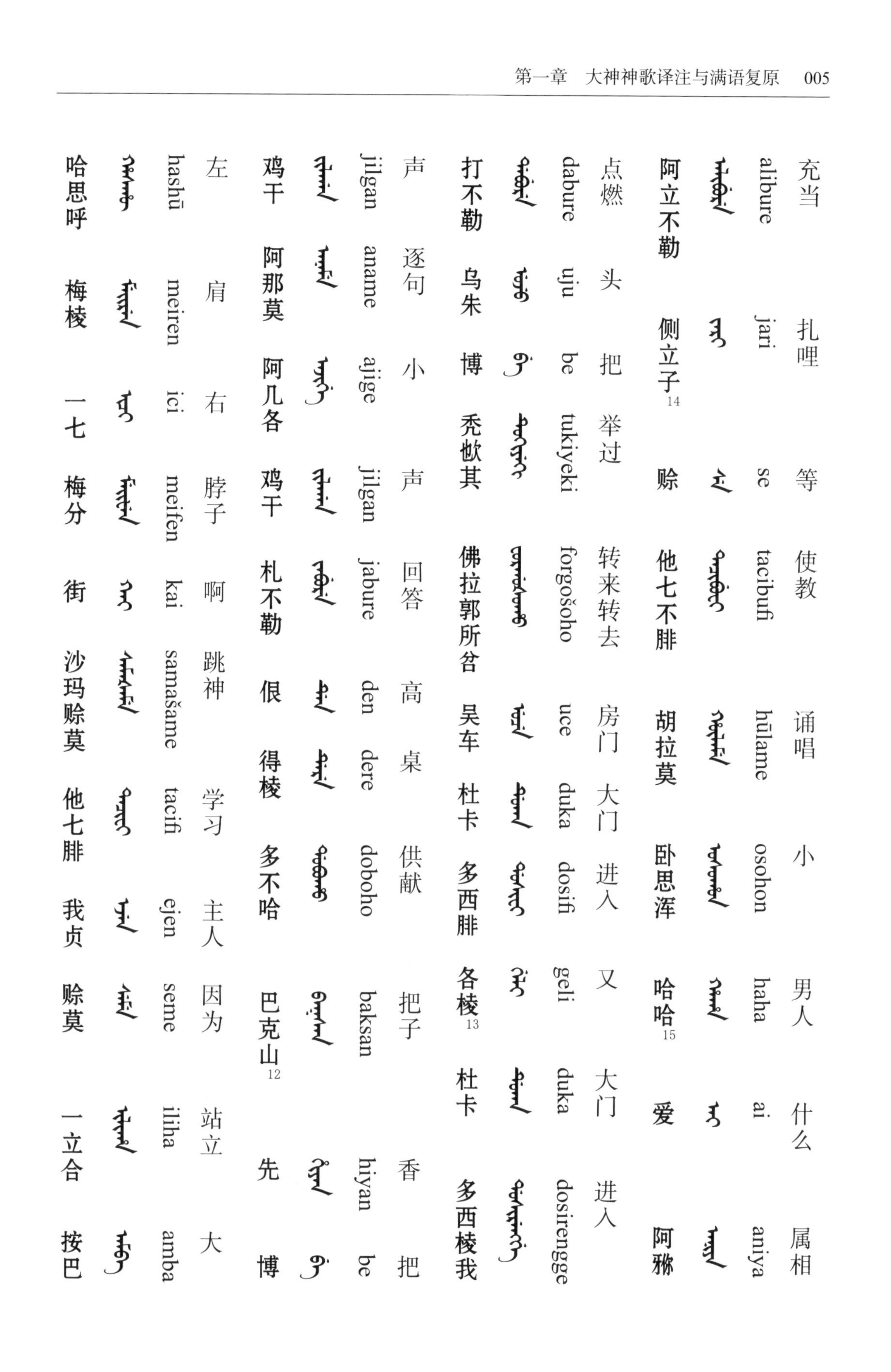

充当	alibure	阿立不勒
扎哩	jari	侧立子[14]
等	se	赊
使教	tacibufi	他七不腓
诵唱	hūlame	胡拉莫
小	osohon	卧思浑
男人	haha	哈哈[15]
什么	ai	爱
属相	aniya	阿猕
点燃	dabure	打不勒
头	uju	乌朱
把	be	博
举过	tukiyeki	秃欹其
转来转去	forgošoho	佛拉郭所合
房门	uce	吴车
大门	duka	杜卡
进入	dosifi	多西腓
又	geli	各棱[13]
大门	duka	杜卡
进入	dosirengge	多西棱我
声	jilgan	鸡干
逐句	aname	阿那莫
小	ajige	阿几各
声	jilgan	鸡干
回答	jabure	札不勒
高	den	很
桌	dere	得棱
供献	doboho	多不哈
把子	baksan	巴克山[12]
香	hiyan	先
把	be	博
左	hashū	哈思呼
肩	meiren	梅棱
右	ici	一七
脖子	meifen	梅分
啊	kai	街
跳神	samašame	沙玛赊莫
学习	tacifi	他七腓
主人	ejen	我贞
因为	seme	赊莫
站立	iliha	一立合
大	amba	按巴

备办了	阿眼	香	把	逐一	引燃	年祈	香	把	旺盛	燃烧	点燃
belhefi	ayan	hiyan	be	aname	yarufi	niyanci	hiyan	be	ayan	duleme	dabufi
ᠪᡝᠯᡥᡝᡶᡳ	ᠠᠶᠠᠨ	ᡥᡳᠶᠠᠨ	ᠪᡝ	ᠠᠨᠠᠮᡝ	ᠶᠠᡵᡠᡶᡳ	ᠨᡳᠶᠠᠨᠴᡳ	ᡥᡳᠶᠠᠨ	ᠪᡝ	ᠠᠶᠠᠨ	ᡩᡠᠯᡝᠮᡝ	ᡩᠠᠪᡠᡶᡳ
博勒合腓	阿眼	先	博	阿那莫	牙禄腓	年秦	先	博	阿眼	杜莫[18]	打不腓

日	新	在	月的	吉祥	清洁	在	泔水	把	泼掉了	洁净	祭肉
inenggi	ice	de	biyai	sain	bolgo	de	suran	be	suitafi	bolgo	amsun
ᡳᠨᡝᠩᡤᡳ	ᡳᠴᡝ	ᡩᡝ	ᠪᡳᠶᠠᡳ	ᠰᠠᡳᠨ	ᠪᠣᠯᡤᠣ	ᡩᡝ	ᠰᡠᡵᠠᠨ	ᠪᡝ	ᠰᡠᡳᡨᠠᡶᡳ	ᠪᠣᠯᡤᠣ	ᠠᠮᠰᡠᠨ
一能	一车	得	叭一	三	博勒浑	得	舒拉	博	遂他腓	博勒浑	敖木朱

富	秋	将	迎来	旧的	月	把	送走	新	月	把	迎来
bayan	bolori	be	alifi	fei	biya	be	fudefi	ice	biya	be	alifi
ᠪᠠᠶᠠᠨ	ᠪᠣᠯᠣᡵᡳ	ᠪᡝ	ᠠᠯᡳᡶᡳ	ᡶᡝᡳ	ᠪᡳᠶᠠ	ᠪᡝ	ᡶᡠᡩᡝᡶᡳ	ᡳᠴᡝ	ᠪᡳᠶᠠ	ᠪᡝ	ᠠᠯᡳᡶᡳ
巴眼	博洛立	博	阿立腓	佛一	叭	博	付杜腓[17]	一车	叭	博	阿立腓

亲口	言	许	上牙碰下牙	话	采纳	绿	春	把	度过
angga	gisun	aljaha	heheri	gisun	ganaha	niowanggiyan	niyengniyeri	be	dulebufi
ᠠᠩᡤᠠ	ᡤᡳᠰᡠᠨ	ᠠᠯᠵᠠᡥᠠ	ᡥᡝᡥᡝᡵᡳ	ᡤᡳᠰᡠᠨ	ᡤᠠᠨᠠᡥᠠ	ᠨᡳᠣᠸᠠᠩᡤᡳᠶᠠᠨ	ᠨᡳᠶᡝᠩᠨᡳᠶᡝᡵᡳ	ᠪᡝ	ᡩᡠᠯᡝᠪᡠᡶᡳ
昂阿	鸡孙	而札哈	合合勒	鸡孙	合讷合[16]	倁尖	牛勒立	博	杜棱不腓

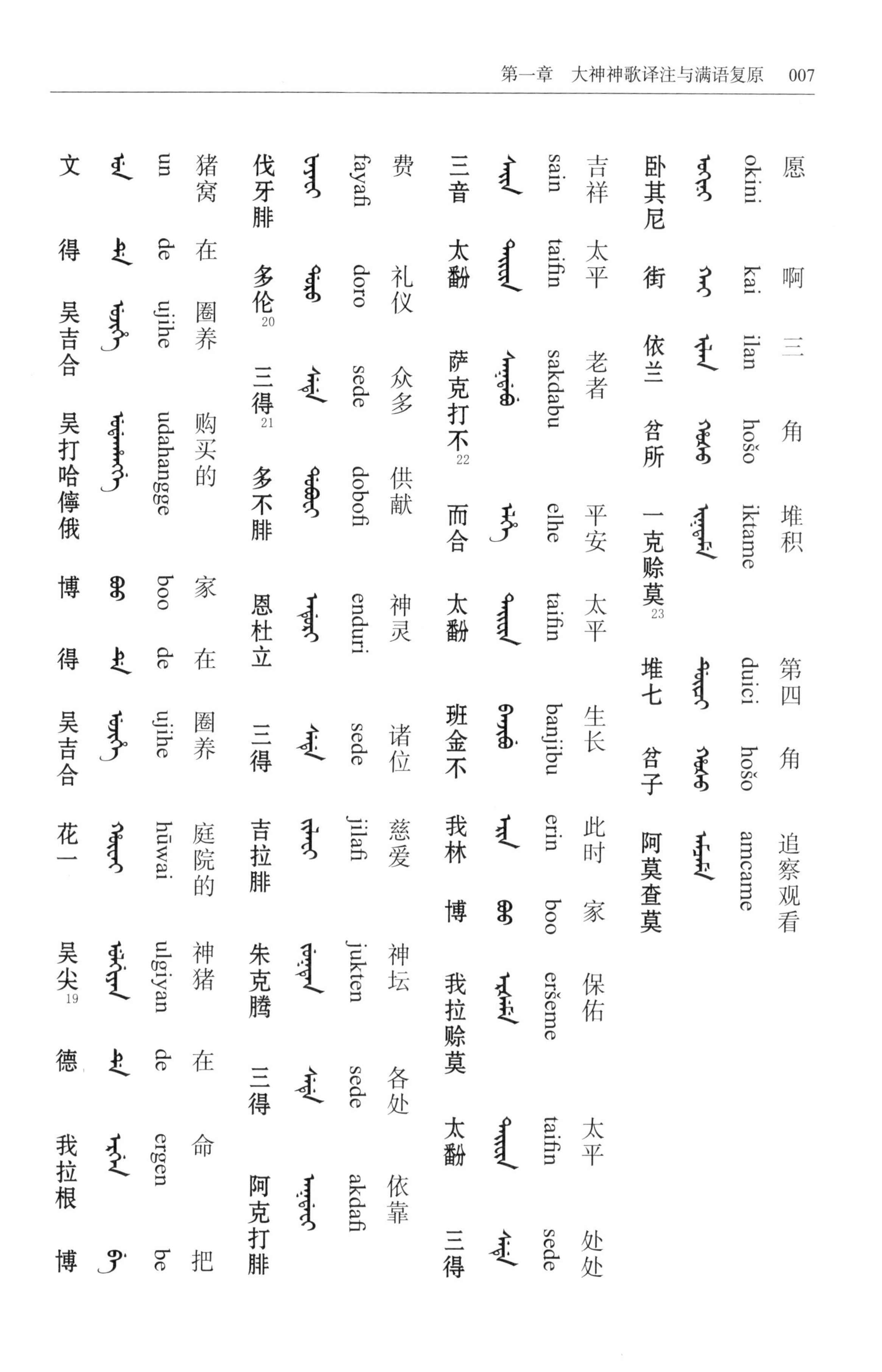

愿	okini	卧其尼
啊	kai	街
三	ilan	依兰
角	hošo	豁所
堆积	iktame	一克赊莫[23]
第四	duici	堆七
角	hošo	豁子
追察观看	amcame	阿莫查莫

吉祥	sain	三音
太平	taifin	太翻
老者	sakdabu	萨克打不[22]
平安	elhe	而合
太平	taifin	太翻
生长	banjibu	班金不
此时	erin	我林
家	boo	博
保佑	eršeme	我拉赊莫
太平	taifin	太翻
处处	sede	三得

费	fayafi	伐牙腓
礼仪	doro	多伦[20]
众多	sede	三得[21]
供献	dobofi	多不腓
神灵	enduri	恩杜立
诸位	sede	三得
慈爱	jilafi	吉拉腓
神坛	jukten	朱克腾
各处	sede	三得
依靠	akdafi	阿克打腓

猪窝	un	文
在	de	得
圈养	ujihe	吴吉合
购买的	udahangge	吴打哈僜俄
家	boo	博
在	de	得
圈养	ujihe	吴吉合
庭院的	hūwai	花一
神猪	ulgiyan	吴尖[19]
在	de	德
命	ergen	我拉根
把	be	博

萨满何属相[6]？
今有石姓来恳求，
沿松花江而降临。
仿佛两位神灵[5]，
飞速舞动着，
手执两个大神镜，
按巴瞒尼神，
又像展翅飞翔。
犹如凤凰美丽，
头戴双鸟神帽[4]，
两手明晃晃。
手执大托立[3]，
按巴瞒尼[1]善佛[2]等。
在日、月间盘旋的，
由高高的天上降临，
居住在白山山峰上，
在此时请神？
为了我们家族谁的事，
为了我们家族什么事，

【译文】

众扎哩学习诵唱[17]。
东家何属相[16]？

由大门进入房门再进入室内[15]。
转圈舞蹈着[14]，
敬献于七星斗中。
供献在高桌上，
双手高举过头，
点燃了一把把汉香[13]，
他人小声回答[12]。
逐句高声诵唱，
上下左右舞动。
萨满双手抓托立，
努力舞蹈表演。
萨满学习跳神[11]，
请速附萨满之体[10]。
东家立于旁[9]，
逐一[8]宴请神灵。
跪在七星斗[7]前祈祷。
屈身在尘地，

备做了清洁的阿木孙肉[21]。
今让神猪丧命，
喂养在家中庭院里。
早买神猪肥壮，
引燃了年祈香[20]。
点燃了阿眼香，
制作了供糕，
泼了泔水[19]。
淘净了供米，
在洁净的祥月里[18]。
在新的吉日里，
迎来了新月。
送走了旧月，
迎来了富秋之时。
今已度过了绿春之际，
今必须采纳。
举办祭祀，
许了诺言，
东家曾上牙碰下牙，

遵照众多传统礼仪[22]，
敬献神灵。
乞请诸位神灵慈爱，
在神坛前求吉祥。

年老的康宁，
年幼的健康生长。
三角清查，
四角察看[23]，

各处干净，
永世太平。

【语音注释】

1 莫讷（mone），此处的汉义应是「我们的」，其规范化新满语（以下皆称「规范化满语」）的汉字转写为「莫尼」（meni）。

2 扎林，在「扎林」之后有这样的符号「~」，有两种含义，一是跳神仪式中萨满诵唱时拉长声的符号。二是为加重语气和引起重视感，即意义的重复。如「卡~其~」、「巴克山~」、「阿沙立~」、「伐克沙~」、「吴贞~」、「扎胡打~」、「佛德浑~」等。

3 很一（henni），此处汉义是「高的」，它的规范化汉字转写满语应当「登尼」（demni）。

4 阿巴卡（abaka），汉义是「天」，它的规范化汉字转写满语为「阿布卡」（abka）。「阿巴卡」为地方的民间用语。

5 舒得合（šudehe），汉义「盘旋」。规范化的满语应为「šurdehe」，汉字转写满语为「苏尔得合」，其中丢掉辅音「r」。此种现象，不仅在石姓萨满文本中常常出现，而且在其他姓氏的萨满文本中也常常出现。如关、杨、郎等姓氏。这种丢音节的现象，在满族各姓氏的萨满文本中，比比皆是。其原因是满语在其历史的发展中变化，或是地方方言所致等。

6 按巴（anba），汉义为「大」。它的规范化汉字转写满语为「阿木巴」（amba）。与前文「阿巴卡」相同。

7 瞒尼（manni），此处引申为「英雄」，这是满族很有民族特色，独具民族风格的称谓。此语是由「芒额」（mangge），意为「困难、善于、好、刚强、硬」等转化而来。「芒额」是怎样转化为「英雄」一词的，请参看拙作《满族「瞒尼』神释析》（《北方民族》1990年第2期）。

8 尼西哈（nisiha），此处是笔误，应为瓦西哈（wasika），为『降临』之意。

9 沙玛我贞（saman ejen），译为『主子萨满』，是指具体跳神的萨满，此处是指『大萨满』。

10 乃腓（naifi），汉义为『星斗』，规范化的满语应为『naihū』。汉字转写应为『乃呼』。

11 我贞（ejen），原意为『主人』，此处应译为『萨满』，是指神灵附体的，为主祭萨满，与『我贞萨满』相同。习惯称『野萨满』，或是『大萨满』。凡是神歌中有『我贞博热得兴俄腓』『请降附萨满之身』的句子。其中的『我贞』都是指『大萨满』。

12 巴克山（baksan），汉义为『队、把』等，此处是一把香之『把』，它规范化满语音应为『巴克三』（baksan）。

13 各棱（geleng），汉义为『又、再』。它规范化的汉转满语应为『各立』（geli）。

14 侧立子（jali），原意为『诵唱神歌的人』，此处汉义为萨满跳神时的帮手、助手，习惯称谓即『扎哩』。『扎哩』一词是『札林木毕』（jarimbi，即『念神歌祷祝』）的命令式，即『扎哩』（jari）。由此可知『扎哩』之含义。其中『侧立子』中的『子』为汉义，此词为满汉组合之词汇。

15 卧思浑 哈哈（osohon haha）直译为『小男人』，此处是指具体举行祭祀的『东家』的自谦称呼，所以笔者在译文中都译为『东家』。以下不再说明。

16 合讷合（hanaha），汉义为『采纳』，规范化的汉字转写满语为『嘎讷哈』（ganaha）。

17 付杜腓（fudufi），汉义为『送』，规范化的汉字转写满语为『付得腓』（fudefi）。

18 杜莫（dume），汉义为『燃烧』，规范化的汉字转写满语为『杜勒莫』（duleme）。

19 吴尖（ugiyan），汉义为『猪』，规范化的汉字转写满语为『吴尔尖』（ulgiyan）。

20 多伦（doron），汉义为『礼仪』，规范化的汉字转写满语为『多罗』（doro）。

21 三得（sande），此词在石姓文本中多处出现，汉义也是随处而异，但其意不外乎『诸位、处处、各位、众多』等，都是表示多数和多处之意。其规范化的汉字转写满语为『色得』（sede）。

22　沙克打不（sakdabu），汉义为『老迈、苍老、衰老』，由规范化的满语『萨克打木毕』（sakdabumbi）变化而来，即『萨克打不』（sakdabu），其中规范化的『萨』变化为『沙』。

23　一克赊莫（ikseme），汉义为『堆积』。规范化的满语为『iktame』，汉字转写满语为『一克他莫』（iktame）。以下都规范化为『一克他莫』。

【译文注释】

1　按巴瞒尼：『按巴』是『大』，『瞒尼』是『英雄』，应译为『大英雄』。关于『瞒尼』一词是『英雄』的论述，请参看拙作《满族『瞒尼』神释析》（《北方民族》一九九〇年第二期）。这位瞒尼神曾于一九八七年三月被吉林省艺术集成办公室录像（以下省略为『已被录像』）。萨满是由吉林省九台县东阿屯六十四岁的石宗轩（男）所承担，他是一个很有经验的萨满，又是一位国家干部，已于一九九〇年去世。他所跳的按巴瞒尼的舞蹈动作，正像神歌中所记述的一样，他手执两枚铜镜（即托立），踏着鼓点，双手挥舞着，同时与助手对唱着，两枚铜镜在灯光的照耀下，闪闪发光，正是『两手明晃晃』。他以敏捷、轻盈的步法表演了这位瞒尼神的跳神。

2　善佛：石姓仅在神歌中有『佛』一词，在祭祀中并无『佛』之位。但有的姓氏的家神祭祀中有『佛』，如吉林省乌拉街的关姓有『观世音菩萨』。

3 托立：即铜镜，满族民间常称为『神镜』。

4 神帽：萨满跳神时所戴的特制的帽子，其式样和所用材料因民族而异。

5 彷佛两位神灵：满文为『朱录瓦西哈恩都立』。这里是指萨满手中所执的两枚铜镜，跳神中飞舞起来，好像是两位神灵一样。

6 萨满何属相：满文为『爱阿狝沙玛我贞得』。其中的『狝』是『你』和『牙』相切音为『niya』；『我贞』是『主人』之意，与『萨满』相连直译为『萨满主子』，但笔者只译为『萨满』，其原因有三：其一，必须回顾萨满教的历史。在氏族社会，甚至是母系制时期，萨满与氏族长、部落酋长是分不开的，萨满与酋长兼于一人之身。这一点，从满族民间故事家傅英仁先生所讲述的许多神话中得到充分证明。『我贞』是指氏族之『主人』，即氏族长，又兼萨满。其二，在氏族社会里，萨满教还有一段是人人都可以充当萨满的历史时期，但是，为氏族求太平和除病灾时，就必须从众萨满中选择一巫术高强的萨满来具体承担，所以这里的『我贞』就是指众萨满中之『主人』了，即萨满。其三，东阿屯石姓神本中的满文神歌旁，注有简单的汉义，在『萨满我贞』旁注为『萨满』，这样就为笔者只译为『萨满』提供了充分的理由，是指『大萨满』。萨满何属相是指萨满跳神时，要报明自己的属相，如属羊、猪、龙等。意思是告知神灵尽快附身于该属相的萨满之体，因为这一萨满是本家族所承认的，神灵认可的。

7 七星斗：满文为『那丹乃腓』。是萨满举行跳神仪式时，设在庭院中影壁墙后面一尺见方（也可以再大一点）的，摆放在高桌上的木制斗，称为七星斗。从石姓来看，斗中之物为五谷杂粮，并插上成把的汉香和大弓箭。『七星斗』前不仅是萨满请神送神的场所，也是满族祈祷太平的地方。它是设在庭院中的临时神堂。从七星斗中所盛之物来看，它已是满族从事农耕生产、学习汉族文化的产物了。

8 逐一：满文是『阿那莫』。萨满教是以万物有灵为思想基础的，石姓神本中就记载了上百位神灵。萨满在举行跳神仪式时，第一个跳神仪式就是『排神』，即把本姓氏所有大神神名都诵唱一遍，最后还诵唱一句『统请』，意思是灶一灶的香。满族民间称为『把子香』。

13 点燃了一把把汉香：满文为『巴克山先博打不勒』。『一把把汉香』是指插入七星斗中的汉香，即汉族所使用的一人领唱，助手和众人接声的诵唱。

12 逐句高声诵唱，他人小声回答：满文为『按巴鸡干阿那莫，阿几各鸡干扎不勒』。这里是表现神歌诵唱形式，即一虚之词，已取得人、神的谅解。

万一之失，当众献丑，这是其一。其二，还怕有侍候不好神灵之处，怕神灵怪罪下来，所以诵唱的神词需要有些谦神中所诵唱的满语神歌，人人都能听懂，而对于跳神仪式，也有很多人知晓，所以萨满和助手恐怕跳神、诵唱中有一九五七年，石姓在东阿屯举行跳神时，竟被人们拥挤得不能继续表演而终止。同时，更重要的是，早些时候，跳

11 学习跳神：满文为『沙玛赊莫他七腓』，这一句是谦虚之意。萨满的跳神活动，客观上为人们提供了娱乐机会。如：如本篇的按巴瞒尼神灵附体后，萨满的言行都代表按巴瞒尼神，传达按巴瞒尼的意志了。

称为『附体』，也就是萨满的昏迷术。当萨满进入昏迷状态后，他已不能表现自我，而要表现神灵的意志和愿望了。萨满与氏族长兼具一身之意，但此处的『我贞』就是指萨满。因为此句神歌明确表现了是降附于萨满之身。一般简

10 请速附萨满之体：满文为『我贞博热得兴俄腓』。此句神歌中无萨满一词，其原因很难考证，也许是原始时代时，为了表现东家对神灵的恭敬和礼仪，同时对跳神的萨满也起着激励作用。

另一种是『东家』。什么地方应译为『萨满』或是『东家』，须视神歌中的上下文而定。『东家立于旁』这句话是望重的老者，所以『我贞』在这一句中应译为『东家』。这样，『我贞』在神歌中就有两种含义了，一种是『萨满』，

9 东家立于旁：满文是『我贞赊莫一立合』。这里的『我贞』是指举行跳神仪式时，家族中的主办人，一般都是德高的语句，其原因是怕神灵降罪于人们。

排斥其他神灵降临，所以许多篇神歌中，都有『逐一乞请众神灵，随降祭坛』（满文为『阿那莫所立莫打哈莫』）让各位神灵降临祭坛，纳享供品。这里的『逐一』除了指『排神』以外，还指在请『按巴瞒尼』神灵的同时，也不

14 转圈舞蹈着：满文是『佛拉郭所岔』。这里是指萨满跳神时，由院内准备进入房内的舞蹈动作。这一点，笔者可以用观看录像时亲眼所见的情景来说明：当老萨满石宗轩跳动着想进房门时，他就在门口舞蹈着转几圈，满族民间称这种舞蹈动作为『旋迷勒』。萨满『旋迷勒』后，助手就面对着他，倒退着击鼓而行。在他前面引行。与此同时，围观的群众也让出门口之路，于是萨满便跟随着助手进入房门。由此看来，这句神歌与舞蹈动作是发出萨满进屋观众让路的信息。

15 由房门进入室内：满文为『吴车杜卡多西腓，各棱杜卡多西棱俄』，直译为『进入房门，又进入房内』。这两句是具体描述萨满由庭院到室内西炕祭坛的行进路线。满族的房屋结构是坐北向南。有的是两间房，有一间西房，开门向东，东房开门向南。有的是三间房，东西两间厢房，均朝中间房屋开门，中间房屋的房门仍朝南开。萨满跳神时，首先进入朝南开的门。然后再进西屋向东开的门，才能来到西炕前所设的祭坛，这就是众所周知的满族以西为大的原因。神歌中，这两句满文译为『由大门进入房门，再进入室内』。

16 东家何属相：满文为『卧思浑哈哈爱阿猕』，直译为『小男人何属相』。石姓东阿屯神本中，在『卧思浑哈哈』旁注为『东家』。笔者在小韩乡调查萨满文化时，老艺人石清民也说是『东家』。因此，我们就译为『东家』。小男人一句正像中国古代人常自称为『愚者』一样，是自谦之意。

17 众扎哩学习诵唱：满文为『阿立不勒侧立子赊他七不腓胡拉莫』。『学习唱诵』也是自谦之意。

18 在洁净的祥月里：从『度过了绿春之际』到『洁净的祥月里』，满文是从『仵尖牛勒立博杜棱不腓』到『叭一三博勒浑得』，是记述萨满举行跳神的时间，多在一年秋收后举行。此时，人们不仅借此机会欢庆一场，更主要是感谢神灵一年来的佑护取得了丰收，所以秋天是举行萨满跳神的好季节。在萨满神本里，几乎每篇神歌中都强调了这一良好时节。

19 泼了泔水：满文是『舒拉博遂他腓』。『泔水』是指淘过米的水。按照萨满教传统祭祀礼仪，淘米所用的水是刚从井里打来的水，满族认为这是净水，最早是用泉水。泔水也必须泼在村外僻静而又干净的地方。

20 阿眼香、年祈香：这两种香都是粉末香。

21 阿木孙肉：是指用牺牲作供品的祭肉，即『摆腱』猪。

22 传统礼仪，是指满族萨满教历史上所形成的传统的祭祀仪式。

23 三角清查，四角察看。满文是『依兰岔所一克赊莫，堆七岔子阿莫查莫』。信仰萨满教的满族认为，在宴请众神灵以后，诸位神灵必须即刻回到各自的山头楼阁，进行修炼，不能停留于乡、屯之中，所以要清查，这是其一。其二，在满族的心目中，认为可以借此机会把家中、族内各种不利于人的妖魔鬼怪统统赶走，所以也必须认真清查、察看，其目的是保证太平无事。

顶上	在	松花	江	从	降临	出去	呐喊	进来	巴图鲁	瞒尼
oyo	de	sunggari	bira	ci	wasika	tucifi	juwame	dosinjire	baturu	manni
ᠣᠶᠣ	ᡩᡝ	ᠰᡠᠩᡤᠠᡵᡳ	ᠪᡳᡵᠠ	ᠴᡳ	ᠸᠠᠰᡳᡴᠠ	ᡨᡠᠴᡳᡶᡳ	ᠵᡠᠸᠠᠮᡝ	ᡩᠣᠰᡳᠨᠵᡳᡵᡝ	ᠪᠠᡨᡠᡵᡠ	ᠮᠠᠨᠨᡳ
卧月	**得**	**松阿立**	**必拉**	**七**	**瓦西哈**	**秃吉腓**[3]	**朱莫**[4]	**多心吉勒**	**巴秃鲁**	**瞒尼**

山	从	第九	层	山峰	在	高高	石磖子	金	楼	山峰	楼
alin	ci	uyuci	jergi	hada	de	dergi	sengken	aisin	taktu	hada	taktu
ᠠᠯᡳᠨ	ᠴᡳ	ᡠᠶᡠᠴᡳ	ᠵᡝᡵᡤᡳ	ᡥᠠᡩᠠ	ᡩᡝ	ᡩᡝᡵᡤᡳ	ᠰᡝᠩᡴᡝᠨ	ᠠᡳᠰᡳᠨ	ᡨᠠᡴᡨᡠ	ᡥᠠᡩᠠ	ᡨᠠᡴᡨᡠ
阿林	**七**	**吴云七**	**折拉鸡**	**哈打**	**得**	**簩拉鸡**	**怆恳**[2]	**爱心**	**他克秃**	**哈打**	**他克秃**

什么	的	我们的	为了	为了	在	谁家	我们的	原因	在	长	白
ai	i	meni	jalin	jalin	de	wei	meni	turgun	de	golmin	šanyan
ᠠᡳ	ᡳ	ᠮᡝᠨᡳ	ᠵᠠᠯᡳᠨ	ᠵᠠᠯᡳᠨ	ᡩᡝ	ᠸᡝᡳ	ᠮᡝᠨᡳ	ᡨᡠᡵᡤᡠᠨ	ᡩᡝ	ᡤᠣᠯᠮᡳᠨ	ᡧᠠᠨᠶᠠᠨ
爱	**一**	**莫讷**	**札林**	**札林**	**得**	**卧一**	**莫讷**	**秃拉滚**	**得**	**郭敏**[1]	**山眼**

二 巴图鲁瞒尼

ᠪᠠᡨᡠᡵᡠ ᠮᠠᠨᠨᡳ

baturu manni

子孙	七	星斗	祈祷	在	汉	香	把	点燃了	高	桌上
omolo	nadan	naihū	fonjire	de	nikan	hiyan	be	daburengge	den	dere
ᠣᠮᠣᠯᠣ	ᠨᠠᡩᠠᠨ	ᠨᠠᡳᡥᡡ	ᡶᠣᠨᠵᡳᡵᡝ	ᡩᡝ	ᠨᡳᡴᠠᠨ	ᡥᡳᠶᠠᠨ	ᠪᡝ	ᡩᠠᠪᡠᡵᡝᠩᡤᡝ	ᡩᡝᠨ	ᡩᡝᡵᡝ
多莫洛	**那丹**	**乃胐**	**佛吉勒**	**得**	**尼侃**	**先**	**博**	**打不楞俄**[10]	**佷**	**得棱**

手执	彩带	神帽	带着	今日	是	吉顺	因为	石	姓
jafafi	girdan	yekse	eture	enenggi	oci	icangga	seme	šekderi	hala
ᠵᠠᡶᠠᡶᡳ	ᡤᡳᡵᡩᠠᠨ	ᠶᡝᡴᠰᡝ	ᡝᡨᡠᡵᡝ	ᡝᠨᡝᠩᡤᡳ	ᠣᠴᡳ	ᡳᠴᠠᠩᡤᠠ	ᠰᡝᠮᡝ	ᡧᡝᡴᡩᡝᡵᡳ	ᡥᠠᠯᠠ
札伐胐	**鸡拉胆**[8]	**鹰赊**[9]	**我秃勒**	**我能尼**	**卧七**	**一长阿**	**赊莫**	**石克特立**	**哈拉**

领队	有力量的	可为	武	士	战斗	在	征讨	披甲	叉
alihangge	hūsungge	ofi	cooha	haha	afara	de	dailara	uksin	šaka
ᠠᠯᡳᡥᠠᠩᡤᡝ	ᡥᡡᠰᡠᠩᡤᡝ	ᠣᡶᡳ	ᠴᠣᠣᡥᠠ	ᡥᠠᡥᠠ	ᠠᡶᠠᡵᠠ	ᡩᡝ	ᡩᠠᡳᠯᠠᡵᠠ	ᡠᡴᠰᡳᠨ	ᡧᠠᡴᠠ
阿立杭我	**谷松五**[5]	**卧胐**	**辍海**[6]	**哈哈**	**阿伐拉**	**得**	**代拉拉**	**五克心**	**沙查**[7]

善佛	等	原	太爷	玛法	护军	把	八	队	小旗	在	第八	瞒尼
fucihi	se	da	taiye	mafa	bayara	be	jakūn	faidan	giru	de	jaKūci	manni
ᡶᡠᠴᡳᡥᡳ	ᠰᡝ	ᡩᠠ	ᡨᠠᡳᠶᡝ	ᠮᠠᡶᠠ	ᠪᠠᠶᠠᡵᠠ	ᠪᡝ	ᠵᠠᡴᡡᠨ	ᡶᠠᡳᡩᠠᠨ	ᡤᡳᡵᡠ	ᡩᡝ	ᠵᠠᡴᡡᠴᡳ	ᠮᠠᠨᠨᡳ
付七西	**赊**	**达**	**太爷**	**玛法**	**巴牙拉**	**博**	**札坤**	**翻丹**	**其禄**	**得**	**札库七**	**瞒尼**

众	陪伴	小	求福人	屈身	石	姓	小	男人	什么
geren	adafi	ajige	bailisi	oyofi	šekderi	hala	osohon	haha	ai
ᡤᡝᡵᡝᠨ	ᠠᡩᠠᡶᡳ	ᠠᠵᡳᡤᡝ	ᠪᠠᡳᠯᡳᠰᡳ	ᠣᠶᠣᡶᡳ	ᡧᡝᡴᡩᡝᡵᡳ	ᡥᠠᠯᠠ	ᠣᠰᠣᡥᠣᠨ	ᡥᠠᡥᠠ	ᠠᡳ
各棱	阿打腓	阿几各	伯立西	永祺腓[12]	石克特	哈拉	卧思浑	哈哈	爱

降来	主子（萨满）	身体	在	附	年幼	扎哩	呈献	族人
jihengge	ejen	beye	de	singgefi	deberen	jari	aliburengge	mukūn
ᠵᡳᡥᡝᠩᡤᡝ	ᡝᠵᡝᠨ	ᠪᡝᠶᡝ	ᡩᡝ	ᠰᡳᠩᡤᡝᡶᡳ	ᡩᡝᠪᡝᡵᡝᠨ	ᠵᠠᡵᡳ	ᠠᠯᡳᠪᡠᡵᡝᠩᡤᡝ	ᠮᡠᡴᡡᠨ
吉恒我	我贞	博热	得	兴我腓	得博棱	侧立子	阿立不棱俄	木坤

跪	抓鼓	声	听见	大鼓	声	敲响了	急忙	宴请	迅速
niyakūrafi	imcin	jilgan	donjici	tungken	jilgan	kaicafi	ekšeme	solime	hahilame
ᠨᡳᠶᠠᡴᡡᡵᠠᡶᡳ	ᡳᠮᠴᡳᠨ	ᠵᡳᠯᡤᠠᠨ	ᡩᠣᠨᠵᡳᠴᡳ	ᡨᡠᠩᡴᡝᠨ	ᠵᡳᠯᡤᠠᠨ	ᡴᠠᡳᠴᠠᡶᡳ	ᡝᡴᡧᡝᠮᡝ	ᠰᠣᠯᡳᠮᡝ	ᡥᠠᡥᡳᠯᠠᠮᡝ
狝库拉腓	一莫亲	鸡干	墩吉起	同恳	鸡干	开叉腓	我克赊莫[11]	所立莫	哈西拉莫

供献	木盘	桌上	排列	什么	属相	萨满	主子	在	都	地	在
doboho	fan	dere	faidaha	ai	aniya	saman	ejen	de	gemu	na	de
ᡩᠣᠪᠣᡥᠣ	ᡶᠠᠨ	ᡩᡝᡵᡝ	ᡶᠠᡳᡩᠠᡥᠠ	ᠠᡳ	ᠠᠨᡳᠶᠠ	ᠰᠠᠮᠠᠨ	ᡝᠵᡝᠨ	ᡩᡝ	ᡤᡝᠮᡠ	ᠨᠠ	ᡩᡝ
多不哈	翻	得棱	翻他哈	爱	阿狝	沙玛	我贞	得	各木	那	得

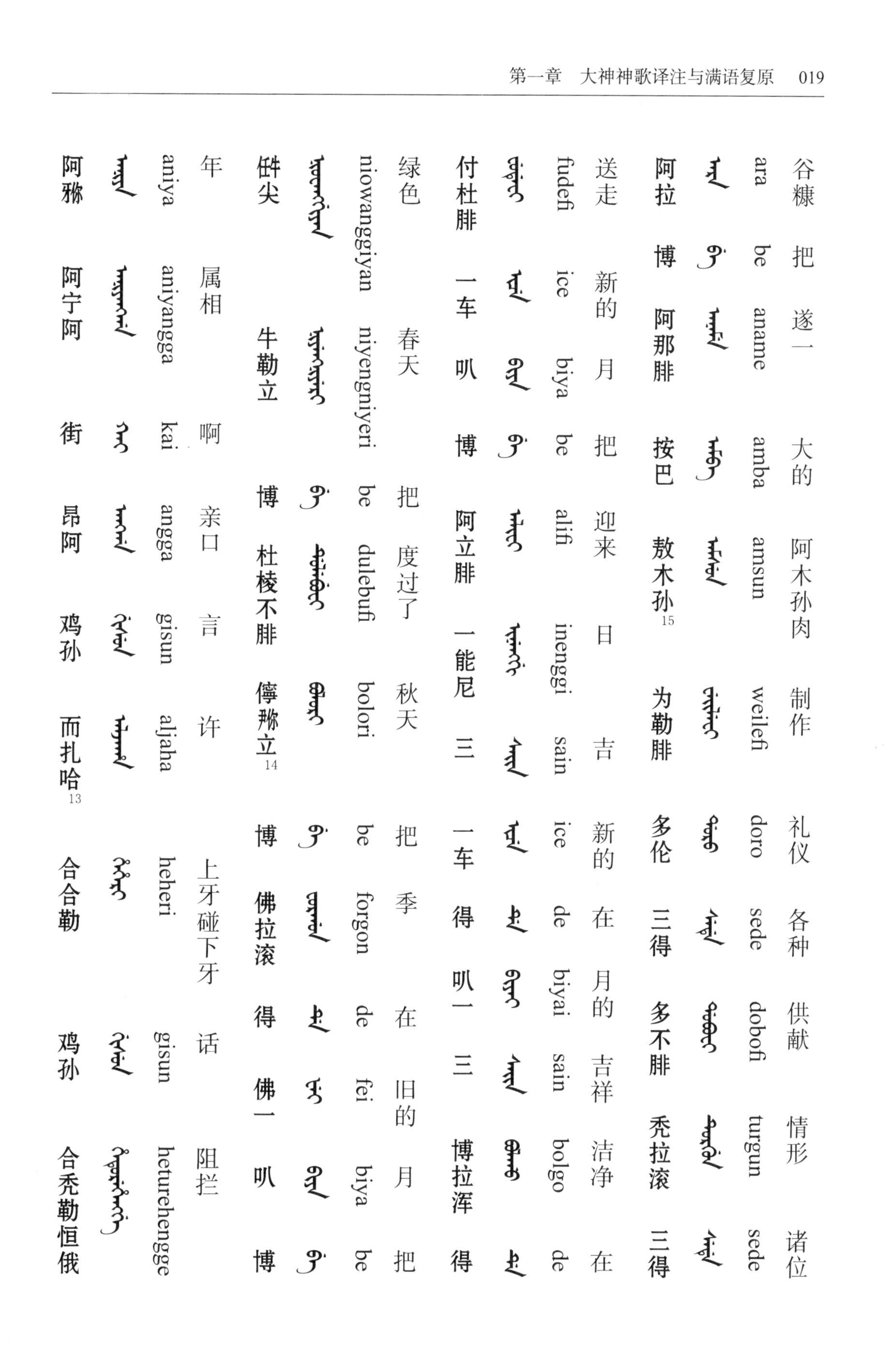

谷糠	把	遂一	大的	阿木孙肉	制作	礼仪	各种	供献	情形	诸位
ara	be	aname	amba	amsun	weilefi	doro	sede	dobofi	turgun	sede
阿拉	**博**	**阿那腓**	**按巴**	**敖木孙**[15]	**为勒腓**	**多伦**	**三得**	**多不腓**	**秃拉滚**	**三得**

送走	新的	月	把	迎来	日	吉	新的	在	月的	吉祥	洁净	在
fudefi	ice	biya	be	alifi	inenggi	sain	ice	de	biyai	sain	bolgo	de
付杜腓	**一车**	**叭**	**博**	**阿立腓**	**一能尼**	**三**	**一车**	**得**	**叭一**	**三**	**博拉浑**	**得**

绿色	春天	把	度过了	秋天	把	季	在	旧的	月	把
niowanggiyan	niyengniyeri	be	dulebufi	bolori	be	forgon	de	fei	biya	be
⿰牛井尖	**牛勒立**	**博**	**杜棱不腓**	**儜⿰牙你立**[14]	**博**	**佛拉滚**	**得**	**佛一**	**叭**	**博**

年	属相	啊	亲口	言	许	上牙碰下牙	话	阻拦
aniya	aniyangga	kai	angga	gisun	aljaha	heheri	gisun	heturehengge
阿⿰牙你	**阿宁阿**	**街**	**昂阿**	**鸡孙**	**而扎哈**[13]	**合合勒**	**鸡孙**	**合秃勒恒俄**

巴图鲁瞒尼[1]神，
石硼子上金楼中的，
第九层高高峰顶上，
居住在长白山上，
在此时请神？
为了我们家族谁的事，
为了我们家族的什么事，

【译文】

彩带飘扬。
头戴神帽，
手执一杆钢叉[3]，
原是老祖爷[2]护军。
巴图鲁瞒尼善佛等，
呐喊着降临了。
请沿松花江而降临，

所向无敌，
力量无比，
征讨南北。
驰骋沃野，
八队行进出征[4]，
八位英雄领队，
带兵千万，
巴图鲁瞒尼神，

从此	可以	向后	尽力	乞求	福	把	四	角	追察
ere	oci	amasi	hūsun	baime	hūturi	be	duin	hošo	amcame
ᡝᡵᡝ	ᠣᠴᡳ	ᠠᠮᠠᠰᡳ	ᡥᡡᠰᡠᠨ	ᠪᠠᡳᠮᡝ	ᡥᡡᡨᡠᡵᡳ	ᠪᡝ	ᡩᡠᡳᠨ	ᡥᠣᡧᠣ	ᠠᠮᠴᠠᠮᡝ
我勒	**卧七**	**阿玛西**	**胡孙**	**伯莫**	**胡秃立**	**博**	**墩音**	**豁子**	**阿莫查莫**

出现	神坛	吉祥	靠	神主	诸位	愿	啊	从此	可以	向前
tucifi	jukten	sain	akdafi	weceku	sede	okini	kai	ere	oci	julesi
ᡨᡠᠴᡳᡶᡳ	ᠵᡠᡴᡨᡝᠨ	ᠰᠠᡳᠨ	ᠠᡴᡩᠠᡶᡳ	ᠸᡝᠴᡝᡴᡠ	ᠰᡝᡩᡝ	ᠣᡴᡳᠨᡳ	ᡴᠠᡳ	ᡝᡵᡝ	ᠣᠴᡳ	ᠵᡠᠯᡝᠰᡳ
秃歘腓	**朱克腾**	**三音**	**阿克打腓**	**卧车库**	**三得**	**卧其尼**	**街**	**我勒**	**卧七**	**朱勒西**

皆跪地诚恳乞请。
祝祷人年幼，
助手虽小，
全族人陪伴。
萨满跪于尘地，
萨满何属相？
敬献在高桌上。
点燃了汉香，
木盘方桌上排列。
高桌上供献，
跪在七星斗前祈祷。
石姓子孙，
今日吉顺良辰，

战斗英雄武士。

今已是度过了绿春，

不能受到阻拦。
说出的话，
上牙碰下牙，
必须采纳。
举行祭祀，
曾亲口许愿，
东家何属相？

附萨满之身。
请速速降临，
石姓子孙急忙宴请，
大鼓雷鸣之际，
趁抓鼓敲响，

追赶察看四角清洁。
尽力敬神求福。
世世代代，
从前至后，
神主前求太平。
神坛前祈祷吉祥，
一切情形甚善[5]。
遵照传统礼仪供献，
制作了阿木孙肉。
碾米除糠做米糕，
在洁净的祥月里。
在新的吉日里，
迎来新月之时。
送走了旧月，
迎来丰收之际。

【语音注释】

1 郭敏（gomin），汉义为长短之『长』。它的规范化的汉字转写满语为『郭尔敏』（golmin）。

2 恪恳（seken），汉义为『石磖子』。规范化满语为『sengken』，汉字转写为『僧恳』。此处的『僧恳』是其引申意义，因为『僧恳』的原始意义为『印纽、纽孔、挽扣提系子』等。引申『石磖子』。后边的神歌中还有『色肯』，也是此意。

3 秃吉腓『tucifi』，汉义为『出去』。规范化的汉字转写满语『秃七腓』（tucifi）。其中『吉』（ji）应为『其』（ci）。

4 朱莫（jume），此词的原始汉义是『口张开』。按原始汉义，在神歌中意义不太相符。所以用了它的引申意义，因为既然是『口张开』，一定是说话，或是『呐喊』了。它的规范化满语应是『juwame』，规范化的汉字转写为『朱瓦莫』。

5 谷松五（hosunggu），汉义为『有力量的』。此词是由名词『hūsun』，汉义为『力量』变化而来，规范化满语为『胡松俄』（hūsungge）。

6 辍海（cooha），汉义为『兵』，或是『武士』。规范化的汉字转写为『超哈』（cooha）。

7 沙查（šaca），汉义为钢叉之『叉』。规范化的满语『šaka』，汉字转写应为『沙卡』。

8 鸡拉胆（jilada），汉义为『彩带』。规范化的满语『girdan』，汉字转写为『给尔胆』。

9 鹰赊（yingse），汉义为『神帽』。规范化满语为『yekse』，汉字转写『也可色』。

10 打不楞俄（daburengge），汉义为『点燃』。此词由满语动词『dabumbi』变化而来，汉义仍是『点燃』。

11 我克赊莫（ekseme），汉义为『急忙』。规范化的汉字转写为『鄂克舍莫』（ekšeme）。

12 永褀腓（yongyofi），此处应为汉义『屈身』，规范化的满语汉字转写为『卧约腓』（oyofi）。

13 而扎哈（eljaha），规范化满语为（aljaha），汉字转写为『阿尔扎哈』。

14 儜猕立（ningniyeri），此处的汉字转写满语不准，其原因是根据上下文而论。此处应是『秋天』一词。而且『儜猕立』一词，在满语中无处查找，所以笔者理解为是『秋天』，即『bolori』，汉字转写为『博洛立』。

15 敖木孙（aomsun），汉义为『祭肉』。规范化的满语汉字转写为『阿木孙』（amsun）。

【译文注释】

1 巴图鲁瞒尼：『巴图鲁瞒尼』直译为『勇敢的英雄』神。这位神灵曾于一九八七年录像。其具体跳神动作是：萨满头戴神帽，手执三股马叉，挥动着马叉，冲在前面，踏着鼓点舞蹈着，后面紧跟着是分别手举大黄旗的九位助手，其中有一面较大一些的，上面画有一个长着翅膀的飞虎，其他八面黄旗上各画有狼、虎、豺、豹、蛇、蟒、鹰、雕八种动物。萨满在前面威风凛凛地冲杀着，口中喊叫着『杀』字，紧跟在后面的助手，同时也喊叫着。萨满拖着长长的队形，有时快步走『∞』字，此时的鼓声也急促地响着；有时围一大圈旋转；有时把几面黄旗交叉在一起，搭成八字形，萨满在下边冲杀，一会儿又呼啦散开。就这样萨满与助手，在一个近百米见方的平地上，变换着队形跳动着。其声势活泼、热烈，威风凛凛，既像是模拟操练一支英勇善战的队伍，又像是原始战斗中，千军万马在战场上厮杀场面的再现。这是满族历史上戎马生涯的真实写照。

巴图鲁瞒尼神的这种跳神，满族石姓称为『跑法丹』，『法丹』（faidan）的汉语意思是『仪仗、行列、摆阵势』，直译为『跑队形』。

2 老祖爷：据老助手石清民、石清泉提供，老祖爷是指努尔哈赤。

3 钢叉：即马叉，也叫『三股马叉』。满语为『依兰沙卡』或『无克心沙查』。

4 八队行进出征：满文为『扎坤翻丹其录得』。即指画有狼、虎、豺、豹、蛇、蟒、鹰、雕八种动物的八面黄旗。

5 一切情形甚善：满文为『秃拉滚三得秃吉腓』。此处主要指牺牲供品中的『领牲』，因为满族先人认为这是牺牲供品中的关键。

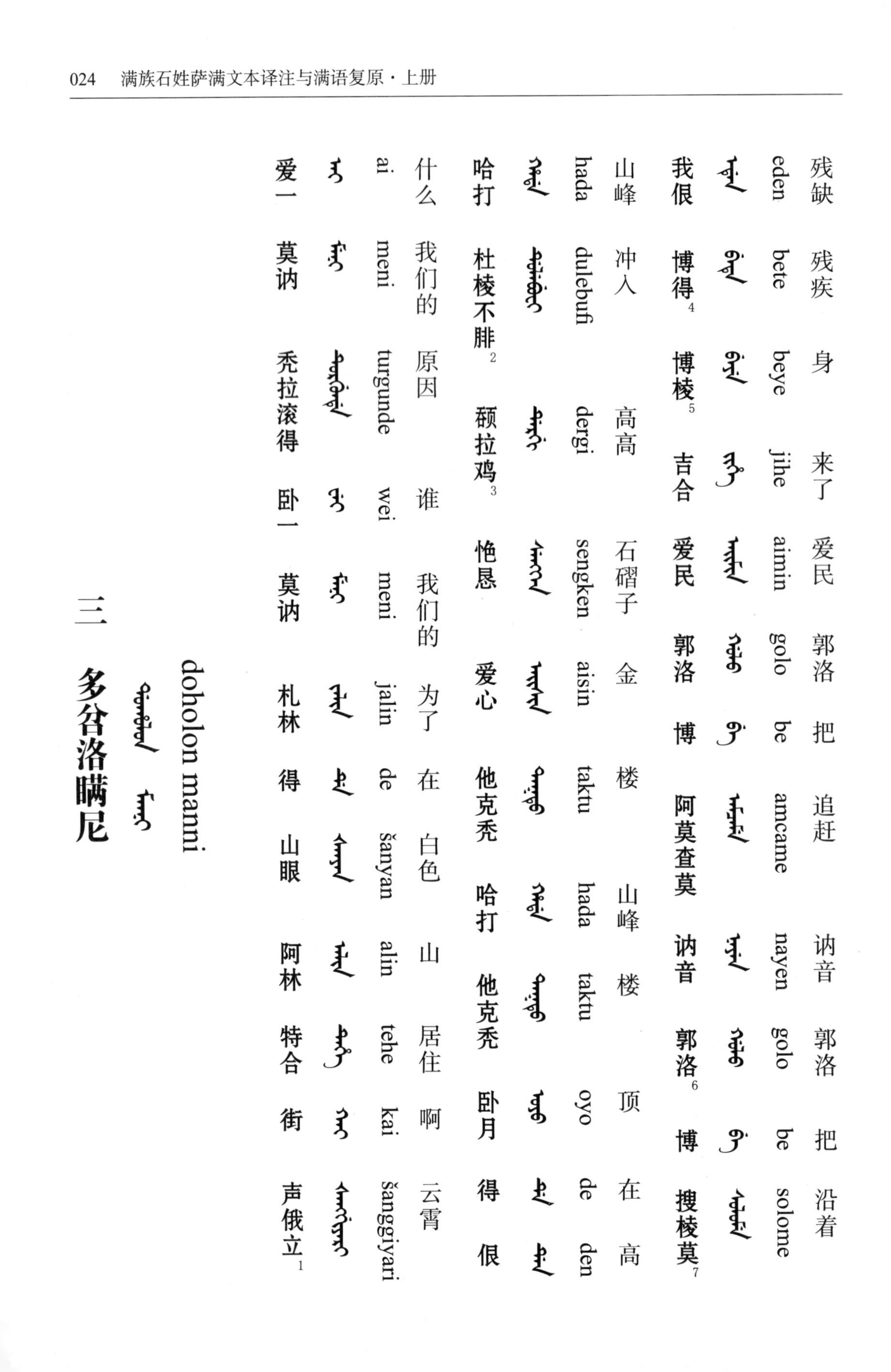

三 多谷洛瞒尼

doholon manni

爱一 莫讷 秃拉滚得 卧一 莫讷 札林 得 山眼 阿林 特合 街 声俄立[1]

ai meni turgunde wei meni jalin de šanyan alin tehe kai šanggiyari

什么 我们的 原因 谁 我们的 为了 在 白色 山 居住 啊 云霄

哈打 杜棱不腓[2] **额拉鸡**[3] **恠恳 爱心 他克秃 哈打 他克秃 卧月 得 佷**

hada dulebufi dergi sengken aisin taktu hada taktu oyo de den

山峰 冲入 高高 石磂子 金 楼 山峰 楼 顶 在 高

我佷 博得[4] **博棱**[5] **吉合 爱民 郭洛 博 阿莫查莫 讷音 郭洛**[6] **博 搜棱莫**[7]

eden bete beye jihe aimin golo be amcame nayen golo be solome

残缺 残疾 身 来了 爱民 郭洛 把 追赶 讷音 郭洛 把 沿着

进入	我的	诚心	在	献出	肝胆	在	结	肺	在	连结	高
ᡩᠣᠰᡳᡶᡳ	ᠮᡳᠨᡳ	ᡤᡡᠨᡳᠨ	ᡩᡝ	ᡨᡠᠴᡳᡶᡳ	ᡶᠠᡥᡡᠨ	ᡩᡝ	ᡶᠠᠯᡳᡶᡳ	ᡠᡶᡠᡥᡠ	ᡩᡝ	ᡠᠯᡳᡶᡳ	ᡩᡝᠨ
dosifi	mini	gūnin	de	tucifi	fahūn	de	falifi	ufuhu	de	ulifi	den
多西腓	**泌尼**	**古㲽**	**得**	**秃七腓**	**伐浑**	**得**	**伐立腓**	**吴胡**	**得**	**吴立腓**	**佷**

拿着	什么	属相	主子	萨满	在	身体	在	附	家内的	房子	在
ᠵᠠᡶᠠᡶᡳ	ᠠᡳ	ᠠᠨᡳᠶᠠ	ᡝᠵᡝᠨ	ᠰᠠᠮᠠᠨ	ᡩᡝ	ᠪᡝᠶᡝ	ᡩᡝ	ᠰᡳᠩᡤᡝᡶᡳ	ᠪᠣᠣᡳ	ᠪᠣᠣ	ᡩᡝ
jafafi	ai	aniya	ejen	saman	de	beye	de	singgefi	booi	boo	de
札伐腓	**爱**	**阿猕**	**我贞**	**沙玛**	**得**	**博热**	**得**	**星我腓**	**博一**	**博**	**得**

脚	蹦着走	病痛	残疾	拄	三	股	钢叉	啊	攥着
ᠪᡝᡨᡥᡝ	ᡶᡝᡴᡠᠴᡝᠮᡝ	ᠨᡳᠮᡝᡵᡝ	ᠵᠠᡩᠠᡥᠠ	ᡴᠠᠯᠵᡠ	ᡳᠯᠠᠨ	ᡤᠠᡵᡤᠠᠨ	ᡧᠠᡴᠠ	ᡴᠠᡳ	ᠰᡝᡶᡝᡵᡝᠮᡝ
bethe	fekuceme	nimere	jadaha	kalju	ilan	gargan	šaka	kai	sefereme
博特合	**佛库车莫**	**尼莫勒勒**[8]	**札打**[9]	**咔拉腓**[10]	**依兰**	**咔拉干**	**沙卡**	**街**	**赊付勒莫**

松花	江	从	降临	瘸着腿	来了	啊	多岔洛	瞒尼	善佛	等	一只
ᠰᡠᠩᡤᠠᡵᡳ	ᠪᡳᡵᠠ	ᠴᡳ	ᠸᠠᠰᡳᡴᠠ	ᡩᠣᡥᠣᠯᠣᠮᡝ	ᠵᡳᡥᡝ	ᡴᠠᡳ	ᡩᠣᡥᠣᠯᠣᠨ	ᠮᠠᠨᠨᡳ	ᡶᡠᠴᡳᡥᡳ	ᠰᡝ	ᡝᠮᡠ
sunggari	bira	ci	wasika	doholome	jihe	kai	doholon	manni	fucihi	se	emu
松阿立	**必拉**	**七**	**瓦西哈**	**多岔洛莫**	**几合**	**街**	**多岔洛**	**瞒尼**	**付七西**	**赊**	**我木**

堆积 第四 角 追察
iktame duici hošo amcame
ᡳᡴᡨᠠᠮᡝ ᡩᡠᡳᠴᡳ ᡥᠣᡧᠣ ᠠᠮᠴᠠᠮᡝ
一克赊莫 堆七 合子 阿莫查莫

各处 愿 啊 吃奶孩 坐 生长 向前 处处 使之老 三 角
sede okini kai bebu tefi banjibu julesi sede sakdabun ilan hošo
ᠰᡝᡩᡝ ᠣᡴᡳᠨᡳ ᡴᠠᡳ ᠪᡝᠪᡠ ᡨᡝᡶᡳ ᠪᠠᠨᠵᡳᠪᡠ ᠵᡠᠯᡝᠰᡳ ᠰᡝᡩᡝ ᠰᠠᡴᡩᠠᠪᡠᠨ ᡳᠯᠠᠨ ᡥᠣᡧᠣ
三得 卧其尼 街 伯不 特腓 班金不 朱勒西 三得 沙克打不 依兰 合子

神灵 诸位 慈爱 神坛 各处 靠 神主 诸位 乞求 太平
enduri sede jilafi jukten sede akdaha weceku sede bairengge taifin
ᡝᠨᡩᡠᡵᡳ ᠰᡝᡩᡝ ᠵᡳᠯᠠᡶᡳ ᠵᡠᡴᡨᡝᠨ ᠰᡝᡩᡝ ᠠᡴᡩᠠᡥᠠ ᠸᡝᠴᡝᡴᡠ ᠰᡝᡩᡝ ᠪᠠᡳᡵᡝᠩᡤᡝ ᡨᠠᡳᡶᡳᠨ
恩杜立 三得 吉拉腓 朱克腾 三得 阿克打哈 卧车库 三得 伯立僜我 太翻

桌 供献 木盘 桌 排列 头 把 举过 愉快 处处 生活
dere doboho fan dere faidaha uju be tukiyefi urgun sede banjikini
ᡩᡝᡵᡝ ᡩᠣᠪᠣᡥᠣ ᡶᠠᠨ ᡩᡝᡵᡝ ᡶᠠᡳᡩᠠᡥᠠ ᡠᠵᡠ ᠪᡝ ᡨᡠᡴᡳᠶᡝᡶᡳ ᡠᡵᡤᡠᠨ ᠰᡝᡩᡝ ᠪᠠᠨᠵᡳᡴᡳᠨᡳ
得棱 多不哈[11] **翻 得棱 翻他哈 乌朱 博 秃畋其 乌拉滚 三得 班吉其尼**[12]

【译文】

为了我们家族什么事，
为了我们家族谁的事，
在此时请神？
居住在白山上，
冲入云霄的山峰上，
高高石磖子上金楼内的，
多岔洛瞒尼[1]，
从高高的山峰楼上来了。
经过了爱民郭洛，
沿着讷音郭洛行进，
由松花江下来了，
残疾之身，
瘸着腿降临了。

多岔洛瞒尼善佛等，
因害病而残疾。
手拄三股钢叉，
只腿蹦着行进。
主祭萨满何属相？
请神灵降临来到庭院，
进入房中[2]，
附我萨满之身。
我们献出了一片诚心，
将牺牲肝胆肺连结[3]，
放入猪腔之中。
高桌上供献，

木盘桌上排列。
双手举过头，
供献神灵。
诸位神灵慈爱，
保佑生活平安愉快。
各处神坛前祈吉祥，
各处神主前求太平，
保佑吉祥如意。
年幼者平安生长，
年老者康宁。
三角清查，
四角察看。

【语音注释】

1 声俄立（šanggari），汉义为『云霄』。

在《满语语法》的名词构成中，根据元音和谐律的作用，在名词的词干上分别缀以附加成分：can、cen、bun、ton、ji、ba、hi、ri等构成新的名词。在满语萨满神歌中，此种现象常常出现。『声俄立』的规范化的满语应是『šanggiyan』，『n』在构成新名词中脱落，再加附加成分『ri』，便构成新名词，为『班吉其尼』。

12 班吉其尼（banjikini），此词是由动词『班金木毕』（banjimbi）变化而形成，汉义为『生活』（banjikini），汉转词的变化。汉转应是『多簿霍』（doboho）。

11 多不哈（dobuha），汉义为『供献』。由动词『dobombi』，汉转『多簿木毕』变化而来。后边『多不腓』也是此

10 戓拉腓（garafi），汉义为『拄着』。此处应用规范化满语是『kalju』，汉转为『卡尔朱』。

9 扎打（jada），汉义为『残疾』。规范化的满语为『jadaha』，汉转为『扎打哈』。

8 尼莫勒勒（nimerere），汉义为『病痛』。此次是由动词『尼莫木毕』变化而来，规范化满语为『nimere』，汉转为『尼莫勒』。

7 搜棱莫（saolengme），汉义为『沿着』。规范化满语为『solome』，汉转为『索罗莫』。

6 爱民郭洛（aimin golo），讷因郭洛（nayen golo）。郭洛为『河心、江心、山谷』，此处是多㕂洛瞒尼神从长白山上所降临的路线。

5 博棱（beren），汉义为身体之『身』。规范化的汉转满语为『博也』（beye）。

4 博得（bede），汉译为『平庸、无能，才力不及』等。根据神歌上下文的需要，即引申为『残疾』。规范化汉转满语为『博特』（bete）。

3 颓拉鸡（turagi），汉译为『高』。规范化的满语为『dergi』，汉转为『得尔鸡』。

2 杜棱不腓（durengbufi），汉义为『冲入』。规范化的满语为『dulebufi』，汉字转写满语（以下简称『汉转』）为『杜勒不腓』。汉义为『度过』，引申为『冲入』。

特此说明，因满语萨满文本神歌，这种由名词加附加成分构成新名词的地方很多，不再赘述其原因。

即『šangiygari』，汉字转写为『赏佳立』。

【译文注释】

1 多沓洛瞒尼：这位神是一只腿残疾的瘸子，所以又叫『单腿』瞒尼，它被满族的许多姓氏所祭祀。跳这位瞒尼神的萨满舞蹈动作，便是单腿蹦跳着表演。

神词中记述这位瞒尼神残疾的原因是『因害病而残疾』，但在民间却流传着另外的原因。据说，这位瞒尼神最早是他们『老石家的』老太爷的一位通信兵，很懒，又爱喝酒，常常误事，信送不出去。有一次，让他传送一件紧急信件，因为酒喝多了，信件未送出去。老太爷生气，就用自己的长柄烟袋打了他，正打在他的一条腿上，于是他那条腿再也不能走路了，便成了瘸腿瞒尼。

2 来到庭院进入房中：满文为『博一博得多西腓』。这里是指此神的行进路线。

3 将牺牲肝胆肺连结：满文为『伐浑得伐立腓』。在摆腱过程中，不仅要按要求解剖神猪，并像活猪趴卧的样子摆起来，而且还需要将猪内脏连结起来，重新放入猪腔中，以示全猪献牲敬神。

又 迅速 在 移动 辉发 从河 降临 胡牙气 瞒尼 神 等
geli hūdun de guribure hoifa biraci wasika hūyaci manni enduri se
ᡤᡝᠯᡳ ᡥᡡᡩᡠᠨ ᡩᡝ ᡤᡠᡵᡳᠪᡠᡵᡝ ᡥᠣᡳᡶᠠ ᠪᡳᡵᠠᠴᡳ ᠸᠠᠰᡳᡴᠠ ᡥᡡᠶᠠᠴᡳ ᠮᠠᠨᠨᡳ ᡝᠨᡩᡠᡵᡳ ᠰᡝ
各棱 忽吞[1] 得 古立不勒 回伐 必拉七 瓦西哈 胡牙气 瞒尼 恩杜立 沙

第九 峭立 山峰 第三 楼 阁 金 楼 银 阁
uyuci seheri hada ilaci taktu asari aisin taktu menggun asari
ᡠᠶᡠᠴᡳ ᠰᡝᡥᡝᡵᡳ ᡥᠠᡩᠠ ᡳᠯᠠᠴᡳ ᡨᠠᡴᡨᡠ ᠠᠰᠠᡵᡳ ᠠᡳᠰᡳᠨ ᡨᠠᡴᡨᡠ ᠮᡝᠩᡤᡠᠨ ᠠᠰᠠᡵᡳ
吴云七 赊合立 哈打 一拉七 他克秃 阿沙立 爱心 他克秃 蒙文 阿沙立

什么 我们的 为了 在 谁 我们的 原因 白色 山 山峰 居住
ai meni jalin de wei meni turgunde šanyan alin hada tehe
ᠠᡳ ᠮᡝᠨᡳ ᠵᠠᠯᡳᠨ ᡩᡝ ᠸᡝᡳ ᠮᡝᠨᡳ ᡨᡠᡵᡤᡠᠨᡩᡝ ᡧᠠᠨᠶᠠᠨ ᠠᠯᡳᠨ ᡥᠠᡩᠠ ᡨᡝᡥᡝ
爱一 莫讷 札林 得 卧一 莫讷 秃拉滚得 山眼 阿林 哈打 特合

四 胡牙气瞒尼

ᡥᡡᠶᠠᠴᡳ ᠮᠠᠨᠨᡳ
hūyaci manni

宴请	在	石	姓	乞求	来	什么	属相	萨满	主子	在	小
solin	de	šekderi	hala	baime	jihe	ai	aniya	saman	ejen	de	osohon
ᠰᠣᠯᡳᠨ	ᡩᡝ	ᡧᡝᡴᡩᡝᡵᡳ	ᡥᠠᠯᠠ	ᠪᠠᡳᠮᡝ	ᠵᡳᡥᡝ	ᠠᡳ	ᠠᠨᡳᠶᠠ	ᠰᠠᠮᠠᠨ	ᡝᠵᡝᠨ	ᡩᡝ	ᠣᠰᠣᡥᠣᠨ
所林	**得**	**石克特立**	**哈拉**	**伯莫**	**吉合**	**爱**	**阿猕**	**沙玛**	**我贞**	**得**	**卧思浑**

摆上	正	房	门	相合	粗	梁	进来	大	等	神坛	乌云
faidaha	cin	boo	duka	gūlifi	bayan	taibu	dosici	amba	se	jukten	uyun
ᡶᠠᡳᡩᠠᡥᠠ	ᠴᡳᠨ	ᠪᠣᠣ	ᡩᡠᡴᠠ	ᡤᡡᠯᡳᡶᡳ	ᠪᠠᠶᠠᠨ	ᡨᠠᡳᠪᡠ	ᡩᠣᠰᡳᠴᡳ	ᠠᠮᠪᠠ	ᠰᡝ	ᠵᡠᡴᡨᡝᠨ	ᡠᠶᡠᠨ
翻他哈[4]	**秦**	**博**	**杜卡**	**古立腓**	**八音**[5]	**台宝**	**多西七**	**按巴**	**沙**	**朱克腾**	**吴云**

星斗	祈祷	在	香	火	把	进献	高	桌	供献	弓	射
naihū	fonjire	de	hiyan	tuwa	be	dosika	den	dere	doboho	beri	gabtara
ᠨᠠᡳᡥᡡ	ᡶᠣᠨᠵᡳᡵᡝ	ᡩᡝ	ᡥᡳᠶᠠᠨ	ᡨᡠᠸᠠ	ᠪᡝ	ᡩᠣᠰᡳᡴᠠ	ᡩᡝᠨ	ᡩᡝᡵᡝ	ᡩᠣᠪᠣᡥᠣ	ᠪᡝᡵᡳ	ᡤᠠᠪᡨᠠᡵᠠ
乃腓	**佛吉勒**	**得**	**先**	**⿰石秃**	**博**	**多西哈**[3]	**佷**	**得棱**	**多不哈**	**博立**	**戉破他拉**

披甲	叉	拿	第一	辈	太爷	领	东家	又	宴请	七
uksin	šaka	jafafi	ujuci	jalan	mafa	aliha	ejen	geli	soliha	nadan
ᡠᡴᠰᡳᠨ	ᡧᠠᡴᠠ	ᠵᠠᡶᠠᡶᡳ	ᡠᠵᡠᠴᡳ	ᠵᠠᠯᠠᠨ	ᠮᠠᡶᠠ	ᠠᠯᡳᡥᠠ	ᡝᠵᡝᠨ	ᡤᡝᠯᡳ	ᠰᠣᠯᡳᡥᠠ	ᠨᠠᡩᠠᠨ
吴克心	**沙查**	**札伐腓**	**乌朱七**	**札兰**	**玛法**	**爱粒哈**[2]	**我贞**	**各立**	**所立哈**	**那丹**

恭敬	猪圈	在	养育	重	供品	家	在	养育	庭院的	充满
gingguleme	un	de	ujihe	ujen	šusu	boo	de	ujihe	hūwai	jalu
ᡤᡳᠩᡤᡠᠯᡝᠮᡝ	ᡠᠨ	ᡩᡝ	ᡠᠵᡳᡥᡝ	ᡠᠵᡝᠨ	ᡧᡠᠰᡠ	ᠪᠣᠣ	ᡩᡝ	ᡠᠵᡳᡥᡝ	ᡥᡡᠸᠠᡳ	ᠵᠠᠯᡠ
鹅文勒莫	**文**	**得**	**吴吉合**	**吴贞**	**舒子**	**博**	**得**	**吴吉合**	**花一**	**札禄**

把	迎接	礼仪	各种	供献	原因	吉祥	在	出现	家的	神坛
be	okdome	doro	sede	dobofi	turgun	sain	de	tucifi	booi	jukten
ᠪᡝ	ᠣᡴᡩᠣᠮᡝ	ᡩᠣᡵᠣ	ᠰᡝᡩᡝ	ᡩᠣᠪᠣᡶᡳ	ᡨᡠᡵᡤᡠᠨ	ᠰᠠᡳᠨ	ᡩᡝ	ᡨᡠᠴᡳᡶᡳ	ᠪᠣᠣᡳ	ᠵᡠᡴᡨᡝᠨ
博	**卧克杜莫**	**多伦**	**三得**	**多不腓**	**秃拉滚**	**三**	**得**	**秃欻腓**	**博一**	**朱克腾**

上牙碰下牙	话	采纳	绿	春	把	度过	富裕	秋
heheri	gisun	ganaha	niowanggiyan	niyengniyeri	be	dulebufi	bayan	bolori
ᡥᡝᡥᡝᡵᡳ	ᡤᡳᠰᡠᠨ	ᡤᠠᠨᠠᡥᠠ	ᠨᡳᠣᠸᠠᠩᡤᡳᠶᠠᠨ	ᠨᡳᠶᡝᠩᠨᡳᠶᡝᡵᡳ	ᠪᡝ	ᡩᡠᠯᡝᠪᡠᡶᡳ	ᠪᠠᠶᠠᠨ	ᠪᠣᠯᠣᡵᡳ
合合勒	**鸡孙**	**合讷合**	**斝尖**	**牛勒立**	**博**	**杜棱不腓**	**巴眼**	**博洛立**

男人	什么	属相	主家（东家）	为	为	在	亲口	言	许
haha	ai	aniya	boigoji	oci	jalin	de	angga	gisun	aljaha
ᡥᠠᡥᠠ	ᠠᡳ	ᠠᠨᡳᠶᠠ	ᠪᠣᡳᡤᠣᠵᡳ	ᠣᠴᡳ	ᠵᠠᠯᡳᠨ	ᡩᡝ	ᠠᠩᡤᠠ	ᡤᡳᠰᡠᠨ	ᠠᠯᠵᠠᡥᠠ
哈哈	**爱**	**阿衽**	**彪浑**	**卧七**	**札林**	**得**	**昂阿**	**鸡孙**	**而札哈**

【译文】

为了我们家族什么事，
为了我们家族谁的事，
在此时请神？
居住在白山上，
第九层峭立的石褶子上，
第三层楼阁中，
在金楼银阁中修炼的，
胡牙气瞒尼[1]，
请沿着辉发河降临。

胡牙气瞒尼神，
身穿披甲手执钢叉，
原为头辈太爷所领[2]。
于正房门前[3]庭院中，
摆设了七星斗，
敬插上弓箭[4]。
点燃了香火，
高桌上供献。
今东家又宴请，
七星斗前祈祷。
乘『乌云』之际宴请[5]，
从正房门，
通过粗梁下的房门，
进入大神坛享祭。

石姓家族举行祭祀来祈求，
此时的主祭萨满何属相？
举行祭祀的东家何属相？
东家为了今天的祭祀，
曾上牙碰下牙，
亲口许了愿，
必须采纳。

今已是度过了绿春之际，
迎来了富秋之时。
族人按照各种传统祭祀礼仪祭祀，
家内神坛中出现了吉祥，
如意祥气。
庭院中充满家禽猪仔等。
家中圈养神猪重大，
摆件供献神坛。
神灵纳享。

【语音注释】

1 畚吞（hodun），汉义为『迅速、快』。规范化满语为『hūdun』，汉转为『霍顿』。

2 爱粒哈（ailiha），神歌中汉义为带领之『领』。规范化的满语是『aliha』，汉转为『阿立哈』。此词原意汉义为『承受、接受』等。此神歌中用的是引申义，即『领』。

3 多西哈（dosiha），『多西哈』的原意为『进入』，据文本神歌上下文所需的意思应为『敬献』，所以笔者用『多西哈』（dosika）的引申义，即『进献』。

4 翻他哈（faidaha），汉义为『摆上』，规范化满语是『faidaha』，汉转为『法达哈』。

5 八音（bayin），此处神歌处所需汉义为『粗』。『八音』规范化满语为『八延』（bayan）。『八延』原意为『富的、富人』，此处用了它的引申义，即粗细之『粗』。

【译文注释】

1 胡牙气瞒尼：已被录像。萨满的表演舞蹈是手执三股马叉，随鼓声跳动着。他一会儿刺向前方，一会儿刺向左方，一会儿又刺向右方，忽快忽慢，还不时大喊大叫。老萨满石清民介绍说，这位神灵武艺很高，脾气很大，很难侍候。再联系满族历史上的戎马生涯，它可能原是满族原始战斗中，手执三股马叉冲锋陷阵的先锋官，后成为满族萨满教中祭祀神灵，是一位英勇善战的神。

『胡牙气』一词是由『胡牙毕』变化而来。『胡牙毕』在《清文总汇》中解释为『鹰鹞叫声』，『胡牙气』神灵可能就是用鹰鹞的叫声来形容或比喻而得名的。

2 头辈太爷所领：满文为『乌朱七扎兰玛法爱砬哈』。由萨满而成神的，石姓共有九位太爷。『头辈太爷』即石姓第一位萨满神灵，也就是跑火池的太爷。『胡牙气瞒尼』是跟随头辈太爷的神灵。

3 正房门前：满文为『秦博杜卡古立腓』。这里是指向南开的房门。

4 弓箭：在七星斗中除了放有五谷杂粮外，还要插一把特制的弓箭。

5 乘『乌云』之际宴请：满文为『按巴沙朱克腾吴云所林得』。这里是指举行烧官香时，宴请了此神，神歌中记述了这一内容。实际上举行太平香跳神时，也可以请所有神灵。

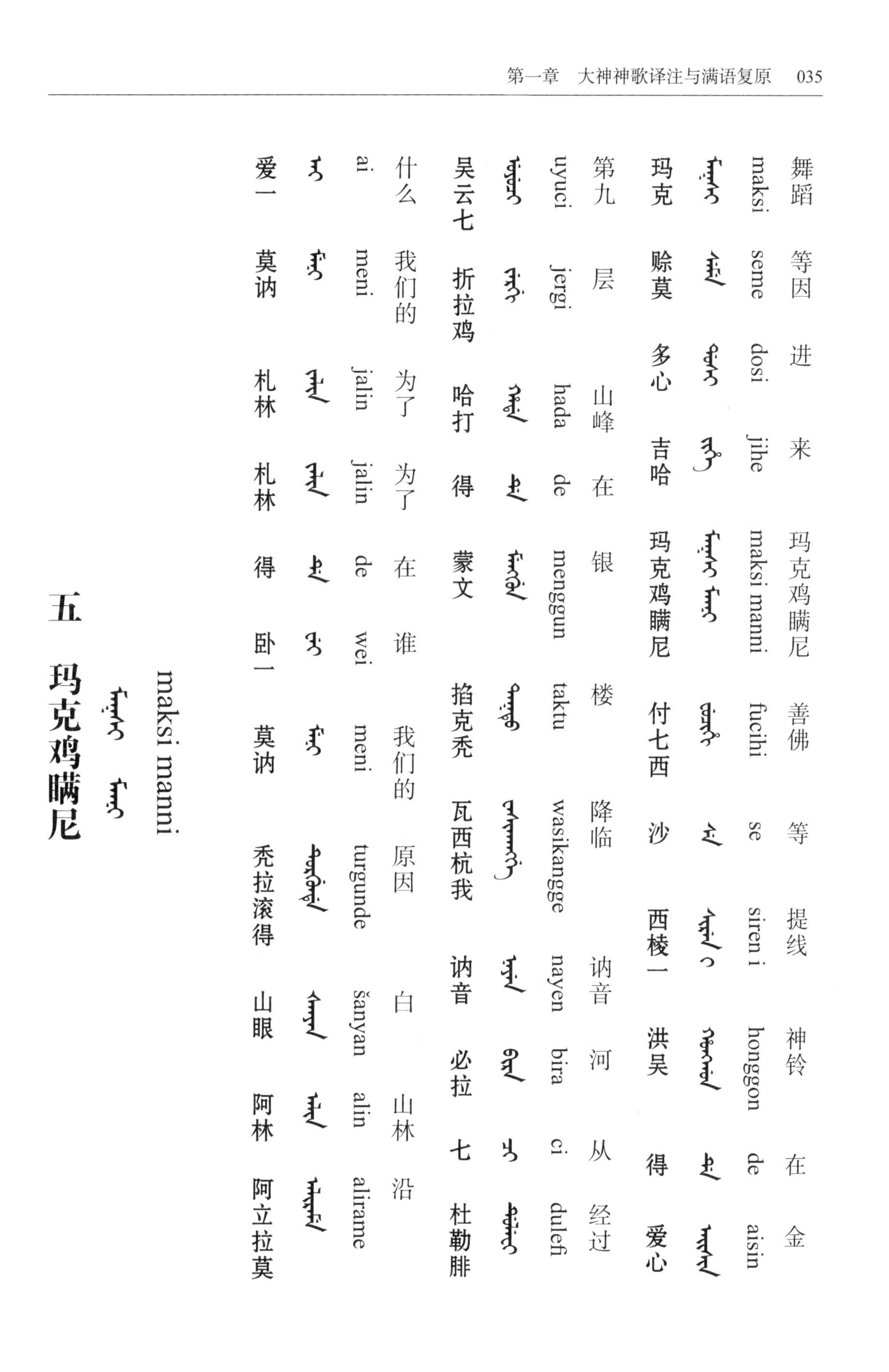

舞蹈 等因 进 来 玛克鸡瞒尼 善佛 等 提线 神铃 在 金
maksi seme dosi jihe maksi manni fucihi se siren i honggon de aisin
玛克 赊莫 多心 吉哈 玛克鸡瞒尼 付七西 沙 西棱一 洪吴 得 爱心

第九 层 山峰 在 银 楼 降临 讷音 河 从 经过
uyuci jergi hada de menggun taktu wasikangge nayen bira ci dulefi
吴云七 折拉鸡 哈打 得 蒙文 掐克秃 瓦西杭我 讷音 必拉 七 杜勒腓

什么 我们的 为了 为了 在 谁 我们的 原因 白 山林 沿
ai meni jalin jalin de wei meni turgunde šanyan alin alirame
爱一 莫讷 札林 札林 得 卧一 莫讷 秃拉滚得 山眼 阿林 阿立拉莫

五 玛克鸡瞒尼

maksi manni

【译文】

经过了讷音河，
玛克鸡瞒尼[1]。
银楼中修炼的
在白山第九层山峰上，
在此时请神？
为了我们家族谁的事，
为了我们家族什么事，

金色神铃，
摇晃着戏耍着，
光亮如托立，
手提着神铃[2]，
玛克鸡瞒尼善佛，
进来了。
跳动着舞蹈着降临了，

乞请降临。
今在七星斗前祈祷，
齐颂玛克鸡瞒尼的动人舞蹈。
议论纷纷。
围观人拍手称赞，
五彩飘带飞扬。
头戴神帽，
诵唱着神歌进来了。

我秃勒	娄勒莫	睇	瞧不勒	那丹	吴西哈	佛吉勒	得
ᡝᡨᡠᡵᡝ	ᠯᡝᠣᠯᡝᠮᡝ	ᡶᡳᠶᠠᠨ	ᡨᡠᠸᠠᠪᡠᡵᡝ	ᠨᠠᡩᠠᠨ	ᡠᠰᡳᡥᠠ	ᡶᠣᠨᠵᡳᡵᡝ	ᡩᡝ
eture	leoleme	fiyan	tuwabure	nadan	usiha	fonjire	de
戴	议论	五彩	观看者	七	星	祈祷	在

一	洪吴	街	鞋鸡一[1]	托立	得	朱车	农门[2]	多心吉哈	鸡拉胆	英赊
ᡳ	ᡥᠣᠩᡤᠣᠨ	ᡴᠠᡳ	ᠵᡳᠩᡴᡳᠨᡳ	ᡨᠣᠯᡳ	ᡩᡝ	ᠵᡠᠴᡠᠨ	ᠨᠣᠮᡠᠨ	ᡩᠣᠰᡳᠨᠵᡳᡥᠠ	ᡤᡳᡵᡩᠠᠨ	ᠶᡝᡴᠰᡝ
i	honggon	kai	jingkini	toli	de	jucun	nomun	dosinjiha	girdan	yekse
的	神铃	啊	正是	铜镜	在	戏耍	诵唱神词	进来了	飘带	神帽

【语音注释】

1　黠鸡一（jingji），此处应为『正是』，规范化的汉字转写满语为『景奇尼』（jingkini）。

2　农门（nongmun），此处汉义为『诵唱』。文本中的『农门』应该是汉义的『经、经书』。其规范化的汉字转写满语为『挪门』（nomun），此处应为『诵唱神词』之意。

【译文注释】

1　玛克鸡瞒尼：这是一位舞蹈神，曾被录像。录像时，萨满头戴神帽，手执抓鼓和鼓鞭，与两位手执铜铃的助手，随着鼓点，按一定步法跳动。他们有时互相穿行，有时对舞，有时走『∞』字形，有时转圈。鼓声、铃声配合默契，形成有节奏、有对唱的一场简单的舞台艺术。

据说，从前跳这位瞒尼神时，有三位手执铜铃的助手与萨满对舞。这次录像时，因为人手不够，只用了两位助手。玛克鸡瞒尼神的舞蹈动作，从录像来看，非萨满一人所能完成，必须由能歌善舞的助手加以配合。

2　神铃：满语为『轰务』，当今所搜集到的神铃都是铜制成，所以又叫『铜铃』，其数量多寡由各姓氏而定。它是萨满跳神时的手执神器，杨姓和石姓都有一位『玛克鸡瞒尼』，都是『手执金铜铃、银铜铃降临』的神。

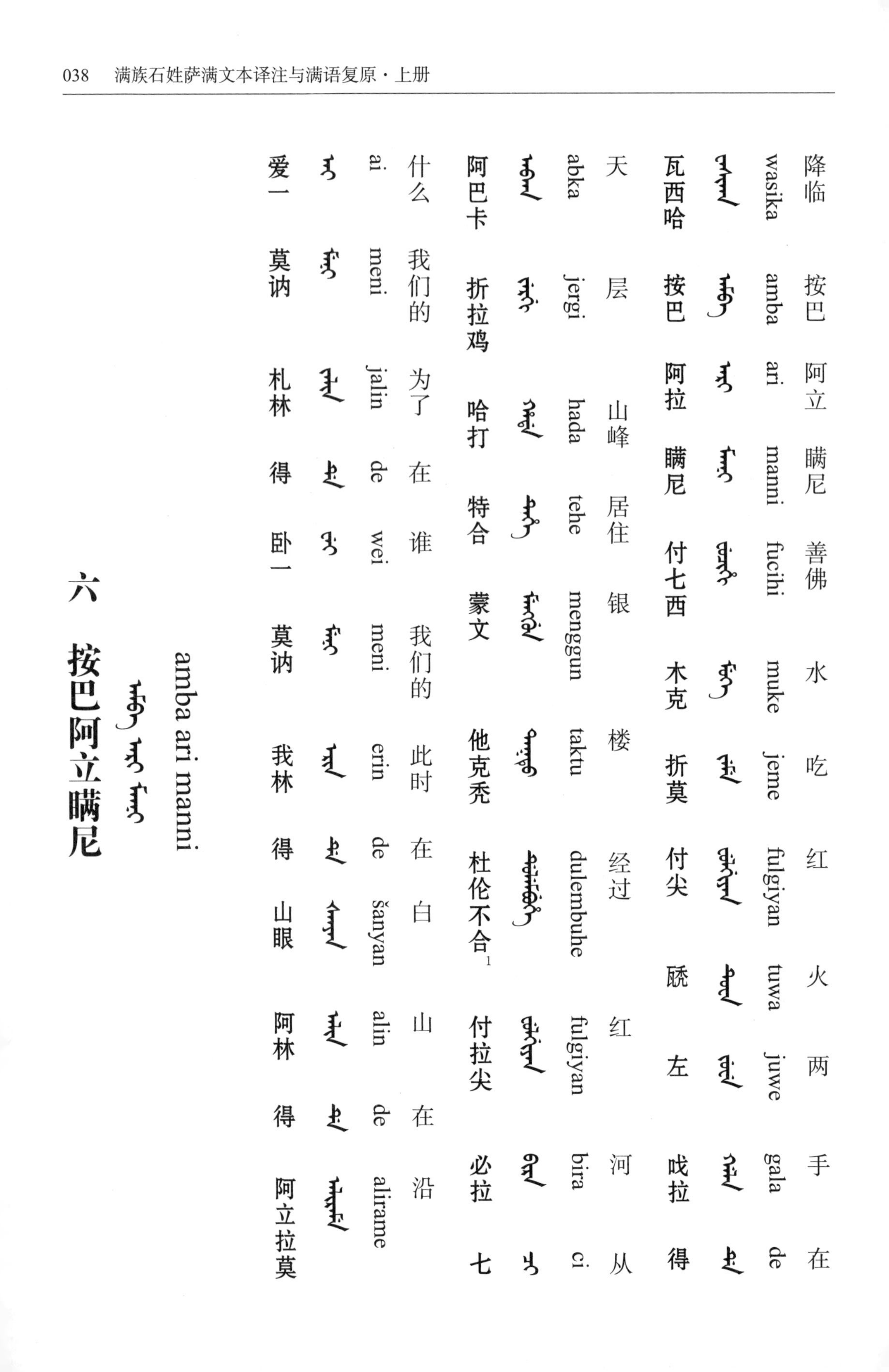

六 按巴阿立瞒尼

amba ari manni

爱一	莫讷	札林	得	卧一	莫讷	我林	得	山眼	阿林	得	阿立拉莫
ai	meni	jalin	de	wei	meni	erin	de	šanyan	alin	de	alirame
什么	我们的	为了	在	谁	我们的	此时	在	白	山	在	沿

阿巴卡	折拉鸡	哈打	特合	蒙文	他克秃	杜伦不合[1]	付拉尖	必拉	七
abka	jergi	hada	tehe	menggun	taktu	dulembuhe	fulgiyan	bira	ci
天	层	山峰	居住	银	楼	经过	红	河	从

瓦西哈	按巴	阿拉	瞒尼	付七西	木克	折莫	付尖	硚	左	戗拉	得
wasika	amba	ari	manni	fucihi	muke	jeme	fulgiyan	tuwa	juwe	gala	de
降临	按巴	阿立	瞒尼	善佛	水	吃	红	火	两	手	在

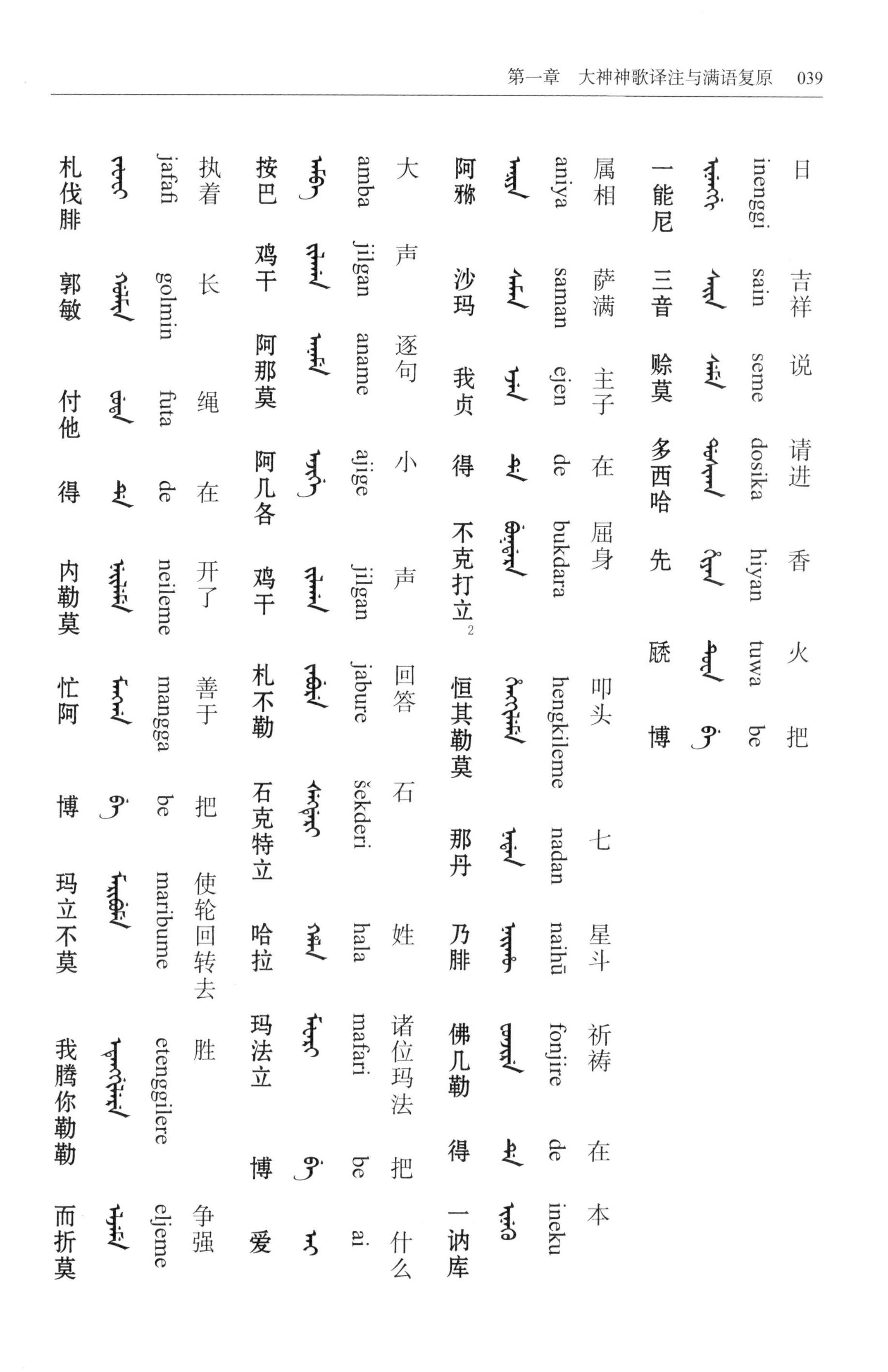

日 吉祥 说 请进 香 火 把
inenggi sain seme dosika hiyan tuwa be
一能尼 三音 赊莫 多西哈 先 豗 博

属相 萨满 主子 在 屈身 叩头 七 星斗 祈祷 在 本
aniya saman ejen de bukdara hengkileme nadan naihū fonjire de ineku
阿祢 沙玛 我贞 得 不克打立[2] 恒其勒莫 那丹 乃腓 佛几勒 得 一讷库

大 声 逐句 小 声 回答 石 姓 诸位玛法 把 什么
amba jilgan aname ajige jilgan jabure šekderi hala mafari be ai
按巴 鸡干 阿那莫 阿几各 鸡干 札不勒 石克特立 哈拉 玛法立 博 爱

执着 长 绳 在 开了 善于 把 使轮回转去 胜 争强
jafafi golmin futa de neileme mangga be maribume etenggilere eljeme
札伐腓 郭敏 付他 得 内勒莫 忙阿 博 玛立不莫 我腾你勒勒 而折莫

【译文】

为了我们家族什么事，
为了我们家族谁的事，
在此时请神？
居住在白山上，
高入天层的山峰，
由银楼中下来的
按巴阿立瞒尼[1]。
请沿着富勒尖河降临[2]。

争强好胜的
按巴阿立善佛，
执着火红的长绳[3]。
在空中轮回转动，
以示神通广大。
逐句大声诵唱，
小声祈求。

乞请石姓诸位玛法，
主祭萨满何属相？
屈身在七星斗前，
叩头祈祷。
今日吉祥，
设香火宴请神灵，
入室享祭。

【语音注释】

1 杜伦不合（dulunbuhe），汉义『经过』。规范化的满语为『dulembuhe』，汉转为『杜勒木不喝』。此词是由动词『dulembi』变化而来，汉转为『杜勒木毕』。

2 不克打立（bukdari），汉义为『屈身』叩头，是由『不克打木毕』（bukdambi）变化而来。规范化的汉字转写满语应是『不克打拉』（bukdara）。

【译文注释】

1 按巴阿立瞒尼：『阿立』是『无处不到』。据老萨满石清山反映，这位神灵从未请下来过，也没有萨满能侍候它，只是传说着此神很厉害，爱耍火绳而已。

2 富勒尖河：即红色河。

3 执着火红的长绳：满文为『木克折莫付尖甦』和『郭敏付他得内勒莫』，直译为汉语是『喝了火红的水』和『打开了长绳』。我们根据民间流传的资料，此神是由红河降临，译为『执着火红的长绳』。

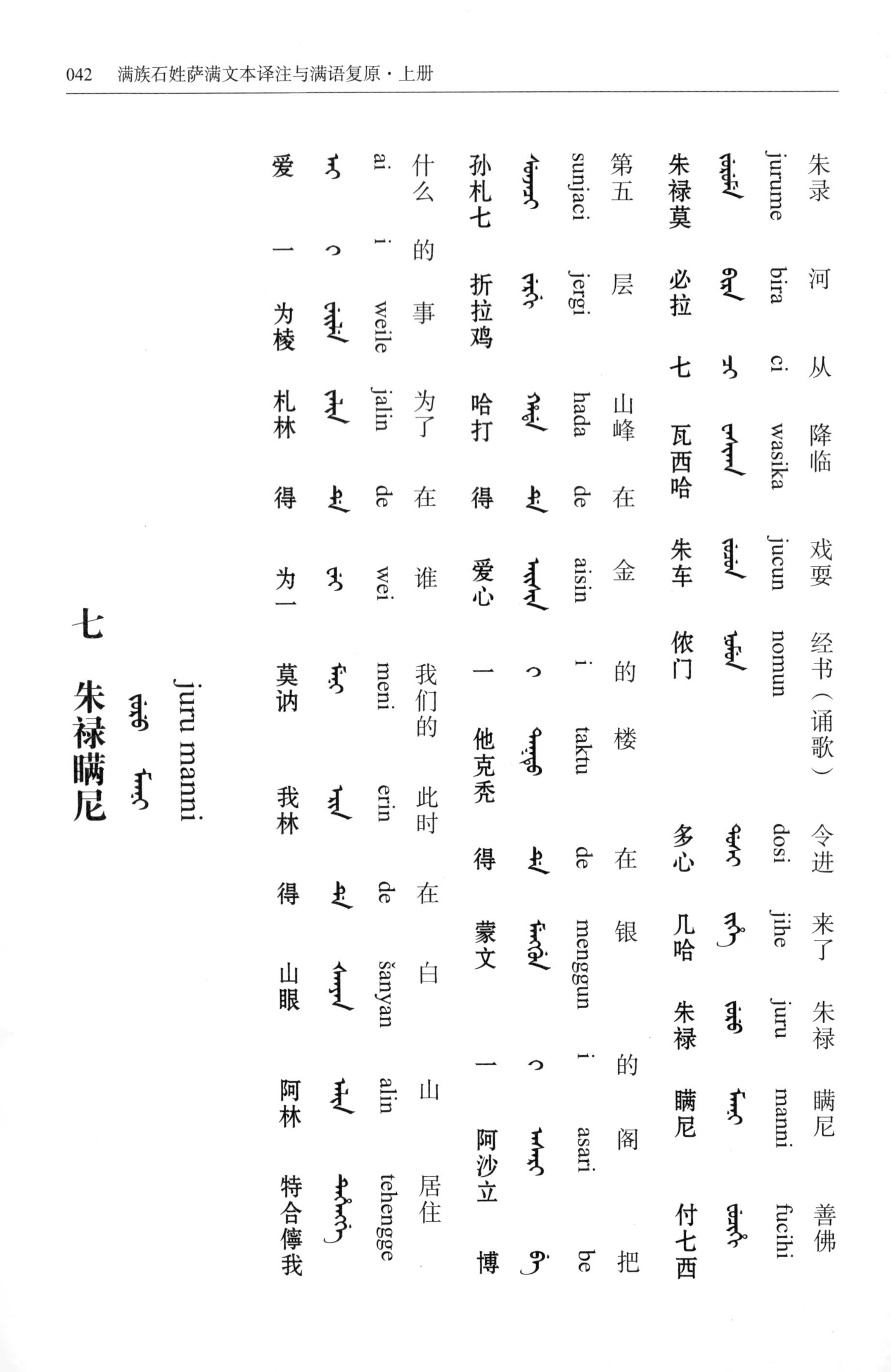

七 朱禄瞒尼

juru manni

爱 一 为棱 札林 得 为一 莫讷 我林 得 山眼 阿林 特合僜我

ai i weile jalin de wei meni erin de šanyan alin tehengge

什么的 事 为了 在 谁 我们的 此时 在 白 山 居住

孙札七 折拉鸡 哈打 得 爱心 一 他克秃 得 蒙文 一 阿沙立 博

sunjaci jergi hada de aisin i taktu de menggun i asari be

第五 层 山峰 在 金 的 楼 在 银 的 阁 把

朱禄莫 必拉 七 瓦西哈 朱车 侬门 多心 几哈 朱禄 瞒尼 付七西

jurume bira ci wasika jucun nomun dosi jihe juru manni fucihi

朱录 河 从 降临 戏耍 经书（诵歌） 令进 来了 朱禄 瞒尼 善佛

和顺 商议 完后 此时 在 日子 吉祥 说 朱录 香 把

hūwaliyasun hebešeme hecefi erin de inenggi sain seme juru hiyan be

ᡥᡡᠸᠠᠯᡳᠶᠠᠰᡠᠨ ᡥᡝᠪᡝᡧᡝᠮᡝ ᡥᡝᠴᡝᡶᡳ ᡝᡵᡳᠨ ᡩᡝ ᡳᠨᡝᠩᡤᡳ ᠰᠠᡳᠨ ᠰᡝᠮᡝ ᠵᡠᡵᡠ ᡥᡳᠶᠠᠨ ᠪᡝ

花粒孙 合博赊莫 合车腓 我林 得 一能尼 三音 赊莫 朱禄 先 博

进入 石 姓 子孙 三 支 计算 若是 宗 族

dosifi šekderi hala omosi ilan gargan bodon oci uksun mukūn

ᡩᠣᠰᡳᡶᡳ ᡧᡝᡴᡩᡝᡵᡳ ᡥᠠᠯᠠ ᠣᠮᠣᠰᡳ ᡳᠯᠠᠨ ᡤᠠᡵᡤᠠᠨ ᠪᠣᡩᠣᠨ ᠣᠴᡳ ᡠᡴᠰᡠᠨ ᠮᡠᡴᡡᠨ

多西腓 石克特立 哈拉 卧莫西 依兰 戗拉干 嘚多 卧七 吴克孙 木坤

万的 处处 修炼 神主 祖先 神灵 东家 又 宴请 家内 房 在

tumeni ari nara weceku mafa enduri ejen geli solifi booi boo de

ᡨᡠᠮᡝᠨ ᡳ ᠠᡵᡳ ᠨᠠᡵᠠ ᠸᡝᠴᡝᡴᡠ ᠮᠠᡶᠠ ᡝᠨᡩᡠᡵᡳ ᡝᠵᡝᠨ ᡤᡝᠯᡳ ᠰᠣᠯᡳᡶᡳ ᠪᠣᠣᡳ ᠪᠣᠣ ᡩᡝ

秃门一 阿立 那立[2] 卧车库 玛法 恩杜立 我贞 各立 所立腓 博一 博 得

等 双 花棍 要着木棍 众 山 尖 在 千 百 道 把

se juru gida mukšalafi geren alin dube de minggan i tanggū giyai be

ᠰᡝ ᠵᡠᡵᡠ ᡤᡳᡩᠠ ᠮᡠᡴᡧᠠᠯᠠᡶᡳ ᡤᡝᡵᡝᠨ ᠠᠯᡳᠨ ᡩᡠᠪᡝ ᡩᡝ ᠮᡳᠩᡤᠠᠨ ᡳ ᡨᠠᠩᡤᡡ ᡤᡳᠶᠠᡳ ᠪᡝ

赊 朱禄 鸡打 木克沙腓[1] 各棱 阿林 杜博 得 明安一 汤吴 尖 博

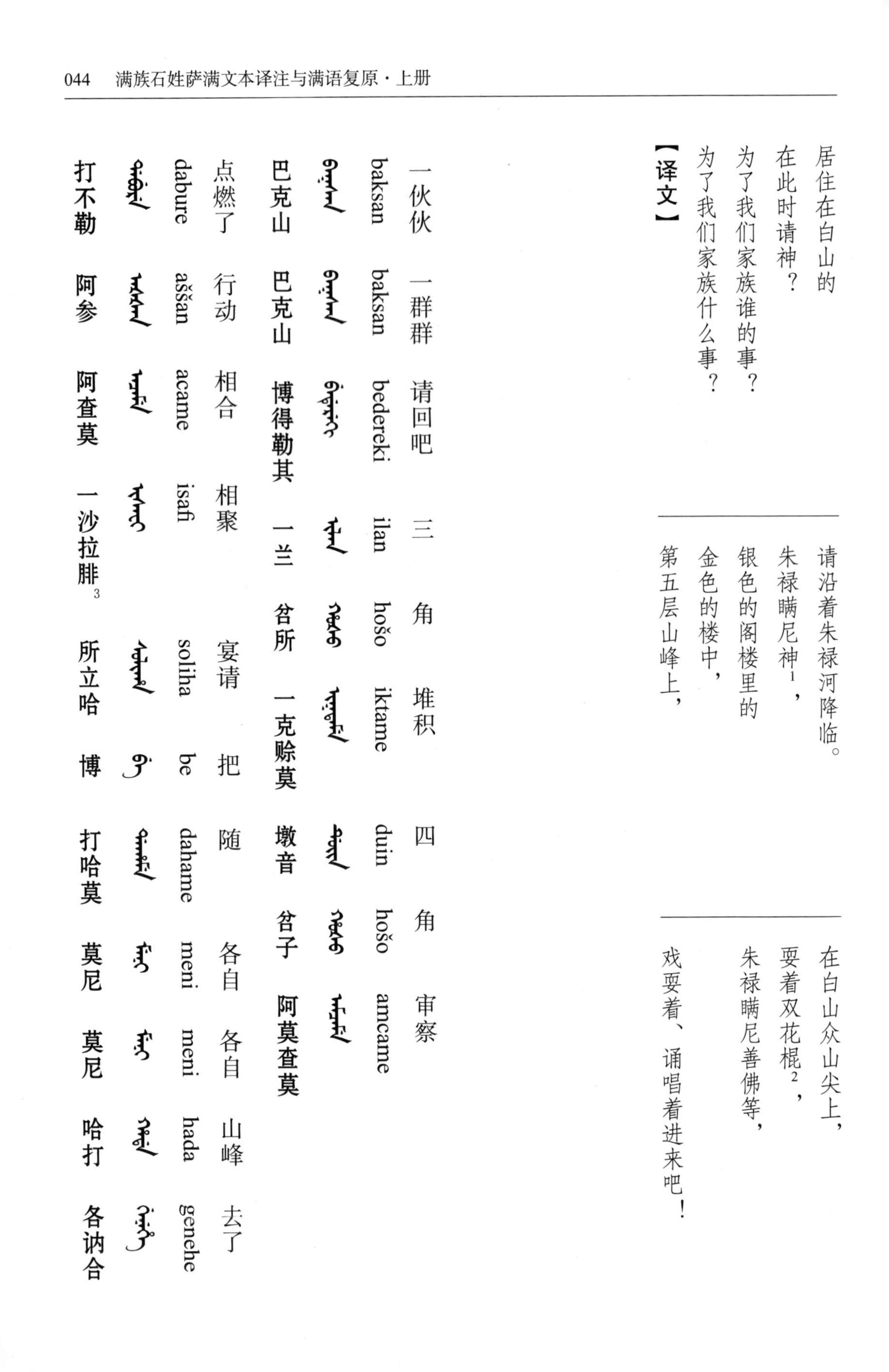

居住在白山的
在此时请神？
为了我们家族谁的事？
为了我们家族什么事？

【译文】

请沿着朱禄河降临。
朱禄瞒尼神[1]，
银色的阁楼里的
金色的楼中，
第五层山峰上，

在白山众山尖上，
要着双花棍[2]，
朱禄瞒尼善佛等，
戏耍着、诵唱着进来吧！

一伙伙	一群群	请回吧	三	角	堆积	四	角	审察	
baksan	baksan	bedereki	ilan	hošo	iktame	duin	hošo	amcame	
巴克山	巴克山	博得勒其	一兰	名所	一克赊莫	墩音	名子	阿莫查莫	

点燃了	行动	相合	相聚	宴请	把	随	各自	各自	山峰	去了
dabure	aššan	acame	isafi	soliha	be	dahame	meni	meni	hada	genehe
打不勒	阿参	阿查莫	一沙拉腓[3]	所立哈	博	打哈莫	莫尼	莫尼	哈打	各讷合

在群峰峻岭中，
千百年修炼，
万年得道。
诸位神主、祖先、神灵，
今东家又宴请祭祀了，
请来到庭院中，
进入房屋享祭。

今有石姓子孙，
原为三大支[3]。
宗族和顺，
议事、行动一致，
相聚太平。
在此时的吉祥日子里，
点燃了朱录香，
宴请诸位神灵随降。

请回到各自的山峰吧，
一伙伙、一群群地回去吧！
三角清查，
四角察看。
处处干净，
永世太平。

【语音注释】

1 木克沙腓（muksafi），汉义为『耍着木棍』。规范化的满语应为『mukšalafi』，汉转为『木克沙拉腓』。

2 那立（nali），在满语中无法查找此词。笔者根据神歌上下文所需，又据石姓老萨满的提供应为『修炼』，但在满语中又没有直接作为『修炼』的词汇。它应由动词『narasambi』变化而来，汉转满语为『那拉沙木毕』，其汉义为『眷恋』，引申为『修炼』，即『那拉』（nara）。

3 一沙拉腓（isalafi），汉义为『相聚』，规范化的汉字转写满语为『一萨腓』（isafi）。

【译文注释】

1 朱禄瞒尼神：这位神灵已被录像。这是经常被石姓萨满请下来跳神的神灵。承担跳朱禄瞒尼神的老萨满石宗轩，他身着神裙，腰系神铃，没有戴神帽，双手执双花棍。双花棍就是两根不足两米长、有三厘米多粗、涂有红色的木棍。朱录瞒尼的具体跳神动作是：萨满双手各执花棍的一头，另一头给一位侧立，也是双手所执。萨满与侧立随着鼓点一起跳动，忽而左边，忽而右边，这样来回翻动着。这种跳神叫『翻花棍』。

2 花棍：满语名称为『朱录激达』，即『双枪、双矛』，是石姓『朱录瞒尼』神所有的神器。

3 三大支：石姓祖先为三兄弟。从吉林省九台县石姓家谱来看，石姓原居长白山上，他们的高祖名叫『倭力和库』，有三子，长子为嘎拉钩，次子为景吉那，三子为吉巴库。嘎拉钩和景吉那随皇族进驻北京并落户，三子吉巴库随皇族只进驻沈阳附近，后又被派为内务府的打牲乌拉，定居于今吉林省九台县的小韩乡和东阿屯。神词中的三大支就是高祖所生三子的后人。

又，笔者最近得知，石姓的祖先，即原始祖籍为黑龙江北边，俗称江东六十四屯之地。

尼贞不库	巴那	俄贞	瞒尼	善佛	神灵	啊	天	地	在	太阳	把
nijenbuku	bana	ejen	manni	fucihi	enduri	kai	abka	na	de	šun	be
ᠨᡳᠵᡝᠨᠪᡠᡴᡠ	ᠪᠠᠨᠠ	ᡝᠵᡝᠨ	ᠮᠠᠨᠨᡳ	ᡶᡠᠴᡳᡥᡳ	ᡝᠨᡩᡠᡵᡳ	ᡴᠠᡳ	ᠠᠪᡴᠠ	ᠨᠠ	ᡩᡝ	ᡧᡠᠨ	ᠪᡝ
尼贞不库	巴那	俄贞	瞒尼	付七西	恩杜立	街	阿巴卡	那	得	孙	博

头层	山峰	金	楼	高高的	从天上	降临了	尼西哈	河	从	降临了
ujuci	hada	aisin	taktu	denni	abkaci	wasika	nisihai	bira	ci	wasire
ᡠᠵᡠᠴᡳ	ᡥᠠᡩᠠ	ᠠᡳᠰᡳᠨ	ᡨᠠᡴᡨᡠ	ᡩᡝᠨᠨᡳ	ᠠᠪᡴᠠᠴᡳ	ᠸᠠᠰᡳᡴᠠ	ᠨᡳᠰᡳᡥᠠᡳ	ᠪᡳᡵᠠ	ᠴᡳ	ᠸᠠᠰᡳᡵᡝ
乌朱七	哈打	爱心	他克秃	很一	阿巴卡七	瓦西哈	尼西哈	必拉	七	瓦西勒

什么	的	原因	为了	有	谁家	原因	这时候	在	长	白	山	居住
ai	i	sere	jalin	de	wei	sere	erin	de	golmin	šanyan	alin	tehe
ᠠᡳ	ᡳ	ᠰᡝᡵᡝ	ᠵᠠᠯᡳᠨ	ᡩᡝ	ᠸᡝᡳ	ᠰᡝᡵᡝ	ᡝᡵᡳᠨ	ᡩᡝ	ᡤᠣᠯᠮᡳᠨ	ᡧᠠᠨᠶᠠᠨ	ᠠᠯᡳᠨ	ᡨᡝᡥᡝ
爱	一	赊勒	札林	得	卧一	赊勒	我林	得	郭敏	山眼	阿林	特合

八　尼贞不库　巴那俄贞

ᠨᡳᠵᡝᠨᠪᡠᡴᡠ ᠪᠠᠨᠠ ᡝᠵᡝᠨ

nijenbuku　bana ejen

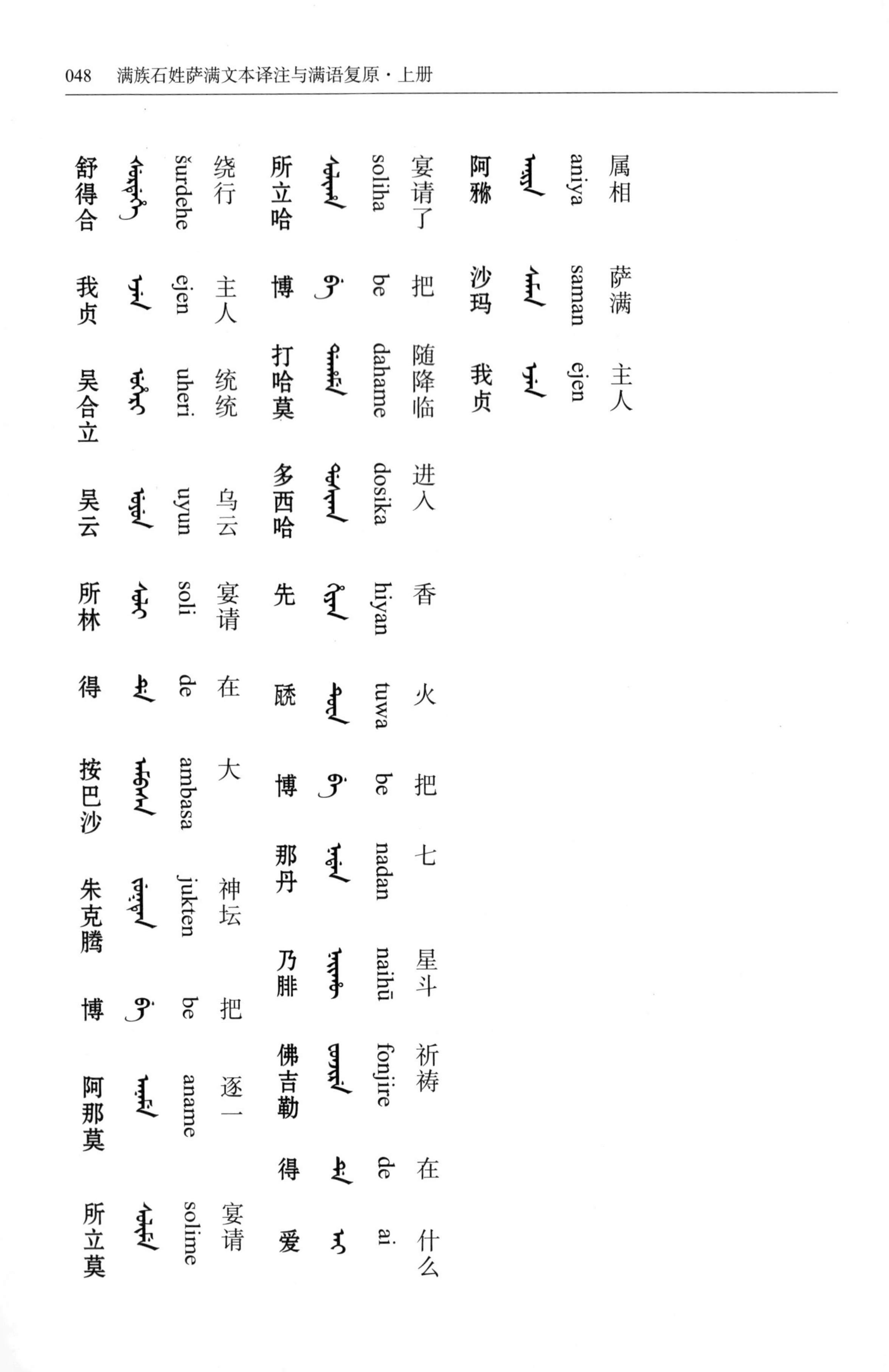

属相	aniya	阿秫
萨满	saman	沙玛
主人	ejen	我贞

宴请了	soliha	所立哈
把	be	博
随降临	dahame	打哈莫
进入	dosika	多西哈
香	hiyan	先
火	tuwa	[illegible]
把	be	博
七	nadan	那丹
星斗	naihū	乃腓
祈祷	fonjire	佛吉勒
在	de	得
什么	ai	爱

绕行	šurdehe	舒得合
主人	ejen	我贞
统统	uheri	吴合立
乌云	uyun	吴云
宴请	soli	所林
在	de	得
大	ambasa	按巴沙
神坛	jukten	朱克腾
把	be	博
逐一	aname	阿那莫
宴请	solime	所立莫

【译文注释】

1 尼西哈河：尼西哈（nisiha），在《总汇》中解释为『小鱼儿』，说明这条河是以盛产小鱼而得名。

2 尼贞不库巴那俄贞瞒尼：『尼贞』一词无从查找，『布库』（buku）是『善于摔跤者』，或是『或会武的人』。『巴那』（bana）是『土地』，『俄贞』（ejen）是『主人』。『巴那俄贞』直译『土地的主人』，就是『土地神』，是一位连在一起的，不足十厘米高，木刻而成的双神偶。据民间传说，这位瞒尼神总与长白山山主在一起。所以家神祭祀中的西炕神歌也提到此神，说明它与满族的关系密切并且地位重要。

【译文】

沿着尼西哈河[1]，
头层山峰上金楼中，
居住在长白山上，
在此时请神？
为谁家的原因，
为了什么原因，

举行烧官香祭祀，
东家乘学习乌云之际，
绕行天地太阳。
善佛。
尼贞不库巴那俄贞瞒尼[2]
从高高的天上降临的，

跪地乞请众神灵。
主祭萨满何属相？
七星斗前祈祷，
点燃了香火，
乞请随降入神坛，
大坛前统统逐一宴请众神灵，

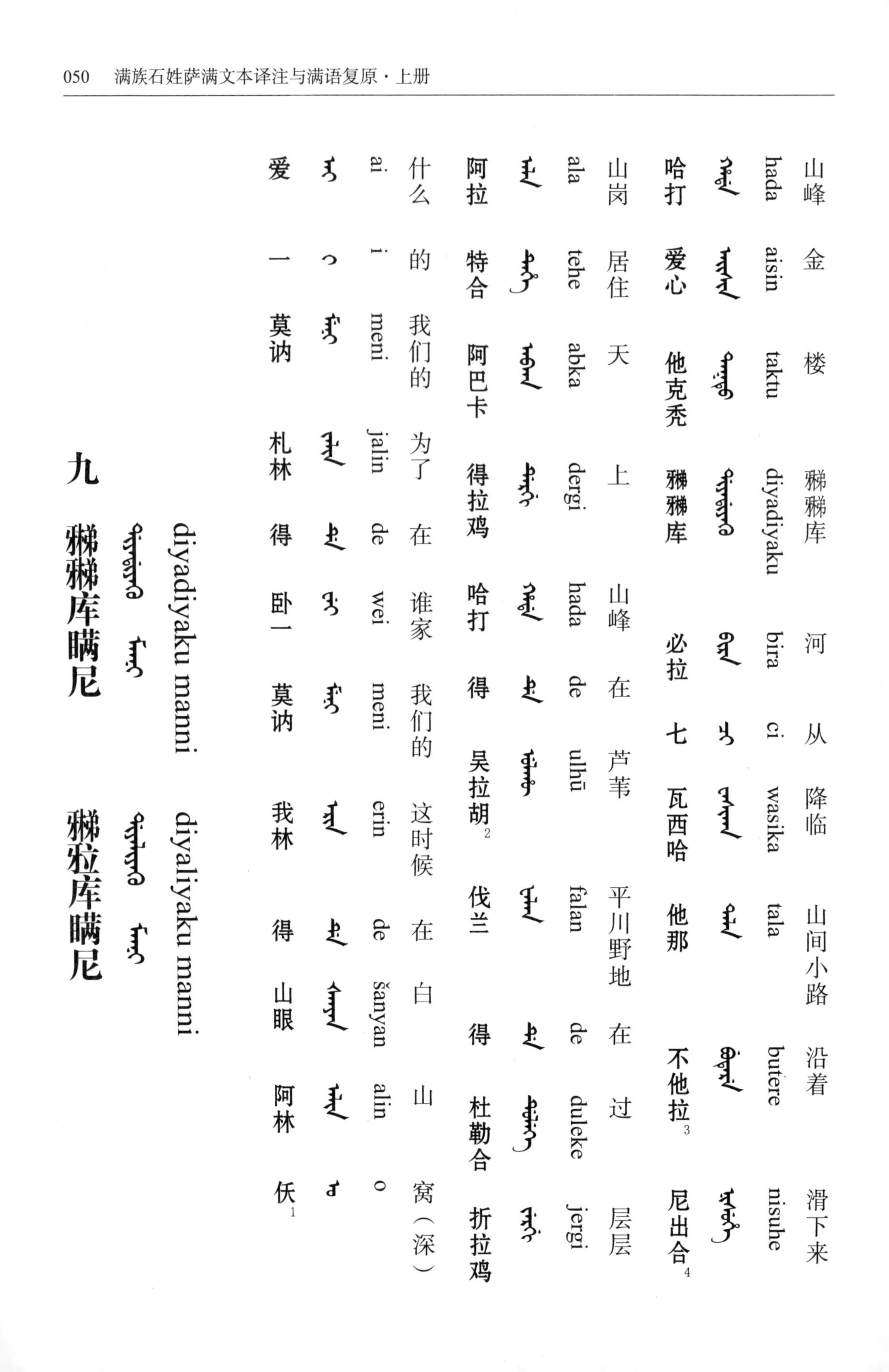

山峰 金 楼 糊糊库 河 从 降临 山间小路 沿着 滑下来

hada aisin taktu diyadiyaku bira ci wasika tala butere nisuhe

哈打 爱心 他克秃 糊糊库 必拉 七 瓦西哈 他那 不他拉[3] 尼出合[4]

山岗 居住 天 上 山峰 在 芦苇 平川野地 在 过 层层

ala tehe abka dergi hada de ulhū falan de duleke jergi

阿拉 特合 阿巴卡 得拉鸡 哈打 得 吴拉胡[2] 伐兰 得 杜勒合 折拉鸡

什么 的 我们的 为了 在 谁家 我们的 这时候 在 白 山 窝（深）

ai i meni jalin de wei meni erin de šanyan alin o

爱 一 莫讷 札林 得 卧一 莫讷 我林 得 山眼 阿林 佚[1]

九 糊糊库瞒尼 diyadiyaku manni

糊粒库瞒尼 diyaliyaku manni

在	什么	属	萨满主祭	在	七	星斗	祈祷	在	身体	在	附
de	ai	aniya	saman ejen	de	nadan	naihū	fonjire	de	beye	de	singgefi
ᡩᡝ	ᠠᡳ	ᠠᠨᡳᠶᠠ	ᠰᠠᠮᠠᠨ ᡝᠵᡝᠨ	ᡩᡝ	ᠨᠠᡩᠠᠨ	ᠨᠠᡳᡥᡡ	ᡶᠣᠨᠵᡳᡵᡝ	ᡩᡝ	ᠪᡝᠶᡝ	ᡩᡝ	ᠰᡳᠩᡤᡝᡶᡳ
得	**爱**	**阿猕**	**沙玛我贞**	**得**	**那丹**	**乃腓**	**佛吉勒**	**得**	**博热**	**得**	**兴我腓**

滑下来	⿰米弟粒库	瞒尼	善佛	附体	石	姓	神灵	很大	坛
nisuhe	diyaliyaku	manni	fucihi	singge	šekderi	hala	enduringge	ambasa	jukten
ᠨᡳᠰᡠᡥᡝ	ᡩᡳᠶᠠᠯᡳᠶᠠᡴᡠ	ᠮᠠᠨᠨᡳ	ᡶᡠᠴᡳᡥᡳ	ᠰᡳᠩᡤᡝ	ᡧᡝᡴᡩᡝᡵᡳ	ᡥᠠᠯᠠ	ᡝᠨᡩᡠᡵᡳᠩᡤᡝ	ᠠᠮᠪᠠᠰᠠ	ᠵᡠᡴᡨᡝᠨ
尼出合	**⿰米弟粒库**	**瞒尼**	**付七**	**兴我**[5]	**石克特立**	**哈拉**	**恩杜凌我**	**按巴沙**[6]	**朱克腾**

⿰米弟⿰米弟库	瞒尼	善佛	等	⿰米弟粒库	河	从	降临	山间小路	沿着
diyadiyaku	manni	fucihi	se	diyaliyaku	bira	ci	wasika	tala	butere
ᡩᡳᠶᠠᡩᡳᠶᠠᡴᡠ	ᠮᠠᠨᠨᡳ	ᡶᡠᠴᡳᡥᡳ	ᠰᡝ	ᡩᡳᠶᠠᠯᡳᠶᠠᡴᡠ	ᠪᡳᡵᠠ	ᠴᡳ	ᠸᠠᠰᡳᡴᠠ	ᡨᠠᠯᠠ	ᠪᡠᡨᡝᡵᡝ
⿰米弟⿰米弟库	**瞒尼**	**付七西**	**赊**	**⿰米弟粒库**	**必拉**	**七**	**瓦西哈**	**他那**	**不他拉**

【语音注释】

1 伕(o),《清文总汇》解释为『膈肢窝』。神歌内容是说明此神在白山的深处之意,故译为『深山处』。

2 吴拉胡(ulahu),汉义为『芦苇』,规范化的汉字转写满语为『吴尔胡』(ulhū)。

3 不他拉(butera),汉义为『沿着』,规范化的汉字转写为『不特勒』,满语为『butere』,它是由动词『不特勒木毕』变化而来。

4 尼出合(nicuhe),汉义为『滑下来』,规范化的汉字转写满语为『尼苏合』(nisuhe)。

5 兴我(singge),此词为『兴俄腓』变化而来。

6 按巴沙(anbasa),规范化满语为『ambasa』,汉转为『阿木巴萨』(ambasa),汉义为『很大』。

【译文】

为了我们家族什么事,
为了我们家族谁的事,
在此时请神?
居住在白山深山里山岗上
天上层层云峰中的
金楼里的猕猕库瞒尼[1]善佛,

顺着山间小路,
绕过平川芦苇地,
沿着猕猕库河滑降下来吧。
猕狉库瞒尼善佛
请沿着猕狉库河,
顺着山间小路滑降下来,
降附于萨满之身。

乞请石姓诸神灵,
摆设了大祭坛,
报明萨满属相,
在七星斗前祈祷,
请附萨满之身。

【译文注释】

1 獬獬库和獬粒库，在满文工具书中没有与此完全相符的汉语词汇，但它是「代兰」（dailan）和「达拉库」（dalakū）语音变化的结果。「代兰」是名词，意为「征伐、讨伐」。在满文名词的形成中，有一条是「根据元音和谐律在名词的词干上分别缀以附加成分kū和gu构成新的名词」（《满语语法》民族出版社，一九八六年版）。在名词「代兰」的词干上缀以「kū」以后，便成了新的名词「代兰库」了。「达拉库」是「箭射不进去，刀砍不入」（《清文总汇》）的意思，就是「坚硬」之意。又因为神歌都是诵唱的，在诵唱过程中又有音调的和谐，这样经过变化，久而久之，「代兰库」中的「代」变化为「獬」，「达拉库」中的「达」也演变为「獬」，便是今天神歌的两位瞒尼神。

我们在调查萨满教文化时，听东阿屯一位会说满语的七十多岁的老助手石殿发说，此神名就是「代拉库」，再结合神歌中所表现的这两位瞒尼神的英雄行为，也正符合「代兰库」和「达拉库」的意思。因此，我们说「獬獬库」和「獬粒库」是由「代兰库」和「达兰库」变化而来。原是两位在战斗中刀枪不入的坚硬汉子，后成为萨满教中的瞒尼神。这正是满族历史上英勇、强悍精神的真实写照。

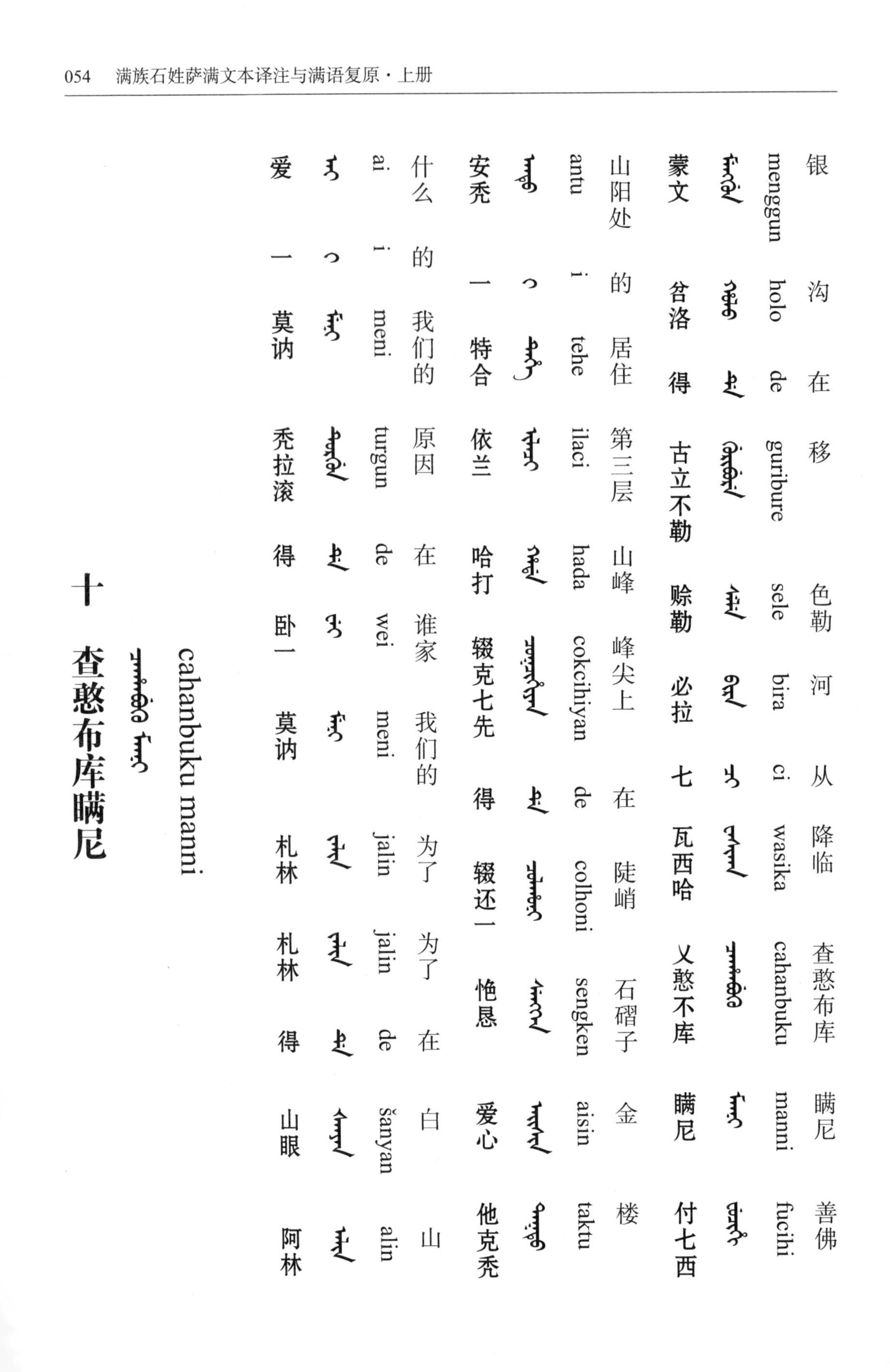

银 沟 在 移 色勒 河 从 降临 查憨布库 瞒尼 善佛

menggun holo de guribure sele bira ci wasika cahanbuku manni fucihi

蒙文 岔洛 得 古立不勒 赊勒 必拉 七 瓦西哈 乂憨不库 瞒尼 付七西

山阳处 的 居住 第三层 山峰 峰尖上 在 陡峭 石磖子 金 楼

antu i tehe ilaci hada cokcihiyan de colhoni sengken aisin taktu

安秃 一 特合 依兰 哈打 辍克七先 得 辍还一 伧恳 爱心 他克秃

什么 的 我们的 原因 在 谁家 我们的 为了 为了 在 白 山

ai i meni turgun de wei meni jalin jalin de šanyan alin

爱 一 莫讷 秃拉滚 得 卧一 莫讷 札林 札林 得 山眼 阿林

十　查憨布库瞒尼

cahanbuku manni

姓	祈祷	来	什么	属相	萨满	主
hala	baime	jihe	ai	aniya	saman	ejen
ᡥᠠᠯᠠ	ᠪᠠᡳᠮᡝ	ᠵᡳᡥᡝ	ᠠᡳ	ᠠᠨᡳᠶᠠ	ᠰᠠᠮᠠᠨ	ᡝᠵᡝᠨ
哈拉	**伯木**	**几合**	**爱**	**阿猕**	**沙玛**	**我贞**

抡打	战斗中	山间小路	的	穿过	在	顺着	将	滑下来	石
desihime	afabure	tala	i	tucire	de	butere	be	nisuhangge	šekderi
ᡩᡝᠰᡳᡥᡳᠮᡝ	ᠠᡶᠠᠪᡠᡵᡝ	ᡨᠠᠯᠠ	ᡳ	ᡨᡠᠴᡳᡵᡝ	ᡩᡝ	ᠪᡠᡨᡝᡵᡝ	ᠪᡝ	ᠨᡳᠰᡠᡥᠠᠩᡤᡝ	ᡧᡝᡴᡩᡝᡵᡳ
得西西莫[3]	**阿伐不勒**	**他那**	**一**	**秃七勒**	**得**	**不他拉**	**博**	**尼出恒俄**[4]	**石克特立**

等	触犯	在	可为	啊	神灵	在	沿山根走	将	铁	榔头	执
se	necime	de	ohongge	kai	enduri	de	butere	be	sele	maitu	jafafi
ᠰᡝ	ᠨᡝᠴᡳᠮᡝ	ᡩᡝ	ᠣᡥᠣᠩᡤᡝ	ᡴᠠᡳ	ᡝᠨᡩᡠᡵᡳ	ᡩᡝ	ᠪᡠᡨᡝᡵᡝ	ᠪᡝ	ᠰᡝᠯᡝ	ᠮᠠᡳᡨᡠ	ᠵᠠᡶᠠᡶᡳ
沙	**猕其莫**[1]	**得**	**为恒我**[2]	**街**	**恩杜立**	**得**	**不特勒**	**博**	**赊勒**	**卖秃**	**札伐腓**

【译文】

为了我们家族的什么事，
为了我们家族的谁的事，
在此时请神，
居住在白山上山阳处，
第三层山峰尖上的，
陡峭石砬子的金楼内，

查憨布库瞒尼[1]
经过银沟，
沿着色勒河降临。

查憨布库瞒尼善佛，
易于触犯发怒之神，
手执铁榔头，

双手摔打着，
是战斗中的勇汉，
请穿过山间小路。
顺着山脚谷道滑降下来吧！
今有石姓子孙来祈祷，
报明萨满属相。

【语音注释】

1 ⿰尹你其莫（necime），此处汉译为『触犯』一词，规范化的汉字转写满语为『讷其莫』（necime）。

2 为恒我（ohengge），此处汉译为『可为』之意。规范化的满语为『ohongge』，汉转满语为『鄂恒俄』。此词是由助动词『ombi』变化而来。汉转满语为『鄂木毕』。

3 得西西莫（desisime），汉义应为『抡打』。规范化的满语为『desihime』，汉转满语为『得西黑莫』。

4 尼出恒俄（nicuhangge），汉义为『滑下来』。规范化的满语为『nisuhangge』，汉转满语为『尼苏恒俄』。『尼苏恒俄』为前面第九篇『⿰犭弟⿰犭弟库瞒尼⿰犭弟⿰犭立库瞒尼』中，所出现的『尼苏合』变化而来。

【译文注释】

1 查憨布库瞒尼：『查憨』一词无从查找，此神于1987年录像。萨满的动作正如神歌中所叙，『手执铁榔头，双手轮打着』。萨满双手执着铁榔头，前后左右挥动，很像在战场上与敌人交锋一样。铁榔头，名为铁，实为木制，一头为篮球大小的木制球，涂上黑色，安有一尺多长的把柄。石姓称之为『色勒卖秃』。

从　降临　胡阎　瞒尼　善佛　等　三　股　马叉　啊　万　道

ci wasika hūyan manni fucihi se ilan gargan šaka kai tumen golo

ᠴᡳ ᠸᠠᠰᡳᡴᠠ ᡥᡡᠶᠠᠨ ᠮᠠᠨᠨᡳ ᡶᡠᠴᡳᡥᡳ ᠰᡝ ᡳᠯᠠᠨ ᡤᠠᡵᡤᠠᠨ ᡧᠠᡴᠠ ᡴᠠᡳ ᡨᡠᠮᡝᠨ ᡤᠣᠯᠣ

七　瓦西哈　胡闫　瞒尼　付七西　赊　依兰　戈拉干　沙卡　街　秃门　郭洛

龙脉　降临　峭立　山峰　通过　山阳　的　金　楼　在　辉发　河

siren wasire seheri hada dulembuhe antu i aisin taktu de hoifa bira

ᠰᡳᡵᡝᠨ ᠸᠠᠰᡳᡵᡝ ᠰᡝᡥᡝᡵᡳ ᡥᠠᡩᠠ ᡩᡠᠯᡝᠮᠪᡠᡥᡝ ᠠᠨᡨᡠ ᡳ ᠠᡳᠰᡳᠨ ᡨᠠᡴᡨᡠ ᡩᡝ ᡥᠣᡳᡶᠠ ᠪᡳᡵᠠ

西棱　瓦西勒　赊合立　哈打　杜伦不合　安秃　一　爱心　滔克秃　得　辉伐　必拉

什么　事情　诵唱神词祝祷　谁家　事情　查看　白　山　山岗　居住　风水的

ai weile jarifi wei weile baicaku šanyan alin ala tehe šengsini

ᠠᡳ ᠸᡝᡳᠯᡝ ᠵᠠᡵᡳᡶᡳ ᠸᡝᡳ ᠸᡝᡳᠯᡝ ᠪᠠᡳᠴᠠᡴᡠ ᡧᠠᠨᠶᠠᠨ ᠠᠯᡳᠨ ᠠᠯᠠ ᡨᡝᡥᡝ ᡧᡝᠩᠰᡳᠨᡳ

爱一　为棱　札鸡腓[1]　卧一　为棱　博查库[2]　山眼　阿林　阿拉　特合　声心一

十一　胡阎瞒尼

ᡥᡡᠶᠠᠨ ᠮᠠᠨᠨᡳ

hūyan manni

在	逐一	宴请	随	萨满	身	在	附	骨	肉	清洁	因为
de	aname	solime	dahame	ejen	beye	de	singgefi	giranggi	yali	bolgo	seme
ᡩᡝ	ᠠᠨᠠᠮᡝ	ᠰᠣᠯᡳᠮᡝ	ᡩᠠᡥᠠᠮᡝ	ᡝᠵᡝᠨ	ᠪᡝᠶᡝ	ᡩᡝ	ᠰᡳᠩᡤᡝᡶᡳ	ᡤᡳᡵᠠᠩᡤᡳ	ᠶᠠᠯᡳ	ᠪᠣᠯᡤᠣ	ᠰᡝᠮᡝ
得	**阿那莫**	**所立莫**	**打哈莫**	**我贞**	**博热**	**得**	**星我腓**	**鸡郎尼**	**牙立**	**博浑**	**赊莫**

星斗	祈祷	在	尘	地	在	屈身	叩头	跪地	大	坛
naihū	fonjire	de	buraki	na	de	bukdaha	hengkileme	niyakūraha	ambasa	jukten
ᠨᠠᡳᡥᡡ	ᡶᠣᠨᠵᡳᡵᡝ	ᡩᡝ	ᠪᡠᡵᠠᡴᡳ	ᠨᠠ	ᡩᡝ	ᠪᡠᡴᡩᠠᡥᠠ	ᡥᡝᠩᡴᡳᠯᡝᠮᡝ	ᠨᡳᠶᠠᡴᡡᡵᠠᡥᠠ	ᠠᠮᠪᠠᠰᠠ	ᠵᡠᡴᡨᡝᠨ
乃腓	**佛吉勒**	**得**	**不拉其**	**那**	**得**	**不克打哈**	**恒其勒莫**	**猕库拉哈**	**按巴沙**	**朱克腾**

水	来了	千	年	无所不至	修炼	什么	属相	萨满	七
muke	jifi	minggan	aniya	ari	nara	ai	aniya	saman ejen	nadan
ᠮᡠᡴᡝ	ᠵᡳᡶᡳ	ᠮᡳᠩᡤᠠᠨ	ᠠᠨᡳᠶᠠ	ᠠᡵᡳ	ᠨᠠᡵᠠ	ᠠᡳ	ᠠᠨᡳᠶᠠ	ᠰᠠᠮᠠᠨ ᡝᠵᡝᠨ	ᠨᠠᡩᠠᠨ
木克	**吉腓**	**明安**	**阿猕**	**阿立**	**那立**[3]	**爱**	**阿猕**	**沙玛我贞**	**那丹**

那立」，汉义为「无处不到的修炼」，即「处处修炼」。

词是由「那拉木毕」（narambi）变化而来，其意前文已述，引申为「修炼」，汉字转写为「那拉」（nara）。「阿立

3 阿立那立（ari nari），「阿立」在《清文总汇》的解释为「无所不至」，汉字转写为「阿里」（ari）。「那立」一

2 博查库（becaku），汉译应是「查」，即「查询」之意。规范化满语为「baicaku」，汉转满语为「拜查库」。

1 扎鸡腓（jajifi），汉译应是「诵唱神词祝祷」。规范化满语应为「jarifi」，汉转满语为「扎里腓」。

【语音注释】

胡阎瞒尼[1]。
向阳处金楼中的
在峭立山峰顶上，
居住在白山山岗上，
在此时请神？
为了谁家的事查看，
为了什么事情祝祷，

【译文】

道行神通。
千年处处修炼，
在万道水之处，
手执三股马叉，

胡阎瞒尼善佛等，

沿辉发河而来。
有龙脉之处降临，

因为其骨肉清洁[2]。
请附萨满之身，
众神灵随降，
在大坛之前逐一请神灵，
跪在七星斗前叩头祈祷，
屈身在尘地。
报明萨满属相，

【译文注释】

1 胡阁瞒尼：胡阁在满文工具书中无从查找，其含义无考。据石清山、石清民等老萨满和助手反映，在他们记忆中，此神性情暴躁。

2 骨肉清洁：满文为『鸡郎尼狃博赊莫』。这句话是在请神灵降附于萨满之身后所叙述的，所以，我们理解为是指萨满骨肉清洁。萨满教的重要特点之一，是它的氏族性，即体现于同一血统关系的子孙后代。此处神歌中指出萨满骨肉清洁，只不过是指出萨满是纯正石姓子孙后代，以说明萨满血缘关系的纯洁性，以下凡是此句，不再另注。

阁 把 高高的 天上 从 降临下来 峭立 山峰 顶 在 日 月 把

asari be denni abKa ci wasibume seheri hada oyo de šun biya be

ᠠᠰᠠᠷᡳ ᠪᡝ ᡩᡝᠨᠨᡳ ᠠᠪᡴᠠ ᠴᡳ ᠸᠠᠰᡳᠪᡠᠮᡝ ᠰᡝᡥᡝᡵᡳ ᡥᠠᡩᠠ ᠣᠶᠣ ᡩᡝ ᡧᡠᠨ ᠪᡳᠶᠠ ᠪᡝ

阿沙立 博 很一 阿巴卡 七 瓦西不莫 赊合立 哈打 卧月 得 孙 叭 博

山峰 居住 第三层 山峰 梁 在 金 楼 气脉 把 银 楼

hada tehe ilaci hada seire de aisin taktu sudala be menggun taktu

ᡥᠠᡩᠠ ᡨᡝᡥᡝ ᡳᠯᠠᠴᡳ ᡥᠠᡩᠠ ᠰᡝᡳᡵᡝ ᡩᡝ ᠠᡳᠰᡳᠨ ᡨᠠᡴᡨᡠ ᠰᡠᡩᠠᠯᠠ ᠪᡝ ᠮᡝᠩᡤᡠᠨ ᡨᠠᡴᡨᡠ

哈打 特合 依拉七 哈打 赊立[1] 得 爱心 摇克秃 舒打拉 博 蒙文 他克秃

什么 的 说 为了 在 谁家 我们的 原因 在 长 白 山 从

ai i sere jalin de wei meni turgun de golmin šanyan alin ci

ᠠᡳ ᡳ ᠰᡝᡵᡝ ᠵᠠᠯᡳᠨ ᡩᡝ ᠸᡝᡳ ᠮᡝᠨᡳ ᡨᡠᡵᡤᡠᠨ ᡩᡝ ᡤᠣᠯᠮᡳᠨ ᡧᠠᠩᠶᠠᠨ ᠠᠯᡳᠨ ᠴᡳ

爱 以 赊勒 札林 得 卧一 莫讷 秃拉滚 得 郭敏 山眼 阿林 七

十二 沙勒布库瞒尼

ᠰᠠᠯᡝᠪᡠᡴᡠ ᠮᠠᠨᠨᡳ

salebuku manni

七 星斗 祈祷 在 一把把 汉香 把 点燃了 萨满 身 在 附
nadan naihū fonjire de baksan hiyan be daburengge ejen beye de singgefi
ᠨᠠᡩᠠᠨ ᠨᠠᡳᡥᡡ ᡶᠣᠨᠵᡳᡵᡝ ᡩᡝ ᠪᠠᡴᠰᠠᠨ ᡥᡳᠶᠠᠨ ᠪᡝ ᡩᠠᠪᡠᡵᡝᠩᡤᡝ ᡝᠵᡝᠨ ᠪᡝᠶᡝ ᡩᡝ ᠰᡳᠩᡤᡝᡶᡳ
那丹 乃胩 佛吉勒 得 巴克山 先 博 打不棱我 我贞[2] 博热 得 兴我腓

在 萨满 共同 乌云 宴请 在 萨满 说 学习 东家 因为 站立着
de ejen uheri uyun soli de saman seme tacifi ejen seme iliha
ᡩᡝ ᡝᠵᡝᠨ ᡠᡥᡝᡵᡳ ᡠᠶᡠᠨ ᠰᠣᠯᡳ ᡩᡝ ᠰᠠᠮᠠᠨ ᠰᡝᠮᡝ ᡨᠠᠴᡳᡶᡳ ᡝᠵᡝᠨ ᠰᡝᠮᡝ ᡳᠯᡳᡥᠠ
得 我贞 吴合立 吴云 所林 得 沙玛 赊莫 他七腓 我贞 赊莫 衣立合

护军 把 高 桌 在 供献 木盘 桌 在 排列 大 坛
bayara be den dere de doboho fan dere de faidabume ambasa jukten
ᠪᠠᠶᠠᡵᠠ ᠪᡝ ᡩᡝᠨ ᡩᡝᡵᡝ ᡩᡝ ᡩᠣᠪᠣᡥᠣ ᡶᠠᠨ ᡩᡝᡵᡝ ᡩᡝ ᡶᠠᡳᡩᠠᠪᡠᠮᡝ ᠠᠮᠪᠠᠰᠠ ᠵᡠᡴᡨᡝᠨ
巴牙拉 博 很 德棱 得 多不哈 翻 德棱 德 翻丹杜莫 按巴沙 朱克腾

绕行 沙勒布库 瞒尼 善佛 等 金 枪 执 第六辈 太爷 师傅
šurdehe šalebuku manni fucihi se aisin gida jafafi ningguci taiye sefu
ᡧᡠᡵᡩᡝᡥᡝ ᡧᠠᠯᡝᠪᡠᡴᡠ ᠮᠠᠨᠨᡳ ᡶᡠᠴᡳᡥᡳ ᠰᡝ ᠠᡳᠰᡳᠨ ᡤᡳᡩᠠ ᠵᠠᡶᠠᡶᡳ ᠨᡳᠩᡤᡠᠴᡳ ᡨᠠᡳᠶᡝ ᠰᡝᡶᡠ
舒德合 沙勒佈库 瞒尼 付七西 赊 爱心 鸡打 札伐腓 宁文七 太爷 赊夫

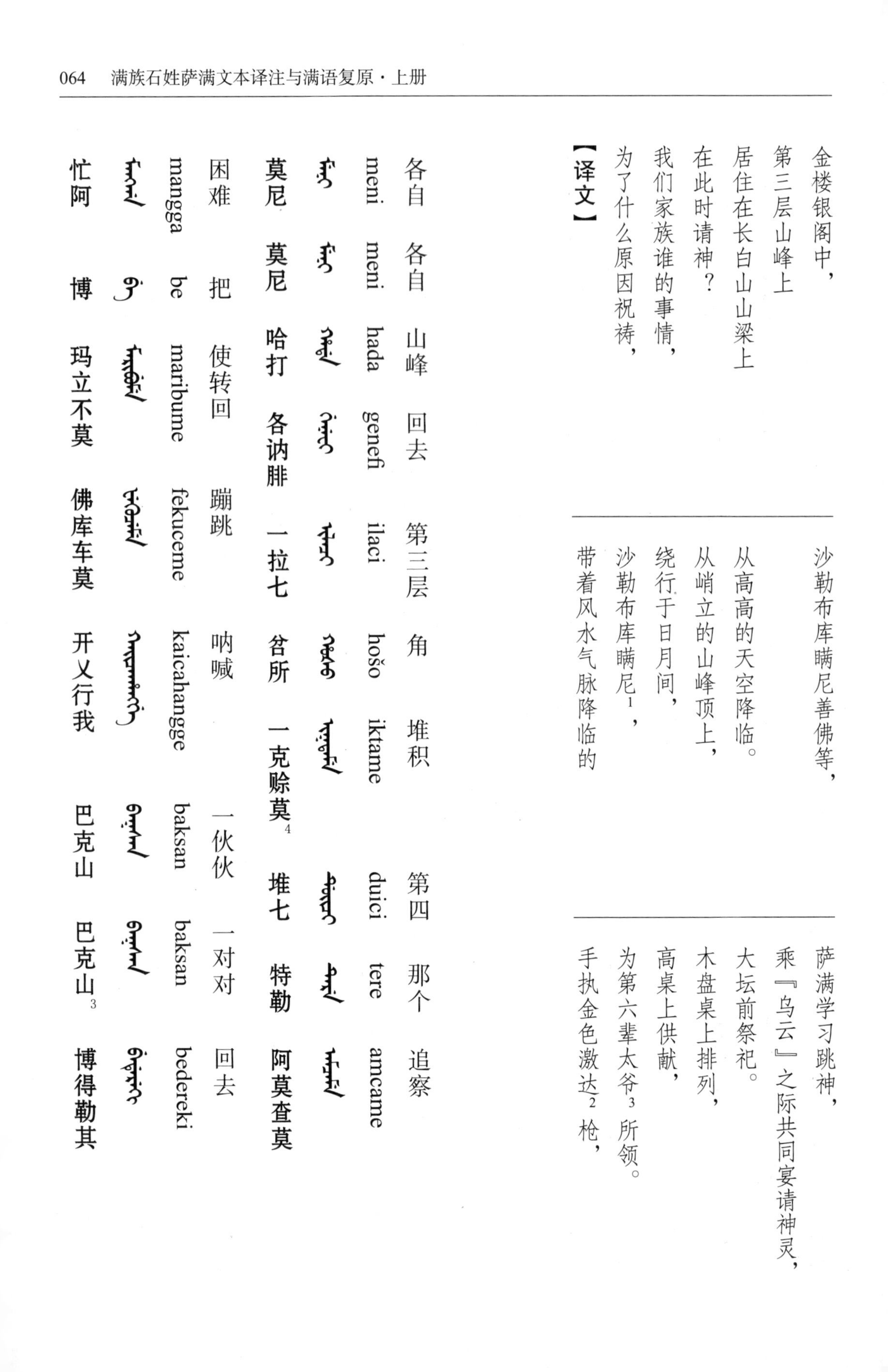

金楼银阁中，
第三层山峰上
居住在长白山山梁上
在此时请神？
我们家族谁的事情，
为了什么原因祝祷，

【译文】

沙勒布库瞒尼善佛等，

从高高的天空降临。
从峭立的山峰顶上，
绕行于日月间，
沙勒布库瞒尼[1]，
带着风水气脉降临的

萨满学习跳神，
乘『乌云』之际共同宴请神灵，
大坛前祭祀。
木盘桌上排列，
高桌上供献，
为第六辈太爷[3]所领。
手执金色激达[2]枪，

各自	各自	山峰	回去	第三层	角	堆积	第四	那个	追察
meni	meni	hada	genefi	ilaci	hošo	iktame	duici	tere	amcame
莫尼	莫尼	哈打	各讷腓	一拉七	豁所	一克赊莫[4]	堆七	特勒	阿莫查莫

困难	把	使转回	蹦跳	呐喊	一伙伙	一对对	回去
mangga	be	maribume	fekuceme	kaicahangge	baksan	baksan	bedereki
忙阿	博	玛立不莫	佛库车莫	开义行我	巴克山	巴克山[3]	博得勒其

萨满在七星斗前祈祷，
点燃了一把把汉香，

乞请众神灵。
东家立于旁，
助手学习诵唱[4]。

乞请沙勒布库瞒尼。

扭转困境。
善于蹦跳呐喊，
沙勒布库瞒尼，
请附萨满之身。

永世太平。
各处干净，
四角察看，
三角清查，
回到各自的山峰。
一伙伙、一对对回去吧！

【语音注释】

1 赊立（seli），赊立的规范化满语汉字转写应为『塞勒』（seire），汉义为『脊梁骨、腰椎骨』。文本中引申为山梁之『梁』，非脊梁骨之『梁』。但民间艺人借用了脊梁骨之『梁』，笔者只好认可『塞勒』（seire）。

2 我贞（ejen），此词在本文中出现了三次。其中『我贞博热得兴我腓』，译为『附萨满之身』，此处『我贞』一定是『萨满』。再就是『我贞赊莫衣立合』，译为『东家立于旁』，因为主祭的东家一定站立于萨满旁边，此处『我贞』一定是『东家』，就是『我贞吴合立』与萨满共同一句中的『我贞』，比较难以确定。笔者经过考查，定于『萨满』之意，较为合适。

3 巴克山巴克山（bakšan bakšan），此词是多义词，此处用的是『一伙伙、一队队』之意。规范化汉转满语为『巴克三』（baksan）。

4 一克赊莫（ikseme），规范化的汉转满文为『一克他莫』（iktame）。

【译文注释】

1 沙勒布库瞒尼：『沙勒』一词，在满文工具书中无从查找，所以其意义无考，但从神歌中可以看出，这是一位善拼杀的英雄神。

2 激达：『激达』是满语，其汉语意思为『枪和矛』，满族民间常称为『金枪』、『银枪』或『激达枪』。

3 第六辈太爷：满文为『宁文七太爷赊夫』，是萨满死后成神，排行第六，故称为第六辈太爷。

4 助手学习诵唱：此句是意译，因为在萨满一词后边有『吴合立』，即『共同』之意，其中包含了助手、萨满等，也是乘『乌云』之机，学习祭祀、诵唱神歌等内容。

因为 孙子 孩子 孙子们 在 宗 族 和睦 族 众 依靠

seme omolo juse omosi de uksun mukūn hūwaliyasun mukūn geren akdafi

ᠰᡝᠮᡝ ᠣᠮᠣᠯᠣ ᠵᡠᠰᡝ ᠣᠮᠣᠰᡳ ᡩᡝ ᡠᡴᠰᡠᠨ ᠮᡠᡴᡡᠨ ᡥᡡᠸᠠᠯᡳᠶᠠᠰᡠᠨ ᠮᡠᡴᡡᠨ ᡤᡝᡵᡝᠨ ᠠᡴᡩᠠᡶᡳ

赊莫 卧莫洛 朱赊 卧木西 得 吴克孙 木坤 花粒孙 木坤 各棱 阿克打腓

我们的 石 姓 乞求 来 今日 夜晚 在 吉 日 吉顺

meni šekderi hala baime jihe enenggi yamji de sain inenggi icangga

ᠮᡝᠨᡳ ᡧᡝᡴᡩᡝᡵᡳ ᡥᠠᠯᠠ ᠪᠠᡳᠮᡝ ᠵᡳᡥᡝ ᡝᠨᡝᠩᡤᡳ ᠶᠠᠮᠵᡳ ᡩᡝ ᠰᠠᡳᠨ ᡳᠨᡝᠩᡤᡳ ᡳᠴᠠᠩᡤᠠ

莫讷 石克特立 哈拉 伯木 几合 我能尼 闫木几 得 三音 一能尼 以长阿

什么 的 我们的 为了 在 谁 我们的 原因 在 众姓氏 姓 姓

ai i meni jalin de wei meni turgun de hasuri hala hala

ᠠᡳ ᡳ ᠮᡝᠨᡳ ᠵᠠᠯᡳᠨ ᡩᡝ ᠸᡝᡳ ᠮᡝᠨᡳ ᡨᡠᡵᡤᡠᠨ ᡩᡝ ᡥᠠᠰᡠᡵᡳ ᡥᠠᠯᠠ ᡥᠠᠯᠠ

爱 以 莫讷 札林 得 卧一 莫讷 秃拉滚 得 哈舒立 哈拉 哈拉

ilan ari manni

ᡳᠯᠠᠨ ᠠᡵᡳ ᠮᠠᠨᠨᡳ

十三　依兰阿立瞒尼

旺盛 燃 点 把子 香 把 看见 一齐 的 宴请 在 大

ayan duleme dabufi baksan hiyan be tuwabufi emu i solin de ambasa

ᠠᠶᠠᠨ ᡩᡠᠯᡝᠮᡝ ᡩᠠᠪᡠᡶᡳ ᠪᠠᡴᠰᠠᠨ ᡥᡳᠶᠠᠨ ᠪᡝ ᡨᡠᠸᠠᠪᡠᡶᡳ ᡝᠮᡠ ᡳ ᠰᠣᠯᡳᠨ ᡩᡝ ᠠᠮᠪᠠᠰᠠ

阿眼 杜莫 打不腓 巴克山 先 博 瑹不腓 我木 一 所林 得 按巴沙

抓鼓 声 灯 闭了 阿延 香 把 逐一 引燃 年祈 香 把

imcin jilgan dengjan tuibume ayan hiyan be aname yarufi niyanci hiyan be

ᡳᠮᠴᡳᠨ ᠵᡳᠯᡤᠠᠨ ᡩᡝᠩᠵᠠᠨ ᡨᡠᡳᠪᡠᠮᡝ ᠠᠶᠠᠨ ᡥᡳᠶᠠᠨ ᠪᡝ ᠠᠨᠠᠮᡝ ᠶᠠᡵᡠᡶᡳ ᠨᡳᠶᠠᠨᠴᡳ ᡥᡳᠶᠠᠨ ᠪᡝ

一莫亲 鸡干 灯占 推不莫 阿眼 先 博 阿那莫 牙禄腓 年秦 先 博

各位 师傅 等 各位 瞒尼 善佛 诸位 乞求 今日 是 夜晚 在

geren sefu sede geren mamni fucihi sede bairengge enenggi oci yamji de

ᡤᡝᡵᡝᠨ ᠰᡝᡶᡠ ᠰᡝᡩᡝ ᡤᡝᡵᡝᠨ ᠮᠠᠮᠨᡳ ᡶᡠᠴᡳᡥᡳ ᠰᡝᡩᡝ ᠪᠠᡳᡵᡝᠩᡤᡝ ᡝᠨᡝᠩᡤᡳ ᠣᠴᡳ ᠶᠠᠮᠵᡳ ᡩᡝ

各棱 赊夫 三得 各棱 瞒尼 付七西 三得 伯楞俄 我能尼 卧七 闫木几 得

第八 祝祷 到齐了 尘 地 在 屈身 叩头 跪

jakūci jalbarime yongkiyaha buraki na de bukdari hengkileme niyakūraha

ᠵᠠᡴᡡᠴᡳ ᠵᠠᠯᠪᠠᡵᡳᠮᡝ ᠶᠣᠩᡴᡳᠶᠠᡥᠠ ᠪᡠᡵᠠᡴᡳ ᠨᠠ ᡩᡝ ᠪᡠᡴᡩᠠᡵᡳ ᡥᡝᠩᡴᡳᠯᡝᠮᡝ ᠨᡳᠶᠠᡴᡡᡵᠠᡥᠠ

札库七 占巴立莫 永祺哈 不拉其 那 得 不克打立 恒其勒莫 祢库拉哈

为了	在	万	年	道	得	千	年	百	师父
jalin	de	tumen	aniya	doro	bahafi	minggan	aniya	tanggū	sefu
ᠵᠠᠯᡳᠨ	ᡩᡝ	ᡨᡠᠮᡝᠨ	ᠠᠨᡳᠶᠠ	ᡩᠣᡵᠣ	ᠪᠠᡥᠠᡶᡳ	ᠮᡳᠩᡤᠠᠨ	ᠠᠨᡳᠶᠠ	ᡨᠠᠩᡤᡡ	ᠰᡝᡶᡠ
札林	**得**	**秃门**	**阿稀**	**多洛**	**巴哈腓**	**明安**	**阿稀**	**汤吴**	**赊夫**

属相	萨满	主子	在	七	星斗	祈祷	在	学习	诵唱	祝祷
aniya	saman	ejen	de	nadan	naihū	fonjire	de	tacibufi	hūlahangge	jalbarime
ᠠᠨᡳᠶᠠ	ᠰᠠᠮᠠᠨ	ᡝᠵᡝᠨ	ᡩᡝ	ᠨᠠᡩᠠᠨ	ᠨᠠᡳᡥᡡ	ᡶᠣᠨᠵᡳᡵᡝ	ᡩᡝ	ᡨᠠᠴᡳᠪᡠᡶᡳ	ᡥᡡᠯᠠᡥᠠᠩᡤᡝ	ᠵᠠᠯᠪᠠᡵᡳᠮᡝ
阿稀	**沙玛**	**我贞**	**得**	**那丹**	**乃腓**	**佛几勒**	**得**	**他七不腓**	**胡拉杭俄**	**占巴立莫**

宴请	在	各个	的	祭坛	在	高	桌	供献	木盘	桌上	排列	什么
solin	de	geren	i	jukten	de	den	dere	dobofi	fan	dere	faidaha	ai
ᠰᠣᠯᡳᠨ	ᡩᡝ	ᡤᡝᡵᡝᠨ	ᡳ	ᠵᡠᡴᡨᡝᠨ	ᡩᡝ	ᡩᡝᠨ	ᡩᡝᡵᡝ	ᡩᠣᠪᠣᡶᡳ	ᡶᠠᠨ	ᡩᡝᡵᡝ	ᡶᠠᡳᡩᠠᡥᠠ	ᠠᡳ
所林	**得**	**各棱**	**一**	**朱克腾**	**得**	**很**	**得棱**	**多不腓**	**翻**	**得棱**	**翻他哈**	**爱**

坛	在	大	神坛	把	逐一	宴请	宴请	把	跟随	统统	的
jukten	de	ambasa	jukten	be	aname	solime	soliha	be	dahame	gemu	i
ᠵᡠᡴᡨᡝᠨ	ᡩᡝ	ᠠᠮᠪᠠᠰᠠ	ᠵᡠᡴᡨᡝᠨ	ᠪᡝ	ᠠᠨᠠᠮᡝ	ᠰᠣᠯᡳᠮᡝ	ᠰᠣᠯᡳᡥᠠ	ᠪᡝ	ᡩᠠᡥᠠᠮᡝ	ᡤᡝᠮᡠ	ᡳ
朱克腾	**得**	**按巴沙**	**朱克腾**	**博**	**阿那莫**	**所立莫**	**所立哈**	**博**	**打哈莫**	**各木**	**一**

迁移 云 浓密 铺 通过 恭敬 一点声音 啊 云 的
gurire tugi fik seme sektefi duleme kundulen asuki be tugi i
ᡤᡠᡵᡳᡵᡝ ᡨᡠᡤᡳ ᡶᡳᡴ ᠰᡝᠮᡝ ᠰᡝᡴᡨᡝᡶᡳ ᡩᡠᠯᡝᠮᡝ ᡴᡠᠨᡩᡠᠯᡝᠨ ᠠᠰᡠᡴᡳ ᠪᡝ ᡨᡠᡤᡳ ᡳ
古立勒 秃鸡 腓克赊莫 赊克特腓 杜勒莫 滚得[1] 阿舒其[2] 博 秃鸡 以

第六 山梁 在 银 阁 松花 江 从 降临 盛京 城
ningguci mulu de menggun asari sunggari bira ci wasika mukden hoton
ᠨᡳᠩᡤᡠᠴᡳ ᠮᡠᠯᡠ ᡩᡝ ᠮᡝᠩᡤᡠᠨ ᠠᠰᠠᡵᡳ ᠰᡠᠩᡤᠠᡵᡳ ᠪᡳᡵᠠ ᠴᡳ ᠸᠠᠰᡳᡴᠠ ᠮᡠᡴᡩᡝᠨ ᡥᠣᡨᠣᠨ
⿰英你文七 木禄 得 蒙文 阿沙立 松阿立 必拉 七 瓦西哈 木克墩 旮吞

天上 高高的 山峰 在 上 源 经过 第九 山峰 金 楼
abka demni hada de dergi sekiyen dulembuhe uyuci hada aisin taktu
ᠠᠪᡴᠠ ᡩᡝᠮᠨᡳ ᡥᠠᡩᠠ ᡩᡝ ᡩᡝᡵᡤᡳ ᠰᡝᡴᡳᠶᡝᠨ ᡩᡠᠯᡝᠮᠪᡠᡥᡝ ᡠᠶᡠᠴᡳ ᡥᠠᡩᠠ ᠠᡳᠰᡳᠨ ᡨᠠᡴᡨᡠ
阿巴卡 很一 哈打 得 特拉粸 赊粸 杜伦不合 吴云七 哈打 爱心 他克秃

长 白 山 窝（深） 平岗 居住 沿山路 龙脉 把 风水 的
golmin šanyan alin o ala tehe alirame sudala be šengsin i
ᡤᠣᠯᠮᡳᠨ ᡧᠠᠶᠠᠨ ᠠᠯᡳᠨ ᠣ ᠠᠯᠠ ᡨᡝᡥᡝ ᠠᠯᡳᡵᠠᠮᡝ ᠰᡠᡩᠠᠯᠠ ᠪᡝ ᡧᡝᠩᠰᡳᠨ ᡳ
郭敏 山眼 阿林 仸 阿拉 特合 阿立拉莫 舒打拉 博 声心 以

大梁 过 萨满 因为 使学习 东家 因为 站立 大梁 在 爬上 房梁
taibu duleme saman seme tacibufi ejen seme iliha taibu de tafafi mulu
ᡨᠠᡳᠪᡠ ᡩᡠᠯᡝᠮᡝ ᠰᠠᠮᠠᠨ ᠰᡝᠮᡝ ᡨᠠᠴᡳᠪᡠᡶᡳ ᡝᠵᡝᠨ ᠰᡝᠮᡝ ᡳᠯᡳᡥᠠ ᡨᠠᡳᠪᡠ ᡩᡝ ᡨᠠᡶᠠᡶᡳ ᠮᡠᠯᡠ
台宝 杜勒合 沙玛 赊莫 他七不腓 我贞 赊莫 一立合 台宝 得 他伐腓 木禄

各个 门 进入 议论 多彩 看见 正 把 三 飘带 粗
geren duka dosifi leoleme fiyan tuwabume cin be ilan girdan bayan
ᡤᡝᡵᡝᠨ ᡩᡠᡴᠠ ᡩᠣᠰᡳᡶᡳ ᠯᡝᠣᠯᡝᠮᡝ ᡶᡳᠶᠠᠨ ᡨᡠᠸᠠᠪᡠᠮᡝ ᠴᡳᠨ ᠪᡝ ᡳᠯᠠᠨ ᡤᡳᡵᡩᠠᠨ ᠪᠠᠶᠠᠨ
各棱 杜卡 多西腓 娄勒莫 ⿰目非 ⿰瓦秀不莫 秦 博 一兰 鸦拉得 巴音

激达 拿着 手 在 萨满 身 在 附 骨 肉 清洁 因为
gida jafa gala de ejen beye de singgefi giranggi yali bolgo seme
ᡤᡳᡩᠠ ᠵᠠᡶᠠ ᡤᠠᠯᠠ ᡩᡝ ᡝᠵᡝᠨ ᠪᡝᠶᡝ ᡩᡝ ᠰᡳᠩᡤᡝᡶᡳ ᡤᡳᡵᠠᠩᡤᡳ ᠶᠠᠯᡳ ᠪᠣᠯᡤᠣ ᠰᡝᠮᡝ
鸡打 札伐 拉 得 我贞 博热 得 兴我腓 鸡郎尼 夜立[4] 博浑[5] 赊莫

收了 散了 上 下来了 啊 依兰 阿立 瞒尼 善佛 等 百
hetehe samsime wesici wasikangge be ilan ari manni fucihi se tanggū
ᡥᡝᡨᡝᡥᡝ ᠰᠠᠮᠰᡳᠮᡝ ᠸᡝᠰᡳᠴᡳ ᠸᠠᠰᡳᡴᠠᠩᡤᡝ ᠪᡝ ᡳᠯᠠᠨ ᠠᡵᡳ ᠮᠠᠨᠨᡳ ᡶᡠᠴᡳᡥᡳ ᠰᡝ ᡨᠠᠩᡤᡡ
合特合 西莫西莫[3] 卧西七 瓦西杭我 博 依兰 阿立 瞒尼 付七西 赊 汤吴

第二	次	在	夜	晚	在	第二	次	在	灯	闭	使献
jai	mudan	de	dobori	yamji	de	jai	mudan	de	dengjan i	tuibume	alibure
ᠵᠠᡳ	ᠮᡠᡩᠠᠨ	ᡩᡝ	ᡩᠣᠪᠣᡵᡳ	ᠶᠠᠮᠵᡳ	ᡩᡝ	ᠵᠠᡳ	ᠮᡠᡩᠠᠨ	ᡩᡝ	ᡩᡝᠩᠵᠠᠨ ᡳ	ᡨᡠᡳᠪᡠᠮᡝ	ᠠᠯᡳᠪᡠᡵᡝ
侧	木丹	得	多博立	闫木几	得	侧	木丹	得	登占一	推不莫	阿立不勒

在	大梁	的	连接	在	支撑	献	祝神人	飞快	用灯	点燃
de	taibu	i	sira	de	sujaha	alibure	bailisi	deyerengge	dengjan i	daburengge
ᡩᡝ	ᡨᠠᡳᠪᡠ	ᡳ	ᠰᡳᡵᠠ	ᡩᡝ	ᠰᡠᠵᠠᡥᠠ	ᠠᠯᡳᠪᡠᡵᡝ	ᠪᠠᡳᠯᡳᠰᡳ	ᡩᡝᠶᡝᡵᡝᠩᡤᡝ	ᡩᡝᠩᠵᠠᠨ ᡳ	ᡩᠠᠪᡠᡵᡝᠩᡤᡝ
得	台宝	以	西棱[7]	得	舒札哈	阿立不勒	伯立西	得热棱俄	登占以	打不棱我

弯曲	把	及也	各位	人	称赞	看	在	大梁中间	柱子	上
mudan	be	isibume	geren	niyalma	saikan	tuwa	de	mamuhan	tura	dergi
ᠮᡠᡩᠠᠨ	ᠪᡝ	ᡳᠰᡳᠪᡠᠮᡝ	ᡤᡝᡵᡝᠨ	ᠨᡳᠶᠠᠯᠮᠠ	ᠰᠠᡳᡴᠠᠨ	ᡨᡠᠸᠠ	ᡩᡝ	ᠮᠠᠮᡠᡥᠠᠨ	ᡨᡠᡵᠠ	ᡩᡝᡵᡤᡳ
木丹	博	以西不莫	各棱	年玛	塞坎	⿰石秃[6]	得	玛莫哈	秃拉	得拉鸡

在	上面	从	高	上	在	贴着	房梁	身	承受	啊	从头
de	dergi	ci	den	dergi	de	latubume	mulu	beye	aliha	kai	ujuci
ᡩᡝ	ᡩᡝᡵᡤᡳ	ᠴᡳ	ᡩᡝᠨ	ᡩᡝᡵᡤᡳ	ᡩᡝ	ᠯᠠᡨᡠᠪᡠᠮᡝ	ᠮᡠᠯᡠ	ᠪᡝᠶᡝ	ᠠᠯᡳᡥᠠ	ᡴᠠᡳ	ᡠᠵᡠᠴᡳ
得	德拉鸡	七	佷	得拉鸡	得	拉秃不莫	木禄	博热	阿立哈	街	吴朱七

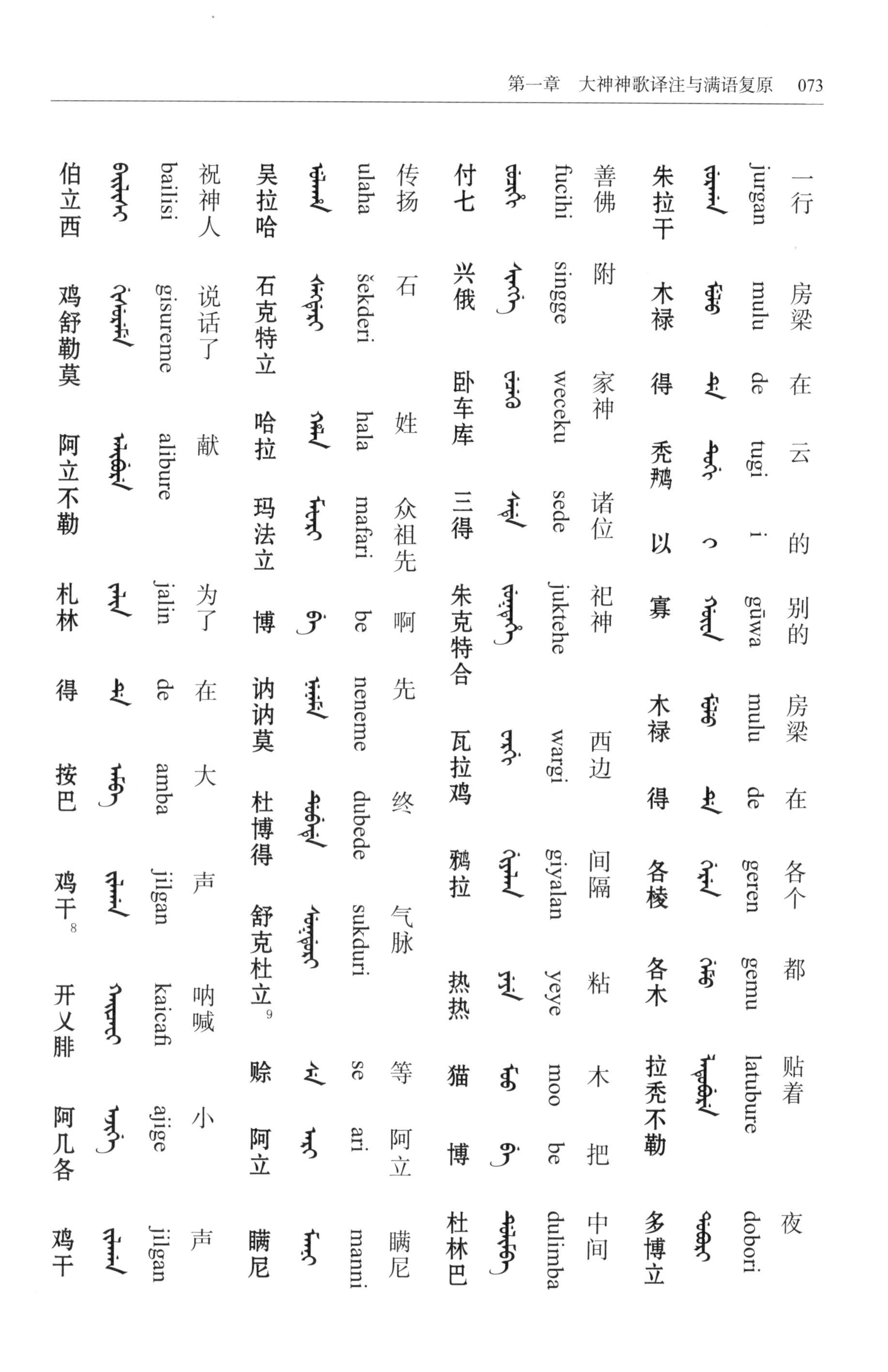

一行	房梁	在	云	的	别的	房梁	在	各个	都	贴着	夜
jurgan	mulu	de	tugi	i	gūwa	mulu	de	geren	gemu	latubure	dobori
朱拉干	木禄	得	秃鸦	以	寡	木禄	得	各棱	各木	拉秃不勒	多博立

善佛	附	家神	诸位	祀神	西边	间隔	粘	木	把	中间
fucihi	singge	weceku	sede	juktehe	wargi	giyalan	yeye	moo	be	dulimba
付七	兴俄	卧车库	三得	朱克特合	瓦拉鸡	鸦拉	热热	猫	博	杜林巴

传扬	石	姓	众祖先	啊	先	终	气脉	等	阿立	瞒尼
ulaha	šekderi	hala	mafari	be	neneme	dubede	sukduri	se	ari	manni
吴拉哈	石克特立	哈拉	玛法立	博	讷讷莫	杜博得	舒克杜立[9]	赊	阿立	瞒尼

祝神人	说话了	献	为了	在	大	声	呐喊	小	声
bailisi	gisureme	alibure	jalin	de	amba	jilgan	kaicafi	ajige	jilgan
伯立西	鸡舒勒莫	阿立不勒	札林	得	按巴	鸡干[8]	开义腓	阿几各	鸡干

一伙伙　一队队　遥远　时　了　下来吧　各个　山林　把　去了　各自
baksan　baksan　goromime　erin　oho　wasire　geren　alin　be　genere　teisu
ᠪᠠᡴᠰᠠᠨ　ᠪᠠᡴᠰᠠᠨ　ᡤᠣᡵᠣᠮᡳᠮᡝ　ᡝᡵᡳᠨ　ᠣᡥᠣ　ᠸᠠᠰᡳᡵᡝ　ᡤᡝᡵᡝᠨ　ᠠᠯᡳᠨ　ᠪᡝ　ᡤᡝᠨᡝᡵᡝ　ᡨᡝᡳᠰᡠ
巴克山　巴克山　郭洛莫　我林　卧岔　瓦西勒　各棱　阿林　博　讷勒[10]　额舒

时　西　黑　在　三　阿立　瞒尼　回去吧　各个　山林　去到
erin　coko　sahaliyan　de　ilan　ari　manni　bedereki　geren　alin　genefi
ᡝᡵᡳᠨ　ᠴᠣᡴᠣ　ᠰᠠᡥᠠᠯᡳᠶᠠᠨ　ᡩᡝ　ᡳᠯᠠᠨ　ᠠᡵᡳ　ᠮᠠᠨᠨᡳ　ᠪᡝᡩᡝᡵᡝᡴᡳ　ᡤᡝᡵᡝᠨ　ᠠᠯᡳᠨ　ᡤᡝᠨᡝᡶᡳ
我林　辍库　沙哈连　得　依兰　阿立　瞒尼　博得勒其　各棱　阿林　各讷腓

第三　次　至今　至于　灯　点燃　子（鼠）　时　在　至于今
ilaci　mudan　ertele　isitala　dengjan　dabure　singgeri　erin　de　isitala
ᡳᠯᠠᠴᡳ　ᠮᡠᡩᠠᠨ　ᡝᡵᡨᡝᠯᡝ　ᡳᠰᡳᡨᠠᠯᠠ　ᡩᡝᠩᠵᠠᠨ　ᡩᠠᠪᡠᡵᡝ　ᠰᡳᠩᡤᡝᡵᡳ　ᡝᡵᡳᠨ　ᡩᡝ　ᡳᠰᡳᡨᠠᠯᠠ
一拉七　木丹　我拉特勒　以西他拉　登占　打不勒　兴俄立　我林　得　以西他拉

晚　在　半　时　了　下来　好久　大　把　久　时　了
yamji　de　dulin de　erin　oho　wasire　kejine　ambula　be　goidaha　erin　oho
ᠶᠠᠮᠵᡳ　ᡩᡝ　ᡩᡠᠯᡳᠨ ᡩᡝ　ᡝᡵᡳᠨ　ᠣᡥᠣ　ᠸᠠᠰᡳᡵᡝ　ᡴᡝᠵᡳᠨᡝ　ᠠᠮᠪᡠᠯᠠ　ᠪᡝ　ᡤᠣᡳᡩᠠᡥᠠ　ᡝᡵᡳᠨ　ᠣᡥᠣ
闫木几　得　杜林得　俄林　卧岔　瓦西勒　克几讷　按不拉　博　怪打哈　我林　卧岔

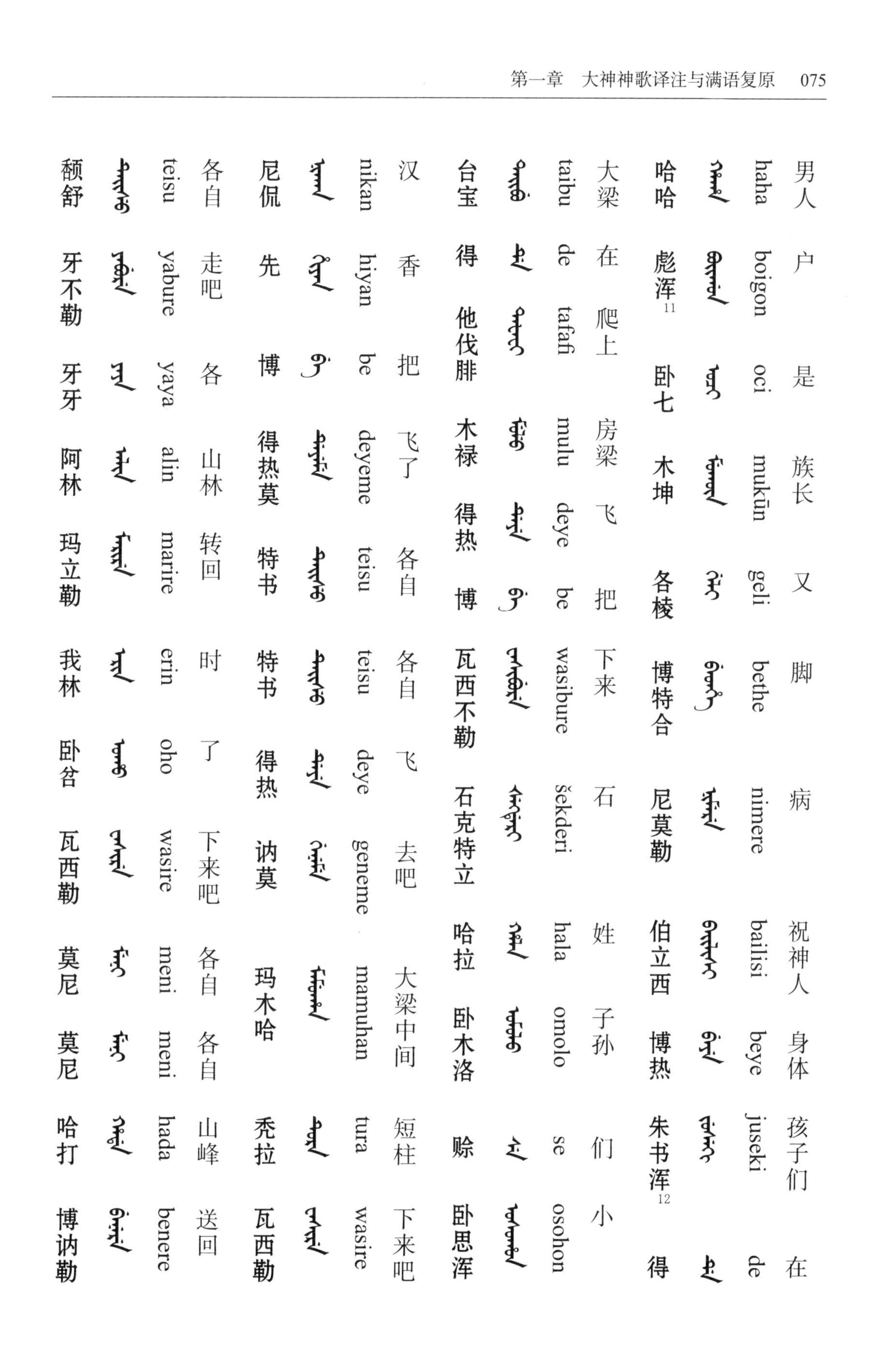

男人	户	是	族长	又	脚	病	祝神人	身体	孩子们	在	
haha	boigon	oci	mukūn	geli	bethe	nimere	bailisi	beye	juseki	de	
哈哈	彪浑[11]	卧七	木坤	各棱	博特合	尼莫勒	伯立西	博热	朱书浑[12]	得	
大梁	在	爬上	房梁	飞	把	下来	石	姓	子孙	们	小
taibu	de	tafafi	mulu	deye	be	wasibure	šekderi	hala	omolo	se	osohon
台宝	得	他伐腓	木禄	得热	博	瓦西不勒	石克特立	哈拉	卧木洛	赊	卧思浑
汉	香	把	飞了	各自	各自	飞	去吧	大梁中间	短柱	下来吧	
nikan	hiyan	be	deyeme	teisu	teisu	deye	geneme	mamuhan	tura	wasire	
尼侃	先	博	得热莫	特书	特书	得热	讷莫	玛木哈	秃拉	瓦西勒	
各自	走吧	各	山林	转回	时	了	下来吧	各自	各自	山峰	送回
teisu	yabure	yaya	alin	marire	erin	oho	wasire	meni	meni	hada	benere
额舒	牙不勒	牙牙	阿林	玛立勒	我林	卧岔	瓦西勒	莫尼	莫尼	哈打	博讷勒

此 是 向前 此 是 向后 三 角 堆积 第四 角 审察
ere oci juleri ere oci amasi ilan hošo iktame duici hošo amcame
ᡝᡵᡝ ᠣᠴᡳ ᠵᡠᠯᡝᡵᡳ ᡝᡵᡝ ᠣᠴᡳ ᠠᠮᠠᠰᡳ ᡳᠯᠠᠨ ᡥᠣᡧᠣ ᡳᡴᡨᠠᠮᡝ ᡩᡠᡳᠴᡳ ᡥᠣᡧᠣ ᠠᠮᠴᠠᠮᡝ
我勒 卧七 朱勒立 我勒 卧七 阿玛西 一兰 鸽所 一克赊莫 堆七 鸽子 阿莫查莫

无 六十 年 疾 无 头 把 抬起 喜 处处 愿 啊
akū ninju aniya nimeku akū uju be tukiyeki urgun sede okini kai
ᠠᡴᡡ ᠨᡳᠨᠵᡠ ᠠᠨᡳᠶᠠ ᠨᡳᠮᡝᡴᡠ ᠠᡴᡡ ᡠᠵᡠ ᠪᡝ ᡨᡠᡴᡳᠶᡝᡴᡳ ᡠᡵᡤᡠᠨ ᠰᡝᡩᡝ ᠣᡴᡳᠨᡳ ᡴᠠᡳ
阿库 宁朱 阿瑺 尼莫库 阿库 吴朱 博 秃欳其 吴拉滚 三得 卧其尼 街

乞求 老 少 生活 太平 处处 希望 啊 百 年 戒
bairengge sakda asihan banjikini taifin sede okini kai tanggū aniya targa
ᠪᠠᡳᡵᡝᠩᡤᡝ ᠰᠠᡴᡩᠠ ᠠᠰᡳᡥᠠᠨ ᠪᠠᠨᠵᡳᡴᡳᠨᡳ ᡨᠠᡳᡶᡳᠨ ᠰᡝᡩᡝ ᠣᡴᡳᠨᡳ ᡴᠠᡳ ᡨᠠᠩᡤᡡ ᠠᠨᡳᠶᠠ ᡨᠠᡵᡤᠠ
伯立宁我 沙克打 阿西憨 班几其尼 太翻 三得 卧其尼 街 汤吴 阿瑺 他拉干

神坛 各处 依靠 向前 处处 愿 神灵 诸位 慈爱 神主 诸位
jukten sede akdafi julesi sede okini enduri sede jilafi weceku sede
ᠵᡠᡴᡨᡝᠨ ᠰᡝᡩᡝ ᠠᡴᡩᠠᡶᡳ ᠵᡠᠯᡝᠰᡳ ᠰᡝᡩᡝ ᠣᡴᡳᠨᡳ ᡝᠨᡩᡠᡵᡳ ᠰᡝᡩᡝ ᠵᡳᠯᠠᡶᡳ ᠸᡝᠴᡝᡴᡠ ᠰᡝᡩᡝ
朱克腾 三得 阿克打腓 朱勒西 三得 卧其尼 恩杜立 三得 几拉腓 卧车库 三得

引燃了阿延香，
熄灭了一切灯火。
敲响了抓鼓，
今日夜晚，
各位瞒尼、善佛等。
乞请各位师傅，
跪地叩头。
屈身在尘地，
祈祷人全到齐了，
族人各个可靠。
族内和睦，
是吉日良辰。
今日夜晚，
在此祈求。
石姓众子孙，
众姓中的哪一姓氏？
在此时请神？
为了我们家族谁的事，
为了我们家族什么事，

【译文】

高高山峰上。
居住在长白山上平岗处，
百年为师[2]。
万年得道，
千年修炼，
依兰阿立瞒尼[1]，
学习诵唱祈祷。
主祭在七星斗前，
萨满何属相？
木盘桌上排列。
高桌上供献，
请各位神灵降临。
统统宴请，
逐一宴请各位神灵，
统请各位神坛神灵，
大坛之前，
看见点燃的把子香。
点着了年祈香，

依兰阿立瞒尼神降临了，
东家立于旁。
萨满学习跳神，
多彩美丽。
众人议论着萨满神帽，
由各门进入。
他手执百斤的激达枪，
其骨肉清洁。
请附萨满之身，
依兰阿立瞒尼善佛等，
当乌云散去之时降临神坛。
乘着密布的乌云降临，
恭敬乞请神灵，
祭祀场地鸦雀无声啊，
石姓原从盛京[3]迁移而来。
沿着松花江而降临。
第六山梁的银阁中，
在第九山峰的金楼，
在风水龙脉之源地，

传扬四方。
大声呐喊，
侧立诵唱，
第二次闭灯。
在今日夜晚，
侧立第二次点亮了灯，
个个称赞叫好。
观看跳神的人，

其旁连着小房梁。
贴身的房梁啊！
依兰阿立瞒尼神，
全身贴在房梁上。
从头到脚，
将身子贴在高高的房梁上，
在房梁上，
爬上了大梁。
系上了三条飘带，
寻找着大房梁，

回到各自的山林。
山峰遥远，
依兰阿立瞒尼请回去吧！
子时已到。
酉时，黑天[5]开始跳神，
已到第三次点灯的时候了[4]，
时间太久了。
身贴房梁好一会儿，
此时，请神灵下来吧！
近半夜。
夜已深，
都贴着阿立瞒尼神！
在其他的房梁上，
房中的大梁上，
西边间隔墙上的梁上，
神坛前诸位神主保佑。
阿立瞒尼附身，
气脉风水传流。
从前至今，
石姓众祖先，

老少健康，
祈求神主保佑，
保佑平安。
神灵慈爱，
神主前祈祷平安。
神坛前求吉祥，
祝神人年小[7]，
族长有脚病，
石姓子孙们，
从大梁上的椽子上下来吧！
沿着爬上去的房梁，
从大梁中间的短柱上下来吧！
沿着各自的小椽子回去吧。
汉香已飞了[6]，
回到各自的山峰。
此时应下来了，
转回到各自的山林。
各自去吧！
回到各自的山林！
此时应该下来了，

或是『众多气脉』。

（sukdun）（苏克顿）的词尾，加附加成分『ri』变化而来，有『众多』或是『诸多』之意。汉译应为『诸多气脉』，

9 舒克杜立（sukduri），汉义为『气脉』，规范化满语为『sukduri』，汉转满语为『苏克杜立』，此词是由名词『气』

8 鸡干（jigan），汉义为声音之『声』。规范化汉字转写满语为『鸡尔干』（jilgan）。

为『承袭、连接、继续』。

7 西棱（sere），此处应为『连接』，规范化的汉字转写满语为『西拉』（sira），它是『西拉木毕』变化而来，汉义

和『瓦』的切音，拼成『tuwa』。

6 ⿰瓦秃（tuwa），此处汉义为『看』。它是动词『tuwambi』的命令式，汉转满语为『⿰瓦秃木毕』。此处的『⿰瓦秃』是『秃』

5 博浑（bohon），汉义为『清洁』。规范化汉字转写满语为『博尔国』（bolgo）。

4 夜立（yeli），汉义为『肉』，规范化汉子转写满语为『牙立』（yali）。

3 西莫西莫（simsime），汉义为『散了』。规范化汉转满语为『撒木西莫』（samsime）。

动静』。神歌中所用为引申意义，即『一点声音』。

2 阿舒其（asuci），文本汉译是『一点声音』，规范化的汉字转写满语为『阿苏其』（asuki）。它的原意为『消息、

1 滚得（kunde），汉义是『恭敬』。规范化汉转满语为『昆得累』（kundulen）。

【语音注释】

六十年无病，
百年无戒[8]，
吉祥太平。

三角搜查，
从前至后，
抬头吉喜如意[9]。

永世太平。
处处干净，
四角察看，

10 讷勒（nere），汉义为『去』。规范化的汉字转写满语为『各讷勒』（genere）。

11 彪浑（biohon），汉义为户口之『户』。规范化的汉字转写满语为『包衣国』（boigon）。

12 朱书浑（jusuhun），此处的汉义应是『孩子们』，但汉转满语的『朱书浑』，在满文工具书中无处查找，故用适合此神歌的汉义词汇，汉转满语为『朱色其』（juseki）。

【译文注释】

1 依兰阿立瞒尼：『依兰』为数字『三』，『阿立』是『无处不到』之意，直译为『三位无处不到的英雄』。据东阿屯的石文才（家萨满，一九九〇年，时年七十四岁）说，此神是背贴在房梁上，也叫贴房帮，是沿着房中竖立的柱子爬上去，再到房大梁上，并且还做些动作。这与神歌中所记述此神上房中大梁是相同的。但神歌中反映的是三位神灵，即『西边间隔墙上的梁上，在房中的大梁上，在其他房梁上』都贴着此神，正是三位，与名称『三位无处不到的英雄』神名也相符，这与石文才反映的是一位神灵不同。其原因是由于神本中的内容与民间所流传的萨满跳神相比较，神本保持了相对稳定性，而民间跳神，虽然也以神本的神歌内容为依据，但还是随满族历史的变化而演变着，这一身贴房梁的瞒尼就是如此。再者，萨满跳神中会武术的人，从前一定很多，后来逐渐减少，所以『依兰阿立瞒尼』仅保留了一位，据石文才讲，从未见过萨满表演此神。

2 百年为师：此神灵很可能是由萨满死后，修炼成神。这里的『百年为师』是指他在世时领神时间很长，不一定是真正的一百年。

3 盛京：现在的沈阳市。

4 已到第三次点灯的时候了：满文为『一拉七木丹我拉特勒，以西他拉登占打不勒』。从开始跳神点灯为第一次，神歌中『熄灭了一切灯火』，这是闭灯跳神祭祀。闭灯后萨满上了房梁，当萨满在房梁上开始表演时，需要把灯再点上，神歌中是『侧立第二次点亮了灯』。当萨满要下房梁时，又一次闭灯，神歌是『第二次闭灯』。待萨满从房梁上下来，又一次点亮灯，为第三次点灯。共三次点灯，两次闭灯，说明时间很长了。

5　酉时，指傍晚五至七时。

6　汉香已飞了：满文为『尼侃先博得热莫』。古代的原始民族认为，语言是能产生力量的，不能说一些不吉利的话，如『死』、『灭』等，更何况萨满祭祀是神圣的、严肃的事情，更会有种种禁忌。这里的汉香『飞了』，实为汉香『灭』了。也正像萨满祭祀中的『背灯祭』（或是『闭灯祭』），不叫『灭灯祭』，道理是一样的。

7　族长有脚病，祝神人年小：满文为『木坤各棱博特哈尼莫勒，伯立西博热朱书浑得』。这里是指出有人病了，身体不健康，请神灵保佑。

8　百年无戒：满文为『汤吴阿猕他拉干阿库』。『他拉干』是满族家内若有人得了病，门口挂一『草把』，意思是不让他人进家了。这一『草把』即叫『他拉干』。满族先人不希望有人家门口挂一『草把』，因为有挂『草把』的，就说明有了传染病，族人生命受到威胁。这是一种预防性的措施，披上了原始宗教的色彩，并记录在神歌中。

9　抬头吉喜如意：满文为『吴朱博秃欸其，吴拉滚三得卧其尼街』。此处是指老人抬起头看见儿孙满堂健康成长，或是满院的牛羊成群，所以高兴了。

（原先留下） （老根基） （开辟以来）

从 孽生 我的 枝叶 萌发 老 原籍 源 留在 原 从 终

ci fusehe mini abdaha arsuha da susu sekiyen bibuhe da ci dubede

ᠴᡳ ᡶᡠᠰᡝᡥᡝ ᠮᡳᠨᡳ ᠠᠪᡩᠠᡥᠠ ᠠᡵᠰᡠᡥᠠ ᡩᠠ ᠰᡠᠰᡠ ᠰᡝᡴᡳᠶᡝᠨ ᠪᡳᠪᡠᡥᡝ ᡩᠠ ᠴᡳ ᡩᡠᠪᡝᡩᡝ

七 伏舍合[3] 咪泥 阿不打哈 阿拉舒哈 大 舒子[4] 色恳 比不合 打 七 杜博德

（石姓） （结续） （万代川流） （不能失传）

石 姓 世代 更换 传扬 把 传扬 把 礼仪 皮 口袋

šekderi hala jalan halame ulan be ulan be dorolome sukū fulhū

ᡧᡝᡴᡩᡝᡵᡳ ᡥᠠᠯᠠ ᠵᠠᠯᠠᠨ ᡥᠠᠯᠠᠮᡝ ᡠᠯᠠᠨ ᠪᡝ ᡠᠯᠠᠨ ᠪᡝ ᡩᠣᡵᠣᠯᠣᠮᡝ ᠰᡠᡴᡡ ᡶᡠᠯᡥᡡ

石克忒力 哈拉 扎兰 哈拉末 湾 博 湾 博 多洛末[1] 所泥[2] 伏拉呼

（因为） （缘故） （根基）

什么 的 说 为了 在 谁的 说 时 在 众姓 姓 姓 是

ai i sere jalin de wei sere erin de hasuri hala hala oci

ᠠᡳ ᡳ ᠰᡝᡵᡝ ᠵᠠᠯᡳᠨ ᡩᡝ ᠸᡝᡳ ᠰᡝᡵᡝ ᡝᡵᡳᠨ ᡩᡝ ᡥᠠᠰᡠᡵᡳ ᡥᠠᠯᠠ ᡥᠠᠯᠠ ᠣᠴᡳ

爱 以 赊勒 扎林 德 卧以 赊勒 我林 德 哈舒力 哈拉 哈拉 卧七

sucungga mafa

ᠰᡠᠴᡠᠩᡤᠠ ᠮᠠᡶᠠ

十四 头辈太爷

（起根满人来原）　（长白山根基）　（三个

祖 留下 始 从 末 在 源 长 白 山 在 三

mafa bibuhe da ci dube de sekiyen golmin šanyan alin de ilan

ᠮᠠᡶᠠ ᠪᡳᠪᡠᡥᡝ ᡩᠠ ᠴᡳ ᡩᡠᠪᡝ ᡩᡝ ᠰᡝᡴᡳᠶᡝᠨ ᡤᠣᠯᠮᡳᠨ ᡧᠠᠨᠶᠠᠨ ᠠᠯᡳᠨ ᡩᡝ ᡳᠯᠠᠨ

妈发 比不合 打 七 杜博 德 丝各合[6] 国珉 山音 阿林 德 衣兰

（屋里外边全家幸福）　（老城）　（原已

家 的 家 在 带上 老 城 赶到 元

boo i boo de ganafi sakda hoton amcame sucungga

ᠪᠣᠣ ᡳ ᠪᠣᠣ ᡩᡝ ᡤᠠᠨᠠᡶᡳ ᠰᠠᡴᡩᠠ ᡥᠣᡨᠣᠨ ᠠᠮᠴᠠᠮᡝ ᠰᡠᠴᡠᠩᡤᠠ

博 以 博 德 戈讷啡 沙克打 岔屯 阿木又末 舒崇阿

（以经多年）　（曾祖）　（男女 子子孙孙）

城 在 几多 年 迎来 高 祖 行走 男 子 子孙

hoton de udu aniya okdome da mafa yabure haha juse omolo

ᡥᠣᡨᠣᠨ ᡩᡝ ᡠᡩᡠ ᠠᠨᡳᠶᠠ ᠣᡴᡩᠣᠮᡝ ᡩᠠ ᠮᠠᡶᠠ ᠶᠠᠪᡠᡵᡝ ᡥᠠᡥᠠ ᠵᡠᠰᡝ ᠣᠮᠣᠯᠣ

岔屯 德 吴杜 阿玘 卧克堵魔 打 妈法 押不勒 哈哈 朱奢 卧不洛

（就在花月普住户）　（高主由老城过来）　（全家到老城）

居住 花 叶 居住 头家（高） 祖 去 老 到

tebuhe ilha abdaha tehengge unggu mafa genefi sakda isika

ᡨᡝᠪᡠᡥᡝ ᡳᠯᡥᠠ ᠠᠪᡩᠠᡥᠠ ᡨᡝᡥᡝᠩᡤᡝ ᡠᠩᡤᡠ ᠮᠠᡶᠠ ᡤᡝᠨᡝᡶᡳ ᠰᠠᡴᡩᠠ ᡳᠰᡳᡴᠠ

忒不合 喑哈 阿不打哈 忒合宁危 翁故 妈发 戈讷楞危 沙克打 兴西哈[5]

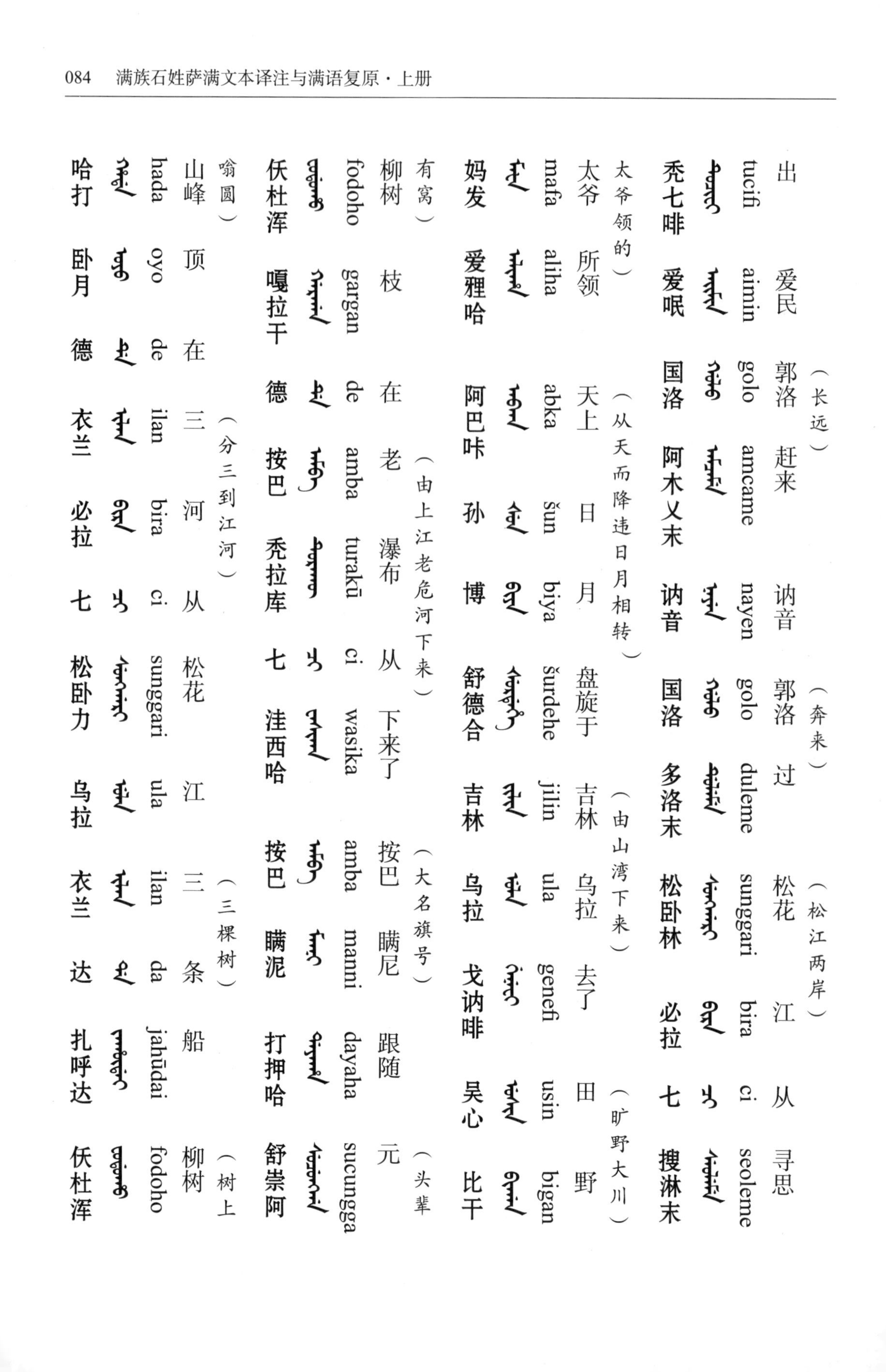

（长远）（奔来）（松江两岸）

出 爱民 郭洛 赶来 讷音 郭洛 过 松花 江 从 寻思

tucifi aimin golo amcame nayen golo duleme sunggari bira ci seoleme

秃七啡 爱呡 国洛 阿木义末 讷音 国洛 多洛末 松卧林 必拉 七 搜淋末

太爷领的）（从天而降违日月相转）（由山湾下来）（旷野大川）

太爷 所领 天上 日 月 盘旋于 吉林 乌拉 去了 田 野

mafa aliha abka šun biya šurdehe jilin ula genefi usin bigan

妈发 爱秵哈 阿巴咔 孙 博 舒德合 吉林 乌拉 戈讷啡 旲心 比干

有窝）（由上江老危河下来）（大名旗号）（头辈

柳树 枝 在 老 瀑布 从 下来了 按巴 瞒尼 跟随 元

fodoho gargan de amba turakū ci wasika amba manni dayaha sucungga

伕杜浑 嘎拉干 德 按巴 秃拉库 七 洼西哈 按巴 瞒泥 打押哈 舒崇阿

嗡圆）（分三到江河）（三棵树）（树上

山峰 顶 在 三 河 从 松花 江 三 条 船 柳树

hada oyo de ilan bira ci sunggari ula ilan da jahūdai fodoho

哈打 卧月 德 衣兰 必拉 七 松卧力 乌拉 衣兰 达 扎呼达 伕杜浑

（闲说笑谈）　（越说越多）　（我神灵圣）

闲 话 说了 口 话 多了 若是 我的 神灵 好 可为

sula gisun gisurehe angga gisun labdu oci mini enduri sain oso

ᠰᡠᠯᠠ ᡤᡳᠰᡠᠨ ᡤᡳᠰᡠᡵᡝᡥᡝ ᠠᠩᡤᠠ ᡤᡳᠰᡠᠨ ᠯᠠᠪᡩᡠ ᠣᠴᡳ ᠮᡳᠨᡳ ᡝᠨᡩᡠᡵᡳ ᠰᠠᡳᠨ ᠣᠰᠣ

舒拉 今孙 今舒乐合 昂阿 今孙 劳不杜 卧七 咪泥 恩杜力 山音 卧啡

（大神）　（一样神）　（闲 哈酒）

戚 大 萨满主祭 把 神 祖 一样 这里 黄酒 粮 在

hūncihin amba saman ejen be enduri mafa adali ergi nure jeku de

ᡥᡡᠨᠴᡳᡥᡳᠨ ᠠᠮᠪᠠ ᠰᠠᠮᠠᠨ ᡝᠵᡝᠨ ᠪᡝ ᡝᠨᡩᡠᡵᡳ ᠮᠠᡶᠠ ᠠᡩᠠᠯᡳ ᡝᡵᡤᡳ ᠨᡠᡵᡝ ᠵᡝᡴᡠ ᡩᡝ

浑七心 按巴 沙玛我贞 博 恩杜立 妈发 阿打力 爱力今 奴乐 折库 德

（到郎通屯落户）　（石族根基）　（与 敖姓系亲）

郎 屯 屯 居住 众姓 姓 姓 是 敖 姓 亲

niohuri tokso tokso tehe hasuri hala hala oci ucudo hala niyaman

ᠨᡳᠣᡥᡠᡵᡳ ᡨᠣᡴᠰᠣ ᡨᠣᡴᠰᠣ ᡨᡝᡥᡝ ᡥᠠᠰᡠᡵᡳ ᡥᠠᠯᠠ ᡥᠠᠯᠠ ᠣᠴᡳ ᡠᠴᡠᡩᠣ ᡥᠠᠯᠠ ᠨᡳᠶᠠᠮᠠᠨ

牛呼力 通克遂[9] **托克说 忒合 哈舒力 哈拉 哈拉 卧七 吴初力 哈拉 娘门**

（河坎）　（由乌拉衙门当差出兵）

快 风 把 居住 来 打牲 乌拉 当差 家 的 当差 出

hūdun edun be tebuše jihe butaha ula dangname boo i alban tucibufi

ᡥᡡᡩᡠᠨ ᡝᡩᡠᠨ ᠪᡝ ᡨᡝᠪᡠᡧᡝ ᠵᡳᡥᡝ ᠪᡠᡨᠠᡥᠠ ᡠᠯᠠ ᡩᠠᠩᠨᠠᠮᡝ ᠪᠣᠣ ᡳ ᠠᠯᠪᠠᠨ ᡨᡠᠴᡳᠪᡠᡶᡳ

堆[7] **我敦 博 德不甲**[8] **己合 不忒哈 乌拉 当纳末 博 以 二班 秃七不啡**

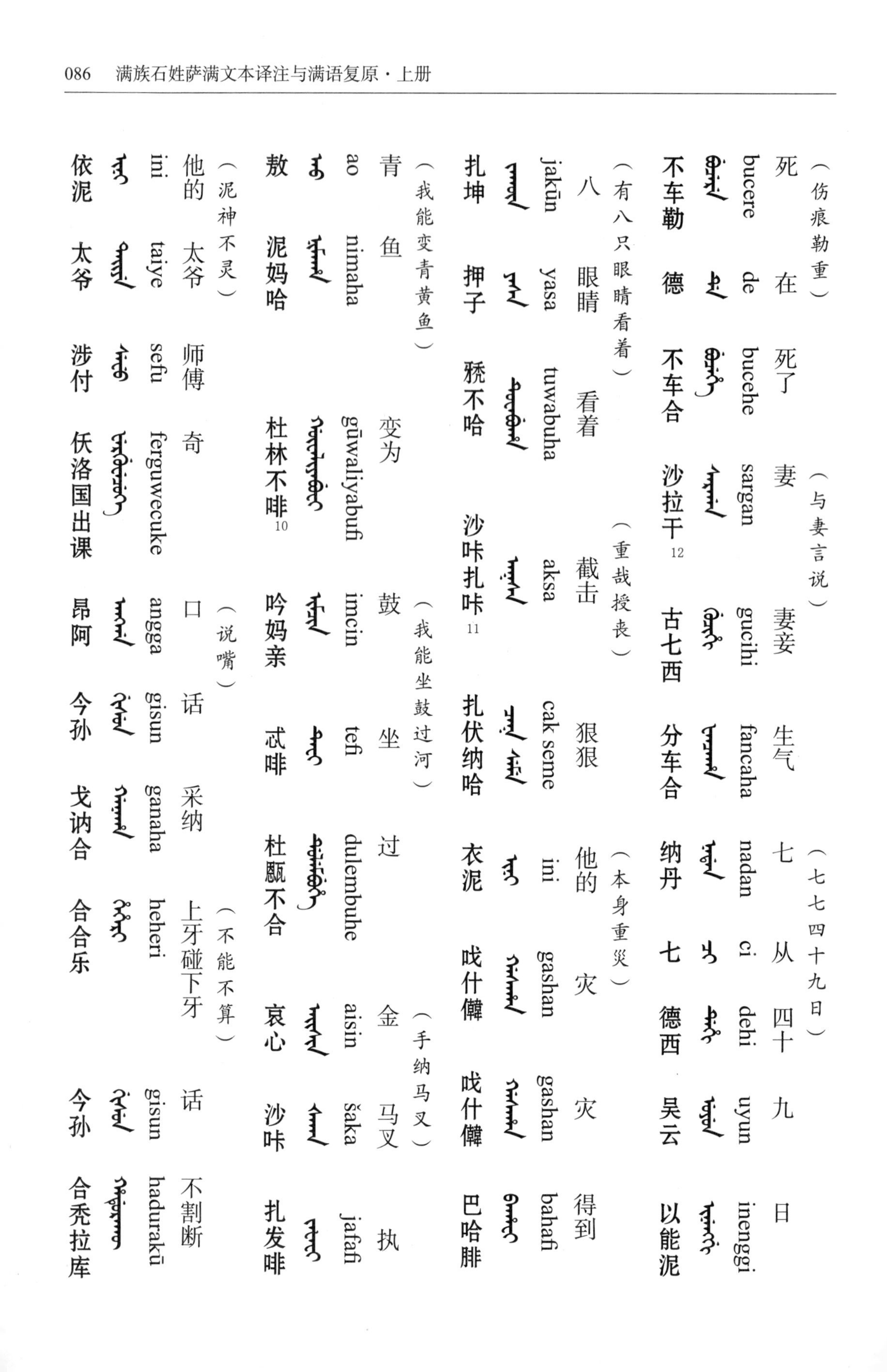

（伤痕勒重）

死 在 死了

bucere de bucehe

不车勒 德 不车合

（与妻言说）

妻 妻妾 生气

sargan gucihi fancaha

沙拉干[12] 古七西 分车合

（七七四十九日）

七 从 四十 九 日

nadan ci dehi uyun inenggi

纳丹 七 德西 吴云 以能泥

（有八只眼睛看着）

八 眼睛 看着

jakūn yasa tuwabuha

扎坤 押子 秃不哈

（重哉授丧）

截击 狠狠

aksa cak seme

沙咔扎咔[11] 扎伏纳哈

（本身重灾）

他的 灾 灾 得到

ini gashan gashan bahafi

衣泥 戓什僤 戓什僤 巴哈腓

（我能变青黄鱼）

青 鱼 变为

ao nimaha gūwaliyabufi

敖 泥妈哈 杜林不啡[10]

（我能坐鼓过河）

鼓 坐 过

imcin tefi dulembuhe

吟妈亲 忒啡 杜瓯不合

（手纳马叉）

金 马叉 执

aisin šaka jafafi

哀心 沙咔 扎发啡

（泥神不灵）

他的 太爷 师傅 奇

ini taiye sefu ferguwecuke

依泥 太爷 涉付 佚洛国出课

（说嘴）

口 话 采纳

angga gisun ganaha

昂阿 今孙 戈讷合

（不能不算）

上牙碰下牙 话 不割断

heheri gisun hadurakū

合合乐 今孙 合秃拉库

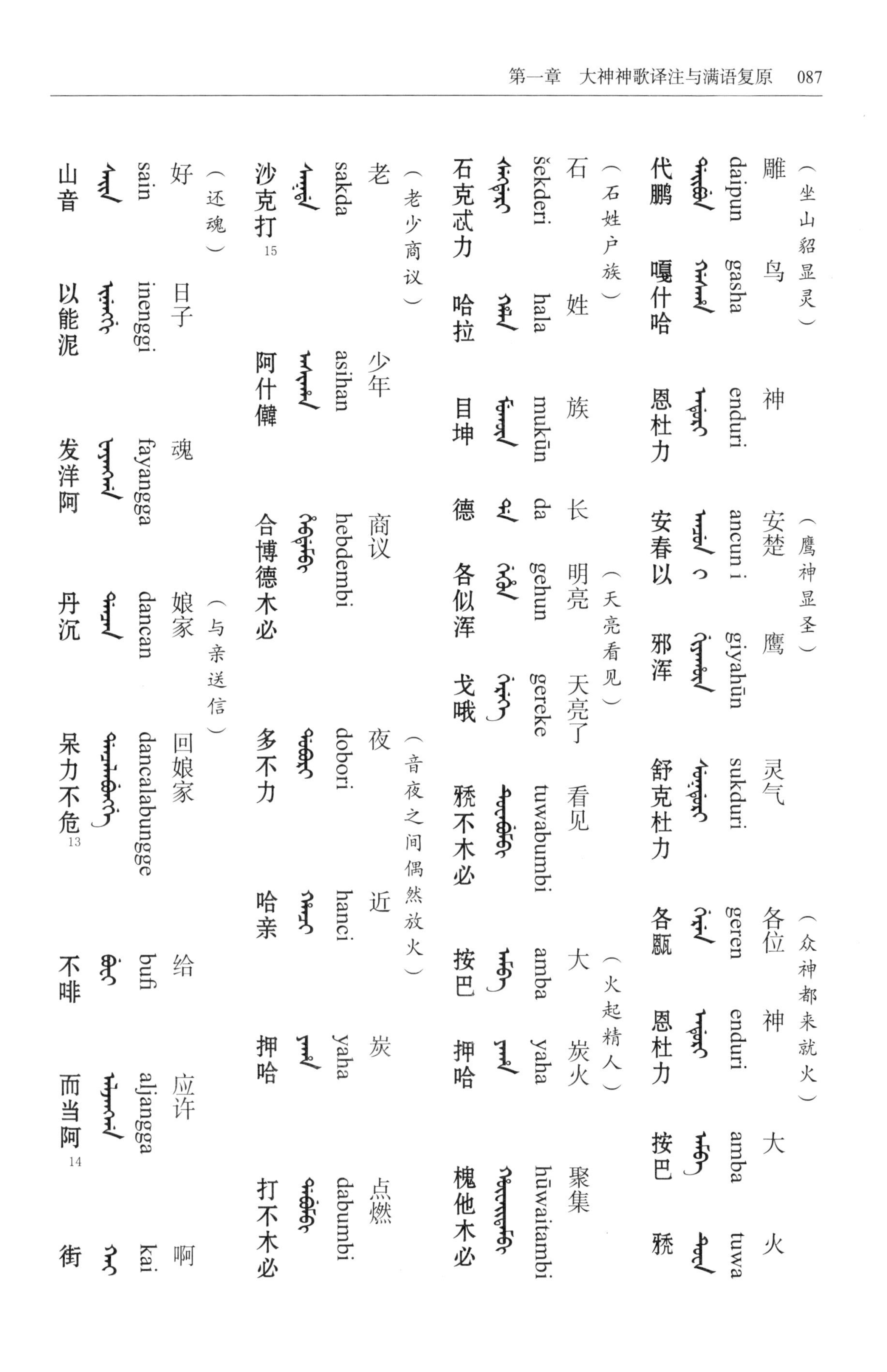

（坐山貂显灵）

雕	鸟	神
daipun	gasha	enduri
代鹏	嘎什哈	恩杜力

（鹰神显圣）

安楚	鹰	灵气
ancun i	giyahūn	sukduri
安春以	邪浑	舒克杜力

（众神都来就火）

各位	神	大	火
geren	enduri	amba	tuwa
各瓯	恩杜力	按巴	秃

（石姓户族）

石	姓	族	长
šekderi	hala	mukūn	da
石克忒力	哈拉	目坤	德

（天亮看见）

明亮	天亮了	看见
gehun	gereke	tuwabumbi
各似浑	戈哦	秃不木必

（火起精人）

大	炭火	聚集
amba	yaha	hūwaitambi
按巴	押哈	槐他木必

（老少商议）

老	少年	商议
sakda	asihan	hebdembi
沙克打[15]	阿什僺	合博德木必

（音夜之间偶然放火）

夜	近	炭	点燃
dobori	hanci	yaha	dabumbi
多不力	哈亲	押哈	打不木必

（还魂）

好	日子	魂
sain	inenggi	fayangga
山音	以能泥	发洋阿

（与亲送信）

娘家	回娘家	给	应许	啊
dancan	dancalabungge	bufi	aljangga	kai
丹沉	呆力不危[13]	不啡	而当阿[14]	街

（神佛劳苦）（被阴人暗害）

红	火	在	神	祖	齐畏	阴	人	被杀害
ᡶᡠᠯᡤᡳᠶᠠᠨ	ᡨᡠᠸᠠ	ᡩᡝ	ᡝᠨᡩᡠᡵᡳ	ᠮᠠᡶᠠ	ᠰᡝᠩᡤᡠᠸᡝᠨᡩᡠᡵᡝ	ᠪᡠᡨᡠ	ᠨᡳᠶᠠᠯᠮᠠ	ᠸᠠᠪᡠᠮᠪᡳ
fulgiyan	tuwa	de	enduri	mafa	sengguwendure	butu	niyalma	wabumbi
伏拉嘣	**秫**	**德**	**恩杜力**	**妈发**	**升文堵勒**	**不一腿**	**娘门**	**瓦不木必**

（大沙滩比武）（沙滩）（油火酒火发达）

大	滩	在	厮杀	沙	滩	在	使燃烧了	油	酒
ᠠᠮᠪᠠ	ᡨᠠᠨ	ᡩᡝ	ᠠᡨᠠᡵᠠᠮᡝ	ᠶᠣᠩᡤᠠᠨ	ᡨᠠᠨ	ᡩᡝ	ᡩᡝᡳᠵᡳᠪᡠᠮᡝ	ᠨᡳᠮᡝᠩᡤᡳ	ᠠᡵᡴᡳ
amba	tan	de	atarame	yonggan	tan	de	deijibume	nimenggi	arki
按巴	**滩**	**打**	**阿他拉木**	**拥阿**	**滩**	**打**	**德泥不末**	**泥明**	**爱力今**[18]

（鹰、雕神寿火灾）（众神统归白山修炼）

红	火	在	翅	尾	灾难	受	众	神	山	去
ᡶᡠᠯᡤᡳᠶᠠᠨ	ᡨᡠᠸᠠ	ᡩᡝ	ᠠᠰᡥᠠ	ᡩᡠᠪᡝ	ᡤᠠᠰᡥᠠᠨ	ᠪᠠᡥᠠᡶᡳ	ᡤᡝᡵᡝᠨ	ᡝᠨᡩᡠᡵᡳ	ᠠᠯᡳᠨ	ᡤᡝᠨᡝᡶᡳ
fulgiyan	tuwa	de	asha	dube	gashan	bahafi	geren	enduri	alin	genefi
伏拉嘣	**秫**	**德**	**阿什哈**	**杜博**	**扎吉干**[17]	**巴哈啡**	**各淋**	**恩杜力**	**阿林**	**戗纳啡**

（火烧三天三夜）（沙滩以上）（油火酒火发达）

在	三	日	追赶	沙	滩	在	使燃烧了	油	酒
ᡩᡝ	ᡳᠯᠠᠨ	ᡳᠨᡝᠩᡤᡳ	ᠠᠮᠴᠠᠮᡝ	ᠶᠣᠩᡤᠠᠨ	ᡨᠠᠨ	ᡩᡝ	ᡩᡝᡳᠵᡳᠪᡠᠮᡝ	ᠨᡳᠮᡝᠩᡤᡳ	ᠠᡵᡴᡳ
de	ilan	inenggi	amcame	yonggan	tan	de	deijibume	nimenggi	arki
德	**以兰**	**以能泥**	**阿木乂末**	**拥阿**	**滩**	**打**	**德泥不末**[16]	**泥明**	**爱力今**

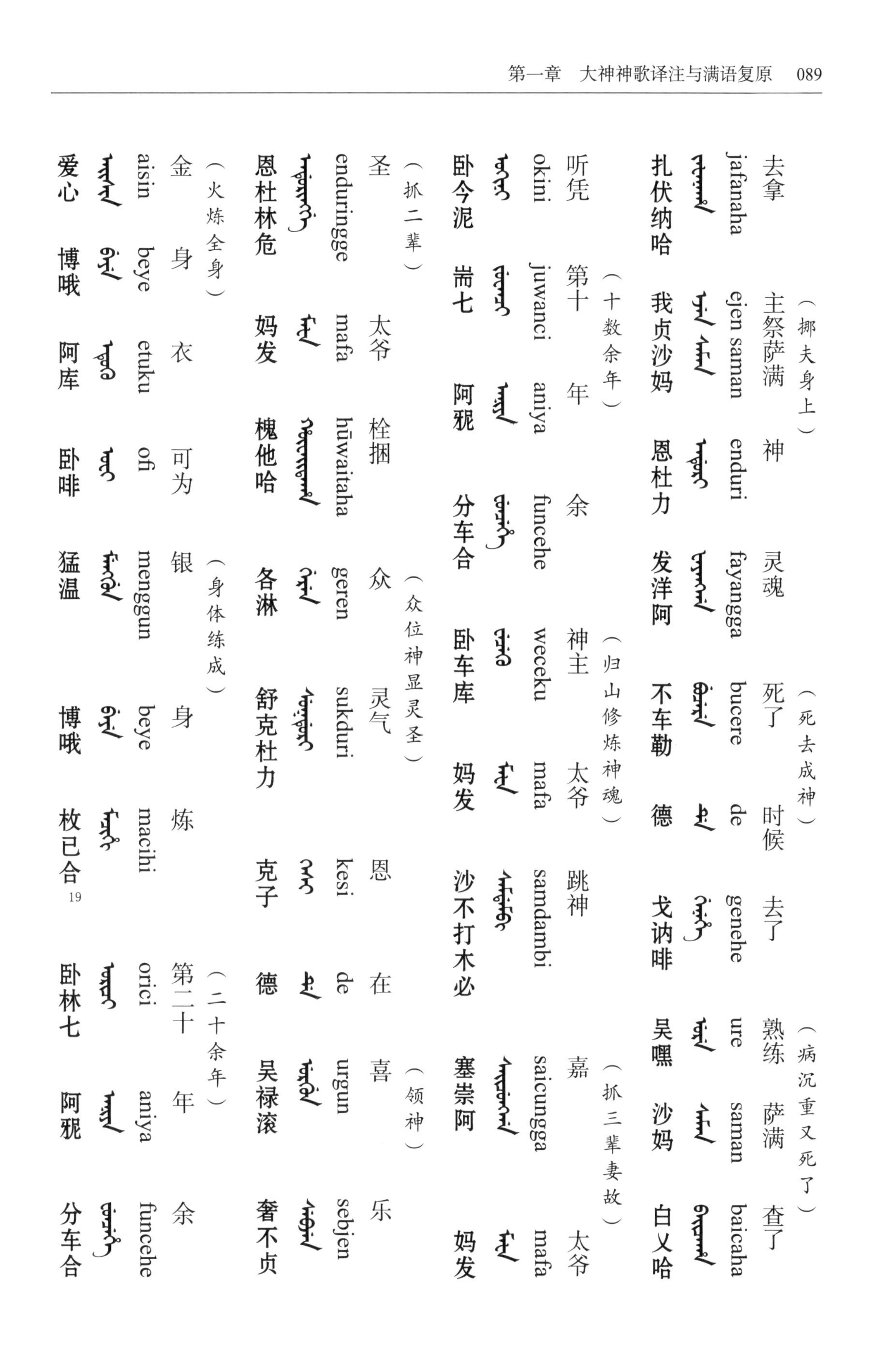

（挪夫身上）（死去成神）（病沉重又死了）

去拿　主祭萨满　神　灵魂　死了　时候　去了　熟练　萨满　查了

jafanaha ejen saman enduri fayangga bucere de genehe ure saman baicaha

扎伏纳哈　我贞沙妈　恩杜力　发洋阿　不车勒　德　戈讷啡　吴嘿　沙妈　白乂哈

（十数余年）（归山修炼神魂）（抓三辈妻故）

听凭　第十　年　余　神主　太爷　跳神　嘉　太爷

okini juwanci aniya funcehe weceku mafa samdambi saicungga mafa

卧今泥　耑七　阿砚　分车合　卧车库　妈发　沙不打木必　塞崇阿　妈发

（抓二辈）（众位神显灵圣）（领神）

圣　太爷　拴捆　众　灵气　恩　在　喜　乐

enduringge mafa hūwaitaha geren sukduri kesi de urgun sebjen

恩杜林危　妈发　槐他哈　各淋　舒克杜力　克子　德　吴禄滚　奢不贞

（火炼全身）（身体练成）（二十余年）

金　身　衣　可为　银　身　炼　第二十　年　余

aisin beye etuku ofi menggun beye macihi orici aniya funcehe

爱心　博哦　阿库　卧啡　猛温　博哦　枚已合[19]　卧林七　阿砚　分车合

（抓五辈太爷） （原已从三岁计上） （身得重病）

赞美	太爷	神奇	原	终	在	三	岁	重	灾	背负
kiyakiya	mafa	ferguwecuke	daci	dube	de	ilan	se	ujen	gashan	unuhe
ᡴᡳᠶᠠᡴᡳᠶᠠ	ᠮᠠᡶᠠ	ᡶᡝᡵᡤᡠᠸᡝᠴᡠᡴᡝ	ᡩᠠᠴᡳ	ᡩᡠᠪᡝ	ᡩᡝ	ᡳᠯᠠᠨ	ᠰᡝ	ᡠᠵᡝᠨ	ᡤᠠᠰᡥᠠᠨ	ᡠᠨᡠᡥᡝ
抢扦[23]	妈发	佚洛国出课	打七	杜博	德	衣兰	奢	吴贞	嘎什僤	五奴合

（沉重） （故去） （百年有余）

得	生活	迟钝	弯屈	死	在	死了	百	年	余
bahafi	banji	lata	bukdame	bucere	de	bucehe	tanggū	aniya	funcehe
ᠪᠠᡥᠠᡶᡳ	ᠪᠠᠨᠵᡳ	ᠯᠠᡨᠠ	ᠪᡠᡴᡩᠠᠮᡝ	ᠪᡠᠴᡝᡵᡝ	ᡩᡝ	ᠪᡠᠴᡝᡥᡝ	ᡨᠠᠩᡤᡡ	ᠠᠨᡳᠶᠠ	ᡶᡠᠨᠴᡝᡥᡝ
巴哈啡	班吉	勒末[21]	不哦末[22]	不车勒	德	不车合	唐五	阿猊	分车合

（成起神魂） （四十余年） （偶然间得病）

神	灵气	灵魂	啊	三十	四十	年	余	忽然	病
enduri	sukduri	fayangga	kai	gūsin	dehi	aniya	funcehe	gaitai	nimeku
ᡝᠨᡩᡠᡵᡳ	ᠰᡠᡴᡩᡠᡵᡳ	ᡶᠠᠶᠠᠩᡤᠠ	ᡴᠠᡳ	ᡤᡡᠰᡳᠨ	ᡩᡝᡥᡳ	ᠠᠨᡳᠶᠠ	ᡶᡠᠨᠴᡝᡥᡝ	ᡤᠠᡳᡨᠠᡳ	ᠨᡳᠮᡝᡴᡠ
恩杜力	舒拉木克	发洋阿	街	古心	德西	阿猊	分车合	街台	泥木库

（抓四辈） （领三十余年） （故去多年）

死了	奇	太爷	抓	三十	年	查看	生活	故去了
bucehe	ferguwecuke	mafa	gaibuha	gūsici	aniya	baicafi	banjime	buceme
ᠪᡠᠴᡝᡥᡝ	ᡶᡝᡵᡤᡠᠸᡝᠴᡠᡴᡝ	ᠮᠠᡶᠠ	ᡤᠠᡳᠪᡠᡥᠠ	ᡤᡡᠰᡳᠴᡳ	ᠠᠨᡳᠶᠠ	ᠪᠠᡳᠴᠠᡶᡳ	ᠪᠠᠨᠵᡳᠮᡝ	ᠪᡠᠴᡝᠮᡝ
不车合	佛洛国出课	妈发	戈不合	古心七	阿猊	白乂啡	班鸡勒末[20]	不哦末

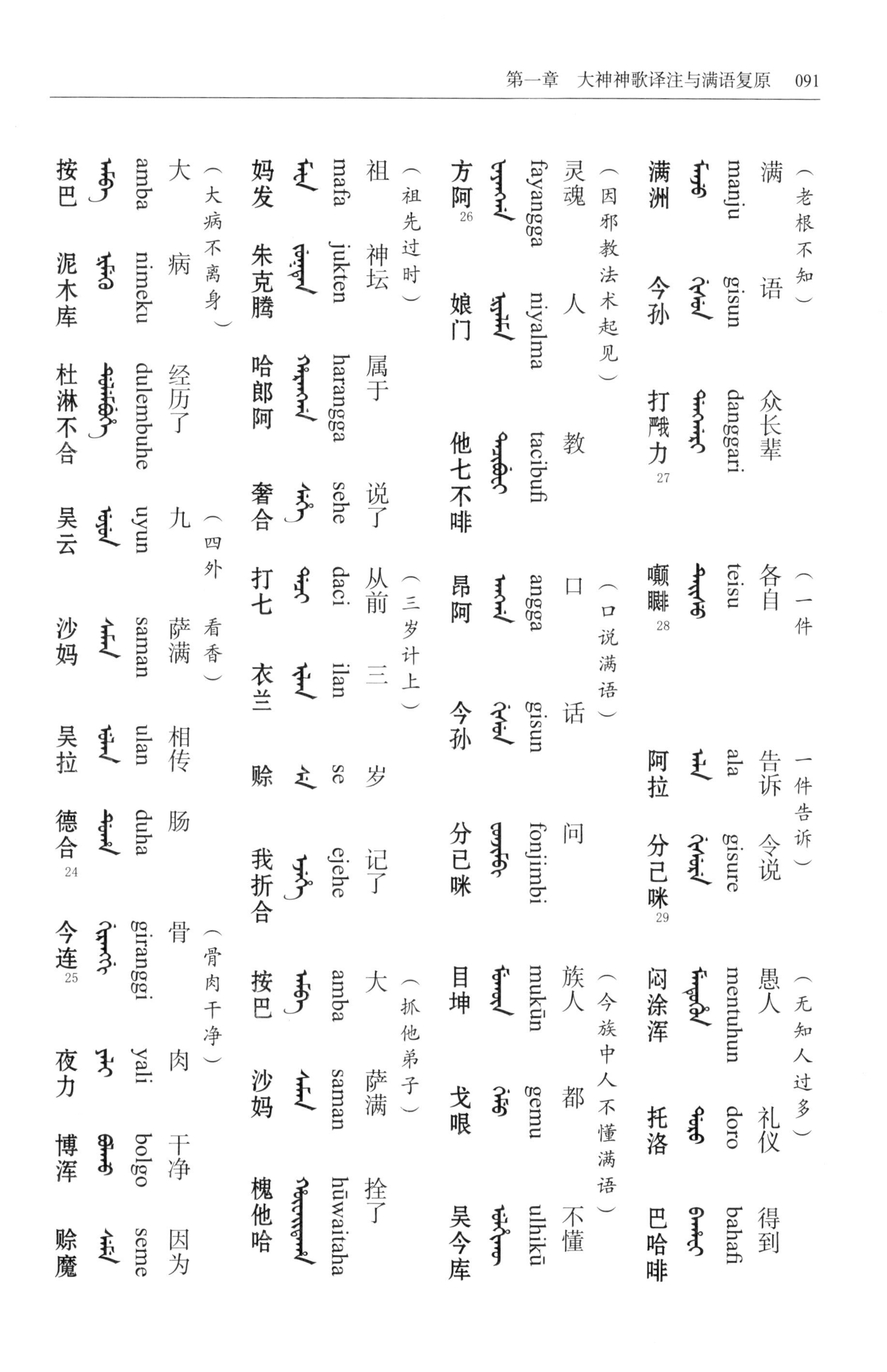

（老根不知）（一件一件告诉）（无知人过多）

满	语	众长辈	各自	告诉	令说	愚人	礼仪	得到
manju	gisun	danggari	teisu	ala	gisure	mentuhun	doro	bahafi
满洲	**今孙**	**打戳力**[27]	**嚷睬**[28]	**阿拉**	**分已咪**[29]	**闷涂浑**	**托洛**	**巴哈啡**

（因邪教法术起见）（口说满语）（令族中人不懂满语）

灵魂	人	教	口	话	问	族人	都	不懂
fayangga	niyalma	tacibufi	angga	gisun	fonjimbi	mukūn	gemu	ulhikū
方阿[26]	**娘门**	**他七不啡**	**昂阿**	**今孙**	**分已咪**	**目坤**	**戈哏**	**吴今库**

（祖先过时）（三岁计上）（抓他弟子）

祖	神坛	属于	说了	从前	三	岁	记了	大	萨满	拴了
mafa	jukten	harangga	sehe	daci	ilan	se	ejehe	amba	saman	hūwaitaha
妈发	**朱克腾**	**哈郎阿**	**奢合**	**打七**	**衣兰**	**赊**	**我折合**	**按巴**	**沙妈**	**槐他哈**

（大病不离身）（四外看香）（骨肉干净）

大	病	经历了	九	萨满	相传	肠	骨	肉	干净	因为
amba	nimeku	dulembuhe	uyun	saman	ulan	duha	giranggi	yali	bolgo	seme
按巴	**泥木库**	**杜淋不合**	**吴云**	**沙妈**	**吴拉**	**德合**[24]	**今连**[25]	**夜力**	**博浑**	**赊魔**

（子子孙孙）

孙子 稍大的碗 孙子 世 更换

omolo tomoro omolo jalan halame

ᠣᠮᠣᠯᠣ ᡨᠣᠮᠣᡵᠣ ᠣᠮᠣᠯᠣ ᠵᠠᠯᠠᠨ ᡥᠠᠯᠠᠮᡝ

卧木洛 多不洛 䑶木洛 扎兰 哈拉末

（百寿其福）

传流 把 传流 把 行礼

ulan be ulan be dorolome

ᡠᠯᠠᠨ ᠪᡝ ᡠᠯᠠᠨ ᠪᡝ ᡩᠣᡵᠣᠯᠣᠮᡝ

湾 博 湾 博 多洛末

（一百有余年）

一 百 一 年

emu tanggū emu aniya

ᡝᠮᡠ ᡨᠠᠩᡤᡡ ᡝᠮᡠ ᠠᠨᡳᠶᠠ

我木 唐吾 我木 阿砚

（重重叠叠）

接 续 神主 啊

siran siran weceku kai

ᠰᡳᡵᠠᠨ ᠰᡳᡵᠠᠨ ᠸᡝᠴᡝᡴᡠ ᡴᠠᡳ

西兰 西兰 卧车库 街

30

（结结续续）

连续 不断 望为

dahūn dahūn okini

ᡩᠠᡥᡡᠨ ᡩᠠᡥᡡᠨ ᠣᡴᡳᠨᡳ

达浑 达浑 卧今泥

（共说一样）

都 话 一同

uheri gisun uherileme

ᡠᡥᡝᡵᡳ ᡤᡳᠰᡠᠨ ᡠᡥᡝᡵᡳᠯᡝᠮᡝ

吴合力 今孙 吾合力拉魔

（商议合办）

商议 完后

hebešeme hecefi

ᡥᡝᠪᡝᡧᡝᠮᡝ ᡥᡝᠴᡝᡶᡳ

合不涉魔 合车啡

（石姓根基不能失传）

石 姓 源 渊

šekderi hala da sekiyen

ᡧᡝᡴᡩᡝᡵᡳ ᡥᠠᠯᠠ ᡩᠠ ᠰᡝᡴᡳᠶᡝᠨ

石克忒力 哈拉 打 色恳

（本屯老幼不明白）

我 屯 都一样

mini tokso adali

ᠮᡳᠨᡳ ᡨᠣᡴᠰᠣ ᠠᡩᠠᠯᡳ

咪泥 托克所 阿打力

（三大支）

三 支 商议

ilan gargan hebešeme

ᡳᠯᠠᠨ ᡤᠠᡵᡤᠠᠨ ᡥᡝᠪᡝᡧᡝᠮᡝ

衣兰 戕拉干 合不赊末

（三屯合议）

三 屯 靠

ilan tokso akdafi

ᡳᠯᠠᠨ ᡨᠣᡴᠰᠣ ᠠᡴᡩᠠᡶᡳ

衣兰 托克所 阿克打啡

（四甲搜义）

堆积	四	角	整齐
iktame	duin	hošo	teksileme
ᡳᡴᡨᠠᠮᡝ	ᡩᡠᡳᠨ	ᡥᠣᡧᠣ	ᡨᡝᡴᠰᡳᠯᡝᠮᡝ
衣克赊末[31]	**敦音**	**合子**	**德克赊末**[32]

（保佑全家老幼幸福）（平安无事）

力	把	福	把	恭敬	世代	更换	乞求	
hūsun	be	hūturi	be	gingguleme	jalan	halame	bairengge	
ᡥᡡᠰᡠᠨ	ᠪᡝ	ᡥᡡᡨᡠᡵᡳ	ᠪᡝ	ᡤᡳᠩᡤᡠᠯᡝᠮᡝ	ᠵᠠᠯᠠᠨ	ᡥᠠᠯᠠᠮᡝ	ᠪᠠᡳᡵᡝᠩᡤᡝ	
胡孙	**博**	**胡涂力**	**博**	**矜文勤末**	**扎兰**	**哈拉末**	**白楞危**	

（三甲搜义）

三	角
ilan	hošo
ᡳᠯᠠᠨ	ᡥᠣᡧᠣ
衣兰	**合子**

在松花江的第三条支流江河中，
有一条老危河从长白山上流下。
有一棵大柳树，
在第三山峰顶上，
原本为长白山之人。
开天辟地的老祖先，
石姓的原根基，
多年平安生活。
在花月谱居住[4]，
徒步来到老城[3]，
带着男女子孙，
石姓高祖从原籍[2]，
以子孙皮口袋[1]孳生。
满族原依柳枝萌芽繁衍，
传扬万代。
石姓子孙世世代代，
在此时请神？
为了我们家族谁的事？
为了我们家族什么事？

【译文】

我石姓大萨满，
石姓与之结亲。
有一敖姓，
众姓氏之中，

来到朗通屯[6]落户。
又被派往乌拉衙门当差，
疾风劲雨般来到老城。
沿着松花江，
走过旷野大川，
越过讷音郭洛，
经过爱民郭洛，
带领家族成员，
石姓祖先，
为头辈太爷所领。
从天而降的按巴瞒尼神，
盘旋于日月间，
石姓大萨满为头辈太爷[5]，
有三条船。

像有八只眼睛，
坐在神鼓上过河。
敖姓大萨满手执金马叉，

必须采纳。
不能割断，
上牙碰下牙说出的话，
我能坐鼓过河。』
『我神神通，
敖姓大萨满说：
『我能变成青鱼过河。』
石姓大萨满又说：
两家祖先神都很神通。
神力出奇，
你们的太爷师傅神，
我们的萨满神灵很灵圣，
我石姓大萨满说：
闲话说得可为多。
曾与敖姓大萨满饮酒聊天。

连夜架木炭于棺椁之上。
敖姓老少商议，
将此消息送于娘家。
其妻不守诺言，
我便还魂复活。』
七七四十九日后，
棺椁放于松花江沙滩上，
『我死后之，
对妻开言：
临死之前，
伤势难愈。
我石姓大萨满身受重伤。
猛力叉去，
手执金马叉，
此时敖姓大萨满，
将神鼓几乎弄翻。
游至江中，
我石姓大萨满变作青鱼，
加倍防备。
直盯着水面，

经过火烧棺椁，
我石姓大萨满被杀害。
众神灵、祖先劳苦，
引起棺椁被酒油火所烧，
由于沙滩比武，
各位神灵都返回长白山修炼了。
双翅及尾部受了重伤。
鹰神、雕神啊！
火烧三天三夜。
大沙滩上啊！
因敖姓族人浇入酒油，
各位神灵前来扑灭，
此时有鹰神、雕神，
火势惊人。
石姓族长看见火花，
第二天天亮，
照亮了天空，
熊熊大火，
点燃木炭，

四辈太爷领神三十余年，
抓为第四辈太爷。
原是被三辈太爷，
请萨满查看，
奄奄一息。
有一人病重，
此时石姓家族之内，
死后上山修炼。
抓三辈太爷，
归山修炼。
二辈太爷领神十余年，
为石姓大喜之事。
抓了第二辈太爷，
大显神通，
于石姓家族之内，
修炼了二十余年，
一道金光上了长白山。
在大火之中，
已练成金身、银身。

说他骨肉清洁，
请了九位萨满查看，
大病不离身。
此后十余年，
三岁时已患重病，
五辈太爷，

他是令人赞美的神奇太爷。
此时是被抓的第五辈太爷，
几乎难救。
又有一人突然病重，
我石姓家族之内，
成神三四十年后，
故去上了长白山修炼。

三大支商议，
知烧香礼仪者甚少。
愚人过多，
皆不懂满语，
众长辈们，
石姓全组人员，
此时，
件件述说清楚。
族内之事，
口说满语，
神灵教他，
大萨满已抓他为萨满。
原是在他三岁之时，
属于祖先神坛之过失。

永世太平。
四角察看整齐，
三角清查，
求福保平安。
永远敬神祭祀，
世世代代，
子子孙孙[9]，
必须接续下去。
敬献神主之事，
烧香祭祀之礼，
虽有百余年扣香[8]，
商议努力合办烧香。
石姓根基不能丢，
三屯[7]议论相通。

【语音注释】

1 多洛莫（dorome），汉义为『行礼、行礼仪』，规范化的汉字转写满语为『多罗洛莫』（dorolome）。

2 所泥（soni），汉义为皮物之『皮』，规范化的汉字转写满语为『苏库』（sukū）。

3 伏舍合（fušehe），汉义为『孳生』，规范化汉字转写满语为『伏色合』（fesehe）。

4 舒子（šusu），汉义为『原籍』，规范化汉字转写满语为『苏苏』（susu）。

5 兴西哈（ingsiha），汉译为『到』了，规范化汉字转写满语为『以西哈』（isika）。

6 丝各合（sgehe），此词在神歌中应是源头之『源』，汉字转写满语为『色恳』（sekiyen）。

7 堆（dui），此处应是『快』之意，规范化的汉字转写满语应为『活顿』（hūdun）。

8 德不甲（debusen），汉译为『居住』，规范化满语应为『tebuse』，汉转满语应为『特不申』。此词是由满语动词『tebumbi』的词尾变化而来，有『常住』之意。

9 通克遂（toksun），汉译为『村庄、屯』。与后面的『通克说』是同一词汇。其规范化的汉转满语为『托克索』（tokso）。

10 杜林不啡（dulinbufi），汉译为『变为、更换』，规范化的汉转满语应为『瓜瓦里牙不腓』（gūwaliyabufi）。

11 沙咔扎咔（sakjaka），汉义为『畏怕』，规范化的汉字转写满语为『阿卡萨』（aksa）。

12 沙拉干（salagan），汉义为『妻』，规范化的汉字转写满语为『萨尔干』（sargan）。

13 呆力不危（dailibungge），汉义为『回娘家』，规范化的汉字转写满语为『丹查拉不木毕』变化而来，汉转满语为『丹查拉不额』（dancalabungge）。

14 而当阿（edangga），汉义为『应许』，规范化的汉字转写满语为『阿尔扎啊』（aljangga）。

15 沙克打（sakda），汉义为『老』，规范化的汉字转写满语为『萨克达』（sakda）。

16 德泥不末（denibume），汉义为『燃烧』，规范化的汉字转写满语为『德衣吉不莫』（deijibume）。

32 德克赊末（tekseme），汉义为「整齐」。规范化汉字转写满语为「特克西勒莫」（teksileme）。

31 衣克赊末（ikseme），汉义为「堆积」。规范化汉字转写满语为「衣克它莫」（iktame）。

30 西兰西兰（siran siran），汉义为「陆续、接续」。规范化满语为（siran siran i），汉转满语为「西兰西兰依」。

29 分己咪（funjime），根据神歌上下文之意，此处应是「诉说」，即为「鸡苏莫」（gisume）。

28 颠腓（diansu），汉义为「各自」。规范化汉字转写满语为「特苏」（teisu）。

27 打戳力（dagari），汉义为「众长辈」，规范化满语为「danggari」，汉转满语「当阿力」。此词汇是dangga与ri结合而成，即「长辈」和表示名词的复数「ri」组合而成。

26 方阿（fanga），汉义是「灵魂」。规范化的满语为「fayangga」，汉转满语为「法牙阿」。

25 今连（cilian），汉义是人体中的「骨」，规范化满语为「giranggi」，汉转满语为「给朗给」

24 德合（dehe），汉义是五脏之中的「肠」，规范化的满语为「duha」，汉转满语为「杜哈」。

23 抢扦（kiyakiya），汉义为「赞美」，规范化的汉字转写满语为「恰恰」（kiyakiya）。

22 不哦末（bugeme），此处汉义应为「弯曲」，规范化的汉字转写满语为「不克达莫」（bukdame），即「弯曲」。

21 勒末（leme）：此处应为规范化满语「拉它」（lata），汉义为「迟钝」，引申为「慢、沉」。

20 班鸡勒末（banjireme），汉义为「生活」，规范化的汉字转写满语为「班吉莫」（banjime）。

19 枚己合（meijihe），汉义应是「修炼」，规范化的汉字转写满语为「玛奇西」。「玛奇西」的原意为「斋戒」，文本引申为修炼之「炼」。

18 爱力今（airki），汉义为「酒」，规范化的汉字转写满语为「阿尔其」（arki）。

17 扎吉干（jajigan），汉义为「灾难」，规范化的汉字转写满语为「嘎斯汗」（gashan）。

【译文注释】

1 皮口袋：就是当今满族用黄布缝制的口袋，即子孙口袋。从神歌来看，从前是用皮制口袋。

2 原籍：即指石姓在长白山时的住地。

3 老城：据石清民、石文才等人说，是当今的沈阳。

4 花月：在沈阳西南郊区。

5 头辈太爷：即『跑火池』的神灵。

6 朗通屯：不知指何处，有待进一步探讨。

7 三屯：与前面的『三大支』，都是指石姓祖先，即三兄弟，为三大支，各居一处，为三屯。

8 扣香：即不举行祭祀仪式。此处是指乾隆十二年（一七四七），对萨满教的规范，因石姓未接受规范化的祭祀而扣香了。

9 子子孙孙：满语为『稍大的碗』，引申为『子子孙孙』。

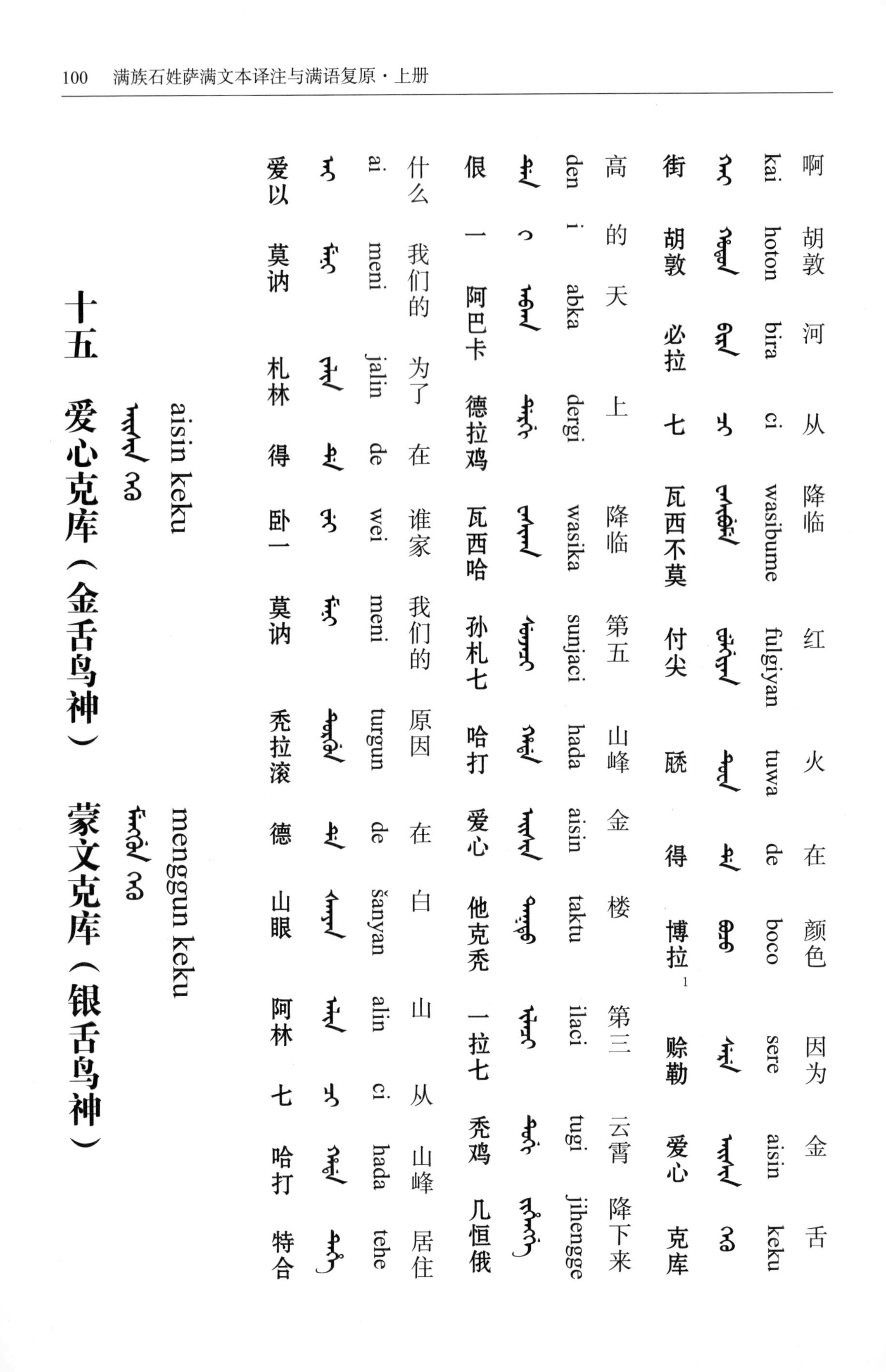

啊	胡敦	河	从	降临	红	火	在	颜色	因为	金	舌
kai	hoton	bira	ci	wasibume	fulgiyan	tuwa	de	boco	sere	aisin	keku
街	胡敦	必拉	七	瓦西不莫	付尖	陀	得	博拉[1]	赊勒	爱心	克库

高	的	天	上	降临	第五	山峰	金	楼	第三	云霄	降下来
den	i	abka	dergi	wasika	sunjaci	hada	aisin	taktu	ilaci	tugi	jihengge
很	一	阿巴卡	德拉鸡	瓦西哈	孙札七	哈打	爱心	他克秃	一拉七	秃鸡	几恒俄

什么	我们的	为了	在	谁家	我们的	原因	在	白	山	从	山峰	居住
ai	meni	jalin	de	wei	meni	turgun	de	šanyan	alin	ci	hada	tehe
爱以	莫讷	札林	得	卧一	莫讷	秃拉滚	德	山眼	阿林	七	哈打	特合

aisin keku　　menggun keku

十五　爱心克库（金舌鸟神）　蒙文克库（银舌鸟神）

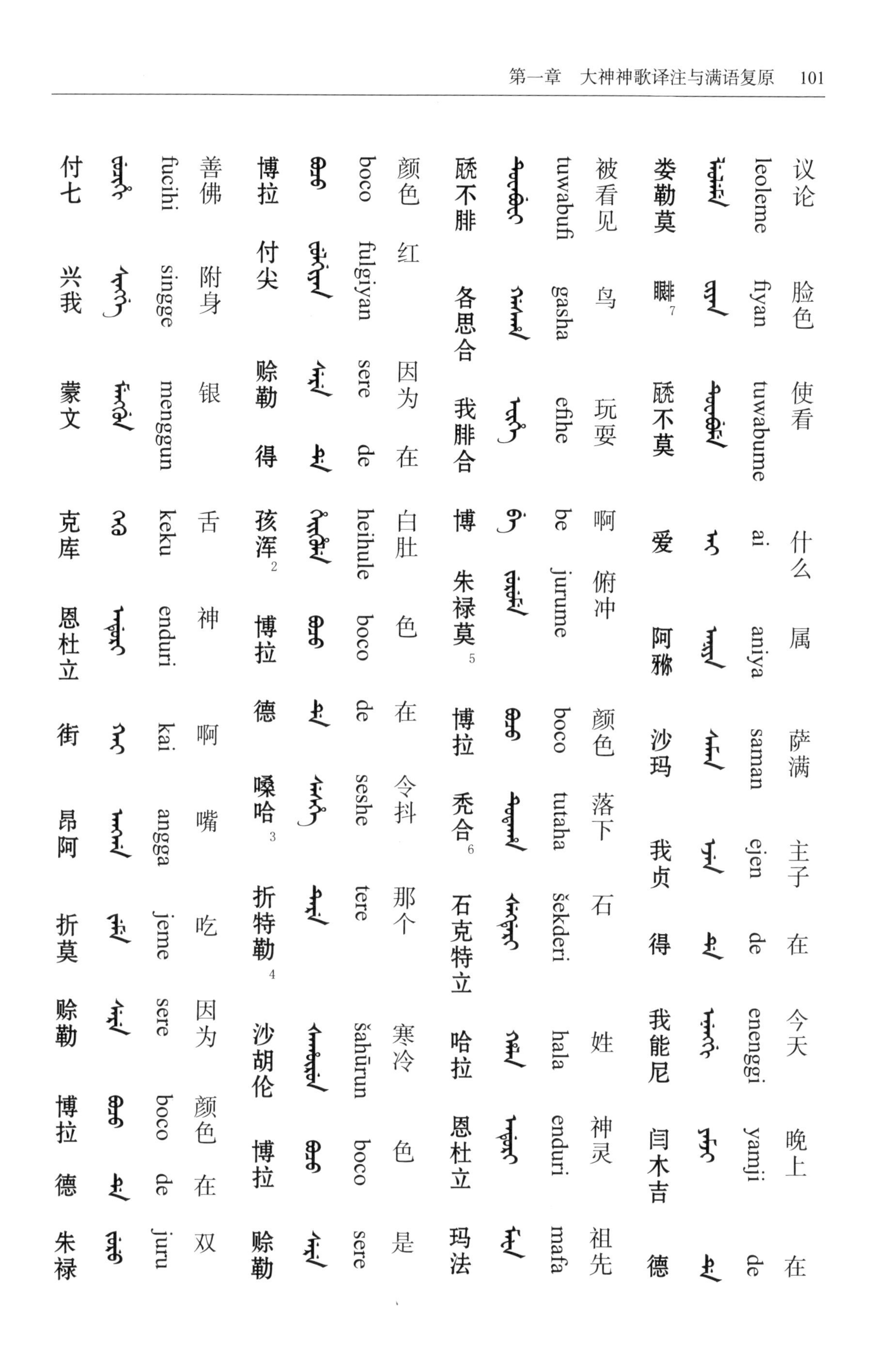

议论　脸色　使看　什么　属　萨满　主子　在　今天　晚上　在

leoleme fiyan tuwabume ai aniya saman ejen de enenggi yamji de

娄勒莫　腓[7]　瞅不莫　爱　阿猕　沙玛　我贞　得　我能尼　闫木吉　德

被看见　鸟　玩耍　啊　俯冲　颜色　落下　石　姓　神灵　祖先

tuwabufi gasha efihe be jurume boco tutaha šekderi hala enduri mafa

瞅不腓　各思合　我腓合　博　朱禄莫[5]　博拉　秃合[6]　石克特立　哈拉　恩杜立　玛法

颜色　红　因为　在　白肚　色　在　令抖　那个　寒冷　色　是

boco fulgiyan sere de heihule boco de seshe tere šahūrun boco sere

博拉　付尖　赊勒　得　孩浑[2]　博拉　德　嗓哈[3]　折特勒[4]　沙胡伦　博拉　赊勒

善佛　附身　银　舌　神　啊　嘴　吃　因为　颜色　在　双

fucihi singge menggun keku enduri kai angga jeme sere boco de juru

付七　兴我　蒙文　克库　恩杜立　街　昂阿　折莫　赊勒　博拉　德　朱禄

主人 什么 属 三 角 查看 在 四 那个 追察
boigoji ai aniya ilan hošo karame de duin tere amcame
ᠪᠣᡳᡤᠣᠵᡳ ᠠᡳ ᠠᠨᡳᠶᠠ ᡳᠯᠠᠨ ᡥᠣᡧᠣ ᡴᠠᡵᠠᠮᡝ ᡩᡝ ᡩᡠᡳᠨ ᡨᡝᡵᡝ ᠠᠮᠴᠠᠮᡝ
彪浑 爱 阿猕 一兰 豁子 卡拉戕莫 德 敦音 特勒 阿莫查莫

众 门 进 供献了 香 火 把 石 姓 乞求 来 男
geren duka dosici doboho hiyan tuwa be šekderi hala baime jihe haha
ᡤᡝᡵᡝᠨ ᡩᡠᡴᠠ ᡩᠣᠰᡳᠴᡳ ᡩᠣᠪᠣᡥᠣ ᡥᡳᠶᠠᠨ ᡨᡠᠸᠠ ᠪᡝ ᡧᡝᡴᡩᡝᡵᡳ ᡥᠠᠯᠠ ᠪᠠᡳᠮᡝ ᠵᡳᡥᡝ ᡥᠠᡥᠠ
各棱 杜卡 多西七 多西哈 先 陀 博 石克特立 哈拉 伯木 几合 哈哈

把 扭转 好胜 抵抗（争强） 萨满 身 附 东家 又 宴请
be maribume etenggilere eljeme ejen beye singgefi ejen geli solihangge
ᠪᡝ ᠮᠠᡵᡳᠪᡠᠮᡝ ᡝᡨᡝᠩᡤᡳᠯᡝᡵᡝ ᡝᠯᠵᡝᠮᡝ ᡝᠵᡝᠨ ᠪᡝᠶᡝ ᠰᡳᠩᡤᡝᡶᡳ ᡝᠵᡝᠨ ᡤᡝᠯᡳ ᠰᠣᠯᡳᡥᠠᠩᡤᡝ
博 玛立不莫 俄腾尼勒勒 而折莫 我贞 博热 兴我腓 我贞 各立 所立杭我

一把把 汉香 把 宴请 抓鼓 声 逐一 大鼓 声 敲响 困境
baksan hiyan be solime imcin jilgan aname tungken jilgan kaicafi mangga
ᠪᠠᡴᠰᠠᠨ ᡥᡳᠶᠠᠨ ᠪᡝ ᠰᠣᠯᡳᠮᡝ ᡳᠮᠴᡳᠨ ᠵᡳᠯᡤᠠᠨ ᠠᠨᠠᠮᡝ ᡨᡠᠩᡴᡝᠨ ᠵᡳᠯᡤᠠᠨ ᡴᠠᡳᠴᠠᡶᡳ ᠮᠠᠩᡤᠠ
巴克山 先 博 所立莫 一莫亲 鸡干 阿那莫 同恳 鸡干 开义腓 忙阿

抖动着白腹，
深红的双唇，
全身火红色，
金舌鸟神，

请沿着胡敦河而降临。
金舌鸟神、银舌鸟神[1]，
第三层的云霄里降临的，
第五层山峰的金楼中，
从高高的天层上，
居住在白山山峰上，
在此时请神？
为了我们家族谁的事，
为了我们家族什么事，

【译文】

善于扭转困境[2]，
敲动了大鼓，
逐一响起了抓鼓，
点燃了一把把汉香，
在今天晚上，
萨满何属相？
乞请神灵，
合族商量议定，
今有石姓子孙，

请降临神坛。
玩耍的金舌鸟神、银舌鸟神啊！
俯冲降落，
展翅飞翔，
天气寒冷之际，

永世太平。
各处干净，
四角察看，
三角察看，
石姓祈求，
东家何属相？
请神灵纳享，
神坛上供献香火，
由众门入室，
东家设宴乞请神灵，
请附萨满之身。
金舌鸟神、银舌鸟神，
争强好胜的[3]，

【语音注释】

1 博拉（bola），汉义为『颜色』。规范化汉字转写满语为『博绰』（boco）。

2 孩浑（heihu），汉义为白色之『白』。规范化汉字转写满语为『孩浑勒』（heihule）

3 嗓哈（seha），汉义为『令抖动、令甩掉』等。它是由规范化满语『嗓斯赫木毕』（seshembi）变化而来，即规范化汉字转写满语为『色斯喝』（seshe）。

4 折特勒（jetere），汉义为『吃』的动名词或形动词，此意与文本的意义不相符。笔者认为应是『特勒』（tere），意为『那个』（tere），即指鸟神在『那个』天气寒冷时，就看见他玩耍了。

5 朱禄莫（jurume），汉义的原意为『呕吐』，文本借用此词的向下之意，引申为『俯冲』之意。汉转满语『朱录莫』（jurume）。

6 秃合（tuhe），汉义为『落下』，规范化汉字转写满语为『图它合』（tutaha）。

7 眼非（fiyen），汉义为『毛色、脸色』。其规范化的汉转满语为『非延』（fiyan）

【译文注释】

1 金舌鸟神、银舌鸟神：满文为『爱心克库、蒙文克库』。『爱心』和『蒙文』为『金』和『银』，『克库』即『小舌』之意。从神歌中所表现此神灵的形象来看，就是杜鹃鸟，民间称为『布谷鸟』，其叫声就是『克库、克库』。金舌、银舌鸟神，就是取其叫声而得名的神灵。老萨满石清山也说是『克库』鸟，因此，我们说『金舌、银舌鸟神』，就是布谷鸟。

当人们听到『克库、克库』的叫声，便知道严冬已去，春天来临，布谷鸟给人们带来了欢乐和希望，是很受欢迎的益鸟。更何况满族历史上曾以狩猎为生，对森林中的鸟类是不陌生的，而布谷鸟的叫声悠扬动听，因此便产生了敬仰和崇拜，成为萨满教祭祀神灵。

2 善于扭转困境：满文为『忙阿博玛立不莫』这里是指度过了严冬的困境。

3 争强好胜：是指争报春天来临之意。

万 年 道 得 千 年 无所不至（通天鬼） 修炼 黑
tumen aniya doro bahafi minggan aniya ari nara yacin
ᡨᡠᠮᡝᠨ ᠠᠨᡳᠶᠠ ᡩᠣᠷᠣ ᠪᠠᡥᠠᡶᡳ ᠮᡳᠩᡤᠠᠨ ᠠᠨᡳᠶᠠ ᠠᡵᡳ ᠨᠠᡵᠠ ᠶᠠᠴᡳᠨ
秃门 阿猕 多洛 巴哈腓 明安 阿猕 阿立 那立 牙亲

河 从 降临 芦苇 地里 在 过 山阴 的 深潭 圆的 在
bira ci wasika ulhū falan de dulefi boso i tunggu muheliyen de
ᠪᡳᡵᠠ ᠴᡳ ᠸᠠᠰᡳᡴᠠ ᡠᠯᡥᡡ ᡶᠠᠯᠠᠨ ᡩᡝ ᡩᡠᠯᡝᡶᡳ ᠪᠣᠰᠣ ᡳ ᡨᡠᠩᡤᡠ ᠮᡠᡥᡝᠯᡳᠶᡝᠨ ᡩᡝ
必拉 七 瓦西哈 胡拉胡 伐兰[1] 得 杜勒腓 博所 一 洞古 木哈连[2] 得

什么 原因 为了 在 谁家 原因 此时 在 拉林 山 从 过 拉林
ai sere jalin de wei sere erin de lalin alin ci duleke lalin
ᠠᡳ ᠰᡝᡵᡝ ᠵᠠᠯᡳᠨ ᡩᡝ ᠸᡝᡳ ᠰᡝᡵᡝ ᡝᡵᡳᠨ ᡩᡝ ᠯᠠᠯᡳᠨ ᠠᠯᡳᠨ ᠴᡳ ᡩᡠᠯᡝᡴᡝ ᠯᠠᠯᡳᠨ
爱一 赊勒 札林 得 卧一 赊勒 我林 得 拉林 阿林 七 杜勒合 拉林

十六 牙亲娄付（黑熊神）

ᠶᠠᠴᡳᠨ ᠯᡝᡶᡠ

yacin lefu

把	be	ᠪᡝ	博
东家	ejen	ᡝᠵᡝᠨ	我贞
又	geli	ᡤᡝᠯᡳ	各立
宴请了	soliha	ᠰᠣᠯᡳᡥᠠ	所立哈
把我	mimbe	ᠮᡳᠮᠪᡝ	民巴
在	de	ᡩᡝ	得
去了	genehe	ᡤᡝᠨᡝᡥᡝ	各讷合
走吧	yabure	ᠶᠠᠪᡠᡵᡝ	牙不勒
各自	meni	ᠮᡝᠨᡳ	莫尼
各自	meni	ᠮᡝᠨᡳ	莫尼
山	alin	ᠠᠯᡳᠨ	阿林
回到	bedereki	ᠪᡝᡩᡝᡵᡝᡴᡳ	博得勒其

钢叉	šaka	ᡧᠠᡴᠠ	沙乂
执	jafafi	ᠵᠠᡶᠠᡶᡳ	札伐腓
盔甲	uksin	ᡠᡴᠰᡳᠨ	吴克心
钢叉	šaka	ᡧᠠᡴᠠ	沙卡
响声	kaicame	ᡴᠠᡳᠴᠠᠮᡝ	开乂哈
今日	enenggi	ᡝᠨᡝᠩᡤᡳ	我能尼
晚上	yamji	ᠶᠠᠮᠵᡳ	闫木吉
在	de	ᡩᡝ	得
进入	dosika	ᡩᠣᠰᡳᡴᠠ	多西哈
香	hiyan	ᡥᡳᠶᠠᠨ	先
火	tuwa	ᡨᡠᠸᠠ	陁

腿	bethe	ᠪᡝᡨᡥᡝ	比特合
心	niyaman	ᠨᡳᠶᠠᠮᠠᠨ	年卖
脚底	fatan	ᡶᠠᡨᠠᠨ	伐他
相同	adali	ᠠᡩᠠᠯᡳ	阿打立
百条	tanggūda	ᡨᠠᠩᡤᡡᡩᠠ	汤吴打
绳索	futa	ᡶᡠᡨᠠ	付他
在	de	ᡩᡝ	得
翻转	ubaliyame	ᡠᠪᠠᠯᡳᠶᠠᠮᡝ	五巴粒莫
降临了	wasika	ᠸᠠᠰᡳᡴᠠ	瓦西哈
三股	ilan	ᡳᠯᠠᠨ	依兰

熊	lefu	ᠯᡝᡶᡠ	娄付
神	enduri	ᡝᠨᡩᡠᡵᡳ	恩杜立
啊	kai	ᡴᠠᡳ	街
全	uheri	ᡠᡥᡝᡵᡳ	吴合立
俱	gemu	ᡤᡝᠮᡠ	各佈
将	be	ᠪᡝ	博
有毛的	funiyehengge	ᡶᡠᠨᡳᠶᡝᡥᡝᠩᡤᡝ	付粎恒我
青	yacin	ᠶᠠᠴᡳᠨ	牙亲
嘴	angga	ᠠᠩᡤᠠ	昂阿
尖细	šulihun	ᡧᡠᠯᡳᡥᡠᠨ	舒立浑
在	de	ᡩᡝ	得

得道成神的黑熊神[1]啊！
经过了千年、万年的苦苦修炼，
圆圆深潭中，
生长着茂盛芦苇的
在山阴之处，
沿着拉林河降临。
经过拉林山，
在此时请神？
为了谁家的事，
是什么原因，

【译文】

点燃了香火，
今日夜晚
响声如盔甲震动。
翻耍着，
手执三股钢叉，
黑熊神啊！
如有百绳捆绑[2]。
脚腿肥大，
青嘴尖尖，
全身毛茸茸，

永世太平。
各方干净，
四角察看，
三角清查，
一伙伙地回去吧！
回到各自各自的山峰！
请由我处回去吧！走吧！
受祭后，
请黑熊神降临进屋。
东家又宴请，

一伙	一伙	回去	三	角	堆积	四	从	角	察看
ᠪᠠᡴᠰᠠᠨ	ᠪᠠᡴᠰᠠᠨ	ᡤᡝᠨᡝᡶᡳ	ᡳᠯᠠᠨ	ᡥᠣᡧᠣ	ᡳᡴᡨᠠᠮᡝ	ᡩᡠᡳᠨ	ᠴᡳ	ᡥᠣᡧᠣ	ᠠᠮᠴᠠᠮᡝ
baksan	baksan	genefi	ilan	hošo	iktame	duin	ci	hošo	amcame
巴克山	巴克山	各讷腓	依兰	豁子	一克赊莫	堆	七	豁子	阿莫查莫

【语音注释】

1 伐兰（falan），汉义为『屋里、堂中、邻里之里』。文本中的『伐兰』应是指芦苇之地，应该用『ba』或者是『na』，都是指『地方』，或者是『地面』。文本中『伐兰』（falan）应是满族习惯性用法，故保留，即引申为『地里』。

2 木哈连（muhaliyen），汉义为『圆的』，其中『哈』应为『喝』。规范化汉字转写满语为『木喝连』（muheliyen）。

【译文注释】

1 黑熊神：满文是『牙亲娄付』，是石姓等姓氏常常祭祀并举行跳神的动物神。据调查，它降附萨满之身后的舞蹈动作，就是嚎叫着模仿熊走路，并且光着脚到处跑；如果看见院中的大车盘，扛起来就会东跑西窜，有的是拔大树等。石姓的老萨满石清山（已去世）曾领过这位黑熊神，他就是扛着大车盘在院子里跑了几圈，以示黑熊神的力大无穷，表演很成功。

2 脚腿肥大，如有百绳捆绑：满文为『比特合年卖伐他阿打立汤吴打付他得』，直译为『腿脚相同，有百条绳索』。这两句话主要是形容黑熊的腿、脚一样粗，好像用百条绳索捆绑着，所以我们译为『腿脚肥大，如有百绳捆绑』。

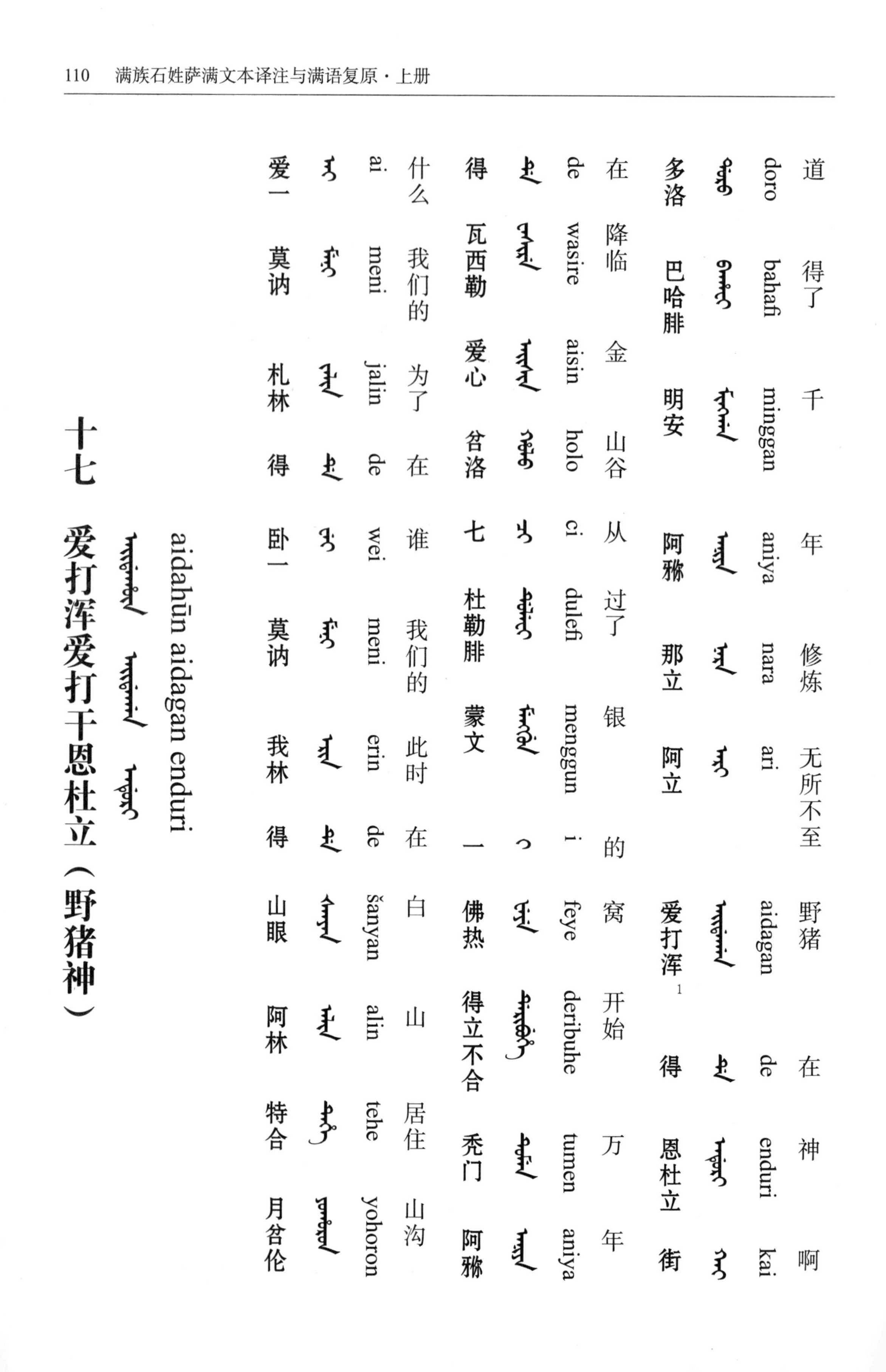

道 得了 千 年 修炼 无所不至 野猪 在 神 啊

doro bahafi minggan aniya nara ari aidagan de enduri kai

多洛 巴哈腓 明安 阿猕 那立 阿立 爱打浑[1] 得 恩杜立 街

在 降临 金 山谷 从 过了 银 的 窝 开始 万 年

de wasire aisin holo ci dulefi menggun i feye deribuhe tumen aniya

得 瓦西勒 爱心 豁洛 七 杜勒腓 蒙文 一 佛热 得立不合 秃门 阿猕

什么 我们的 为了 在 谁 我们的 此时 在 白 山 居住 山沟

ai meni jalin de wei meni erin de šanyan alin tehe yohoron

爱一 莫讷 札林 得 卧一 莫讷 我林 得 山眼 阿林 特合 月豁伦

十七 爱打浑爱打干恩杜立（野猪神）

aidahūn aidagan enduri

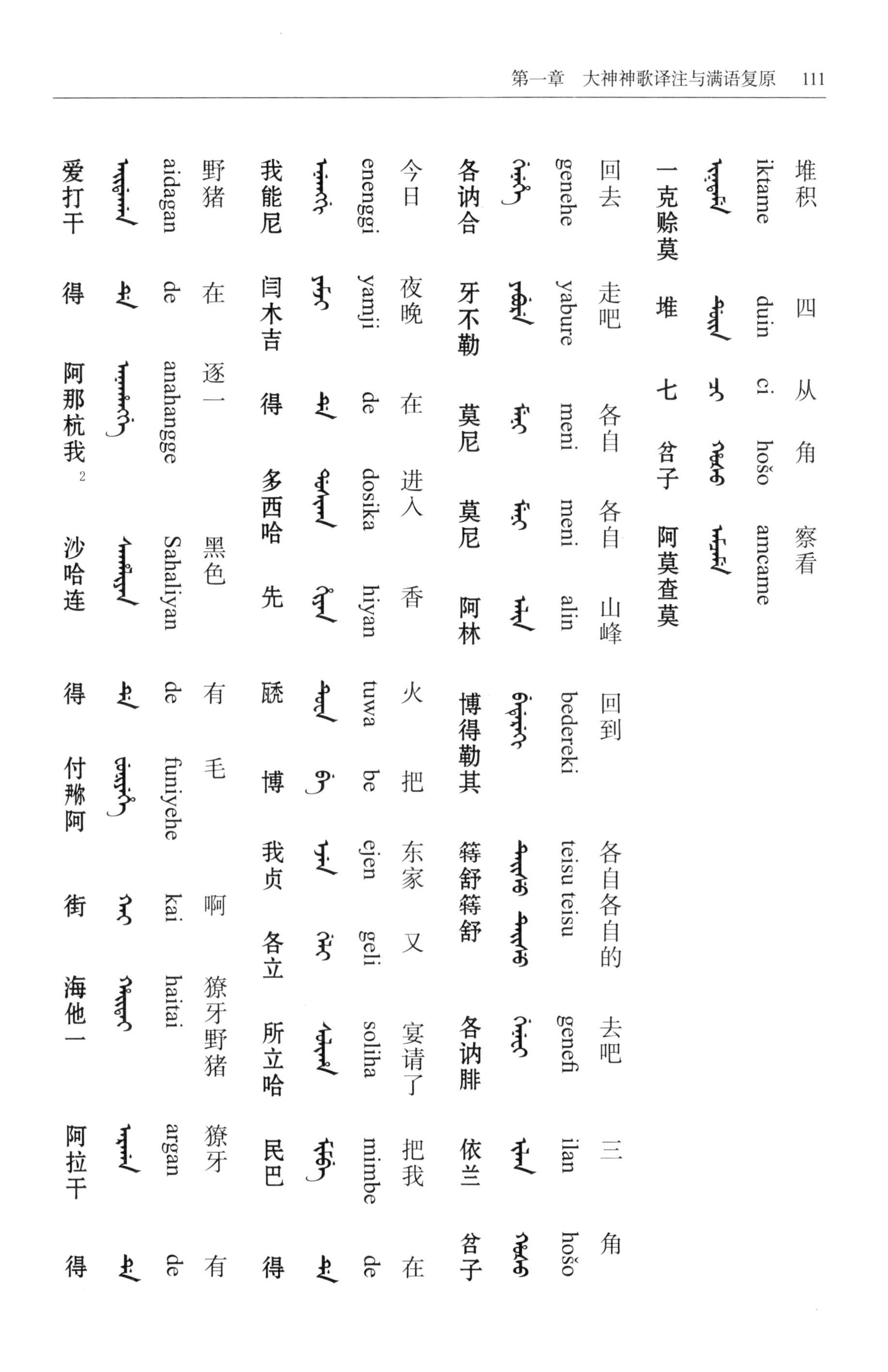

堆积	四	从	角	察看	
iktame	duin	ci	hošo	amcame	
一克赊莫	**堆**	**七**	**岔子**	**阿莫查莫**	

回去	走吧	各自	各自	山峰	回到	各自各自的	去吧	三	角
genehe	yabure	meni	meni	alin	bedereki	teisu teisu	genefi	ilan	hošo
各讷合	**牙不勒**	**莫尼**	**莫尼**	**阿林**	**博得勒其**	**簕舒簕舒**	**各讷腓**	**依兰**	**岔子**

今日	夜晚	在	进入	香	火	把	东家	又	宴请了	把我	在
enenggi	yamji	de	dosika	hiyan	tuwa	be	ejen	geli	soliha	mimbe	de
我能尼	**闫木吉**	**得**	**多西哈**	**先**	**豗**	**博**	**我贞**	**各立**	**所立哈**	**民巴**	**得**

野猪	在	逐一	黑色	有	毛	啊	獠牙野猪	獠牙	有
aidagan	de	anahangge	Sahaliyan	de	funiyehe	kai	haitai	argan	de
爱打干	**得**	**阿那杭我**[2]	**沙哈连**	**得**	**付舺阿**	**街**	**海他一**	**阿拉干**	**得**

【语音注释】

1 爱打浑（aidahun），汉义是『野猪』，它的规范化汉字转写满语为『爱打干』（aidagan）。文本中的『爱打浑』是地方习惯用法。

2 阿那杭我（anahangge），原意为『推诿、迁延』等，此处是引申意义，为『逐一』，它是由『阿那木必』（anambi）变化而来，规范化汉字转写满语为『阿那哈俄』（anahangge）。

今逐一宴请诸神灵，
得道为野猪神[1]啊！
千年、万年的野猪，
银窝中苦苦修炼的
在金色的山谷里，
居住在白山上，
在此时请神？
为了我们家族谁的事，
为了我们家族什么事，

请降临院内。
今日夜晚，
东家又宴请，
点燃了香火，
口中獠牙向外伸。
全身毛粗黑。
神通广大的野猪神，
请沿着山沟降临。

永世太平。
各方干净，
四角察看，
三角清查，
各自各自地回去吧！
回到各自各自的山峰吧！
请从我处回去吧，走吧！
受祭后，

【译文】

【译文注释】

1 野猪神：满文为『爱打浑爱打干恩杜立』，不仅是石姓经常祭祀并跳神的一位动物神，也是满族其他姓氏野祭的主要内容。据调查，石姓萨满请野猪神附体后的舞蹈动作是，萨满赤脚双手着地，做爬行的样子，随着鼓声扭动，并且找墙角东蹭西蹭，意思是蹭全身的痒痒。老萨满石清山曾表演过这位神灵。

十八 札拉胡牛胡（豺狼神）

ᠵᠠᡵᡥᡡ ᠨᡳᠣᡥᡝ

jarhū niohe

爱一 莫讷 札林 得 卧一 莫讷 我林 得 山眼 阿林 七 杜勒腓 拉林

ᠠᡳ ᠮᡝᠨᡳ ᠵᠠᠯᡳᠨ ᡩᡝ ᠸᡝᡳ ᠮᡝᠨᡳ ᡝᡵᡳᠨ ᡩᡝ ᡧᠠᠨᠶᠠᠨ ᠠᠯᡳᠨ ᠴᡳ ᡩᡠᠯᡝᡶᡳ ᠯᠠᠯᡳᠨ

ai meni jalin de wei meni erin de šanyan alin ci dulefi lalin

什么 我们的 为了 有 谁家 我们的 此时 有 白 山 从 经过 拉林

豁洛 七 瓦西哈 吴拉胡 伐兰 得 侬哈连[1] 得 打音[2] 打巴七[3] 打巴莫

ᡥᠣᠯᠣ ᠴᡳ ᠸᠠᠰᡳᡴᠠ ᡠᠯᡥᡡ ᡶᠠᠯᠠᠨ ᡩᡝ ᠨᡠᡥᠠᠯᡳᠶᠠᠨ ᡩᡝ ᡩᠠᡵᡳ ᡩᠠᠪᠠᠴᡳ ᡩᠠᠪᠠᠮᡝ

holo ci wasika ulhū falan de nuhaliyan de dari dabaci dabame

山谷 从 降临 芦苇 地里 在 低洼处 在 经过 从原处 越过

札坤朱 札拉胡 牛合 瓧立 博辍 一 刷眼 音打胡莫[4] 吴云朱 牛呼[5]

ᠵᠠᡴᡡᠨᠵᡠ ᠵᠠᡵᡥᡡ ᠨᡳᠣᡥᡝ ᡨᡠᠸᡝᡵᡳ ᠪᠣᠴᠣ ᡳ ᠰᡠᠸᠠᠶᠠᠨ ᡳᠨᡩᠠᡥᡡᠯᠠᠮᡝ ᡠᠶᡠᠨᠵᡠ ᠨᡳᠣᡥᡝ

jakūnju jarhū niohe tuweri boco i suwayan indahūlame uyunju niohe

八十 豺 狼 冬天 颜色 的 黄色 躺下 九十 狼

把	去吧	众	山峰	回去吧	众	山林	在	去吧	三	角
be	genehengge	geren	hada	bedereki	geren	alin	de	genefi	ilan	hošo
ᠪᡝ	ᡤᡝᠨᡝᡥᡝᠩᡤᡝ	ᡤᡝᡵᡝᠨ	ᡥᠠᡩᠠ	ᠪᡝᡩᡝᡵᡝᡴᡳ	ᡤᡝᡵᡝᠨ	ᠠᠯᡳᠨ	ᡩᡝ	ᡤᡝᠨᡝᡶᡳ	ᡳᠯᠠᠨ	ᡥᠣᡧᠣ
博	各讷恒我	各棱	哈打	博得勒其	各棱	阿林	得	各讷腓	一兰	豁子

大	声	逐一	小	声	呼喊着	今日	晚	在	把子	汉香
amba	jilgan	aname	ajige	jilgan	kaicahangge	enenggi	yamji	de	baksan	hiyan
ᠠᠮᠪᠠ	ᠵᡳᠯᡤᠠᠨ	ᠠᠨᠠᠮᡝ	ᠠᠵᡳᡤᡝ	ᠵᡳᠯᡤᠠᠨ	ᡴᠠᡳᠴᠠᡥᠠᠩᡤᡝ	ᡝᠨᡝᠩᡤᡳ	ᠶᠠᠮᠵᡳ	ᡩᡝ	ᠪᠠᡴᠰᠠᠨ	ᡥᡳᠶᠠᠨ
按巴	鸡干	阿那莫	阿几各	鸡干	开乂杭我	我能尼	闫木吉	得	巴克山	先

把	收了	因为	扭动	追赶	困境	把	扭转	好强	争强
be	bargiyara	seme	aššan	amcame	mangga	be	maribume	etenggileme	eljeme
ᠪᡝ	ᠪᠠᡵᡤᡳᠶᠠᡵᠠ	ᠰᡝᠮᡝ	ᠠᡧᡧᠠᠨ	ᠠᠮᠴᠠᠮᡝ	ᠮᠠᠩᡤᠠ	ᠪᡝ	ᠮᠠᡵᡳᠪᡠᠮᡝ	ᡝᡨᡝᠩᡤᡳᠯᡝᠮᡝ	ᡝᠯᠵᡝᠮᡝ
博	巴拉鸦拉	赊莫	阿参	阿查莫	忙阿	博	玛立不莫	我腾你勒勒	而折莫

神	啊	尾	一样	倒下	毛厚	在	长	毛	香	火
enduri	kai	uncehen	adali	indahūlafi	luku	de	golmin	funiyehe	hiyan	tuwa
ᡝᠨᡩᡠᡵᡳ	ᡴᠠᡳ	ᡠᠨᠴᡝᡥᡝᠨ	ᠠᡩᠠᠯᡳ	ᡳᠨᡩᠠᡥᡡᠯᠠᡶᡳ	ᠯᡠᡴᡠ	ᡩᡝ	ᡤᠣᠯᠮᡳᠨ	ᡶᡠᠨᡳᠶᡝᡥᡝ	ᡥᡳᠶᠠᠨ	ᡨᡠᠸᠠ
恩杜立	街	文车恨	阿打立	音打胡腓	芦库	得	郭敏	付〔扌你〕合	先	〔石秃〕

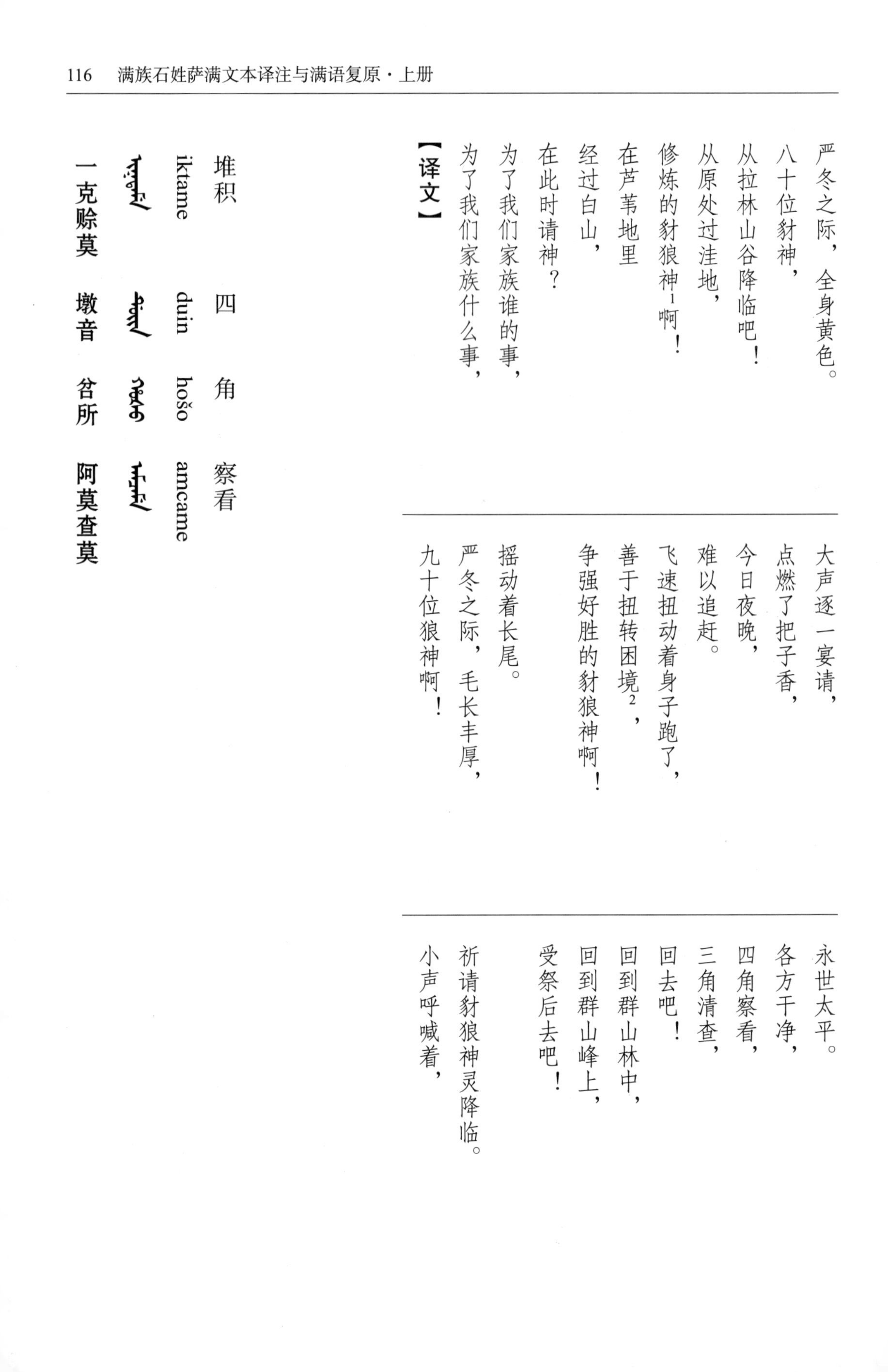

堆积	iktame	一克赊莫
四	duin	墩音
角	hošo	豁所
察看	amcame	阿莫查莫

【译文】

为了我们家族什么事，
为了我们家族谁的事，
在此时请神？
经过白山，
在芦苇地里
修炼的豺狼神[1]啊！
从原处过洼地，
从拉林山谷降临吧！
八十位豺神，
严冬之际，全身黄色。

九十位狼神啊！
严冬之际，毛长丰厚，
摇动着长尾。
争强好胜的豺狼神啊！
善于扭转困境[2]，
飞速扭动着身子跑了，
难以追赶。
今日夜晚，
点燃了把子香，
大声逐一宴请，

小声呼喊着，
祈请豺狼神灵降临。
受祭后去吧！
回到群山峰上，
回到群山林中，
回去吧！
三角清查，
四角察看，
各方干净，
永世太平。

【语音注释】

1 侬哈连（nunghalan），汉义应是『洼地』，它的规范化汉字转写满语为『奴哈连』（nuhaliyan）。

2 打音（dain），汉译应是『顺便、经过』等。它的规范化汉字转写满语为『打立』（dari）。

3 打巴七（dabaci），笔者译为『从原处』，它是由三个满语词汇组成。第一个是『da』汉转满语为『打』，汉义为『根、原、始、本』等，第二个是『ba』（巴），汉义为『地方、场所』等。第三个是『ci』（七），汉义为『从、自』等。因此，笔者译为『从原处』。

4 音打胡莫（indanhume），汉义为『两人摔跤齐倒下』，此处可以理解为『躺下』。它的规范化汉字转写满语为『音打胡拉莫』（indahulame）。后边的『音打胡腓』与『音打胡拉莫』是同一词汇，只是后边一词是说明毛厚而贴身，所以译为『倒下了』。

5 牛呼（niohu），汉义为『狼』，它的规范化汉字转写满语为『钮赫』（niohe）。

【译文注释】

1 豺狼神：这里是两位动物神，即『札拉胡』（豺）和『牛胡』（狼），但跳神表演时，常是狼神，石姓萨满记忆中是『八位豺神，九位狼神』。在石姓大神神本后面的神谱中，也记有『八位豺神，九位狼神』，但满文神歌中却是『八十』和『九十』。我们采用了满文原义，即『八十位豺神』和『九十位狼神』。石姓神谱中的『八位』和『九位』可能是谬传。

2 善于扭转困境：文本中的神歌，有许多描写和叙述，都是祭祀时，萨满跳神表演中的动作和情景。此处就是表现此神附体后的萨满表现，因为此神『争强好胜』，同时，又是跑动着。有些围观之人，就与萨满（此处是神灵附体后的）比赛跑得快慢，此时的萨满会巧妙灵活地战胜对方，即扭转困境。

炭火 把 花 在 轻视 玩耍 把 口 吃 红 火炭 在 如同

yaha be ilha de kaskan efihe be angga jeme fulgiyan tuwa de gese

ᠶᠠᡥᠠ ᠪᡝ ᡳᠯᡥᠠ ᡩᡝ ᡴᠠᠰᡴᠠᠨ ᡝᡶᡳᡥᡝ ᠪᡝ ᠠᠩᡤᠠ ᠵᡝᠮᡝ ᡶᡠᠯᡤᡳᠶᠠᠨ ᡨᡠᠸᠠ ᡩᡝ ᡤᡝᠰᡝ

牙哈 博 喋哈 得 各思合[3] 我腓合 博 昂阿 折莫 付尖 [瓦秃] 得 各赊

银 山谷 从 降临 火红 豹 金钱 有 双腿换跳 神 啊

menggun holo ci wasika tuwa yarha jihana de iladaha enduri kai

ᠮᡝᠩᡤᡠᠨ ᡥᠣᠯᠣ ᠴᡳ ᠸᠠᠰᡳᡴᠠ ᡨᡠᠸᠠ ᠶᠠᡵᡥᠠ ᠵᡳᡥᠠᠨᠠ ᡩᡝ ᡳᠯᠠᡩᠠᡥᠠ ᡝᠨᡩᡠᡵᡳ ᡴᠠᡳ

蒙文 岔洛 七 瓦西哈 [瓦秃] 牙拉哈 吉哈那[1] 得 依兰他拉哈[2] 恩杜立 街

什么 莫讷 为了 有 谁家 莫讷 此时 有 白 山 山峰 在 居住

ai meni jalin de wei meni erin de šanyan alin alin de tehe

ᠠᡳ ᠮᡝᠨᡳ ᠵᠠᠯᡳᠨ ᡩᡝ ᠸᡝᡳ ᠮᡝᠨᡳ ᡝᡵᡳᠨ ᡩᡝ ᡧᠠᠨᠶᠠᠨ ᠠᠯᡳᠨ ᠠᠯᡳᠨ ᡩᡝ ᡨᡝᡥᡝ

爱一 莫讷 札林 得 卧一 莫讷 我林 得 山眼 阿林 阿林 得 特合

tuwa yarha jihana

ᡨᡠᠸᠠ ᠶᠠᡵᡥᠠ ᠵᡳᡥᠠᠨᠠ

十九　[瓦秃]牙拉哈吉哈那（金钱豹神）

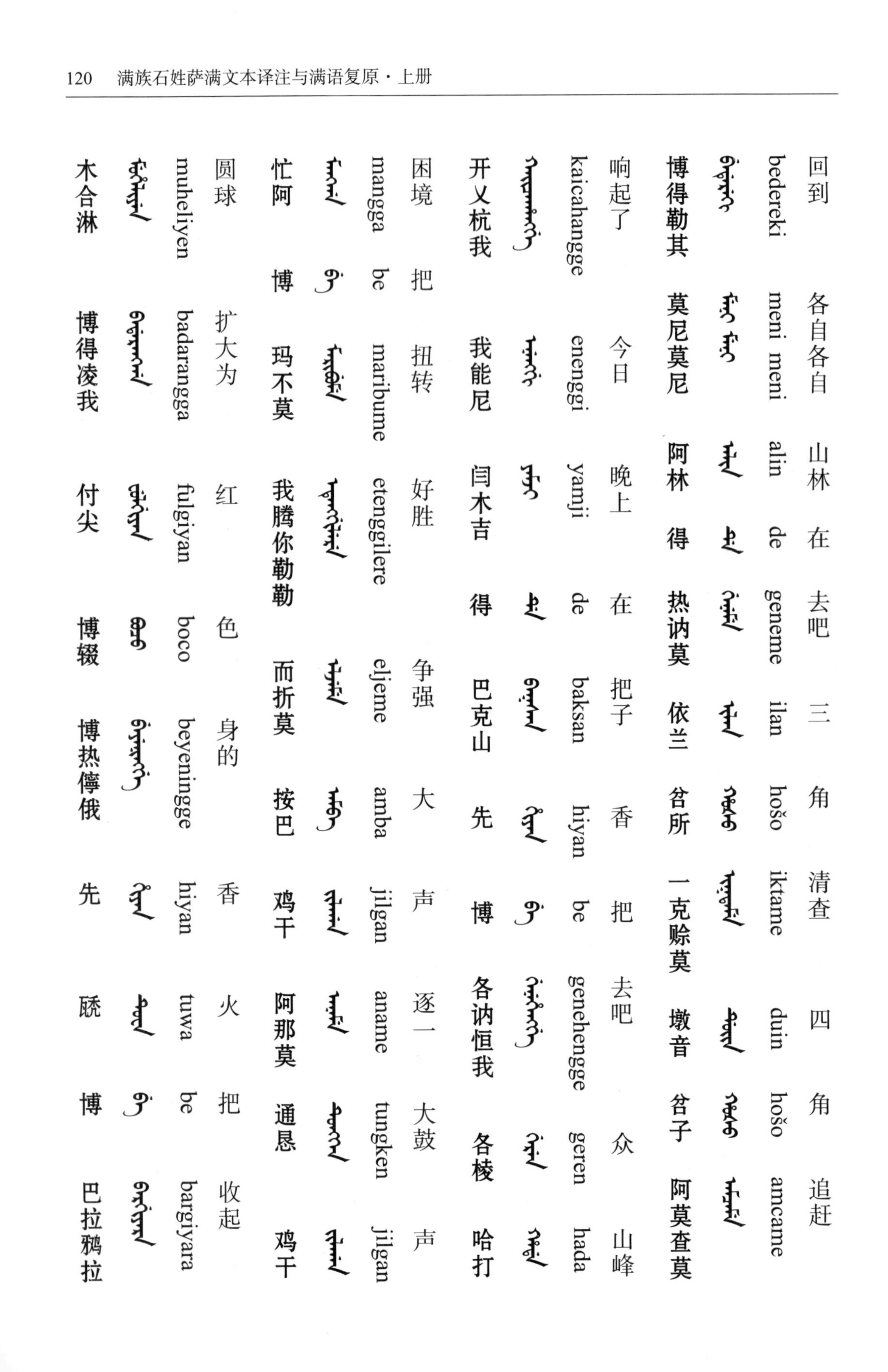

回到	各自各自	山林	在	去吧	三	角	清查	四	角	追赶
bedereki	meni meni	alin	de	geneme	ilan	hošo	iktame	duin	hošo	amcame
博得勒其	莫尼莫尼	阿林	得	热讷莫	依兰	豁所	一克赊莫	墩音	豁子	阿莫查莫

响起了	今日	晚上	在	把子	香	把	去吧	众	山峰
kaicahangge	enenggi	yamji	de	baksan	hiyan	be	genehengge	geren	hada
开义杭我	我能尼	闫木吉	得	巴克山	先	博	各讷恒我	各棱	哈打

困境	把	扭转	好胜	争强	大	声	逐一	大鼓	声
mangga	be	maribume	etenggilere	eljeme	amba	jilgan	aname	tungken	jilgan
忙阿	博	玛不莫	我腾你勒勒	而折莫	按巴	鸡干	阿那莫	通恳	鸡干

圆球	扩大为	红	色	身的	香	火	把	收起
muheliyen	badarangga	fulgiyan	boco	beyeningge	hiyan	tuwa	be	bargiyara
木合淋	博得凌我	付尖	博辍	博热儜俄	先	硚	博	巴拉鸦拉

【译文】

为了我们家族什么事，
为了我们家族谁的事，
在此时请神？
居住在白山山峰上，
银山谷中降临的
火红的金钱豹神[1]，
铜钱布满身。
金钱豹神，

善于玩耍，
技巧高超。
口含红火炭，
四处飞火花。
全身火红色，
如同大火球。
今日夜晚，
乞请争强好胜的金钱豹神，
点燃了把子香，
敲响了大鼓，

高声诵唱，
逐一祈请。
受祭后，去吧！
回到群山峰！
回到各自各自的山林中。
三角清查，
四角察看，
各方干净
永世太平。

【语音注释】

1 吉哈那（jihana），意为『钱、钱币』，文中译为『金钱』。此词由名词『jiha』词尾附加上『na』，仍为名词。汉转满语仍为『吉哈那』（jihana）。

2 依兰他拉哈（ilantalaha），此词规范化汉字转写满语应为『依拉达哈』（iladaha），其汉义为『两脚更换着向前跳，三心二意』。文本中使用了它的引申意义，即『技巧』。

3 各思哈（gesha），汉义为『轻视』，规范化汉字转写满语为『卡思堪』（kaskan）。

【译文注释】

1　金钱豹神：满文为『毓牙拉哈吉哈那』，直译为『火红的金钱豹』，石姓老萨满和文本中都直称为『金钱豹神』。此神几乎是石姓每祭必请的动物神灵。这位动物神灵的舞蹈动作，不仅模仿豹爬行，而且还要表演口含炭火喷火的技巧。这位神灵曾被录像，由老萨满石宗轩表演。当时，助手先把炭火准备好，是用空心的柳树木烧成的。跳神开始后，灯光全部熄灭。石宗轩萨满双手扶地走路，行至门口时又双手扶膝，东张西望地朝屋里走去。当他口含火炭时，满嘴火红，照亮全身，正如神歌中说的：『全身火红色，如同大火球。』同时，他还不时地向四周喷出火花。

更换 萨满 因为 学习 小 祝祷 站立 今日 夜晚 在
halame saman seme tacifi ajige jalbarime iliha enenggi yamji de
ᡥᠠᠯᠠᠮᡝ ᠰᠠᠮᠠᠨ ᠰᡝᠮᡝ ᡨᠠᠴᡳᡶᡳ ᠠᠵᡳᡤᡝ ᠵᠠᠯᠪᠠᡵᡳᠮᡝ ᡳᠯᡳᡥᠠ ᡝᠨᡝᠩᡤᡳ ᠶᠠᠮᠵᡳ ᡩᡝ
哈拉莫 沙玛 赊莫 他七腓 阿几各 占巴立莫[2] 一立合 我能尼 闫木几 德

石 姓 孩子们 孙们 宗 族 和顺 传 家 行礼
šekderi hala juse omolo uksun mukūn hūwaliyasun ulan boo dorolome
ᡧᡝᡴᡩᡝᡵᡳ ᡥᠠᠯᠠ ᠵᡠᠰᡝ ᠣᠮᠣᠯᠣ ᡠᡴᠰᡠᠨ ᠮᡠᡴᡡᠨ ᡥᡡᠸᠠᠯᡳᠶᠠᠰᡠᠨ ᡠᠯᠠᠨ ᠪᠣᠣ ᡩᠣᡵᠣᠯᠣᠮᡝ
石克特立 哈拉 朱赊 卧木洛 吴克孙 木坤 花粒孙 万 博[1] 多洛莫

什么 的 莫讷 为了 在 谁 莫讷 此时 在 众姓氏 姓 姓 是
ai i meni jalin de wei meni erin de hasuri hala hala oci
ᠠᡳ ᡳ ᠮᡝᠨᡳ ᠵᠠᠯᡳᠨ ᡩᡝ ᠸᡝᡳ ᠮᡝᠨᡳ ᡝᡵᡳᠨ ᡩᡝ ᡥᠠᠰᡠᡵᡳ ᡥᠠᠯᠠ ᡥᠠᠯᠠ ᠣᠴᡳ
爱 以 莫讷 札林 得 卧一 莫讷 我林 得 哈舒立 哈拉 哈拉 卧七

二十　德热他思哈恩杜立（飞虎神）

ᡩᡝᠶᡝ ᡨᠠᠰᡥᠠ ᡝᠨᡩᡠᡵᡳ
deye tasha enduri

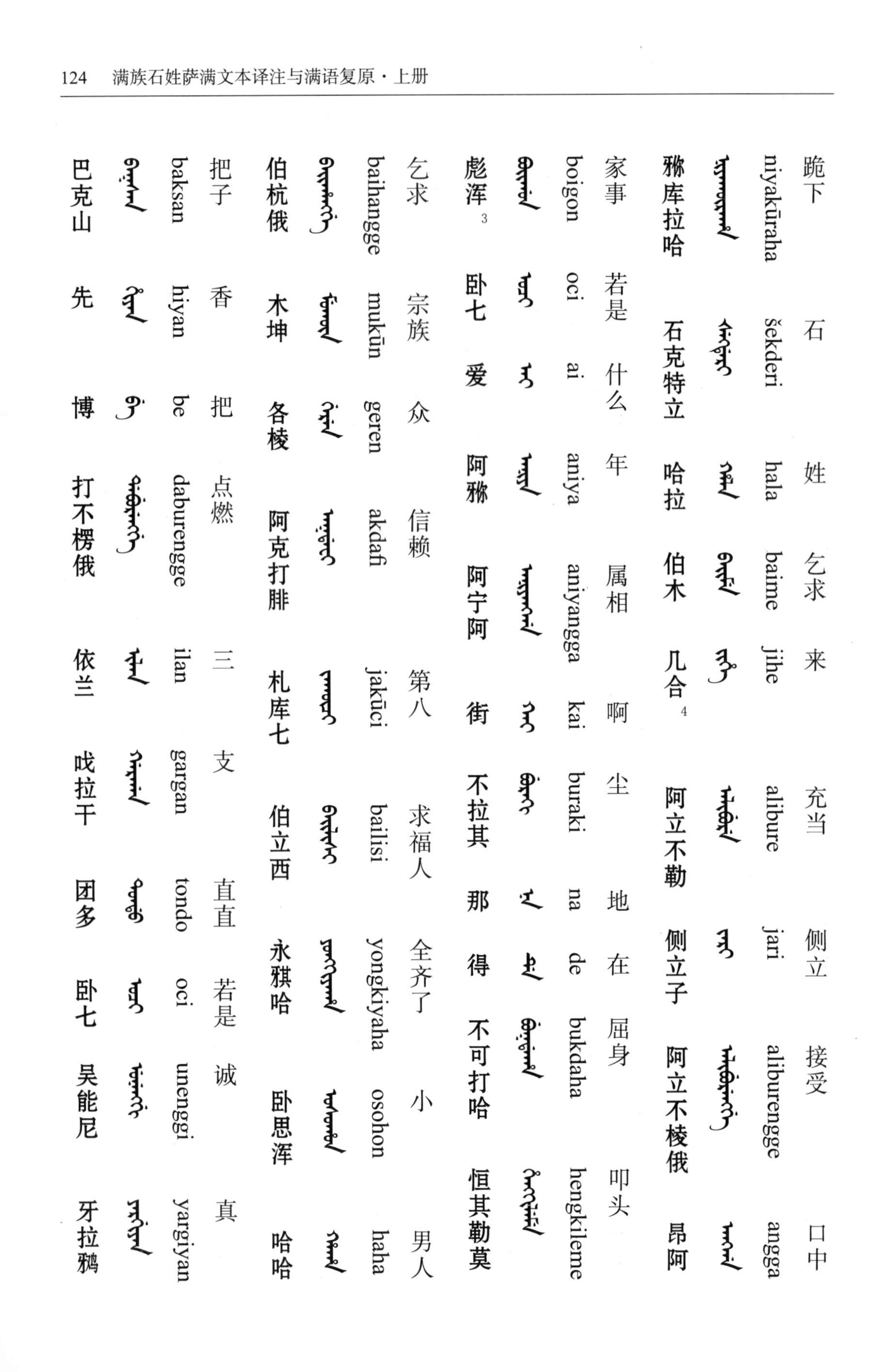

niyakūraha	šekderi	hala	baime	jihe	alibure	jari	aliburengge	angga	
跪下	石	姓	乞求	来	充当	侧立	接受	口中	
孬库拉哈	石克特立	哈拉	伯木	几合[4]	阿立不勒	侧立子	阿立不棱俄	昂阿	

boigon	oci	ai	aniya	aniyangga	kai	buraki	na	de	bukdaha	hengkileme
家事	若是	什么	年	属相	啊	尘	地	在	屈身	叩头
彪浑[3]	卧七	爱	阿孬	阿宁阿	街	不拉其	那	得	不可打哈	恒其勒莫

baihangge	mukūn	geren	akdafi	jakūci	bailisi	yongkiyaha	osohon	haha
乞求	宗族	众	信赖	第八	求福人	全齐了	小	男人
伯杭俄	木坤	各棱	阿克打腓	札库七	伯立西	永稘哈	卧思浑	哈哈

baksan	hiyan	be	daburengge	ilan	gargan	tondo	oci	unenggi	yargiyan
把子	香	把	点燃	三	支	直直	若是	诚	真
巴克山	先	博	打不楞俄	依兰	戛拉干	团多	卧七	吴能尼	牙拉鸦

来了 抚爱 样子 来了 头 把 抬起 动 在 蜡 灯
jifi bilume durun jihe uju be tukiyeki aššara de ayan dengjan
ᠵᡳᡶᡳ ᠪᡳᠯᡠᠮᡝ ᡩᡠᡵᡠᠨ ᠵᡳᡥᡝ ᡠᠵᡠ ᠪᡝ ᡨᡠᡴᡳᠶᡝᡴᡳ ᠠᡧᡧᠠᡵᠠ ᡩᡝ ᠠᠶᠠᠨ ᡩᡝᠩᠵᠠᠨ
几腓 必伦莫 多伦[6] 几哈 吴朱 博 秃欹其 阿沙沙拉 得 阿眼 灯占

杓中 白 山 居住 金 沟 从 降临 芦苇 里 在 经过
šaojung šanyan alin tehe aisin holo ci wasika ulhū falan de duleme
ᡧᠠᠣᠵᡠᠩ ᡧᠠᠨᠶᠠᠨ ᠠᠯᡳᠨ ᡨᡝᡥᡝ ᠠᡳᠰᡳᠨ ᡥᠣᠯᠣ ᠴᡳ ᠸᠠᠰᡳᡴᠠ ᡠᠯᡥᡡ ᡶᠠᠯᠠᠨ ᡩᡝ ᡩᡠᠯᡝᠮᡝ
杓中 山眼 阿林 特合 爱心 豁洛 七 瓦西哈 吴拉胡 伐兰 得 杜勒莫

逐一 小 声 宴 飞 虎 神 翅膀 颜色 虎 啊
aname ajige jilgan solime deye tasha enduri asha fiyan tasha kai
ᠠᠨᠠᠮᡝ ᠠᠵᡳᡤᡝ ᠵᡳᠯᡤᠠᠨ ᠰᠣᠯᡳᠮᡝ ᡩᡝᠶᡝ ᡨᠠᠰᡥᠠ ᡝᠨᡩᡠᡵᡳ ᠠᠰᡥᠠ ᡶᡳᠶᠠᠨ ᡨᠠᠰᡥᠠ ᡴᠠᡳ
阿那莫 阿几各 鸡干 所立莫 德热 他思哈 恩杜立 阿思哈 腓朱[5] 他思哈 街

话（神歌） 诵唱 抓鼓 声 传扬 线 腰铃 令围 在 大 声
gisun hūlahangge imcin jilgan ulame siren siša hūsi de amba jilgan
ᡤᡳᠰᡠᠨ ᡥᡡᠯᠠᡥᠠᠩᡤᡝ ᡳᠮᠴᡳᠨ ᠵᡳᠯᡤᠠᠨ ᡠᠯᠠᠮᡝ ᠰᡳᡵᡝᠨ ᠰᡳᡧᠠ ᡥᡡᠰᡳ ᡩᡝ ᠠᠮᠪᠠ ᠵᡳᠯᡤᠠᠨ
鸡孙 胡拉杭俄 一莫亲 鸡干 吴拉莫 西棱 西沙 胡西 得 按巴 鸡干

ᠸᡝᡳᠯᡝ	ᠪᡝ	ᠵᠠᡥᡡᡩᠠᡳ	ᠵᠠᡥᡡᡩᠠᡳ	ᡳᠯᠠᠨ	ᡩᠠᡩᡝ	ᡶᠣᡩᠣᡥᠣ	ᡶᠣᡩᠣᡥᠣ	ᡤᠠᡵᡤᠠᠨ	ᡩᡝ	ᠴᠣᡴᠴᡳᠶᠠᠨ	
weile	be	jahūdai	jahūdai	ilan	dade	fodoho	fodoho	gargan	de	cokciyan	
为立	伯	札胡打[10]	札胡打	一兰	打得	佛得浑[11]	佛得浑	戈拉干	得	辍克七先	
制造	啊	船	船	三	原根	柳树	柳树	枝	在	高高	

ᠠᠮᠠᡵᡤᡳ	ᡩᡝ	ᠮᠠᡴᡨᠠ	ᠪᡝ	ᡥᠠᠯᠪᠠ	ᠪᡝ	ᠵᡝᡶᡳ	ᠰᡝᠩᡤᡳ	ᡩᡝ	ᡤᡳᡵᠠᠩᡤᡳ	ᠶᠠᠯᡳ
amargi	de	makta	be	halba	be	jefi	senggi	de	giranggi	yali
阿玛拉鸡[9]	得	玛克他	伯	哈立叭	博	折腓	生鸡	得	鸡郎尼	牙立
后来	在	抛	把	琵琶骨	把	吃	血	在	骨	肉

ᡶᠠᡴᠰᠠ	ᡶᠠᡴᠰᠠ	ᡨᠠᡨᠠ	ᠴᡳ	ᡶᠠᠯᠠᠨ	ᡥᡡᠵᡳ	ᠮᠠᡴᡨᠠᡴᡳ	ᡠᠵᡝᠨ	ᡠᠵᡝᠨ	ᡨᠠᡨᠠ	ᠴᡳ	ᡠᠵᡝᠨ
faksa	faksa	tata	ci	falan	hūji	maktaki	ujen	ujen	tata	ci	ujen
伐克沙[8]	伐克沙	他太	七	伐兰	胡七	玛克他鸡	吴贞	吴贞	他太	七	吴贞
怒气冲冲	怒气冲冲	下来	从	院内	哄起	抛	重	重	下来	从	重

ᡤᡝᡵᡝᡴᡝ	ᠰᠠᡵᠠᡥᠠ	ᠵᡠᠯᡝᡵᡤᡳ	ᠠᠯᡳᠨ	ᠴᡳ	ᡨᠠᡶᠠᡶᡳ	ᠠᠮᠠᡵᡤᡳ	ᠠᠯᡳᠨ	ᡩᡝ	ᠠᠮᠴᠠᠮᡝ
gereke	saraha	julergi	alin	ci	tafafi	amargi	alin	de	amcame
各思克	沙拉哈[7]	朱勒勒鸡	阿林	七	他伐腓	阿玛勒鸡	阿林	得	阿莫查莫
亮	舒展（四射）	南边	山	从	登上	北边	山上	在	赶到

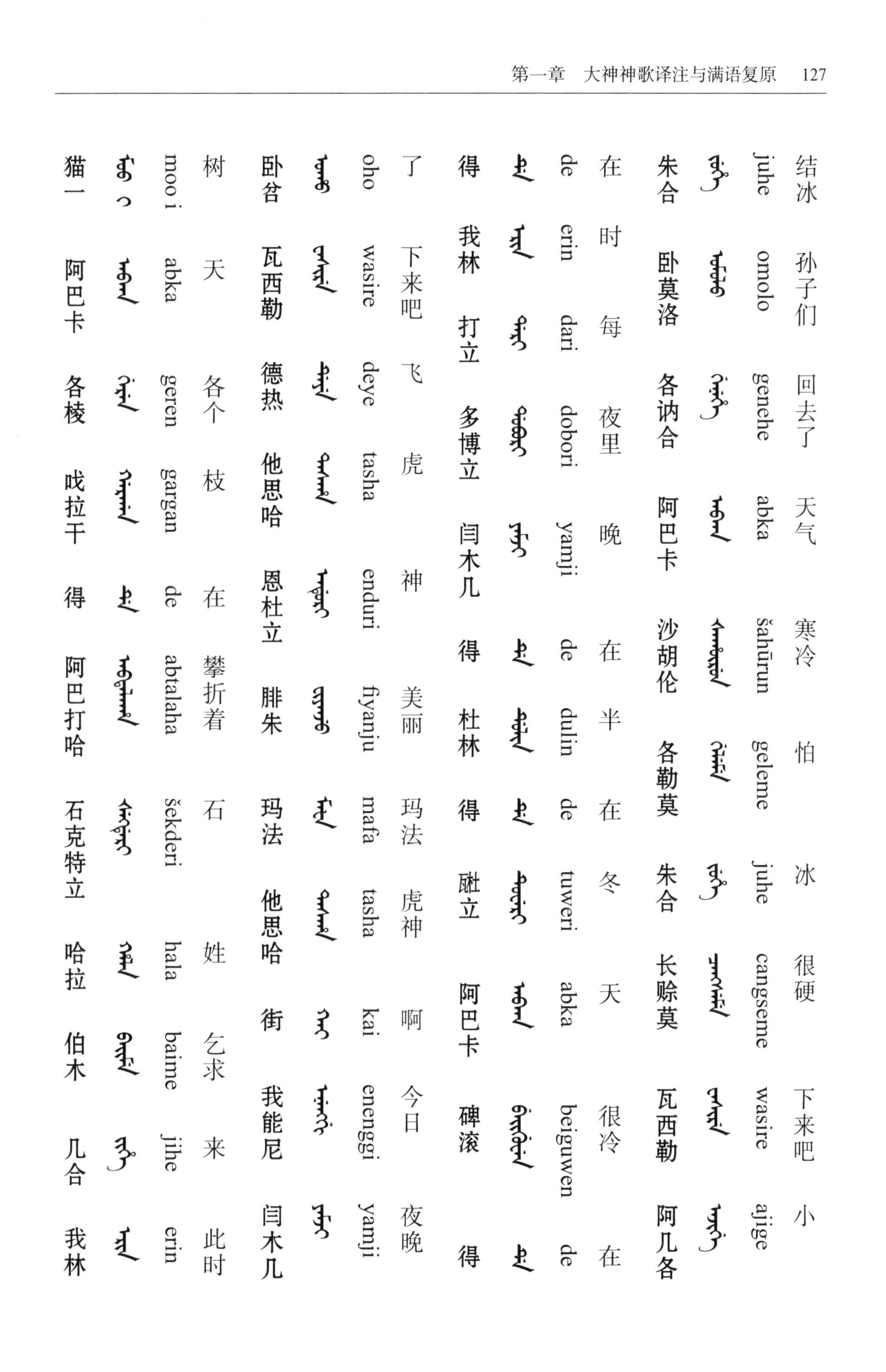

结冰	孙子们	回去了	天气	寒冷	怕	冰	很硬	下来吧	小
juhe	omolo	genehe	abka	šahūrun	geleme	juhe	cangseme	wasire	ajige
朱合	**卧莫洛**	**各讷合**	**阿巴卡**	**沙胡伦**	**各勒莫**	**朱合**	**长赊莫**	**瓦西勒**	**阿几各**

在	时	每	夜里	晚	在	半	在	冬	天	很冷	在
de	erin	dari	dobori	yamji	de	dulin	de	tuweri	abka	beiguwen	de
得	**我林**	**打立**	**多博立**	**闫木几**	**得**	**杜林**	**得**	**酞立**	**阿巴卡**	**碑滚**	**得**

了	下来吧	飞	虎	神	美丽	玛法	虎神	啊	今日	夜晚
oho	wasire	deye	tasha	enduri	fiyanju	mafa	tasha	kai	enenggi	yamji
卧合	**瓦西勒**	**德热**	**他思哈**	**恩杜立**	**腓朱**	**玛法**	**他思哈**	**街**	**我能尼**	**闫木几**

树	天	各个	枝	在	攀折着	石	姓	乞求	来	此时
moo i	abka	geren	gargan	de	abtalaha	šekderi	hala	baime	jihe	erin
猫一	**阿巴卡**	**各棱**	**戗拉干**	**得**	**阿巴打哈**	**石克特立**	**哈拉**	**伯木**	**几合**	**我林**

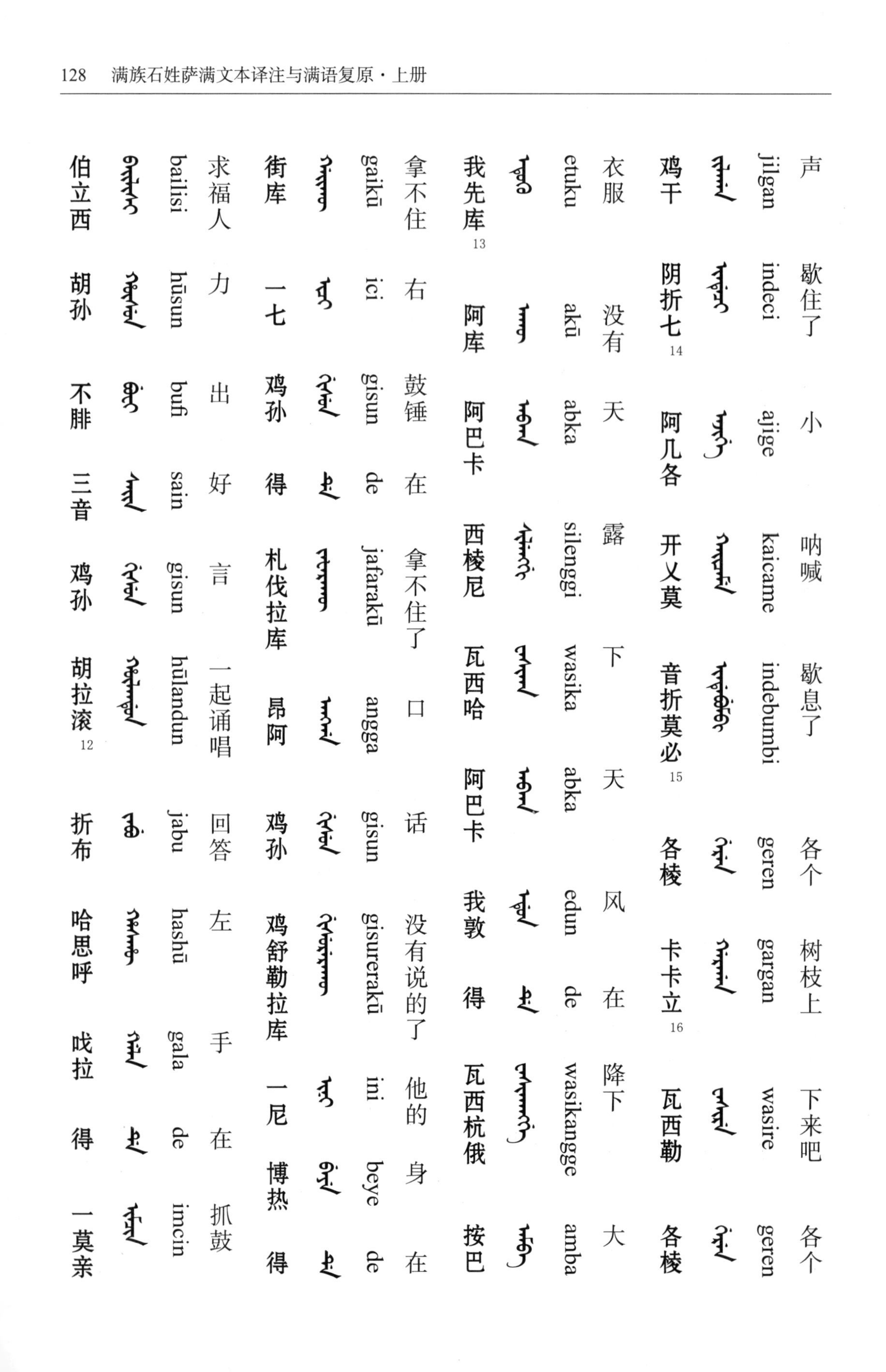

声	jilgan	鸡干
歇住了	indeci	阴折七[14]
小	ajige	阿几各
呐喊	kaicame	开义莫
歇息了	indebumbi	音折莫必[15]
各个	geren	各棱
树枝上	gargan	卡卡立[16]
下来吧	wasire	瓦西勒
各个	geren	各棱

衣服	etuku	我先库[13]
没有	akū	阿库
天	abka	阿巴卡
露	silenggi	西棱尼
下	wasika	瓦西哈
天	abka	阿巴卡
风	edun	我敦
在	de	得
降下	wasikangge	瓦西杭俄
大	amba	按巴

拿不住	gaikū	街库
右	ici	一七
鼓锤	gisun	鸡孙
在	de	得
拿不住了	jafarakū	札伐拉库
口	angga	昂阿
话	gisun	鸡孙
没有说的了	gisurerakū	鸡舒勒拉库
他的	ini	一尼
身	beye	博热
在	de	得

求福人	bailisi	伯立西
力	hūsun	胡孙
出	bufi	不腓
好	sain	三音
言	gisun	鸡孙
一起诵唱	hūlandun	胡拉滚[12]
回答	jabu	折布
左	hashū	哈思呼
手	gala	戕拉
在	de	得
抓鼓	imcin	一莫亲

第四	上	察看
duici	dele	amcame
ᡩᡠᡳᠴᡳ	ᡩᡝᠯᡝ	ᠠᠮᠴᠠᠮᡝ
堆七	**特勒**	**阿莫查莫**

在前	进	香	火	啊	说	行动	适合	三	角	院内	拿出
juleri	dosika	hiyan	tuwa	be	seme	aššan	acame	ilan	hošo	falan	gaime
ᠵᡠᠯᡝᡵᡳ	ᡩᠣᠰᡳᡴᠠ	ᡥᡳᠶᠠᠨ	ᡨᡠᠸᠠ	ᠪᡝ	ᠰᡝᠮᡝ	ᠠᡧᡧᠠᠨ	ᠠᠴᠠᠮᡝ	ᡳᠯᠠᠨ	ᡥᠣᡧᠣ	ᡶᠠᠯᠠᠨ	ᡤᠠᡳᠮᡝ
朱勒立	**多西哈**	**先**	**硗**	**博**	**赊莫**	**阿参**	**阿查莫**	**一兰**	**豁所**	**伐拉**	**戗莫**

不玩耍了	回去吧	此时	可以	下来了	把子	把子	点燃了	朱录	香	把
efikū	genehe	erin	oho	wasire	baksan	baksan	dabure	juru	hiyan	be
ᡝᡶᡳᡴᡡ	ᡤᡝᠨᡝᡥᡝ	ᡝᡵᡳᠨ	ᠣᡥᠣ	ᠸᠠᠰᡳᡵᡝ	ᠪᠠᡴᠰᠠᠨ	ᠪᠠᡴᠰᠠᠨ	ᡩᠠᠪᡠᡵᡝ	ᠵᡠᡵᡠ	ᡥᡳᠶᠠᠨ	ᠪᡝ
我腓库	**各讷合**	**我林**	**卧岔**	**瓦西勒**	**巴克山**	**巴克山**	**打不勒**	**朱禄**	**先**	**博**

矮低	降下	树枝杈上	送回吧	由	由	走吧	走吧	回去	吧	虎神
fangkala	wasika	gargan	benere	ci	ci ci	yabu	yabu	bedere	be	tasha
ᡶᠠᠩᡴᠠᠯᠠ	ᠸᠠᠰᡳᡴᠠ	ᡤᠠᡵᡤᠠᠨ	ᠪᡝᠨᡝᡵᡝ	ᠴᡳ	ᠴᡳ ᠴᡳ	ᠶᠠᠪᡠ	ᠶᠠᠪᡠ	ᠪᡝᡩᡝᡵᡝ	ᠪᡝ	ᡨᠠᠰᡥᠠ
伐卡立	**瓦西哈**	**卡卡其其**[17]	**博讷勒**	**其**	**其其**[18]	**琪**	**琪**	**博得勒**	**伯**	**他思哈**

【译文】

为了我们家族什么事，
为了我们家族谁的事，
在此时请神？
众姓之中的哪一姓？
石姓子孙，
全族和顺兴旺，
宗族的传统礼仪，
不能丢掉[1]。
今日夜晚，
求福人立于旁，
小萨满学习诵唱跳神。
点燃了把子香三柱，
端端正正地供献于神灵，
真诚地祈求。
全族人信赖的
八位求福人[2]全齐了。
东家何属相？
为东家之事，

石姓子孙，
屈身跪尘地，
叩头祈祷，
侧立侍神周到。
萨满身系腰铃，
抓鼓声传四方。
口中诵唱神歌，
大声逐句诵唱，
小声祈祷宴请。
飞虎神[3]啊！
长着花纹翅膀，
居住在杓中山谷，
从金沟中降临。
慈善地下来了。
点燃了蜡烛，
光芒四射。
飞虎神抬起头，
攀登上南边的山，
又赶到北边的山，

怒气冲冲啊！
怒气冲冲地下来了。
庄重又庄重地下来了。
来到了庭院内。
趴卧在庭院中，
众人哄起趴着的虎神，
他手执琵琶骨肉，
撒腿跑了。
石姓祖先，
原根柳树所生。[4]
原为三大支，
三兄弟三只船啊，三只船。
飞虎神爬上了参天大树，
在树枝上飞快地攀登着。
石姓全族来祈求，
飞虎神啊！
此时可以下来了，
美丽的虎神玛法啊！
今日夜晚，

右手拿不住鼓槌了。
众侧立的左手抓不住抓鼓了，
好语回答。
好言一齐诵唱，
求福人努力祈祷，
下来吧！
要回家。
怕冷，
子孙们跪在冰硬的地上，
天气寒冷，
在冰天雪地里的冬天，
已近半夜。
此时此刻，

引燃了年祈香，
点燃了把子香，
从树枝上下来吧！
从树枝上下来吧！
请飞虎神，
无力小声呐喊。
已无力大声诵唱，
众侧立，
地上刮风了。
天上下露了，
萨满身着单衣，
口中已没有话说了。

永世太平。
院内清洁，
四角察看。
三角清查，
由这里回去吧！
此时可以下来了，
飞虎神不能再玩耍了，
从这里回去吧！走吧！走吧！
从各个矮枝上下来吧！
从各个树枝上下来吧！
从树杈上回去吧！
赶紧行动，
敬献了香火。

【语音注释】

1 博（be），此词在石姓萨满文本中出现多次，大部分汉义是『把』（be）之意，但有的地方根据文本上下文意，应是『boo』，『家』之意更合适，此处便是。

2 占巴立莫（jabalime），汉义为『祝祷』，规范化汉字转写满语为『占尔巴里莫』（jalbarime）。

3 彪浑（boihun），此处汉义为『家事』，意思是说『这家的男方有什么家事求神灵』。它的规范化汉字转写满语为『包衣国』（boigon）。

4 伯木几合（baim jihe），汉义为『来祈求』。此词是由满语的两个动词所组成。规范化汉字转写为『佰莫几合』（baime jihe）。

5 腓朱（fiju），汉义为『颜色』。它的规范化汉字转写满语应为『腓延朱』（fiyanju）。『腓延朱』（fiyanju）是由『腓延』一词变化而来，有『五彩缤纷』之意。

6 多伦（dorun），汉义为『模样、样子』，规范化汉字转写满语为『杜伦』（durun）。

7 沙拉哈（saraha），『沙拉哈』的原意为『展开、打开』。用它的引申意义，即『四射』。规范化汉字转写满语应为『萨拉哈』（saraha）。

8 伐克沙（faksa），文本译为『怒气冲冲』。规范化的汉字转写满语为『伐克萨』（faksa）。

9 阿玛拉鸡（amalagi），此词为多义词。这里为『后来』之意，与『阿玛尔鸡』（amargi）是同一个词汇。规范化的汉字转写满语为『阿玛尔鸡』（amargi）。

10 扎胡打（jahuda），汉义为『船』，它的规范化汉字转写满语为『扎胡呆』（jahūdai）。

11 佛得浑（fodeho），汉义为『柳树』，规范化汉字转写满语为『佛多霍』（fodoho）。

12 胡拉滚（hulagun），此词是由动词『hūlambi』变化而来。即将『hūlambi』的词尾『mbi』去掉，在词干上附加齐动态成分『dun』，即形成『一齐诵唱』，文本中规范化汉字转写满语应为『胡拉兰顿』（hūlandun）。

并非真正会飞翔，而是用『飞』来形容此虎行动的迅速。它的形象画在神案和一杆大黄旗上，即在七星斗前，插有

3 飞虎神：满文为『德热他思哈恩杜立』。此神也正像神词中所记述：长着两个有花纹的翅膀。当然，此处的飞虎神

2 求福人：满文为『伯立西』，指萨满的助手侧立。

用词有误，应用否定式，故译为『不能丢掉』。这里的传统礼仪，是指萨满祭祀礼仪。

1 宗族的传统礼仪，不能丢掉：满文为『万博多洛莫哈拉莫』，直译为『流传的家中礼仪更换了』。此处的『哈拉莫』

【译文注释】

19 猘猘（yabu yabu），此处汉义应为『令行走』。其中的『其』的音节，应为诵唱中的变化。

方为汉义的重复和诵唱中的『拉长声』，须视上下文而定。

长声』。另一种是有实际意义，如本篇『代克萨』后面有『~~~』，应是汉义『怒气冲冲』的重复。文本中什么地

18 其其：此篇文本多处出现在某一个词词尾后边有『~~』的符号，有两种含义。一种是诵唱中的尾声的延长，俗称『拉

17 卡卡其其：此词与前面『卡卡立』是同一个词汇。其中的『其其』是诵唱中的变化，音节延长之意。

16 卡卡立（kakari），汉义为『枝、分支』。规范化汉字转写满语为『嘎尔干』（gargan）。

语为『音得不木毕』（indebumbi），汉义仍为『歇息』。

15 音折莫必（injemembi），此词与前面『阴折七』是同一个词汇，只不过是动词的动态不同罢了。规范化汉字转写满

14 阴折七（injeci），汉义为『歇』。规范化汉字转写满语为『阴得七』（indeci）。

13 我先库（eyeku），规范化汉字转写满语为『我突库』（etuku）。汉义为『衣服』。

一杆一丈多长的旗杆，上挂一面大黄旗，其上有长着两个翅膀的老虎，即飞虎。在大神案子上，也画有两个翅膀的飞虎，同样是表示飞虎神。用老虎长翅膀，来形容其行动迅速，这的确是满族石姓对于虎神所独有的创举。小韩乡的大萨满石清山（一九八七年去世）曾表演过此神，而且迄今仍流传着他表演此神的故事。那是在二十世纪四十年代，当时石清山二十多岁。当飞虎神请下来后，他便从院子里飞快地向外跑去。这时，事先安排好一个本乡屯中跑得最快的小伙子，与他同时跑，想试试他能跑多快。当小伙子快要追上石清山萨满时，他却爬上了一棵屯外最高的大树。在树枝上攀来攀去。当时，正值严冬，天气很冷，滴水成冰。石清山萨满只穿单裤单褂，在树上呆了一个多小时，还不下来。此时，族长着急了，同全屯的老老少少都跪在大树下，祈求他下来，他也不理睬。石清民、石清泉等侧立，也跪在大树下祈祷。经过全村老少跪在树下祈求多时后，石清山才从树上下来。从此以后，无论是他，还是别人，都没有再跳过此神。

4　柳树所生：满语只有『打得佛得浑嘎拉干得』此处直译为『原根在柳树枝上』，笔者意译『原根柳树所生』。因为柳树是满族的图腾。

母（虎）	虎	神	啊	扭动着	降临	公（虎）	虎	神	斑花纹
biren	tasha	enduri	kai	murime	wasika	muhan	tasha	enduri	kuri
ᠪᡳᡵᡝᠨ	ᡨᠠᠰᡥᠠ	ᡝᠨᛞᡠᡵᡳ	ᡴᠠᡳ	ᠮᡠᡵᡳᠮᡝ	ᠸᠠᠰᡳᡴᠠ	ᠮᡠᡥᠠᠨ	ᡨᠠᠰᡥᠠ	ᡝᠨᡩᡠᡵᡳ	ᡴᡠᡵᡳ
必棱	**他思哈**	**恩杜立**	**街**	**木林莫**	**瓦西哈**	**木憨**	**他思哈**	**恩杜立**	**库立**

杓中	山谷	从	降临	芦苇	地里	在	经过	来了	慈祥	模样	来
šaojung	holo	ci	wasika	ulhū	falan	de	duleme	jifi	bilume	durun	jihe
ᡧᠠᠣᠵᡠᠩ	ᡥᠣᠯᠣ	ᠴᡳ	ᠸᠠᠰᡳᡴᠠ	ᡠᠯᡥᡡ	ᡶᠠᠯᠠᠨ	ᡩᡝ	ᡩᡠᠯᡝᠮᡝ	ᠵᡳᡶᡳ	ᠪᡳᠯᡠᠮᡝ	ᡩᡠᡵᡠᠨ	ᠵᡳᡥᡝ
杓中	**岔洛**	**七**	**瓦西哈**	**吴拉胡**	**伐兰**	**得**	**杜勒莫**	**吉腓**	**必伦莫**	**多伦**	**几合**

什么	我们的	为了	在	谁家	我们的	此时	在	杓中	山	山峰	居住
ai	meni	jalin	de	wei	meni	erin	de	šaojung	alin	hada	tehe
ᠠᡳ	ᠮᡝᠨᡳ	ᠵᠠᠯᡳᠨ	ᡩᡝ	ᠸᡝᡳ	ᠮᡝᠨᡳ	ᡝᡵᡳᠨ	ᡩᡝ	ᡧᠠᠣᠵᡠᠩ	ᠠᠯᡳᠨ	ᡥᠠᡩᠠ	ᡨᡝᡥᡝ
爱一	**莫讷**	**札林**	**得**	**卧一**	**莫讷**	**我林**	**得**	**杓中**	**阿林**	**哈打**	**特合**

biren tasha enduri

ᠪᡳᡵᡝᠨ ᡨᠠᠰᡥᠠ ᡝᠨᡩᡠᡵᡳ

二十一　必棱他思哈（母卧虎神）

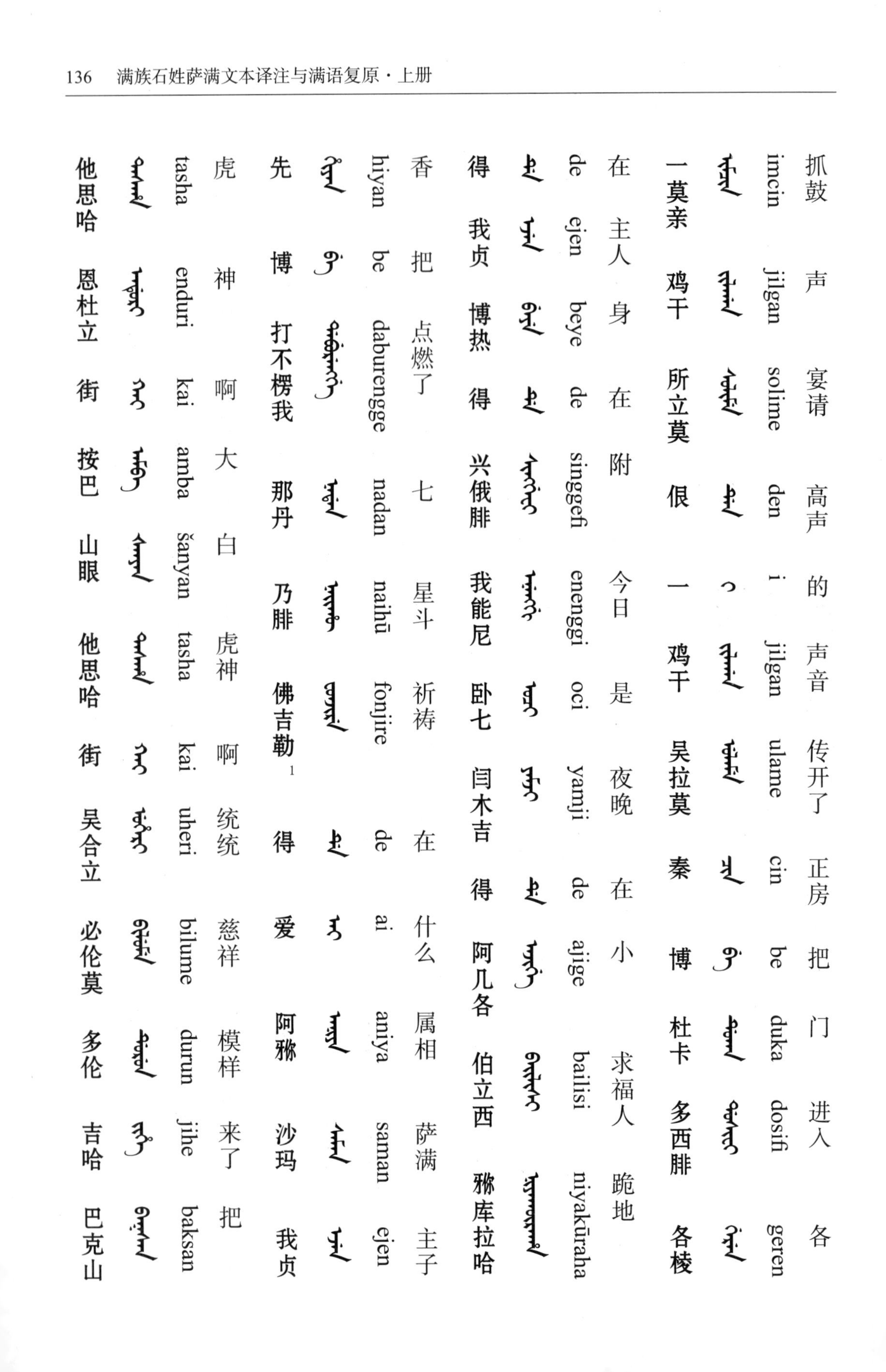

抓鼓 声 宴请 高声 的 声音 传开了 正房 把 门 进入 各
imcin jilgan solime den i jilgan ulame cin be duka dosifi geren
一莫亲 鸡干 所立莫 佷 一 鸡干 吴拉莫 秦 博 杜卡 多西腓 各棱

在 主人 身 在 附 今日 是 夜晚 在 小 求福人 跪地
de ejen beye de singgefi enenggi oci yamji de ajige bailisi niyakūraha
得 我贞 博热 得 兴俄腓 我能尼 卧七 闫木吉 得 阿几各 伯立西 祢库拉哈

香 把 点燃了 七 星斗 祈祷 在 什么 属相 萨满 主子
hiyan be daburengge nadan naihū fonjire de ai aniya saman ejen
先 博 打不楞我 那丹 乃腓 佛吉勒[1] 得 爱 阿祢 沙玛 我贞

虎 神 啊 大 白 虎神 啊 统统 慈祥 模样 来了 把
tasha enduri kai amba šanyan tasha kai uheri bilume durun jihe baksan
他思哈 恩杜立 街 按巴 山眼 他思哈 街 吴合立 必伦莫 多伦 吉哈 巴克山

庄重	ᡠᠵᡝᠨ	ujen	吴贞
庄重	ᡠᠵᡝᠨ	ujen	吴贞
下来了	ᡨᠠᡨᠠ	tata	他太
从	ᠴᡳ	ci	七
稳重	ᡠᠵᡝᠨ	ujen	吴贞
北	ᠠᠮᠠᡵᡤᡳ	amargi	阿玛鸡
在	ᡩᡝ	de	得
抛	ᠮᠠᡴᡨᠠ	makta	玛克他
吧	ᠪᡝ	be	伯
琵琶骨	ᡥᠠᠯᠪᠠ	halba	哈立叭
将	ᠪᡝ	be	博
执着	ᠵᠠᡶᠠ	jafa	折腓
血	ᠰᡝᠩᡤᡳ	senggi	生鸡

山梁	ᡨᠠᡳᠪᡠ	taibu	太宝
在	ᡩᡝ	de	得
爬	ᡨᠠᡶᠠ	tafa	他伐
高出	ᠸᡝᠰᡳᡥᡠᠨ	wesihun	卧西浑
降下	ᠸᠠᠰᡳᡴᠠ	wasika	瓦西哈
许多	ᡶᠠᡴᠰᠠ	faksa	伐克沙
许多	ᡶᠠᡴᠰᠠ	faksa	伐克沙
下来	ᡨᠠᡨᠠ	tata	他太
从	ᠴᡳ	ci	七
幽暗	ᡶᠠᡵᡥᡡᠨ	farhūn	伐兰呼
从	ᠴᡳ	ci	七
抛	ᠮᠠᡴᡨᠠᡴᡳ	maktaki	玛克他鸡

山	ᠠᠯᡳᠨ	alin	阿林
从	ᠴᡳ	ci	七
小	ᠪᡠᠶᠠ	buya	不热
房子	ᠪᠣᠣ	boo	博
赶来	ᠠᠮᠴᠠᠮᡝ	amcame	阿莫查莫
北	ᠠᠮᠠᡵᡤᡳ	amargi	阿玛勒鸡
山	ᠠᠯᡳᠨ	alin	阿林
从	ᠴᡳ	ci	七
进	ᡩᠣᠰᡳ	dosi	多心
草棚	ᠰᠠᡵᡥᡡ	sarhū	所拉库
追赶	ᠠᠮᠴᠠᠮᡝ	amcame	阿莫查莫

门	ᡩᡠᡴᠠ	duka	杜卡
移动	ᡤᡠᡵᡳᠪᡠᡵᡝ	guribure	古立不勒
头	ᡠᠵᡠ	uju	乌朱
把	ᠪᡝ	be	博
抬起	ᡨᡠᡴᡳᠶᡝᡴᡳ	tukiyeki	秃欻其
蜡	ᠠᠶᠠᠨ	ayan	阿眼
灯	ᡩᡝᠩᠵᠠᠨ	dengjan	灯占
明亮了	ᡤᡝᡵᡝᡴᡝ	gereke	各思克[2]
展开	ᠰᠠᡵᠠᡥᠠ	saraha	沙拉哈
南	ᠵᡠᠯᡝᡵᡤᡳ	julergi	朱勒勒鸡

沿着杓中山谷，
居住在杓中山山峰上，
在此时请神？
为了我们家族谁的事，
为了我们家族什么事，

【译文】

斑花纹虎神啊！
公虎神！
扭动着降临了。
那是母卧虎神[1]啊！
慈祥地行走样子呀！
经过芦苇地降临了。

今日夜晚，
附萨满之身，
萨满何属相？

统统慈祥地跟随着降临了吧。
大白虎神！

小 虎 啊 一起 兽 集合 一伙伙 一伙伙 回山去吧
bihasa tasha kai uhei gurgu asarafi baksan baksan bedereki
ᠪᡳᡥᠠᠰᠠ ᡨᠠᠰᡥᠠ ᡴᠠᡳ ᡠᡥᡝᡳ ᡤᡠᡵᡤᡠ ᠠᠰᠠᡵᠠᡶᡳ ᠪᠠᡴᠰᠠᠨ ᠪᠠᡴᠰᠠᠨ ᠪᡝᡩᡝᡵᡝᡴᡳ
泌哈参[5] 他思哈 街 吴黑 古拉古 阿沙拉腓 巴克山 巴克山 博得勒其

在 骨 肉 路 吧 母 虎 三岁虎 有 小
de giranggi yali jugūn be hehe tasha šurgan de ajige
ᡩᡝ ᡤᡳᡵᠠᠩᡤᡳ ᠶᠠᠯᡳ ᠵᡠᡤᡡᠨ ᠪᡝ ᡥᡝᡥᡝ ᡨᠠᠰᡥᠠ ᡧᡠᡵᡤᠠᠨ ᡩᡝ ᠠᠵᡳᡤᡝ
得 鸡郎尼 夜立 朱立[3] 伯 合合[4] 他思哈 书立干 得 阿几各

它的汉义为『很多小虎』。规范化汉字转写满语为『必哈萨』(bihasa)。

5 泌哈参(bihasa),此词是一个多数词汇,由『必哈』(biha),即『有』和复数附加成分『sa』组合,意为『很多』。

4 合合(hehe),汉义为『女人』,民间借用为『母』。

3 朱立(juri),汉义为『路』,规范化汉字转写满语为『朱滚』(jugūn)。

2 各思克(geske),汉义为『明亮』,规范化汉字转写满语为『格尔克』(gereke)。

1 佛吉勒(fonjire),『佛吉勒』的原意为『问话』之『问』,但在神歌中常表现为『祈祷』之意,笔者故译为『祈祷』。

【语音注释】

抬头看见:
蜡烛灯光照亮了四周,
在门前跳动舞蹈。
从正门进入,
鼓声传四方。
敲抓鼓宴请,
小求福人跪地祈祷,

从北山上稳重地降临了。
威严庄重地下来,
从幽暗中下来,
爬过高地。
越过山梁,
从北山上草棚中赶来,
从南山上小房子里赶来,

一伙伙回山去吧。
一起走吧,
受祭后,
快降临了吧。
带着许多虎仔行走在路上,
手执琵琶骨肉[2],

【译文注释】

1 母卧虎神，神词中虽然出现了公虎神、斑花纹虎神、大白虎神，但主要是请母虎神，这位神曾被录像，石宗轩老萨满跳此神的舞蹈动作是：当卧虎神附体后，老萨满就两手着地学着老虎四脚走路，还不时地吼叫着。同时还东张西望，寻找虎仔。这时早已准备好的两个小孩立刻躺在庭院中所设的七星斗前，老萨满学着虎的样子，大吼一声，慈祥地向小孩走去，并一手抓一个，将小孩带进房内西炕神堂前，这一情节叫『抓虎仔』。两个小孩躺在地上，母虎神便用嘴亲吻着小虎仔的头和身上，还有口含馒头，喂小虎仔（实为两个小孩）。老萨满石宗轩的这一模拟性表演，很精彩，很逼真。

2 手执琵琶骨肉，满文为『哈立叭博折腓』。这一情节是老虎食肉的真实写照，跳神中用馒头代替琵琶骨肉。

从 降临 尼西哈 河 从 岸 在 云 卷 降临 八 庹

ci wasika nisiha bira ci dalin de tugi hetehe wasibume jakūn da

ᠴᡳ ᠸᠠᠰᡳᡴᠠ ᠨᡳᠰᡳᡥᠠ ᠪᡳᡵᠠ ᠴᡳ ᡩᠠᠯᡳᠨ ᡩᡝ ᡨᡠᡤᡳ ᡥᡝᡨᡝᡥᡝ ᠸᠠᠰᡳᠪᡠᠮᡝ ᠵᠠᡴᡡᠨ ᡩᠠ

七 瓦西哈 尼西哈 必拉 七 代林 得 秃鸡 合特合 瓦西不莫 札坤 打

第九 层 山峰 在 上边 石磖子 银 沟 在 岸 山岭

uyuci jergi hada de dergi sengken menggun holo de dalin dabagan

ᡠᠶᡠᠴᡳ ᠵᡝᡵᡤᡳ ᡥᠠᡩᠠ ᡩᡝ ᡩᡝᡵᡤᡳ ᠰᡝᠩᡴᡝᠨ ᠮᡝᠩᡤᡠᠨ ᡥᠣᠯᠣ ᡩᡝ ᡩᠠᠯᡳᠨ ᡩᠠᠪᠠᡤᠠᠨ

吴云七 折拉鸡 哈打 得 额拉鸡[1] 恺恳 蒙文 豁洛 得 打音 打巴干

什么 我们的 为了 在 谁家的 我们的 此时 在 白 山 峰 居住

ai meni jalin de wei meni erin de šanyan alin hada tehe

ᠠᡳ ᠮᡝᠨᡳ ᠵᠠᠯᡳᠨ ᡩᡝ ᠸᡝᡳ ᠮᡝᠨᡳ ᡝᡵᡳᠨ ᡩᡝ ᡧᠠᠨᠶᠠᠨ ᠠᠯᡳᠨ ᡥᠠᡩᠠ ᡨᡝᡥᡝ

爱一 莫讷 札林 得 卧一 莫讷 我林 得 山眼 阿林 哈打 特合

jakūn da jabjan meihe

ᠵᠠᡴᡡᠨ ᡩᠠ ᠵᠠᠪᠵᠠᠨ ᠮᡝᡳᡥᡝ

二十二 札坤打札破占梅合（八庹蟒蛇神）

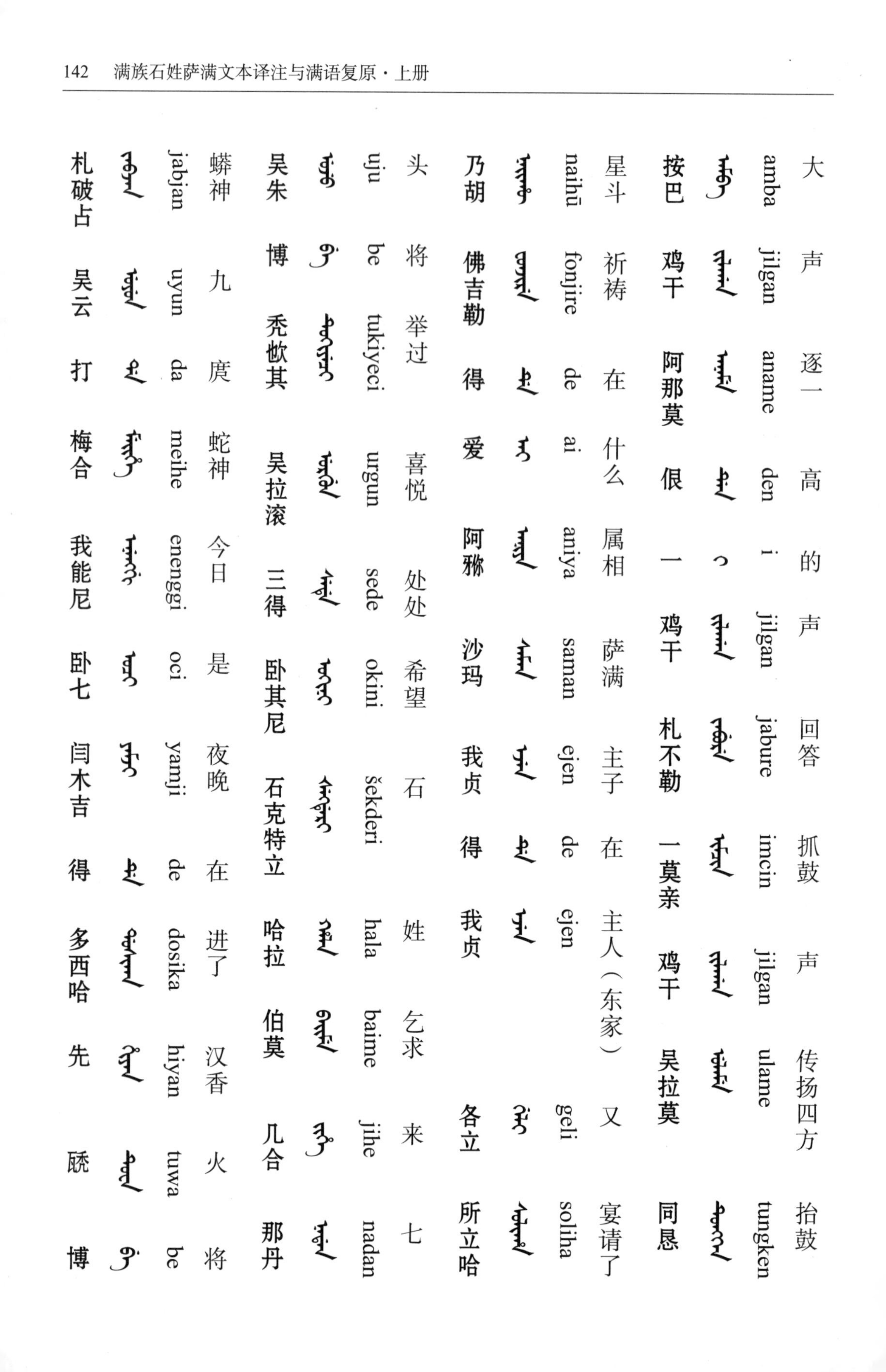

按巴	鸡干	阿那莫	很	一	鸡干	札不勒	一莫亲	鸡干	吴拉莫	同恳
amba	jilgan	aname	den	i	jilgan	jabure	imcin	jilgan	ulame	tungken
大	声	逐一	高	的	声	回答	抓鼓	声	传扬四方	抬鼓

乃胡	佛吉勒	得	爱	阿猕	沙玛	我贞	得	我贞	各立	所立哈
naihū	fonjire	de	ai	aniya	saman	ejen	de	ejen	geli	soliha
星斗	祈祷	在	什么	属相	萨满	主子	在	主人（东家）	又	宴请了

吴朱	博	秃欻其	吴拉滚	三得	卧其尼	石克特立	哈拉	伯莫	几合	那丹
uju	be	tukiyeci	urgun	sede	okini	šekderi	hala	baime	jihe	nadan
头	将	举过	喜悦	处处	希望	石	姓	乞求	来	七

札破占	吴云	打	梅合	我能尼	卧七	闫木吉	得	多西哈	先	腖	博
jabjan	uyun	da	meihe	enenggi	oci	yamji	de	dosika	hiyan	tuwa	be
蟒神	九	庹	蛇神	今日	是	夜晚	在	进了	汉香	火	将

齐全	使学习着	诵唱	充当	侧立	在	大	坛前	在	逐一
yongkiyaha	tacibufi	hūlahangge	alibure	jari	de	ambasa	jukten	de	aname
ᠶᠣᠩᡴᡳᠶᠠᡥᠠ	ᡨᠠᠴᡳᠪᡠᡶᡳ	ᡥᡡᠯᠠᡥᠠᠩᡤᡝ	ᠠᠯᡳᠪᡠᡵᡝ	ᠵᠠᡵᡳ	ᡩᡝ	ᠠᠮᠪᠠᠰᠠ	ᠵᡠᡴᡨᡝᠨ	ᡩᡝ	ᠠᠨᠠᠮᡝ
永琪哈	**他七不腓**	**胡拉行我**	**阿立不勒**	**札林**	**得**	**按巴沙**	**朱克腾**	**得**	**阿那莫**

桌上	供献	木盘	桌上	排列	族长	各位	相陪伴	世代	由	祝祷
dere	doboho	fan	dere	faidaha	mukūn	geren	akdafi	jalan	ci	jalbarime
ᡩᡝᡵᡝ	ᡩᠣᠪᠣᡥᠣ	ᡶᠠᠨ	ᡩᡝᡵᡝ	ᡶᠠᡳᡩᠠᡥᠠ	ᠮᡠᡴᡡᠨ	ᡤᡝᡵᡝᠨ	ᠠᡴᡩᠠᡶᡳ	ᠵᠠᠯᠠᠨ	ᠴᡳ	ᠵᠠᠯᠪᠠᡵᡳᠮᡝ
得棱	**多不哈**	**翻**	**得棱**	**翻他哈**	**木坤**	**各棱**	**阿克打腓**	**扎库**	**七**	**占巴立莫**

学习	东家	因为	站立着	房的	门	进入	正	房	门	宴请	高
tacifi	ejen	seme	iliha	booi	duka	dosifi	cin	boo	duka	solime	den
ᡨᠠᠴᡳᡶᡳ	ᡝᠵᡝᠨ	ᠰᡝᠮᡝ	ᡳᠯᡳᡥᠠ	ᠪᠣᠣᡳ	ᡩᡠᡴᠠ	ᡩᠣᠰᡳᡶᡳ	ᠴᡳᠨ	ᠪᠣᠣ	ᡩᡠᡴᠠ	ᠰᠣᠯᡳᠮᡝ	ᡩᡝᠨ
他七腓	**我贞**	**赊莫**	**一立合**	**博一**	**杜卡**	**多西腓**	**秦**	**博**	**杜卡**	**所立莫**	**很**

声	敲响了	萨满	身	在	附	骨	肉	清洁	为	萨满	因为
jilgan	kaicaha	ejen	beye	de	singgefi	giranggi	yali	bolgo	seme	saman	seme
ᠵᡳᠯᡤᠠᠨ	ᡴᠠᡳᠴᠠᡥᠠ	ᡝᠵᡝᠨ	ᠪᡝᠶᡝ	ᡩᡝ	ᠰᡳᠩᡤᡝᡶᡳ	ᡤᡳᡵᠠᠩᡤᡳ	ᠶᠠᠯᡳ	ᠪᠣᠯᡤᠣ	ᠰᡝᠮᡝ	ᠰᠠᠮᠠᠨ	ᠰᡝᠮᡝ
鸡干	**开义哈**	**我贞**	**博热**	**得**	**兴我腓**	**鸡郎尼**	**夜立**	**博浑**	**赊莫**	**沙玛**	**赊莫**

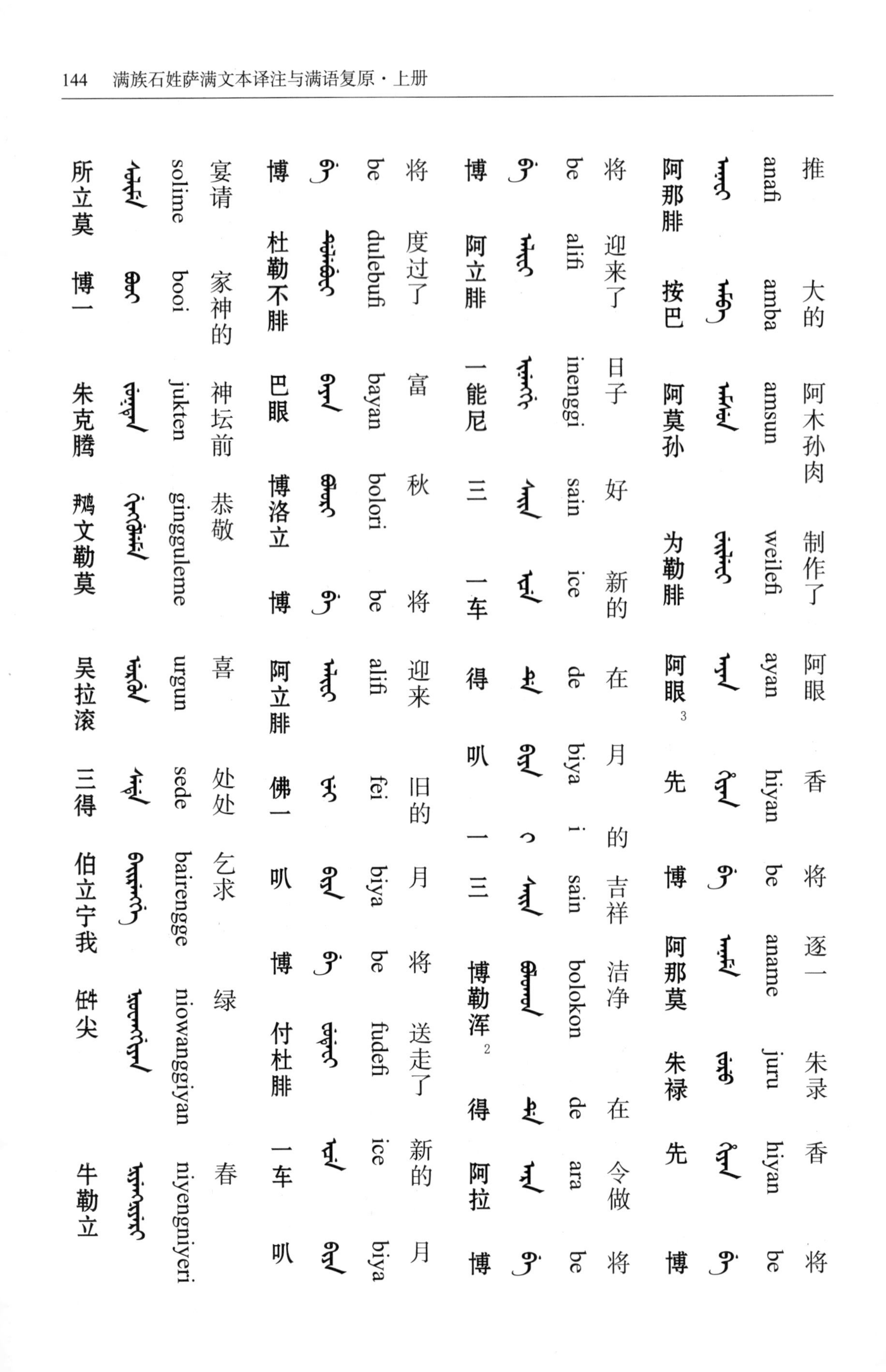

推　大的　阿木孙肉　制作了　阿眼　香　将　逐一　朱录　香　将
anafi　amba　amsun　weilefi　ayan　hiyan　be　aname　juru　hiyan　be
阿那腓　按巴　阿莫孙　为勒腓　阿眼[3]　先　博　阿那莫　朱禄　先　博

将　迎来了　日子　好　新的　在　月　的　吉祥　洁净　在　令做　将
be　alifi　inenggi　sain　ice　de　biya　i　sain　bolokon　de　ara　be
博　阿立腓　一能尼　三　一车　得　叭　一　三　博勒浑[2]　得　阿拉　博

将　度过了　富　秋　将　迎来　旧的　月　将　送走了　新的　月
be　dulebufi　bayan　bolori　be　alifi　fei　biya　be　fudefi　ice　biya
博　杜勒不腓　巴眼　博洛立　博　阿立腓　佛一　叭　博　付杜腓　一车　叭

宴请　家神的　神坛前　恭敬　喜　处处　乞求　绿　春
solime　booi　jukten　gingguleme　urgun　sede　bairengge　niowanggiyan　niyengniyeri
所立莫　博一　朱克腾　[illegible]文勒莫　吴拉滚　三得　伯立宁我　[illegible]尖　牛勒立

传扬四方	三柱	汉香	将	点燃了	山峰中	山谷	回去吧	众	山林	送回到
ulame	ilan	hiyan	be	daburengge	hada	holo	genehe	geren	alin	benere
ᡠᠯᠠᠮᡝ	ᡳᠯᠠᠨ	ᡥᡳᠶᠠᠨ	ᠪᡝ	ᡩᠠᠪᡠᡵᡝᠩᡤᡝ	ᡥᠠᡩᠠ	ᡥᠣᠯᠣ	ᡤᡝᠨᡝᡥᡝ	ᡤᡝᡵᡝᠨ	ᠠᠯᡳᠨ	ᠪᡝᠨᡝᡵᡝ
吴拉莫	**依兰**	**先**	**博**	**打不楞我**	**哈打**	**豁洛**	**各讷合**	**各楞**	**阿林**	**博讷勒**

乞求	今日	夜晚	在	小	求福人	恭敬（祈祷）	抓鼓	声
bairengge	enenggi	yamji	de	ajige	bailisi	gingguleme	imcin	jilgan
ᠪᠠᡳᡵᡝᠩᡤᡝ	ᡝᠨᡝᠩᡤᡳ	ᠶᠠᠮᠵᡳ	ᡩᡝ	ᠠᠵᡳᡤᡝ	ᠪᠠᡳᠯᡳᠰᡳ	ᡤᡳᠩᡤᡠᠯᡝᠮᡝ	ᡳᠮᠴᡳᠨ	ᠵᡳᠯᡤᠠᠨ
伯立宁俄	**我能尼**	**闫木吉**	**得**	**阿几各**	**伯立西**	**鸡舒勒莫**	**一莫亲**	**鸡干**

调换	此时	将	为适合	吉祥	太平	吉庆	可为	吉安	太平
forgošoho	erin	be	erileme	sain	taifin	sain	obufi	elhe	taifin
ᡶᠣᡵᡤᠣᡧᠣᡥᠣ	ᡝᡵᡳᠨ	ᠪᡝ	ᡝᡵᡳᠯᡝᠮᡝ	ᠰᠠᡳᠨ	ᡨᠠᡳᡶᡳᠨ	ᠰᠠᡳᠨ	ᠣᠪᡠᡶᡳ	ᡝᠯᡥᡝ	ᡨᠠᡳᡶᡳᠨ
佛拉郭所豁	**我林**	**博**	**我立勒莫**	**三音**	**太翻**	**三音**	**卧不莫**	**而合**	**太翻**

在前面	礼仪	各种	供献	情形	甚善	出现了	今后	则
juleri	doro	sede	dobofi	turgun	sain de	tucifi	amasi	oci
ᠵᡠᠯᡝᡵᡳ	ᡩᠣᡵᠣ	ᠰᡝᡩᡝ	ᡩᠣᠪᠣᡶᡳ	ᡨᡠᡵᡤᡠᠨ	ᠰᠠᡳᠨ ᡩᡝ	ᡨᡠᠴᡳᡶᡳ	ᠠᠮᠠᠰᡳ	ᠣᠴᡳ
朱勒立	**多伦**	**三得**	**多不腓**	**秃拉滚**	**三得**	**秃欻腓**	**阿玛西**	**卧七**

太平	乞求	此时	每	以时
taifin	bairengge	erin	dari	erileme
ᡨᠠᡳᡶᡳᠨ	ᠪᠠᡳᡵᡝᠩᡤᡝ	ᡝᡵᡳᠨ	ᡩᠠᡵᡳ	ᡝᡵᡳᠯᡝᠮᡝ
太翂	**伯立宁俄**	**我林**	**打立**	**我立勒莫**

强壮	可为	小	求福人	很体面	吉祥	太平	可为	平（吉安）
sain	obure	ajige	bailisi	derengge	sain	taifin	obume	elhe
ᠰᠠᡳᠨ	ᠣᠪᡠᡵᡝ	ᠠᠵᡳᡤᡝ	ᠪᠠᡳᠯᡳᠰᡳ	ᡩᡝᡵᡝᠩᡤᡝ	ᠰᠠᡳᠨ	ᡨᠠᡳᡶᡳᠨ	ᠣᠪᡠᠮᡝ	ᡝᠯᡥᡝ
三音	**卧不勒**	**阿几各**	**伯立西**	**得热讷莫**[4]	**三音**	**太翂**	**卧不莫**	**而合**

各自	各自	楼阁	回到	什么	属相	萨满	主	在	他的	身体	在
meni	meni	taktu	genefi	ai	aniya	saman	ejen	de	ini	beye	de
ᠮᡝᠨᡳ	ᠮᡝᠨᡳ	ᡨᠠᡴᡨᡠ	ᡤᡝᠨᡝᡶᡳ	ᠠᡳ	ᠠᠨᡳᠶᠠ	ᠰᠠᠮᠠᠨ	ᡝᠵᡝᠨ	ᡩᡝ	ᡳᠨᡳ	ᠪᡝᠶᡝ	ᡩᡝ
莫尼	**莫尼**	**他克秃**	**各讷腓**	**爱**	**阿䄅**	**沙玛**	**我贞**	**得**	**一尼**	**博热**	**得**

众	山峰	远远回到	把我	在	回去吧	走吧	一伙	一伙	回去吧
geren	hada	goromime	mimbe	de	gene	yabure	baksan	baksan	bedereki
ᡤᡝᡵᡝᠨ	ᡥᠠᡩᠠ	ᡤᠣᡵᠣᠮᡳᠮᡝ	ᠮᡳᠮᠪᡝ	ᡩᡝ	ᡤᡝᠨᡝ	ᠶᠠᠪᡠᡵᡝ	ᠪᠠᡴᠰᠠᠨ	ᠪᠠᡴᠰᠠᠨ	ᠪᡝᡩᡝᡵᡝᡴᡳ
各棱	**哈打**	**郭洛莫**	**民巴**	**得**	**各讷**	**牙不勒**	**巴克山**	**巴克山**	**博得勒其**

宴请神灵。
在七星斗前祈祷。
今有石姓子孙，

祈望喜悦安康。
祈望处处吉祥，
高举过头插入香炉中，
点燃了汉香，
今日夜晚，
腾云驾雾[2]地降临了。
从尼西海河岸边
越过山岭而降临。
八庹蟒神，九庹蛇神[1]啊！
石砬子银沟里的
第九层山峰，
居住在长白山上，
在此时请神？
为了我们家族谁的事，
为了我们家族的什么事，

【译文】

学习诵唱，
侧立在大坛前，
老老少少跪地祈祷，
族长相陪伴，
木盘桌上排列，
高桌上供献，
从房门入神堂。
正方门前宴请，
东家立于旁。
萨满学习跳神，

其骨肉清洁。
请附萨满之身，
高声回答，
逐一宴请，
大声颂唱，
鼓声震天响。
敲响了抬鼓，
抓鼓声传四方，
萨满何属相？

此日此时最合适，
便努力选择吉日[3]，
自上次举行祭祀，
遵照传统礼仪供献。
一切情形甚善，
点燃了朱录香。
逐一引燃了阿眼香，
制作了大阿木孙肉，
做供糕。
推米除糠，
在洁净的吉祥月里，
在新的好日子里，
迎来了新月。
送走了旧月，
迎来了富秋。
度过了绿春，

祈求安康吉祥。
恭敬家神神坛，
逐一宴请。

为吉祥太平之日，
吉庆之时。
今日夜晚，
小求福人恭敬祈祷，
祈求太平吉安。

抓鼓声传扬四方，

点燃了三柱汉香，
请回山峰里的山谷，
请回各自的山林，
回到远方的山峰中，
从我们这里回去吧，走吧！
一伙伙的回去吧！
回到各自的楼阁。

萨满何属相？
其身体可谓强壮，
求福人也很体面。
祈求吉祥、太平，
时时刻刻祈求太平、吉安。

【语音注释】

1 额拉鸡（tulaji），汉义为『上边』，它的规范化汉字转写满语应为『得尔鸡』（dergi）。

2 博勒浑（bolehun），含义为『洁净』，具有『吉祥』之意。规范化的汉字转写满语为『包罗阔』（bolokon）。它与前面的『博浑』（bolgo）意义相似，但不是同一个满语词汇。『博浑』在文本中是指跳神的萨满骨肉『清洁』。具体是指跳神的萨满是纯正的石姓子孙。『博勒浑』是指举行祭祀是『吉祥』之日，有『洁净』之意。

3 阿眼（ayan），词汇原义为『大』，因为民间常用『阿眼香』，故笔者仍采用『阿眼』一词。阿眼香是一种粉末香。

4 得热讷莫（dereneme），汉义是『很体面』，规范化汉字转写满语为『得嘞额』（derengge）。

吉日』。

指上次祭祀以后的『今后』，『伕拉郭所岔』是『挑选』。所以，我们只能意译为『自上次举行祭祀，便努力选择心选择吉日良辰，举行祭祀，因为满族在新中国成立前几乎每姓氏都是年年举行祭祀，是一件大事。『阿玛西』是

3 自上次举行祭祀，便努力选择吉日：满文为『阿玛西卧七伕拉郭所岔』，直译为『今后则选择』，此处是指如何精气势，我们便译为『腾云驾雾』。

2 腾云驾雾：满文为『秃鸡合特合瓦西不莫』，汉语是『卷了云彩而降临』，这是形容蟒神从长白山上降临时的磅礴在西炕的神堂前。这时老萨满又模仿着蟒的爬行，在地上蠕动着。

附体时，萨满立刻躺在地上，身子蠕动着向屋里行进，就像蛇一样爬行。当行进到房门口时，便有人抬着他进屋并放间的条格背心，既不戴神帽，也不系腰铃，把裙子系在腰间。萨满石宗轩两手放在胸前，口中含有点燃的汉香。当蟒神在跳神祭祀中仅指『蟒神』。这位蟒神，曾被录像。具体舞蹈动作是：萨满装束与以往跳神不同，上身穿一件黑、黄相『八庹蟒、九庹蛇』。同时，在满族的原始意识中，蟒和蛇不分，所以，此篇神词中，虽然有『蟒』『蛇』之分，但因为在原始人的观念意识中，物若『大』或『长』，便会成为先民们恐惧而又崇拜的对象，所以笔者采用了长度，即是『八条蟒、九条蛇』。同省的杨世昌老萨满（已去世）说是论『庹』，不论『条』。笔者在译文中采用了『庹』，

【译文注释】

1 蟒神：满文为『札坤打札破占吴云打梅合』，即『八庹蟒、九庹蛇』。笔者向老萨满石清泉、石清民调查时，他们说

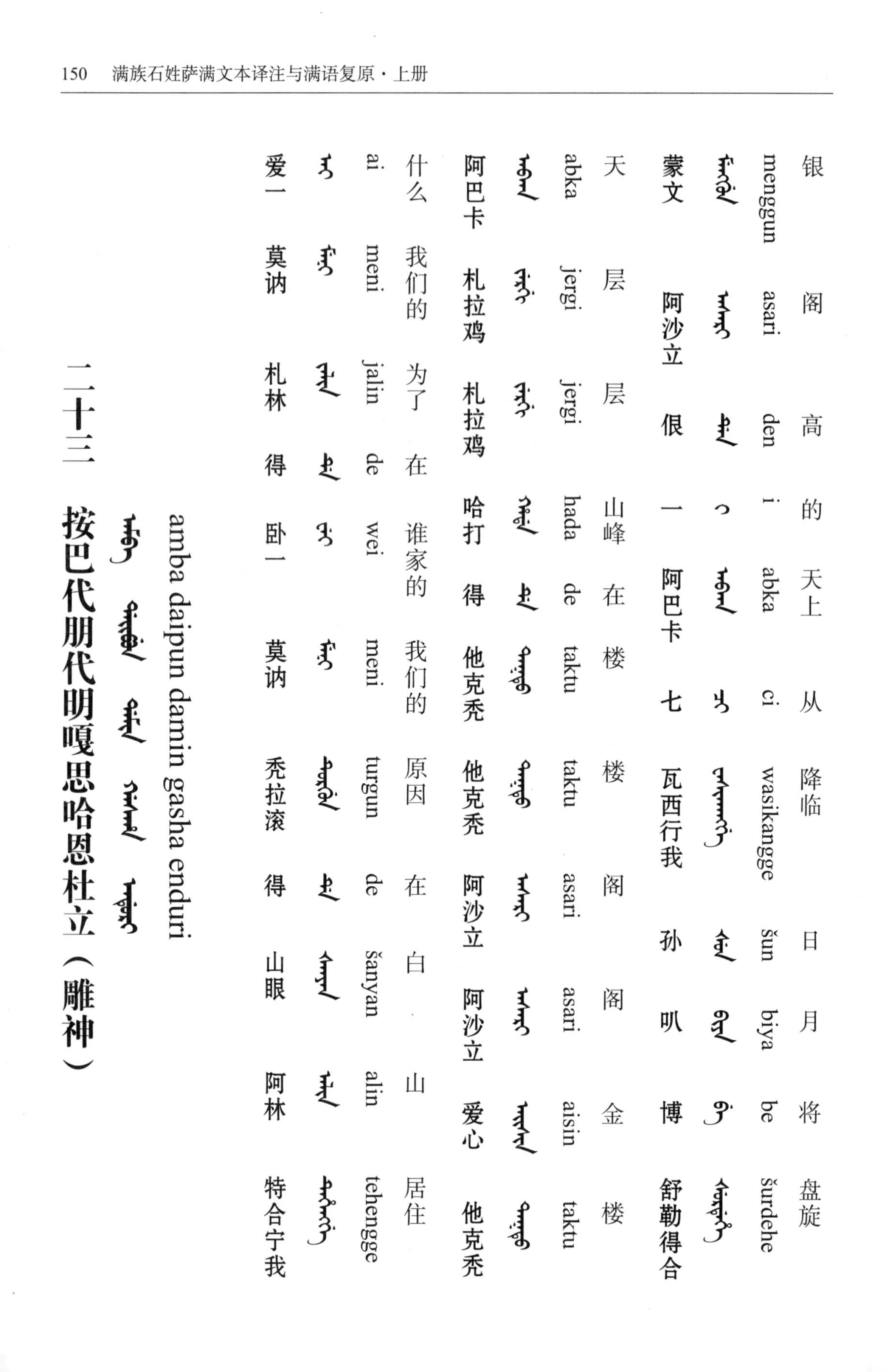

银	阁	高	的	天上	从	降临	日	月	将	盘旋
menggun	asari	den	i	abka	ci	wasikangge	šun	biya	be	šurdehe
蒙文	阿沙立	很	一	阿巴卡	七	瓦西行我	孙	叭	博	舒勒得合

天	层	层	山峰	在	楼	楼	阁	阁	金	楼
abka	jergi	jergi	hada	de	taktu	taktu	asari	asari	aisin	taktu
阿巴卡	札拉鸡	札拉鸡	哈打	得	他克秃	他克秃	阿沙立	阿沙立	爱心	他克秃

什么	我们的	为了	在	谁家的	我们的	原因	在	白	山	居住
ai	meni	jalin	de	wei	meni	turgun	de	šanyan	alin	tehengge
爱一	莫讷	札林	得	卧一	莫讷	秃拉滚	得	山眼	阿林	特合宁我

二十三 按巴代朋代明嘎思哈恩杜立（雕神）

amba daipun damin gasha enduri

铜	脖子	啊	是	仿佛	车轮	岸边	皂青	花色	将	生长
teišun	meifen	kai	sere	songkoi	dohoro	dalin	yacin	alha	be	fuseme
ᡨᡝᡳᡧᡠᠨ	ᠮᡝᡳᡶᡝᠨ	ᡴᠠᡳ	ᠰᡝᡵᡝ	ᠰᠣᠩᡴᠣᡳ	ᡩᠣᡥᠣᡵᠣ	ᡩᠠᠯᡳᠨ	ᠶᠠᠴᡳᠨ	ᠠᠯᡥᠠ	ᠪᡝ	ᡶᡠᠰᡝᠮᡝ
筛孙	梅分	街	赊勒	松库	托岔连[1]	打拉[2]	牙青	阿哈	博	付赊莫

可爱	银	窝	坚固	石头	的	脑袋	金	嘴	银	鼻子
hairafi	menggun	feye	muriha	wehe	i	uju	aisin	angga	menggun	oforo
ᡥᠠᡳᡵᠠᡶᡳ	ᠮᡝᠩᡤᡠᠨ	ᡶᡝᠶᡝ	ᠮᡠᡵᡳᡥᠠ	ᠸᡝᡥᡝ	ᡳ	ᡠᠵᡠ	ᠠᡳᠰᡳᠨ	ᠠᠩᡤᠠ	ᠮᡝᠩᡤᡠᠨ	ᠣᡶᠣᡵᠣ
海拉鸡腓	蒙文	佛热	木立合	卧合	以	吴朱	爱心	昂阿	蒙文	卧佛洛

很	船	船	三只	原根	柳树	柳树	枝	在	金	窝
umesi	jahūdai	jahūdai	ilan	dade	fodoho	fodoho	gargan	de	aisin	feye
ᡠᠮᡝᠰᡳ	ᠵᠠᡥᡡᡩᠠᡳ	ᠵᠠᡥᡡᡩᠠᡳ	ᡳᠯᠠᠨ	ᡩᠠᡩᡝ	ᡶᠣᡩᠣᡥᠣ	ᡶᠣᡩᠣᡥᠣ	ᡤᠠᡵᡤᠠᠨ	ᡩᡝ	ᠠᡳᠰᡳᠨ	ᡶᡝᠶᡝ
吴莫西	札胡打	札胡打	依兰	打得	佛得浑	佛得浑	戗拉干	得	爱心	佛热

大	鹏神	雕神	鸟	神	凤	类	身体	一样	高	飞翔的
amba	daipun	damin	gasha	enduri	garudai	duwali	beye	adali	amba	deyerengge
ᠠᠮᠪᠠ	ᡩᠠᡳᡦᡠᠨ	ᡩᠠᠮᡳᠨ	ᡤᠠᠰᡥᠠ	ᡝᠨᡩᡠᡵᡳ	ᡤᠠᡵᡠᡩᠠᡳ	ᡩᡠᠸᠠᠯᡳ	ᠪᡝᠶᡝ	ᠠᡩᠠᠯᡳ	ᠠᠮᠪᠠ	ᡩᡝᠶᡝᡵᡝᠩᡤᡝ
按巴	代朋	代明	戗思哈	恩杜立	戗禄代	䃴立	博热	阿打立	按巴	得热棱我

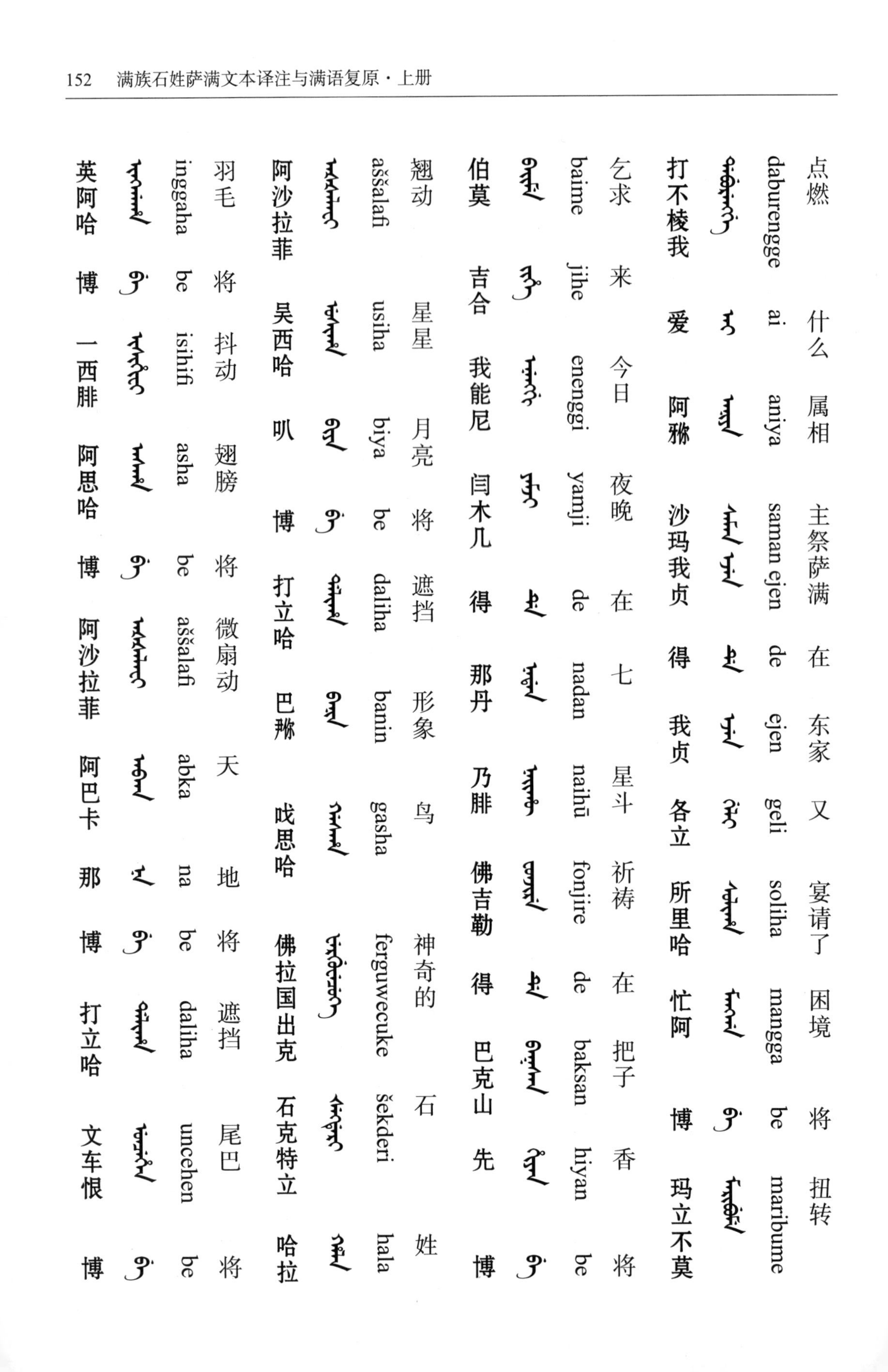

点燃 什么 属相 主祭萨满 在 东家 又 宴请了 困境 将 扭转
daburengge ai aniya saman ejen de ejen geli soliha mangga be maribume
打不棱我 爱 阿祢 沙玛我贞 得 我贞 各立 所里哈 忙阿 博 玛立不莫

乞求 来 今日 夜晚 在 七 星斗 祈祷 在 把子 香 将
baime jihe enenggi yamji de nadan naihū fonjire de baksan hiyan be
伯莫 吉合 我能尼 闫木几 得 那丹 乃腓 佛吉勒 得 巴克山 先 博

翘动 星星 月亮 将 遮挡 形象 鸟 神奇的 石 姓
ašalafi usiha biya be daliha banin gasha ferguwecuke šekderi hala
阿沙拉菲 吴西哈 叭 博 打立哈 巴祢 戗思哈 佛拉国出克 石克特立 哈拉

羽毛 将 抖动 翅膀 将 微扇动 天 地 将 遮挡 尾巴 将
inggaha be isihifi asha be ašalafi abka na be daliha uncehen be
英阿哈 博 一西腓 阿思哈 博 阿沙拉菲 阿巴卡 那 博 打立哈 文车恨 博

盘旋于日月之间的
从高高的天上降临。
雕神[1]，
座座金楼内的银阁中的
天山上的层层山峰上
居住在白山
在此时请神？
为了我们家族谁的事，
为了我们家族什么事，

【译文】

在可爱的金窝中，
从林柳树枝上有窝。
三兄弟三条船[2]，
原为三大支，
石姓祖先，
高空中飞翔。
凤凰一样美丽，
雕神啊！
大鹏鸟神啊！

可谓神奇灵通的鸟神。
翘尾触到星星月亮，
展翅遮天盖地，
时而抖动。
皂青花色羽毛，
仿佛铁车轮一般。
那铜脖子啊！
石头脑袋、金嘴、银鼻子，
雕神，
坚固的银窝中的

崽子	deberen	ᡩᡝᠪᡝᡵᡝᠨ	得博棱
求福人	bailisi	ᠪᠠᡳᠯᡳᠰᡳ	伯立西
诵扬	ulame	ᡠᠯᠠᠮᡝ	喉拉莫
今后	amasi	ᠠᠮᠠᠰᡳ	阿玛西
是	oci	ᠣᠴᡳ	卧七
神奇	ferguwecuke	ᡶᡝᡵᡤᡠᠸᡝᠴᡠᡴᡝ	佛拉国所岔
三	ilan	ᡳᠯᠠᠨ	依兰
角	hošo	ᡥᠣᡧᠣ	岔所
堆积	iktame	ᡳᡴᡨᠠᠮᡝ	一克赊莫

今日夜晚，
有石姓子孙
点燃了把子香，

在七星斗前祈求祈祷。
萨满何属相？
此时又宴请神灵，
小求福人击鼓诵唱，

争强好胜的雕神，
请回山修炼，
神通更大。
三角清查。

【语音注释】

1　托舍连（toholiyen），汉义为『车轮』，规范化汉字转写满语为『托舍罗』（tohoro）。

2　打拉（dala），汉义为『岸边』，规范化汉字转写满语为『打林』（dalin），此处借用为『车轮』之边。

【译文注释】

1　雕神：满语为『按巴代朋代明嘎思哈恩杜立』，译为『大鹏、雕神』。祭祀中仅指雕神。

2　石姓祖先……三条船：满文为『札胡打依兰打得』，直译为『原根为三条船』。这里是叙述石姓的族源，即原来是三兄弟，仅用『三条船』来表示。东阿屯石文才所保存的神本，在『头辈太爷』篇中此句旁注为『三棵树』，笔者无考。我们尊重满文原意，同时考虑到石姓历史上以渔猎为生，故译为『三条船』。

的 山峰 银 阁 第三层 山峰 铁 楼 峰 楼 三层 顶

i hada menggun taktu ilaci hada sele taktu hada taktu ilan oyo

ᡳ ᡥᠠᡩᠠ ᠮᡝᠩᡤᡠᠨ ᡨᠠᡴᡨᡠ ᡳᠯᠠᠴᡳ ᡥᠠᡩᠠ ᠰᡝᠯᡝ ᡨᠠᡴᡨᡠ ᡥᠠᡩᠠ ᡨᠠᡴᡨᡠ ᡳᠯᠠᠨ ᠣᠶᠣ

一 哈打 蒙文 他克秃 一拉七 哈打 赊勒 他克秃 哈打 他克秃 衣兰 卧月

从 居住 高 的 天上 从 降临 头层 由 山峰 金 楼 二

ci tehe den i abka ci wasikangge uju ci hada aisin taktu jai

ᠴᡳ ᡨᡝᡥᡝ ᡩᡝᠨ ᡳ ᠠᠪᡴᠠ ᠴᡳ ᠸᠠᠰᡳᡴᠠᠩᡤᡝ ᡠᠵᡠ ᠴᡳ ᡥᠠᡩᠠ ᠠᡳᠰᡳᠨ ᡨᠠᡴᡨᡠ ᠵᠠᡳ

七 特合 很 一 阿巴卡 七 瓦西行俄 吴朱 七 哈打 爱心 他克秃 侧

什么 的 我们的 为了 有 谁家的 我们的 原由 有 白 山 山上

ai i meni jalin de wei meni turgun de šanyan alin alin

ᠠᡳ ᡳ ᠮᡝᠨᡳ ᠵᠠᠯᡳᠨ ᡩᡝ ᠸᡝᡳ ᠮᡝᠨᡳ ᡨᡠᡵᡤᡠᠨ ᡩᡝ ᡧᠠᠨᠶᠠᠨ ᠠᠯᡳᠨ ᠠᠯᡳᠨ

爱 一 莫讷 札林 得 卧一 莫讷 秃拉滚 得 山眼 阿林 阿林

二十四　按出兰鹅浑（鹰神）

ᠠᠨᠴᡠᠯᠠᠨ ᡤᡳᠶᠠᡥᡡᠨ

anculan giyahūn

铜 脖子 啊 铁 仿佛 车轮 边 翅膀 将 扇动 天

ᡨᡝᡳᡧᡠᠨ ᠮᡝᡳᡶᡝᠨ ᡴᠠᡳ ᠰᡝᠯᡝ ᠰᠣᠩᡴᠣᡳ ᡨᠣᡥᠣᡵᠣ ᡩᠠᠯᡳᠨ ᠠᠰᡥᠠ ᠪᡝ ᠠᡧᡧᠠᠯᠠᡶᡳ ᠠᠪᡴᠠ

teišun meifen kai sele songkoi tohoro dalin asha be aššalafi abka

硕孙 梅分 街 赊勒 松库 托岔连 打拉 阿思哈 博 阿沙拉腓 阿巴卡

啊 按出兰 鹰 神 啊 石头 的 脑袋 金 嘴 银 鼻子

ᡴᠠᡳ ᠠᠨᠴᡠᠯᠠᠨ ᡤᡳᠶᠠᡥᡡᠨ ᡝᠨᡩᡠᡵᡳ ᡴᠠᡳ ᠸᡝᡥᡝ ᡳ ᡠᠵᡠ ᠠᡳᠰᡳᠨ ᠠᠩᡤᠠ ᠮᡝᠩᡤᡠᠨ ᠣᡶᠣᡵᠣ

kai anculan giyahūn enduri kai wehe i uju aisin angga menggun oforo

街 按出兰[3] 鸦浑 恩杜立 街 卧合 一 吴朱 爱心 昂阿 蒙文 卧佛洛

银 窝 拧（坚硬） 两 条 船 超过 山谷回声 在 来了

ᠮᡝᠩᡤᡠᠨ ᡶᡝᠶᡝ ᠮᡠᡵᡳᡥᠠ ᠵᡠᠸᡝ ᡩᠠ ᠵᠠᡥᡡᡩᠠᡳ ᡩᠠᠪᠠᠴᡳ ᡠᡵᠠᠮᡝ ᡩᡝ ᠵᡳᡥᡝᠩᡤᡝ

menggun feye muriha juwe da jahūdai dabaci urame de jihengge

蒙文 佛热 木立合[1] 左 打 札胡打 胆巴七[2] 吴林莫 得 吉恒我

在 船 船 三条 原根 柳树 柳树 枝 在 金 窝 可爱

ᡩᡝ ᠵᠠᡥᡡᡩᠠᡳ ᠵᠠᡥᡡᡩᠠᡳ ᡳᠯᠠᠨ ᡩᠠᡩᡝ ᡶᠣᡩᠣᡥᠣ ᡶᠣᡩᠣᡥᠣ ᡤᠠᡵᡤᠠᠨ ᡩᡝ ᠠᡳᠰᡳᠨ ᡶᡝᠶᡝ ᡥᠠᡳᡵᠠᡶᡳ

de jahūdai jahūdai ilan dade fodoho fodoho gargan de aisin feye hairafi

得 札胡打 札胡打 一兰 打得 佛得浑 佛得浑 戉拉干 得 爱心 佛热 海拉鸡腓

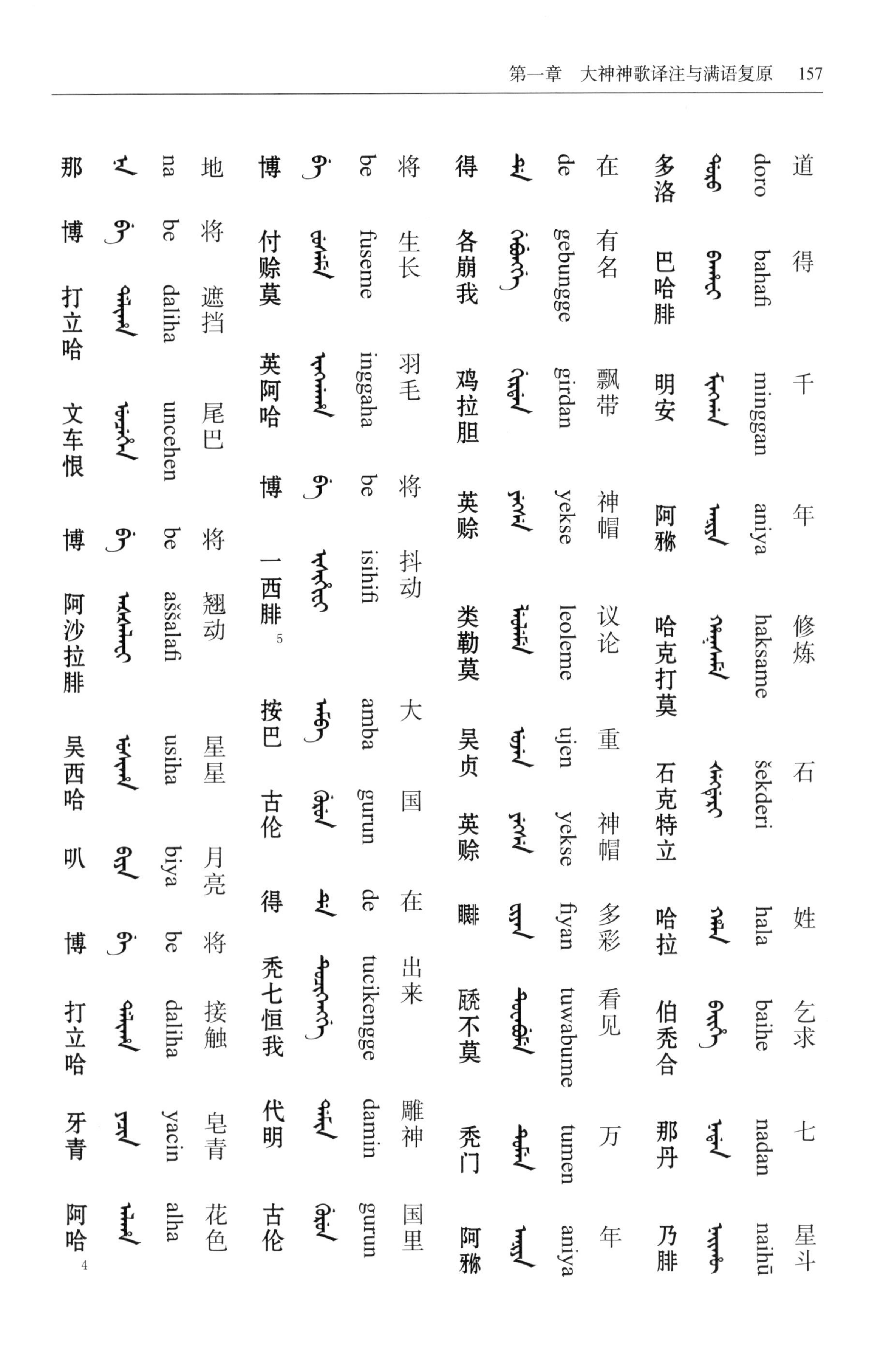

道	得	千	年	修炼	石	姓	乞求	七	星斗
doro	bahafi	minggan	aniya	haksame	šekderi	hala	baihe	nadan	naihū
多洛	巴哈腓	明安	阿猕	哈克打莫	石克特立	哈拉	伯秃合	那丹	乃腓

在	有名	飘带	神帽	议论	重	神帽	多彩	看见	万	年
de	gebungge	girdan	yekse	leoleme	ujen	yekse	fiyan	tuwabume	tumen	aniya
得	各崩我	鸡拉胆	英赊	类勒莫	吴贞	英赊	[目非]	[石秃]不莫	秃门	阿猕

将	生长	羽毛	将	抖动	大	国	在	出来	雕神	国里
be	fuseme	inggaha	be	isihifi	amba	gurun	de	tucikengge	damin	gurun
博	付赊莫	英阿哈	博	一西腓[5]	按巴	古伦	得	秃七恒我	代明	古伦

地	将	遮挡	尾巴	将	翘动	星星	月亮	将	接触	皂青	花色
na	be	daliha	uncehen	be	aššalafi	usiha	biya	be	daliha	yacin	alha
那	博	打立哈	文车恨	博	阿沙拉腓	吴西哈	叭	博	打立哈	牙青	阿哈[4]

第三层铁楼上的，
头层峰顶上。
居住在第二座山峰上，
鹰神[1]啊！
从高高天上降临的
居住在白山山上，
在此时请神？
为了我们家族谁的事，
为了我们家族什么事，

【译文】

鹰神，
坚固银窝中的
在可爱的金窝中，
柳树枝上有窝，
在那柳树上，
三兄弟三条船。
原为三大支，
石姓祖先，
金楼银阁中。

翘尾触动星星月亮。
展翅遮天盖地，
时而抖动。
皂青花色羽毛，
仿佛铁车轮一般。
那铜脖子啊！
石头脑袋、金嘴、银鼻子，
鹰神啊！
从山谷中下来。
身长两条船[2]

祈祷	fonjire	ᡶᠣᠨᠵᡳᡵᡝ	佛几勒
在	de	ᡩᡝ	得
什么	ai	ᠠᡳ	爱
属相	aniya	ᠠᠨᡳᠶᠠ	阿猕
主祭萨满	saman ejen	ᠰᠠᠮᠠᠨ ᡝᠵᡝᠨ	沙玛我贞
在	de	ᡩᡝ	得
把子	baksan	ᠪᠠᡴᠰᠠᠨ	巴克山
香	hiyan	ᡥᡳᠶᠠᠨ	先
将	be	ᠪᡝ	博
点燃了	daburengge	ᡩᠠᠪᡠᡵᡝᠩᡤᡝ	打不棱我

出于大国之中[3]，
雕神国里有名望。

萨满头上的重大神帽，
飘带飞扬，

众人议论，
美丽多彩。
千年修炼，
万年得道，
神通广大。

石姓子孙，
七星斗前祈祷。
萨满何属相？
点燃了把子香，
祈请神灵降临。

【语音注释】

1 木立合（muliha），文本中汉义为『坚硬』。『木立合』（murihe），原意为『拧、执拗』。此处是用了『木立合』的引申意义，即『坚硬』（muriha）。

2 胆巴七（danbaci），汉义为『超过』，规范化汉字转写满语为『达巴七』（dabaci）。

3 按出兰（ancule），『按出兰』一词在文本中出现较多，此处有两种解释：第一个『按出兰』是由满语动词『恩出勒木毕』变化而来。汉义为『与众不同』，或是『异样』，说明鹰神具有特殊的神力，即神通广大。第二个『按出兰』是指『安楚』河地方的神鹰。笔者采用了『与众不同』之义，规范化汉字转写满语为『恩出勒』（encule）。

4 阿哈（aha），此处应为『花色』，其规范化的汉转满语应为『阿尔哈』（alha）。

5 一西腓（isihifi），汉义为『抖动』，它的规范化汉字转写满语为『一西黑腓』（isihifi）。

就有鹰雕之国。此处的『出于大国之中』，就是指雕神国而言。

仅有人类世界，还有神灵世界。不仅有人类组成的各民族国家，还有各种神灵的国家，动物神灵应有动物国，其中

3 出于大国之中：满文为『按巴古伦得秃七恒我』。古代的原始民族，富于想象力，根据他们的想象，在宇宙间，不

神的『长』和『大』。

夸大、神化，它的翅膀能遮天盖地，翘尾能触动星星月亮，其身子也应是非常的长。此处的『船』，也就是形容鹰

2 身长两条船：满文为『左打札胡打胆巴七』，直译为『超过两条船』，满族充分运用浪漫主义的手法，对鹰进行了

动。在屋内抬头望去，真像神词中所描写的『展翅遮天盖地，翘尾触动星星月亮』，何等神奇壮观啊！

翅飞翔，有时像大鹰俯冲，有时还勇猛地转圈飞翔。尤其是在屋内，他站在两张桌子摞起来的高桌上，挥舞飘带跳

满族石姓鹰神，已被录像，其具体舞蹈动作是：萨满头戴三只鸟的神帽，双手抓着神帽上的飘带，舞动着，如同展

1 鹰神：满文为『按出兰鸦浑』。它不仅是满族萨满教中普遍信仰的神灵，也是世界萨满教中普遍存在的重要内容。

【译文注释】

顶 在 高 的 天上 从 降临的 山谷回声 在 来了 啊 旷野

oyo de den i abka ci wasikangge urame de jihengge kai tala

ᠣᠶᠣ ᡩᡝ ᡩᡝᠨ ᡳ ᠠᠪᡴᠠ ᠴᡳ ᠸᠠᠰᡳᡴᠠᠩᡤᡝ ᡠᡵᠠᠮᡝ ᡩᡝ ᠵᡳᡥᡝᠩᡤᡝ ᡴᠠᡳ ᡨᠠᠯᠠ

卧月 得 很 一 阿巴卡 七 瓦西行我 吴林莫[1] 得 吉恒我 街 伐兰

居住 天 上 山峰 在 第九层 山峰 金 楼 银 阁

tehe abka dergi hada de uyuci hada aisin taktu menggun asari

ᡨᡝᡥᡝ ᠠᠪᡴᠠ ᡩᡝᡵᡤᡳ ᡥᠠᡩᠠ ᡩᡝ ᡠᠶᡠᠴᡳ ᡥᠠᡩᠠ ᠠᡳᠰᡳᠨ ᡨᠠᡴᡨᡠ ᠮᡝᠩᡤᡠᠨ ᠠᠰᠠᡵᡳ

特合 阿巴卡 得拉鸡 哈打 得 吴云七 哈打 爱心 他克秃 蒙文 阿沙立

什么 的 我们的 为了 有 谁家的 我们的 原因 有 白 山 山上

ai i meni jalin de wei meni turgun de šanyan alin alin

ᠠᡳ ᡳ ᠮᡝᠨᡳ ᠵᠠᠯᡳᠨ ᡩᡝ ᠸᡝᡳ ᠮᡝᠨᡳ ᡨᡠᡵᡤᡠᠨ ᡩᡝ ᡧᠠᠨᠶᠠᠨ ᠠᠯᡳᠨ ᠠᠯᡳᠨ

爱 一 莫讷 札林 得 卧一 莫讷 秃拉滚 得 山眼 阿林 阿林

二十五　伐兰嘎思哈英兰嘎思哈（旷野鸟神）

ᡨᠠᠯᠠ ᡤᠠᠰᡥᠠ ᡳᠩᡤᠠᠯᡳ ᡤᠠᠰᡥᠠ

tala gasha inggali gasha

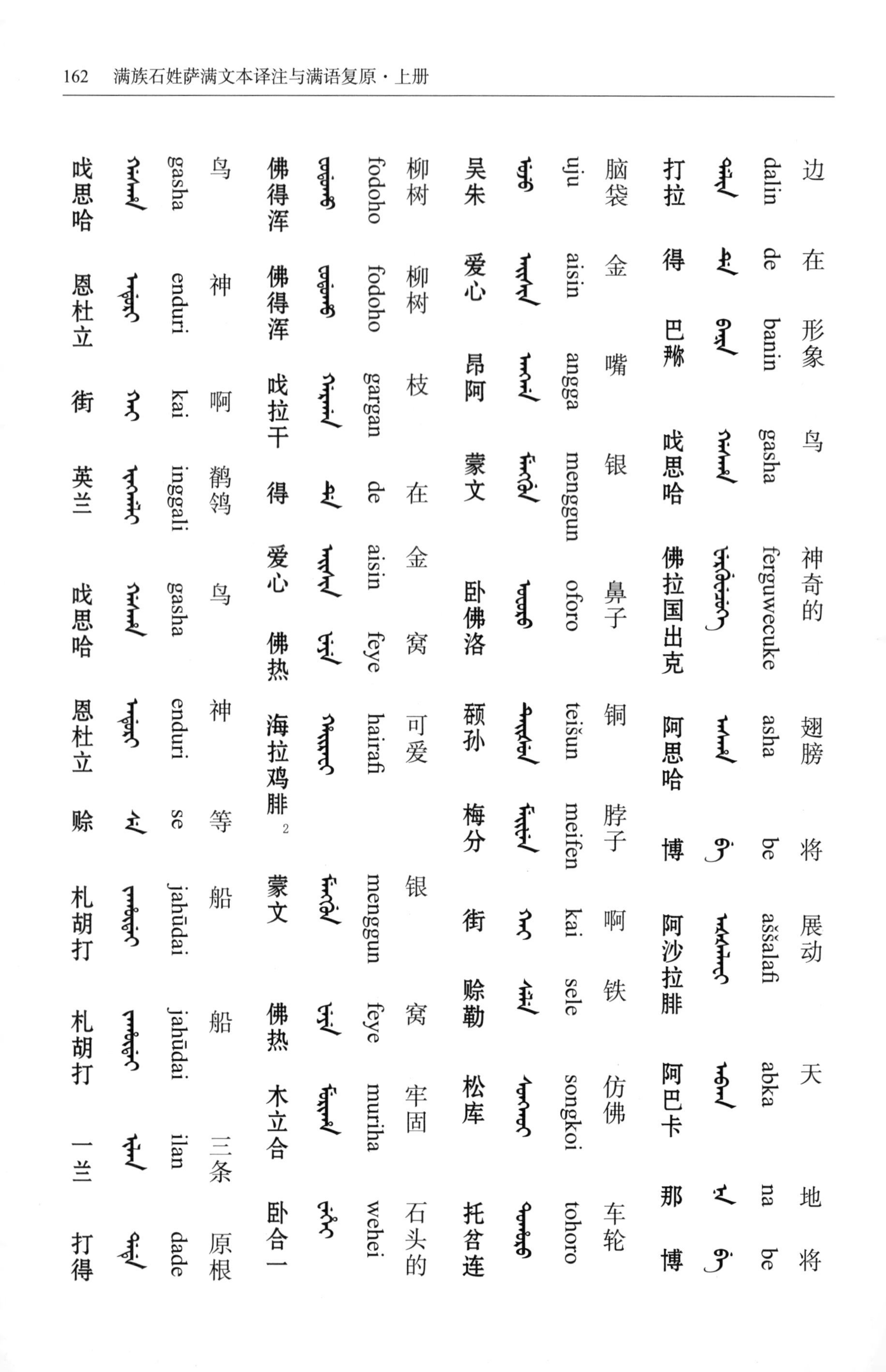

边	在	形象	鸟	神奇的	翅膀	将	展动	天	地	将
dalin	de	banin	gasha	ferguwecuke	asha	be	aššalafi	abka	na	be
打拉	得	巴⿰扌你	⿰口戈思哈	佛拉国出克	阿思哈	博	阿沙拉腓	阿巴卡	那	博

脑袋	金	嘴	银	鼻子	铜	脖子	啊	铁	仿佛	车轮
uju	aisin	angga	menggun	oforo	teišun	meifen	kai	sele	songkoi	tohoro
吴朱	爱心	昂阿	蒙文	卧佛洛	额孙	梅分	街	赊勒	松库	托岔连

柳树	柳树	枝	在	金	窝	可爱	银	窝	牢固	石头的
fodoho	fodoho	gargan	de	aisin	feye	hairafi	menggun	feye	muriha	wehei
佛得浑	佛得浑	⿰口戈拉干	得	爱心	佛热	海拉鸡腓[2]	蒙文	佛热	木立合	卧合一

鸟	神	啊	鹡鸰	鸟	神	等	船	船	三条	原根
gasha	enduri	kai	inggali	gasha	enduri	se	jahūdai	jahūdai	ilan	dade
⿰口戈思哈	恩杜立	街	英兰	⿰口戈思哈	恩杜立	赊	札胡打	札胡打	一兰	打得

吉顺	因为	进了	香	火	将	高	桌上	供献	把子	香	将
icangga	seme	dosika	hiyan	tuwa	be	den	dere	doboho	baksan	hiyan	be
ᡳᠴᠠᠩᡤᠠ	ᠰᡝᠮᡝ	ᡩᠣᠰᡳᡴᠠ	ᡥᡳᠶᠠᠨ	ᡨᡠᠸᠠ	ᠪᡝ	ᡩᡝᠨ	ᡩᡝᡵᡝ	ᡩᠣᠪᠣᡥᠣ	ᠪᠠᡴᠰᠠᠨ	ᡥᡳᠶᠠᠨ	ᠪᡝ
一常阿	**赊莫**	**多西哈**	**先**	**陀**	**博**	**佷**	**得棱**	**多不哈**	**巴克山**	**先**	**博**

神帽上	议论	石	姓	来乞求	今日	是	夜晚	在	吉	日
yekse	leoleme	šekderi	hala	bainjihe	enenggi	oci	yamji	de	sain	inenggi
ᠶᡝᡴᠰᡝ	ᠯᡝᠣᠯᡝᠮᡝ	ᡧᡝᡴᡩᡝᡵᡳ	ᡥᠠᠯᠠ	ᠪᠠᡳᠨᠵᡳᡥᡝ	ᡝᠨᡝᠩᡤᡳ	ᠣᠴᡳ	ᠶᠠᠮᠵᡳ	ᡩᡝ	ᠰᠠᡳᠨ	ᡳᠨᡝᠩᡤᡳ
英赊	**娄勒莫**	**石克特立**	**哈拉**	**伯吉合**	**我能尼**	**卧七**	**闫木几**	**得**	**三音**	**一能尼**

出来	有名的	和顺	乞求	重	神帽	多彩	看见	飘带
tucifi	gebungge	hūwaliyasun	bairengge	ujen	yekse	fiyan	tuwabume	girdan
ᡨᡠᠴᡳᡶᡳ	ᡤᡝᠪᡠᠩᡤᡝ	ᡥᡡᠸᠠᠯᡳᠶᠠᠰᡠᠨ	ᠪᠠᡳᡵᡝᠩᡤᡝ	ᡠᠵᡝᠨ	ᠶᡝᡴᠰᡝ	ᡶᡳᠶᠠᠨ	ᡨᡠᠸᠠᠪᡠᠮᡝ	ᡤᡳᡵᡩᠠᠨ
秃七腓	**各崩我**	**花粒孙**	**伯立宁我**	**吴贞**	**英赊**	**睓**	**陀不莫**	**鸡拉胆**

遮挡	尾巴	将	翘动	星星	月亮	将	触动	大	国	在
daliha	uncehen	be	aššalafi	usiha	biya	be	daliha	amba	gurun	de
ᡩᠠᠯᡳᡥᠠ	ᡠᠨᠴᡝᡥᡝᠨ	ᠪᡝ	ᠠᡧᡧᠠᠯᠠᡶᡳ	ᡠᠰᡳᡥᠠ	ᠪᡳᠶᠠ	ᠪᡝ	ᡩᠠᠯᡳᡥᠠ	ᠠᠮᠪᠠ	ᡤᡠᡵᡠᠨ	ᡩᡝ
打立哈	**文车恨**	**博**	**阿沙拉腓**	**吴西哈**	**叭**	**博**	**打立哈**	**按巴**	**古伦**	**得**

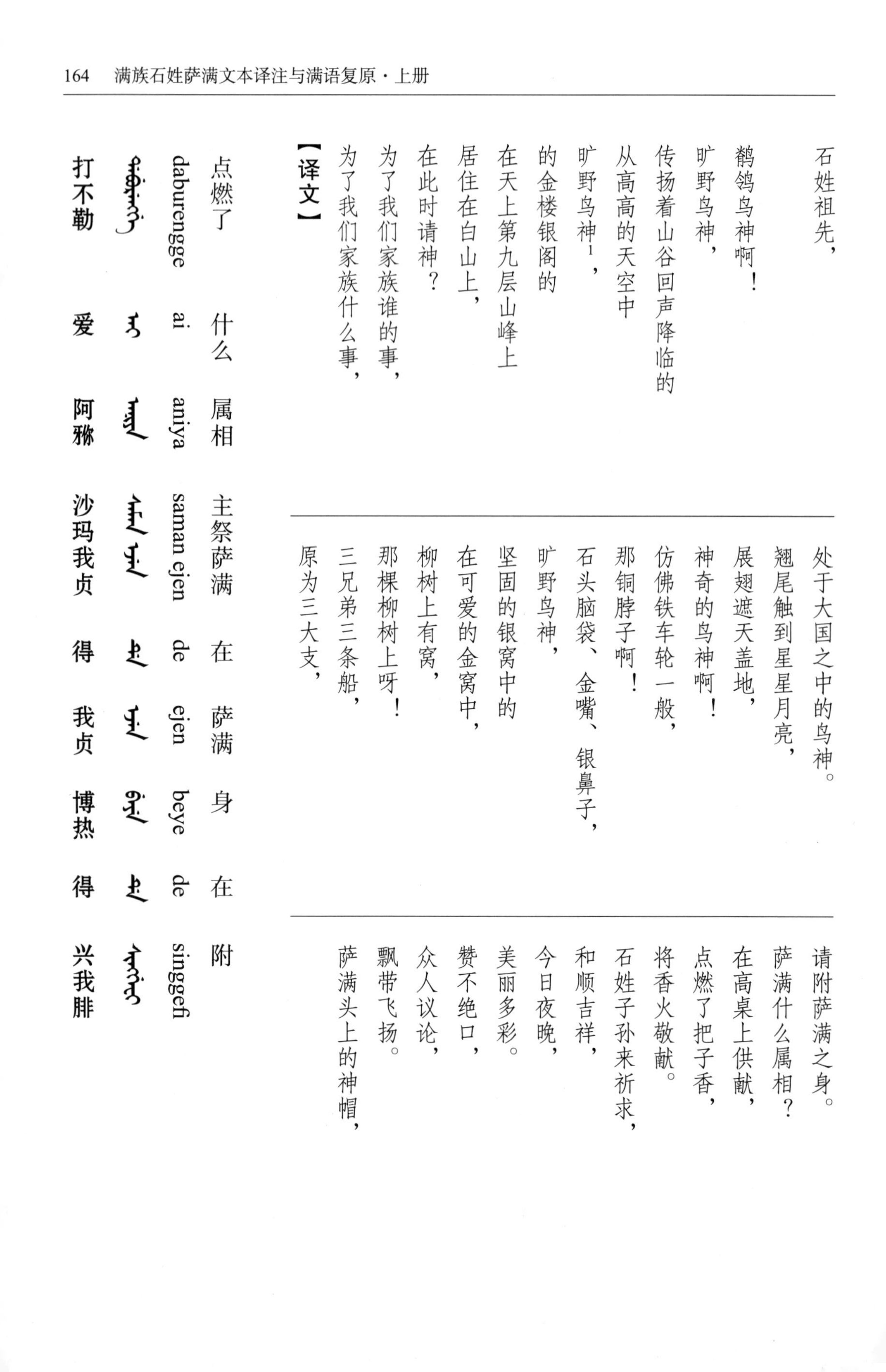

【译文】

石姓祖先，
鹡鸰鸟神啊！
旷野鸟神，
传扬着山谷回声降临的
从高高的天空中
旷野鸟神[1]，
的金楼银阁的
在天上第九层山峰上
居住在白山上，
在此时请神？
为了我们家族谁的事，
为了我们家族什么事，

处于大国之中的鸟神。
翘尾触到星星月亮，
展翅遮天盖地，
神奇的鸟神啊！
仿佛铁车轮一般，
那铜脖子啊！
石头脑袋、金嘴、银鼻子，
旷野鸟神，
坚固的银窝中的
在可爱的金窝中，
柳树上有窝，
那棵柳树上呀！
三兄弟三条船，
原为三大支，

请附萨满之身。
萨满什么属相？
在高桌上供献，
点燃了把子香，
将香火敬献。
石姓子孙来祈求，
和顺吉祥，
今日夜晚，
美丽多彩。
赞不绝口，
众人议论，
飘带飞扬。
萨满头上的神帽，

点燃了　什么　属相　主祭萨满　在　萨满　身　在　附
daburengge　ai　aniya　saman ejen　de　ejen　beye　de　singgefi
打不勒　爱　阿猕　沙玛我贞　得　我贞　博热　得　兴我腓

【译文注释】

1 旷野鸟神：满文为『伐兰嘎思哈英兰嘎思哈』，实为两种鸟，即旷野鸟和鹌鸽鸟。

2 海拉鸡腓（hairagifi），此处汉义为『可爱』，规范化汉字转写满语为『海拉腓』（hairafi）。

【语音注释】

1 吴林莫（urime），此处汉义为『山谷回声传扬』。它是由动词『吴拉木毕』变化而来。其原意为『传授、传递、传说』，即传开、传扬之意，此处引申为山谷中声音传来传去，笔者译为『传扬着山谷回声』。规范化满语转写为『吴拉莫』（urame）。

铜	阁	日	月	盘旋于	降临	白	鸟	神	啊	天空
teišun	asari	šun	biya	šurdehe	wasika	šanyan	gasha	enduri	kai	abka
ᡨᡝᡳᡧᡠᠨ	ᠠᠰᠠᡵᡳ	ᡧᡠᠨ	ᠪᡳᠶᠠ	ᡧᡠᡵᡩᡝᡥᡝ	ᠸᠠᠰᡳᡴᠠ	ᡧᠠᠨᠶᠠᠨ	ᡤᠠᠰᡥᠠ	ᡝᠨᡩᡠᡵᡳ	ᡴᠠᡳ	ᠠᠪᡴᠠ
额孙	阿沙立	孙	叭	舒得合	瓦西哈	山眼	嘎思哈	恩杜立	街	阿巴卡

天	上	上边	山峰	居住	第九层	山峰	金	楼	楼	山峰上
abka	dergi	dergi	hada	tehe	uyuci	hada	aisin	taktu	taktu	hada
ᠠᠪᡴᠠ	ᡩᡝᡵᡤᡳ	ᡩᡝᡵᡤᡳ	ᡥᠠᡩᠠ	ᡨᡝᡥᡝ	ᡠᠶᡠᠴᡳ	ᡥᠠᡩᠠ	ᠠᡳᠰᡳᠨ	ᡨᠠᡴᡨᡠ	ᡨᠠᡴᡨᡠ	ᡥᠠᡩᠠ
阿巴卡	得拉鸡	得拉鸡	哈打	特合	吴云七	哈打	爱心	他克秃	他克秃	哈打

什么	的	我们的	为了	有	谁家的	我们的	原因	有	白	山	沿山上走
ai	i	meni	jalin	de	wei	meni	turgun	de	šanyan	alin	alirame
ᠠᡳ	ᡳ	ᠮᡝᠨᡳ	ᠵᠠᠯᡳᠨ	ᡩᡝ	ᠸᡝᡳ	ᠮᡝᠨᡳ	ᡨᡠᡵᡤᡠᠨ	ᡩᡝ	ᡧᠠᠨᠶᠠᠨ	ᠠᠯᡳᠨ	ᠠᠯᡳᡵᠠᠮᡝ
爱	以	莫讷	札林	得	卧一	莫讷	秃拉滚	得	山眼	阿林	阿立拉莫

二十六　山眼嘎思哈恩杜立（白鸟神）苏禄瞒尼

šanyan gasha enduri　suru manni

ᡧᠠᠨᠶᠠᠨ ᡤᠠᠰᡥᠠ ᡝᠨᡩᡠᡵᡳ ᠰᡠᡵᡠ ᠮᠠᠨᠨᡳ

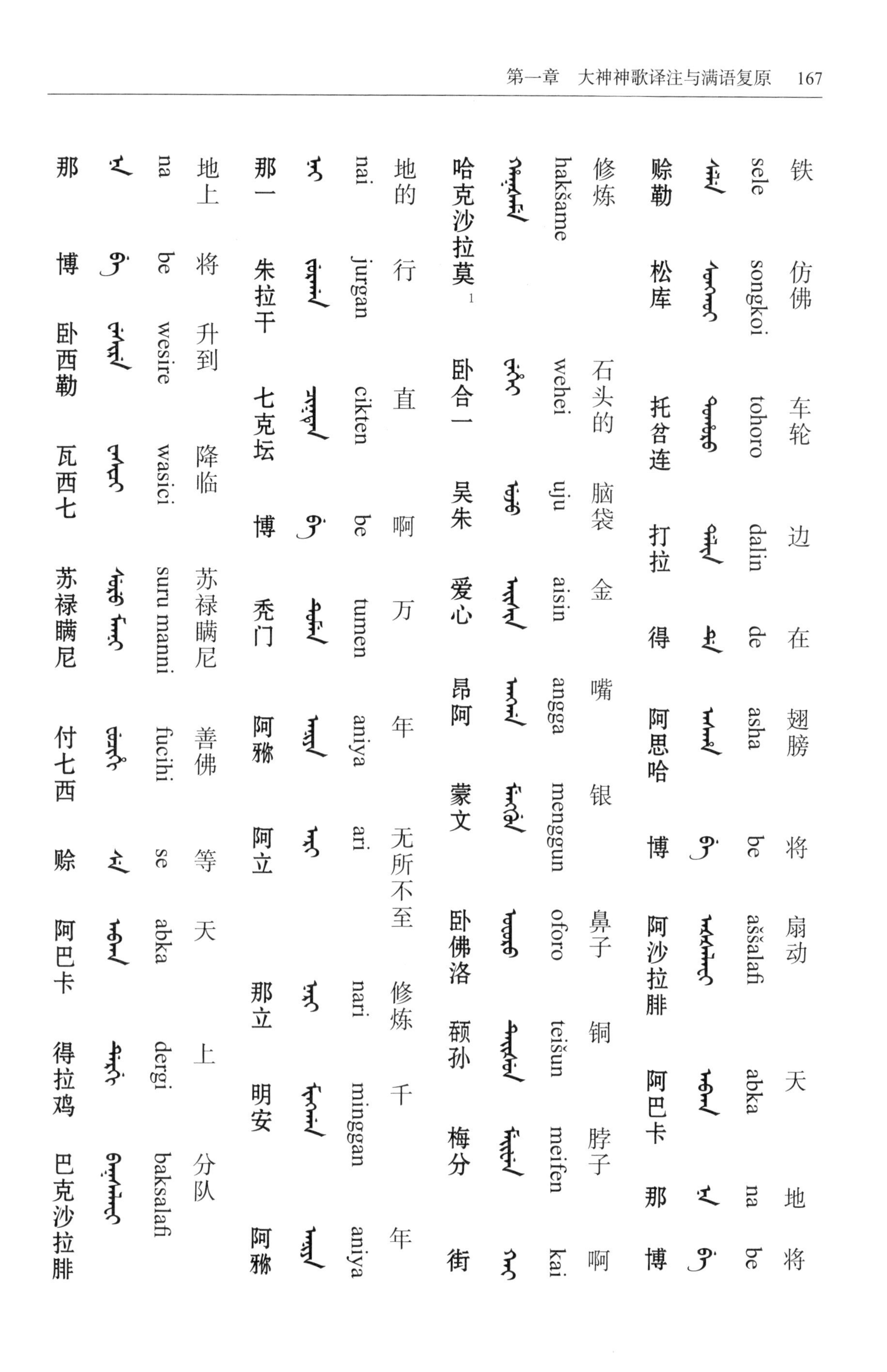

译义	罗马字	音译
铁	sele	赊勒
仿佛	songkoi	松库
车轮	tohoro	托豁连
边	dalin	打拉
在	de	得
翅膀	asha	阿思哈
将	be	博
扇动	aššalafi	阿沙拉腓
天	abka	阿巴卡
地	na	那
将	be	博

译义	罗马字	音译
修炼	hakšame	哈克沙拉莫[1]
石头的	wehei	卧合一
脑袋	uju	吴朱
金	aisin	爱心
嘴	angga	昂阿
银	menggun	蒙文
鼻子	oforo	卧佛洛
铜	teišun	硕孙
脖子	meifen	梅分
啊	kai	街

译义	罗马字	音译
地的	nai	那一
行	jurgan	朱拉干
直	cikten	七克坛
啊	be	博
万	tumen	秃门
年	aniya	阿祢
无所不至	ari	阿立
修炼	nari	那立
千	minggan	明安
年	aniya	阿祢

译义	罗马字	音译
地上	na	那
将	be	博
升到	wesire	卧西勒
降临	wasici	瓦西七
苏禄瞒尼	suru manni	苏禄瞒尼
善佛	fucihi	付七西
等	se	赊
天	abka	阿巴卡
上	dergi	得拉鸡
分队	baksalafi	巴克沙拉腓

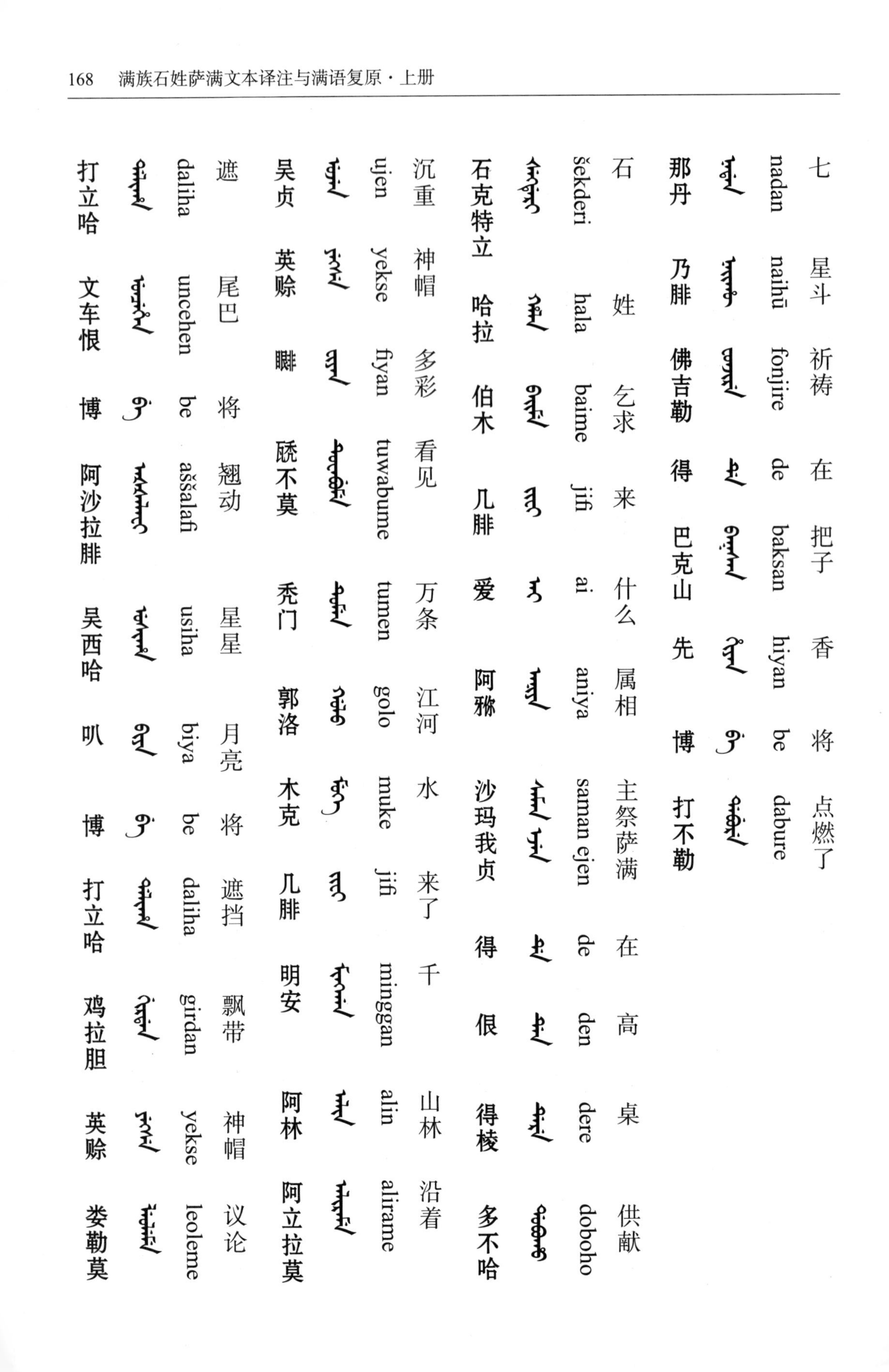

七	星斗	祈祷	在	把子	香	将	点燃了
nadan	naihū	fonjire	de	baksan	hiyan	be	dabure
那丹	**乃胩**	**佛吉勒**	**得**	**巴克山**	**先**	**博**	**打不勒**

石	姓	乞求	来	什么	属相	主祭萨满	在	高	桌	供献
šekderi	hala	baime	jifi	ai	aniya	saman ejen	de	den	dere	doboho
石克特立	**哈拉**	**伯木**	**几胩**	**爱**	**阿狝**	**沙玛我贞**	**得**	**佷**	**得棱**	**多不哈**

沉重	神帽	多彩	看见	万条	江河	水	来了	千	山林	沿着
ujen	yekse	fiyan	tuwabume	tumen	golo	muke	jifi	minggan	alin	alirame
吴贞	**英赊**	**[illegible]**	**皏不莫**	**秃门**	**郭洛**	**木克**	**几胩**	**明安**	**阿林**	**阿立拉莫**

遮	尾巴	将	翘动	星星	月亮	将	遮挡	飘带	神帽	议论
daliha	uncehen	be	aššalafi	usiha	biya	be	daliha	girdan	yekse	leoleme
打立哈	**文车恨**	**博**	**阿沙拉胩**	**吴西哈**	**叭**	**博**	**打立哈**	**鸡拉胆**	**英赊**	**娄勒莫**

地上成行。
天上分队，
神降临了，
在天空、地上翱翔的苏禄瞒尼
在日月间盘旋着降临了，
铜阁中的白鸟神[1]
第九层山峰的金楼
居住在耸入云天的山峰，
沿白山而走，
在此时请神？
为了我们家族谁的事，
为了我们家族什么事，

【译文】

众人议论，
飘带飞扬。
萨满头上沉重的神帽，
翘尾遮挡星星月亮。
展翅遮天盖地，
仿佛铁车轮一般。
那铜脖子啊！
金嘴、银鼻子，
石头脑袋，
万年得道成神灵
千年修炼，

供献于高桌上。
点燃了把子香，
在七星斗前祈祷，
萨满什么属相？
祈求降临神坛。
今有石姓子孙，
白鸟神，
沿着千座山林而降临的
经过万条江河而来的，
美丽多彩。
赞不绝口，

【语音注释】

1 哈克沙拉莫（hakšalame），汉义为『修炼』，规范化的汉字转写满语为『哈克沙漠』（hakšame）。

【译文注释】

1 白鸟神：满文为『山眼嘎思哈恩杜立』，『山眼』为『白』，即『白鸟神』。『苏禄瞒尼』中的『苏禄』是『白马』，直译为『白马英雄』。一九八七年曾被录像。萨满头戴神帽，背上插有两把刀，表示『苏禄瞒尼』，左手拿着飘带，右手持抓鼓，表示『白鸟神』。两把刀的满文为『朱录罗霍』，直译为『双腰刀』。所以，我们认为，年代久远的萨满神歌，也可能把『朱录』当作『苏录』，原是一位带『双腰刀的瞒尼』，或是善于使用『双腰刀』的英雄，后成为萨满教的祭祀神。『苏禄瞒尼』还可能是一位善骑白马的英雄神或是白马本身成为神灵。不管是如何成为神灵的，但他都是与『白』色有关，而且其速度快如飞翔，于是便与『鸟』的飞翔联系起来，即是萨满教中『白鸟神』与『苏禄瞒尼』了。

这位白鸟神的舞蹈动作主要是学习鸟的飞翔盘旋。

在 第九 山峰 金 楼 第三 泉 温 在 赊其 江

de uyuci hada aisin taktu ilaci šeri halukan de seci ula

ᡩᡝ ᡠᠶᡠᠴᡳ ᡥᠠᡩᠠ ᠠᡳᠰᡳᠨ ᡨᠠᡴᡨᡠ ᡳᠯᠠᠴᡳ ᡧᡝᡵᡳ ᡥᠠᠯᡠᡴᠠᠨ ᡩᡝ ᠰᡝᠴᡳ ᡠᠯᠠ

得 吴云七 哈打 爱心 他克秃 一拉七 赊立 哈禄坎 得 赊棋 吴拉

从 山峰 居住 风水 的 脉络 脉 啊 天 层 层 山峰

ci hada tehe šengsin i siren sudala be abka jergi jergi hada

ᠴᡳ ᡥᠠᡩᠠ ᡨᡝᡥᡝ ᡧᡝᠩᠰᡳᠨ ᡳ ᠰᡳᡵᡝᠨ ᠰᡠᡩᠠᠯᠠ ᠪᡝ ᠠᠪᡴᠠ ᠵᡝᡵᡤᡳ ᠵᡝᡵᡤᡳ ᡥᠠᡩᠠ

七 哈打 特合 声心 一 西棱 舒打拉 博 阿巴卡 折拉鸡 折拉鸡 哈打

什么 的 我们的 原因 在 谁家的 我们的 为了 在 长 白 山

ai i meni turgun de wei meni jalin de golmin šanyan alin

ᠠᡳ ᡳ ᠮᡝᠨᡳ ᡨᡠᡵᡤᡠᠨ ᡩᡝ ᠸᡝᡳ ᠮᡝᠨᡳ ᠵᠠᠯᡳᠨ ᡩᡝ ᡤᠣᠯᠮᡳᠨ ᡧᠠᠨᠶᠠᠨ ᠠᠯᡳᠨ

爱 以 莫讷 秃拉滚 得 卧一 莫讷 札林 得 郭敏 山眼 阿林

二十七 山眼木克嘎思哈恩杜立（白水鸟神）

ᡧᠠᠨᠶᠠᠨ ᠮᡠᡴᡝ ᡤᠠᠰᡥᠠ ᡝᠨᡩᡠᡵᡳ

šanyan muke gasha enduri

经过 讷音 郭洛 将 畅快 每时 水 冰 在 数目（节气）

amcame nayen golo be selame erindari muke juhe de ton

ᠠᠮᠴᠠᠮᡝ ᠨᠠᠶᡝᠨ ᡤᠣᠯᠣ ᠪᡝ ᠰᡝᠯᠠᠮᡝ ᡝᡵᡳᠨᡩᠠᡵᡳ ᠮᡠᡴᡝ ᠵᡠᡥᡝ ᡩᡝ ᡨᠣᠨ

阿莫查莫 讷音 郭洛 博 叟伦莫[4] 我林打立 木克 朱合 得 团

石头 的 打 大 或者 冷 城 居住 挂冰 爱民 郭洛 将

wehe i tanta amba hoda beikuwen hoton teme hetehen aimin golo be

ᠸᡝᡥᡝ ᡳ ᡨᠠᠨᡨᠠ ᠠᠮᠪᠠ ᡥᠣᡩᠠ ᠪᡝᡳᡴᡠᠸᡝᠨ ᡥᠣᡨᠣᠨ ᡨᡝᠮᡝ ᡥᡝᡨᡝᡥᡝᠨ ᠠᡳᠮᡳᠨ ᡤᠣᠯᠣ ᠪᡝ

卧合 一 坛打 按巴 胡打 碑滚 呇吞 特莫 合得很[3] 爱珉 郭洛 博

喧闹 高 的 打下 沙子 石头 沙子 打 在 大米 庭院

atarame den i tanta yonggan wehe yonggan tanta de bele kūwaran

ᠠᡨᠠᡵᠠᠮᡝ ᡩᡝᠨ ᡳ ᡨᠠᠨᡨᠠ ᠶᠣᠩᡤᠠᠨ ᠸᡝᡥᡝ ᠶᠣᠩᡤᠠᠨ ᡨᠠᠨᡨᠠ ᡩᡝ ᠪᡝᠯᡝ ᡴᡡᠸᠠᡵᠠᠨ

阿他拉莫 很 一 坛打 永阿 卧合 永阿 坛打 得 博楞[1] 瓜拉[2]

降临 松花江 河 从 降临 白 水 鸟 神 大 打

wasibume sunggari bira ci wasika šanyan muke gasha enduri amba tanta

ᠸᠠᠰᡳᠪᡠᠮᡝ ᠰᡠᠩᡤᠠᡵᡳ ᠪᡳᡵᠠ ᠴᡳ ᠸᠠᠰᡳᡴᠠ ᡧᠠᠨᠶᠠᠨ ᠮᡠᡴᡝ ᡤᠠᠰᡥᠠ ᡝᠨᡩᡠᡵᡳ ᠠᠮᠪᠠ ᡨᠠᠨᡨᠠ

瓦西不莫 松阿立 必拉 七 瓦西哈 山眼 木克 戗思哈 恩杜立 按巴 坛打

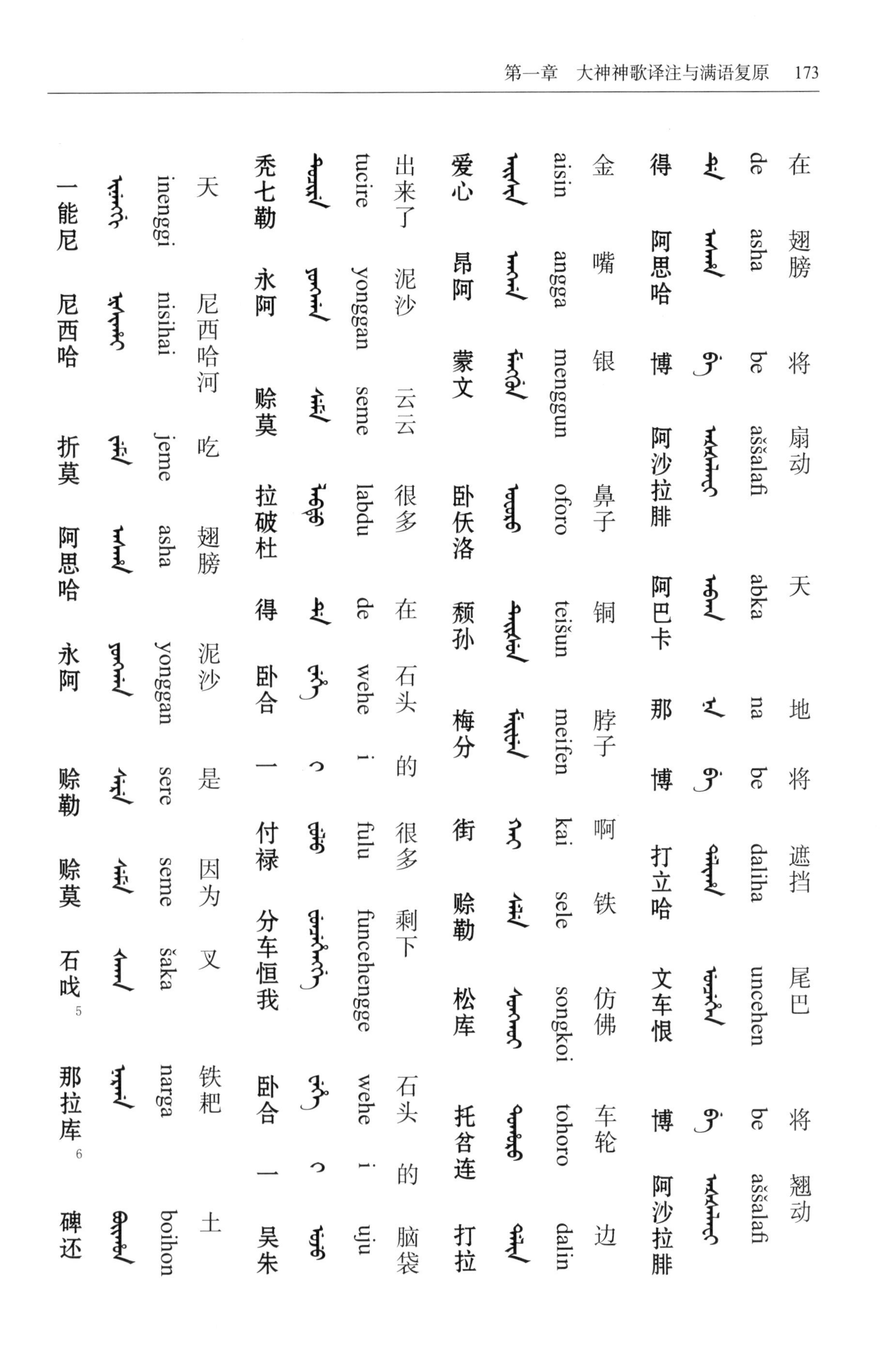

在	翅膀	将	扇动	天	地	将	遮挡	尾巴	将	翘动
de	asha	be	aššalafi	abka	na	be	daliha	uncehen	be	aššalafi
得	阿思哈	博	阿沙拉腓	阿巴卡	那	博	打立哈	文车恨	博	阿沙拉腓

金	嘴	银	鼻子	铜	脖子	啊	铁	仿佛	车轮	边
aisin	angga	menggun	oforo	teišun	meifen	kai	sele	songkoi	tohoro	dalin
爱心	昂阿	蒙文	卧佚洛	颓孙	梅分	街	赊勒	松库	托台连	打拉

出来了	泥沙	云云	很多	在	石头	的	很多	剩下	石头	的	脑袋
tucire	yonggan	seme	labdu	de	wehe	i	fulu	funcehengge	wehe	i	uju
秃七勒	永阿	赊莫	拉破杜	得	卧合	一	付禄	分车恒我	卧合	一	吴朱

天	尼西哈河	吃	翅膀	泥沙	是	因为	叉	铁耙	土
inenggi	nisihai	jeme	asha	yonggan	sere	seme	šaka	narga	boihon
一能尼	尼西哈	折莫	阿思哈	永阿	赊勒	赊莫	石戗[5]	那拉库[6]	碑还

祈祷	在	什么	属相	主祭萨满	在	东家	又	宴请了
fonjire	de	ai	aniya	saman ejen	de	ejen	geli	soliha
ᡶᠣᠨᠵᡳᡵᡝ	ᡩᡝ	ᠠᡳ	ᠠᠨᡳᠶᠠ	ᠰᠠᠮᠠᠨ ᡝᠵᡝᠨ	ᡩᡝ	ᡝᠵᡝᠨ	ᡤᡝᠯᡳ	ᠰᠣᠯᡳᡥᠠ
佚几勒	**得**	**爱**	**阿猕**	**沙玛我贞**	**得**	**我贞**	**各立**	**所立哈**

夜晚	在	石	姓	乞求	来	进入	香	火	将	七	星斗
yamji	de	šekderi	hala	baime	jihe	dosika	hiyan	tuwa	be	nadan	naihū
ᠶᠠᠮᠵᡳ	ᡩᡝ	ᡧᡝᡴᡩᡝᡵᡳ	ᡥᠠᠯᠠ	ᠪᠠᡳᠮᡝ	ᠵᡳᡥᡝ	ᡩᠣᠰᡳᡴᠠ	ᡥᡳᠶᠠᠨ	ᡨᡠᠸᠠ	ᠪᡝ	ᠨᠠᡩᠠᠨ	ᠨᠠᡳᡥᡡ
闫木几	**得**	**石克特立**	**哈拉**	**伯莫**	**几合**	**多西哈**	**先**	**⿰石秃**	**博**	**那丹**	**乃腓**

神帽	戴着	万	河道	水	来了	千	山林	沿着	今日
yekse	eture	tumen	golo	muke	jifi	minggan	alin	alirame	enenggi
ᠶᡝᡴᠰᡝ	ᡝᡨᡠᡵᡝ	ᡨᡠᠮᡝᠨ	ᡤᠣᠯᠣ	ᠮᡠᡴᡝ	ᠵᡳᡶᡳ	ᠮᡳᠩᡤᠠᠨ	ᠠᠯᡳᠨ	ᠠᠯᡳᡵᠠᠮᡝ	ᡝᠨᡝᠩᡤᡳ
英赊	**我秃勒**	**秃门**	**郭洛**	**木克**	**几腓**	**明安**	**阿林**	**阿立拉莫**	**我能尼**

星星	月亮	将	遮挡	议论	色彩	看见	枪	叉	手执	沉重
usiha	biya	be	daliha	leoleme	fiyan	tuwabume	gida	šaka	jafafi	ujen
ᡠᠰᡳᡥᠠ	ᠪᡳᠶᠠ	ᠪᡝ	ᡩᠠᠯᡳᡥᠠ	ᠯᡝᠣᠯᡝᠮᡝ	ᡶᡳᠶᠠᠨ	ᡨᡠᠸᠠᠪᡠᠮᡝ	ᡤᡳᡩᠠ	ᡧᠠᡴᠠ	ᠵᠠᡶᠠᡶᡳ	ᡠᠵᡝᠨ
吴西哈	**叭**	**博**	**打立哈**	**娄勒莫**	**⿰目非**	**⿰石秃不莫**	**鸡打**	**沙卡**	**札伐腓**	**吴贞**

【译文】

为了我们家族什么事，
为了我们家族谁的事，
在此时请神？
居住在长白山山峰上，
龙脉风水之地，
高耸入云的山峰，
第九层山峰的金楼中，
第三层温泉的
白水鸟神[1]，
请经过赊其江
沿着松花江而降临。

白水鸟神啊！
从高空中降临，
口含石头、沙子[2]、喧闹着，
飞扬着石头、泥沙，
小如米粒，
大如小石头。
如同铁耙叉耙过一样，
泥沙多，石头多。
经过爱民郭洛，
愉快地沿着讷音郭洛[3]而降临。
白水鸟神！
住在挂满冰柱的冰城里，
那是滴水成冰的天气，
当住在尼西海河时，
两翅沾满泥沙。

白水鸟神，
石头脑袋，
金嘴、银鼻子，
那铜脖子啊！
仿佛铁车轮一样，
展翅遮天盖地，
翘尾触动星星月亮。

众人观赏萨满跳神，
议论纷纷，
头戴沉重神帽，
美丽多彩，
侧立手执激达枪搅动着。
白水鸟神啊！
经过了万条河道下来了，
沿着千座山林而降临了。

石姓子孙来祈求，
将香火敬献，
在七星斗下祈祷。
萨满属什么？
东家又宴请了。

【语音注释】

1 博棱（beleng），汉义为『大米』，规范化汉字转写满语为『博勒』（bele）。

2 瓜拉（kūwala），汉义为『庭院』，规范化汉字转写满语为『夸兰』（kūwalan）。

3 合得很（hetehen），汉义为『挂钉』，此处引申为『挂冰』。

4 叟伦莫（soulunme），汉义为『畅快』，规范化汉字转写满语为『色拉莫』（selame）。

5 石戗（šega），汉义为钢叉之『叉』。规范化汉字转写满语为『沙卡』（šaka）。

6 那拉库（naraku），汉义为『铁耙』，规范化汉字转写满语为『那拉嘎』（naraga）。

【译文注释】

1 白水鸟神：满文为『山眼木克嘎思哈恩杜立』。此神曾被录像，舞蹈动作是：石宗轩萨满头戴神帽，两手抓着飘带舞蹈着，此时灯光熄灭了，有一个助手执激达枪在早已准备好的水盆（或是水缸）里用激达枪搅拌，这时便有鹅卵石和泥沙飞溅出来，只听得满屋里噼哩啪啦的响声。如果打着人了，也不能吭声。这是一九八七年录像时跳白水鸟神的情形，此神也是石姓每次举行跳神活动时必请之神。据说从前跳神时还有小活鱼飞溅出来。此神降临时的飞沙走石实为一种魔术技巧。

2 石头、沙子：满文为『卧合永阿』。因为白水鸟神是从河边飞来，所以携带沙石。

3 爱民郭洛，讷音郭洛：是长白山上河流冲出的河谷。

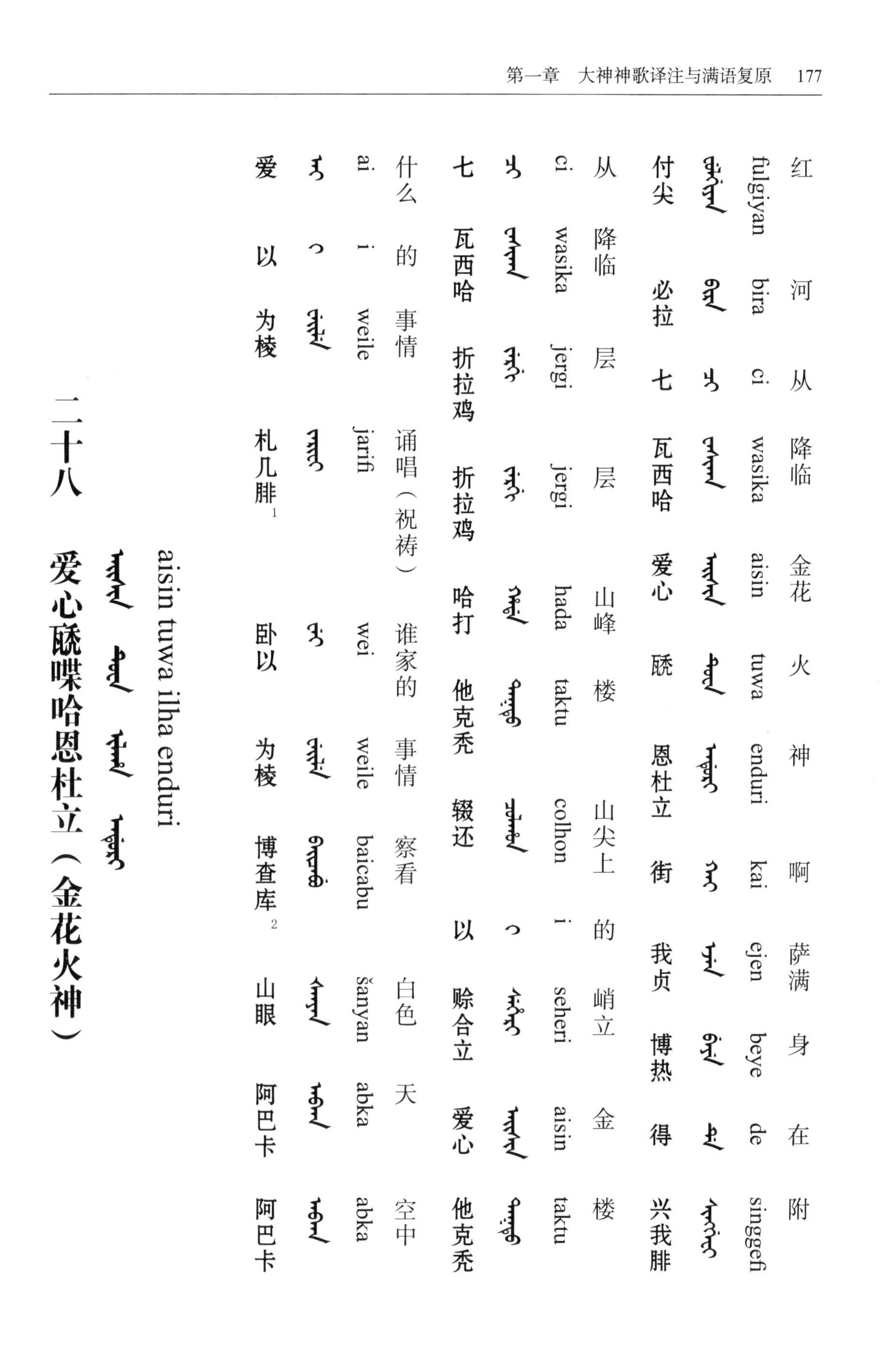

二十八　爱心旣喋哈恩杜立（金花火神）

aisin tuwa ilha enduri

爱　以　为棱　札几腓[1]　卧以　为棱　博查库[2]　山眼　阿巴卡　阿巴卡

ai i weile jarifi wei weile baicabu šanyan abka abka

什么　的　事情　诵唱（祝祷）　谁家的　事情　察看　白色　天　空中

七　瓦西哈　折拉鸡　折拉鸡　哈打　他克秃　辍还　以　赊合立　爱心　他克秃

ci wasika jergi jergi hada taktu colhon i seheri aisin taktu

从　降临　层　层　山峰　楼　山尖上　的　峭立　金　楼

付尖　必拉　七　瓦西哈　爱心　旣　恩杜立　街　我贞　博热　得　兴我腓

fulgiyan bira ci wasika aisin tuwa enduri kai ejen beye de singgefi

红　河　从　降临　金花　火　神　啊　萨满　身　在　附

宴请	什么	属相	主祭萨满	在	各各	门	宴请	正	房	门
soliha	ai	aniya	saman ejen	de	geren	duka	solime	cin	boo	duka
ᠰᠣᠯᡳᡥᠠ	ᠠᡳ	ᠠᠨᡳᠶᠠ	ᠰᠠᠮᠠᠨ ᡝᠵᡝᠨ	ᡩᡝ	ᡤᡝᡵᡝᠨ	ᡩᡠᡴᠠ	ᠰᠣᠯᡳᠮᡝ	ᠴᡳᠨ	ᠪᠣᠣ	ᡩᡠᡴᠠ
所立哈	爱	阿檷	沙玛我贞	得	各棱	杜卡	所立莫	秦	博	杜卡

供献	木盘	桌	在	排列	每	七	星斗	祈祷	在	东家	又
dobofi	fan	dere	de	faidan	tome	nadan	naihū	fonjire	de	ejen	geli
ᡩᠣᠪᠣᡶᡳ	ᡶᠠᠨ	ᡩᡝᡵᡝ	ᡩᡝ	ᡶᠠᡳᡩᠠᠨ	ᡨᠣᠮᡝ	ᠨᠠᡩᠠᠨ	ᠨᠠᡳᡥᡡ	ᡶᠣᠨᠵᡳᡵᡝ	ᡩᡝ	ᡝᠵᡝᠨ	ᡤᡝᠯᡳ
多贲杜腓[3]	翻	得棱	得	翻丹	杜莫	那丹	乃腓	佛吉勒	得	我贞	各立

从	颜色	将	金	火花	在	今日	可以	夜晚	在	高	桌	在
ci	boco	be	aisin	tuwa	de	enenggi	oci	yamji	de	den	dere	de
ᠴᡳ	ᠪᠣᠴᠣ	ᠪᡝ	ᠠᡳᠰᡳᠨ	ᡨᡠᠸᠠ	ᡩᡝ	ᡝᠨᡝᠩᡤᡳ	ᠣᠴᡳ	ᠶᠠᠮᠵᡳ	ᡩᡝ	ᡩᡝᠨ	ᡩᡝᡵᡝ	ᡩᡝ
七	博辍	博	爱心	⿰石秃	得	我能尼	卧七	闫木几	得	很	得棱	得

把子	香	将	双	手	在	汉	香	将	火花	看见	五
baksan	hiyan	be	juwe	gala	de	nikan	hiyan	be	ilha	tuwabume	sunja
ᠪᠠᡴᠰᠠᠨ	ᡥᡳᠶᠠᠨ	ᠪᡝ	ᠵᡠᠸᡝ	ᡤᠠᠯᠠ	ᡩᡝ	ᠨᡳᡴᠠᠨ	ᡥᡳᠶᠠᠨ	ᠪᡝ	ᡳᠯᡥᠠ	ᡨᡠᠸᠠᠪᡠᠮᡝ	ᠰᡠᠨᠵᠠ
巴克山	先	博	左	戕拉	得	尼侃	先	博	喋哈	⿰石秃不莫	孙札

居住的金花火神啊！
在峭立的金楼中，
从层层山峰楼阁中，
从空中降临的金花火神[1]。
由白色的天上，
在此时请神？
为谁家的事察看，
为什么事祝祷，

【译文】

五彩缤纷，
金花飞溅，
挥舞着表演着，
双手执着点燃的汉香、把子香，
金花火神啊！
降附萨满之身。
请沿江河降临，

请由正房门入室内纳享供品。
各门宴请，
东家宴请众神灵，
石姓子孙七星斗前祈祷，
是为何事？
东家何属相？
木盘桌上排列，
高桌上供献，
今日夜晚，

移动	guribure	ᡤᡠᡵᡳᠪᡠᡵᡝ	**古立不勤**
石	šekderi	ᡧᡝᡴᡩᡝᡵᡳ	**石克特立**
姓	hala	ᡥᠠᠯᠠ	**哈拉**
子孙	omolo	ᠣᠮᠣᠯᠣ	**多莫洛**
小	osohon	ᠣᠰᠣᡥᠣᠨ	**卧思**
男人	haha	ᡥᠠᡥᠠ	**哈哈**
什么	ai	ᠠᡳ	**爱**
属相	aniya	ᠠᠨᡳᠶᠠ	**阿猕**
家事	boigon	ᠪᠣᡳᡤᠣᠨ	**彪浑**
可以为	oci	ᠣᠴᡳ	**卧七**

三个扎哩）缝中都夹有点燃的汉香，这就是神词中说『双手执着点燃的汉香』的意思。跳神开始后，全部的灯火都熄灭了，漆黑一片，此时，只看见四个火球在滚动，还不时地飞溅火花，正如神词中所说：『金花飞溅，五彩缤纷』。在漆黑的夜晚，显得尤为精彩。

【译文注释】

1 金花火神：满文为『爱心琏喋哈恩杜立』。此神曾被录像，它的舞蹈动作是：萨满和一个侧立的手指（据说从前是

【语音注释】

1 札几腓（jajifi），汉义为『诵唱祝祷』，规范化汉字转满语为『札林腓』（jarifi）。

2 博查库（baicabu），汉义为『考察、察看』，规范化汉字转满语为『拜查不』（baicabu）。

3 多贲杜腓（dofindufi），此处汉义为『供献』，但文本转写相差甚远。此处规范化汉字转写满语为『多包腓』（dobofi）。

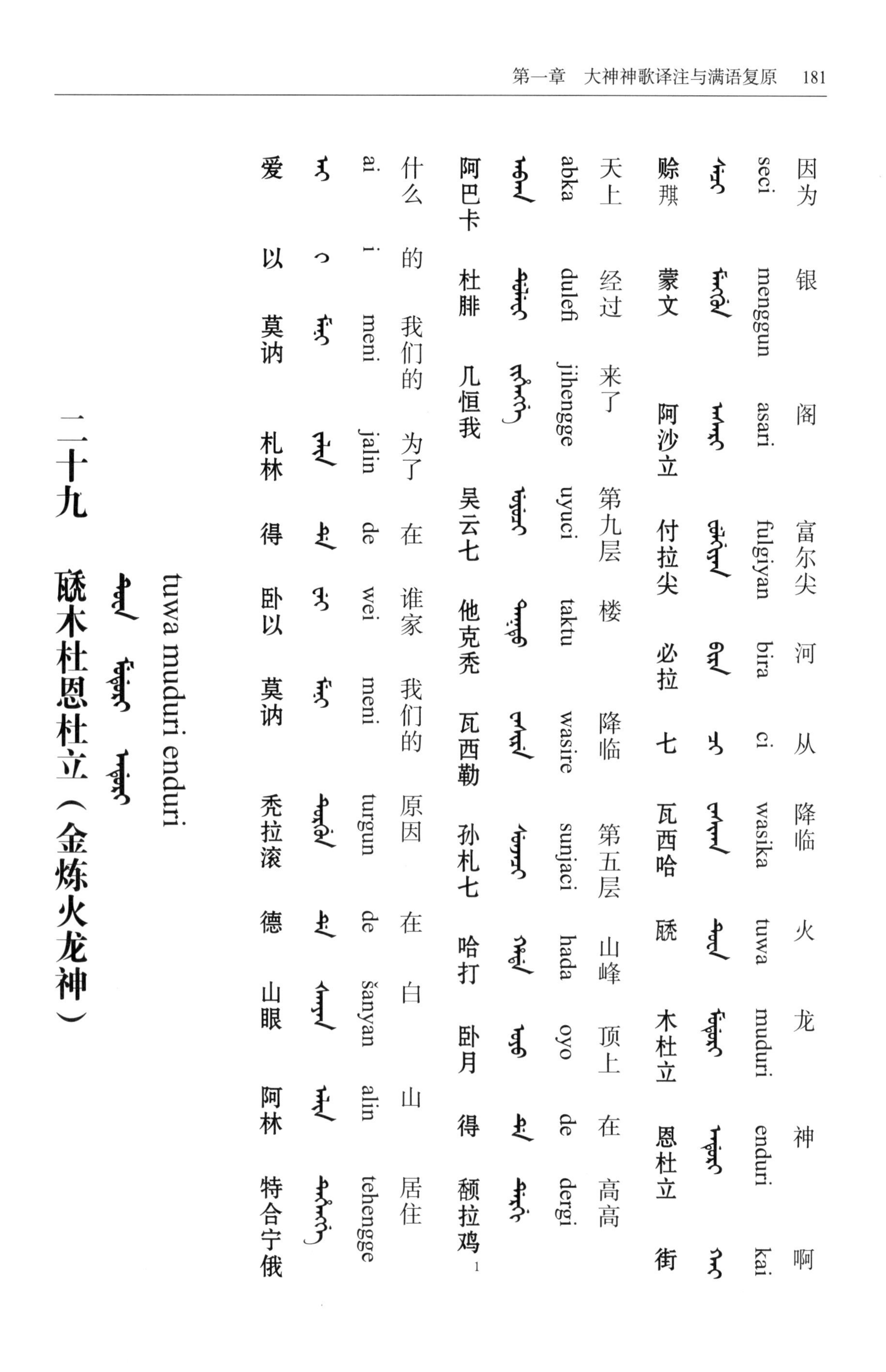

因为 银 阁 富尔尖 河 从 降临 火 龙 神 啊
seci menggun asari fulgiyan bira ci wasika tuwa muduri enduri kai
赊玑 蒙文 阿沙立 付拉尖 必拉 七 瓦西哈 秃 木杜立 恩杜立 街

天上 经过 来了 第九层 楼 降临 第五层 山峰 顶上 在 高高
abka dulefi jihengge uyuci taktu wasire sunjaci hada oyo de dergi
阿巴卡 杜腓 几恒我 吴云七 他克秃 瓦西勒 孙札七 哈打 卧月 得 额拉鸡[1]

什么 的 我们的 为了 在 谁家 我们的 原因 在 白 山 居住
ai i meni jalin de wei meni turgun de šanyan alin tehengge
爱 以 莫讷 札林 得 卧以 莫讷 秃拉滚 德 山眼 阿林 特合宁俄

二十九　秃木杜恩杜立（金炼火龙神）

tuwa muduri enduri

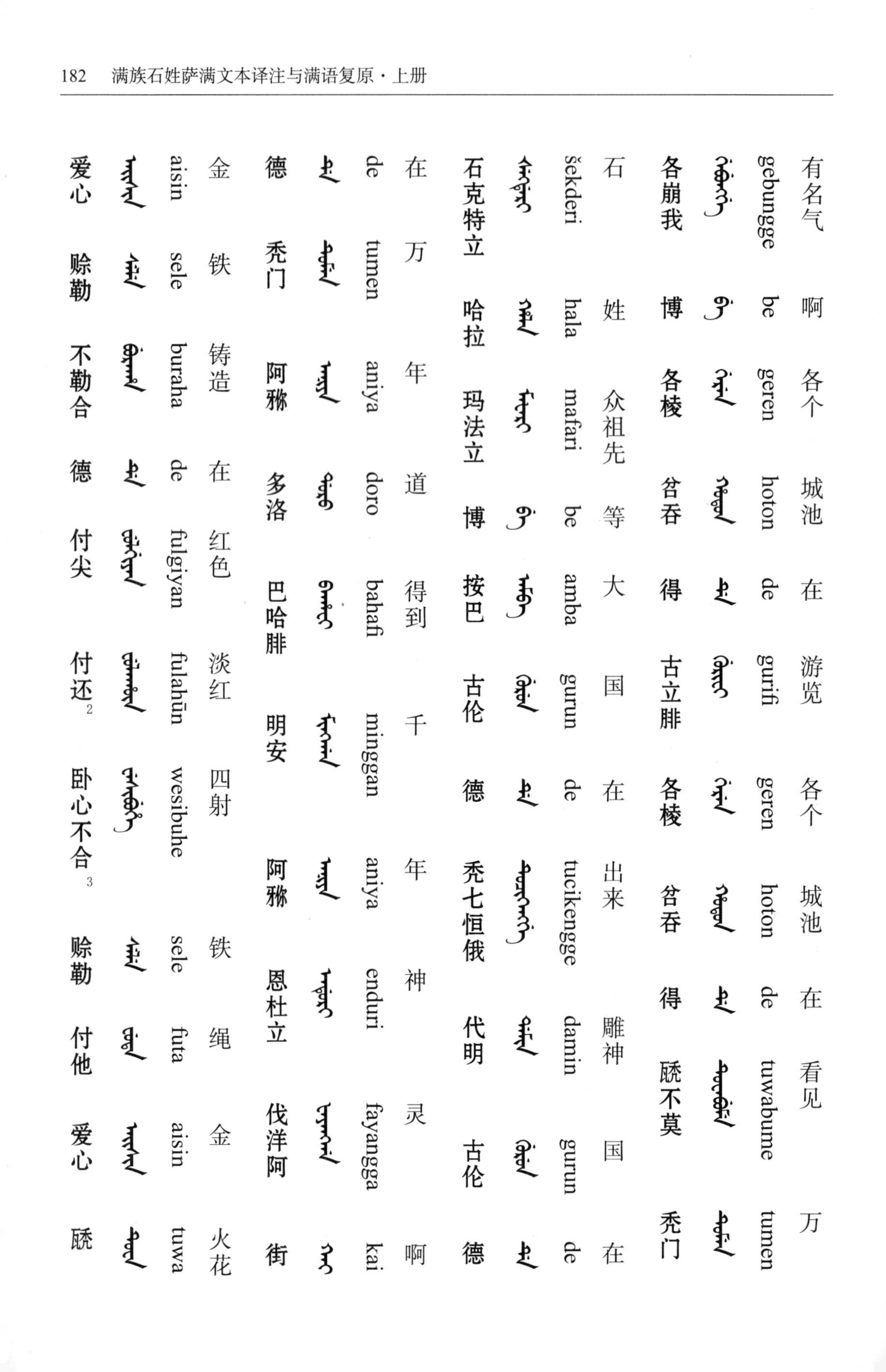

有名气	啊	各个	城池	在	游览	各个	城池	在	看见	万
gebungge	be	geren	hoton	de	gurifi	geren	hoton	de	tuwabume	tumen
各崩我	博	各棱	⿱分口吞	得	古立腓	各棱	⿱分口吞	得	⿰石秃不莫	秃门

石	姓	众祖先	等	大	国	在	出来	雕神	国	在
šekderi	hala	mafari	be	amba	gurun	de	tucikengge	damin	gurun	de
石克特立	哈拉	玛法立	博	按巴	古伦	德	秃七恒俄	代明	古伦	德

在	万	年	道	得到	千	年	神	灵	啊
de	tumen	aniya	doro	bahafi	minggan	aniya	enduri	fayangga	kai
德	秃门	阿禰	多洛	巴哈腓	明安	阿禰	恩杜立	伐洋阿	街

金	铁	铸造	在	红色	淡红	四射	铁	绳	金	火花
aisin	sele	buraha	de	fulgiyan	fulahūn	wesibuhe	sele	futa	aisin	tuwa
爱心	赊勒	不勒合	德	付尖	付还[2]	卧心不合[3]	赊勒	付他	爱心	⿰石秃

在	什么	年	萨满	主	在	逐一	宴请	随降	大	声
de	ai	aniya	saman	ejen	de	aname	solime	dahame	amba	jilgan
ᡩᡝ	ᠠᡳ	ᠠᠨᡳᠶᠠ	ᠰᠠᠮᠠᠨ	ᡝᠵᡝᠨ	ᡩᡝ	ᠠᠨᠠᠮᡝ	ᠰᠣᠯᡳᠮᡝ	ᡩᠠᡥᠠᠮᡝ	ᠠᠮᠪᠠ	ᠵᡳᠯᡤᠠᠨ
德	爱	阿猕	沙玛	我贞	德	阿那莫	所立莫	打哈莫	按巴	鸡干

把子	香	将	点燃了	高	桌上	在	端正	燃烧了	七	星斗	祈祷
baksan	hiyan	be	dabure	den	dere	de	tob	dulefi	nadan	naihū	fonjire
ᠪᠠᡴᠰᠠᠨ	ᡥᡳᠶᠠᠨ	ᠪᡝ	ᡩᠠᠪᡠᡵᡝ	ᡩᡝᠨ	ᡩᡝᡵᡝ	ᡩᡝ	ᡨᠣᠪ	ᡩᡠᠯᡝᡶᡳ	ᠨᠠᡩᠠᠨ	ᠨᠠᡳᡥᡡ	ᡶᠣᠨᠵᡳᡵᡝ
巴克山	先	博	打不勒	很	得棱	德	多贲	杜腓	那丹	乃腓	佛几勒

风水	的	脉络	降临	山上	气	脉	将	今日	是	夜晚	在
šengsin	i	siren	wasire	alin	sukdun	sudala	be	enenggi	oci	yamji	de
ᡧᡝᠩᠰᡳᠨ	ᡳ	ᠰᡳᡵᡝᠨ	ᠸᠠᠰᡳᡵᡝ	ᠠᠯᡳᠨ	ᠰᡠᡴᡩᡠᠨ	ᠰᡠᡩᠠᠯᠠ	ᠪᡝ	ᡝᠨᡝᠩᡤᡳ	ᠣᠴᡳ	ᠶᠠᠮᠵᡳ	ᡩᡝ
声心	一	西棱	瓦西勒	阿林	舒克敦	书打拉	博	我能尼	卧七	闫木吉	德

年	水	惊人	千	年	无所不至	修炼	不断	来到了
aniya	muke	golome	minggan	aniya	ari	nara	sirendume	isinjire
ᠠᠨᡳᠶᠠ	ᠮᡠᡴᡝ	ᡤᠣᠯᠣᠮᡝ	ᠮᡳᠩᡤᠠᠨ	ᠠᠨᡳᠶᠠ	ᠠᡵᡳ	ᠨᠠᡵᠠ	ᠰᡳᡵᡝᠨᡩᡠᠮᡝ	ᡳᠰᡳᠨᠵᡳᡵᡝ
阿猕	木克	郭洛莫	明安	阿猕	阿立	拉立	西兰杜莫[4]	以心几勒

宴请	安春	香	将	点燃了	木盘	桌	在	排列	燃烧	大	等
solingge	ancu	hiyan	be	dabufi	fan	dere	de	faidan	duleme	amba	sa
ᠰᠣᠯᡳᠩᡤᡝ	ᠠᠨᠴᡠ	ᡥᡳᠶᠠᠨ	ᠪᡝ	ᡩᠠᠪᡠᡶᡳ	ᡶᠠᠨ	ᡩᡝᡵᡝ	ᡩᡝ	ᡶᠠᡳᡩᠠᠨ	ᡩᡠᠯᡝᠮᡝ	ᠠᠮᠪᠠ	ᠰᠠ
所立棱俄	按出兰	先	博	打不腓	翻	得棱	得	翻丹	杜莫	按巴	沙

宴请了	各	门	进入	正	房	门前	移动（转圈跳）	富（粗）	柁梁
solime	geren	duka	dosici	cin	boo	duka	gurifi	bayan	taibu
ᠰᠣᠯᡳᠮᡝ	ᡤᡝᡵᡝᠨ	ᡩᡠᡴᠠ	ᡩᠣᠰᡳᠴᡳ	ᠴᡳᠨ	ᠪᠣᠣ	ᡩᡠᡴᠠ	ᡤᡠᡵᡳᡶᡳ	ᠪᠠᠶᠠᠨ	ᡨᠠᡳᠪᡠ
所立莫	各棱	杜卡	多西七	秦	博	杜卡	古立腓	巴音	台宝

相争	萨满	身	烟熏	将	骨	肉	清洁	说	小	祝祷（人）
eljeme	ejen	beye	šanggiyara	be	giranggi	yali	bolgo	seme	ajige	jalbarime
ᡝᠯᠵᡝᠮᡝ	ᡝᠵᡝᠨ	ᠪᡝᠶᡝ	ᡧᠠᠩᡤᡳᠶᠠᡵᠠ	ᠪᡝ	ᡤᡳᡵᠠᠩᡤᡳ	ᠶᠠᠯᡳ	ᠪᠣᠯᡤᠣ	ᠰᡝᠮᡝ	ᠠᠵᡳᡤᡝ	ᠵᠠᠯᠪᠠᡵᡳᠮᡝ
而折莫	我贞	博热	生鸡鸡勒	博	鸡朗尼	牙立	博浑	赊莫	阿几各	占巴立莫

呐喊	高	的	声音	传扬	困境（胜）	将	扭转（好）	强
kaicahangge	den	i	jilgan	ulame	mangga	be	maribume	etenggilere
ᡴᠠᡳᠴᠠᡥᠠᠩᡤᡝ	ᡩᡝᠨ	ᡳ	ᠵᡳᠯᡤᠠᠨ	ᡠᠯᠠᠮᡝ	ᠮᠠᠩᡤᠠ	ᠪᡝ	ᠮᠠᡵᡳᠪᡠᠮᡝ	ᡝᡨᡝᠩᡤᡳᠯᡝᡵᡝ
开义杭我	很	一	鸡干	吴拉莫	忙阿	博	玛立不莫	我腾尼勒勒

许下	上牙碰下牙的	话	采纳
aljaha	heheri	gisun	ganaha
ᠠᠯᠵᠠᡥᠠ	ᡥᡝᡥᡝᡵᡳ	ᡤᡳᠰᡠᠨ	ᡤᠠᠨᠠᡥᠠ
而扎哈	**合合勒**	**鸡孙**	**合讷腓**

出现了	小	男人（东家）	什么	属相	东家	是	为了	在	口中	话
tucifi	osohon	haha	ai	aniya	boigon	oci	jalin	de	angga	gisun
ᡨᡠᠴᡳᡶᡳ	ᠣᠰᠣᡥᠣᠨ	ᡥᠠᡥᠠ	ᠠᡳ	ᠠᠨᡳᠶᠠ	ᠪᠣᡳᡤᠣᠨ	ᠣᠴᡳ	ᠵᠠᠯᡳᠨ	ᡩᡝ	ᠠᠩᡤᠠ	ᡤᡳᠰᡠᠨ
秃克腓	**卧思浑**	**哈哈**	**爱**	**阿秫**	**彪浑**	**卧七**	**札林**	**得**	**昂阿**	**鸡孙**

祭坛	在	萨满	都	乌云	宴请	在	礼仪	各种	供献	情况	一切
jukten	de	ejen	uheri	uyun	soli	de	doro	sede	dobofi	turgun	sede
ᠵᡠᡴᡨᡝᠨ	ᡩᡝ	ᡝᠵᡝᠨ	ᡠᡥᡝᡵᡳ	ᡠᠶᡠᠨ	ᠰᠣᠯᡳ	ᡩᡝ	ᡩᠣᡵᠣ	ᠰᡝᡩᡝ	ᡩᠣᠪᠣᡶᡳ	ᡨᡠᡵᡤᡠᠨ	ᠰᡝᡩᡝ
朱克腾	**德**	**我贞**	**吴合立**	**吴云**	**所林**	**德**	**多伦**	**三得**	**多不腓**	**秃拉滚**	**三得**

石姓众祖先神，
金光闪闪[2]。
火光四射，
手捋通红的金铁链，
万年得道的神灵啊！
经过千年修炼，
金炼火龙神啊！

请沿着富尔尖河降临。
九层楼内的高高银阁中，
在第五层山峰顶上的
金炼火龙神[1]，
经过天上降下来的
居住在白山上，
在此时请神？
为了我们家族谁的事，
为了我们家族什么事，

【译文】

大声呐喊，
请随降。
逐一宴请诸神灵，
在七星斗前祈祷。
萨满何属相？
端正供献高桌上，
点燃了把子香，
今日夜晚，

带下山来。
将龙脉风水
神通广大，
万年得道，
千年修炼，
金炼火龙神啊！
游览过许多城池。
到过许多地区，
享誉于雕神国里[4]，
皆出自大国[3]。

必须采纳。
口中许下的愿，
上牙碰下牙，
东家何属相？
一切情形甚好。
遵照传统礼仪供献，
设大坛举行跳神宴请，
乘学习乌云之际，
木盘桌上排列，
点燃了安春香，
通过粗梁下的房门入神坛。
正房门前移动舞蹈，
请从各门进入，
祝祷人诵唱，
萨满骨肉清洁，
争强好胜的火龙神啊！
声音传四方，

【语音注释】

1 颓拉鸡（deilagi），此处汉义应为『高』，规范化的汉字转写满语『德尔鸡』（dergi）。

2 付还（fuhūn），汉义应为『淡红色』，规范化的汉字转写满语为『付拉还』（fulahūn）。

3 卧心不合（wesibuhe），此词在《清文总汇》中，有内容为『将物从下往上高起之』。此处就是用了此意，故笔者译为『四射』。

4 西兰杜莫（sirendume），汉义为『串通、勾通』等。此处文本应为『不断』之意，用『西兰杜莫』的引申之意，即『不断』。

【译文注释】

1 金炼火龙神：满文是『⿰瓦秃木杜恩杜立』，直译为『火龙神』。本篇原汉文标题是『金炼火龙神』，我们也采用这种译法。

2 手捋通红的金铁链，火光四射，金光闪闪：满文为『爱心赊勒不勒合得付尖付还卧心不合赊勒付他爱心⿰瓦秃得』，直译为『有铸造的金铁，红光四射，铁绳放金光』。这几句话是描述金炼火龙神跳神的舞蹈动作，即萨满拿着五尺左右、烧得通红的铁火链，由一头捋向另一头，满族石姓叫『捋火链』。这是石清民、石文才讲述的。

3 皆出自于大国：满文为『按巴古伦德秃七恒俄』。这里的『大国』是指氏族或是部落，意在说明石姓是一个大姓氏。

4 享誉于雕神国里：满文为『代明古伦德各崩我博』。这里是指『金炼火龙神』的神通可与雕神相比，或是石姓祖先神灵的神通，可与雕神的神通相比。从此也可以看出雕神具有何等的神力了。

三十 爱心瑹布勒合恩杜立（火炼金神）

ᠠᡳᠰᡳᠨ ᡨᡠᠸᠠ ᠪᡠᡵᠠᡥᠠ ᡝᠨᡩᡠᡵᡳ

aisin tuwa buraha enduri

爱 以 赊勒 札林 得 卧以 莫讷 俄林 得 山眼 阿立拉莫 阿拉

ᠠᡳ ᡳ ᠰᡝᡵᡝ ᠵᠠᠯᡳᠨ ᡩᡝ ᠸᡝᡳ ᠮᡝᠨᡳ ᡝᡵᡳᠨ ᡩᡝ ᡧᠠᠨᠶᠠᠨ ᠠᠯᡳᡵᠠᠮᡝ ᠠᠯᠠ

ai i sere jalin de wei meni erin de šanyan alirame ala

什么 的 原因 为了 在 谁家的 我们的 此时 在 白 沿着 山岗

特合 声心一 哈打 舒打拉 博 吴云七 哈打 爱心 他克秃 一拉七 阿沙立

ᡨᡝᡥᡝ ᡧᡝᠩᠰᡳᠨᡳ ᡥᠠᡩᠠ ᠰᡠᡩᠠᠯᠠ ᠪᡝ ᡠᠶᡠᠴᡳ ᡥᠠᡩᠠ ᠠᡳᠰᡳᠨ ᡨᠠᡴᡨᡠ ᡳᠯᠠᠴᡳ ᠠᠰᠠᡵᡳ

tehe šengsini hada sudala be uyuci hada aisin taktu ilaci asari

居住 风水 山峰 脉络 啊 第九 山峰 金 楼 第三 阁

卧月 得 秃鸡 腓克赊莫 瑹不腓 杜勒莫 滚得勒 阿舒其 博 石克特立

ᠣᠶᠣ ᡩᡝ ᡨᡠᡤᡳ ᡶᡳᡴ ᠰᡝᠮᡝ ᡨᡠᠸᠠᠪᡠᡶᡳ ᡩᡠᠯᡝᠮᡝ ᡴᡠᠨᡩᡠᠯᡝᠨ ᠠᠰᡠᡴᡳ ᠪᡝ ᡧᡝᡴᡩᡝᡵᡳ

oyo de tugi fik seme tuwabufi duleme kundulen asuki be šekderi

顶 在 云 稠密 看见 过去 恭敬 声音 啊 石

金	火	在	烧炼	啊	银	烧炼	在	神	等	金	身	没有
aisin	tuwa	de	bura	be	menggun	buraha	de	enduri	se	aisin	beye	akū
ᠠᡳᠰᡳᠨ	ᡨᡠᠸᠠ	ᡩᡝ	ᠪᡠᡵᠠ	ᠪᡝ	ᠮᡝᠩᡤᡠᠨ	ᠪᡠᡵᠠᡥᠠ	ᡩᡝ	ᡝᠨᡩᡠᡵᡳ	ᠰᡝ	ᠠᡳᠰᡳᠨ	ᠪᡝᠶᡝ	ᠠᡴᡡ
爱心	硳	得	不勒[1]	博	蒙文	不勒合	得	恩杜立	赊	爱心	博热	阿库

降临	赊亲	江	降下来	头	辈	太爷	神	神	奇
wasika	secun	ula	wasibume	ujuci	jalan	mafa	enduringge	enduringge	ferguwecuke
ᠸᠠᠰᡳᡴᠠ	ᠰᡝᠴᡠᠨ	ᡠᠯᠠ	ᠸᠠᠰᡳᠪᡠᠮᡝ	ᡠᠵᡠᠴᡳ	ᠵᠠᠯᠠᠨ	ᠮᠠᡶᠠ	ᡝᠨᡩᡠᡵᡳᠩᡤᡝ	ᡝᠨᡩᡠᡵᡳᠩᡤᡝ	ᡶᡝᡵᡤᡠᠸᡝᠴᡠᡴᡝ
瓦西哈	赊亲	吴拉	瓦西不莫	吴朱七	札兰	玛法	恩杜棱俄	恩杜林我	佛拉国出克

神歌	诵唱	大	声	逐一	高的	声	传扬	松花	江	从
gisun	hūlafi	amba	jilgan	aname	den i	jilgan	ulame	sunggari	bira	ci
ᡤᡳᠰᡠᠨ	ᡥᡡᠯᠠᡶᡳ	ᠠᠮᠪᠠ	ᠵᡳᠯᡤᠠᠨ	ᠠᠨᠠᠮᡝ	ᡩᡝᠨ ᡳ	ᠵᡳᠯᡤᠠᠨ	ᡠᠯᠠᠮᡝ	ᠰᡠᠩᡤᠠᡵᡳ	ᠪᡳᡵᠠ	ᠴᡳ
鸡孙	胡拉腓	按巴	鸡干	阿那莫	很一	鸡干	吴拉莫	松阿立	必拉	七

姓	乞求	来	什么	属相	萨满	主祭	在	膝弯曲	跪下	口
hala	baime	jifi	ai	aniya	saman	ejen	de	bukdara	niyakūraha	angga
ᡥᠠᠯᠠ	ᠪᠠᡳᠮᡝ	ᠵᡳᡶᡳ	ᠠᡳ	ᠠᠨᡳᠶᠠ	ᠰᠠᠮᠠᠨ	ᡝᠵᡝᠨ	ᡩᡝ	ᠪᡠᡴᡩᠠᡵᠠ	ᠨᡳᠶᠠᡴᡡᡵᠠᡥᠠ	ᠠᠩᡤᠠ
哈拉	伯木	几腓	爱	阿犽	沙玛	我贞	得	不克打立	犽库拉哈	昂阿

高高的 天上 爱民 郭洛 把 赶到 讷音 郭洛 把 旋转 松花

den i abka aimin golo be amcame nayen golo be šurume sunggari

ᡩᡝᠨ ᡳ ᠠᠪᡴᠠ ᠠᡳᠮᡳᠨ ᡤᠣᠯᠣ ᠪᡝ ᠠᠮᠴᠠᠮᡝ ᠨᠠᠶᡝᠨ ᡤᠣᠯᠣ ᠪᡝ ᡧᡠᡵᡠᠮᡝ ᠰᡠᠩᡤᠠᡵᡳ

很一 阿巴卡 爱民 郭洛 博 阿莫查莫 讷音 郭洛 博 舒禄莫 松阿拉

大 围院 在 令准备 令下 泥沙 打 冷 城 住居 在

amba kūwaran de belhe tata yonggan tanta beikuwen hoton tebuhe de

ᠠᠮᠪᠠ ᡴᡡᠸᠠᡵᠠᠨ ᡩᡝ ᠪᡝᠯᡥᡝ ᡨᠠᡨᠠ ᠶᠣᠩᡤᠠᠨ ᡨᠠᠨᡨᠠ ᠪᡝᡳᡴᡠᠸᡝᠨ ᡥᠣᡨᠣᠨ ᡨᡝᠪᡠᡥᡝ ᡩᡝ

按巴 瓜拉 得 博棱 胡打[5] 永阿 坛打 碑滚 呇吞 特木合 得

金色 火 花 出现 大 打 喧哗 高处的 打 在 痛打

aisin tuwa ilha tucire amba tanta atarame den i tanta de nimebume

ᠠᡳᠰᡳᠨ ᡨᡠᠸᠠ ᡳᠯᡥᠠ ᡨᡠᠴᡳᡵᡝ ᠠᠮᠪᠠ ᡨᠠᠨᡨᠠ ᠠᡨᠠᡵᠠᠮᡝ ᡩᡝᠨ ᡳ ᡨᠠᠨᡨᠠ ᡩᡝ ᠨᡳᠮᡝᠪᡠᠮᡝ

爱心 瓯 叶哈 秃七勒 按巴 坛打 阿他拉莫 很一 坛打 得 尼不莫[4]

啊 银 身 在 令烧炼 来 红色 火 在 淡红 都有 啊

kai menggun beye de bura jihe fulgiyan tuwa de fulahūn gemu be

ᡴᠠᡳ ᠮᡝᠩᡤᡠᠨ ᠪᡝᠶᡝ ᡩᡝ ᠪᡠᡵᠠ ᠵᡳᡥᡝ ᡶᡠᠯᡤᡳᠶᠠᠨ ᡨᡠᠸᠠ ᡩᡝ ᡶᡠᠯᠠᡥᡡᠨ ᡤᡝᠮᡠ ᠪᡝ

街 蒙文 博热 得 梅[2] 几合 付尖 瓯 得 付还 各佈[3] 博

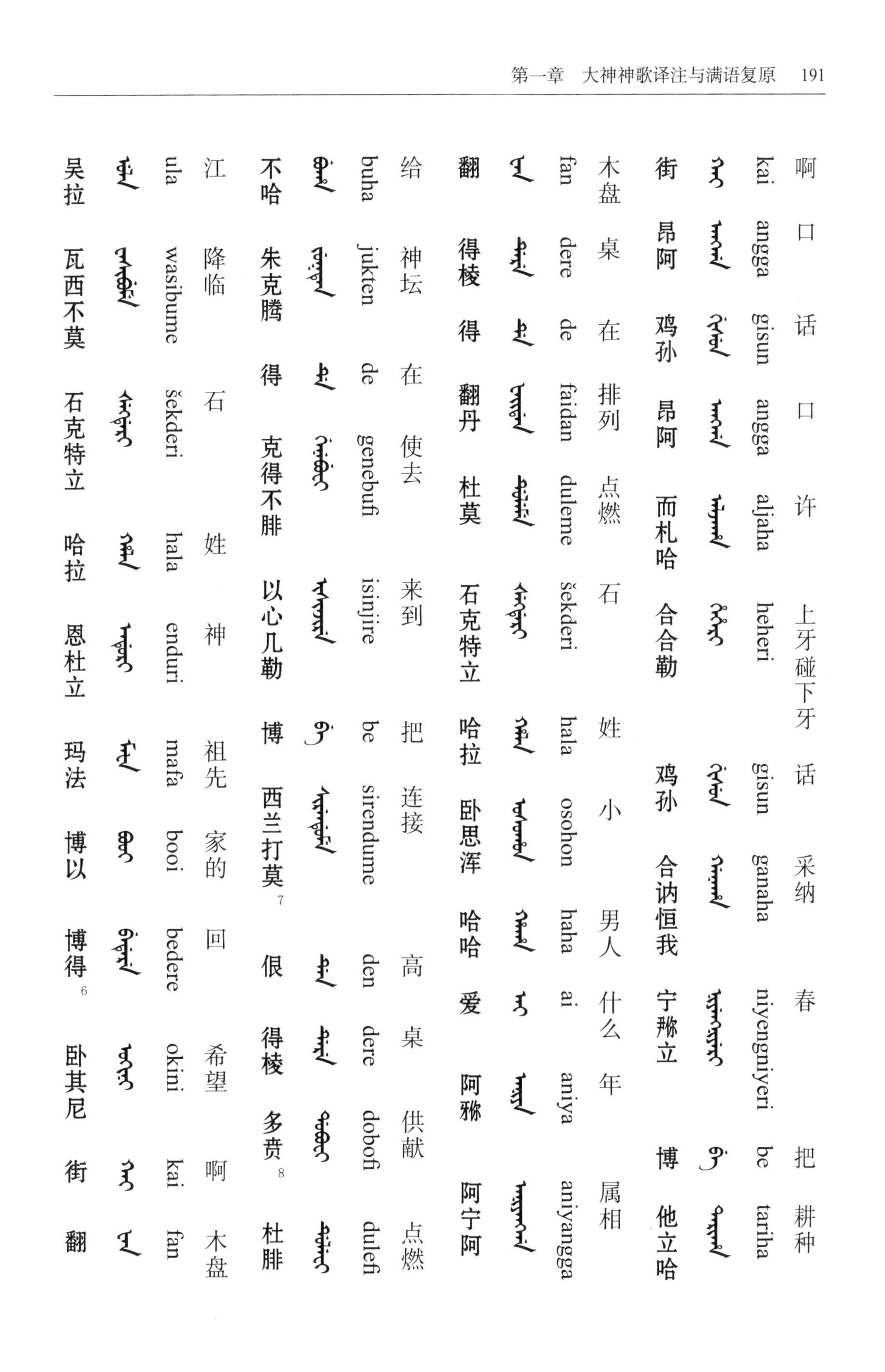

啊 口 话 口 许 上牙碰下牙 话 采纳 春 把 耕种
kai angga gisun angga aljaha heheri gisun ganaha niyengniyeri be tariha
街 昂阿 鸡孙 昂阿 而札哈 合合勒 鸡孙 合讷恒我 宁鞆立 博 他立哈

木盘 桌 在 排列 点燃 石 姓 小 男人 什么 年 属相
fan dere de faidan duleme šekderi hala osohon haha ai aniya aniyangga
翻 得棱 得 翻丹 杜莫 石克特立 哈拉 卧思浑 哈哈 爱 阿鞆 阿宁阿

给 神坛 在 使去 来到 把 连接 高 桌 供献 点燃
buha jukten de genebufi isinjire be sirendume den dere dobofi dulefi
不哈 朱克腾 得 克得不腓 以心几勒 博 西兰打莫[7] 佷 得棱 多赍[8] 杜腓

江 降临 石 姓 神 祖先 家的 回 希望 啊 木盘
ula wasibume šekderi hala enduri mafa booi bedere okini kai fan
吴拉 瓦西不莫 石克特立 哈拉 恩杜立 玛法 博以 博得[6] 卧其尼 街 翻

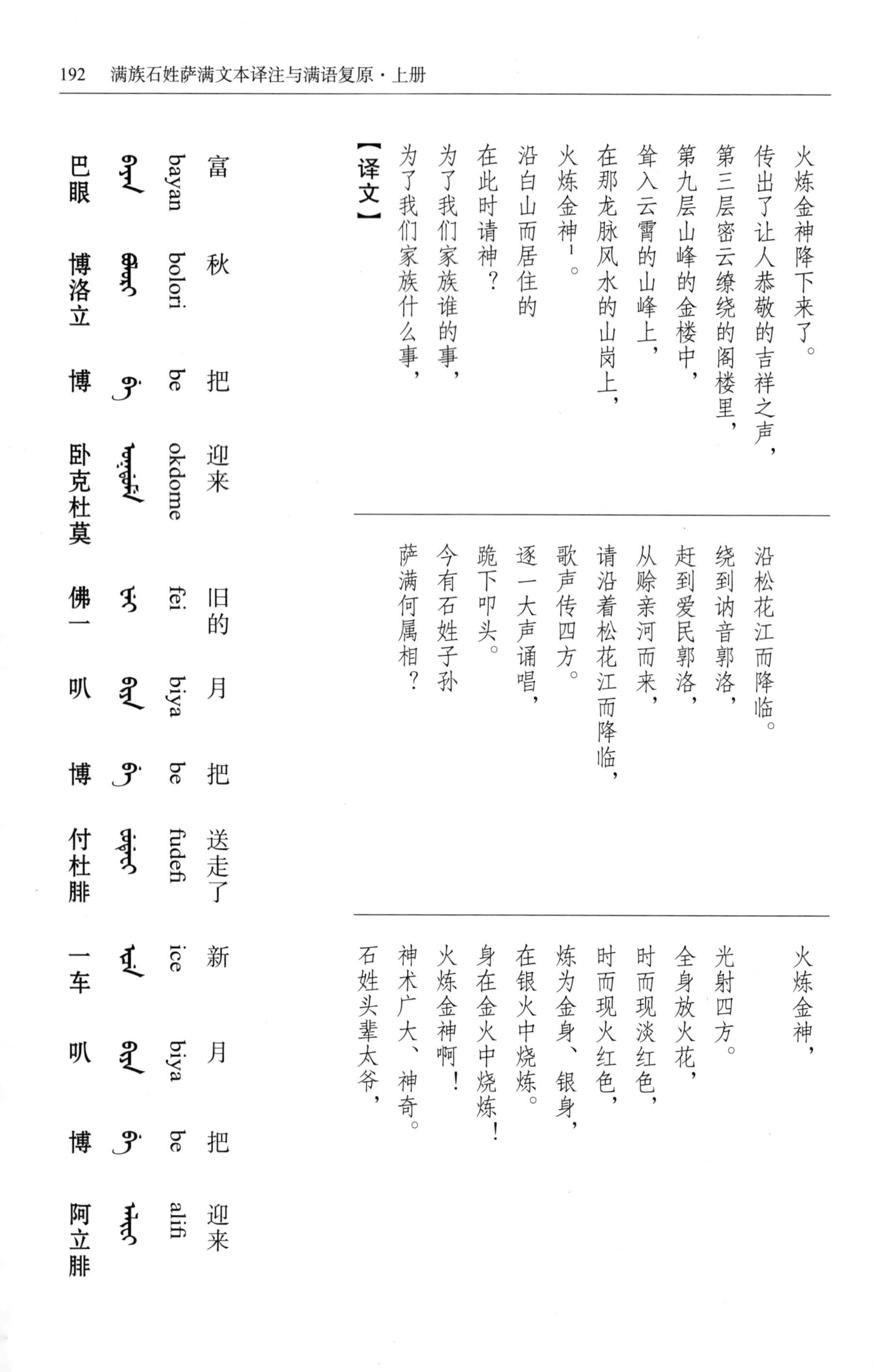

火炼金神降下来了。
传出了让人恭敬的吉祥之声，
第三层密云缭绕的阁楼里，
第九层山峰的金楼中，
耸入云霄的山峰上，
在那龙脉风水的山岗上，
火炼金神[1]。
沿白山而居住的
在此时请神？
为了我们家族谁的事，
为了我们家族什么事，

【译文】

沿松花江而降临。
绕到讷音郭洛，
赶到爱民郭洛，
从赊亲河而来，
请沿着松花江而降临，
歌声传四方。
逐一大声诵唱，
跪下叩头。
今有石姓子孙
萨满何属相？

火炼金神，
光射四方。
全身放火花，
时而现淡红色，
时而现火红色，
炼为金身、银身，
在银火中烧炼。
身在金火中烧炼！
火炼金神啊！
神术广大、神奇。
石姓头辈太爷，

富	秋	把	迎来	旧的	月	把	送走了	新	月	把	迎来
bayan	bolori	be	okdome	fei	biya	be	fudefi	ice	biya	be	alifi
巴眼	博洛立	博	卧克杜莫	佛一	叭	博	付杜腓	一车	叭	博	阿立腓

4 尼不莫（nibume），此处为汉义的『责打、痛打』，它的规范化汉字转写满语为『尼莫不莫』（nimebume）。

3 各佈（gebu），此处为汉义的『都、全』之意，它的规范化汉字转写满语为『各木』（gemu）。

（bura），即『令炼』之意。

2 梅（mei），此词在满文工具书中未查到，笔者根据文本中上下文的意思，应是『烧炼』一词，故用了『不拉』『酿造』，含有『烧炼』之意，故文本中引申为『烧炼』。规范化的汉字转写满语为『不拉』（bura）。

【语音注释】

1 不勒（bura），此处汉译应为『烧炼』，是由满语动词『不拉木毕』（burambi）变化而来。『不拉木毕』汉义原为

打闹着降临。
喧哗着，
在围成的大院子里，
夹带着泥沙下来了，
从那冰冷的冷城里[2]，
沿着松花江降临吧！
绕到讷音郭洛，
赶到爱民郭洛，
从高高天上，

小男人何属相？
石姓家族中
乞请各位祖先神灵回山。
敬献了香火。
木盘桌上排列，
高桌上供献，
遵照传统礼仪，
木盘在大坛上供献，
乞请神灵享祭，
石姓祖先神灵，

举行祭祀。
迎来新月。
送走旧月，
富秋来临。
今是春种已过，

必须采纳。
许下的愿，
说出的话，
上牙碰下牙，

5 胡打（huta），此处为汉义的下店之『下』，它的规范化汉字转写满语为『他他』（tata）。

6 博得（bede），汉义为『回、归』，规范化汉字转写满语为『博得勒』（bedere）。

7 西兰打莫（sirendame），汉义为『连接』，即『通线索』，规范化汉字转写满语为『西兰杜莫』（sirendume）。

8 多贲（dofi），汉义为『供献』，规范化汉字转写满语为『多包腓』（dobofi）。与『多不哈』相同。

【译文注释】

1 火炼金神：满文为『爱心陡布勒合恩杜立』。词神名的满文用词与该神本后面的神谱中满文词有所不同。未用『布勒合』，用了『哈克沙腓』，两词汉义都是在火中烧炼之物。据石清民、石清泉和石文才反映，此神未请过，但知道是要火炼，所以又叫『抡火链』神。

2 冷城：满文为『碑滚舍吞』。这里指终年积雪的长白山山顶，不是『城市』之意。

第二章 家神神歌译注与满语复原

在　屈身　叩头　地　在　跪下　各位　师傅　诸位　各位　瞒尼

de bukdara hengkin na de niyakūraha geren sefu sede geren manni

ᡩᡝ ᠪᡠᡴᡩᠠᡵᠠ ᡥᡝᠩᡴᡳᠨ ᠨᠠ ᡩᡝ ᠨᡳᠶᠠᡴᡡᡵᠠᡥᠠ ᡤᡝᡵᡝᠨ ᠰᡝᡶᡠ ᠰᡝᡩᡝ ᡤᡝᡵᡝᠨ ᠮᠠᠨᠨᡳ

恳求诸位师傅

淂　不可打立　恒其　那　淂　狔库拉哈　各棱　赊夫　三得　各棱　瞒尼

属相　家族　萨满　口中　神歌　诵唱　祝祷　为了　在　尘　地

aniya boo i mukūn saman angga gisun hūlafi jalbarime jalin de buraki na

ᠠᠨᡳᠶᠠ ᠪᠣᠣ ᡳ ᠮᡠᡴᡡᠨ ᠰᠠᠮᠠᠨ ᠠᠩᡤᠠ ᡤᡳᠰᡠᠨ ᡥᡡᠯᠠᡶᡳ ᠵᠠᠯᠪᠠᡵᡳᠮᡝ ᠵᠠᠯᡳᠨ ᡩᡝ ᠪᡠᡵᠠᡴᡳ ᠨᠠ

口中祝祷　跪地叩拜

阿狔　兵恳[3] **沙玛　佡阿　鸡孙　胡拉腓　占巴立莫　札林　淂　不拉其　那**

众姓氏　姓氏　氏　可为　石　姓　此时　在　孙　大的　兔

hasuri hala hala oci šekderi hala erin de omolo tomoro gūlmahūn

ᡥᠠᠰᡠᡵᡳ ᡥᠠᠯᠠ ᡥᠠᠯᠠ ᠣᠴᡳ ᡧᡝᡴᡩᡝᡵᡳ ᡥᠠᠯᠠ ᡝᡵᡳᠨ ᡩᡝ ᠣᠮᠣᠯᠣ ᡨᠣᠮᠣᡵᠣ ᡤᡡᠯᠮᠠᡥᡡᠨ

本姓[2]　左石　子孙　兵恳何属

哈苏立[1] **哈拉　哈拉　卧七　石克特立　哈拉　俄林　淂　卧木洛　多莫洛　古玛浑**

一　南炕

julergi nahan

ᠵᡠᠯᡝᡵᡤᡳ ᠨᠠᡥᠠᠨ

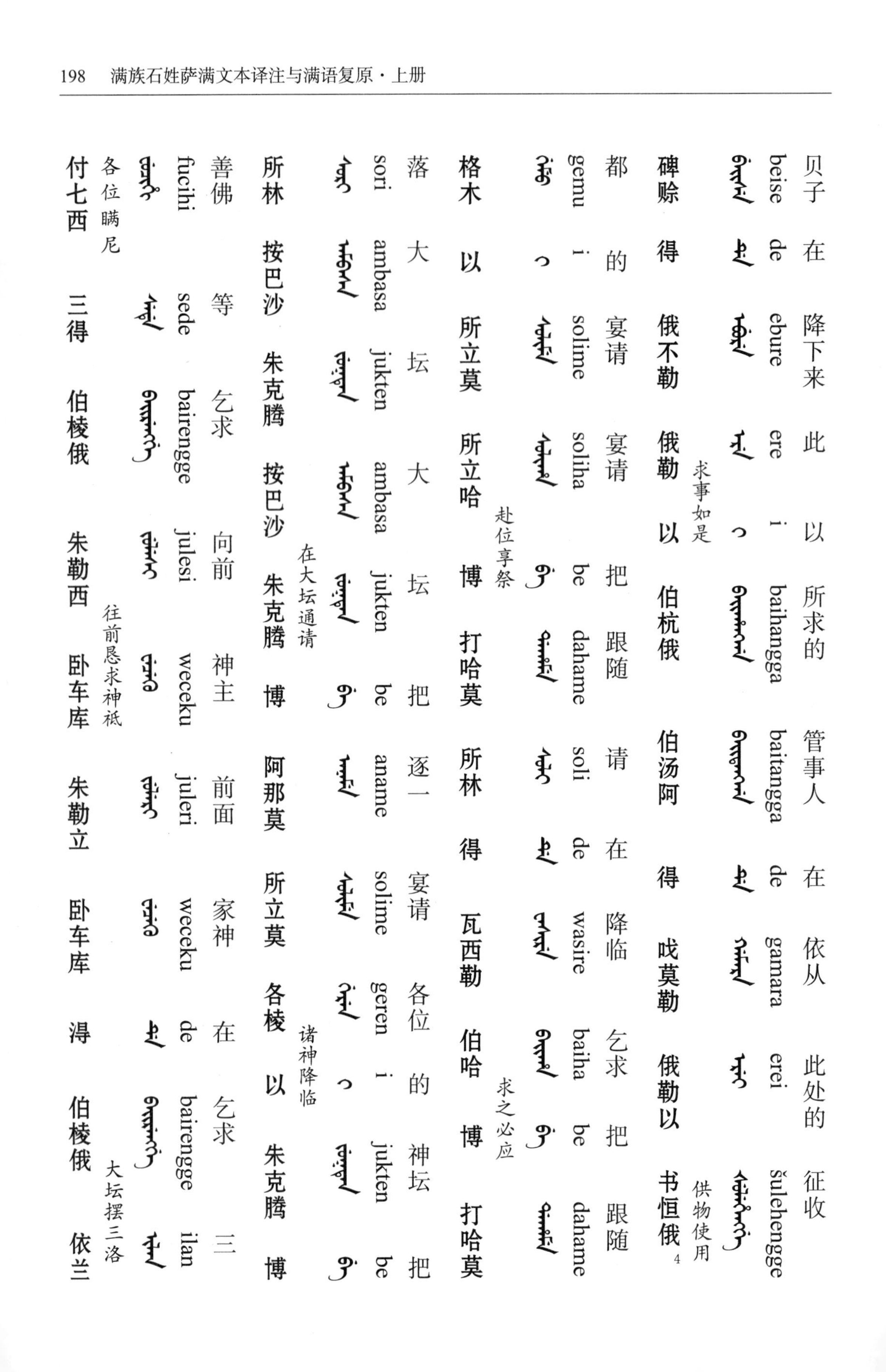

贝子 在 降下来 此 以 所求的 管事人 在 依从 此处的 征收
beise de ebure ere i baihangga baitangga de gamara erei šulehenge
碑赊 得 俄不勒 俄勒 以 伯杭俄 伯汤阿 得 戈莫勒 俄勒以 书恒俄[4]
求事如是 供物使用

都 的 宴请 宴请 把 跟随 请 在 降临 乞求 把 跟随
gemu i solime soliha be dahame soli de wasire baiha be dahame
格木 以 所立莫 所立哈 博 打哈莫 所林 得 瓦西勒 伯哈 博 打哈莫
赴位享祭 求之必应

落 大 坛 大 坛 把 逐一 宴请 各位 的 神坛 把
sori ambasa jukten ambasa jukten be aname solime geren i jukten be
所林 按巴沙 朱克腾 按巴沙 朱克腾 博 阿那莫 所立莫 各棱 以 朱克腾 博
在大坛通请 诸神降临

善佛 等 乞求 向前 神主 前面 家神 在 乞求 三
fucihi sede bairengge julesi weceku juleri weceku de bairengge ilan
付七西 三得 伯棱俄 朱勒西 卧车库 朱勒立 卧车库 浔 伯棱俄 依兰
各位瞒尼 往前恳求神祇 大坛摆三洛

光泽　神猪　在　圈　在　养　标致　神猪　在　命　把
boconggo šusu de horho de ujihe hocikon šusu de ergen be
ᠪᠣᠴᠣᠩᡤᠣ ᡧᡠᠰᡠ ᡩᡝ ᡥᠣᡵᡥᠣ ᡩᡝ ᡠᠵᡳᡥᡝ ᡥᠣᠴᡳᡴᠣᠨ ᡧᡠᠰᡠ ᡩᡝ ᡝᡵᡤᡝᠨ ᠪᡝ
博冲武　书子　得　豁滚[7]　得　吴几合　豁出浑[8]　书子　得　俄拉根[9]　博
将猪绑上　　牲畜废命

引燃　猪窝　在　的　喂养　重　的　神猪　在　家　在　的　养
yarufi un de i ujihe ujen i šusu de boo de i ujihe
ᠶᠠᡵᡠᡶᡳ ᡠᠨ ᡩᡝ ᡳ ᡠᠵᡳᡥᡝ ᡠᠵᡝᠨ ᡳ ᡧᡠᠰᡠ ᡩᡝ ᠪᠣᠣ ᡩᡝ ᡳ ᡠᠵᡳᡥᡝ
尧录腓　文　得　以　乌几合　吴贞　以　书子[6]　得　博　得　以　吴几合
家猪肥胖

把　跟前　供献　阿眼　香　把　逐一　引燃　朱录　香　把　前面
be jakade dobofi ayan hiyan be aname yarufi juru hiyan be juleri
ᠪᡝ ᠵᠠᡴᠠᡩᡝ ᡩᠣᠪᠣᡶᡳ ᠠᠶᠠᠨ ᡥᡳᠶᠠᠨ ᠪᡝ ᠠᠨᠠᠮᡝ ᠶᠠᡵᡠᡶᡳ ᠵᡠᡵᡠ ᡥᡳᠶᠠᠨ ᠪᡝ ᠵᡠᠯᡝᡵᡳ
博　札卡得　多不腓　阿眼　先　博　阿那莫　牙禄腓　朱禄　先　博　朱勒立
云香按处焚　　汉香先烧

等　的　纳享　烈性　的　烧酒　把　近　在　供献　甜　酒
sede i gamara hatan i arki be hanci de dobofi jancuhūn nure
ᠰᡝᡩᡝ ᡳ ᡤᠠᠮᠠᡵᠠ ᡥᠠᡨᠠᠨ ᡳ ᠠᡵᡴᡳ ᠪᡝ ᡥᠠᠨᠴᡳ ᡩᡝ ᡩᠣᠪᠣᡶᡳ ᠵᠠᠨᠴᡠᡥᡡᠨ ᠨᡠᡵᡝ
三得　以　嘎莫勒[5]　哈坛　以　阿拉其　博　憨七　得　多不腓　占出浑　侬勒
磹中白酒供上　　米酒摆上

在 口中 话 许 上牙碰下牙 话 采纳 接连不断 许下
de angga gisun aljaha heheri gisun ganaha siran siran aljaha
ᡩᡝ ᠠᠩᡤᠠ ᡤᡳᠰᡠᠨ ᠠᠯᠵᠠᡥᠠ ᡥᡝᡥᡝᡵᡳ ᡤᡳᠰᡠᠨ ᡤᠠᠨᠠᡥᠠ ᠰᡳᡵᠠᠨ ᠰᡳᡵᠠᠨ ᠠᠯᠵᠠᡥᠠ
出口许愿 女同应承 重重叠叠
淂 件阿 鸡孙 而札哈 合合勒 鸡 合讷合 西兰西兰 而札哈

家事 是 为了 在 小 女人 接着 属相 我们的 我们的 此时
boigon oci jalin de osohon hehe tui tui aniya meni meni erin
ᠪᠣᡳᡤᠣᠨ ᠣᠴᡳ ᠵᠠᠯᡳᠨ ᡩᡝ ᠣᠰᠣᡥᠣᠨ ᡥᡝᡥᡝ ᡨᡠᡳ ᡨᡠᡳ ᠠᠨᡳᠶᠠ ᠮᡝᠨᡳ ᠮᡝᠨᡳ ᡝᡵᡳᠨ
因执事男 女何属 因为我
彪浑 卧七 札林 淂 卧思浑 合合 秃秃 阿雅 墨尼 莫讷 俄林

什么 的 原因 为了 在 谁的 我们的 此时 在 小 男人 何 属相
ai i sere jalin de wei meni erin de osohon haha ai aniya
ᠠᡳ ᡳ ᠰᡝᡵᡝ ᠵᠠᠯᡳᠨ ᡩᡝ ᠸᡝᡳ ᠮᡝᠨᡳ ᡝᡵᡳᠨ ᡩᡝ ᠣᠰᠣᡥᠣᠨ ᡥᠠᡥᠠ ᠠᡳ ᠠᠨᡳᠶᠠ
因为何 为谁事 执事男何属
爱 一 赊勒 札林 淂 倭一 莫讷 俄林 淂 倭思浑 哈哈 爱 阿雅

耗费（丧） 节 把 折 礼仪 各种 供献 情况 吉祥 在 出现
fayafi jalan be tuyafi doro sede dobofi turgun sain de tucici
ᡶᠠᠶᠠᡶᡳ ᠵᠠᠯᠠᠨ ᠪᡝ ᡨᡠᠶᠠᡶᡳ ᡩᠣᡵᠣ ᠰᡝᡩᡝ ᡩᠣᠪᠣᡶᡳ ᡨᡠᡵᡤᡠᠨ ᠰᠠᡳᠨ ᡩᡝ ᡨᡠᠴᡳᠴᡳ
按节行刀 敬礼上供 情形甚善
发牙腓 札兰 博 秃牙腓 多伦 三淂 多不腓 秃拉滚 三 淂 秃欻其

泔水	把	泼掉	清洁	阿木孙肉	准备了	高	桌	供献	木盘	桌
suran	be	suitafi	bolgo	amsun	belhefi	den	dere	doboho	fan	dere
ᠰᡠᡵᠠᠨ	ᠪᡝ	ᠰᡠᡳᡨᠠᡶᡳ	ᠪᠣᠯᡤᠣ	ᠠᠮᠰᡠᠨ	ᠪᡝᠯᡥᡝᡶᡳ	ᡩᡝᠨ	ᡩᡝᡵᡝ	ᡩᠣᠪᠣᡥᠣ	ᡶᠠᠨ	ᡩᡝᡵᡝ
书拉	**博**	**遂他腓**	**博勒浑**	**敖木朱**	**博勒合腓**	**佷**	**得棱**	**多不哈**	**翻**	**得棱**

以水为净　备用敬供　高桌摆供　饭卓方盘摆列

新的	在	月	吉	洁净	在	糠	把	推除	大	阿木孙肉	制作
ice	de	biyai	sain	bolgo	de	ara	be	anafi	amba	amsun	weilefi
ᡳᠴᡝ	ᡩᡝ	ᠪᡳᠶᠠᡳ	ᠰᠠᡳᠨ	ᠪᠣᠯᡤᠣ	ᡩᡝ	ᠠᡵᠠ	ᠪᡝ	ᠠᠨᠠᡶᡳ	ᠠᠮᠪᠠ	ᠠᠮᠰᡠᠨ	ᠸᡝᡳᠯᡝᡶᡳ
一车	**得**	**叭一**	**三**	**博勒浑**	**得**	**阿拉**	**博**	**阿那腓**	**按巴**	**敖木朱**	**未勒腓**

推米出糠　作大贡

没有	啊	旧	的	月	把	送走	新的	月	把	迎来	日	吉
akū	kai	fe	i	biya	be	fudefi	ice	biya	be	alifi	inenggi	sain
ᠠᡴᡡ	ᡴᠠᡳ	ᡶᡝ	ᡳ	ᠪᡳᠶᠠ	ᠪᡝ	ᡶᡠᡩᡝᡶᡳ	ᡳᠴᡝ	ᠪᡳᠶᠠ	ᠪᡝ	ᠠᠯᡳᡶᡳ	ᡳᠨᡝᠩᡤᡳ	ᠰᠠᡳᠨ
阿库	**街**	**佛**	**一**	**叭**	**博**	**付杜腓**	**一车**	**叭**	**博**	**阿立腓**	**一能尼**	**三**

除旧月换新月　择定吉月良辰

再三	再四	采纳	没有的	因为	在	推	没有	啊	有的	因为	在	温和
dahūn	dahūn	ganafi	akūi	seme	de	anaha	akū	kai	bihei	seme	de	bucuhūn
ᡩᠠᡥᡡᠨ	ᡩᠠᡥᡡᠨ	ᡤᠠᠨᠠᡶᡳ	ᠠᡴᡡᡳ	ᠰᡝᠮᡝ	ᡩᡝ	ᠠᠨᠠᡥᠠ	ᠠᡴᡡ	ᡴᠠᡳ	ᠪᡳᡥᡝᡳ	ᠰᡝᠮᡝ	ᡩᡝ	ᠪᡠᠴᡠᡥᡡᠨ
打浑	**打浑**	**合纳腓**	**阿库以**	**赊莫**	**得**	**阿那哈**	**阿库**	**街**	**必合以**	**赊莫**	**得**	**不出浑**

言语反复　无者并未推托　有者也不刻俭

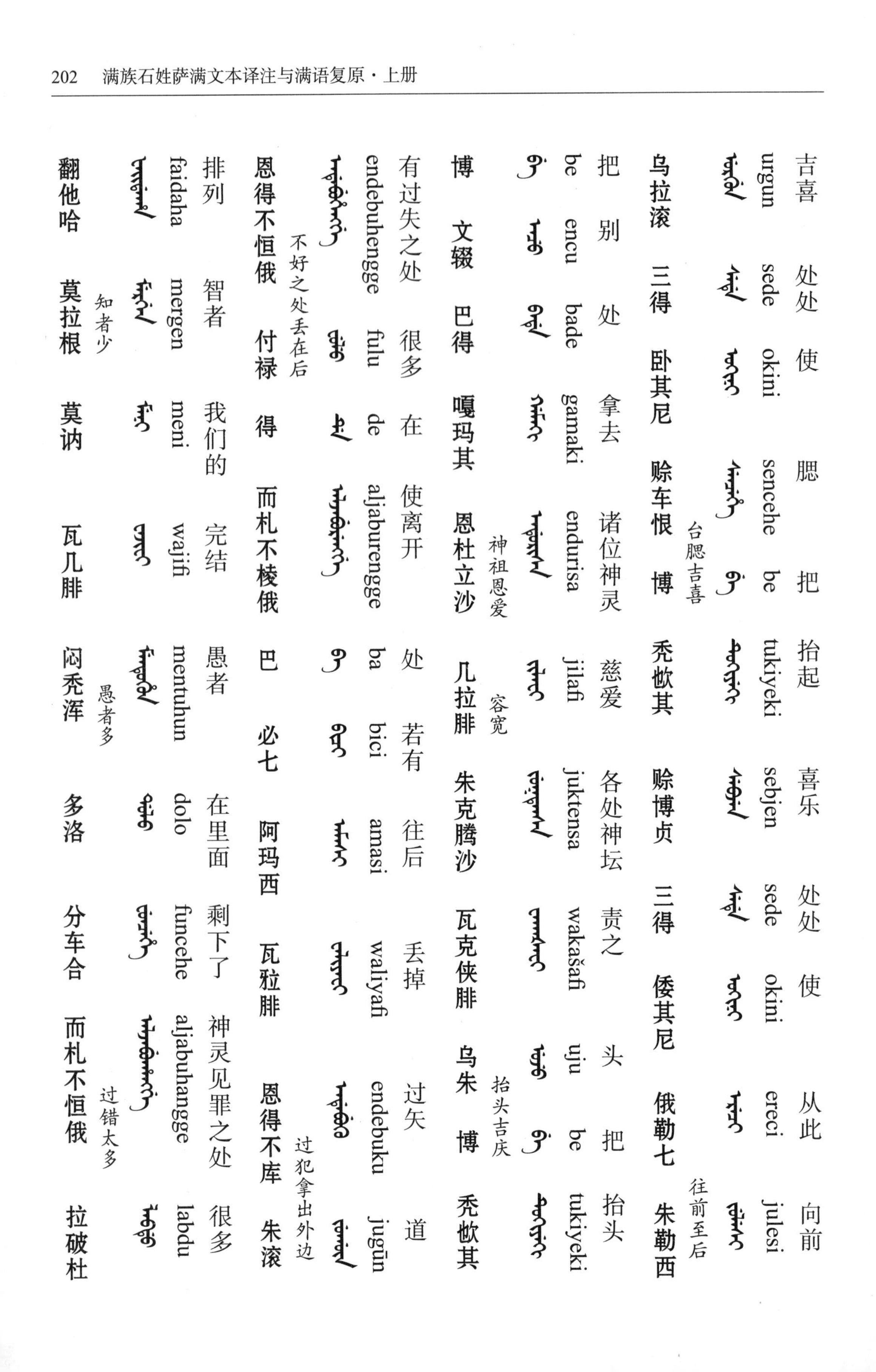

吉喜 处处 使 腮 把 抬起 喜乐 处处 使 从此 向前

urgun sede okini sencehe be tukiyeki sebjen sede okini ereci julesi

乌拉滚 三得 卧其尼 赊车恨 博 秃欭其 赊博贞 三得 倭其尼 俄勒七 朱勒西

台腮吉喜 往前至后

把 别 处 拿去 诸位神灵 慈爱 各处神坛 责之 头 把 抬头

be encu bade gamaki endurisa jilafi juktensa wakašafi uju be tukiyeki

博 文辍 巴得 嘎玛其 恩杜立沙 几拉腓 朱克腾沙 瓦克侠腓 乌朱 博 秃欭其

神祖恩爱 容宽 抬头吉庆

有过失之处 很多 在 使离开 处 若有 往后 丢掉 过矢 道

endebuhenge fulu de aljaburengge ba bici amasi waliyafi endebuku jugūn

恩得不恒俄 付禄 得 而札不棱俄 巴 必七 阿玛西 瓦粒腓 恩得不库 朱滚

不好之处丢在后 过犯拿出外边

排列 智者 我们的 完结 愚者 在里面 剩下了 神灵见罪之处 很多

faidaha mergen meni wajifi mentuhun dolo funcehe aljabuhangge labdu

翻他哈 莫拉根 莫讷 瓦几腓 闷秃浑 多洛 分车合 而札不恒俄 拉破杜

知者少 愚者多 过错太多

屈身在尘地，
属兔[1]的家萨满，
在此祈祷。
石姓子孙，
众姓之中的哪一姓？

【译文】

统请众神坛诸位神灵，
各位瞒尼善佛。
祈请诸位师傅[2]，
祈祷神灵。
口中诵唱神歌，
跪地叩头。

统统降临神坛纳享。
各处神坛的神灵
敬献大坛之上，
今摆供品三摞，
贝子[3]随降。

福	把	求
hūturi	be	bairengge
ᡥᡡᡨᡠᡵᡳ	ᠪᡝ	ᠪᠠᡳᡵᡝᠩᡤᡝ
胡秃立	**博**	**伯棱俄**

从此	向后	世代	把	更换	传流	把	的	礼仪	力	把	出
ereci	amasi	jalan	be	halame	ulan	be	i	dorolome	hūsun	be	tucifi
ᡝᡵᡝᠴᡳ	ᠠᠮᠠᠰᡳ	ᠵᠠᠯᠠᠨ	ᠪᡝ	ᡥᠠᠯᠠᠮᡝ	ᡠᠯᠠᠨ	ᠪᡝ	ᡳ	ᡩᠣᡵᠣᠯᠣᠮᡝ	ᡥᡡᠰᡠᠨ	ᠪᡝ	ᡨᡠᠴᡳᡶᡳ
俄勒七	**阿玛西**	**札兰**	**博**	**哈拉莫**	**弯**[10]	**博**	**以**	**多洛莫**	**胡孙**	**博**	**秃七腓**

世代传流

出力求福

为了东家什么家事，
小女人何属相？
小男人何属相，
在此时请神？
为谁家之事，
是什么原因，

供献于神坛前。
遵照传统礼仪，
一切情形甚善。
神猪即刻丧命，
今将神猪按节行刀，
全身纯黑。
神猪肥壮标致，
精心圈养家中。
慎重买好神猪。
点燃了朱录香。
引烧了阿眼香，
摆上了醇醪烧酒。
供献了香甜米酒，

制作了大的阿木孙肉。
准备了清洁阿木孙，
制作了饽饽供品，
遵礼淘米泼泔水。
推米除糠，
在洁净的祥月里，
在新的吉日里，
迎来了新月，
今已送走旧月，

都表现很温和。
富者不因富有而克俭，
穷者不因家穷而说没有，
今举行祭祀，
必须采纳。
接连不断再三再四许下的愿，
说出的话不能不算。
上牙碰下牙，
在此请神？
是我们家族什么原因，

世代流传，
竭力求福，
敬神祭祀，
遵照礼仪，
世世代代，
从前往后，
抬腮吉喜如意。
抬头喜庆，
诸位神灵保佑，
宽我子孙之过。
容我子孙之失，
请诸位神灵慈爱，
神灵见罪之处多。
祭祀中有过之处多，
智者少。
今是愚者多，
石姓子孙，

矮桌上木盘排列。
高桌上供献，

从前往后，
竭力求福。
敬神祭祀，
遵照礼仪，

世代流传，
竭力求福，
敬神祭祀，
遵照礼仪，
世世代代，

竭力求福。
敬神祭祀，
遵照礼仪，

【语音注释】

1 哈苏立（hasuri），此词汇在清文工具书中无从查找。笔者认为此词是由『哈拉』（hala）转化为复数而形成。由此，笔者将『哈苏立』译为『众姓氏』（hasuri）。

2 本姓：凡是汉字转写满语右边的汉注，皆为原文本中的抄录文字，一字未改。

3 兵恳（boikun），此词在清文工具书中无从查找。笔者只能向民间萨满艺人学习。向懂满文的老萨满调查，他们一致认为是『家萨满』，而且这一萨满多数出现在家神祭祀中，所以，笔者较有把握地将『兵恳』萨满译为『家萨满』（boo i mukūn saman）。它是由『包衣滚木昆萨满』变化而来。

4 书恒俄（šuhengge），此处应为汉义『供品』。规范化汉字转写满语应为『书勒恒俄』（šulehengge）。

5 嘎莫勒（gamere），汉义有『依从、拿去』之意，此处译为『纳享』。规范化汉字转写满语应为『嘎玛勒』（gamara）。

6 书子（šusu），此处指供品『神猪』，规范化汉字转写满语为『舒苏』（šusu）。

7 岔滚（hogun）此处应为猪羊圈的『圈』，它的规范化汉转满语为『活而活』（horho）。

8 岔出浑（hocukon），汉义为『俊美、标致』。规范化汉字转写满语为『霍齐阔』（hocikon）

9 俄拉根（elagen），汉义为『生命』，规范化汉字转写满语为『俄尔根』（ergen）。

10 弯（uan），汉义为『传统』，规范化汉字转写满语为『乌兰』（ulan）。

【译文注释】

1 属兔：这里指参加祭祀仪式中跳神的家萨满报明自己的属相。

2 师傅：是指去逝后的萨满成神为萨满神。

3 贝子：这里指的是侍奉神灵的随从，也作为神灵祭祀。

诵唱 祝祷 为了 在 尘 地 在 屈身 叩头 地 在 跪下

hūlame jalbarime jalin de buraki na de bukdari hengkin na de niyakūrafi

ᡥᡡᠯᠠᠮᡝ ᠵᠠᠯᠪᠠᡵᡳᠮᡝ ᠵᠠᠯᡳᠨ ᡩᡝ ᠪᡠᡵᠠᡴᡳ ᠨᠠ ᡩᡝ ᠪᡠᡴᡩᠠᡵᡳ ᡥᡝᠩᡴᡳᠨ ᠨᠠ ᡩᡝ ᠨᡳᠶᠠᡴᡡᡵᠠᡶᡳ

胡拉莫 占巴立莫 札林 德 不拉其 那 德 不克打立 恒亲 那 德 猕库拉腓

跪地叩拜

石 姓 时 在 孙子 大的 什么 属相 家族 萨满 使学习

šekderi hala erin de omolo tomoro ai aniya boo i mukūn saman tacibufi

ᡧᡝᡴᡩᡝᡵᡳ ᡥᠠᠯᠠ ᡝᡵᡳᠨ ᡩᡝ ᠣᠮᠣᠯᠣ ᡨᠣᠮᠣᡵᠣ ᠠᡳ ᠠᠨᡳᠶᠠ ᠪᠣᠣ ᡳ ᠮᡠᡴᡡᠨ ᠰᠠᠮᠠᠨ ᡨᠠᠴᡳᠪᡠᡶᡳ

石克特立 哈拉 我林 德 卧木洛 多莫洛 爱 阿猕 兵恳 沙玛 他其不腓

子孙兵恳祝神人何属相 祝祷念诵

什么 的 因为 为了 在 谁 因为 此时 在 众姓氏 姓 姓 是

ai i sere jalin de wei sere erin de hasuri hala hala oci

ᠠᡳ ᡳ ᠰᡝᡵᡝ ᠵᠠᠯᡳᠨ ᡩᡝ ᠸᡝᡳ ᠰᡝᡵᡝ ᡝᡵᡳᠨ ᡩᡝ ᡥᠠᠰᡠᡵᡳ ᡥᠠᠯᠠ ᡥᠠᠯᠠ ᠣᠴᡳ

爱 一 赊勒[1] 札林 德 卧一 赊勒 我林 德 哈苏立 哈拉 哈拉 卧七

因为何 为谁事 本姓左石

wargi nahan

ᠸᠠᡵᡤᡳ ᠨᠠᡥᠠᠨ

二 西炕

二十名	男子	平空	尼西哈	河	从	降临	降临	尼贞不库	巴那俄贞
ᠣᡵᡳᠨ	ᡥᠠᡥᠠ	ᠣᡳᠯᠣᡵᡳ	ᠨᡳᠰᡳᡥᠠ	ᠪᡳᡵᠠ	ᠴᡳ	ᠸᠠᠰᡳᡵᡝ	ᠸᠠᠰᡳᡴᠠ	ᠨᡳᠵᡝᠨ ᠪᡠᡴᡠ	ᠪᠠᠨᠠ ᡝᠵᡝᠨ
orin	haha	oilori	nisiha	bira	ci	wasire	wasika	nijen buku	bana ejen
卧林	**哈哈**	**卧立勒**[2]	**尼西哈**	**必拉**	**七**	**卧西勒**	**瓦西哈**	**尼贞不库**	**巴那俄贞**[3]

二十名强汉随行　蠹鱼河口而来　尼贞不库巴那俄贞

太爷	红	脸	骑	马	英俊	好	在	可为	四十	男子	（骑马）上
ᠵᠠᠨᠶᡝ	ᡶᡠᠯᡤᡳᠶᠠᠨ	ᡩᡝᡵᡝ	ᠶᠠᠯᡠᡥᠠ	ᠮᠣᡵᡳᠨ	ᠶᠠᠩᠰᠠᠩᡤᠠ	ᠰᠠᡳᠨ	ᡩᡝ	ᠣᡴᡳᠨᡳ	ᡩᡝᡥᡳ	ᡥᠠᡥᠠ	ᡩᡝᠯᡝᡵᡳ
janye	fulgiyan	dere	yaluha	morin	yangsangga	sain	de	okini	dehi	haha	deleri
占爷	**付拉尖**	**德勒**	**牙禄哈**	**莫林**	**阳桑阿**	**三**	**德**	**卧其尼**	**德西**	**哈哈**	**德勒立**

坐骑强壮　四十名勇汉护军

牛录	地	白	天上从	降临	管理	出征	白山	玛法	兵
ᠨᡳᡵᡠ	ᠪᠠᠴᡳ	ᡧᠠᠨᠶᠠᠨ	ᠠᠪᡴᠠᠴᡳ	ᠸᠠᠰᡳᡴᠠ	ᡴᠠᡩᠠᠯᠠᠮᡝ	ᠴᠣᠣᡥᠠᠯᠠᡥᠠ	ᡧᠠᠨᠶᠠᠨ	ᠮᠠᡶᠠ	ᠴᠣᠣᡥᠠ
niru	baci	šanyan	abkaci	wasika	kadalame	coohalaha	šanyan	mafa	cooha
尼伦	**巴七**	**山眼**	**阿巴卡七**	**瓦西哈**	**卡打拉莫**	**辍哈拉哈**	**山眼**	**玛法**	**辍哈**

依从天白山而来　管理出征　红脸白山　主总兵

各位	师傅	等	各位	瞒尼	善佛	等	乞求	牛录	之地（从）
ᡤᡝᡵᡝᠨ	ᠰᡝᡶᡠ	ᠰᡝᡩᡝ	ᡤᡝᡵᡝᠨ	ᠮᠠᠨᠨᡳ	ᡶᡠᠴᡳᡥᡳ	ᠰᡝᡩᡝ	ᠪᠠᡳᡵᡝᠩᡤᡝ	ᠨᡳᡵᡠ	ᠪᠠᠴᡳ
geren	sefu	sede	geren	manni	fucihi	sede	bairengge	niru	baci
各棱	**赊夫**	**三德**	**各棱**	**瞒尼**	**付七西**	**三德**	**伯棱俄**	**尼伦**	**巴七**

恳求诸位师傅　各位瞒尼善佛　始居佈落

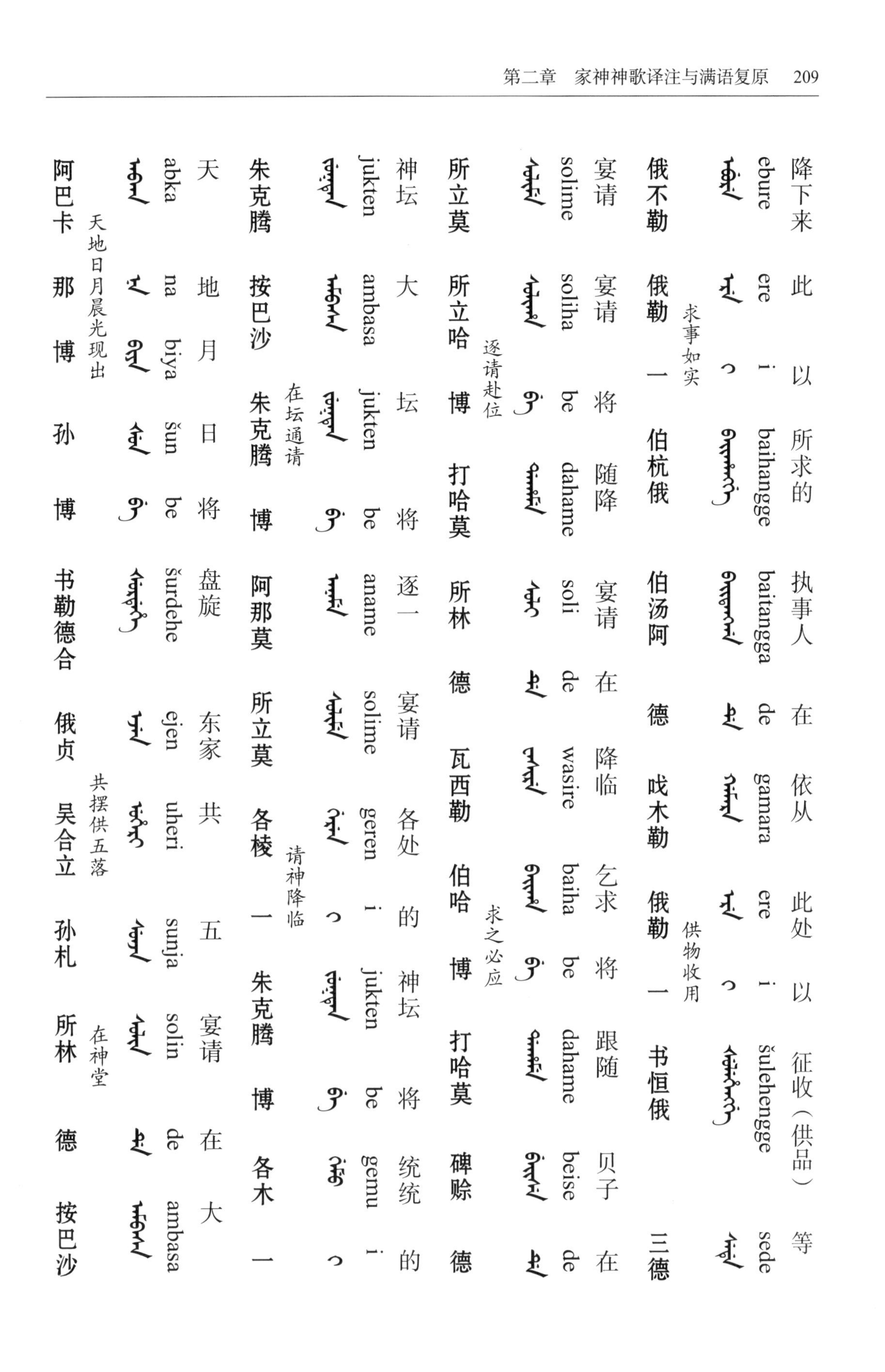

俄不勒	**俄勒**	**一**	**伯杭俄**	**伯汤阿**	**德**	**戎木勒**	**俄勒**	**一**	**书恒俄**	**三德**
ebure	ere	i	baihangge	baitangga	de	gamara	ere	i	šulehengge	sede
降下来	此	以	所求的	执事人	在	依从	此处	以	征收（供品）	等

求事如实 供物收用

所立莫	**所立哈**	**博**	**打哈莫**	**所林**	**德**	**瓦西勒**	**伯哈**	**博**	**打哈莫**	**碑赊**	**德**
solime	soliha	be	dahame	soli	de	wasire	baiha	be	dahame	beise	de
宴请	宴请	将	随降	宴请	在	降临	乞求	将	跟随	贝子	在

逐请赴位 求之必应

朱克腾	**按巴沙**	**朱克腾**	**博**	**阿那莫**	**所立莫**	**各棱**	**一**	**朱克腾**	**博**	**各木**	**一**
jukten	ambasa	jukten	be	aname	solime	geren	i	jukten	be	gemu	i
神坛	大	坛	将	逐一	宴请	各处	的	神坛	将	统统	的

在坛通请 请神降临

阿巴卡	**那**	**博**	**孙**	**博**	**书勒德合**	**俄贞**	**吴合立**	**孙札**	**所林**	**德**	**按巴沙**
abka	na	biya	šun	be	šurdehe	ejen	uheri	sunja	solin	de	ambasa
天	地	月	日	将	盘旋	东家	共	五	宴请	在	大

天地日月晨光现出 共摆供五落 在神堂

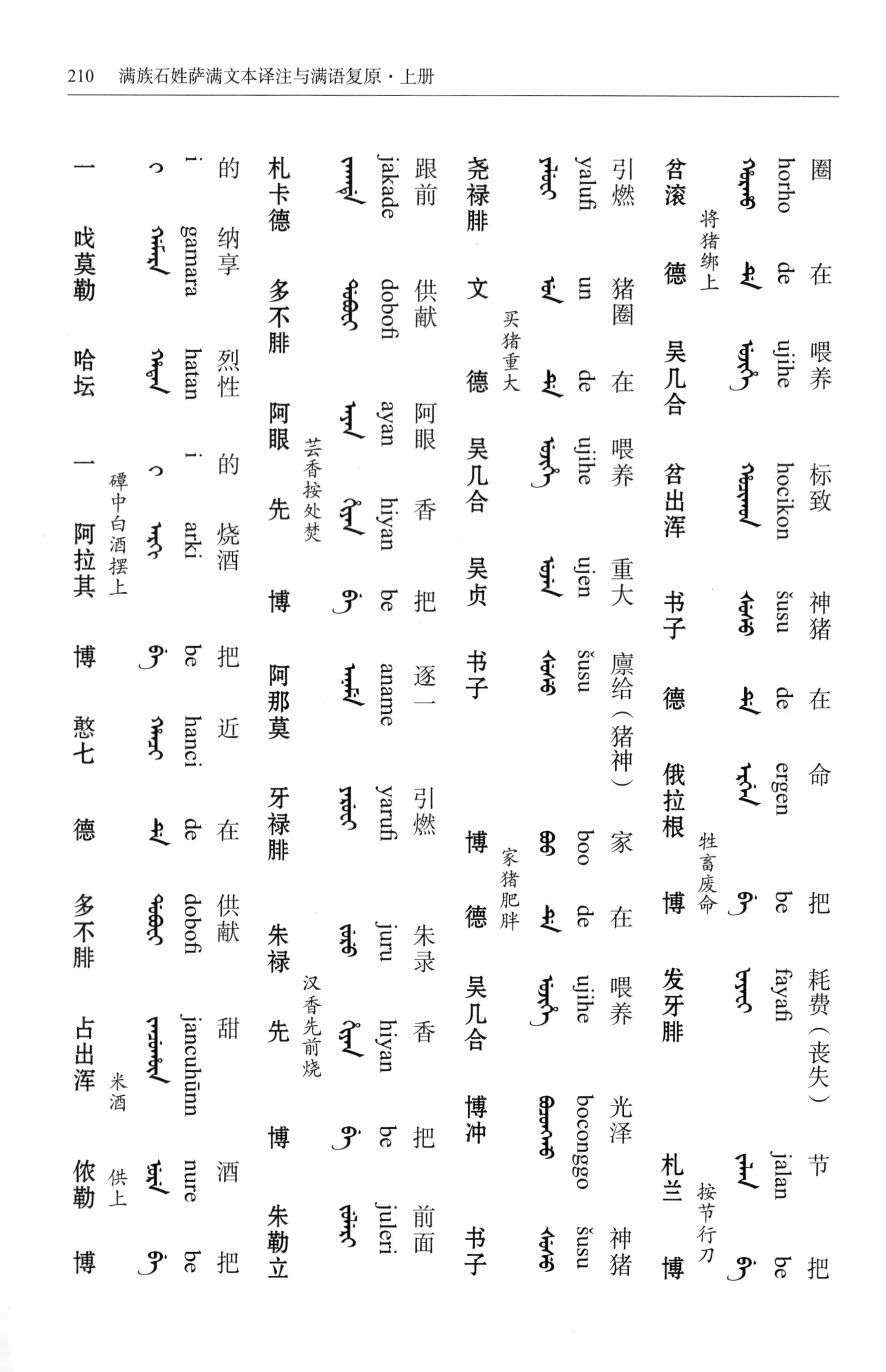

圈 在 喂养 标致 神猪 在 命 把 耗费（丧失） 节 把
horho de ujihe hocikon šusu de ergen be fayafi jalan be
将猪绑上 牲畜废命 按节行刀
岔滚 德 吴几合 岔出浑 书子 德 俄拉根 博 发牙腓 札兰 博

引燃 猪圈 在 喂养 重大 禀给（猪神） 家 在 喂养 光泽 神猪
yalufi un de ujihe ujen šusu boo de ujihe bocongo šusu
买猪重大 家猪肥胖
尧禄腓 文 德 吴几合 吴贞 书子 博 德 吴几合 博冲 书子

跟前 供献 阿眼 香 把 逐一 引燃 朱录 香 把 前面
jakade dobofi ayan hiyan be aname yarufi juru hiyan be juleri
芸香按处焚 汉香先前烧
札卡德 多不腓 阿眼 先 博 阿那莫 牙禄腓 朱禄 先 博 朱勒立

的 纳享 烈性 的 烧酒 把 近 在 供献 甜 酒 把
i gamara hatan i arki be hanci de dobofi jancuhūn nure be
礶中白酒摆上 米酒 供上
一 戕莫勒 哈坛 一 阿拉其 博 憨七 德 多不腓 占出浑 侬勒 博

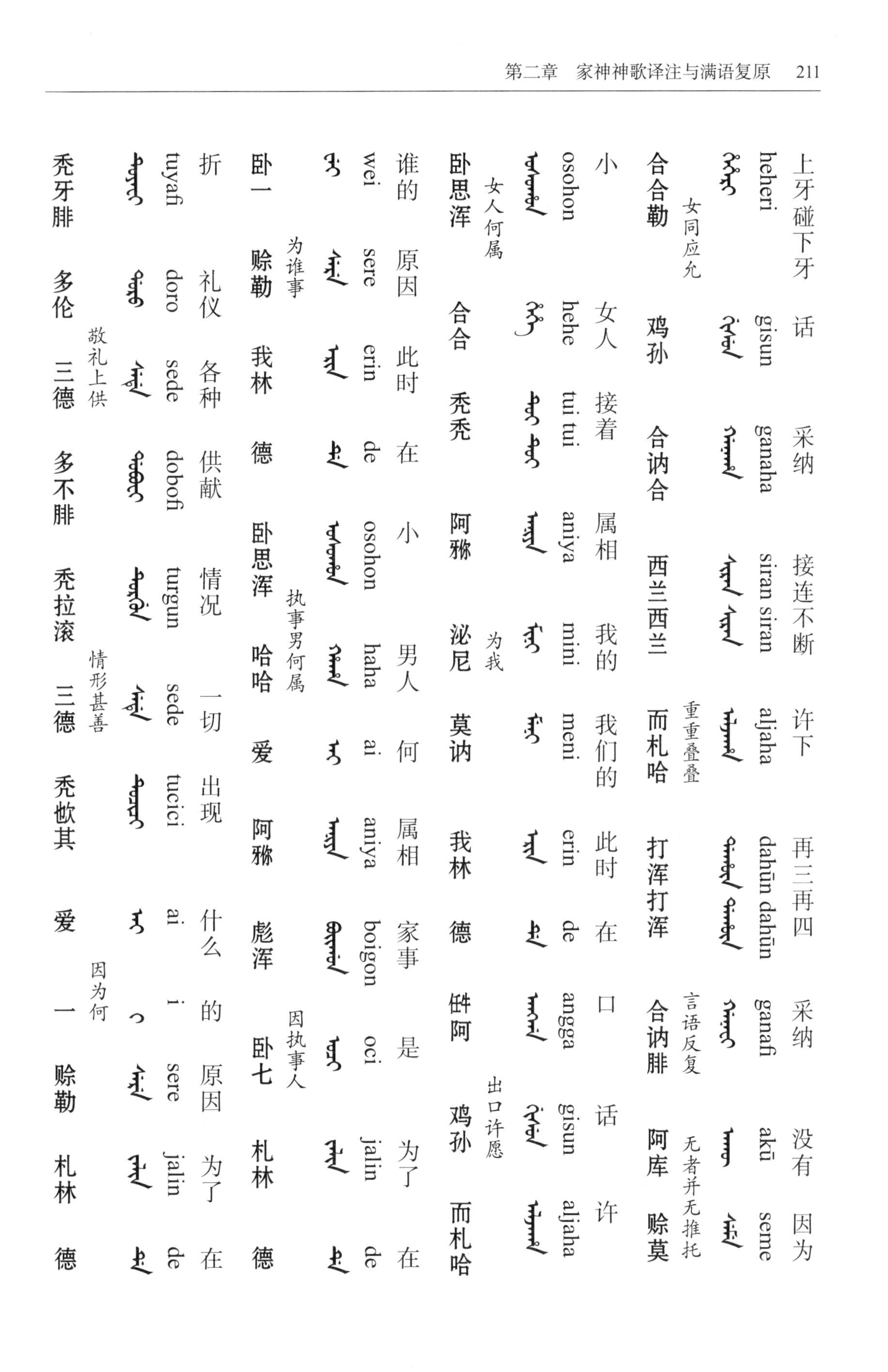

上牙碰下牙　话　采纳　接连不断　许下　再三再四　采纳　没有　因为

heheri gisun ganaha siran siran aljaha dahūn dahūn ganafi akū seme

女同应允　重重叠叠　言语反复　无者并无推托

合合勒　鸡孙　合讷合　西兰西兰　而札哈　打浑打浑　合讷腓　阿库　赊莫

小　女人　接着　属相　我的　我们的　此时　在　口　话　许

osohon hehe tui tui aniya mini meni erin de angga gisun aljaha

女人何属　为我　出口许愿

卧思浑　合合　秃秃　阿猕　泌尼　莫讷　我林　德　倂阿　鸡孙　而札哈

谁的　原因　此时　在　小　男人　何　属相　家事　是　为了　在

wei sere erin de osohon haha ai aniya boigon oci jalin de

为谁事　执事男何属　因执事人

卧一　赊勒　我林　德　卧思浑　哈哈　爱　阿猕　彪浑　卧七　札林　德

折　礼仪　各种　供献　情况　一切　出现　什么　的　原因　为了　在

tuyafi doro sede dobofi turgun sede tucici ai i sere jalin de

敬礼上供　情形甚善　因为何

秃牙腓　多伦　三德　多不腓　秃拉滚　三德　秃欻其　爱　一　赊勒　札林　德

准备了	高	桌	供献	木盘	桌	排列	智者	我们的	完结	愚者
belhefi	den	dere	doboho	fan	dere	faidaha	mergen	meni	wajifi	mentuhun
ᠪᡝᠯᡥᡝᡶᡳ	ᡩᡝᠨ	ᡩᡝᡵᡝ	ᡩᠣᠪᠣᡥᠣ	ᡶᠠᠨ	ᡩᡝᡵᡝ	ᡶᠠᡳᡩᠠᡥᠠ	ᠮᡝᡵᡤᡝᠨ	ᠮᡝᠨᡳ	ᠸᠠᠵᡳᡶᡳ	ᠮᡝᠨᡨᡠᡥᡠᠨ
博勒合腓	**很**	**德棱**	**多不哈**	**翻**	**德棱**	**翻他哈**	**莫拉根**	**莫讷**	**瓦几腓**	**闷秃浑**

高桌佰供　饭卓摆列　知明者少　愚鲁者多

糠	把	推除	大	阿木孙肉	制作	泔水	把	泼掉	清洁	阿木孙肉
ara	be	anafi	amba	amsun	weilefi	suran	be	suitafi	bolgo	amsun
ᠠᡵᠠ	ᠪᡝ	ᠠᠨᠠᡶᡳ	ᠠᠮᠪᠠ	ᠠᠮᠰᡠᠨ	ᠸᡝᡳᠯᡝᡶᡳ	ᠰᡠᡵᠠᠨ	ᠪᡝ	ᠰᡠᡳᡨᠠᡶᡳ	ᠪᠣᠯᡤᠣ	ᠠᠮᠰᡠᠨ
阿拉	**博**	**阿那腓**	**按巴**	**敖木朱**	**为勒腓**	**书拉**	**博**	**遂他腓**	**博勒浑**	**敖木朱**

推米出康作大供　以水为净　备用敬供

月	把	迎来	日	吉祥	新	在	月	的	吉祥	洁净	在
biya	be	alifi	inenggi	sain	ice	de	biya	i	sain	bolgo	de
ᠪᡳᠶᠠ	ᠪᡝ	ᠠᠯᡳᡶᡳ	ᡳᠨᡝᠩᡤᡳ	ᠰᠠᡳᠨ	ᡳᠴᡝ	ᡩᡝ	ᠪᡳᠶᠠ	ᡳ	ᠰᠠᡳᠨ	ᠪᠣᠯᡤᠣ	ᡩᡝ
叭	**博**	**阿立腓**	**一能尼**	**三**	**一车**	**德**	**叭**	**一**	**三**	**博拉浑**	**得**

卜定吉月良辰

推	没有	有	因为	温和	没有	旧	的	月	把	送走	新的
anaha	akū	bihe	seme	buncuhūn	akū	fe	i	biya	be	fudefi	ice
ᠠᠨᠠᡥᠠ	ᠠᡴᡡ	ᠪᡳᡥᡝ	ᠰᡝᠮᡝ	ᠪᡠᠨᠴᡠᡥᡡᠨ	ᠠᡴᡡ	ᡶᡝ	ᡳ	ᠪᡳᠶᠠ	ᠪᡝ	ᡶᡠᡩᡝᡶᡳ	ᡳᠴᡝ
阿那哈	**阿库**	**必合**	**赊莫**	**不出浑**	**阿库**	**佛**	**一**	**叭**	**博**	**付杜腓**	**一车**

有者亦无刻俭　旧月已过换新月

喜乐 处处 使 此 从 向前 此 从 向后 世代 把 更换
sebjen sede okini ere ci julesi ere ci amasi jalan be halame
ᠰᡝᠪᠵᡝᠨ ᠰᡝᡩᡝ ᠣᡴᡳᠨᡳ ᡝᡵᡝ ᠴᡳ ᠵᡠᠯᡝᠰᡳ ᡝᡵᡝ ᠴᡳ ᠠᠮᠠᠰᡳ ᠵᠠᠯᠠᠨ ᠪᡝ ᡥᠠᠯᠠᠮᡝ
赊博贞 三德 卧其尼 俄勒 七 朱勒西 俄勒 七 阿玛西 札兰 博 哈拉莫
往前至后 世代传流

各处神坛 责之 头 把 抬头 吉喜 处处 使 腮 把 抬起
juktensa wakašafi uju be tukiyeki urgun sede okini sencehe be tukiyeki
ᠵᡠᡴᡨᡝᠨᠰᠠ ᠸᠠᡴᠠᡧᠠᡶᡳ ᡠᠵᡠ ᠪᡝ ᡨᡠᡴᡳᠶᡝᡴᡳ ᡠᡵᡤᡠᠨ ᠰᡝᡩᡝ ᠣᡴᡳᠨᡳ ᠰᡝᠨᠴᡝᡥᡝ ᠪᡝ ᡨᡠᡴᡳᠶᡝᡴᡳ
朱克腾沙 瓦克侠腓 乌朱 博 秃欻其 乌拉滚 三德 卧其尼 赊车恨 博 秃欻其
抬头吉喜 台腮吉庆

往后 丢掉 过失 道 把 别 处 拿去 诸位神灵 慈爱
amasi waliyafi endebuku jugūn be encu bade gamaki endurisa jilafi
ᠠᠮᠠᠰᡳ ᠸᠠᠯᡳᠶᠠᡶᡳ ᡝᠨᡩᡝᠪᡠᡴᡠ ᠵᡠᡤᡡᠨ ᠪᡝ ᡝᠨᠴᡠ ᠪᠠᡩᡝ ᡤᠠᠮᠠᡴᡳ ᡝᠨᡩᡠᡵᡳᠰᠠ ᠵᡳᠯᠠᡶᡳ
阿玛西 瓦粒腓 恩德不库 朱滚 博 文辍 巴德 戕玛其 恩杜立沙 几拉腓
过犯拿出外边 神主容宽

在里 剩下了 神灵见罪之处 很多 有过失之处 很多 在 不合礼仪 处 若有
dolo funcehe aljabuhangge labdu endubuhengge fulu de aljaburengge ba bici
ᡩᠣᠯᠣ ᡶᡠᠨᠴᡝᡥᡝ ᠠᠯᠵᠠᠪᡠᡥᠠᠩᡤᡝ ᠯᠠᠪᡩᡠ ᡝᠨᡩᡠᠪᡠᡥᡝᠩᡤᡝ ᡶᡠᠯᡠ ᡩᡝ ᠠᠯᠵᠠᠪᡠᡵᡝᠩᡤᡝ ᠪᠠ ᠪᡳᠴᡳ
多洛 分车合 而札不恒俄 拉破杜 恩德不恒我 付禄 德 而札不棱我 巴 必七
过错太多 不好之处丢在后

各位瞒尼、神佛等。
乞请各位师傅，
跪地叩头。
屈身在尘地，
学习诵唱神歌。
为了祈祷，
家萨满何属相？
石姓子孙，
众姓氏之中的哪一姓氏祈祷。
在此时请神？
因为我们家族之事，
为了什么原因，

【译文】

大坛之前摆供五摞，
请沿尼西哈河降临。
来往于天地之间，
盘旋于日月，
尼贞不库，巴那额贞神，
二十名强汉随行。
四十名骑士护卫，
坐骑骏马出征。
统理征讨军务，
从高耸入云的白山而来。
红脸白山玛法总兵，
原居白山。
石姓部落[1]，

家家精心喂养，
早买神猪喂养在猪圈中，
点上了朱禄香。
引燃了阿眼香，
已供神坛前。
烈性烧酒，自制甜米酒，
在各处神坛供献了供品。
依照有事人此时所求的神灵，
纳享灿盛。
贝子随降，
统请降临
逐一宴请，

流传	把	的	礼仪	力	把	出	福	把	乞求
ulan	be	i	dorolome	hūsun	be	tucifi	hūturi	be	bairengge
ᡠᠯᠠᠨ	ᠪᡝ	ᡳ	ᡩᠣᡵᠣᠯᠣᠮᡝ	ᡥᡡᠰᡠᠨ	ᠪᡝ	ᡨᡠᠴᡳᡶᡳ	ᡥᡡᡨᡠᡵᡳ	ᠪᡝ	ᠪᠠᡳᡵᡝᠩᡤᡝ
				尽力求福					
弯	博	一	多洛莫	胡孙	博	秃七腓	胡秃立	博	伯棱俄

再三再四许下的请神祭祀，
必须采纳。
接连不断许下的愿，
不能不遵。
上牙碰下牙说出的话，
在此请神？
为了我们家族内的什么家事，
小女人何属相？
小男人何属相？
在此请神？
为了我们家族谁家的事情，
为了什么原因，
敬献各处神坛。
遵照各种传统礼仪，
神猪立刻丧命。
一切情形甚善，
按节行刀，
今将神猪按礼抓来，
神猪肥壮光彩、标致。

今是愚者多，智者少。
石姓子孙，
矮桌上木盘排列。
高桌上供献，
准备了清洁阿木孙肉。
制作了饽饽供品，
遵礼泼泔水。
推米除糠。
在洁净的祥月里，
在新的吉日里，
迎来了新月。
今已送走了旧月，
行为温和。
富者不因富有而刻俭，
穷者不因家穷而说没有，
阖族人员欣然举行祭祀，
必须实现。

敬神祭祀。
竭力求福，
敬神祭祀。
遵照礼仪，
世世代代，
从此往后，
抬腮处处吉庆如意。
抬头处处吉喜，
请各处神坛神灵保佑，
宽我子孙之过。
容我子孙之失，
诸位神灵慈爱，
统统远离。
不附阖族道德的过失，
把一切不合祭祀礼仪，
从此以后，
不合祭祀礼仪之处多。
神灵见罪之处多，
祭祀之中有过失之处多，

【语音注释】

1 赊勒（sere），据文本上下文内容，汉义应为「因为」一词。又汉转满语旁的翻清即汉义为「因为何」，即指出「赊勒」是「因为」之意。所以笔者译为「因为」，它应是由「赊木毕」变化而来，即「赊莫」（seme），汉义为「等因、等情、云云」等。

2 卧立勒（oilori），汉义原为「平白、浮面」，此处是指这位神灵威风形象，不仅有四十名骑兵作为护卫，而且还有二十名强壮男子步行随后。这里的「卧立勒」是指步行者，非骑马人，规范化汉字转写满语为「卧罗里」（oilori）。

3 尼贞不库 巴那俄贞（nijen buku bana ejen），这是石姓家族，也是其他姓氏，都有的两位神灵。「尼贞不库」，其中的「不库」（buku）是「善于摔跤者，会武的人」。「尼贞」（nijen），笔者认为是「俄贞」（ejen）的变音词汇，汉义为「主子、主人、君主」，此处应是摔跤的主人，「尼贞」有英雄之意，即「摔跤英雄」，也是武艺高强之人，为「武神」。「巴那俄贞」（bana ejen）。「巴」（ba）一词为「地方、场所」。「那」（na）为土地。「俄贞」前文已叙，为「主人」。根据其他文本和我们对萨满文化的调查，「俄贞」也有「俄莫」（eme）之称，即「母亲」之意。所以笔者认为「巴那俄贞」与「巴那俄莫」是满族不同社会历史时期的产物，而且对于「巴那俄贞」许多萨满和专家都认为是女神，应为「地母女神」。

【译文注释】

1 部落：神歌中注为「牛录」，并在其旁注有汉译「始居布落」（部落——笔者），所以这里的「牛录」是作为「部落」一词使用。

屈身 叩头 地 在 跪下 各位 师傅 等 各位 瞒尼 善佛

bukdari hengkin na de niyakūrafi geren sefu sede geren manni fucihi

ᠪᡠᡴᡩᠠᡵᡳ ᡥᡝᠩᡴᡳᠨ ᠨᠠ ᡩᡝ ᠨᡳᠶᠠᡴᡡᡵᠠᡶᡳ ᡤᡝᡵᡝᠨ ᠰᡝᡶᡠ ᠰᡝᡩᡝ ᡤᡝᡵᡝᠨ ᠮᠠᠨᠨᡳ ᡶᡠᠴᡳᡥᡳ

不克打立 恒亲 那 德 祢库拉腓 各棱 赊夫 三德 各棱 瞒尼 付七西

恳求诸位师夫各位瞒尼

属相 家萨满 使学习 诵唱 充当 为 在 尘 地 在

aniya boo i mukūn saman tacibufi hūlame alibure jalin de buraki na de

ᠠᠨᡳᠶᠠ ᠪᠣᠣ ᡳ ᠮᡠᡴᡡᠨ ᠰᠠᠮᠠᠨ ᡨᠠᠴᡳᠪᡠᡶᡳ ᡥᡡᠯᠠᠮᡝ ᠠᠯᡳᠪᡠᡵᡝ ᠵᠠᠯᡳᠨ ᡩᡝ ᠪᡠᡵᠠᡴᡳ ᠨᠠ ᡩᡝ

阿祢 兵恳沙玛 他七不腓 胡拉莫 阿立不勒 札林 德 不拉其 那 得

祷念祝赞　跪地叩拜

众姓氏 姓氏 姓氏 为 石 姓 此时 在 孙子 大的 什么

hasuri hala hala oci šekderi hala erin de omolo tomoro ai

ᡥᠠᠰᡠᡵᡳ ᡥᠠᠯᠠ ᡥᠠᠯᠠ ᠣᠴᡳ ᡧᡝᡴᡩᡝᡵᡳ ᡥᠠᠯᠠ ᡝᡵᡳᠨ ᡩᡝ ᠣᠮᠣᠯᠣ ᡨᠣᠮᠣᡵᠣ ᠠᡳ

哈苏立 哈拉 哈拉 卧七 石克特立 哈拉 俄林 德 卧木洛 多莫洛 爱

本姓　左石　子子孙孙　何属兵恳

三　淘米

ᠪᡝᠯᡝ ᠰᡠᡵᠠᠮᠪᡳ

bele surambi

小	男孩	女孩	口	话	许下	女	话	采纳	接连不断	
ajige	hahajuse	sarganjuse	angga	gisun	aljaha	hehe	gisun	ganaha	siran	siran
ᠠᠵᡳᡤᡝ	ᡥᠠᡥᠠᠵᡠᠰᡝ	ᠰᠠᡵᡤᠠᠨᠵᡠᠰᡝ	ᠠᠩᡤᠠ	ᡤᡳᠰᡠᠨ	ᠠᠯᠵᠠᡥᠠ	ᡥᡝᡥᡝ	ᡤᡳᠰᡠᠨ	ᡤᠠᠨᠠᡥᠠ	ᠰᡳᡵᠠᠨ	ᠰᡳᡵᠠᠨ
阿几各	**哈哈朱赊**	**沙拉干朱赊**	**昂阿**	**鸡孙**	**而札哈**	**合合**	**鸡孙**	**合讷合**	**西兰西兰**	

小男小女　男女出口许愿　再三再三的

此时	在	父	和	母	啊	他的	身	在	养育	兄	的	弟弟们	在	
erin	de	ama	i	eme	be	ini	beye	de	ujihe	ahūn	i	deote	de	
ᡝᡵᡳᠨ	ᡩᡝ	ᠠᠮᠠ	ᡳ	ᡝᠮᡝ	ᠪᡝ	ᡳᠨᡳ	ᠪᡝᠶᡝ	ᡩᡝ	ᡠᠵᡳᡥᡝ	ᠠᡥᡡᠨ	ᡳ	ᡩᡝᠣᡨᡝ	ᡩᡝ	
俄林	**德**	**阿玛**	**以**	**我莫**	**博**	**以尼**	**博热**	**德**	**吴几合**	**阿浑**	**以**	**斗特**	**德**	

父母　自本身　兄弟

何	属相	东家	是	为了	在	小	女人	接着		属相	我的	果然
ai	aniya	boigon	oci	jalin	de	osohon	hehe	tui	tui	aniya	mini	mene
ᠠᡳ	ᠠᠨᡳᠶᠠ	ᠪᠣᡳᡤᠣᠨ	ᠣᠴᡳ	ᠵᠠᠯᡳᠨ	ᡩᡝ	ᠣᠰᠣᡥᠣᠨ	ᡥᡝᡥᡝ	ᡨᡠᡳ	ᡨᡠᡳ	ᠠᠨᡳᠶᠠ	ᠮᡳᠨᡳ	ᠮᡝᠨᡝ
爱	**阿猕**	**彪浑**	**卧七**	**札林**	**德**	**卧思浑**	**合合**	**秃秃**		**阿猕**	**泌尼**	**莫讷**

因执事人　女何属　因为我

等	乞求	何	我们的	为	在	谁	的	我们的	因为	小	男人
sede	bairengge	ai	meni	jalin	de	we	i	meni	turgunde	osohon	haha
ᠰᡝᡩᡝ	ᠪᠠᡳᡵᡝᠩᡤᡝ	ᠠᡳ	ᠮᡝᠨᡳ	ᠵᠠᠯᡳᠨ	ᡩᡝ	ᠸᡝ	ᡳ	ᠮᡝᠨᡳ	ᡨᡠᡵᡤᡠᠨᡩᡝ	ᠣᠰᠣᡥᠣᠨ	ᡥᠠᡥᠠ
三德	**伯棱俄**	**爱一**	**讷莫**	**札林**	**德**	**卧**	**以**	**莫讷**	**秃拉滚德**	**卧思浑**	**哈哈**

因为何　为谁事　执事男何属

把 时 在 泉 水 把 留下 时 在 春天 把 耕种

be erin de šeri muke be werihe erin de niyengniyeri be tarire

ᠪᡝ ᡝᡵᡳᠨ ᡩᡝ ᡧᡝᡵᡳ ᠮᡠᡴᡝ ᠪᡝ ᠸᡝᡵᡳᡥᡝ ᡝᡵᡳᠨ ᡩᡝ ᠨᡳᠶᡝᠩᠨᡳᠶᡝᡵᡳ ᠪᡝ ᡨᠠᡵᡳᡵᡝ

博 我林 德 赊勒以[2] **木克 博 倭立哈 我林 得 儜尼立 博 他立勒**

泉水细流之时 春种秋收

把 使度过 富 秋 把 迎来 何 水 冰 在 冻

be dulembufi bayan bolori be okdome bira muke juhe de gecere

ᠪᡝ ᡩᡠᠯᡝᠮᠪᡠᡶᡳ ᠪᠠᠶᠠᠨ ᠪᠣᠯᠣᡵᡳ ᠪᡝ ᠣᡴᡩᠣᠮᡝ ᠪᡳᡵᠠ ᠮᡠᡴᡝ ᠵᡠᡥᡝ ᡩᡝ ᡤᡝᠴᡝᡵᡝ

博 杜棱不腓 巴眼 博洛立 博 卧克杜莫 必拉 木克 朱合 德 各七勒[1]

丰收富岁 河水成冰之时

日子 吉 新的 在 月 的 吉 清洁 在 绿色 春天

inenggi sain ice de biya i sain bolgo de niowanggiyan niyengniyeri

ᡳᠨᡝᠩᡤᡳ ᠰᠠᡳᠨ ᡳᠴᡝ ᡩᡝ ᠪᡳᠶᠠ ᡳ ᠰᠠᡳᠨ ᠪᠣᠯᡤᠣ ᡩᡝ ᠨᡳᠣᠸᠠᠩᡤᡳᠶᠠᠨ ᠨᡳᠶᡝᠩᠨᡳᠶᡝᡵᡳ

一能尼 三 一车 德 叭 一 三 博勒浑 德 牪尖 牛勒立

择于吉日良辰

许下 再三再四 采纳 旧 的 月 把 送走了 新 月 把 迎来了

aljaha dahūn dahūn ganaha fe i biya be fudefi ice biya be alifi

ᠠᠯᠵᠠᡥᠠ ᡩᠠᡥᡡᠨ ᡩᠠᡥᡡᠨ ᡤᠠᠨᠠᡥᠠ ᡶᡝ ᡳ ᠪᡳᠶᠠ ᠪᡝ ᡶᡠᡩᡝᡶᡳ ᡳᠴᡝ ᠪᡳᠶᠠ ᠪᡝ ᠠᠯᡳᡶᡳ

而札哈 打浑打浑 合讷腓 佛 以 叭 博 付杜腓 一车 叭 博 阿立腓

语言反复 旧月已过换新月

在 打 粘谷 把 扯断 取来 制作 粘谷 把 一齐收 取来
de tantame jeku be tadume gajiha weilehe jeku be bargiyadume gajifi
ᡩᡝ ᡨᠠᠨᡨᠠᠮᡝ ᠵᡝᡴᡠ ᠪᡝ ᡨᠠᡩᡠᠮᡝ ᡤᠠᠵᡳᡥᠠ ᠸᡝᡳᠯᡝᡥᡝ ᠵᡝᡴᡠ ᠪᡝ ᠪᠠᡵᡤᡳᠶᠠᡩᡠᠮᡝ ᡤᠠᠵᡳᡶᡳ
将粘谷打完 碾米已毕
德 坛打莫 折库 博 他杜莫 戉几哈 为立合 折库 博 巴拉粒杜莫 戉几腓

粒 穗 把 上 把 取用 在 二十 粒 穗 把 留下 把 取用
ori suihe be dergi be gaiha de orin ori suihe be weri be gaiha
ᠣᡵᡳ ᠰᡠᡳᡥᡝ ᠪᡝ ᡩᡝᡵᡤᡳ ᠪᡝ ᡤᠠᡳᡥᠠ ᡩᡝ ᠣᡵᡳᠨ ᠣᡵᡳ ᠰᡠᡳᡥᡝ ᠪᡝ ᠸᡝᡵᡳ ᠪᡝ ᡤᠠᡳᡥᠠ
穗上用 二十穗备用
歪立 遂浑 博 德拉鸡 博 街哈 得 卧林 歪立 遂浑 博 倭以 博 街哈

穗 把 拔 取来 千 的 穗 把 揉搓 取来 在 四十
suihe be tatafi gajiha minggan i suihe be monjime gaifi de dehi
ᠰᡠᡳᡥᡝ ᠪᡝ ᡨᠠᡨᠠᡶᡳ ᡤᠠᠵᡳᡥᠠ ᠮᡳᠩᡤᠠᠨ ᡳ ᠰᡠᡳᡥᡝ ᠪᡝ ᠮᠣᠨᠵᡳᠮᡝ ᡤᠠᡳᡶᡳ ᡩᡝ ᡩᡝᡥᡳ
千綑调径 四十
遂浑 博 坛打一 戉几哈 明安 一 遂浑 博 木几莫[3] 街腓 得 德西

秋天 把 收成 场院 的 黏谷 把 收获 打场 在 百 的
bolori be bargiyame falan i jeku be bargiyaha tufi de tanggū i
ᠪᠣᠯᠣᡵᡳ ᠪᡝ ᠪᠠᡵᡤᡳᠶᠠᠮᡝ ᡶᠠᠯᠠᠨ ᡳ ᠵᡝᡴᡠ ᠪᡝ ᠪᠠᡵᡤᡳᠶᠠᡥᠠ ᡨᡠᡶᡳ ᡩᡝ ᡨᠠᠩᡤᡡ ᡳ
将粘谷拉道场中 百捆径择
博勒立 博 巴拉鸦莫 伐兰 以 折库 博 巴拉鸦哈 杜腓 德 汤吴 以

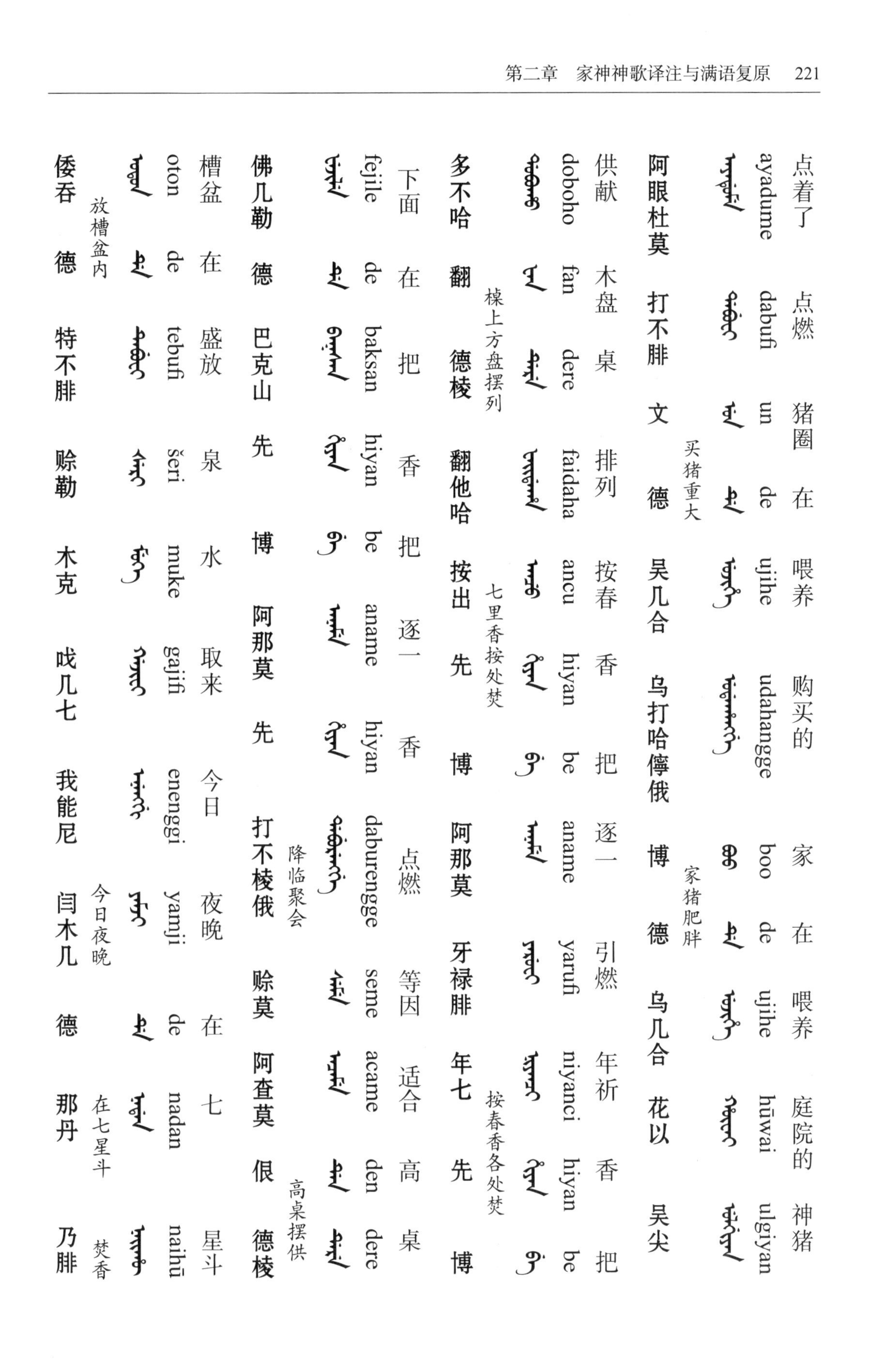

点着了 点燃 猪圈 在 喂养 购买的 家 在 喂养 庭院的 神猪
ayadume dabufi un de ujihe udahangge boo de ujihe hūwai ulgiyan
买猪重大　家猪肥胖
阿眼杜莫 打不腓 文 德 吴几合 乌打哈儜俄 博 德 乌几合 花以 吴尖

供献 木盘 桌 排列 按春 香 把 逐一 引燃 年祈 香 把
doboho fan dere faidaha ancu hiyan be aname yarufi niyanci hiyan be
椂上方盘摆列　七里香按处焚　按春香各处焚
多不哈 翻 德棱 翻他哈 按出 先 博 阿那莫 牙禄腓 年七 先 博

下面 在 把 香 把 逐一 香 点燃 等因 适合 高 桌
fejile de baksan hiyan be aname hiyan daburengge seme acame den dere
降临聚会　高桌摆供
佛几勒 德 巴克山 先 博 阿那莫 先 打不棱俄 赊莫 阿查莫 佷 德棱

槽盆 在 盛放 泉 水 取来 今日 夜晚 在 七 星斗
oton de tebufi šeri muke gajifi enenggi yamji de nadan naihū
放槽盆内　今日夜晚　在七星斗　焚香
倭吞 德 特不腓 赊勒 木克 戙几七 我能尼 闫木几 德 那丹 乃腓

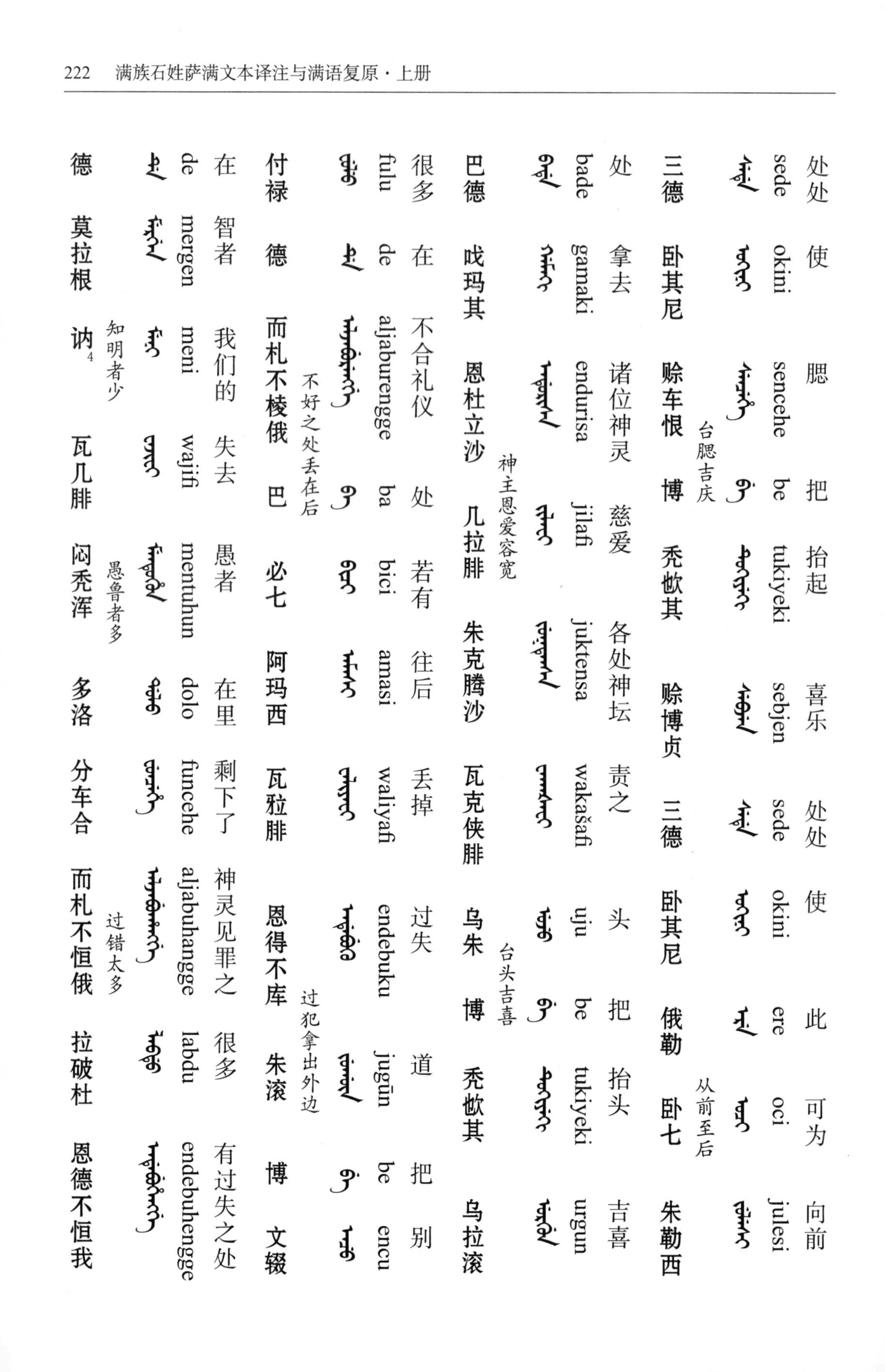

处处 使 腮 把 抬起 喜乐 处处 使 此 可为 向前
sede okini senche be tukiyeki sebjen sede okini ere oci julesi
三德 卧其尼 赊车根 博 秃欻其 赊博贞 三德 卧其尼 俄勒 卧七 朱勒西
台腮吉庆 从前至后

处 拿去 诸位神灵 慈爱 各处神坛 责之 头 把 抬头 吉喜
bade gamaki endurisa jilafi juktensa wakašafi uju be tukiyeki urgun
巴德 戗玛其 恩杜立沙 几拉腓 朱克腾沙 瓦克侠腓 乌朱 博 秃欻其 乌拉滚
神主恩爱容宽 台头吉喜

很多 在 不合礼仪 处 若有 往后 丢掉 过失 道 把 别
fulu de aljaburengge ba bici amasi waliyafi endebuku jugūn be encu
付禄 德 而札不棱俄 巴 必七 阿玛西 瓦粒腓 恩得不库 朱滚 博 文辍
不好之处丢在后 过犯拿出外边

在 智者 我们的 失去 愚者 在里 剩下了 神灵见罪之 很多 有过失之处
de mergen meni wajifi mentuhun dolo funcehe aljabuhangge labdu endebuhengge
知明者少 愚鲁者多 过错太多
德 莫拉根 讷[4] 瓦几腓 闷秃浑 多洛 分车合 而札不恒俄 拉破杜 恩德不恒我

跪地叩头。
屈身在尘地，
家萨满何属相？
在此祈祷。
石姓子孙，
众姓之中的哪一姓？

【译文】

谁家之事请神？
为我们家族的，
是什么原因？
各位瞒尼善佛。
乞请各位师傅，
祈祷神灵。
学习诵唱神歌，

曾亲口许愿，
男女东家，
小男小女们。
兄弟之情，
为父母养育之恩，
此时为我之事请神。
男女东家何属相？

出	福	把	乞求
tucifi	hūturi	be	bairengge
ᡨᡠᠴᡳᡶᡳ	ᡥᡡᡨᡠᡵᡳ	ᠪᡝ	ᠪᠠᡳᡵᡝᠩᡤᡝ
秃七腓	**胡秃立**	**博**	**伯棱俄**

此	可为	向后	世代	把	更换	流传	把	的	礼仪	力	把
ere	oci	amasi	jalan	be	halame	ulan	be	i	dorolome	hūsun	be
ᡝᡵᡝ	ᠣᠴᡳ	ᠠᠮᠠᠰᡳ	ᠵᠠᠯᠠᠨ	ᠪᡝ	ᡥᠠᠯᠠᠮᡝ	ᡠᠯᠠᠨ	ᠪᡝ	ᡳ	ᡩᠣᡵᠣᠯᠣᠮᡝ	ᡥᡡᠰᡠᠨ	ᠪᡝ
			世代传流							出力求福	
我勒	**卧七**	**阿玛西**	**札兰**	**博**	**哈拉莫**	**乌兰**	**博**	**以**	**多洛莫**	**胡孙**	**博**

以作祭神之用。
每穗有四十粒以上的谷子，
揉搓。
在百穗、千穗中选拔，
将粘谷收获在场院里，
秋天收成的季节里，
在春天早已播种，
泉水缓缓细流时。
在河水即将结冰，
迎来富秋之时。
今已度过绿春之际，
在洁净的祥月里。
在新的吉日里，
迎来了新月。
今已送走了旧月，
再三再四采纳。
接连不断许愿，
必须采纳。

神猪肥壮、标致，
精心圈养庭院中。
购买的神猪，
点燃了年祈香。
逐一引燃了按春香，
矮桌上木盘排列。
高桌上供献，
逐一点燃了把子香。
遵照祭祀礼仪，
今晚在七星斗下祈祷神灵。
精心淘洗[3]。
倒入泉水[2]，
放入槽盆[1]，
今取来贮藏供谷，
除糠已毕。
场院中脱粒，
将留于备用。
每穗有二十粒的谷子，

世代流传。
竭力求福，
敬神祭祀。
遵照礼仪，
世世代代，
从此往后，
抬腮处处吉庆如意。
抬头处处吉喜，
请各处神坛神灵保佑，
宽我子孙之过。
容我子孙之失，
诸位神灵慈爱，
不合祭祀礼仪之处多。
神灵见罪之处多，
祭祀之中有过失之处多，
今是愚者多，智者少。
石姓子孙，
全身纯黑。

【语音注释】

1 各七勒（gecire），汉义为『冻』，规范化汉字转写满语为『各车勒』（gecere）。

2 赊勒以（serei），汉义为泉水之『泉』，规范化汉字转写满语为『赊哩』（seri）。

3 木几莫（mujime），汉义为『揉搓』，规范化汉字转写满语为『毛几莫』（monjime）

4 讷（ne），此处应为『莫讷』，其规范化汉字转写满语应是『莫尼』（meni），即『我们的』。

【译文注释】

1 槽盆：淘洗供米的盆，叫槽盆。早先的槽盆是用石制，后改为木盆了。

2 泉水：淘米所用之水，早先必须用泉水，后改用井水，但也必须是刚从井中取来的水，这样才是洁净的。

3 淘洗：这里指淘米，即淘米做供糕或『饽饽』的黏米。

地 在 屈身 叩头 地 在 跪下 白 山 山林 从 降临
ᠨᠠ ᡩᡝ ᠪᡠᡴᡩᠠᡵᡳ ᡥᡝᠩᡴᡳᠨ ᠨᠠ ᡩᡝ ᠨᡳᠶᠠᡴᡡᡵᠠᡶᡳ ᡧᠠᠨᠶᠠᠨ ᠠᠯᡳᠨ ᠠᠯᡳᠨ ᠴᡳ ᠸᠠᠰᡳᡴᠠ
na de bukdari hengkin na de niyakūrafi šanyan alin alin ci wasika
那 德 不克打立 恒亲 那 德 祢库拉腓 山眼 阿林 阿林 七 瓦西哈

依白山而来

什么 属相 家族 萨满 使学习 诵唱 充当 为 在 尘
ᠠᡳ ᠠᠨᡳᠶᠠ ᠪᠣᠣ ᡳ ᠮᡠᡴᡡᠨ ᠰᠠᠮᠠᠨ ᡨᠠᠴᡳᠪᡠᡶᡳ ᡥᡡᠯᠠᠮᡝ ᠠᠯᡳᠪᡠᡵᡝ ᠵᠠᠯᡳᠨ ᡩᡝ ᠪᡠᡵᠠᡴᡳ
ai aniya boo i mukūn saman tacibufi hūlame alibure jalin de buraki
爱 阿祢 兵恳 沙玛 他其不腓 胡拉莫 阿立不勒 札林 德 不拉其

兵恳祝神人何属 祝赞念诵 跪地叩拜

众姓氏 姓氏 姓氏 为 石 姓 此时 在 孙子 儿子们 众孙
ᡥᠠᠰᡠᡵᡳ ᡥᠠᠯᠠ ᡥᠠᠯᠠ ᠣᠴᡳ ᡧᡝᡴᡩᡝᡵᡳ ᡥᠠᠯᠠ ᡝᡵᡳᠨ ᡩᡝ ᠣᠮᠣᠯᠣ ᠵᡠᠰᡝ ᠣᠮᠣᠰᡳ
hasuri hala hala oci šekderi hala erin de omolo juse omosi
哈苏立 哈拉 哈拉 卧七 石克特立 哈拉 我林 德 卧莫洛 朱赊 卧莫西

本姓左石 子子孙孙

四 佛多妈妈 换锁（柳枝祭）

ᡶᠣᡩᠣ ᠮᠠᠮᠠ
fodo mama

此时 在 繁衍 生育的 多 多 儿子们 孙子们 在 绿色

erin de fuseke fusehengge fulu fulu juse omosi de niowanggiyan

ᡝᡵᡳᠨ ᡩᡝ ᡶᡠᠰᡝᡴᡝ ᡶᡠᠰᡝᡥᡝᠩᡤᡝ ᡶᡠᠯᡠ ᡶᡠᠯᡠ ᠵᡠᠰᡝ ᠣᠮᠣᠰᡳ ᡩᡝ ᠨᡳᠣᠸᠠᠩᡤᡳᠶᠠᠨ

俄棱 德 付赊合 付思恒我 付禄 付禄 朱赊 卧莫稀 德 倂尖

所生 苗裔之多 候到秋成

石 姓 小 女人 身 在 所生 何 属相 我的 我们的

šekderi hala osohon hehe beye de ujihe ai aniya mini meni

ᡧᡝᡴᡩᡝᡵᡳ ᡥᠠᠯᠠ ᠣᠰᠣᡥᠣᠨ ᡥᡝᡥᡝ ᠪᡝᠶᡝ ᡩᡝ ᡠᠵᡳᡥᡝ ᠠᡳ ᠠᠨᡳᠶᠠ ᠮᡳᠨᡳ ᠮᡝᠨᡳ

石克特立 哈拉 卧思浑 合合 博热 德 乌几合 爱 阿猕 泌尼 莫讷

石姓执女何属 己身所生 为我事

的 英明 家神 玛法 祀神 旧的 季节 在 柳枝 送

i nari weceku mafa juktehe fei forgon de fodo fudehe

ᡳ ᠨᠠᡵᡳ ᠸᡝᠴᡝᡴᡠ ᠮᠠᡶᠠ ᠵᡠᡴᡨᡝᡥᡝ ᡶᡝᡳ ᡶᠣᡵᡤᠣᠨ ᡩᡝ ᡶᠣᡩᠣ ᡶᡠᡩᡝᡥᡝ

一 那立 卧车库 玛法 朱克特合 佛一 佛拉滚 德 佛多 付杜库[1]

祀祖神灵 陈柳枝到季改换

石 姓 佛多（柳枝祭） 妈妈 乞求 万 的 神通 千

šekderi hala fodo mama bairengge tumen i ari minggan

ᡧᡝᡴᡩᡝᡵᡳ ᡥᠠᠯᠠ ᡶᠣᡩᠣ ᠮᠠᠮᠠ ᠪᠠᡳᡵᡝᠩᡤᡝ ᡨᡠᠮᡝᠨ ᡳ ᠠᡵᡳ ᠮᡳᠩᡤᠠᠨ

石克特立 哈拉 佛杜 妈妈 伯楞俄 秃门 一 阿立 明安

恳求石姓始母 万古神灵通天

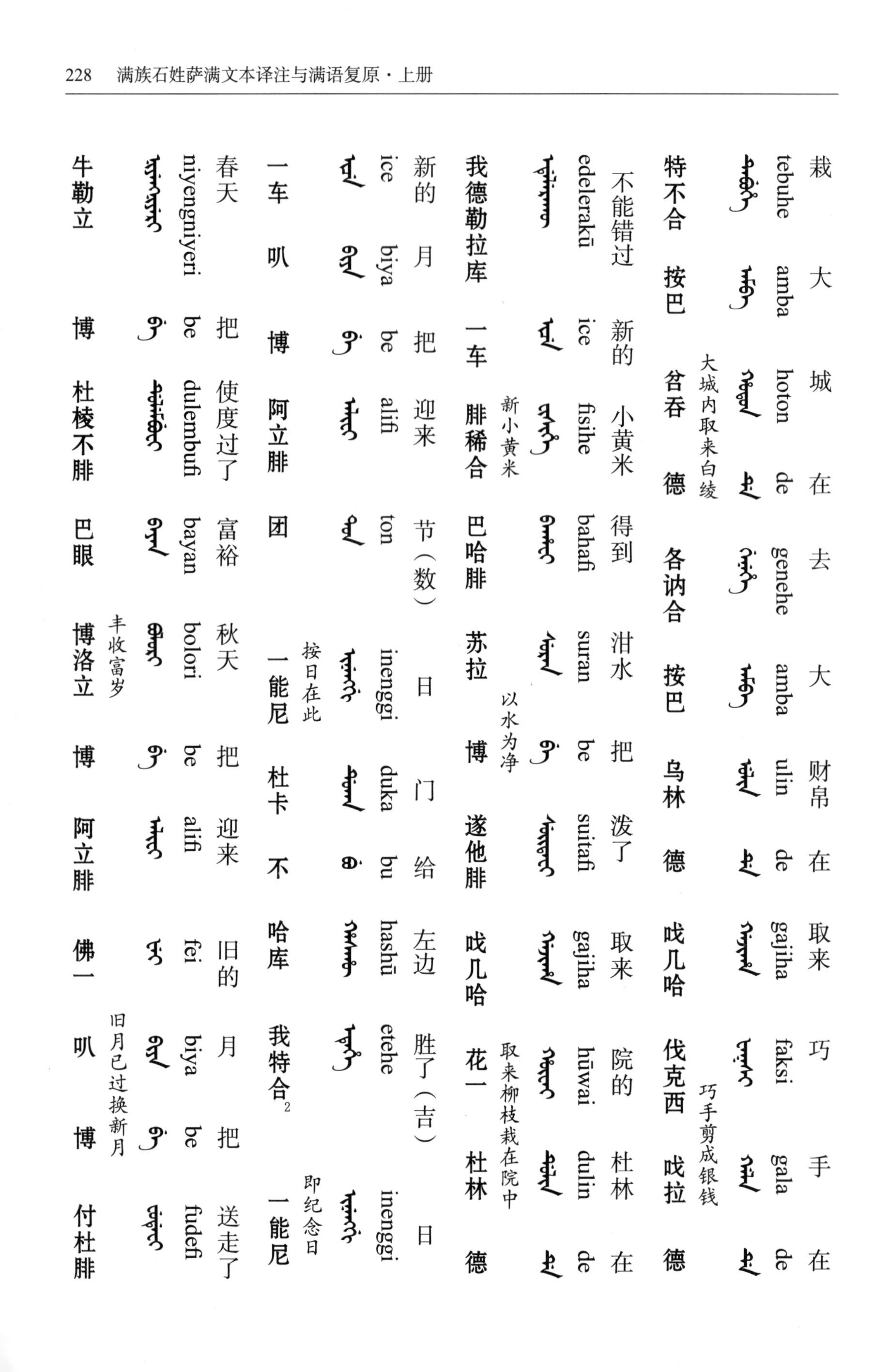

栽	大	城	在	去	大	财帛	在	取来	巧	手	在
tebuhe	amba	hoton	de	genehe	amba	ulin	de	gajiha	faksi	gala	de
特不合	**按巴**	**谷吞**	**德**	**各讷合**	**按巴**	**乌林**	**德**	**戕几哈**	**伐克西**	**戕拉**	**德**

大城内取来白绫　巧手剪成银钱

不能错过	新的	小黄米	得到	泔水	把	泼了	取来	院的	杜林	在
edelerakū	ice	fisihe	bahafi	suran	be	suitafi	gajiha	hūwai	dulin	de
我德勒拉库	**一车**	**腓稀合**	**巴哈腓**	**苏拉**	**博**	**遂他腓**	**戕几哈**	**花一**	**杜林**	**德**

新小黄米　以水为净　取来柳枝栽在院中

新的	月	把	迎来	节（数）	日	门	给	左边	胜了（吉）	日
ice	biya	be	alifi	ton	inenggi	duka	bu	hashū	etehe	inenggi
一车	**叭**	**博**	**阿立腓**	**团**	**一能尼**	**杜卡**	**不**	**哈库**	**我特合**[2]	**一能尼**

按日在此　即纪念日

春天	把	使度过了	富裕	秋天	把	迎来	旧的	月	把	送走了
niyengniyeri	be	dulembufi	bayan	bolori	be	alifi	fe	biya	be	fudefi
牛勒立	**博**	**杜棱不腓**	**巴眼**	**博洛立**	**博**	**阿立腓**	**佛一**	**叭**	**博**	**付杜腓**

丰收富岁　旧月已过换新月

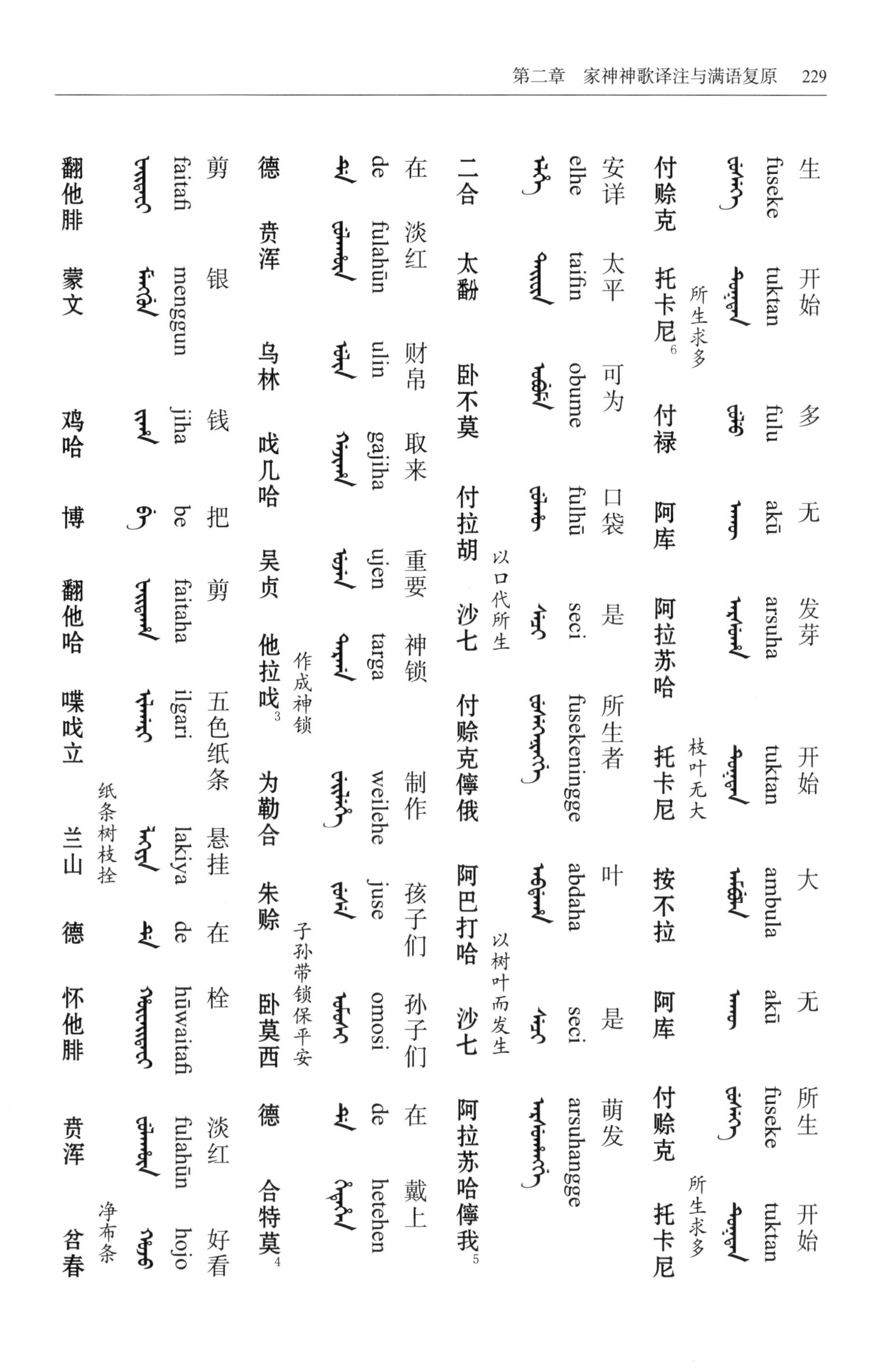

生　开始　多　无　发芽　开始　大　无　所生　开始

fuseke tuktan fulu akū arsuha tuktan ambula akū fuseke tuktan

付赊克　托卡尼[6]　付禄　阿库　阿拉苏哈　托卡尼　按不拉　阿库　付赊克　托卡尼

所生求多　枝叶无大　所生求多

安详　太平　可为　口袋　是　所生者　叶　是　萌发

elhe taifin obume fulhū seci fusekeningge abdaha seci arsuhangge

二合　太翻　卧不莫　付拉胡　沙七　付赊克儜俄　阿巴打哈　沙七　阿拉苏哈儜我[5]

以口代所生　以树叶而发生

在　淡红　财帛　取来　重要　神锁　制作　孩子们　孙子们　在　戴上

de fulahūn ulin gajiha ujen targa weilehe juse omosi de hetehen

德　赍浑　乌林　戕几哈　吴贞　他拉戕[3]　为勒合　朱赊　卧莫西　德　合特莫[4]

作成神锁　子孙带锁保平安

剪　银　钱　把　剪　五色纸条　悬挂　在　栓　淡红　好看

faitafi menggun jiha be faitaha ilgari lakiya de hūwaitafi fulahūn hojo

翻他腓　蒙文　鸡哈　博　翻他哈　喋戕立　兰山　德　怀他腓　赍浑　豁春

纸条树枝拴　净布条

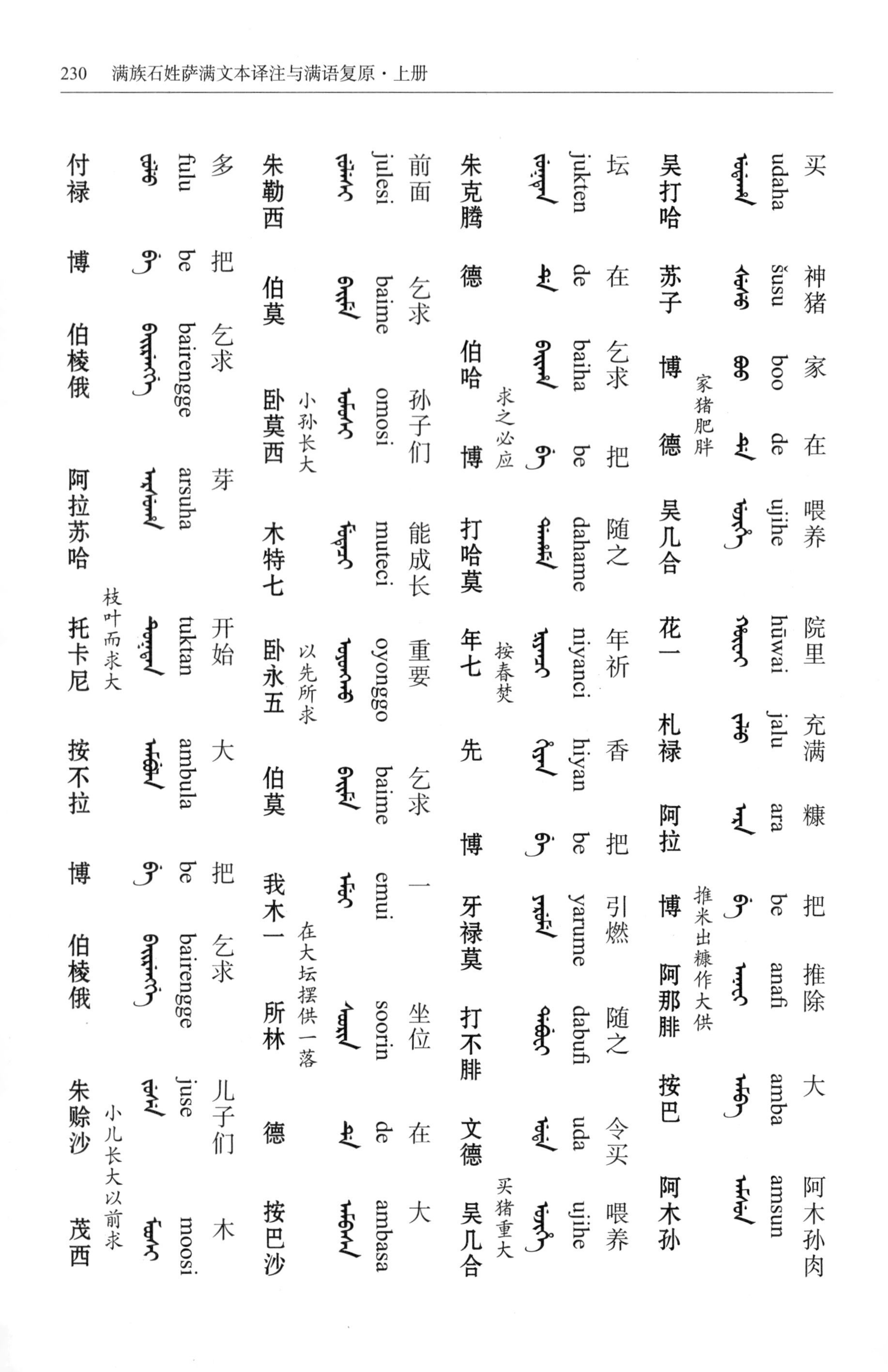

买	神猪	家	在	喂养	院里	充满	糠	把	推除	大	阿木孙肉
udaha	šusu	boo	de	ujihe	hūwai	jalu	ara	be	anafi	amba	amsun
吴打哈	苏子	博	德	吴几合	花一	札禄	阿拉	博	阿那腓	按巴	阿木孙

家猪肥胖 推米出糠作大供

坛	在	乞求	把	随之	年祈	香	把	引燃	随之	令买	喂养
jukten	de	baiha	be	dahame	niyanci	hiyan	be	yarume	dabufi	uda	ujihe
朱克腾	德	伯哈	博	打哈莫	年七	先	博	牙禄莫	打不腓	文德	吴几合

求之必应 按春焚 买猪重大

前面	乞求	孙子们	能成长	重要	乞求	一	坐位	在	大
julesi	baime	omosi	muteci	oyonggo	baime	emui	soorin	de	ambasa
朱勒西	伯莫	卧莫西	木特七	卧永五	伯莫	我木一	所林	德	按巴沙

小孙长大 以先所求 在大坛摆供一落

多	把	乞求	芽	开始	大	把	乞求	儿子们	木
fulu	be	bairengge	arsuha	tuktan	ambula	be	bairengge	juse	moosi
付禄	博	伯棱俄	阿拉苏哈	托卡尼	按不拉	博	伯棱俄	朱赊沙	茂西

枝叶而求大 小儿长大以前求

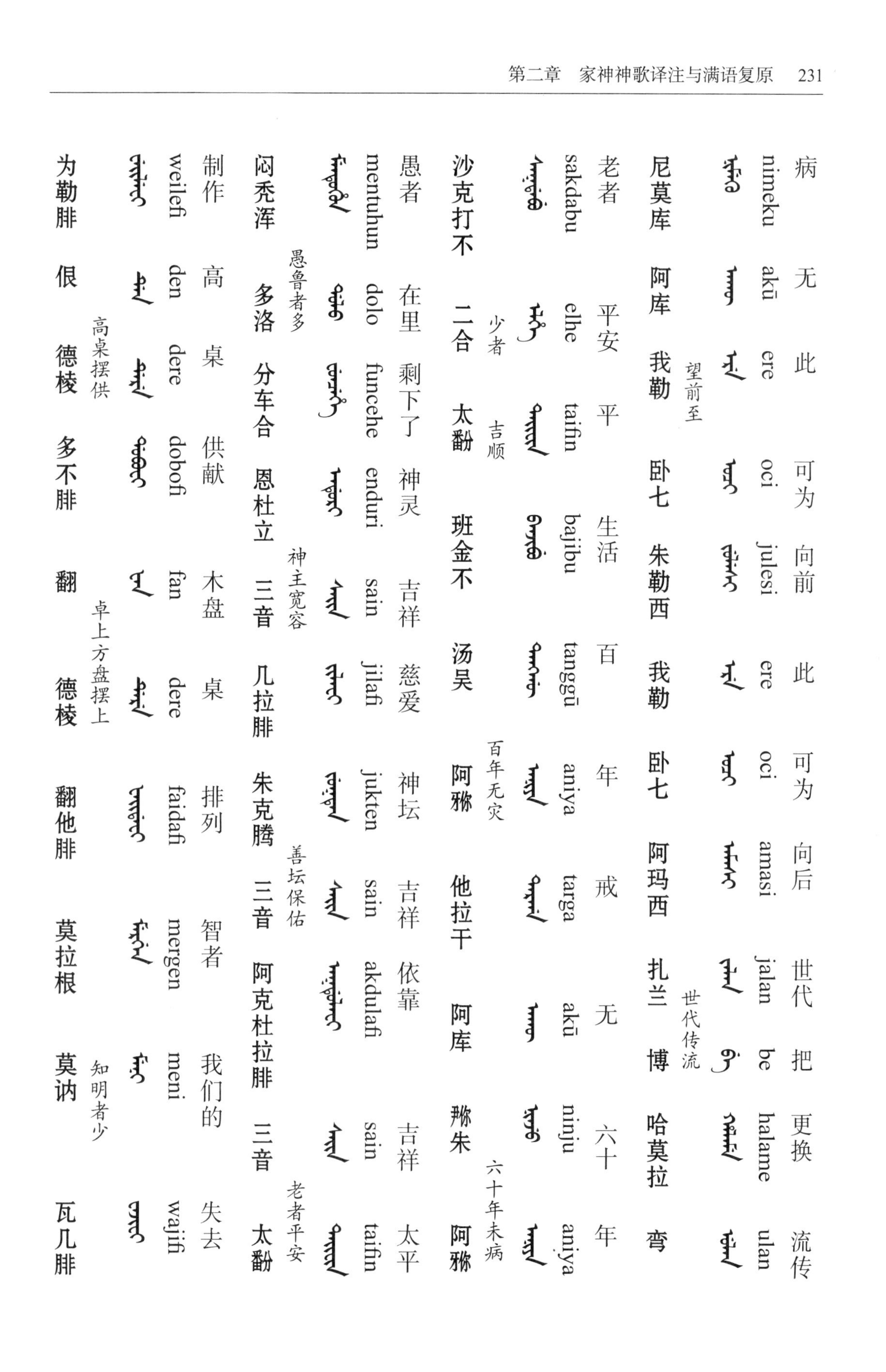

病　无　此　可为　向前　此　可为　向后　世代　把　更换　流传

nimeku akū ere oci julesi ere oci amasi jalan be halame ulan

尼莫库　阿库　我勒　卧七　朱勒西　我勒　卧七　阿玛西　扎兰　博　哈莫拉　弯

望前至　世代传流

老者　平安　平　生活　百　年　戒　无　六十　年

sakdabu elhe taifin bajibu tanggū aniya targa akū ninju aniya

沙克打不　二合　太翂　班金不　汤吴　阿猕　他拉干　阿库　猕朱　阿猕

少者　吉顺　百年无灾　六十年未病

愚者　在里　剩下了　神灵　吉祥　慈爱　神坛　吉祥　依靠　吉祥　太平

mentuhun dolo funcehe enduri sain jilafi jukten sain akdulafi sain taifin

闷秃浑　多洛　分车合　恩杜立　三音　几拉腓　朱克腾　三音　阿克杜拉腓　三音　太翂

愚鲁者多　神主宽容　善坛保佑　老者平安

制作　高　桌　供献　木盘　桌　排列　智者　我们的　失去

weilefi den dere dobofi fan dere faidafi mergen meni wajifi

为勒腓　佷　德棱　多不腓　翻　德棱　翻他腓　莫拉根　莫讷　瓦几腓

高桌摆供　卓上方盘摆上　知明者少

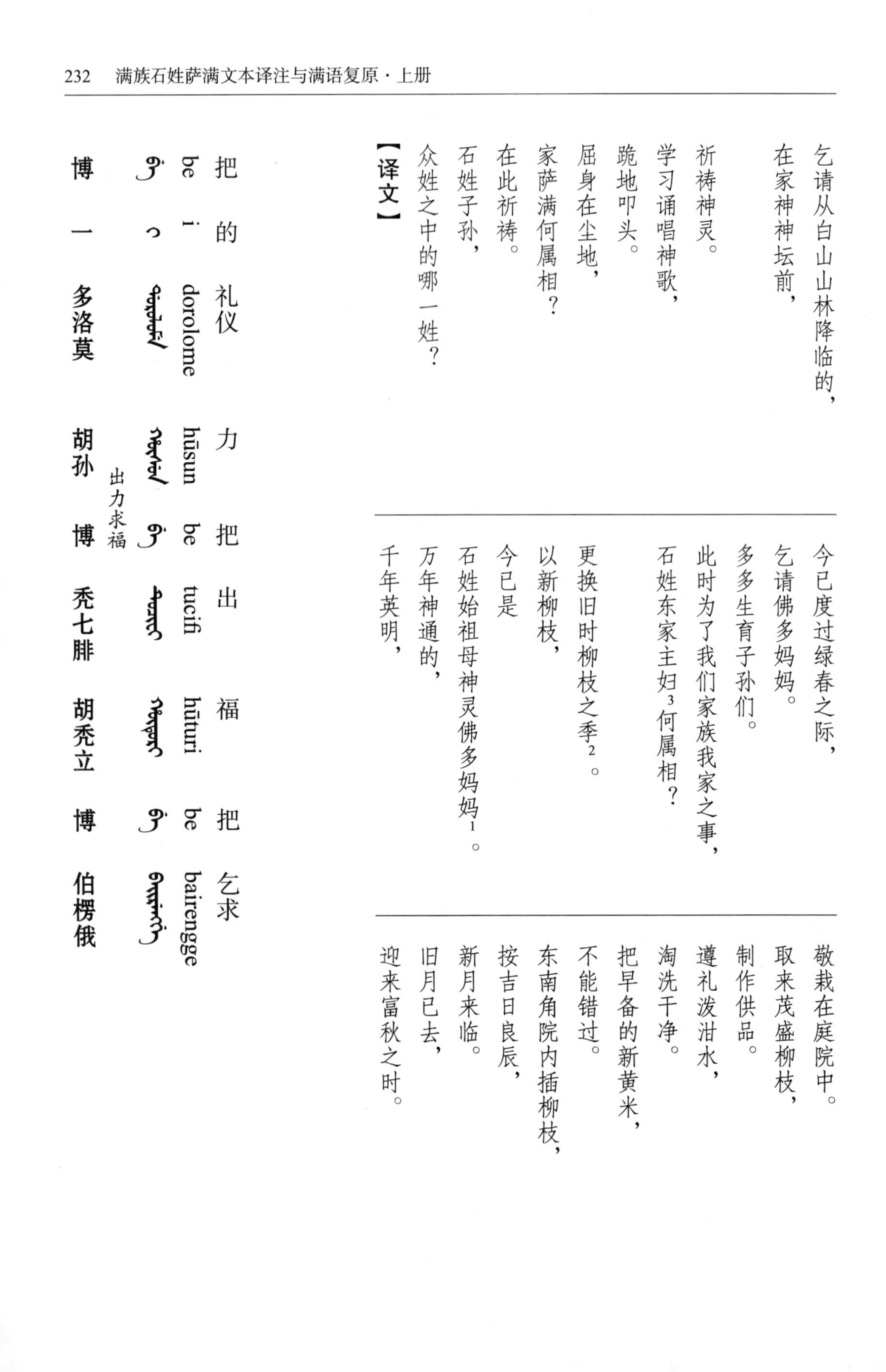

乞请从白山山林降临的，
在家神神坛前，

祈祷神灵。
学习诵唱神歌，
跪地叩头。
屈身在尘地，
家萨满何属相？
在此祈祷。
石姓子孙，
众姓之中的哪一姓？

【译文】

今已度过绿春之际，
乞请佛多妈妈。
多多生育子孙们。
此时为了我们家族我家之事，
石姓东家主妇[3]何属相？
更换旧时柳枝之季[2]。
以新柳枝，
今已是
石姓始祖母神灵佛多妈妈[1]。
万年神通的，
千年英明，

敬栽在庭院中。
取来茂盛柳枝，
制作供品。
遵礼泼泔水，
淘洗干净。
把早备的新黄米，
不能错过。
东南角院内插柳枝，
按吉日良辰，
新月来临。
旧月已去，
迎来富秋之时。

把	的	礼仪	力	把	出	福	把	乞求
be	i	dorolome	hūsun	be	tucifi	hūturi	be	bairengge
博	一	多洛莫	胡孙	博	秃七腓	胡秃立	博	伯楞俄

出力求福

繁茂壮大，
枝大叶多，
乞求佛多妈妈，
为百姓繁荣昌盛，
袋大子孙多。
以口袋所生，
子孙带锁保平安，

制作了神锁[5]。
取来洁净彩线，
彩条挂在柳枝上。
巧手剪成银钱[4]，
取来白绫彩帛，
从大城市中，

推米除糠作大供。
家猪肥胖。
买猪重大，

引燃了年祈香。
求之必应，
乞请佛多妈妈降临纳享。
今大坛前摆放供品，
必重佛多妈妈祭祀。
凡行祭祀，

如木之繁荣。
如木之茂盛，
繁衍无穷。

出力求福。
世代传统，
往前往后，
六十年无病。
百年无灾，
少者吉顺。
老者平安，
善坛保佑，
神主宽容，
智者少，愚者多。

矮桌木盘排列。
高桌供献，

【语音注释】

1 付杜库（fuduku），此处汉义应为送出去之『送』，规范化的汉字转写满语为『付德赫』（fudehe）。

2 我特合（etehe），此词的原意为取胜之『胜、赢』，此处引申为吉祥之『吉』。

3 他拉戕（targa），汉义为神锁，它是忌门的草把，或是萨满跳神时在庭院中，或是正房的东南角上等处，所竖立的柳枝，所系拴上的布条、丝线等物，即成为『他拉嘎』。这一『他拉嘎』经过萨满跳神祭祀后，被认为有了神力，能保护子孙平安、健康。故民间称为『神锁』。

4 合特莫（heteme），此处汉义应为『戴上』。此处规范化汉字转写满语应为『和特恨』（hetehen）。其原意为『挂钉』。笔者用『和特恨』引申为『戴上』。

5 阿拉苏哈拧俄（arsuhangge），汉义为『萌发的』，它的规范化汉字转写满语为『阿尔苏哈俄』（arsuhangge）。

6 托卡尼（tukni），汉义为『开始、初始』，规范化汉字转写满语为『图克坛』（tuktan）。

【译文注释】

1 佛多妈妈：神本中写成『佛杜妈妈』。佛多妈妈的祭祀活动曾被录像，具体承担跳神的是石宗祥、石文太两位家萨满。此时的佛多妈妈神坛，不仅在西炕前，更主要的是在房屋内的东南角下，有一矮桌。供品中有一只鸭子、三摞供糕、一个汉香炉和一个年祈香炉。

2 更换旧时柳枝：这一句的满语是『团一能尼杜卡不哈库』，直译为『按节日给左边门前』换柳枝，即将房屋内东南角上的旧柳枝更换为新柳枝。

3 东家主妇：满文为『卧思浑合合』，译为『小女人』，是谦虚之意。指举行祭祀之家的主妇，即东家主妇。

4 银钱：这里是指挂在柳枝上的五彩纸条。

5 神锁：是从各家中搜集来的黑、白、蓝三色线，三线合在一起挂在子孙绳上，此线称为神锁。

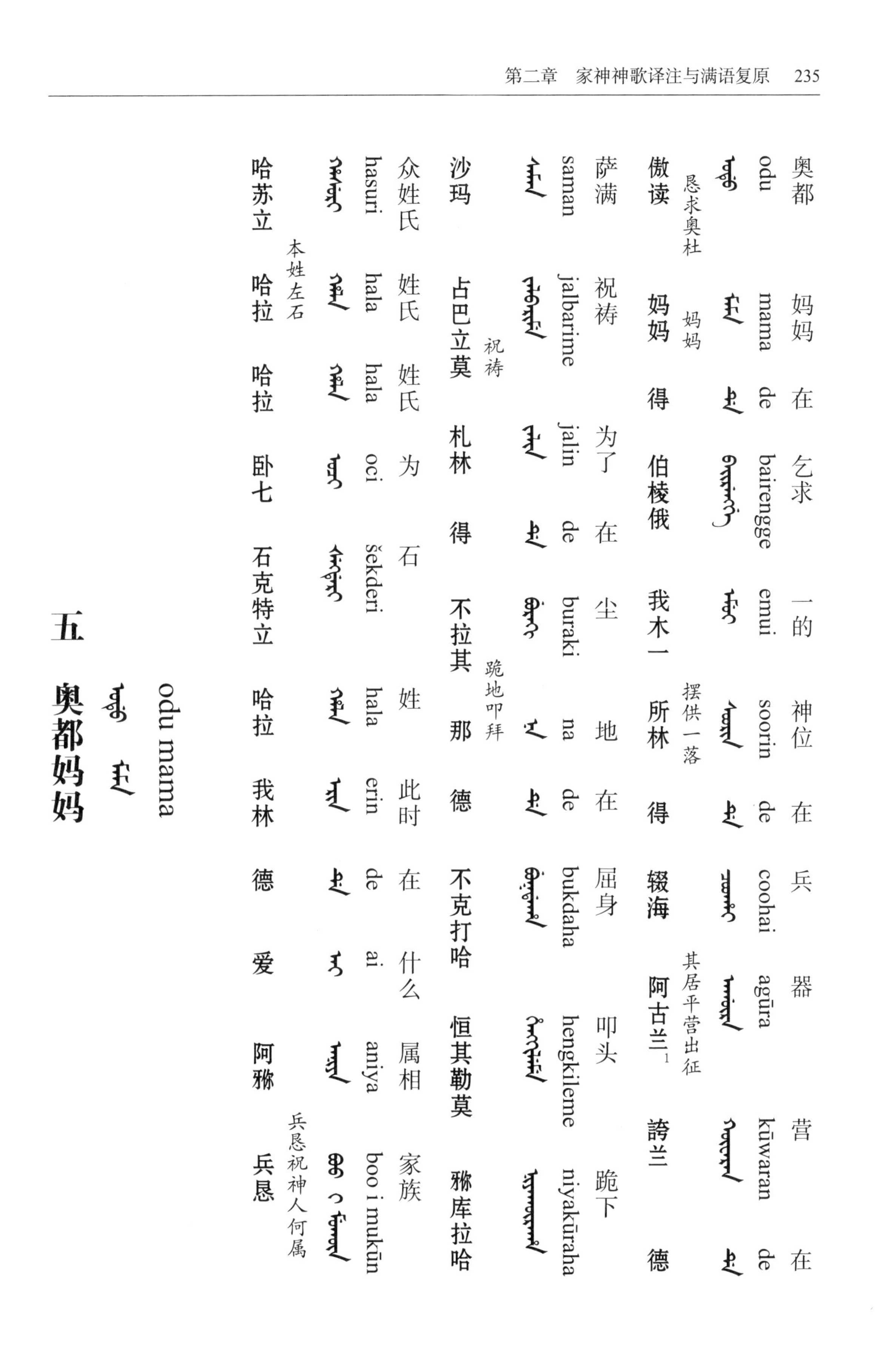

五 奥都妈妈

odu mama

奥都	妈妈	在	乞求	一的	神位	在	兵	器	营	在
odu	mama	de	bairengge	emui	soorin	de	coohai	agūra	kūwaran	de
恳求奥杜	妈妈				摆供一落			其居平营出征		
傲读	妈妈	得	伯棱俄	我木一	所林	得	辍海	阿古兰[1]	誇兰	德

萨满	祝祷	为了	在	尘	地	在	屈身	叩头	跪下
saman	jalbarime	jalin	de	buraki	na	de	bukdaha	hengkileme	niyakūraha
	祝祷				跪地叩拜				
沙玛	占巴立莫	札林	得	不拉其	那	德	不克打哈	恒其勒莫	猕库拉哈

众姓氏	姓氏	姓氏	为	石	姓	此时	在	什么	属相	家族
hasuri	hala	hala	oci	šekderi	hala	erin	de	ai	aniya	boo i mukūn
	本姓左石									兵恳祝神人何属
哈苏立	哈拉	哈拉	卧七	石克特立	哈拉	我林	德	爱	阿猕	兵恳

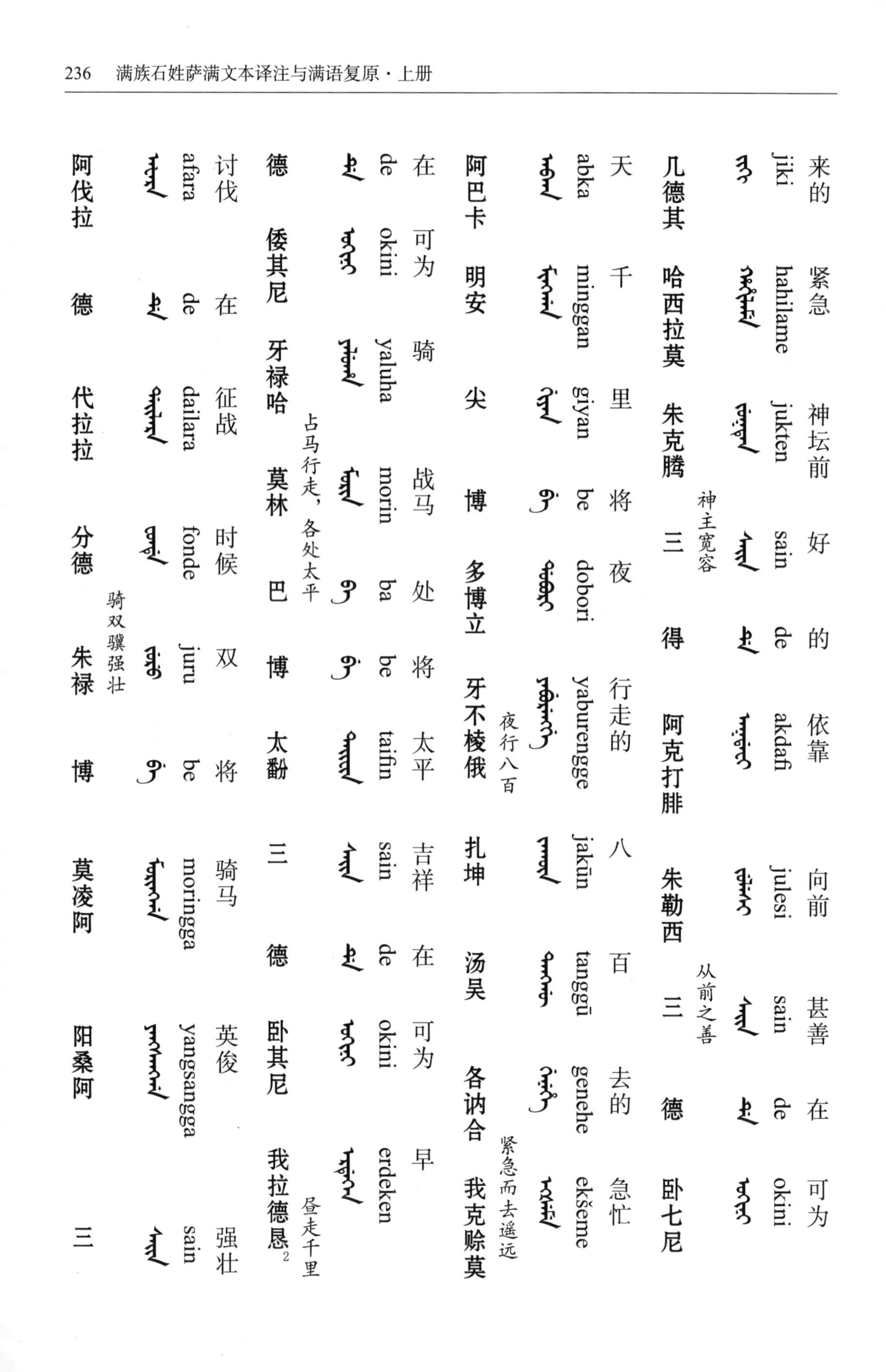

来的 紧急 神坛前 好 的 依靠 向前 甚善 在 可为
jiki hahilame jukten sain de akdafi julesi sain de okini
几德其 哈西拉莫 朱克腾 三 得 阿克打腓 朱勒西 三 德 卧七尼
神主宽容　从前之善

天 千 里 将 夜 行走的 八 百 去的 急忙
abka minggan giyan be dobori yaburengge jakūn tanggū genehe ekšeme
阿巴卡 明安 尖 博 多博立 牙不棱俄 扎坤 汤吴 各讷合 我克赊莫
夜行八百　紧急而去遥远

在 可为 骑 战马 处 将 太平 吉祥 在 可为 早
de okini yaluha morin ba be taifin sain de okini erdeken
德 倭其尼 牙禄哈 莫林 巴 博 太翻 三 德 卧其尼 我拉德恳[2]
占马行走，各处太平　昼走千里

讨伐 在 征战 时候 双 将 骑马 英俊 强壮
afara de dailara fonde juru be moringga yangsangga sain
阿伐拉 德 代拉拉 分德 朱禄 博 莫凌阿 阳桑阿 三
骑双骥强壮

新	在	月	的	吉祥	洁净	在	糠	把	推除	大	阿木孙肉
ice	de	biya	i	sain	bolgo	de	ara	be	anafi	amba	amsun
ᡳᠴᡝ	ᡩᡝ	ᠪᡳᠶᠠ	ᡳ	ᠰᠠᡳᠨ	ᠪᠣᠯᡤᠣ	ᡩᡝ	ᠠᡵᠠ	ᠪᡝ	ᠠᠨᠠᡶᡳ	ᠠᠮᠪᠠ	ᠠᠮᠰᡠᠨ
一车	德	叭	一	三	博勒浑	德	阿拉	博	阿那腓	按巴	敖木孙

推米出康作大供

收成	旧	的	月	把	送走	新	月	把	迎来	日	吉
bargiyame	fe	i	biya	be	fudefi	ice	biya	be	alifi	inenggi	sain
ᠪᠠᡵᡤᡳᠶᠠᠮᡝ	ᡶᡝ	ᡳ	ᠪᡳᠶᠠ	ᠪᡝ	ᡶᡠᡩᡝᡶᡳ	ᡳᠴᡝ	ᠪᡳᠶᠠ	ᠪᡝ	ᠠᠯᡳᡶᡳ	ᡳᠨᡝᠩᡤᡳ	ᠰᠠᡳᠨ
巴拉鸦莫	佛	一	叭	博	付杜腓	一车	叭	博	阿立腓	一能尼	三

旧月已过　换新月　卜定吉月良辰

祷祝	女人	话	采纳	春天	把	播种	富裕	秋天	把
firume	hehe	gisun	ganaha	niyengniyeri	be	tariha	bayan	bolori	be
ᡶᡳᡵᡠᠮᡝ	ᡥᡝᡥᡝ	ᡤᡳᠰᡠᠨ	ᡤᠠᠨᠠᡥᠠ	ᠨᡳᠶᡝᠩᠨᡳᠶᡝᡵᡳ	ᠪᡝ	ᡨᠠᡵᡳᡥᠠ	ᠪᠠᠶᠠᠨ	ᠪᠣᠯᠣᡵᡳ	ᠪᡝ
翻杜莫	合合	鸡孙	合讷恒俄	佇掰立	博	他立哈	巴眼	博洛立	博

女同应允　春种秋收

石	姓	小	男人	什么	年	属相	啊	口	话	什么
šekderi	hala	osohon	haha	ai	aniya	aniyangga	kai	angga	gisun	ai
ᡧᡝᡴᡩᡝᡵᡳ	ᡥᠠᠯᠠ	ᠣᠰᠣᡥᠣᠨ	ᡥᠠᡥᠠ	ᠠᡳ	ᠠᠨᡳᠶᠠ	ᠠᠨᡳᠶᠠᠩᡤᠠ	ᡴᠠᡳ	ᠠᠩᡤᠠ	ᡤᡳᠰᡠᠨ	ᠠᡳ
石克特立	哈拉	卧思浑	哈哈	爱	阿猕	阿拧阿	街	昂阿	鸡孙	爱

石姓执男何属　出口许愿

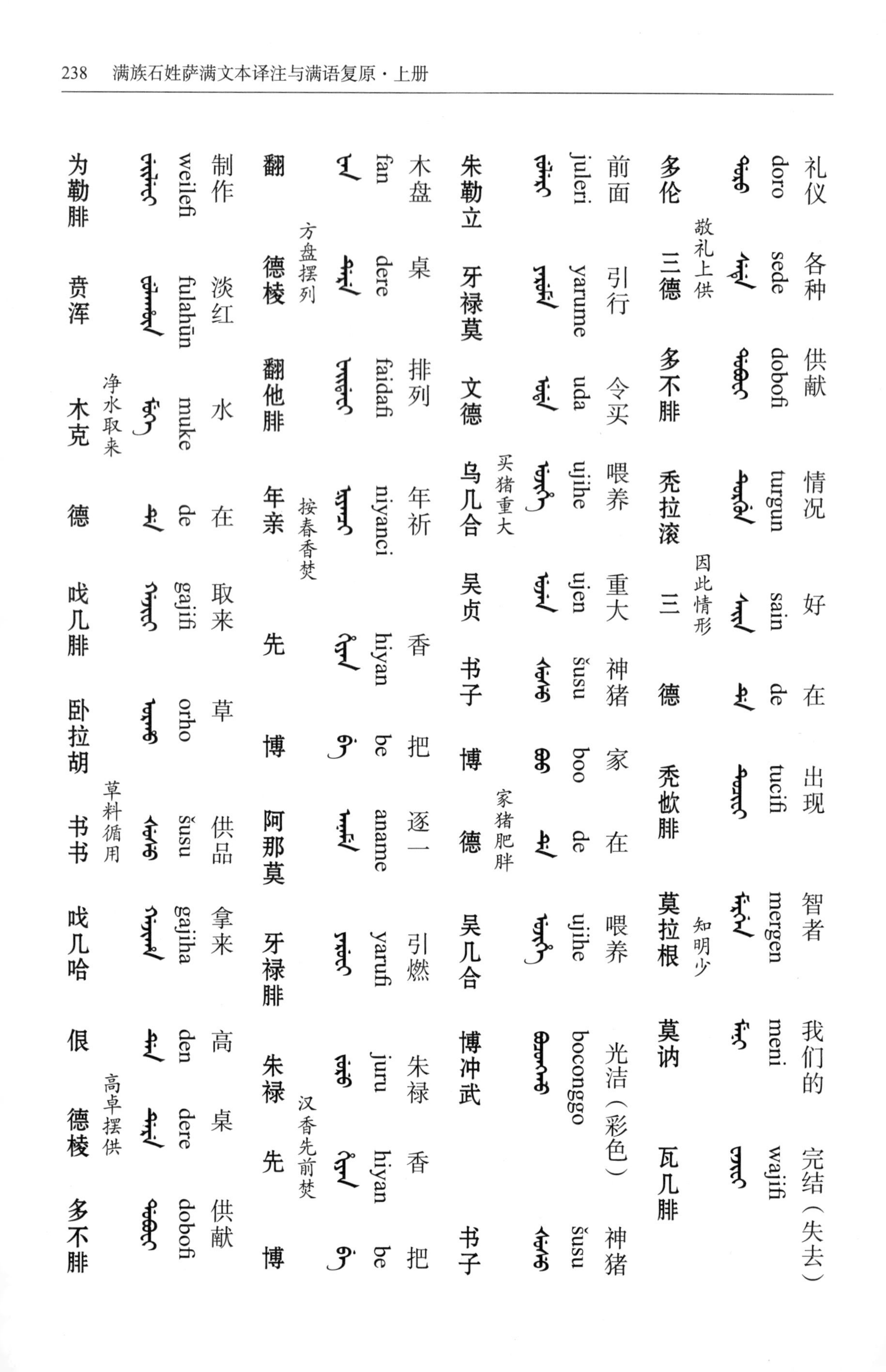

礼仪	各种	供献	情况	好	在	出现	智者	我们的	完结（失去）	
doro	sede	dobofi	turgun	sain	de	tucifi	mergen	meni	wajifi	
多伦	三德	多不腓	秃拉滚	三	德	秃欻腓	莫拉根	莫讷	瓦几腓	

敬礼上供 因此情形 知明少

前面	引行	令买	喂养	重大	神猪	家	在	喂养	光洁（彩色）	神猪
juleri	yarume	uda	ujihe	ujen	šusu	boo	de	ujihe	boconggo	šusu
朱勒立	牙禄莫	文德	乌几合	吴贞	书子	博	德	吴几合	博冲武	书子

买猪重大 家猪肥胖

木盘	桌	排列	年祈	香	把	逐一	引燃	朱禄	香	把
fan	dere	faidafi	niyanci	hiyan	be	aname	yarufi	juru	hiyan	be
翻	德棱	翻他腓	年亲	先	博	阿那莫	牙禄腓	朱禄	先	博

方盘摆列 按春香焚 汉香先前焚

制作	淡红	水	在	取来	草	供品	拿来	高	桌	供献
weilefi	fulahūn	muke	de	gajifi	orho	šusu	gajiha	den	dere	dobofi
为勒腓	贲浑	木克	德	戉几腓	卧拉胡	书书	戉几哈	佷	德棱	多不腓

净水取来 草料循用 高桌摆供

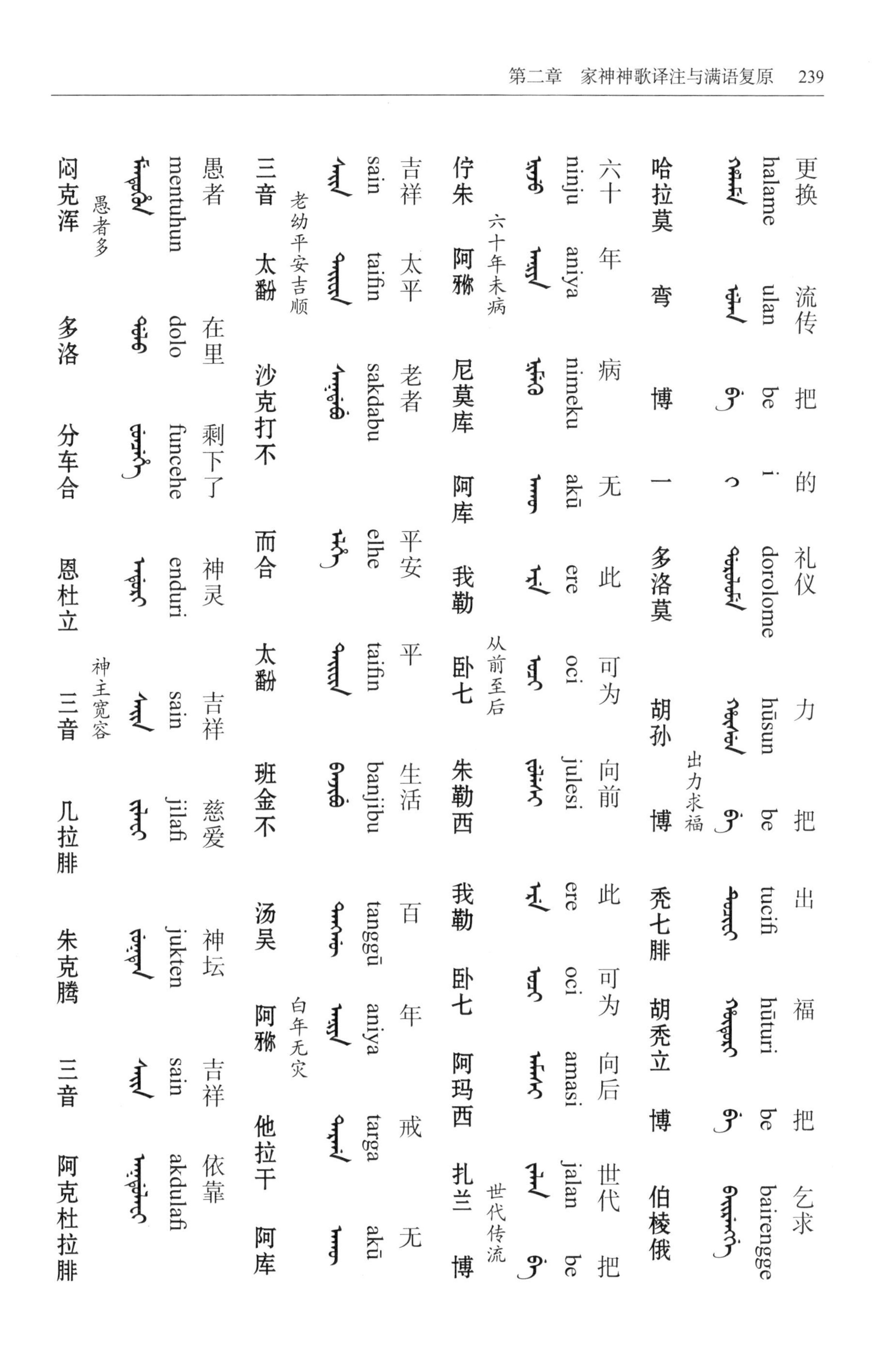

更换 流传 把 的 礼仪 力 把 出 福 把 乞求
halame ulan be i dorolome hūsun be tucifi hūturi be bairengge
哈拉莫 弯 博 一 多洛莫 胡孙 博 秃七腓 胡秃立 博 伯棱俄
出力求福

六十 年 病 无 此 可为 向前 此 可为 向后 世代 把
ninju aniya nimeku akū ere oci julesi ere oci amasi jalan be
佇朱 阿祢 尼莫库 阿库 我勒 卧七 朱勒西 我勒 卧七 阿玛西 扎兰 博
六十年未病　从前至后　世代传流

吉祥 太平 老者 平安 平 生活 百 年 戒 无
sain taifin sakdabu elhe taifin banjibu tanggū aniya targa akū
三音 太翻 沙克打不 而合 太翻 班金不 汤旲 阿祢 他拉干 阿库
老幼平安吉顺　白年无灾

愚者 在里 剩下了 神灵 吉祥 慈爱 神坛 吉祥 依靠
mentuhun dolo funcehe enduri sain jilafi jukten sain akdulafi
闷克浑 多洛 分车合 恩杜立 三音 几拉腓 朱克腾 三音 阿克杜拉腓
愚者多　神主宽容

战骑英俊强壮，
紧急而行。
来去如飞，
夜行八百，
日行千里，
双骥胯下骑。
身居兵营，
奥都妈妈，

乞请奥都妈妈[1]降临。
今设神坛献供，
跪地叩头。
屈身在尘地。
为了祈祷，
家萨满何属相？
屈身在尘地。
为此祈祷。
石姓子孙，
众姓氏之中的哪一姓？

【译文】

推米除糠作大供。
淘净了供米，
取来了山中纯净水，
遵照礼仪，
在洁净的祥月里，
在新的吉日里，
迎来了新月。
送走了旧月，
迎来了富秋之时。
今已度过了绿春之际，

祝祷中的许愿必须采纳。
东家女主人已应允，
许下的愿，
从此祭祀祝祷中，
东家何属相？
石姓子孙，一向向善。

各处太平吉祥。
驰骋沃野，

众神灵善良慈爱，
今是愚者多，智者少。
石姓子孙，

敬献神前。
一切情形甚善，
神猪立刻丧命，
将神猪按节行刀，
按照传统礼仪，
今将神猪抓来，
神猪喂养标致、光亮。
圈养在庭院中。
早买神猪肥壮，
焚点了朱禄香。
引燃了年祈香，
矮桌上排列。
高桌上摆供，
供献神灵。
遵照传统制作草把，
制作了阿木孙肉供品，

靠在神坛前祈祷，	六十年无疾。	竭力祈福，
乞求老者太平吉祥，	从此往后，	敬神祭祀。
阖族生活太平和顺。	世世代代，	
百年无灾，	遵照传统礼仪，	

【语音注释】

1　阿古兰（agūra），兵器之「器」，它的规范化汉字转写满语为「阿古拉」（agūra）。

2　我拉德恳（eladeken），汉义为「早早的」，它的规范化汉字转写满语为「我尔得恳」（erdeken）。

【译文注释】

1　奥都妈妈：神本中写成「奥读妈妈」「傲读妈妈」和「奥杜妈妈」，但民间习惯称为「奥都妈妈」。「奥都」一词，在满文中无从查找。从神歌内容来看，她是一位战斗中的女英雄。其偶体是一位木刻女神像，骑着两匹马，是满族普遍祭祀的女神。神位在房屋的东北角上。曾被录像，承担家萨满的是石宗祥、石文太。供品与佛多妈妈相同。

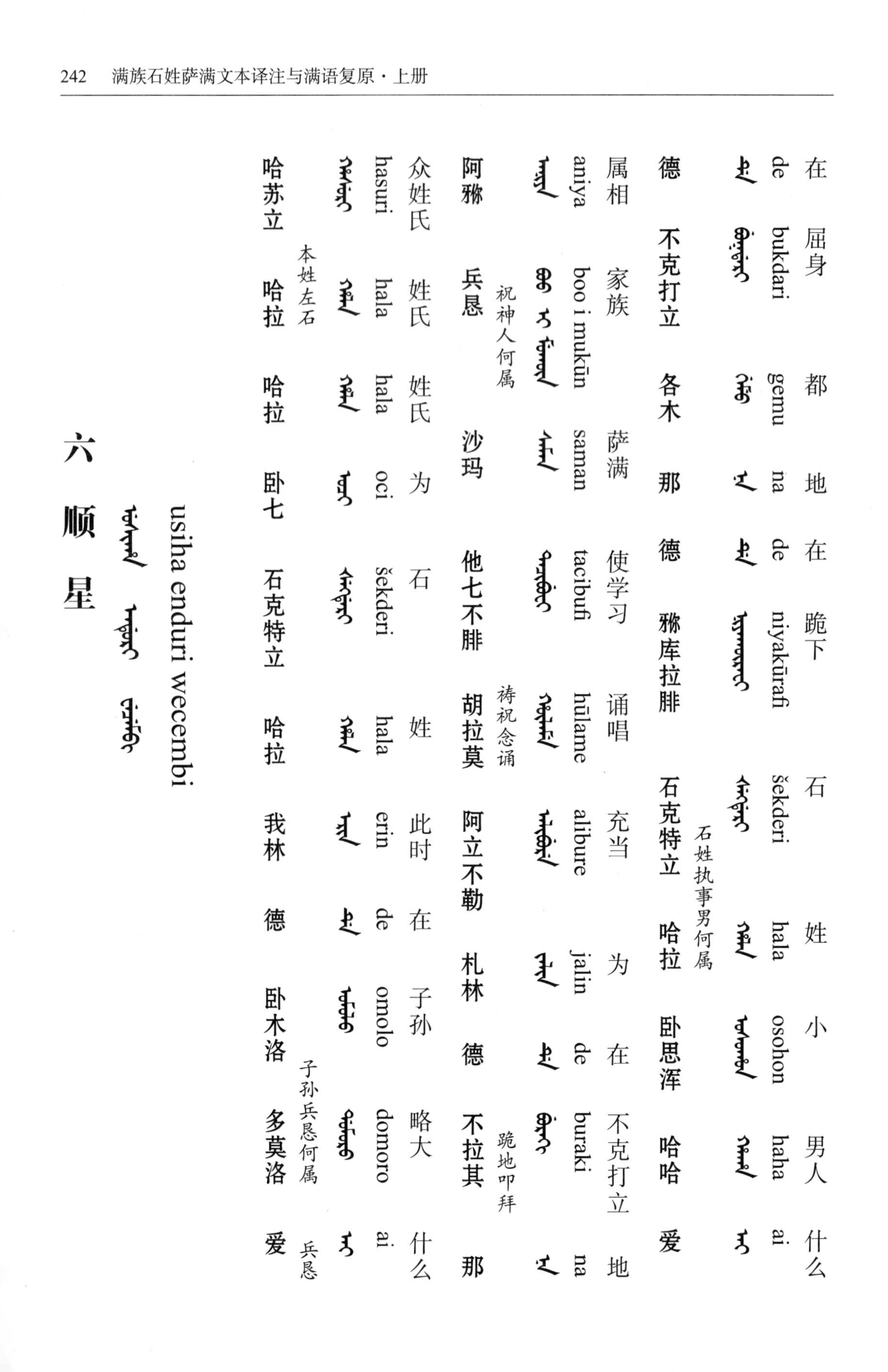

在 屈身 都 地 在 跪下 石 姓 小 男人 什么

de bukdari gemu na de niyakūrafi šekderi hala osohon haha ai

德 不克打立 各木 那 德 猕库拉腓 石克特立 哈拉 卧思浑 哈哈 爱

石姓执事男何属

属相 家族 萨满 使学习 诵唱 充当 为 在 不克打立 地

aniya boo i mukūn saman tacibufi hūlame alibure jalin de buraki na

阿猕 兵恳 沙玛 他七不腓 胡拉莫 阿立不勒 札林 德 不拉其 那

祝神人何属 祷祝念诵 跪地叩拜

众姓氏 姓氏 姓氏 为 石 姓 此时 在 子孙 略大 什么

hasuri hala hala oci šekderi hala erin de omolo domoro ai

哈苏立 哈拉 哈拉 卧七 石克特立 哈拉 我林 德 卧木洛 多莫洛 爱

本姓左石 子孙兵恳何属 兵恳

六 顺星

usiha enduri wecembi

新的 在 月的 吉 洁净 在 今日 夜晚 在 七 星斗 下
ice de biyai sain bolgo de enenggi yamji de nadan naihū fejime
ᡳᠴᡝ ᡩᡝ ᠪᡳᠶᠠᡳ ᠰᠠᡳᠨ ᠪᠣᠯᡤᠣ ᡩᡝ ᡝᠨᡝᠩᡤᡳ ᠶᠠᠮᠵᡳ ᡩᡝ ᠨᠠᡩᠠᠨ ᠨᠠᡳᡥᡡ ᡶᡝᠵᡳᠮᡝ
一车 德 叭一 三 博勒浑 德 我能尼 闫木几 德 那丹 乃腓 佛几勒
今日夜晚　在七星斗下

平 为 旧的 月 把 送去 新的 月 把 迎来 日 吉
taifin obume fei biya be fudefi ice biya be alifi inenggi sain
ᡨᠠᡳᡶᡳᠨ ᠣᠪᡠᠮᡝ ᡶᡝᡳ ᠪᡳᠶᠠ ᠪᡝ ᡶᡠᡩᡝᡶᡳ ᡳᠴᡝ ᠪᡳᠶᠠ ᠪᡝ ᠠᠯᡳᡶᡳ ᡳᠨᡝᠩᡤᡳ ᠰᠠᡳᠨ
太翂 卧不莫 佛一 叭 博 付杜腓 一车 叭 博 阿立腓 一能尼 三
旧月已过换新月　卜定吉月良辰

把 种 秋 把 迎来 一 年 四 季 在 太
be tarire bolori be okdome emuci aniya duin forgon de elhe
ᠪᡝ ᡨᠠᡵᡳᡵᡝ ᠪᠣᠯᠣᡵᡳ ᠪᡝ ᠣᡴᡩᠣᠮᡝ ᡝᠮᡠᠴᡳ ᠠᠨᡳᠶᠠ ᡩᡠᡳᠨ ᡶᠣᡵᡤᠣᠨ ᡩᡝ ᡝᠯᡥᡝ
博 他立勒 博洛立 博 卧克杜莫 我莫七 阿猕 堆七 佛拉滚 德 而合
四季平安

属相 东家 是 口 话 许下 女 话 度过（应许） 春天
aniya boigon oci angga gisun aljaha hehe gisun hetuhengge niyengniyeri
ᠠᠨᡳᠶᠠ ᠪᠣᡳᡤᠣᠨ ᠣᠴᡳ ᠠᠩᡤᠠ ᡤᡳᠰᡠᠨ ᠠᠯᠵᠠᡥᠠ ᡥᡝᡥᡝ ᡤᡳᠰᡠᠨ ᡥᡝᡨᡠᡥᡝᠩᡤᡝ ᠨᡳᠶᡝᠩᠨᡳᠶᡝᡵᡳ
阿猕 彪浑 倭七 昂阿 鸡孙 而札哈 合合 鸡孙 合秃勒恒俄[1] 佇黏立
出口许愿　女同应承　春种秋收

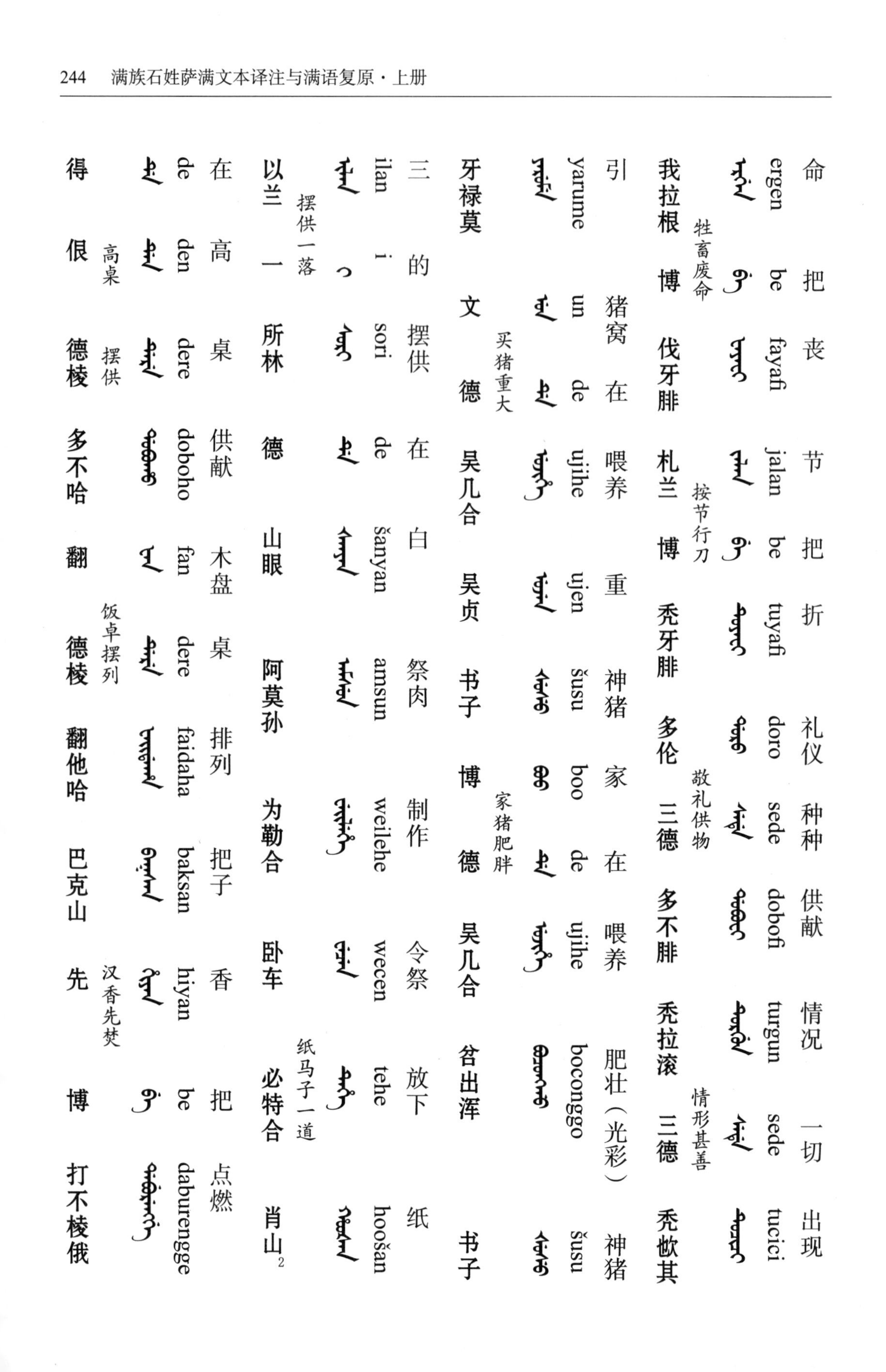

命 把 丧 节 把 折 礼仪 种种 供献 情况 一切 出现

ergen be fayafi jalan be tuyafi doro sede dobofi turgun sede tucici

我拉根 博 伐牙腓 札兰 博 秃牙腓 多伦 三德 多不腓 秃拉滚 三德 秃欻其

牲畜废命　按节行刀　敬礼供物　情形甚善

引 猪窝 在 喂养 重 神猪 家 在 喂养 肥壮（光彩） 神猪

yarume un de ujihe ujen šusu boo de ujihe boconggo šusu

牙禄莫 文 德 吴几合 吴贞 书子 博 德 吴几合 旮出浑 书子

买猪重大　家猪肥胖

三 的 摆供 在 白 祭肉 制作 令祭 放下 纸

ilan i sori de šanyan amsun weilehe wecen tehe hoošan

以兰 一 所林 德 山眼 阿莫孙 为勒合 卧车 必特合 肖山[2]

摆供一落　纸马子一道

在 高 桌 供献 木盘 桌 排列 把子 香 把 点燃

de den dere doboho fan dere faidaha baksan hiyan be daburengge

得 很 德棱 多不哈 翻 德棱 翻他哈 巴克山 先 博 打不棱俄

高桌　摆供　饭卓摆列　汉香先焚

二十	八	宿	星	各位	星君	保佑	万	星	出现了
orin	jakūci	tokdon	usiha	geren	usiha	akdafi	tumen	usiha	tucifi
ᠣᡵᡳᠨ	ᠵᠠᡴᡡᠴᡳ	ᡨᠣᡴᡩᠣᠨ	ᡠᠰᡳᡥᠠ	ᡤᡝᡵᡝᠨ	ᡠᠰᡳᡥᠠ	ᠠᡴᡩᠠᡶᡳ	ᡨᡠᠮᡝᠨ	ᡠᠰᡳᡥᠠ	ᡨᡠᠴᡳᡶᡳ
卧林	**札库七**	**托克短**	**吴西哈**	**各棱**	**吴西哈**	**阿克打腓**	**秃门**	**吴西哈**	**秃七腓**
	八宿星官				各位星君保佑			万万星君	

玉皇	上帝	七	星斗	君	星	第五	北斗	官	星
ioihūwang	han	nadan	naihū	haha	usiha	sunjaci	naihū	hafan	usiha
ᡳᠣᡳᡥᡡᠸᠠᠩ	ᡥᠠᠨ	ᠨᠠᡩᠠᠨ	ᠨᠠᡳᡥᡡ	ᡥᠠᡥᠠ	ᡠᠰᡳᡥᠠ	ᠰᡠᠨᠵᠠᠴᡳ	ᠨᠠᡳᡥᡡ	ᡥᠠᡶᠠᠨ	ᡠᠰᡳᡥᠠ
玉皇	**上帝**	**那丹**	**乃胡**	**哈哈**	**吴西哈**	**孙札七**	**乃胡**	**哈分**	**吴西哈**
		七星北斗星君					五斗星官		

逐一	宴请	随降	蓝（明亮）	天	星辰	月	啊	高	的	主君
aname	solime	dahame	genggiyen	abka	usiha	biya	be	den	i	ejen
ᠠᠨᠠᠮᡝ	ᠰᠣᠯᡳᠮᡝ	ᡩᠠᡥᠠᠮᡝ	ᡤᡝᠩᡤᡳᠶᡝᠨ	ᠠᠪᡴᠠ	ᡠᠰᡳᡥᠠ	ᠪᡳᠶᠠ	ᠪᡝ	ᡩᡝᠨ	ᡳ	ᡝᠵᡝᠨ
阿那莫	**所立莫**	**打哈莫**	**⿰英吉⿰尹鸡**	**阿巴卡**	**吴西哈**	**叭**	**博**	**佷**	**一**	**我贞**
				青天星辰日月					玉皇上帝主君	

今日	夜晚	在	乞求	屈	下	叩头	大家	统统
enenggi	yamji	de	bairengge	bukdari	wasimbufi	hengkileme	geren	gemu
ᡝᠨᡝᠩᡤᡳ	ᠶᠠᠮᠵᡳ	ᡩᡝ	ᠪᠠᡳᡵᡝᠩᡤᡝ	ᠪᡠᡴᡩᠠᡵᡳ	ᠸᠠᠰᡳᠮᠪᡠᡶᡳ	ᡥᡝᠩᡴᡳᠯᡝᠮᡝ	ᡤᡝᡵᡝᠨ	ᡤᡝᠮᡠ
我能尼	**闫木几**	**德**	**伯棱俄**	**不克打立**	**卧心不腓**	**恒其勒莫**	**各棱**	**各木**
今日夜晚				跪地叩恳			同请各位享祭	

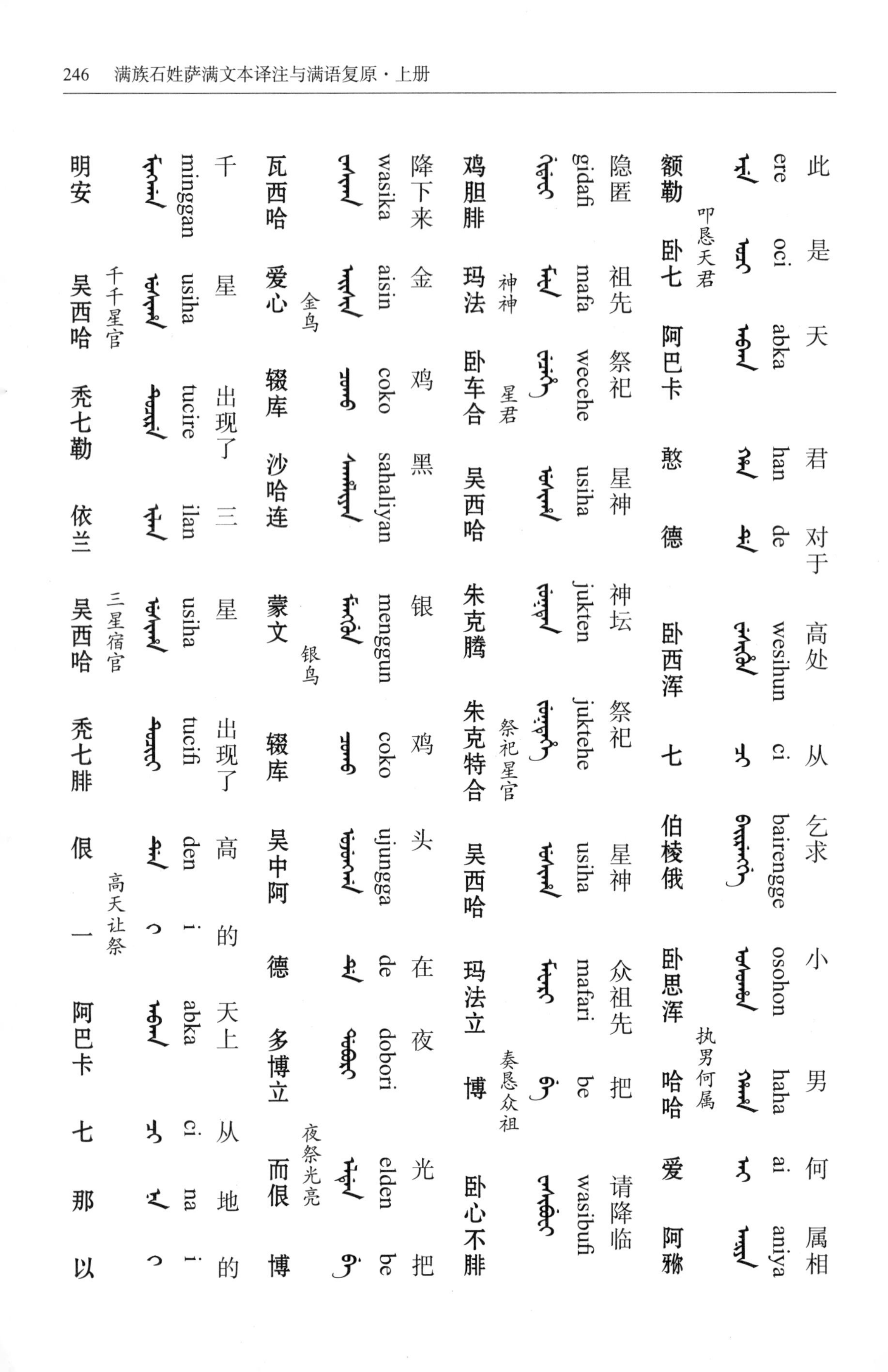

此 是 天 君 对于 高处 从 乞求 小 男 何 属相

ere oci abka han de wesihun ci bairengge osohon haha ai aniya

叩恳天君 执男何属

额勒 卧七 阿巴卡 憨 德 卧西浑 七 伯棱俄 卧思浑 哈哈 爱 阿雅

隐匿 祖先 祭祀 星神 神坛 祭祀 星神 众祖先 把 请降临

gidafi mafa wecehe usiha jukten juktehe usiha mafari be wasibufi

神神 星君 祭祀星官 奏恳众祖

鸡胆腓 玛法 卧车合 吴西哈 朱克腾 朱克特合 吴西哈 玛法立 博 卧心不腓

降下来 金 鸡 黑 银 鸡 头 在 夜 光 把

wasika aisin coko sahaliyan menggun coko ujungga de dobori elden be

金乌 银乌 夜祭光亮

瓦西哈 爱心 辍库 沙哈连 蒙文 辍库 吴中阿 德 多博立 而佷 博

千 星 出现了 三 星 出现了 高 的 天上 从 地 的

minggan usiha tucire ilan usiha tucifi den i abka ci na i

千千星官 三星宿官 高天让祭

明安 吴西哈 秃七勒 依兰 吴西哈 秃七腓 佷 一 阿巴卡 七 那 以

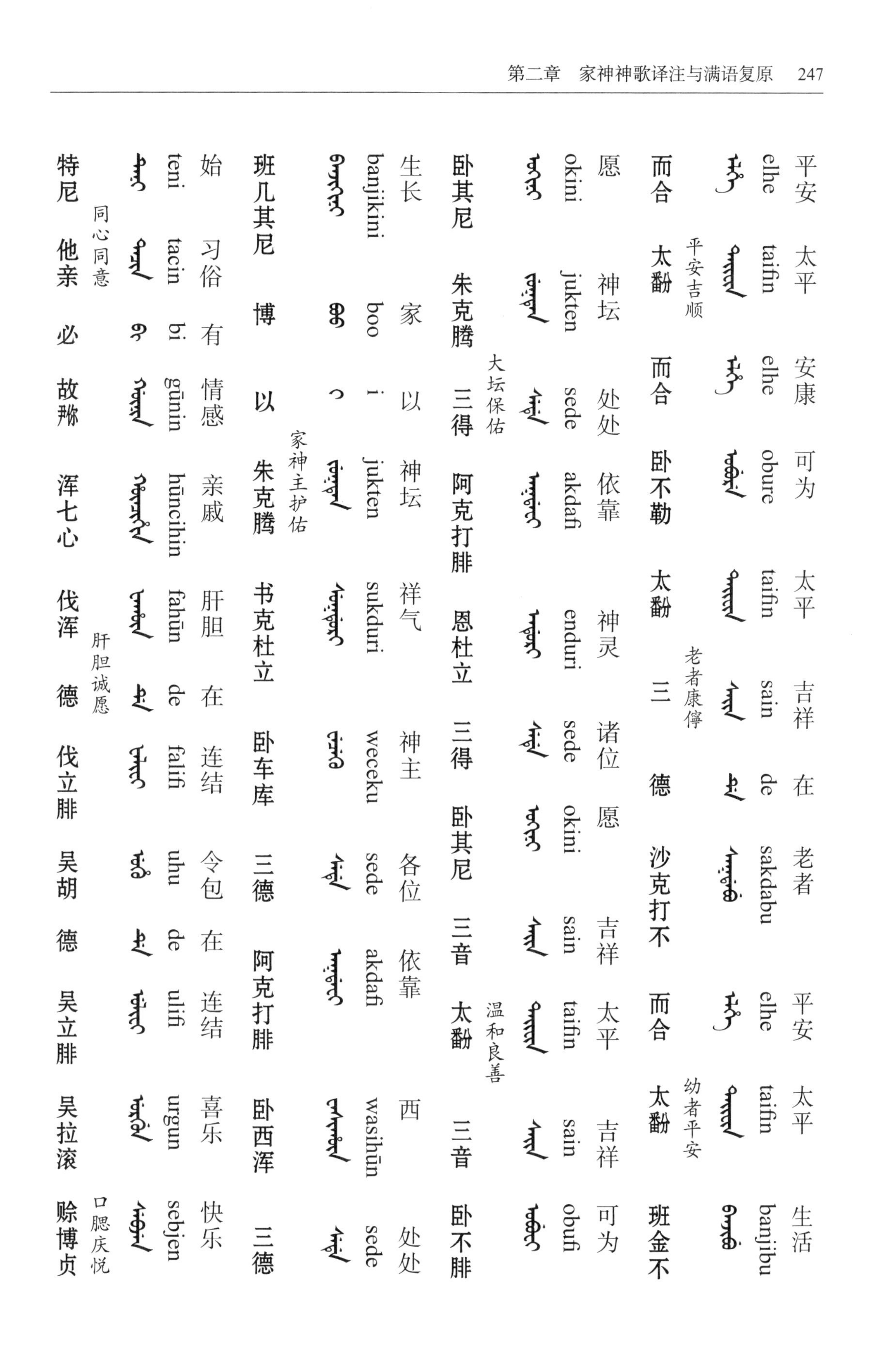

平安 太平 安康 可为 太平 吉祥 在 老者 平安 太平 生活
elhe taifin elhe obure taifin sain de sakdabu elhe taifin banjibu
而合 太翻 而合 卧不勒 太翻 三 德 沙克打不 而合 太翻 班金不
平安吉顺 老者康俘 幼者平安

愿 神坛 处处 依靠 神灵 诸位 愿 吉祥 太平 吉祥 可为
okini jukten sede akdafi enduri sede okini sain taifin sain obufi
卧其尼 朱克腾 三得 阿克打腓 恩杜立 三得 卧其尼 三音 太翻 三音 卧不腓
大坛保佑 温和良善

生长 家 以 神坛 祥气 神主 各位 依靠 西 处处
banjikini boo i jukten sukduri weceku sede akdafi wasihūn sede
班几其尼 博 以 朱克腾 书克杜立 卧车库 三德 阿克打腓 卧西浑 三德
家神主护佑

始 习俗 有 情感 亲戚 肝胆 在 连结 令包 在 连结 喜乐 快乐
teni tacin bi gūnin hūncihin fahūn de falifi uhu de ulifi urgun sebjen
特尼 他亲 必 故羚 浑七心 伐浑 德 伐立腓 吴胡 德 吴立腓 吴拉滚 赊博贞
同心同意 肝胆诚愿 口腮庆悦

男女东家何属相？
祈祷神灵。
学习诵唱神歌，
跪地叩头。
屈身在尘地，
家萨满何属相？

【译文】

在新的吉日里，
新月来临。
旧月已去，
四季平安。
迎来富秋之时，
春种已过，
女亦应承，
东家曾亲口许愿，

敬做了阿木孙肉。
点燃了把子香，
木盘桌上排列。
高桌上供献，
在七星斗前祈祷。
今晚，
在洁净的祥月里。

此时	把	保佑	太平	处处	愿	三	角	堆积	四	角	查看
erin	be	eršeme	taifin	sede	okini	ilan	hošo	iktame	duin	hošo	amcame
ᡝᡵᡳᠨ	ᠪᡝ	ᡝᡵᡧᡝᠮᡝ	ᡨᠠᡳᡶᡳᠨ	ᠰᡝᡩᡝ	ᠣᡴᡳᠨᡳ	ᡳᠯᠠᠨ	ᡥᠣᡧᠣ	ᡳᡴᡨᠠᠮᡝ	ᡩᡠᡳᠨ	ᡥᠣᡧᠣ	ᠠᠮᠴᠠᠮᡝ
我林	博	我拉赊莫	太粉	三德	卧其尼	依兰	岔子	一克赊莫	墩音	岔子	阿莫查莫

时刻吉庆　三角追行　四方赴出

头	把	抬	喜乐	处处	愿	此	可为	向后	此	可以	向前
uju	be	tukiyeki	urgun	sede	okini	ere	oci	amasi	ere	oci	juleri
ᡠᠵᡠ	ᠪᡝ	ᡨᡠᡴᡳᠶᡝᡴᡳ	ᡠᡵᡤᡠᠨ	ᠰᡝᡩᡝ	ᠣᡴᡳᠨᡳ	ᡝᡵᡝ	ᠣᠴᡳ	ᠠᠮᠠᠰᡳ	ᡝᡵᡝ	ᠣᠴᡳ	ᠵᡠᠯᡝᡵᡳ
吴朱	博	秃欻其	吴拉滚	三德	卧其尼	我勒	卧七	阿玛西	我勒	卧七	朱勒立

台腮吉喜　从前至后

五斗星官，
七星北斗星君，
高天上的玉皇帝君。
蓝天上的星辰[1]明月，
统统随降。
逐一宴请，
屈身叩头，
石姓子孙。
今日夜晚。
供献神坛。
遵照传统礼仪，
一切情形甚善。
神猪即刻丧命，
按节行刀。
今将神猪绑上，
神猪肥壮，
精心圈养家中。
慎重买来神猪，
烧纸一打。
摆供三摞，

阖族团结快乐。
由始以来血情至亲深厚，
肝胆相照，
石姓家族，

东家（小男人）何属相？
乞请高高的天君降临。
值此之际，
乞请众祖先神，
祭祀神坛星神。
祭祀祖先星神，
光线隐匿之际，
金鸡、银鸡弯脖宿窝之时，
当天色已晚，
从高高的天上降到地上。
三星宿官出现，
万颗星君出现，
千颗星君出现，
各位星君保佑。
二十八宿星官，

处处太平。
四角查看，
三角清查，
乞请神灵时刻保佑。
世世代代，
从前往后，
抬头处处吉庆喜乐。
阖家生活平安。
老者安康，

处处吉祥太平。
乞请神灵慈爱保佑，
愿处处神坛神灵保佑，
神主前祈祷，
家神神坛充满祥气，

【语音注释】

1 合秃勒恒俄（hetuhengge），此词是『合秃木毕』变化而来，原意为『通过、越过』。文本之意是通过，即指女主人同意了男主人的意见，举行祭祀，笔者用了引申意义『应许』一词。它的规范化汉转为『哈秃赫俄』（hetuhengge）。

2 肖山（hiyosan），汉义为『纸』，它的规范化汉字转写满语为『浩山』（hoošan）。

【译文注释】

1 星辰：这篇『顺星』神歌，从内容来看是祭祀天空中的所有星星，但在满族民间的观念中，一般是指七星和三星，这是满族萨满教文化中，普遍举行的家神跳神活动。其神坛设在北房屋里的西边，东北方向即可。

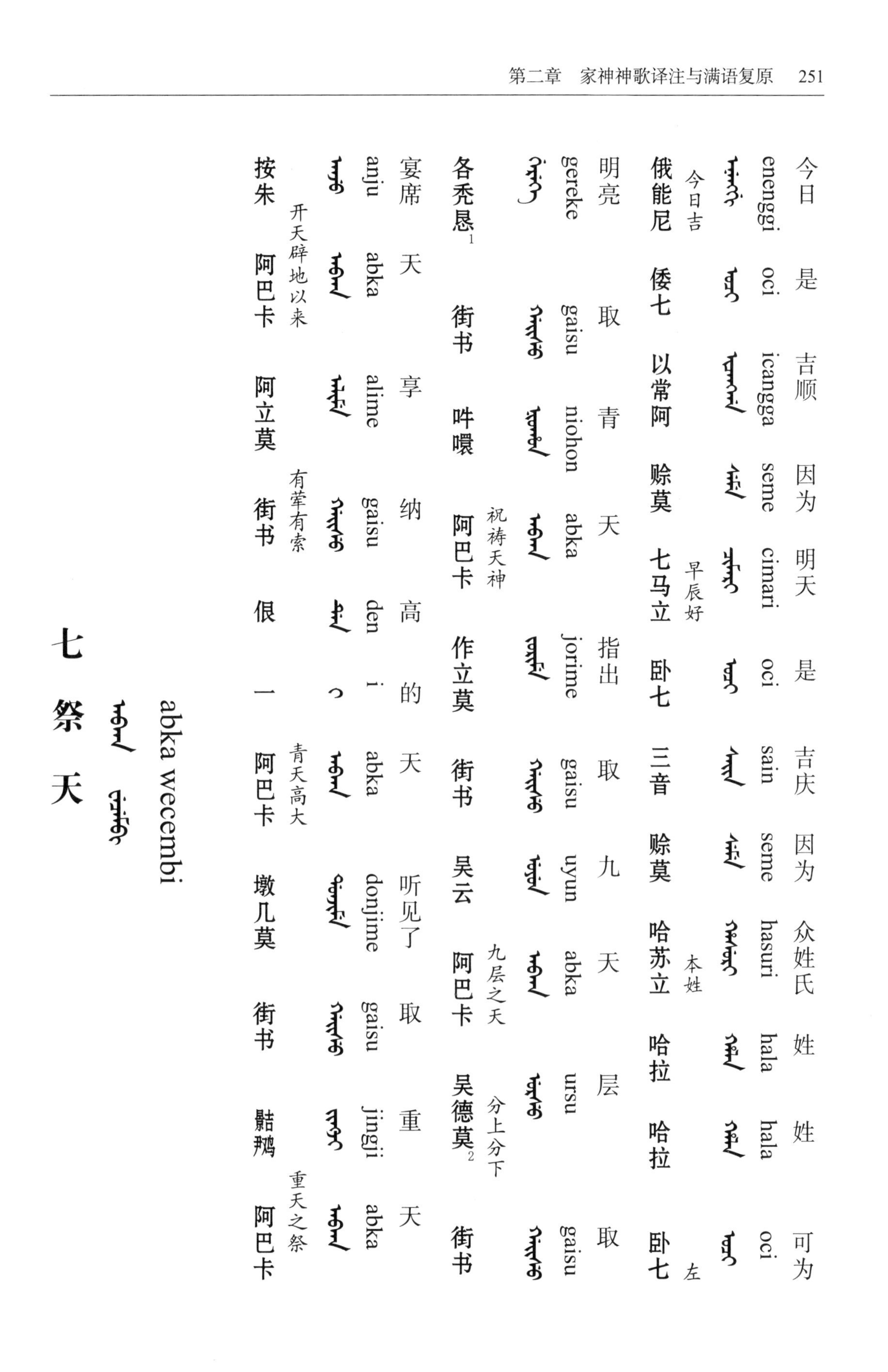

七　祭天

abka wecembi

今日　是　吉顺　因为　明天　是　吉庆　因为　众姓氏　姓　姓　可为

enenggi oci icangga seme cimari oci sain seme hasuri hala hala oci

俄能尼　倭七　以常阿　赊莫　七马立　卧七　三音　赊莫　哈苏立　哈拉　哈拉　卧七

（今日吉　早辰好　本姓　左）

明亮　取　青　天　指出　取　九　天　层　取

gereke gaisu niohon abka jorime gaisu uyun abka ursu gaisu

各秃恳[1]　街书　吽喂　阿巴卡　作立莫　街书　吴云　阿巴卡　吴德莫[2]　街书

（祝祷天神　九层之天　分上分下）

宴席　天　享　纳　高　的　天　听见了　取　重　天

anju abka alime gaisu den i abka donjime gaisu jingji abka

按朱　阿巴卡　阿立莫　街书　佷　一　阿巴卡　墩几莫　街书　鲒鹅　阿巴卡

（开天辟地以来　有荤有索　青天高大　重天之祭）

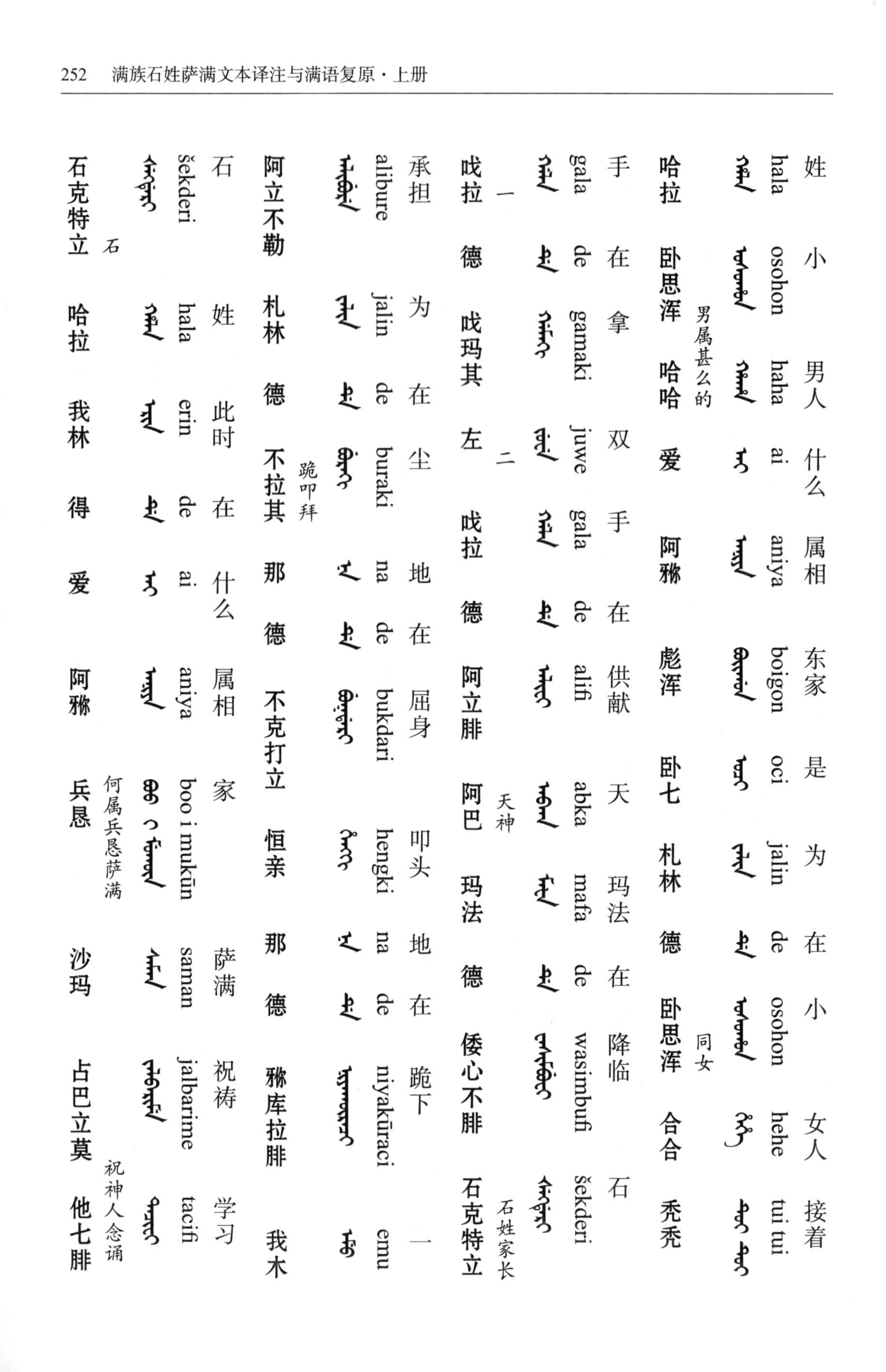

姓 小 男人 什么 属相 东家 是 为 在 小 女人 接着
hala osohon haha ai aniya boigon oci jalin de osohon hehe tui tui
哈拉 卧思浑 哈哈 爱 阿㧥 彪浑 卧七 札林 德 卧思浑 合合 秃秃
男属甚么的 同女

手 在 拿 双 手 在 供献 天 玛法 在 降临 石
gala de gamaki juwe gala de alifi abka mafa de wasimbufi šekderi
戗拉 德 戗玛其 左 戗拉 德 阿立腓 阿巴 玛法 德 倭心不腓 石克特立
一 二 天神 石姓家长

承担 为 在 尘 地 在 屈身 叩头 地 在 跪下 一
alibure jalin de buraki na de bukdari hengki na de niyakūraci emu
阿立不勒 札林 德 不拉其 那 德 不克打立 恒亲 那 德 㧥库拉腓 我木
跪叩拜

石 姓 此时 在 什么 属相 家 萨满 祝祷 学习
šekderi hala erin de ai aniya boo i mukūn saman jalbarime tacifi
石克特立 哈拉 我林 得 爱 阿㧥 兵恳 沙玛 占巴立莫 他七腓
石 何属兵恳萨满 祝神人念诵

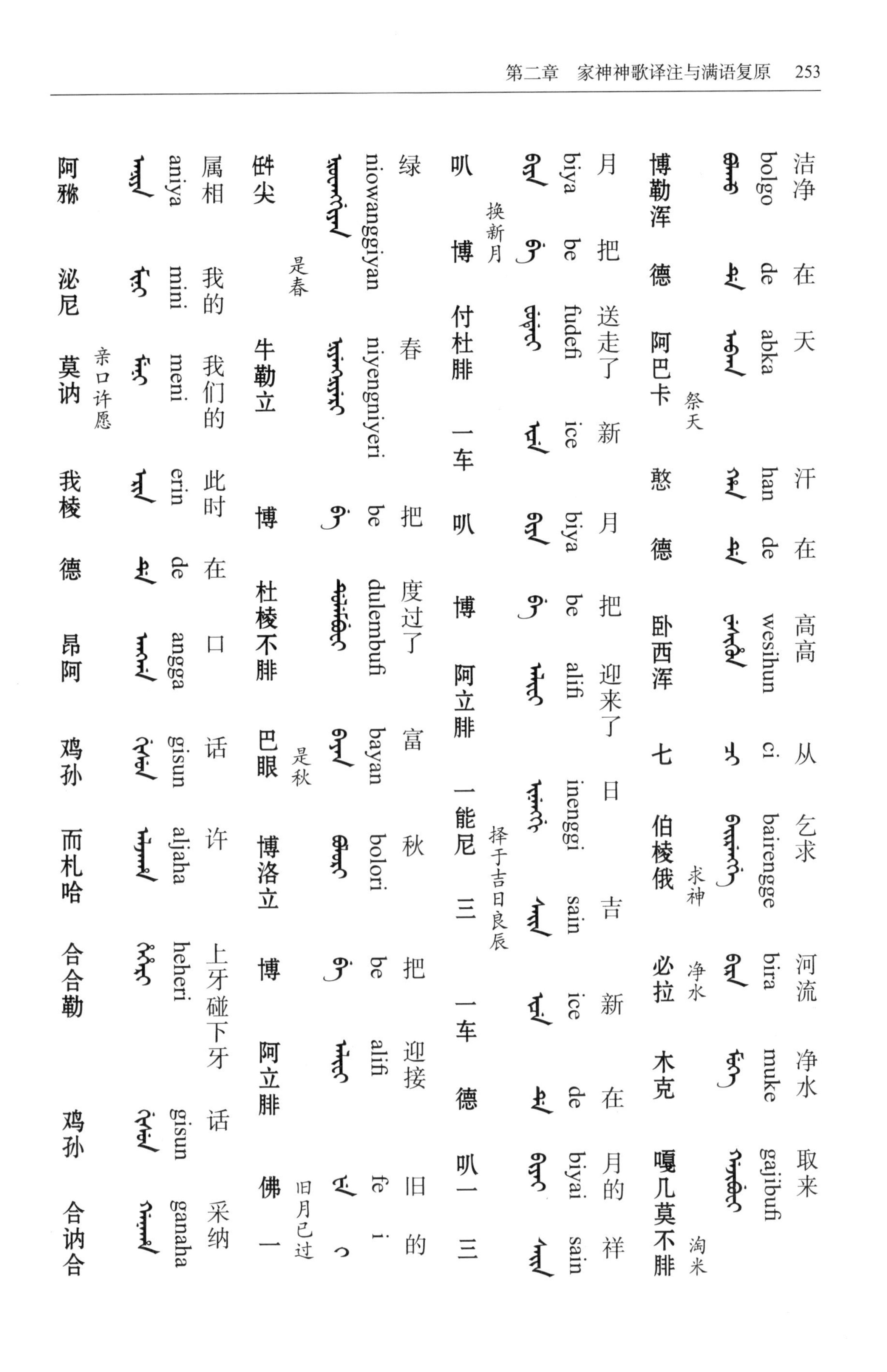

洁净 在 天 汗 在 高高 从 乞求 河流 净水 取来

bolgo de abka han de wesihun ci bairengge bira muke gajibufi

博勒浑 德 阿巴卡 憨 德 卧西浑 七 伯棱俄 必拉 木克 嘎几莫不腓

祭天 求神 净水 淘米

月 把 送走了 新 月 把 迎来了 日 吉 新 在 月的 祥

biya be fudefi ice biya be alifi inenggi sain ice de biyai sain

叭 博 付杜腓 一车 叭 博 阿立腓 一能尼 三 一车 德 叭一 三

换新月 择于吉日良辰

绿 春 把 度过了 富 秋 把 迎接 旧 的

niowanggiyan niyengniyeri be dulembufi bayan bolori be alifi fe i

峠尖 牛勒立 博 杜棱不腓 巴眼 博洛立 博 阿立腓 佛 一

是春 是秋 旧月已过

属相 我的 我们的 此时 在 口 话 许 上牙碰下牙 话 采纳

aniya mini meni erin de angga gisun aljaha heheri gisun ganaha

阿猕 泌尼 莫讷 我棱 德 昂阿 鸡孙 而札哈 合合勒 鸡孙 合讷合

亲口许愿

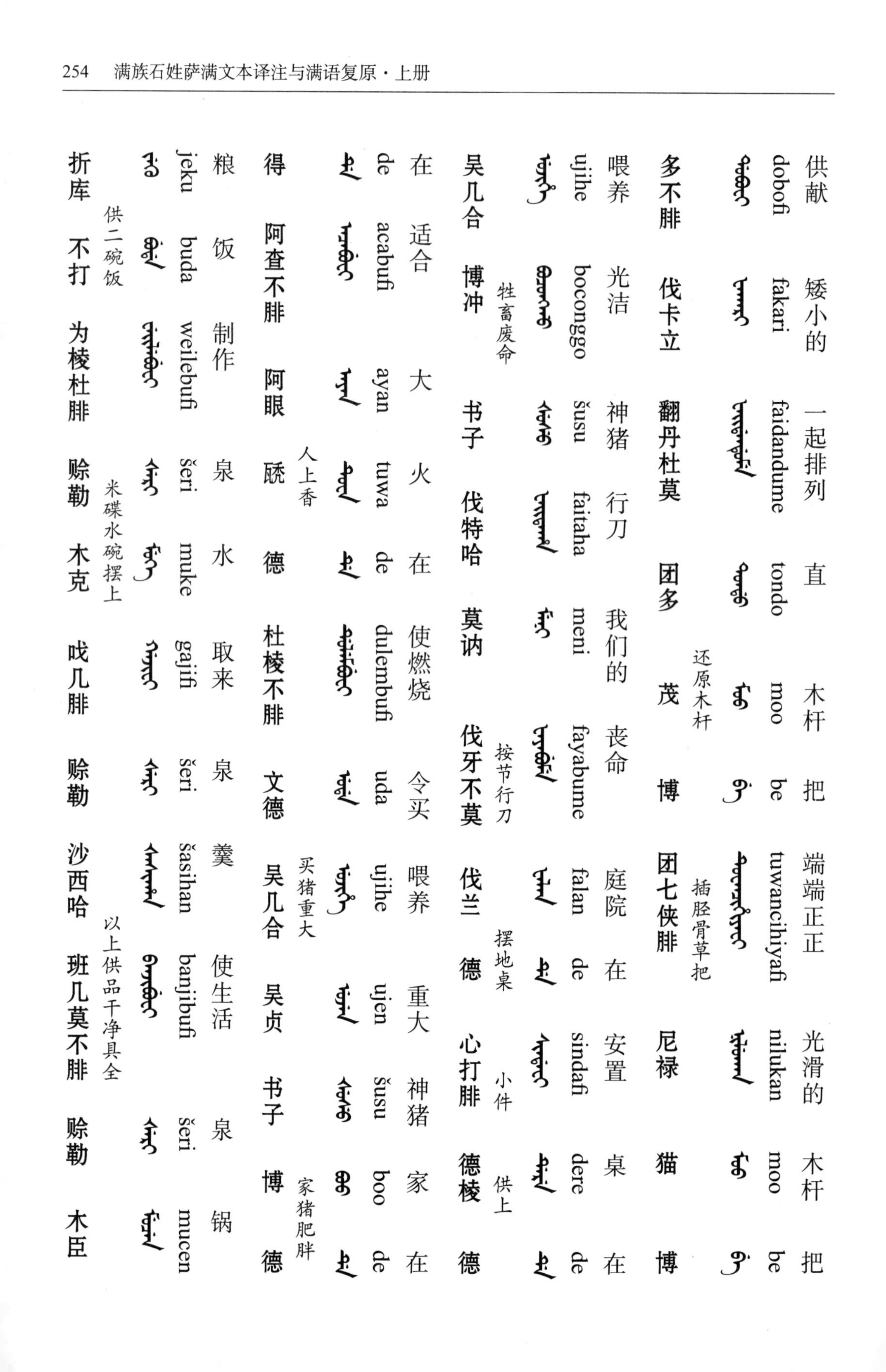

多不腓 伐卡立 翻丹杜莫 团多 茂 博 团七侠腓 尼禄 猫 博

dobofi fakari faidandume tondo moo be tuwanchiyafi nilukan moo be

供献 矮小的 一起排列 直 木杆 把 端端正正 光滑的 木杆 把

还原木杆 插胫骨草把

吴几合 博冲 书子 伐特哈 莫讷 伐牙不莫 伐兰 德 心打腓 德棱 德

ujihe boconggo šusu faitaha meni fayabume falan de sindafi dere de

喂养 光洁 神猪 行刀 我们的 丧命 庭院 在 安置 桌 在

牲畜废命 按节行刀 摆地桌 小件 供上

得 阿查不腓 阿眼 硕 德 杜棱不腓 文德 吴几合 吴贞 书子 博 德

de acabufi ayan tuwa de dulembufi uda ujihe ujen šusu boo de

在 适合 大 火 在 使燃烧 令买 喂养 重大 神猪 家 在

人上香 买猪重大 家猪肥胖

折库 不打 为棱杜腓 赊勒 木克 戗几腓 赊勒 沙西哈 班几莫不腓 赊勒 木臣

jeku buda weilebufi šeri muke gajifi šeri šasihan banjibufi šeri mucen

粮 饭 制作 泉 水 取来 泉 羹 使生活 泉 锅

供二碗饭 米碟水碗摆上 以上供品干净具全

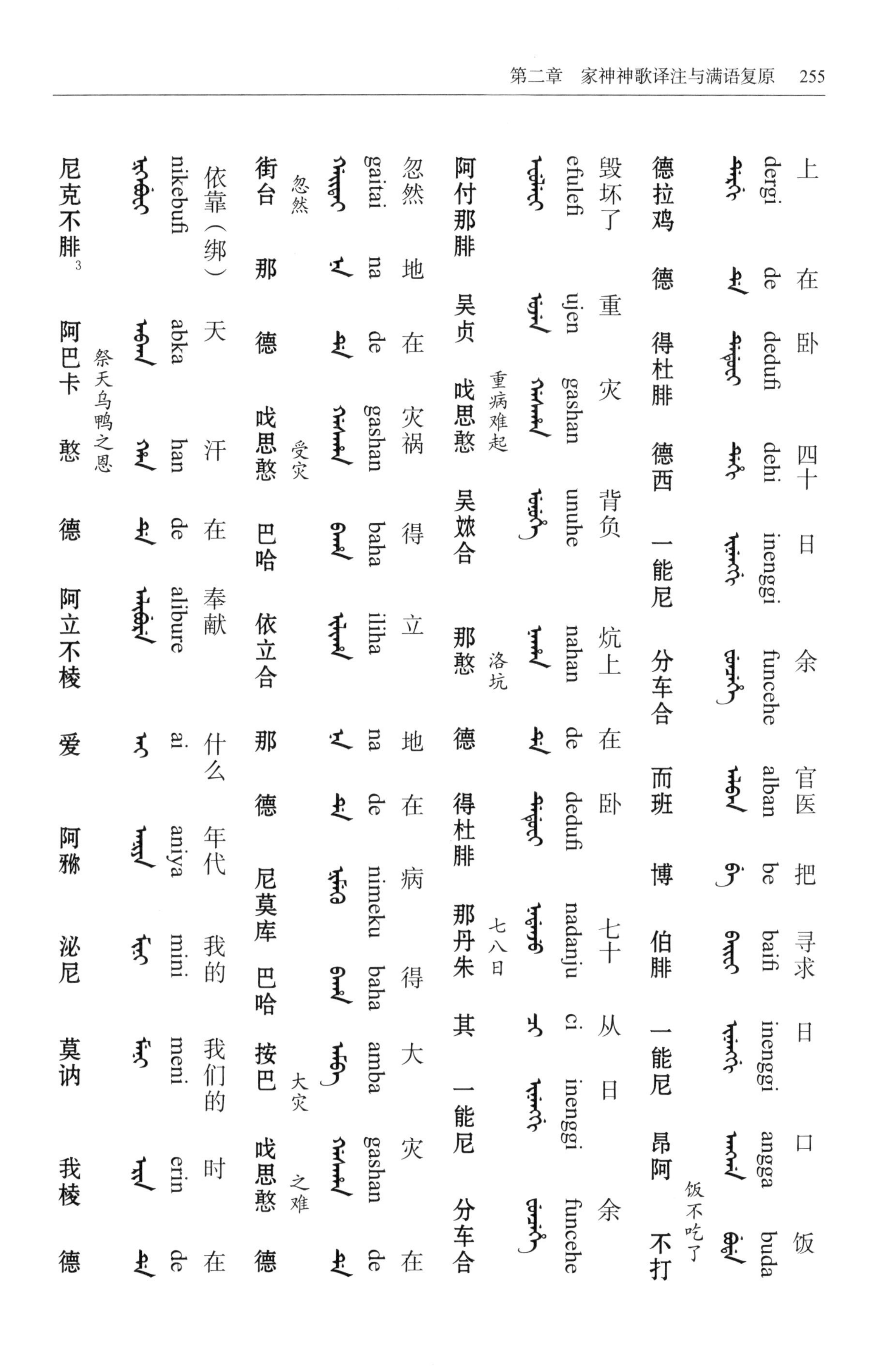

dergi	de	dedufi	dehi	inenggi	funcehe	alban	be	baifi	inenggi	angga	buda
德拉鸡	**德**	**得杜腓**	**德西**	**一能尼**	**分车合**	**而班**	**博**	**伯腓**	**一能尼**	**昂阿**	**不打**
上	在	卧	四十	日	余	官医	把	寻求	日	口	饭
										饭不吃了	

efulefi	ujen	gashan	unuhe	nahan	de	dedufi	nadanju	ci	inenggi	funcehe
阿付那腓	**吴贞**	**戗思憨**	**吴妳合**	**那憨**	**德**	**得杜腓**	**那丹朱**	**其**	**一能尼**	**分车合**
毁坏了	重	灾	背负	炕上	在	卧	七十	从	日	余
		重病难起		洛坑			七八日			

gaitai	na	de	gashan	baha	iliha	na	de	nimeku	baha	amba	gashan	de
街台	**那**	**德**	**戗思憨**	**巴哈**	**依立合**	**那**	**德**	**尼莫库**	**巴哈**	**按巴**	**戗思憨**	**德**
忽然	地	在	灾祸	得	立	地	在	病	得	大	灾	在
忽然			受灾							大灾	之难	

nikebufi	abka	han	de	alibure	ai	aniya	mini	meni	erin	de
尼克不腓[3]	**阿巴卡**	**憨**	**德**	**阿立不棱**	**爱**	**阿祢**	**泌尼**	**莫讷**	**我棱**	**德**
依靠（绑）	天	汗	在	奉献	什么	年代	我的	我们的	时	在
	祭天乌鸭之恩									

生命	把	爱惜	死	在	畏惧	小	男人	接连		属相
banjire	be	buyeme	bucere	de	geleme	osohon	haha	tui	tui	aniya
ᠪᠠᠨᠵᡳᡵᡝ	ᠪᡝ	ᠪᡠᠶᡝᠮᡝ	ᠪᡠᠴᡝᡵᡝ	ᡩᡝ	ᡤᡝᠯᡝᠮᡝ	ᠣᠰᠣᡥᠣᠨ	ᡥᠠᡥᠠ	ᡨᡠᡳ	ᡨᡠᡳ	ᠠᠨᡳᠶᠠ
班几勒	博	不热莫	不车勒	德	各勒莫	卧思浑	哈哈	秃	秃	阿猕
						本家长	许愿			

因为	何	由	查看	天	把	遇到	因为	天	把	乞求	以后
seci	ai	ci	tuwaci	abka	be	ucaraha	seci	abka	be	baiha	manggi
ᠰᡝᠴᡳ	ᠠᡳ	ᠴᡳ	ᡨᡠᠸᠠᠴᡳ	ᠠᠪᡴᠠ	ᠪᡝ	ᡠᠴᠠᡵᠠᡥᠠ	ᠰᡝᠴᡳ	ᠠᠪᡴᠠ	ᠪᡝ	ᠪᠠᡳᡥᠠ	ᠮᠠᠩᡤᡳ
赊七	爱	七	⿰石秃七	阿巴卡	博	吴查拉哈	赊七	阿巴卡	博	伯哈	忙尼
				天上之神				恳求天保佑			

查看	九位	萨满	在	传递着	查看	何	属于	因为	何	在	过错
tuwaci	uyun	saman	de	ulandume	tuwaha	ai	haranga	seci	ai	de	endebuhe
ᡨᡠᠸᠠᠴᡳ	ᡠᠶᡠᠨ	ᠰᠠᠮᠠᠨ	ᡩᡝ	ᡠᠯᠠᠨᡩᡠᠮᡝ	ᡨᡠᠸᠠᡥᠠ	ᠠᡳ	ᡥᠠᡵᠠᠩᡤᠠ	ᠰᡝᠴᡳ	ᠠᡳ	ᡩᡝ	ᡝᠨᡩᡝᠪᡠᡥᡝ
⿰石秃七	吴云	沙玛	德	吴拉得莫	⿰石秃哈	爱	阿朗阿	赊七	爱	德	恩不合
查看							何处过事				

味道	无	牙关	饭	甘甜	无	八位	萨满	在	祝祷
amtangga	akū	jayan	buda	jancuhūn	akū	jakūn	saman	de	jaribume
ᠠᠮᡨᠠᠩᡤᠠ	ᠠᡴᡡ	ᠵᠠᠶᠠᠨ	ᠪᡠᡩᠠ	ᠵᠠᠨᠴᡠᡥᡡᠨ	ᠠᡴᡡ	ᠵᠠᡴᡡᠨ	ᠰᠠᠮᠠᠨ	ᡩᡝ	ᠵᠠᡵᡳᠪᡠᠮᡝ
阿莫阿汤阿	阿库	札眼	不打	占出浑	阿库	札坤	沙玛	德	侧立不莫
药不见工						八方萨满			

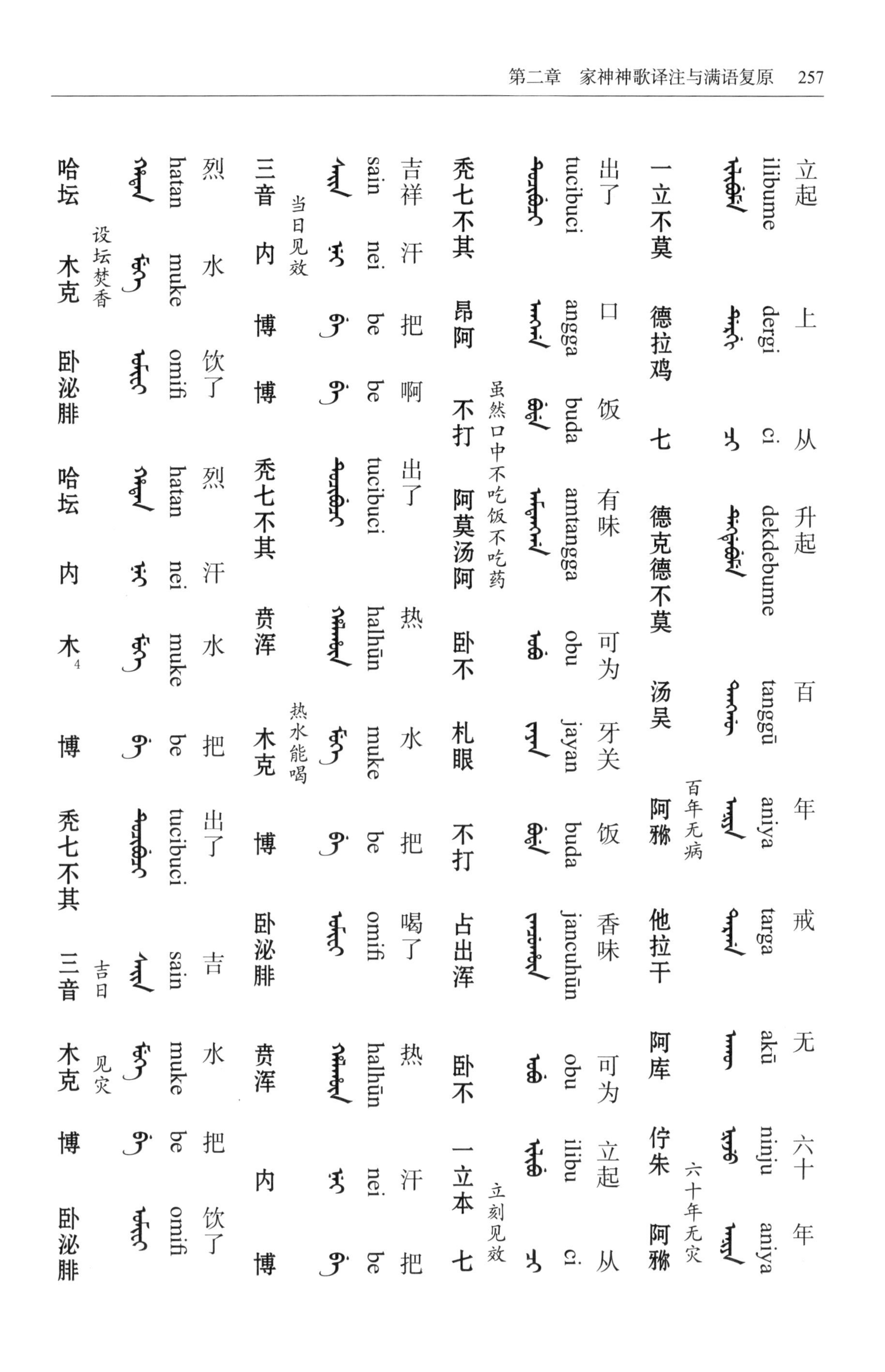

立起 上 从 升起 百 年 戒 无 六十 年

ilibume dergi ci dekdebume tanggū aniya targa akū ninju aniya

一立不莫 德拉鸡 七 德克德不莫 汤吴 阿袮 他拉干 阿库 佇朱 阿袮

百年无病 六十年无灾

出了 口 饭 有味 可为 牙关 饭 香味 可为 立起 从

tucibuci angga buda amtangga obu jayan buda jancuhūn obu ilibu ci

秃七不其 昂阿 不打 阿莫汤阿 卧不 札眼 不打 占出浑 卧不 一立本 七

虽然口中不吃饭不吃药 立刻见效

吉祥 汗 把 啊 出了 热 水 把 喝了 热 汗 把

sain nei be be tucibuci halhūn muke be omifi halhūn nei be

三音 内 博 博 秃七不其 贲浑 木克 博 卧泌腓 贲浑 内 博

当日见效 热水能喝

烈 水 饮了 烈 汗 水 把 出了 吉 水 把 饮了

hatan muke omifi hatan nei muke be tucibuci sain muke be omifi

哈坛 木克 卧泌腓 哈坛 内 木[4] 博 秃七不其 三音 木克 博 卧泌腓

设坛焚香 吉日见灾

汉义	转写	满文	汉字音写
可为	obume	ᠣᠪᡠᠮᡝ	卧不莫
养育	ujihe	ᡠᠵᡳᡥᡝ	吴几合
儿子们	juse	ᠵᡠᠰᡝ	朱赊
喜乐	urgun	ᡠᡵᡤᡠᠨ	吴拉滚
可为	obu	ᠣᠪᡠ	卧不
庭	hūwa	ᡥᡡᠸᠠ	花
在	de	ᡩᡝ	德
可	oci	ᠣᠴᡳ	卧七
顺适	icangga	ᡳᠴᠠᠩᡤᠠ	一行阿
庭院	hūwa	ᡥᡡᠸᠠ	花
在	de	ᡩᡝ	德
内	dolo	ᡩᠣᠯᠣ	多洛

汉义	转写	满文	汉字音写
向前	julesi	ᠵᡠᠯᡝᠰᡳ	朱勒西
是	oci	ᠣᠴᡳ	卧七
孩子	juse	ᠵᡠᠰᡝ	朱赊
可为	obume	ᠣᠪᡠᠮᡝ	卧不莫
向后	amasi	ᠠᠮᠠᠰᡳ	阿玛西
是	oci	ᠣᠴᡳ	卧七
奴婢	aha	ᠠᡥᠠ	阿哈
得	baha	ᠪᠠᡥᠠ	巴哈
娶	gaiha	ᡤᠠᡳᡥᠠ	街哈
媳	urun	ᡠᡵᡠᠨ	吴伦
双	juru	ᠵᡠᡵᡠ	朱禄

往前至后 恩神容宽

汉义	转写	满文	汉字音写
欢乐	sebjen	ᠰᡝᠪᠵᡝᠨ	赊博贞
处处	sede	ᠰᡝᡩᡝ	三德
可	okini	ᠣᡴᡳᠨᡳ	卧其尼
口	angga	ᠠᠩᡤᠠ	昂阿
牙	weihe	ᠸᡝᡳᡥᡝ	为合
发黄	soroko	ᠰᠣᡵᠣᡴᠣ	所洛托洛[5]
头	uju	ᡠᠵᡠ	乌朱
发	funiyehe	ᡶᡠᠨᡳᠶᡝᡥᡝ	付粝合
变白	šarakabi	ᡧᠠᡵᠠᡴᠠᠪᡳ	沙禄托洛[6]

口愿以过 保佑全家 白头到老

汉义	转写	满文	汉字音写
病	nimeku	ᠨᡳᠮᡝᡴᡠ	尼莫库
没有	akū	ᠠᡴᡡ	阿库
头	uju	ᡠᠵᡠ	乌朱
得	be	ᠪᡝ	博
抬头	tukiyeci	ᡨᡠᡴᡳᠶᡝᠴᡳ	秃歘其
喜庆	urgun	ᡠᡵᡤᡠᠨ	吴拉滚
处处	sede	ᠰᡝᡩᡝ	三德
为	okini	ᠣᡴᡳᠨᡳ	倭其尼
腮	sencehe	ᠰᡝᠨᠴᡝᡥᡝ	赊车恨
将	be	ᠪᡝ	博
抬起	tukiyeci	ᡨᡠᡴᡳᠶᡝᠴᡳ	秃歘其

台头吉庆 平安赐福

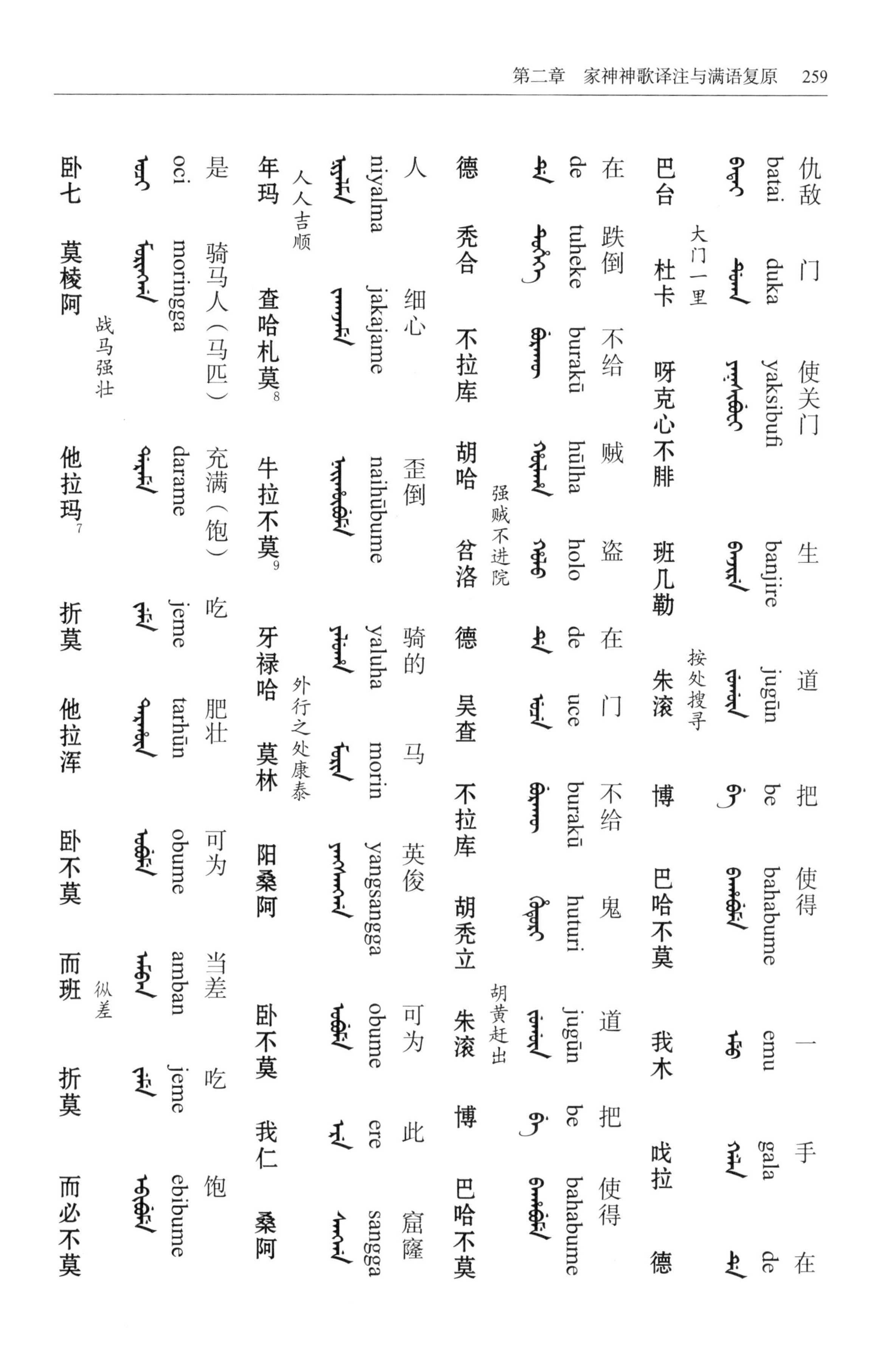

仇敌　门　使关门　生　道　把　使得　一　手　在

batai duka yaksibufi banjire jugūn be bahabume emu gala de

巴台　杜卡　呀克心不腓　班几勒　朱滚　博　巴哈不莫　我木　戉拉　德

大门一里　按处搜寻

在　跌倒　不给　贼　盗　在　门　不给　鬼　道　把　使得

de tuheke burakū hūlha holo de uce burakū huturi jugūn be bahabume

德　秃合　不拉库　胡哈　岔洛　德　吴查　不拉库　胡秃立　朱滚　博　巴哈不莫

强贼不进院　胡黄赶出

人　细心　歪倒　骑的　马　英俊　可为　此　窟窿

niyalma jakajame naihūbume yaluha morin yangsangga obume ere sangga

年玛　查哈札莫[8]　牛拉不莫[9]　牙禄哈　莫林　阳桑阿　卧不莫　我仁　桑阿

人人吉顺　外行之处康泰

是　骑马人（马匹）　充满（饱）　吃　肥壮　可为　当差　吃　饱

oci moringga darame jeme tarhūn obume amban jeme ebibume

卧七　莫棱阿　他拉玛[7]　折莫　他拉浑　卧不莫　而班　折莫　而必不莫

战马强壮　纵差

圆满	安稳	和顺	一样	萨满	祝祷	供献	淡白	米饭	把
muyehūn	nuhan	hūwaliyaha	gese	saman	seme	uliha	šahūn	bele	be
ᠮᡠᠶᡝᡥᡡᠨ	ᠨᡠᡥᠠᠨ	ᡥᡡᠸᠠᠯᡳᠶᠠᡥᠠ	ᡤᡝᠰᡝ	ᠰᠠᠮᠠᠨ	ᠰᡝᠮᡝ	ᡠᠯᡳᡥᠠ	ᡧᠠᡥᡡᠨ	ᠪᡝᠯᡝ	ᠪᡝ
						鸡打樻土			
木哈[10]	**侬哈**	**花祺哈**	**各赊**	**沙玛**	**赊莫**	**吴立合腓**	**沙思呼**[11]	**博勒**	**博**

吉祥	可为	平	安	平安	可为	书	在	本	相同
sain	obume	elhe	taifin	elhe	obume	bithe	de	debtelin	gese
ᠰᠠᡳᠨ	ᠣᠪᡠᠮᡝ	ᡝᠯᡥᡝ	ᡨᠠᡳᡶᡳᠨ	ᡝᠯᡥᡝ	ᠣᠪᡠᠮᡝ	ᠪᡳᡨᡥᡝ	ᡩᡝ	ᡩᡝᠪᡨᡝᠯᡳᠨ	ᡤᡝᠰᡝ
		平安		吉福				祝祷	
三音	**卧不莫**	**而合**	**太翻**	**而合**	**卧不莫**	**必特合**	**德**	**得破特林**	**各赊**

堆积	把	勿	留	怨恨	灾	把	都	拿去	太	平
buktan	be	ume	werire	gasara	gashan	be	gemu	gamara	sain	taifin
ᠪᡠᡴᡨᠠᠨ	ᠪᡝ	ᡠᠮᡝ	ᠸᡝᡵᡳᡵᡝ	ᡤᠠᠰᠠᡵᠠ	ᡤᠠᠰᡥᠠᠨ	ᠪᡝ	ᡤᡝᠮᡠ	ᡤᠠᠮᠠᡵᠠ	ᠰᠠᡳᠨ	ᡨᠠᡳᡶᡳᠨ
					站立无灾				太平无事	
不克墩	**博**	**吴莫**	**卧立勒**	**戗沙拉**	**戗思憨**	**博**	**各木**	**戗玛拉**	**三音**	**太翻**

举起	天	在	拿	双	手	在	举起	云	在	拿去
tukiyeki	abka	de	gamafi	juwe	gala	de	tukiyeci	tugi	de	gamafi
ᡨᡠᡴᡳᠶᡝᡴᡳ	ᠠᠪᡴᠠ	ᡩᡝ	ᡤᠠᠮᠠᡶᡳ	ᠵᡠᠸᡝ	ᡤᠠᠯᠠ	ᡩᡝ	ᡨᡠᡴᡳᠶᡝᠴᡳ	ᡨᡠᡤᡳ	ᡩᡝ	ᡤᠠᠮᠠᡶᡳ
	各处追赶									
秃欻其	**阿巴卡**	**德**	**戗玛腓**	**左**	**戗拉**	**德**	**秃欻其**	**秃西**	**德**	**戗玛腓**

双手供献神灵，
只手取供物，
祈祷[3]神灵。
学习诵唱神歌，
跪地叩头。
屈身在尘地，
家萨满何属相？
在此祈祷。
石姓子孙，
众姓之中的哪一姓？
祈祷浩天神灵降临。
明天是吉庆日，

【译文】

在新的吉日祥月里，
新月迎来。
旧月已去，
富秋裕日之时。
今已是春去秋临之际，
阖家欣然同意。
亲口许愿，
上牙碰下牙，
此时为东家之事，
男女东家何属相？
石姓子孙，
乞请天神玛法[4]降临。

神猪肥壮、光洁。
圈养家中庭院里，
买神猪重大，
生活安康。
众人饮之，
大火蒸煮小肉羹，
放入锅中，
又用山中泉水，
淘米泼泔水作大供。
取来山中泉流净水，
乞请高高的天汗降临。

慈爱	好	太平	愿	降下	祭肉	把	神坛	各处	纳享
šar seme	sain	taifin	okini	wasimbuhe	amsun	be	wesihun	sede	gamaki
ᡧᠠᡵ ᠰᡝᠮᡝ	ᠰᠠᡳᠨ	ᡨᠠᡳᡶᡳᠨ	ᠣᡴᡳᠨᡳ	ᠸᠠᠰᡳᠮᠪᡠᡥᡝ	ᠠᠮᠰᡠᠨ	ᠪᡝ	ᠸᡝᠰᡳᡥᡠᠨ	ᠰᡝᡩᡝ	ᡤᠠᠮᠠᡴᡳ
沙勒赊莫	**三音**	**太翂**（太平无事）	**卧其尼**	**卧心不合**	**阿莫孙**	**博**	**卧西浑**	**三德**	**戓码麒**

我们家族内，
在我们这里，
不知什么年代，

纳享献牲祭物。
乞请天汗降临，
敬献牺牲谷物，
绑在光滑洁净木杆上。
敬做草把[6]，
端正竖立在庭院中，
择选一光滑、笔直木杆[5]，
从山林中，

敬神供献。
矮桌上一起排列，
高桌上摆供，

使其丧命。
按节行刀，
今将神猪抓来，

取来吉祥神水，
祈祷天神示意。
东家何属相？

乞求天神保佑。
述叙众人惜命惧死，
查看，遇到天上之神，
何事之由。
寻察何处之过，
九位萨满查看，
请来八位萨满祈祷诵唱，
口无香味，
每日饭无甜味，
七十余日仍卧炕上。
四十余日寻医[7]治疗，
卧床不起。
人人重病缠身，
瘟病蔓延无际。
人们立地得病，
忽然灾祸平地起，

子孙繁茂，
娶媳生儿育女，
后有奴婢。
前有子孙，

诸位神灵保佑，
抬腮欢乐如意。
抬头喜庆，
平安康泰。
老者牙黄发白，
百年无戒。
六十年无病，
祈祷天神保佑，
恢复健康。
吃饭有甜味，
口中有香味，
当日见效。
病祸立刻停止，
饮后出汗。
烧热即饮，

庭院顺适，
马肥膘壮，
充满圈院。
当差者吉顺健康，
坐骑英俊强悍。
小心歪倒，
不陷沟壑，
不遇盗贼。
闪开鬼道，

避开仇敌，
求得生路。

萨满神力广大，
只手举起触天，
双手举起过云。
驱除一切灾祸怨恨，
拿出去一切堆积藏物。
神灵保佑，

太平吉祥，
平安如意。
萨满照本诵唱，
祈祷神灵慈爱，
降给石姓安顺太平。
今献上白米供饭，
清洁祭肉于神坛，
请神灵纳享。

【语音注释】

1 各秃恳（getuken），此处是指『天气明亮』，规范化汉字转写满语应为『各勒克』（gereke）。

2 吴德莫（udeme），此处应为汉语的几层之『层』，规范化汉字转写满语应为『吴尔苏』（ursu）。

3 尼克不腓（nikebufi），此词原意为『委托、靠着』等，文本中所需要的含义是将已准备好的，敬天所用的草把绑在立在庭院中的木杆上，民间称为『神杆』，笔者用了『绑』，为『靠着』的引申之意。

4 木（mu），此处是满语的『木克』，汉义为『水』。规范化汉字转写满语为『木克』（muke）。

5 所洛托洛（sorotore），此处汉义为『发黄』，其规范化汉字转写满语为『所洛括』（soroko）。

6 沙禄托洛（saratolo），此处汉义为『变白』，规范化汉转满语为『沙拉括毕』（sarakabi）。

7 他拉玛（talama），此处的规范化汉转满语应为『达拉莫』（darame）。它是原形动词『达拉木毕』（darambi）变化而来。『达拉木毕』的原始意义为『搭箭弓拉满、搭上箭满满拉开』等，今引申为马匹吃饱之『饱』（darame）。

8 查哈札莫（jahajame），汉义为『细心』，规范化汉字转写满语为『查坎扎莫』（jakanjame）。

9 牛拉不莫（niolabume），规范化汉字转写满语为『耐胡不莫』（naihūbume）。

10 木哈（muha），此处应为『完全、圆满』，其规范化汉字转写满语为『木也浑』（muyahūn）。

11 沙思呼（sasihun），汉义应为『淡白色』，其规范化汉字转写满语为『沙浑』（šahūn）。

【译文注释】

1 宴席：满文为『按朱』，我们译为『宴席』。这里既有牺牲供品，也有五谷杂粮，如同人间宴席一样。

2 九层：满文为『吴云阿巴卡』，直译为『九天』，在这一满文字旁有汉义为『九层之天』，故采用『九层』。满族民间也称『九重天』。

3 学习祝祷：谦虚之意。

4 天神玛法：即天老者。

5 木杆：即祭天所用的索莫杆。

6 草把：祭天所用，绑于索莫杆上的草把，即用谷物之秸秆捆绑而成，并放上牺牲供品和谷物，以供天神和乌鸦。在富有人家和清代宫廷中，则用锡斗来代替草把。

7 寻医：满文为『而班』，应译为『官差、公务』等，意思是请了社会上的医生看病，故此处译为『医生』。

各位 师傅 等 各位 瞒尼 善佛 等 乞求 石 姓 太爷
geren sefu sede geren manni fucihi sede bairengge šekderi hala mafari
ᡤᡝᡵᡝᠨ ᠰᡝᡶᡠ ᠰᡝᡩᡝ ᡤᡝᡵᡝᠨ ᠮᠠᠨᠨᡳ ᡶᡠᠴᡳᡥᡳ ᠰᡝᡩᡝ ᠪᠠᡳᡵᡝᠩᡤᡝ ᡧᡝᡴᡩᡝᡵᡳ ᡥᠠᠯᠠ ᠮᠠᡶᠠᡵᡳ
恳求各位师傅 各位瞒尼 石姓太爷
各棱 赊夫 三得 各棱 瞒尼 付七西 三得 伯棱俄 石克特立 哈拉 玛法立

萨满 使学习 念诵 都 地 在 屈身 跪下 叩头
saman tacibufi hūlara gemu na de bukdari niyakūrafi hengkileme
ᠰᠠᠮᠠᠨ ᡨᠠᠴᡳᠪᡠᡶᡳ ᡥᡡᠯᠠᡵᠠ ᡤᡝᠮᡠ ᠨᠠ ᡩᡝ ᠪᡠᡴᡩᠠᡵᡳ ᠨᡳᠶᠠᡴᡡᡵᠠᡶᡳ ᡥᡝᠩᡴᡳᠯᡝᠮᡝ
沙玛 他七不腓 胡拉拉 各木 那 得 不可打立 鸦库拉腓 恒其勒莫
祝神人念诵 跪地叩拜

众姓氏 姓氏 姓氏 为 石 姓 此时 在 什么 属相 家
hasuri hala hala oci šekderi hala erin de ai aniya boo i mukūn
ᡥᠠᠰᡠᡵᡳ ᡥᠠᠯᠠ ᡥᠠᠯᠠ ᠣᠴᡳ ᡧᡝᡴᡩᡝᡵᡳ ᡥᠠᠯᠠ ᡝᡵᡳᠨ ᡩᡝ ᠠᡳ ᠠᠨᡳᠶᠠ ᠪᠣᠣ ᡳ ᠮᡠᡴᡡᠨ
本姓 左石 兵恳何属
哈苏立 哈拉 哈拉 卧七 石克特立 哈拉 俄林 得 爱 阿雅 兵恳

八　求太平

elhe taifin be baimbi
ᡝᠯᡥᡝ ᡨᠠᡳᡶᡳᠨ ᠪᡝ ᠪᠠᡳᠮᠪᡳ

第四 辈 太爷 马 属 第五 辈 太爷 蛇 属
duici jalan mafa morin aniya sunjaci jalan mafa meihe aniya
ᡩᡠᡳᠴᡳ ᠵᠠᠯᠠᠨ ᠮᠠᡶᠠ ᠮᠣᡵᡳᠨ ᠠᠨᡳᠶᠠ ᠰᡠᠨᠵᠠᠴᡳ ᠵᠠᠯᠠᠨ ᠮᠠᡶᠠ ᠮᡝᡳᡥᡝ ᠠᠨᡳᠶᠠ
堆七 札兰 玛法 莫林 阿獼 孙札七 扎兰 玛法 梅合 阿獼
四位太爷属马　五位太爷属蛇

属 二 辈 太爷 虎 属 第三 辈 太爷 兔 属
aniya jai jalan mafa tasha aniya ilaci jalan mafa gūlmahūn aniya
ᠠᠨᡳᠶᠠ ᠵᠠᡳ ᠵᠠᠯᠠᠨ ᠮᠠᡶᠠ ᡨᠠᠰᡥᠠ ᠠᠨᡳᠶᠠ ᡳᠯᠠᠴᡳ ᠵᠠᠯᠠᠨ ᠮᠠᡶᠠ ᡤᡡᠯᠮᠠᡥᡡᠨ ᠠᠨᡳᠶᠠ
阿獼 仄 札兰 玛法 他思哈 阿獼 依兰七 札兰 玛法 古玛浑 阿獼
二位太爷属虎　三位太爷属兔

长 白 山 从 神主 太爷 神灵 头 辈 太爷 鼠
golmin šanyan alin ci weceku mafa enduri ujuci jalan mafa singgeri
ᡤᠣᠯᠮᡳᠨ ᡧᠠᠨᠶᠠᠨ ᠠᠯᡳᠨ ᠴᡳ ᠸᡝᠴᡝᡴᡠ ᠮᠠᡶᠠ ᡝᠨᡩᡠᡵᡳ ᡠᠵᡠᠴᡳ ᠵᠠᠯᠠᠨ ᠮᠠᡶᠠ ᠰᡳᠩᡤᡝᡵᡳ
敦敏 山眼 阿林 七 卧车库 玛法 恩杜立 乌朱七 札兰 玛法 星俄立
长白山神灵太爷　头位太爷属鼠

啊 各 的 神坛 把 都 听着 共 三摞 的 宴请 在
be geren i jukten be gemu donji uheri ilan i solin de
ᠪᡝ ᡤᡝᡵᡝᠨ ᡳ ᠵᡠᡴᡨᡝᠨ ᠪᡝ ᡤᡝᠮᡠ ᡩᠣᠨᠵᡳ ᡠᡥᡝᡵᡳ ᡳᠯᠠᠨ ᡳ ᠰᠣᠯᡳᠨ ᡩᡝ
博 各棱 以 朱克腾 博 各木 墩几 吴合立 依兰 以 所林 得
共闻神堂摆供三落

神主 各位 依赖 富贵 人人 愿 二十 勇士 随行（表面）

weceku sede akdafi wesihun sede okini orin haha oilori

ᠸᡝᠴᡝᡴᡠ ᠰᡝᡩᡝ ᠠᡴᡩᠠᡶᡳ ᠸᡝᠰᡳᡥᡠᠨ ᠰᡝᡩᡝ ᠣᡴᡳᠨᡳ ᠣᡵᡳᠨ ᡥᠠᡥᠠ ᠣᡳᠯᠣᡵᡳ

卧车库 三得 阿克打腓 卧西浑 三得 倭其尼 倭林 哈哈 卧勒立

神主护佑 富贵吉庆 而是明强汉护

精壮 处处 愿 神坛 各处 依赖 向前 处处 愿

yangsangga sede okini jukten sede akdafi julesi sede okini

ᠶᠠᠩᠰᠠᠩᡤᠠ ᠰᡝᡩᡝ ᠣᡴᡳᠨᡳ ᠵᡠᡴᡨᡝᠨ ᠰᡝᡩᡝ ᠠᡴᡩᠠᡶᡳ ᠵᡠᠯᡝᠰᡳ ᠰᡝᡩᡝ ᠣᡴᡳᠨᡳ

阳桑阿 三得 卧其尼 朱克腾 三得 阿克打腓 朱勒西 三得 倭其尼

精壮之喜 神坛保佑 往前吉顺

师傅 太爷 乞求 逐一 宴请 宴请 把 随降 聪明 等 可为

sefu mafa bairengge aname solime soliha be dahame getuken sede obufi

ᠰᡝᡶᡠ ᠮᠠᡶᠠ ᠪᠠᡳᡵᡝᠩᡤᡝ ᠠᠨᠠᠮᡝ ᠰᠣᠯᡳᠮᡝ ᠰᠣᠯᡳᡥᠠ ᠪᡝ ᡩᠠᡥᠠᠮᡝ ᡤᡝᡨᡠᡴᡝᠨ ᠰᡝᡩᡝ ᠣᠪᡠᡶᡳ

聪明之良

赊夫 玛法 伯棱俄 阿那莫 所立莫 所立哈 博 打哈莫 各秃恳 三得 卧不腓

第六 辈 太爷 龙 属 各位 全 听见了 统统 六位

ningguci jalan mafa muduri aniya geren gemu donji uheri ninggun

ᠨᡳᠩᡤᡠᠴᡳ ᠵᠠᠯᠠᠨ ᠮᠠᡶᠠ ᠮᡠᡩᡠᡵᡳ ᠠᠨᡳᠶᠠ ᡤᡝᡵᡝᠨ ᡤᡝᠮᡠ ᡩᠣᠨᠵᡳ ᡠᡥᡝᡵᡳ ᠨᡳᠩᡤᡠᠨ

六位太爷属龙 恳求六位师太爷

鞢文七 札兰 玛法 木杜立 阿瘀 各棱 各木 墩几 吴合立 鞢文七[1]

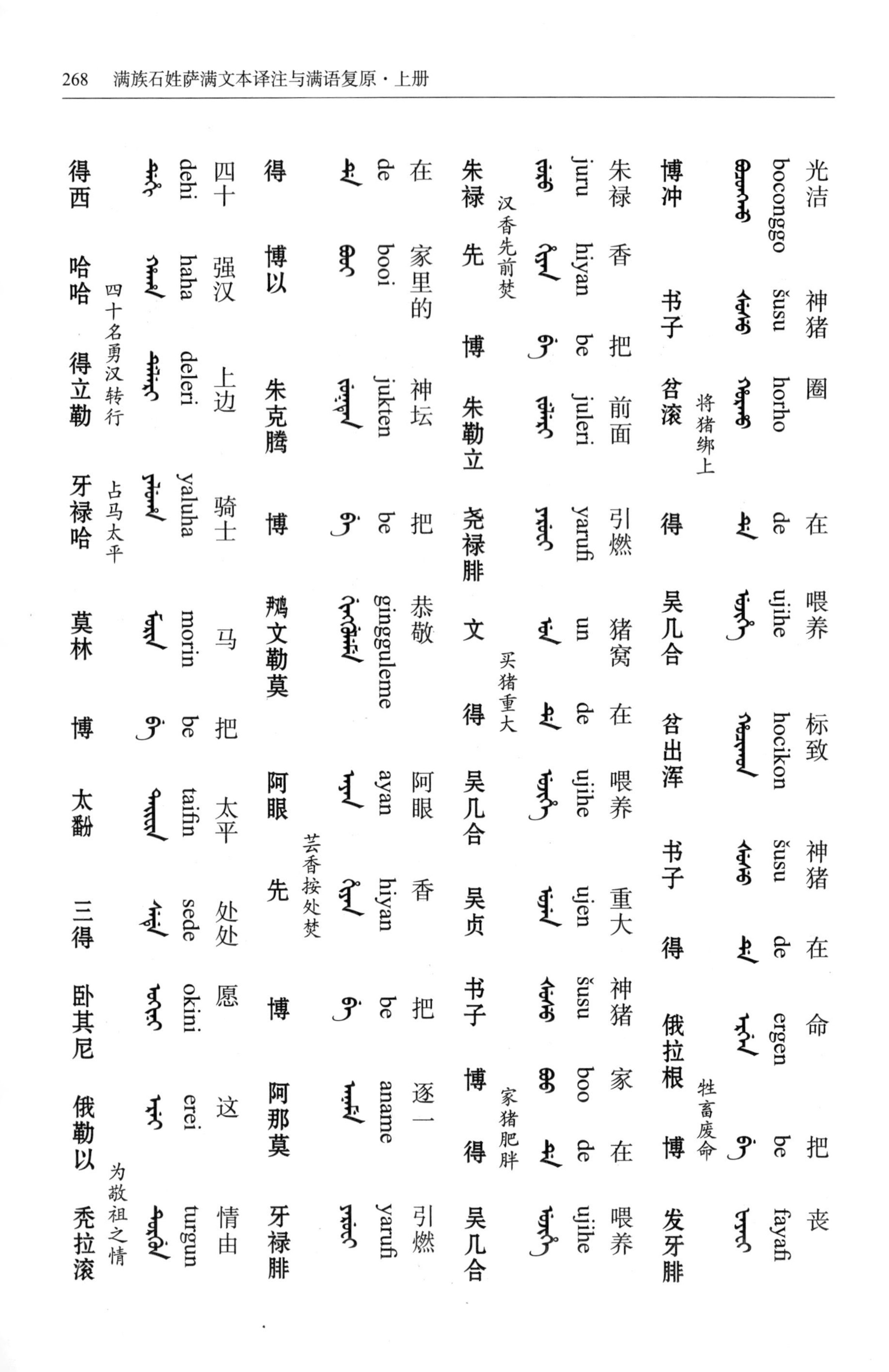

光洁 神猪 圈 在 喂养 标致 神猪 在 命 把 丧

boconggo šusu horho de ujihe hocikon šusu de ergen be fayafi

将猪绑上　牲畜废命

博冲 书子 各滚 得 吴几合 各出浑 书子 得 俄拉根 博 发牙腓

朱禄 香 把 前面 引燃 猪窝 在 喂养 重大 神猪 家 在 喂养

juru hiyan be juleri yarufi un de ujihe ujen šusu boo de ujihe

汉香先前焚　买猪重大　家猪肥胖

朱禄 先 博 朱勒立 尧禄腓 文 得 吴几合 吴贞 书子 博 得 吴几合

在 家里的 神坛 把 恭敬 阿眼 香 把 逐一 引燃

de booi jukten be gingguleme ayan hiyan be aname yarufi

芸香按处焚

得 博以 朱克腾 博 鸦文勒莫 阿眼 先 博 阿那莫 牙禄腓

四十 强汉 上边 骑士 马 把 太平 处处 愿 这 情由

dehi haha deleri yaluha morin be taifin sede okini erei turgun

四十名勇汉转行　占马太平　为敬祖之情

得西 哈哈 得立勒 牙禄哈 莫林 博 太翻 三得 卧其尼 俄勒以 秃拉滚

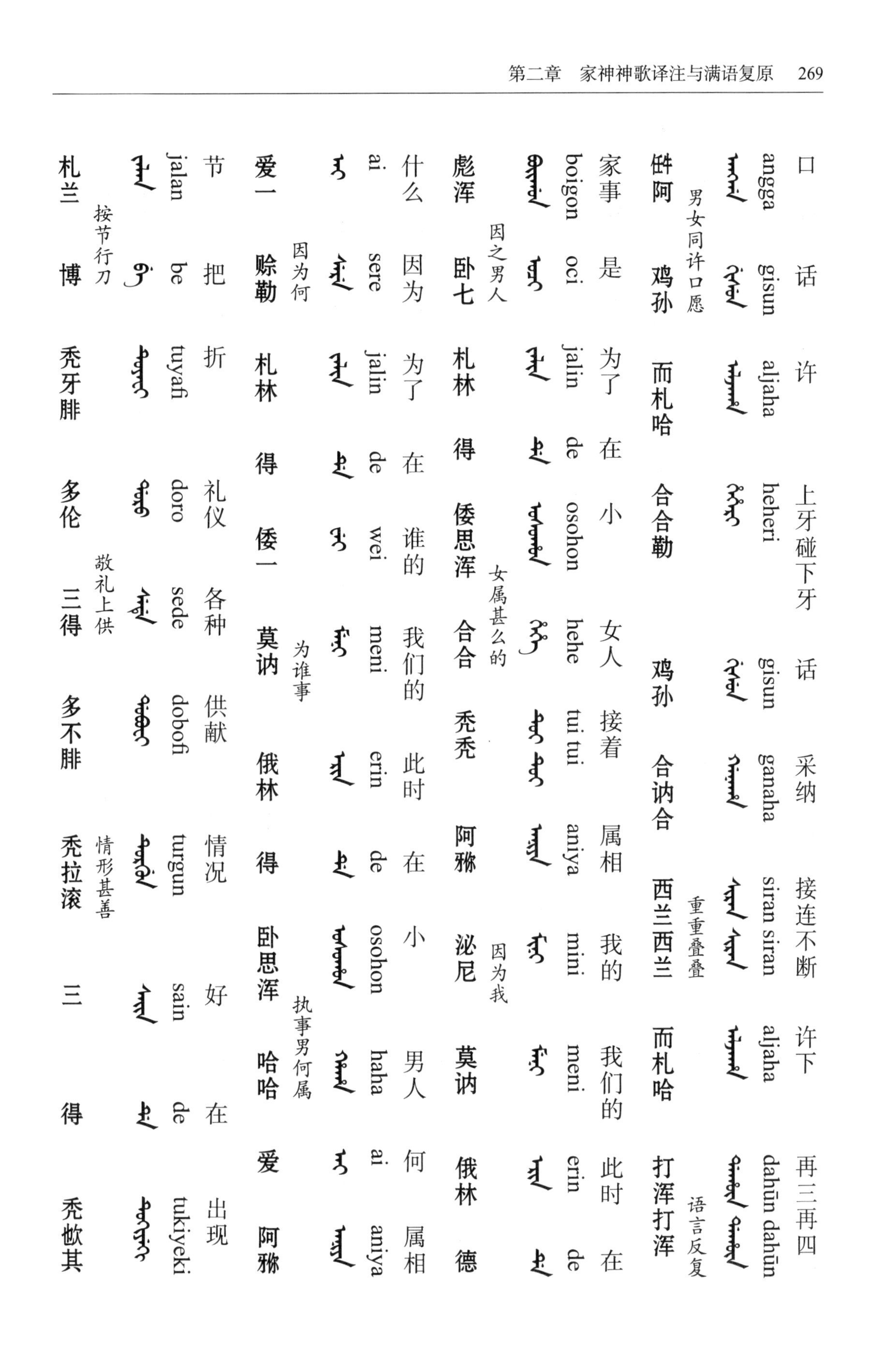

口	话	许	上牙碰下牙	话	采纳	接连不断		许下	再三再四	
anga	gisun	aljaha	heheri	gisun	ganaha	siran	siran	aljaha	dahūn	dahūn
阡阿	鸡孙	而札哈	合合勒	鸡孙	合纳合	西兰西兰		而札哈	打浑打浑	

男女同许口愿　重重叠叠　语言反复

家事	是	为了	在	小	女人	接着		属相	我的	我们的	此时	在
boigon	oci	jalin	de	osohon	hehe	tui	tui	aniya	mini	meni	erin	de
彪浑	卧七	札林	得	倭思浑	合合	秃秃		阿猕	泌尼	莫讷	俄林	德

因之男人　女属甚么的　因为我

什么	因为	为了	在	谁的	我们的	此时	在	小	男人	何	属相
ai	sere	jalin	de	wei	meni	erin	de	osohon	haha	ai	aniya
爱一	赊勒	札林	得	倭一	莫讷	俄林	得	卧思浑	哈哈	爱	阿猕

因为何　为谁事　执事男何属

节	把	折	礼仪	各种	供献	情况	好	在	出现
jalan	be	tuyafi	doro	sede	dobofi	turgun	sain	de	tukiyeki
札兰	博	秃牙腓	多伦	三得	多不腓	秃拉滚	三	得	秃欻其

按节行刀　敬礼上供　情形甚善

准备	高	桌	供献	木盘	桌	排列	智者	我们的	使去
ᠪᡝᠯᡥᡝᡶᡳ	ᡩᡝᠨ	ᡩᡝᠷᡝ	ᡩᠣᠪᠣᡥᠣ	ᡶᠠᠨ	ᡩᡝᠷᡝ	ᡶᠠᡳᡩᠠᡥᠠ	ᠮᡝᠷᡤᡝᠨ	ᠮᡝᠨᡳ	ᠸᠠᠵᡳᡶᡳ
belhefi	den	dere	doboho	fan	dere	faidaha	mergen	meni	wajifi
博勒合腓	很	得棱	多不哈	翻	得棱	翻他哈	莫拉根	莫讷	瓦几腓

高卓摆供　饭棹方盘摆列　知明者少

在	糠	把	推除	大	阿木孙肉	制作	泔水	把	泼掉	清洁	阿木孙肉
ᡩᡝ	ᠠᠷᠠ	ᠪᡝ	ᠠᠨᠠᡶᡳ	ᠠᠮᠪᠠ	ᠠᠮᠰᡠᠨ	ᠸᡝᡳᠯᡝᡶᡳ	ᠰᡠᠷᠠ	ᠪᡝ	ᠰᡠᡳᡨᠠᡶᡳ	ᠪᠣᠯᡤᠣ	ᠠᠮᠰᡠᠨ
de	ara	be	anafi	amba	amsun	weilefi	sura	be	suitafi	bolgo	amsun
得	阿拉	博	阿那腓	按巴	敖木朱	未勒腓	书拉	博	遂他腓	博勒浑	敖木朱

推米出康作大贡　以水为净　备用敬供

送走	新	月	把	迎来	日	吉	新	在	月	的	吉祥	洁净
ᡶᡠᡩᡝᡶᡳ	ᡳᠴᡝ	ᠪᡳᠶᠠ	ᠪᡝ	ᠠᠯᡳᡶᡳ	ᡳᠨᡝᠩᡤᡳ	ᠰᠠᡳᠨ	ᡳᠴᡝ	ᡩᡝ	ᠪᡳᠶᠠ	ᡳ	ᠰᠠᡳᠨ	ᠪᠣᠯᡤᠣ
fudefi	ice	biya	be	alifi	inenggi	sain	ice	de	biya	i	sain	bolgo
付杜腓	一车	叭	博	阿立腓	一能尼	三	一车	得	叭	一	三	博勒浑

卜定吉月良辰

采纳	没有	因为	推托	没有	有	因为	温和	没有	旧	的	月	把
ᡤᠠᠨᠠᡶᡳ	ᠠᡴᡡ	ᠰᡝᠮᡝ	ᠠᠨᠠᡥᠠ	ᠠᡴᡡ	ᠪᡳᡥᡝ	ᠰᡝᠮᡝ	ᠪᡠᠴᡠᡥᡡᠨ	ᠠᡴᡡ	ᡶᡝ	ᡳ	ᠪᡳᠶᠠ	ᠪᡝ
ganafi	akū	seme	anaha	akū	bihe	seme	bucuhūn	akū	fe	i	biya	be
合纳腓	阿库	赊莫	阿那哈	阿库	必合	赊莫	不出浑	阿库	佛	一	叭	博

无者并无推托　有者亦无刻俭　旧月已过换新月

抬起	喜乐	处处	使	此	从	向前	此	从	向后	世代	把
ᡨᡠᡴᡳᠶᡝᡴᡳ	ᠰᡝᠪᠵᡝᠨ	ᠰᡝᡩᡝ	ᠣᡴᡳᠨᡳ	ᡝᡵᡝ	ᠴᡳ	ᠵᡠᠯᡝᠰᡳ	ᡝᡵᡝ	ᠴᡳ	ᠠᠮᠠᠰᡳ	ᠵᠠᠯᠠᠨ	ᠪᡝ
tukiyeki	sebjen	sede	okini	ere	ci	julesi	ere	ci	amasi	jalan	be
秃歘其	**赊博贞**	**三得**	**倭其尼**	**俄勒**	**七**	**朱勒西**	**俄勒**	**七**	**阿玛西**	**札兰**	**博**

往前至后　世代流传

慈爱	各处神坛	责之	头	把	抬起	吉喜	处处	使	腮	把
ᠵᡳᠯᠠᡶᡳ	ᠵᡠᡴᡨᡝᠨᠰᠠ	ᠸᠠᡴᠠᡧᠠᡶᡳ	ᡠᠵᡠ	ᠪᡝ	ᡨᡠᡴᡳᠶᡝᡴᡳ	ᡠᡵᡤᡠᠨ	ᠰᡝᡩᡝ	ᠣᡴᡳᠨᡳ	ᠰᡝᠨᠴᡥᡝ	ᠪᡝ
jilafi	juktensa	wakašafi	uju	be	tukiyeki	urgun	sede	okini	senche	be
几拉腓	**朱克腾沙**	**瓦克侠腓**	**乌朱**	**博**	**秃歘其**	**乌拉滚**	**三得**	**卧其尼**	**赊车恨**	**博**

抬头吉庆　台头吉喜

若有	往后	丢掉	过失	道	把	别	地	在	拿去	诸位神灵
ᠪᡳᠴᡳ	ᠠᠮᠠᠰᡳ	ᠸᠠᠯᡳᠶᠠᡶᡳ	ᡝᠨᡩᡝᠪᡠᡴᡠ	ᠵᡠᡤᡡᠨ	ᠪᡝ	ᡝᠨᠴᡠ	ᠪᠠ	ᡩᡝ	ᡤᠠᠮᠠᡴᡳ	ᡝᠨᡩᡠᡵᡳᠰᠠ
bici	amasi	waliyafi	endebuku	jugūn	be	encu	ba	de	gamaki	endurisa
必七	**阿玛西**	**瓦粒腓**	**恩得不库**	**朱滚**	**博**	**文辍**	**巴**	**得**	**戕玛其**	**恩杜立沙**

过犯拿出外边　神主宽容

愚者	在里	剩下了	神灵见罪处	很多	有过失之处	多	在	见罪之处	处
ᠮᡝᠨᡨᡠᡥᡠᠨ	ᡩᠣᠯᠣ	ᡶᡠᠨᠴᡝᡥᡝ	ᠠᠯᠵᠠᠪᡠᡥᠠᠩᡤᡝ	ᠯᠠᠪᡩᡠ	ᡝᠨᡩᡠᡥᡝᠩᡤᡝ	ᡶᡠᠯᡠ	ᡩᡝ	ᠠᠯᠵᠠᠪᡠᡵᡝᠩᡤᡝ	ᠪᠠ
mentuhun	dolo	funcehe	aljabuhangge	labdu	enduhengge	fulu	de	aljaburengge	ba
闷克浑	**多洛**	**分车合**	**而札不恒俄**	**拉破杜**	**恩得不恒俄**	**付禄**	**得**	**而扎不棱俄**	**巴**

愚鲁者多　过错太多　不好之处丢在后

乞请各位师傅，
祈祷神灵。
学习诵唱神歌，
跪地叩头。
屈身在尘地，
家萨满何属相？
在此祈祷。
石姓子孙，
众姓之中的哪一姓？

【译文】

二辈太爷属虎，
头辈太爷属鼠，
长白山山主太爷，

请降临纳享。
摆供品三摞，
都听见了吗！
各神坛诸位神灵，
石姓诸位太爷神。
各位瞒尼善佛，

众神灵聪明、善良，
乞求各位太爷降临。
统统宴请，
逐一宴请，
六位太爷都请听，
六辈太爷属龙。
五辈太爷属蛇，
四辈太爷属马，
三辈太爷属兔，

更换	ᡥᠠᠯᠠᠮᡝ	halame	哈拉莫
流传	ᡠᠯᠠᠨ	ulan	弯
把	ᠪᡝ	be	博
的	ᡳ	i	一
礼仪	ᡩᠣᡵᠣᠯᠣᠮᡝ	dorolome	多洛莫
力	ᡥᡡᠰᡠᠨ	hūsun	胡孙
把	ᠪᡝ	be	博
出	ᡨᡠᠴᡳᡶᡳ	tucifi	秃七腓
福	ᡥᡡᡨᡠᡵᡳ	hūturi	胡秃立
把	ᠪᡝ	be	博
乞求	ᠪᠠᡳᡵᡝᠩᡤᡝ	bairengge	伯楞俄

尽力求福

全身纯黑。
神猪喂养肥壮、标致，
精心圈养家中。
慎重买好神猪，
点燃了神坛前的朱禄香，
逐一引燃了阿眼香，

敬祭家神神主。
陈述情由，
今后阖族富贵吉庆。
神主前恳请保佑，
今后处处吉顺太平。
神坛前祈祷保佑，

天下太平。
战骑所到之处，
四十名骑士护卫。
二十名勇汉随行，
白山总兵，
精壮、勇强，

穷者不推托，
今举行祭祀，
必须采纳。
接连不断、再三再四许下的愿，
说出的话不能不遵。
上牙碰下牙，
在此请神？
为了我们家族什么原因，
小女人何属相？
小男人何属相？
在此请神？
为了我们家族谁的事情，
在此请神？
为了我们家族什么原因，

供献于神坛前。
遵照各种传统礼仪，
一切情形甚善。
神猪即刻丧命。
今将神猪按节行刀，

宽我子孙之过。
容我子孙之失，
请诸位神灵慈爱，
神灵见罪之处多。
祭祀之中有过之处多，
今是愚者多，智者少。
石姓子孙，

矮桌上木盘排列。
高桌上供献，
准备了清洁的阿木孙肉，
制作了饽饽供品，
遵礼淘米泼泔水。
推米除糠，
在洁净的祥月里。
在新的吉日里，
迎来了新月。
今已送走了旧月，
富者不克俭。

使不合礼仪之处，
今后永远远离。
使不合祭祀之道的事，
永远不发生。
诸位神灵慈爱，

神坛前教子孙们。
抬头吉庆，
抬腮吉喜如意。
从前往后，
世世代代，

遵照传统礼仪，
竭力祈福，
敬神祭祀。

【语音注释】

1 鞥文七（ningguci），此处应为数字『六』，不应为『第六』，规范化满语为ninggun。

使学习 诵唱 祝祷 为了 在 尘 地 在 屈身 叩头 地
tacibufi hūlame alibure jalin de buraki na de bukdari hengkin na
ᡨᠠᠴᡳᠪᡠᡶᡳ ᡥᡡᠯᠠᠮᡝ ᠠᠯᡳᠪᡠᡵᡝ ᠵᠠᠯᡳᠨ ᡩᡝ ᠪᡠᡵᠠᡴᡳ ᠨᠠ ᡩᡝ ᠪᡠᡴᡩᠠᡵᡳ ᡥᡝᠩᡴᡳᠨ ᠨᠠ
祝诵呈上 跪地叩拜
他七不腓 胡拉莫 阿立不勒 札林 得 不拉其 那 得 不可打立 恒亲 那

石 姓 此时 在 孙子 大的 什么 属相 家族 萨满
šekderi hala erin de omolo tomoro ai aniya boo i mukūn saman
ᡧᡝᡴᡩᡝᡵᡳ ᡥᠠᠯᠠ ᡝᡵᡳᠨ ᡩᡝ ᠣᠮᠣᠯᠣ ᡨᠣᠮᠣᡵᠣ ᠠᡳ ᠠᠨᡳᠶᠠ ᠪᠣᠣ ᡳ ᠮᡠᡴᡡᠨ ᠰᠠᠮᠠᠨ
子孙兵恳何属
石克特立 哈拉 俄林 得 卧木洛 多莫洛 爱 阿鸦 兵恳 沙玛

什么 因为 为了 在 谁 我们的 此时 在 众姓氏 姓氏 姓氏 是
ai sere jalin de wei meni erin de hasuri hala hala oci
ᠠᡳ ᠰᡝᡵᡝ ᠵᠠᠯᡳᠨ ᡩᡝ ᠸᡝᡳ ᠮᡝᠨᡳ ᡝᡵᡳᠨ ᡩᡝ ᡥᠠᠰᡠᡵᡳ ᡥᠠᠯᠠ ᡥᠠᠯᠠ ᠣᠴᡳ
因为何 为谁事 本姓左石
爱一 赊勒 札林 得 卧一 莫讷 俄林 得 哈苏立 哈拉 哈拉 卧七

nimeku gashan be geterebumbi
ᠨᡳᠮᡝᡴᡠ ᡤᠠᠰᡥᠠᠨ ᠪᡝ ᡤᡝᡨᡝᡵᡝᠪᡠᠮᠪᡳ

九 除病灾

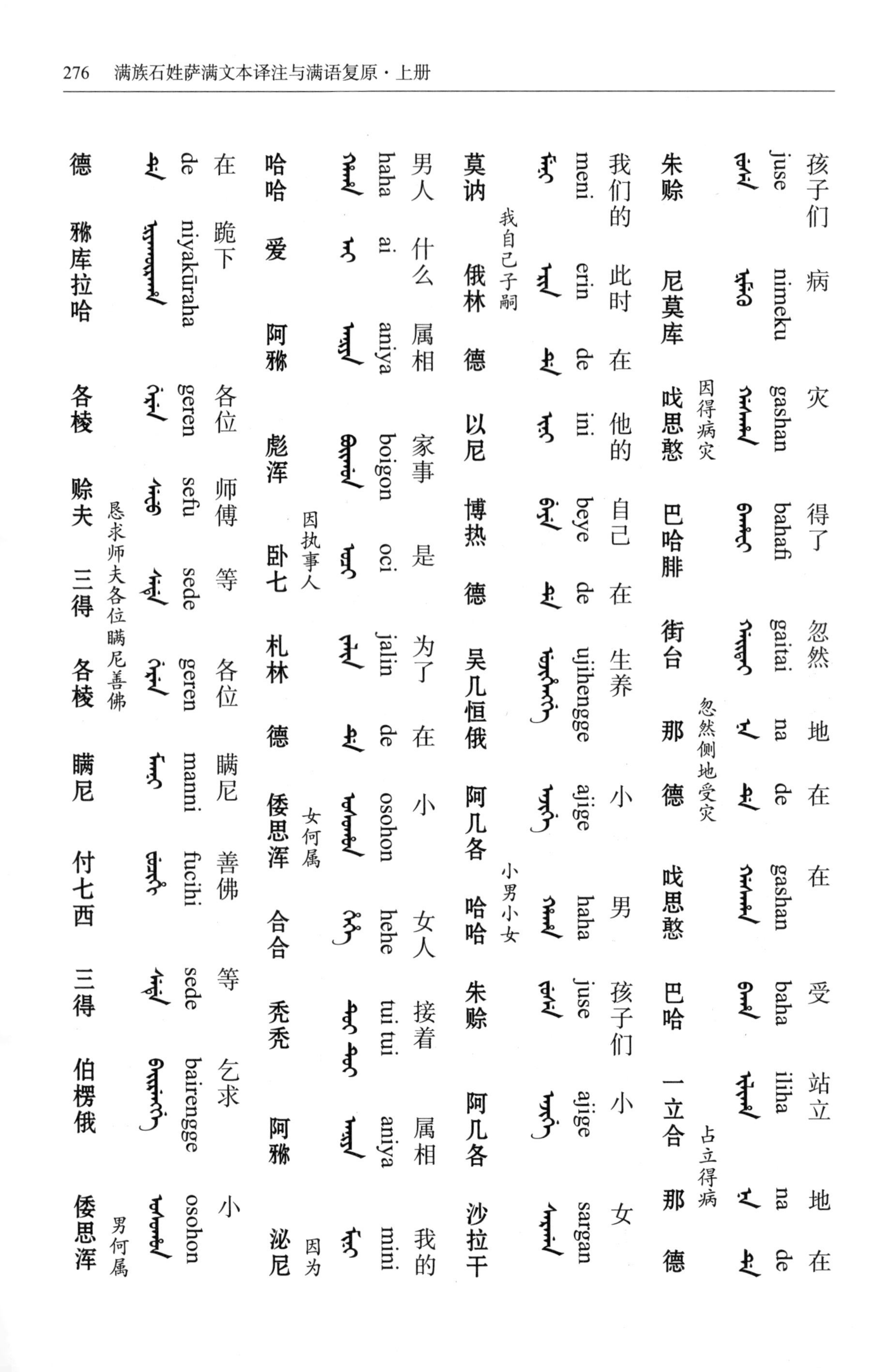

孩子们 病 灾 得了 忽然 地 在 在 受 站立 地 在
juse nimeku gashan bahafi gaitai na de gashan baha iliha na de
因得病灾 忽然侧地受灾 占立得病
朱赊 尼莫库 戕思憨 巴哈腓 街台 那 德 戕思憨 巴哈 一立合 那 德

我们的 此时 在 他的 自己 在 生养 小 男 孩子们 小 女
meni erin de ini beye de ujihengge ajige haha juse ajige sargan
我自己子嗣 小男小女
莫讷 俄林 德 以尼 博热 德 吴几恒俄 阿几各 哈哈 朱赊 阿几各 沙拉干

男人 什么 属相 家事 是 为了 在 小 女人 接着 属相 我的
haha ai aniya boigon oci jalin de osohon hehe tui tui aniya mini
因执事人 女何属 因为
哈哈 爱 阿猕 彪浑 卧七 札林 德 倭思浑 合合 秃秃 阿猕 泌尼

在 跪下 各位 师傅 等 各位 瞒尼 善佛 等 乞求 小
de niyakūraha geren sefu sede geren manni fucihi sede bairengge osohon
恳求师夫各位瞒尼善佛 男何属
德 猕库拉哈 各棱 赊夫 三得 各棱 瞒尼 付七西 三得 伯楞俄 倭思浑

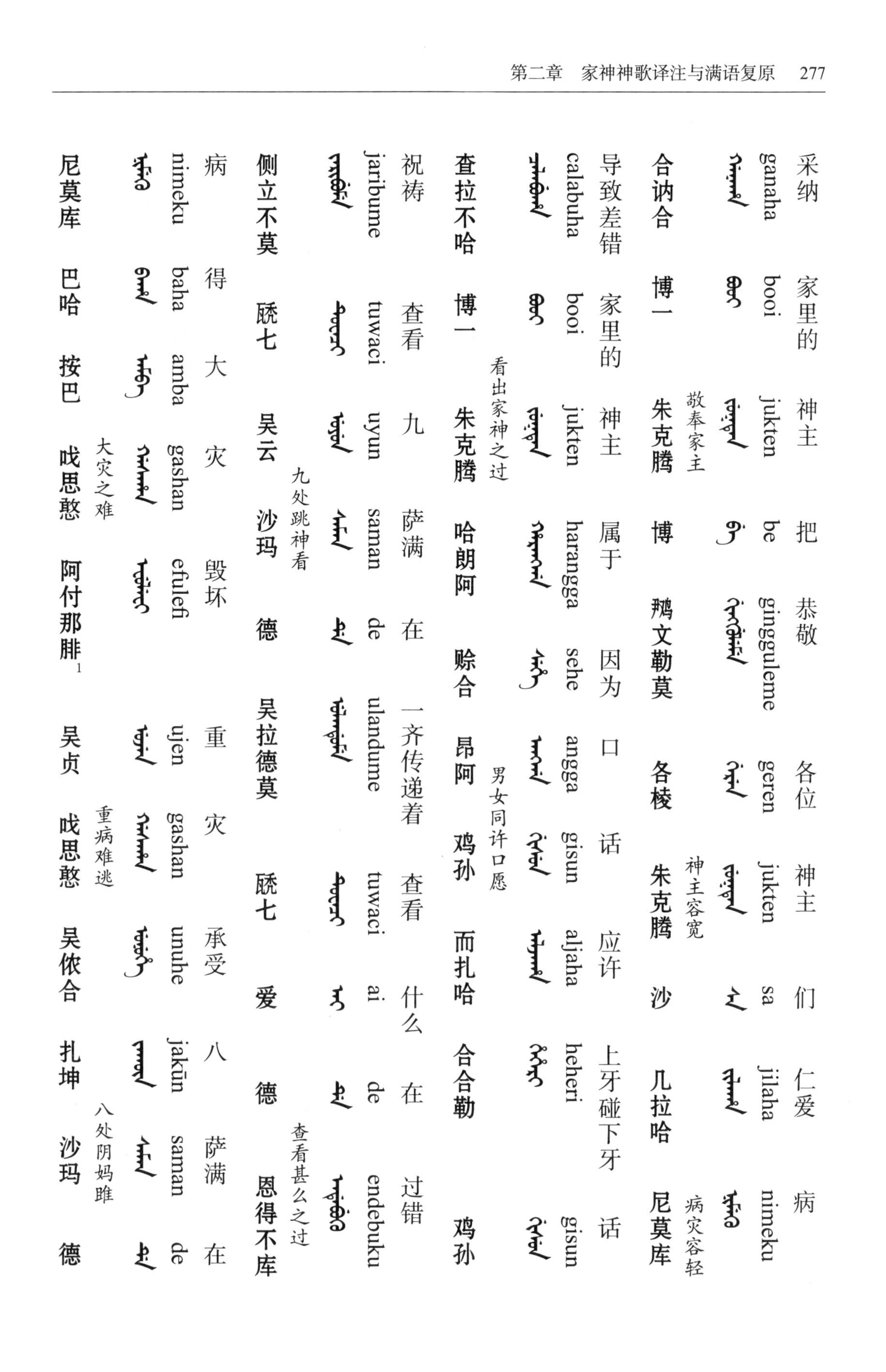

采纳 家里的 神主 把 恭敬 各位 神主 们 仁爱 病

ganaha booi jukten be gingguleme geren jukten sa jilaha nimeku

合纳合 博一 朱克腾 博 鹅文勒莫 各棱 朱克腾 沙 几拉哈 尼莫库

敬奉家主 神主容宽 病灾容轻

导致差错 家里的 神主 属于 因为 口 话 应许 上牙碰下牙 话

calabuha booi jukten harangga sehe angga gisun aljaha heheri gisun

查拉不哈 博一 朱克腾 哈朗阿 赊合 昂阿 鸡孙 而扎哈 合合勒 鸡孙

看出家神之过 男女同许口愿

祝祷 查看 九 萨满 在 一齐传递着 查看 什么 在 过错

jaribume tuwaci uyun saman de ulandume tuwaci ai de endebuku

侧立不莫 硗七 吴云 沙玛 德 吴拉德莫 硗七 爱 德 恩得不库

九处跳神看 查看甚么之过

病 得 大 灾 毁坏 重 灾 承受 八 萨满 在

nimeku baha amba gashan efulefi ujen gashan unuhe jakūn saman de

尼莫库 巴哈 按巴 哦思憨 阿付那腓[1] 吴贞 哦思憨 吴侬合 扎坤 沙玛 德

大灾之难 重病难逃 八处阴妈雎

制作	泔水	把	泼掉	清洁	阿木孙	准备	高	桌	供献	木盘
weilefi	sura	be	suitafi	bolgo	amsun	belhefi	den	dere	doboho	fan
ᠸᡝᡳᠯᡝᡶᡳ	ᠰᡠᡵᠠ	ᠪᡝ	ᠰᡠᡳᡨᠠᡶᡳ	ᠪᠣᠯᡤᠣ	ᠠᠮᠰᡠᠨ	ᠪᡝᠯᡥᡝᡶᡳ	ᡩᡝᠨ	ᡩᡝᡵᡝ	ᡩᠣᠪᠣᡥᠣ	ᡶᠠᠨ
未勒腓	**书拉**	**博**	**遂他腓**	**博勒浑**	**敖木朱**	**博勒合腓**	**很**	**德棱**	**多不哈**	**翻**
	以水为净						高卓摆供			饭卓

吉	新	在	月	的	吉祥	洁净	在	糠	把	推除	大	阿木孙
sain	ice	de	biya	i	sain	bolgo	de	ara	be	anafi	amba	amsun
ᠰᠠᡳᠨ	ᡳᠴᡝ	ᡩᡝ	ᠪᡳᠶᠠ	ᡳ	ᠰᠠᡳᠨ	ᠪᠣᠯᡤᠣ	ᡩᡝ	ᠠᡵᠠ	ᠪᡝ	ᠠᠨᠠᡶᡳ	ᠠᠮᠪᠠ	ᠠᠮᠰᡠᠨ
三	**一车**	**德**	**叭**	**一**	**三**	**博拉浑**	**得**	**阿拉**	**博**	**阿那腓**	**按巴**	**敖木朱**
	吉月良辰								推米出康作大供			

因为	温和	没有	旧	的	月	把	送走	新	月	把	迎来	日
seme	bucuhūn	akū	fe	i	biya	be	fudefi	ice	biya	be	alifi	inenggi
ᠰᡝᠮᡝ	ᠪᡠᠴᡠᡥᡡᠨ	ᠠᡴᡡ	ᡶᡝ	ᡳ	ᠪᡳᠶᠠ	ᠪᡝ	ᡶᡠᡩᡝᡶᡳ	ᡳᠴᡝ	ᠪᡳᠶᠠ	ᠪᡝ	ᠠᠯᡳᡶᡳ	ᡳᠨᡝᠩᡤᡳ
赊莫	**不出浑**	**阿库**	**佛**	**一**	**叭**	**博**	**付杜腓**	**一车**	**叭**	**博**	**阿立腓**	**一能尼**
	亦不刻俭		旧月已过换新月									卜定

灾	过去了	许下的	话	把	尽心	没有	因为	推托	没有	有
gashan	dulebufi	aljaha	gisun	be	akūmbume	akū	seme	anaha	akū	bihe
ᡤᠠᠰᡥᠠᠨ	ᡩᡠᠯᡝᠪᡠᡶᡳ	ᠠᠯᠵᠠᡥᠠ	ᡤᡳᠰᡠᠨ	ᠪᡝ	ᠠᡴᡡᠮᠪᡠᠮᡝ	ᠠᡴᡡ	ᠰᡝᠮᡝ	ᠠᠨᠠᡥᠠ	ᠠᡴᡡ	ᠪᡳᡥᡝ
戕思憨	**杜棱不腓**	**而扎哈**	**鸡孙**	**博**	**阿坤不莫**	**阿库**	**赊莫**	**阿那哈**	**阿库**	**必合**
			尽意实言				并无推托			有者

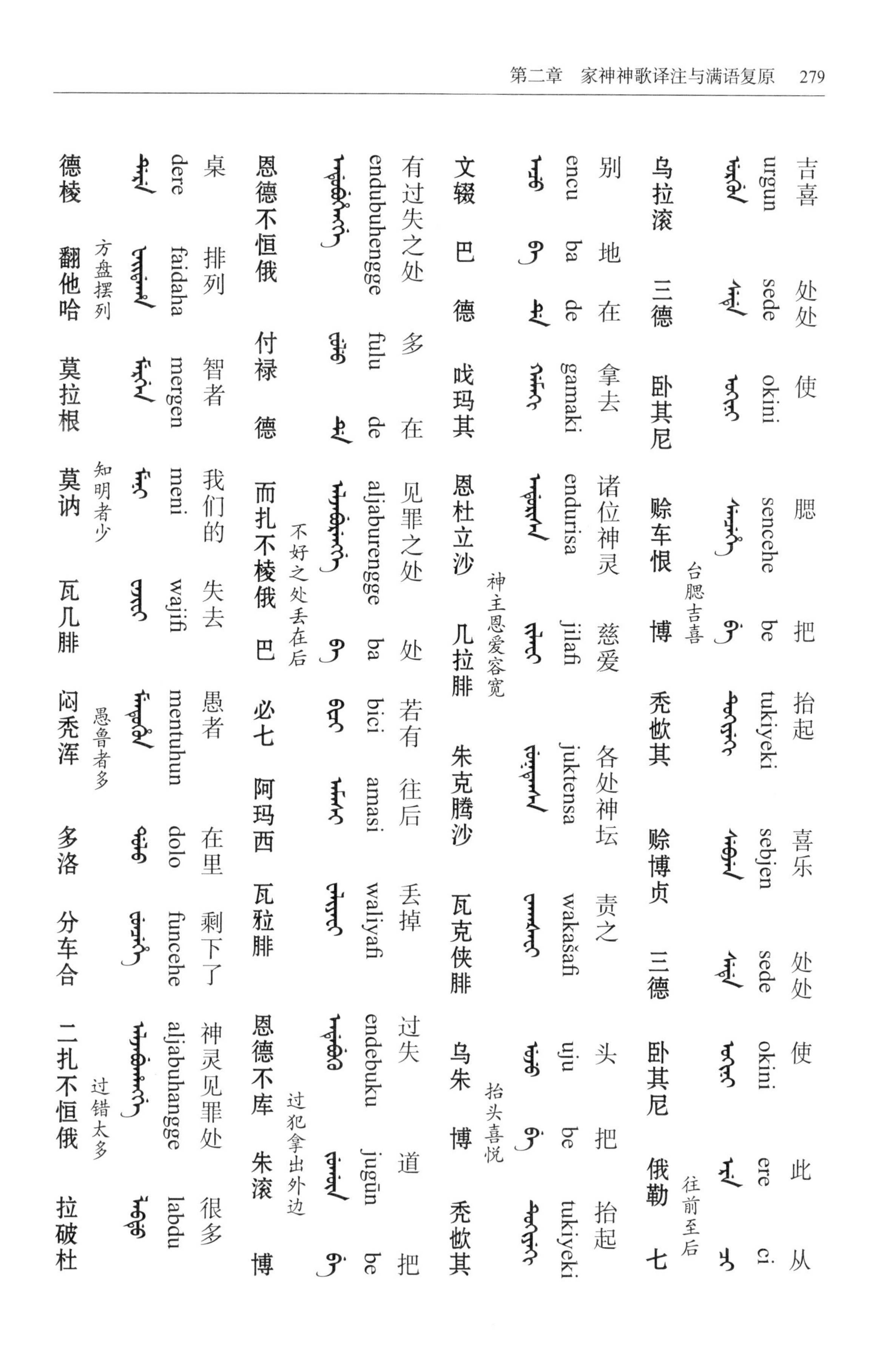

吉喜	处处	使	腮	把	抬起	喜乐	处处	使	此	从
urgun	sede	okini	senche	be	tukiyeki	sebjen	sede	okini	ere	ci
乌拉滚	**三德**	**卧其尼**	**赊车恨**	**博**	**秃欰其**	**赊博贞**	**三德**	**卧其尼**	**俄勒**	**七**

台腮吉喜　往前至后

别	地	在	拿去	诸位神灵	慈爱	各处神坛	责之	头	把	抬起
encu	ba	de	gamaki	endurisa	jilafi	juktensa	wakašafi	uju	be	tukiyeki
文辍	**巴**	**德**	**戕玛其**	**恩杜立沙**	**几拉腓**	**朱克腾沙**	**瓦克侠腓**	**乌朱**	**博**	**秃欰其**

神主恩爱容宽　抬头喜悦

有过失之处	多	在	见罪之处	处	若有	往后	丢掉	过失	道	把
endubuhengge	fulu	de	aljaburengge	ba	bici	amasi	waliyafi	endebuku	jugūn	be
恩德不恒俄	**付禄**	**德**	**而扎不棱俄**	**巴**	**必七**	**阿玛西**	**瓦粒腓**	**恩德不库**	**朱滚**	**博**

不好之处丢在后　过犯拿出外边

桌	排列	智者	我们的	失去	愚者	在里	剩下了	神灵见罪处	很多
dere	faidaha	mergen	meni	wajifi	mentuhun	dolo	funcehe	aljabuhangge	labdu
德棱	**翻他哈**	**莫拉根**	**莫讷**	**瓦几腓**	**闷秃浑**	**多洛**	**分车合**	**二扎不恒俄**	**拉破杜**

方盘摆列　知明者少　愚鲁者多　过错太多

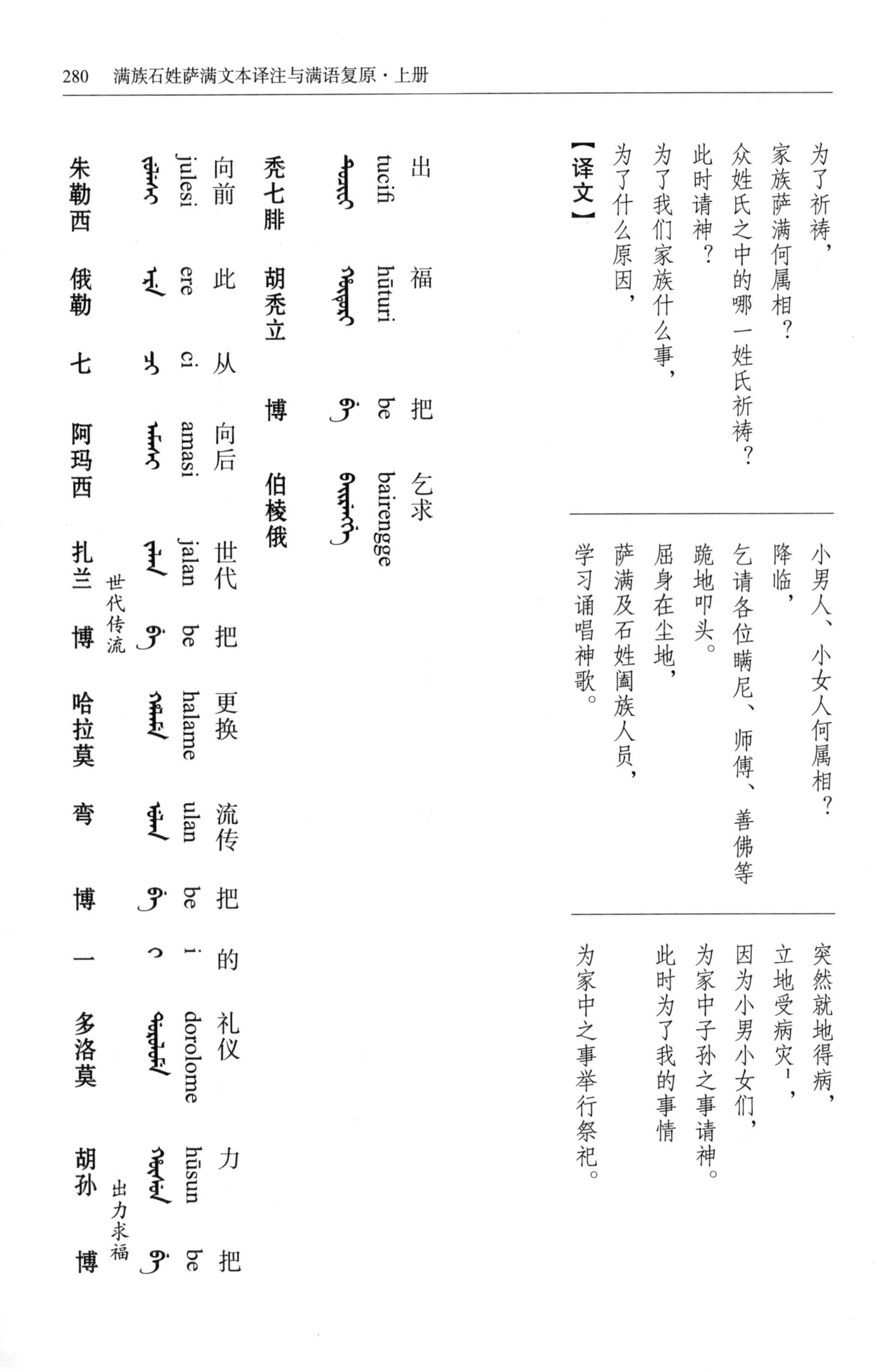

为了祈祷，
家族萨满何属相？
众姓氏之中的哪一姓氏祈祷？
此时请神？
为了我们家族什么事，
为了什么原因，

【译文】

小男人、小女人何属相？
降临，
乞请各位瞒尼、师傅、善佛等
跪地叩头。
屈身在尘地，
萨满及石姓阖族人员，
学习诵唱神歌。

突然就地得病，
立地受病灾[1]，
因为小男小女们，
为家中子孙之事请神。
此时为了我的事情
为家中之事举行祭祀。

出	福	把	乞求
tucifi	hūturi	be	bairengge
秃七腓	**胡秃立**	**博**	**伯棱俄**

向前	此	从	向后	世代	把	更换	流传	把	的	礼仪	力	把
julesi	ere	ci	amasi	jalan	be	halame	ulan	be	i	dorolome	hūsun	be
朱勒西	**俄勒**	**七**	**阿玛西**	**扎兰**	**博**	**哈拉莫**	**弯**	**博**	**一**	**多洛莫**	**胡孙**	**博**

世代传流

出力求福

富者不克俭。
穷者不推托，
必须实现。
所许之愿，
病灾迅速过去，
各位神主仁爱宽宥，
恭敬祭祀家神神主，
必须采纳。
亲口许愿，
东家立即上牙碰下牙，
原为家神神主降罪。
什么差错。
查看什么原因，
九位萨满共同查看，
请了八位萨满祈祷，
大灾之际，
重病缠身。

从此以后，
不合祭祀礼仪之处多。
神灵见罪之处多，
祭祀之中有过失之处多，
今是愚者多，智者少。
石姓子孙，
矮桌上木盘排列。
高桌上供献，
准备了清洁的阿木孙肉，
制作了饽饽供品。
遵礼淘米泼泔水，
推米除糠作大供。
在洁净的祥月里，
在新的吉日里，
迎来了新月。
今已送走了旧月，

敬神祭祀。
竭力求福，
敬神祭祀。
遵照礼仪，
世世代代，
从此往后，
抬腮处处吉庆如意。
抬头处处吉喜，
请各处神坛神灵保佑，
宽我子孙之过。
容我子孙之失，
诸位神灵慈爱，
统统远离。
把一切不合道德的礼仪，
把一切不合祭祀礼仪，

不请医生，而是请萨满跳神驱邪。

【译文注释】

1 病灾：信仰萨满教的满族认为，人得病不是由于病毒、病菌侵入人体内，而是受到鬼神所支使引起。所以，人病了

【语音注释】

1 阿付那腓（afnafi），此处应是『破坏、毁坏』，规范化汉字转写满语为『额付勒腓』（efulefi）。

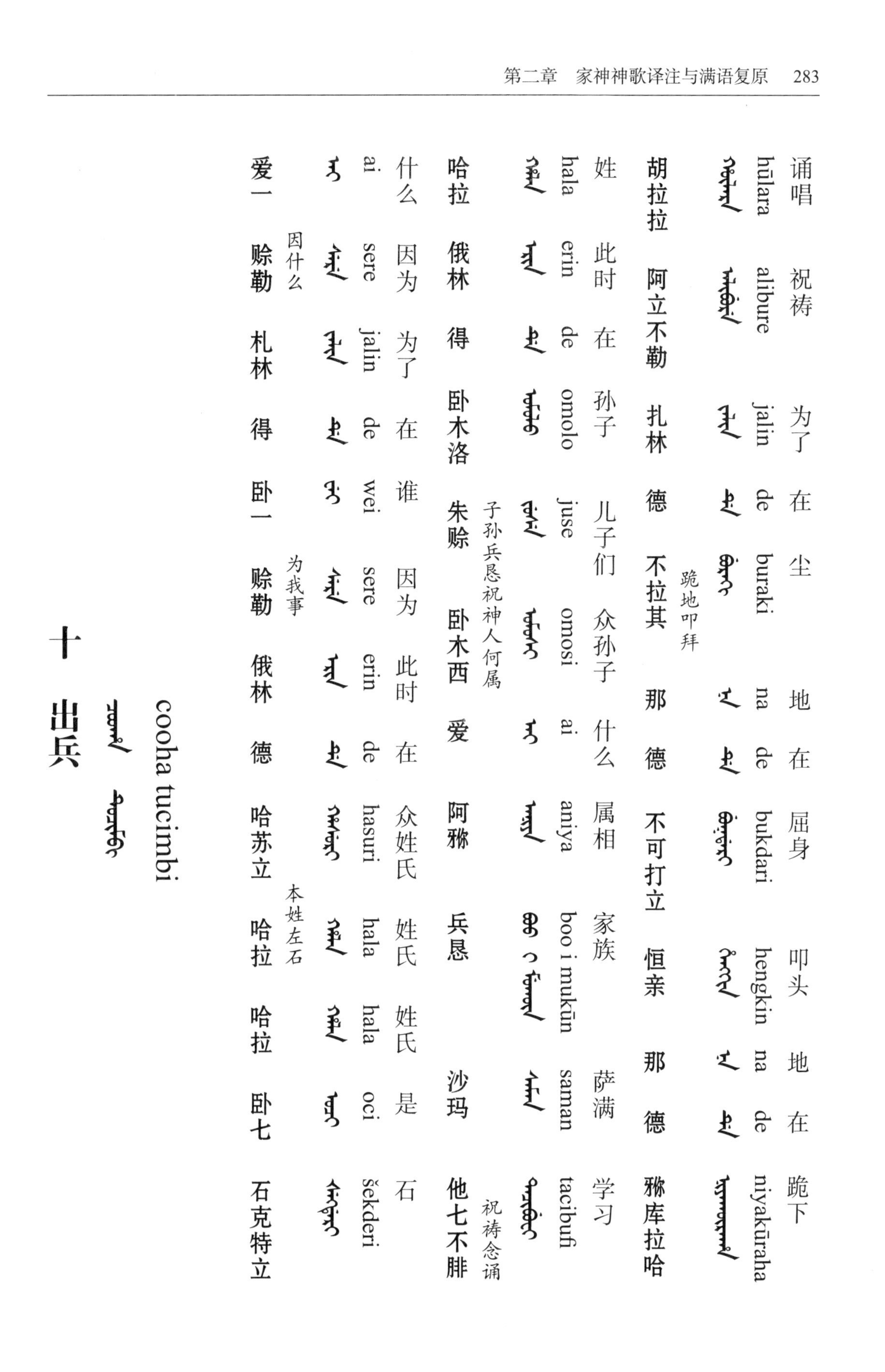

诵唱	祝祷	为了	在	尘	地	在	屈身	叩头	地	在	跪下
hūlara	alibure	jalin	de	buraki	na	de	bukdari	hengkin	na	de	niyakūraha
胡拉拉	阿立不勒	扎林	德	不拉其	那	德	不可打立	恒亲	那	德	祢库拉哈

跪地叩拜

姓	此时	在	孙子	儿子们	众孙子	什么	属相	家族	萨满	学习
hala	erin	de	omolo	juse	omosi	ai	aniya	boo i mukūn	saman	tacibufi
哈拉	俄林	得	卧木洛	朱赊	卧木西	爱	阿祢	兵恳	沙玛	他七不腓

子孙兵恳祝神人何属　祝祷念诵

什么	因为	为了	在	谁	因为	此时	在	众姓氏	姓氏	姓氏	是	石
ai	sere	jalin	de	wei	sere	erin	de	hasuri	hala	hala	oci	šekderi
爱一	赊勒	札林	得	卧一	赊勒	俄林	德	哈苏立	哈拉	哈拉	卧七	石克特立

因什么　为我事　本姓左石

十　出兵

cooha tucimbi

在 急急 去 去 把 许多 行走 把 优 在 去的 在各处

de ekšeme genehe genere be labdu yabure be fulu de genehe babade

ᡩᡝ ᡝᡴᡧᡝᠮᡝ ᡤᡝᠨᡝᡥᡝ ᡤᡝᠨᡝᡵᡝ ᠪᡝ ᠯᠠᠪᡩᡠ ᠶᠠᠪᡠᡵᡝ ᠪᡝ ᡶᡠᠯᡠ ᡩᡝ ᡤᡝᠨᡝᡥᡝ ᠪᠠᠪᠠᡩᡝ

德 我克赊莫 各讷合 各讷勒 博 拉破杜 牙不勒 博 付禄 德 各讷合 巴博德

出众出伐 到处精明

我的 我们的 此时 在 男子 把 官差 在 急忙 去 东家 把 差

mimi meni erin de haha be alban de hahilame genehe ejen be alban

ᠮᡳᠮᡳ ᠮᡝᠨᡳ ᡝᡵᡳᠨ ᡩᡝ ᡥᠠᡥᠠ ᠪᡝ ᠠᠯᠪᠠᠨ ᡩᡝ ᡥᠠᡥᡳᠯᠠᠮᡝ ᡤᡝᠨᡝᡥᡝ ᡝᠵᡝᠨ ᠪᡝ ᠠᠯᠪᠠᠨ

为我 迳兵急差出争 急速遵命到差

墨尼 莫讷 俄林 德 哈哈 博 而班 德 哈西拉莫 各讷合 俄贞 博 而班

男人 什么 年 属相 啊 小 男人 什么 属相 家 是

haha ai aniya aniyangga kai osohon haha ai aniya boigon oci

ᡥᠠᡥᠠ ᠠᡳ ᠠᠨᡳᠶᠠ ᠠᠨᡳᠶᠠᠩᡤᠠ ᡴᠠᡳ ᠣᠰᠣᡥᠣᠨ ᡥᠠᡥᠠ ᠠᡳ ᠠᠨᡳᠶᠠ ᠪᠣᡳᡤᠣᠨ ᠣᠴᡳ

执事男何属

哈哈 爱 阿称 阿宁阿 街 卧思浑 哈哈 爱 阿称 彪浑 卧七

各位 师傅 等 各位 瞒尼 佛 等 乞求 石 姓 小

geren sefu sede geren manni fucihi sede bairengge šekderi hala osohon

ᡤᡝᡵᡝᠨ ᠰᡝᡶᡠ ᠰᡝᡩᡝ ᡤᡝᡵᡝᠨ ᠮᠠᠨᠨᡳ ᡶᡠᠴᡳᡥᡳ ᠰᡝᡩᡝ ᠪᠠᡳᡵᡝᠩᡤᡝ ᡧᡝᡴᡩᡝᡵᡳ ᡥᠠᠯᠠ ᠣᠰᠣᡥᠣᠨ

恳求诸位师傅各位瞒尼善佛 石姓执事男何属

各棱 赊夫 三德 各棱 瞒尼 付七西 三德 伯楞俄 石克特立 哈拉 卧思浑

在　家里　神主　把　恭敬　口　话　许　上牙碰下牙　话

de booi jukten be ginggulembi angga gisun aljaha heheri gisun

ᡩᡝ ᠪᠣᠣᡳ ᠵᡠᡴᡨᡝᠨ ᠪᡝ ᡤᡳᠩᡤᡠᠯᡝᠮᠪᡳ ᠠᠩᡤᠠ ᡤᡳᠰᡠᠨ ᠠᠯᠵᠠᡥᠠ ᡥᡝᡥᡝᡵᡳ ᡤᡳᠰᡠᠨ

德　博以　朱克腾　博　鹅文勒莫必　倂阿　鸡孙　而扎哈　合合勒　鸡孙

敬祀家主　出口许愿男女甘心

四十　男子　上边　骑的　马　把　太平　吉顺　在　愿为　以此　情由

dehi haha deleri yaluha morin be taifin sain de okini ereni turgun

ᡩᡝᡥᡳ ᡥᠠᡥᠠ ᡩᡝᠯᡝᡵᡳ ᠶᠠᠯᡠᡥᠠ ᠮᠣᡵᡳᠨ ᠪᡝ ᡨᠠᡳᡶᡳᠨ ᠰᠠᡳᠨ ᡩᡝ ᠣᡴᡳᠨᡳ ᡝᡵᡝᠨᡳ ᡨᡠᡵᡤᡠᠨ

德西　哈哈　德立勒　牙禄哈　莫林　博　太酚　三　德　卧其尼　我勒以　秃拉滚

四十名强男转行　占马太平　因此情景

神主　诸位　靠　富贵　吉庆　在　愿　二十　男子　平空

weceku sede akdafi wesihun sain de okini orin haha oilori

ᠸᡝᠴᡝᡴᡠ ᠰᡝᡩᡝ ᠠᡴᡩᠠᡶᡳ ᠸᡝᠰᡳᡥᡠᠨ ᠰᠠᡳᠨ ᡩᡝ ᠣᡴᡳᠨᡳ ᠣᡵᡳᠨ ᡥᠠᡥᠠ ᠣᡳᠯᠣᡵᡳ

卧车库　三德　阿克打腓　卧西浑　三　德　卧其尼　卧林　哈哈　卧勒立

神主护佑　富贵吉庆　二十名勇汉护军

精明　吉顺　在　可为　行　处　在　精壮　吉祥　在　愿为

getuken sain de obufi yabuha babe de yangsangga sain de okini

ᡤᡝᡨᡠᡴᡝᠨ ᠰᠠᡳᠨ ᡩᡝ ᠣᠪᡠᡶᡳ ᠶᠠᠪᡠᡥᠠ ᠪᠠᠪᡝ ᡩᡝ ᠶᠠᠩᠰᠠᠩᡤᠠ ᠰᠠᡳᠨ ᡩᡝ ᠣᡴᡳᠨᡳ

各秃恳　三　德　卧不腓　牙不哈　巴博　德　阳桑阿　三　德　卧其尼

至处强壮

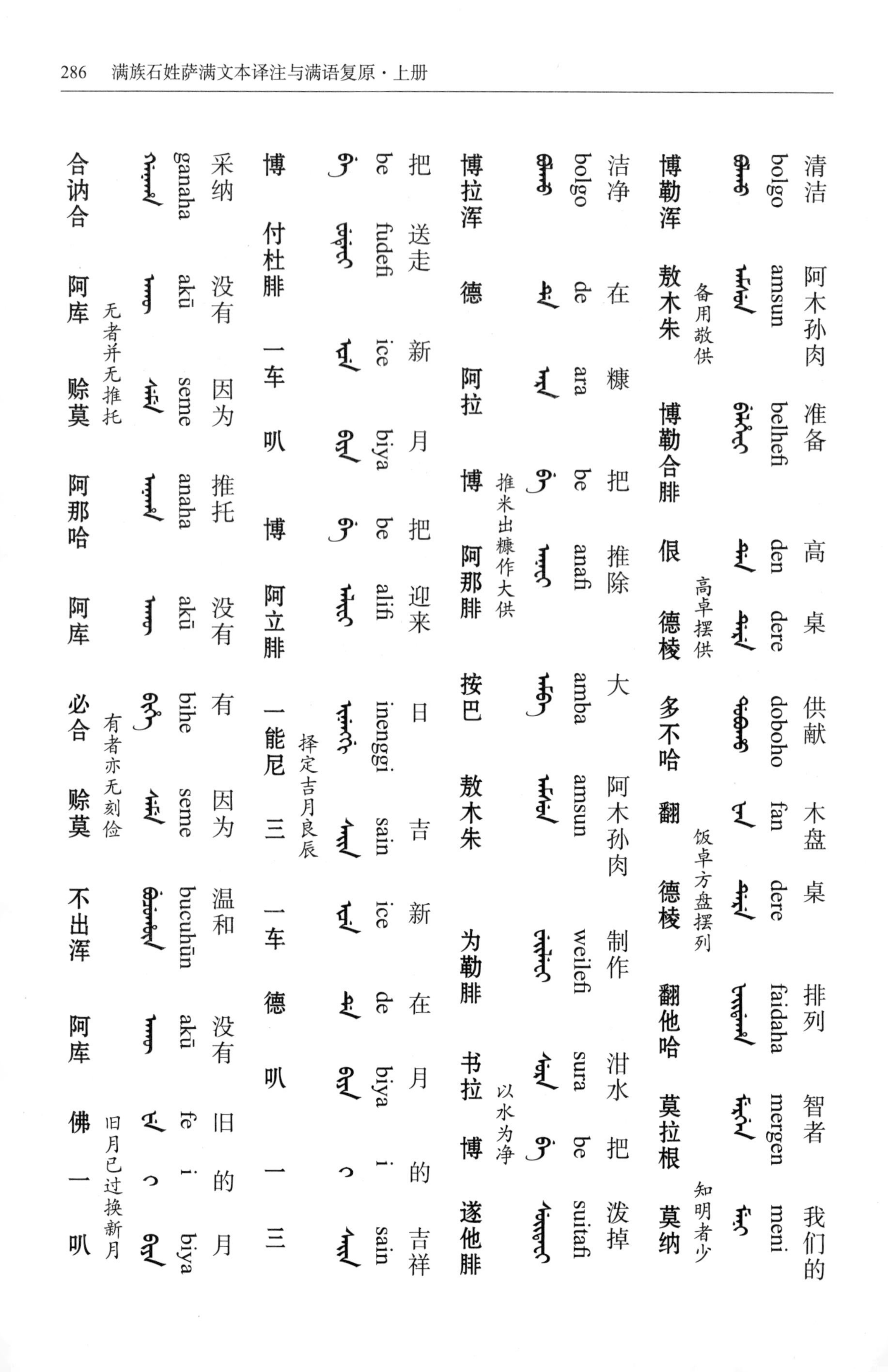

清洁 阿木孙肉 准备 高 桌 供献 木盘 桌 排列 智者 我们的
bolgo amsun belhefi den dere doboho fan dere faidaha mergen meni
博勒浑 敖木朱 博勒合腓 佷 德棱 多不哈 翻 德棱 翻他哈 莫拉根 莫纳
备用敬供 高卓摆供 饭卓方盘摆列 知明者少

洁净 在 糠 把 推除 大 阿木孙肉 制作 泔水 把 泼掉
bolgo de ara be anafi amba amsun weilefi sura be suitafi
博拉浑 德 阿拉 博 阿那腓 按巴 敖木朱 为勒腓 书拉 博 遂他腓
推米出糠作大供 以水为净

把 送走 新 月 把 迎来 日 吉 新 月 在 月 的 吉祥
be fudefi ice biya be alifi inenggi sain ice de biya i sain
博 付杜腓 一车 叭 博 阿立腓 一能尼 三 一车 德 叭 一 三
择定吉月良辰

采纳 没有 因为 推托 没有 有 因为 温和 没有 旧 的 月
ganaha akū seme anaha akū bihe seme bucuhūn akū fe i biya
合讷合 阿库 赊莫 阿那哈 阿库 必合 赊莫 不出浑 阿库 佛 一 叭
无者并无推托 有者亦无刻俭 旧月已过换新月

使	腮	把	抬起	喜乐	处处	使	此	从	向前
okini	sencehe	be	tukiyeki	sebjen	sede	okini	ere	ci	julesi
ᠣᡴᡳᠨᡳ	ᠰᡝᠨᠴᡝᡥᡝ	ᠪᡝ	ᡨᡠᡴᡳᠶᡝᡴᡳ	ᠰᡝᠪᠵᡝᠨ	ᠰᡝᡩᡝ	ᠣᡴᡳᠨᡳ	ᡝᡵᡝ	ᠴᡳ	ᠵᡠᠯᡝᠰᡳ
卧其尼	赊车恨	博	秃欻其	赊博贞	三德	卧其尼	俄勒	七	朱勒西

台腮吉庆　往前至后

拿去	诸位神灵	慈爱	各处神坛	责之	头	把	抬起	吉喜	处处
gamaki	endurisa	jilafi	juktensa	wakašafi	uju	be	tukiyeki	urgun	sede
ᡤᠠᠮᠠᡴᡳ	ᡝᠨᡩᡠᡵᡳᠰᠠ	ᠵᡳᠯᠠᡶᡳ	ᠵᡠᡴᡨᡝᠨᠰᠠ	ᠸᠠᡴᠠᡧᠠᡶᡳ	ᡠᠵᡠ	ᠪᡝ	ᡨᡠᡴᡳᠶᡝᡴᡳ	ᡠᡵᡤᡠᠨ	ᠰᡝᡩᡝ
戕玛其	恩杜立沙	几拉腓	朱克腾沙	瓦克侠腓	吴朱	博	秃欻其	吴拉滚	三德

神主恩爱容宽　台头吉喜

见罪之处	处	若有	往后	丢掉	过失	道	把	别	地	在
aljaburengge	ba	bici	amasi	waliyafi	endebuku	jugūn	be	encu	ba	de
ᠠᠯᠵᠠᠪᡠᡵᡝᠩᡤᡝ	ᠪᠠ	ᠪᡳᠴᡳ	ᠠᠮᠠᠰᡳ	ᠸᠠᠯᡳᠶᠠᡶᡳ	ᡝᠨᡩᡝᠪᡠᡴᡠ	ᠵᡠᡤᡡᠨ	ᠪᡝ	ᡝᠨᠴᡠ	ᠪᠠ	ᡩᡝ
而札不棱俄	巴	必七	阿玛西	瓦粒腓	恩德不库	朱滚	博	文辍	巴	德

不好之事丢在后　过犯拿出　外边

失去	愚者	在里	剩下了	神灵见罪处	很多	有过失之处	多	在
wajifi	mentuhun	dolo	funcehe	aljabuhangge	labdu	endebuhengge	fulu	de
ᠸᠠᠵᡳᡶᡳ	ᠮᡝᠨᡨᡠᡥᡠᠨ	ᡩᠣᠯᠣ	ᡶᡠᠨᠴᡝᡥᡝ	ᠠᠯᠵᠠᠪᡠᡥᠠᠩᡤᡝ	ᠯᠠᠪᡩᡠ	ᡝᠨᡩᡝᠪᡠᡥᡝᠩᡤᡝ	ᡶᡠᠯᡠ	ᡩᡝ
瓦几腓	闷克浑	多洛	分车合	而札不恒俄	拉破杜	恩德不恒俄	付禄	德

愚鲁者多　过错太多

急忙招为官差，
为东家的男壮丁，
此时为我们之事，

举行祭祀的东家何属相？
石姓家族执事小男人何属相？
降临，
乞请各位萨满、师傅、善佛等
跪地叩头。
屈身在尘地，
萨满石姓阖族人员，
学习诵唱神歌。
为了祈祷，
家族萨满何属相？
石姓子孙们在此时祈祷。
众姓氏之中的哪一姓氏祈祷？
此时请神？
为了我们家族什么事情，
为了什么原因，

【译文】

富者不克俭。
穷者不推托，
今举行祭祀，
必须采纳。
再三再四许下的愿，
说出的话不能不遵。
上牙碰下牙，

恭敬祭祀家神神主。
陈述情由，
愿战马各处太平、吉顺。
四十名骑士护卫，
二十名勇汉随行，
白山总兵，
精壮威风，富贵吉庆。
办事精明、吉顺，
愿官差无论在何处，
兵营行走。
乞请诸位神灵保佑，
急急前往，

今后永远远离。
使不合祭祀礼仪之处，
宽我子孙之过。
容我子孙之失，
神灵见罪之处多。
祭祀之中有过失之处多，
今是愚者多，智者少。
石姓子孙，

矮桌上木盘排列。
高桌上供献，
准备了清洁的阿木孙肉，
制作了饽饽供品。
遵礼淘米泼泔水，
推米除糠作大供。
在洁净的祥月里，
在新的吉日里，
迎来了新月。
今已送走了旧月，

神坛前教诲子孙们。
请诸位神灵慈爱，
永不发生。
使不合祭祀之道的事，

世世代代，
从此往后，
抬腮处处吉庆如意。
抬头处处吉喜，

敬神祭祀。
竭力求福，
遵照礼仪，

第三章 请神送神神歌译注与满文复原

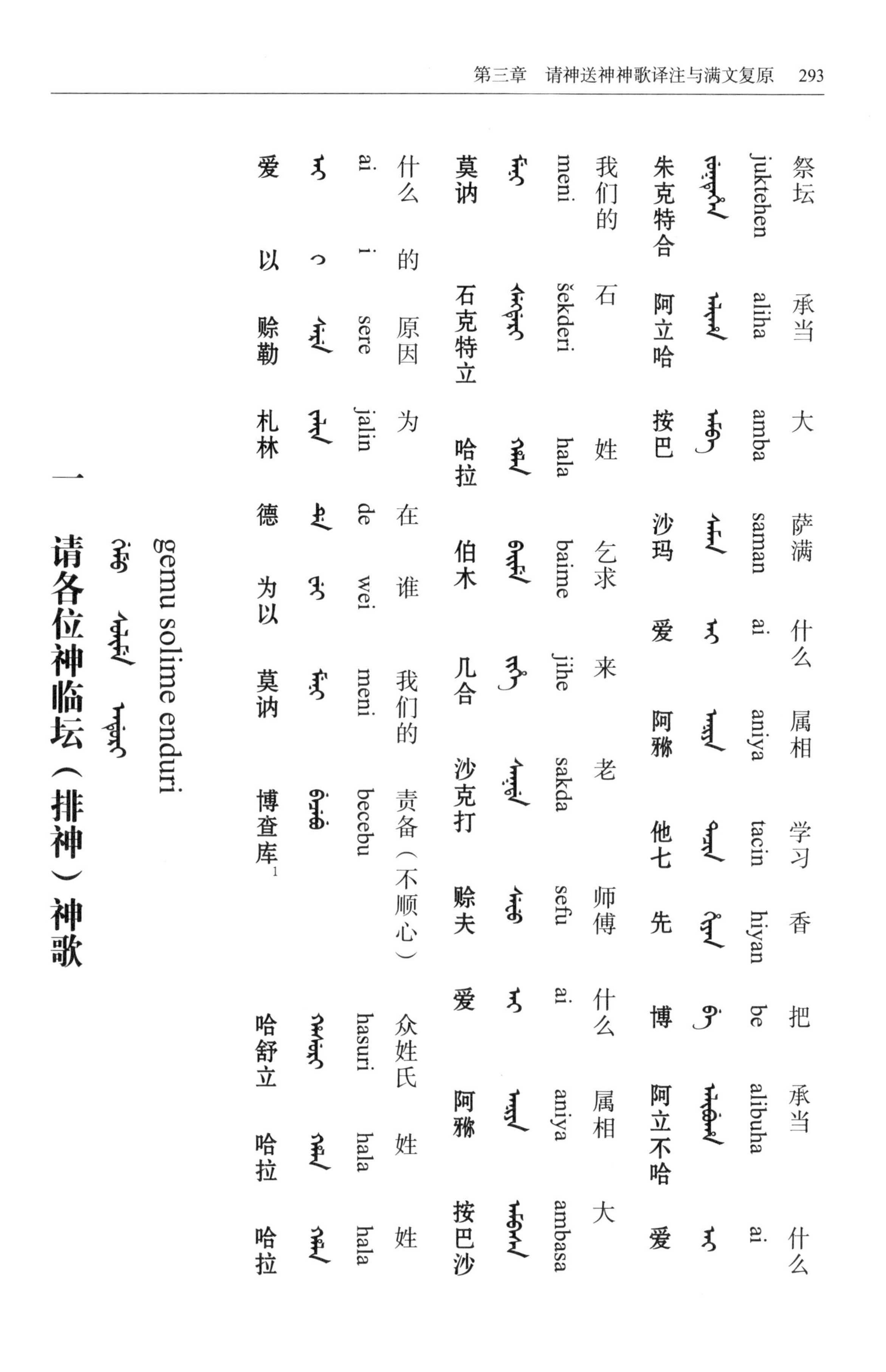

一　请各位神临坛（排神）神歌

gemu solime enduri

爱	以	赊勒	札林	德	为以	莫讷	博查库[1]	哈舒立	哈拉	哈拉
ai	i	sere	jalin	de	wei	meni	becebu	hasuri	hala	hala
什么	的	原因	为	在	谁	我们的	责备（不顺心）	众姓氏	姓	姓

莫讷	石克特立	哈拉	伯木	几合	沙克打	赊夫	爱	阿鞞	按巴沙
meni	šekderi	hala	baime	jihe	sakda	sefu	ai	aniya	ambasa
我们的	石	姓	乞求	来	老	师傅	什么	属相	大

朱克特合	阿立哈	按巴	沙玛	爱	阿鞞	他七	先	博	阿立不哈	爱
juktehen	aliha	amba	saman	ai	aniya	tacin	hiyan	be	alibuha	ai
祭坛	承当	大	萨满	什么	属相	学习	香	把	承当	什么

立	iliha	ᡳᠯᡳᡥᠠ	一立合
高	den	ᡩᡝᠨ	很
桌	dere	ᡩᡝᡵᡝ	得楞
在	de	ᡩᡝ	得
供献	doboho	ᡩᠣᠪᠣᡥᠣ	多不哈
木盘	fan	ᡶᠠᠨ	翻
桌	dere	ᡩᡝᡵᡝ	得楞
在	de	ᡩᡝ	得
排列	faidabume	ᡶᠠᡳᡩᠠᠪᡠᠮᡝ	翻丹杜莫
进献	dosika	ᡩᠣᠰᡳᡴᠠ	多西哈
香	hiyan	ᡥᡳᠶᠠᠨ	先

地	na	ᠨᠠ	那
在	de	ᡩᡝ	得
屈身	bukdari	ᠪᡠᡴᡩᠠᡵᡳ	不克打立
跪下	niyakūrafi	ᠨᡳᠶᠠᡴᡡᡵᠠᡶᡳ	狔库拉腓
叩头	hengkileme	ᡥᡝᠩᡴᡳᠯᡝᠮᡝ	恒其勒莫
萨满	saman	ᠰᠠᠮᠠᠨ	沙玛
因为	seme	ᠰᡝᠮᡝ	赊莫
学习	tacifi	ᡨᠠᠴᡳᡶᡳ	他七腓
东家	ejen	ᡝᠵᡝᠨ	我贞
因为	seme	ᠰᡝᠮᡝ	赊莫

换代	halame	ᡥᠠᠯᠠᠮᡝ	哈拉莫
子	juse	ᠵᡠᠰᡝ	朱赊
孙	omolo	ᠣᠮᠣᠯᠣ	卧木洛
全	uheri	ᡠᡥᡝᡵᡳ	吴合立
族	mukūn	ᠮᡠᡴᡡᠨ	木坤
和睦	hūwaliyasun	ᡥᡡᠸᠠᠯᡳᠶᠠᠰᡠᠨ	花粒孙
各	geren	ᡤᡝᡵᡝᠨ	各棱
族	mukūn	ᠮᡠᡴᡡᠨ	木坤
令	wasimbure	ᠸᠠᠰᡳᠮᠪᡠᡵᡝ	卧心不勒
全	gemu	ᡤᡝᠮᡠ	各木

属相	aniya	ᠠᠨᡳᠶᠠ	阿狔
萨满	saman	ᠰᠠᠮᠠᠨ	沙玛
主	ejen	ᡝᠵᡝᠨ	我贞
在	de	ᡩᡝ	得
承当	alibure	ᠠᠯᡳᠪᡠᡵᡝ	阿立不勒
为了	jalin	ᠵᠠᠯᡳᠨ	札林
在	de	ᡩᡝ	得
三	ilan	ᡳᠯᠠᠨ	依兰
屯	tokso	ᡨᠣᡴᠰᠣ	托克所
公正	tondo	ᡨᠣᠨᡩᠣ	团多
是	oci	ᠣᠴᡳ	卧七
世	jalan	ᠵᠠᠯᠠᠨ	札兰

大坛 在 各个 的 神坛 统统 宴请 礼仪 各种 供献

ambasa jukten de geren i jukten gemu solime doro sede dobofi

ᠠᠮᠪᠠᠰᠠ ᠵᡠᡴᡨᡝᠨ ᡩᡝ ᡤᡝᡵᡝᠨ ᡳ ᠵᡠᡴᡨᡝᠨ ᡤᡝᠮᡠ ᠰᠣᠯᡳᠮᡝ ᡩᠣᡵᠣ ᠰᡝᡩᡝ ᡩᠣᠪᠣᡶᡳ

按巴沙 朱克腾 得 各棱 一 朱克腾 各木 所立莫 多伦 三得 多不腓

点燃 圆饼饽饽 阿木孙肉 饽饽 把 湿的 阿木孙肉 磨面 在

daburengge toholiyo amsun efen be usihin amsun ufara de

ᡩᠠᠪᡠᡵᡝᠩᡤᡝ ᡨᠣᡥᠣᠯᡳᠶᠣ ᠠᠮᠰᡠᠨ ᡝᡶᡝᠨ ᠪᡝ ᡠᠰᡳᡥᡳᠨ ᠠᠮᠰᡠᠨ ᡠᡶᠠᡵᠠ ᡩᡝ

打不楞我 托合脸 阿莫孙 我分 博 伕思恨 阿木孙 五伐拉 德

把子 香 把 逐一 安春 香 把 旺盛 引燃了 汉 香 把

baksan hiyan be aname ancu hiyan be ayan duleme nikan hiyan be

ᠪᠠᡴᠰᠠᠨ ᡥᡳᠶᠠᠨ ᠪᡝ ᠠᠨᠠᠮᡝ ᠠᠨᠴᡠ ᡥᡳᠶᠠᠨ ᠪᡝ ᠠᠶᠠᠨ ᡩᡠᠯᡝᠮᡝ ᠨᡳᡴᠠᠨ ᡥᡳᠶᠠᠨ ᠪᡝ

巴克山 先 博 阿那莫 按出兰 先 博 阿眼 杜莫 尼侃 先 博

看见 七 星斗 祈祷 在 今日 是 夜晚 在 吉祥 因为

tuwabume nadan naihū fonjire de enenggi oci yamji de sain seme

ᡨᡠᠸᠠᠪᡠᠮᡝ ᠨᠠᡩᠠᠨ ᠨᠠᡳᡥᡡ ᡶᠣᠨᠵᡳᡵᡝ ᡩᡝ ᡝᠨᡝᠩᡤᡳ ᠣᠴᡳ ᠶᠠᠮᠵᡳ ᡩᡝ ᠰᠠᡳᠨ ᠰᡝᠮᡝ

瞧不莫 那丹 乃腓 佚吉勒 得 我能尼 卧七 闫木几 得 三音 赊莫

胡墩	河	从	降临	白山	玛法	家神	啊	超和	占爷	用兵
hūdun	bira	ci	wasikangga	šanyan	mafa	weceku	kai	cooha	janye	coohalame
ᡥᡡᡩᡠᠨ	ᠪᡳᡵᠠ	ᠴᡳ	ᠸᠠᠰᡳᡴᠠᠩᡤᠠ	ᡧᠠᠩᠶᠠᠨ	ᠮᠠᡶᠠ	ᠸᡝᠴᡝᡴᡠ	ᡴᠠᡳ	ᠴᠣᠣᡥᠠ	ᠵᠠᠨᠶᡝ	ᠴᠣᠣᡥᠠᠯᠠᠮᡝ
胡墩	**必拉**	**七**	**瓦西杭俄**	**山眼**	**玛法**	**卧车库**	**街**	**辍哈**	**占爷**	**辍哈拉莫**

帐篷	统领	风水	的	脉	脉络	啊	第四	百	年	余
cacari	kadalara	šengsin	i	siren	sudala	be	duici	tanggū	aniya	funcehe
ᠴᠠᠴᠠᡵᡳ	ᡴᠠᡩᠠᠯᠠᡵᠠ	ᡧᡝᠩᠰᡳᠨ	ᡳ	ᠰᡳᡵᡝᠨ	ᠰᡠᡩᠠᠯᠠ	ᠪᡝ	ᡩᡠᡳᠴᡳ	ᡨᠠᠩᡤᡡ	ᠠᠨᡳᠶᠠ	ᡶᡠᠨᠴᡝᡥᡝ
辍洛	**卡打拉拉**	**声心**	**一**	**西棱**	**舒打拉**	**博**	**堆七**	**汤吴**	**阿雅**	**分车合**

长	白	山	原	山岗	居住	第九	山峰	峰尖	楼	七座
golmin	šanyan	alin	fe	ala	tehe	uyuci	hada	colhon	taktu	nadan
ᡤᠣᠯᠮᡳᠨ	ᡧᠠᠩᠶᠠᠨ	ᠠᠯᡳᠨ	ᡶᡝ	ᠠᠯᠠ	ᡨᡝᡥᡝ	ᡠᠶᡠᠴᡳ	ᡥᠠᡩᠠ	ᠴᠣᠯᡥᠣᠨ	ᡨᠠᡴᡨᡠ	ᠨᠠᡩᠠᠨ
郭敏	**山眼**	**阿林**	**佛**	**阿拉**	**特合**	**吴云七**	**哈打**	**辍还**	**他克秃**	**那丹**

情由	甚善	在	出现	大	声	逐句	小	声	回答
turgun	sain	de	tukiyefi	amba	jilgan	aname	ajige	jilgan	jabure
ᡨᡠᡵᡤᡠᠨ	ᠰᠠᡳᠨ	ᡩᡝ	ᡨᡠᡴᡳᠶᡝᡶᡳ	ᠠᠮᠪᠠ	ᠵᡳᠯᡤᠠᠨ	ᠠᠨᠠᠮᡝ	ᠠᠵᡳᡤᡝ	ᠵᡳᠯᡤᠠᠨ	ᠵᠠᠪᡠᡵᡝ
秃拉滚	**三**	**得**	**秃欻腓**	**按巴**	**鸡干**	**阿那莫**	**阿几各**	**鸡干**	**札不勒**

发黄	白	山	沿着山走	山峰	楼	居住的	大	营	在
soroko	šanyan	alin	alirame	hada	taktu	teheningge	amba	tatan	de
ᠰᠣᡵᠣᡴᠣ	ᡧᠠᠨᠶᠠᠨ	ᠠᠯᡳᠨ	ᠠᠯᡳᡵᠠᠮᡝ	ᡥᠠᡩᠠ	ᡨᠠᡴᡨᡠ	ᡨᡝᡥᡝᠨᡳᠩᡤᡝ	ᠠᠮᠪᠠ	ᡨᠠᡨᠠᠨ	ᡩᡝ
所洛托洛	**山眼**	**阿林**	**阿立拉莫**	**哈打**	**他克秃**	**特合宁我**	**按巴**	**坛打**	**得**

巴那	我贞	瞒尼	善佛	等	口	牙	变白	头	发
ba na	ejen	mamni	fucihi	se	angga	weihe	šarakabi	uju	funiyehe
ᠪᠠ ᠨᠠ	ᡝᠵᡝᠨ	ᠮᠠᠮᠨᡳ	ᡶᡠᠴᡳᡥᡳ	ᠰᡝ	ᠠᠩᡤᠠ	ᠸᡝᡳᡥᡝ	ᡧᠠᡵᠠᡴᠠᠪᡳ	ᡠᠵᡠ	ᡶᡠᠨᡳᠶᡝᡥᡝ
巴那	**俄贞**	**瞒尼**	**付七西**	**赊**	**昂阿**	**未合**	**沙禄托洛**	**吴朱**	**付尼合**

骑上	二十	男子	表面（随行）	尼西哈	河	从	降临	尼贞不库
deleri	orin	haha	oilori	nisiha	bira	ci	wasika	nijen buku
ᡩᡝᠯᡝᡵᡳ	ᠣᡵᡳᠨ	ᡥᠠᡥᠠ	ᠣᡳᠯᠣᡵᡳ	ᠨᡳᠰᡳᡥᠠ	ᠪᡳᡵᠠ	ᠴᡳ	ᠸᠠᠰᡳᡴᠠ	ᠨᡳᠵᡝᠨ ᠪᡠᡴᡠ
得勒立	**卧林**	**哈哈**	**卧立勒**	**尼西哈**	**必拉**	**七**	**瓦西哈**	**尼贞不库**

红	脸	坐骑	马	英俊	好	在	可为	四十	男子
fulgiyan	dere	yaluha	morin	yangsangga	sain	de	okini	dehi	haha
ᡶᡠᠯᡤᡳᠶᠠᠨ	ᡩᡝᡵᡝ	ᠶᠠᠯᡠᡥᠠ	ᠮᠣᡵᡳᠨ	ᠶᠠᠩᠰᠠᠩᡤᠠ	ᠰᠠᡳᠨ	ᡩᡝ	ᠣᡴᡳᠨᡳ	ᡩᡝᡥᡳ	ᡥᠠᡥᠠ
付尖	**得棱**	**牙路哈**	**莫林**	**阳桑阿**	**三**	**得**	**卧其尼**	**德西**	**哈哈**

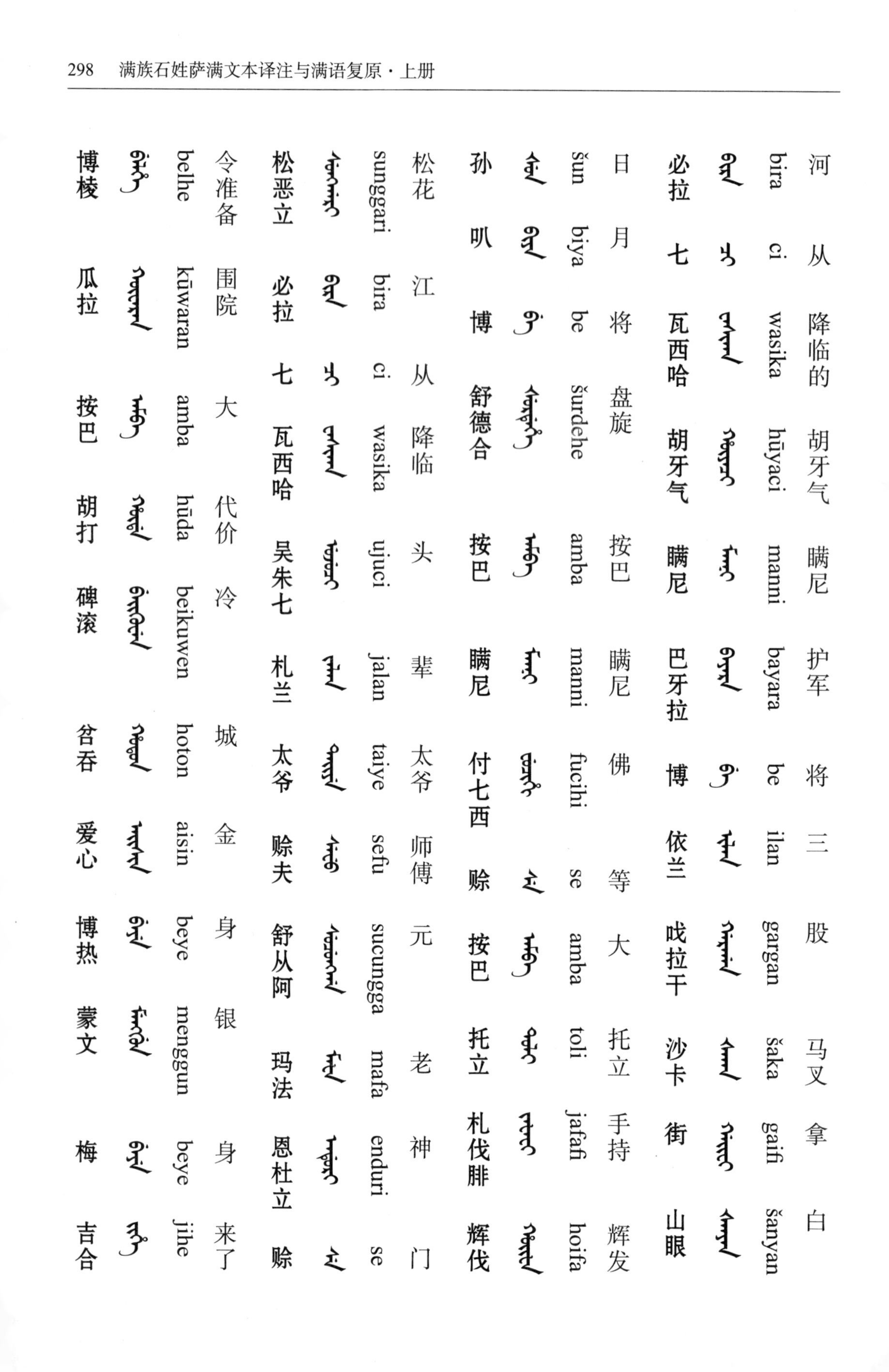

河	从	降临的	胡牙气	瞒尼	护军	将	三	股	马叉	拿	白
bira	ci	wasika	hūyaci	manni	bayara	be	ilan	gargan	šaka	gaifi	šanyan
必拉	七	瓦西哈	胡牙气	瞒尼	巴牙拉	博	依兰	戛拉干	沙卡	街	山眼

日	月	将	盘旋	按巴	瞒尼	佛	等	大	托立	手持	辉发
šun	biya	be	šurdehe	amba	manni	fucihi	se	amba	toli	jafafi	hoifa
孙	叭	博	舒德合	按巴	瞒尼	付七西	赊	按巴	托立	札伐腓	辉伐

松花	江	从	降临	头	辈	太爷	师傅	元	老	神	门
sunggari	bira	ci	wasika	ujuci	jalan	taiye	sefu	sucungga	mafa	enduri	se
松恶立	必拉	七	瓦西哈	吴朱七	札兰	太爷	赊夫	舒从阿	玛法	恩杜立	赊

令准备	围院	大	代价	冷	城	金	身	银	身	来了
belhe	kūwaran	amba	hūda	beikuwen	hoton	aisin	beye	menggun	beye	jihe
博棱	瓜拉	按巴	胡打	碑滚	豁吞	爱心	博热	蒙文	梅	吉合

佛	等	铁	鞭	执	巴克他	瞒尼	送回	宴请	百
fucihi	se	sele	šusiha	jafabume	bakta	manni	benere	solirengge	tanggū
ᡶᡠᠴᡳᡥᡳ	ᠰᡝ	ᠰᡝᠯᡝ	ᡧᡠᠰᡳᡥᠠ	ᠵᠠᡶᠠᠪᡠᠮᡝ	ᠪᠠᡴᡨᠠ	ᠮᠠᠨᠨᡳ	ᠪᡝᠨᡝᡵᡝ	ᠰᠣᠯᡳᡵᡝᠩᡤᡝ	ᡨᠠᠩᡤᡡ
付七西	**赊**	**赊勒**	**舒西哈**	**札伐不莫**	**巴克他**	**瞒尼**	**博讷勒**	**（所立棱我）**	**汤吴**

广大	玛法	神	啊	赊勒	河	从	降临	赊棱太	瞒尼
badarangga	mafa	enduri	kai	sele	bira	ci	wasika	seletai	manni
ᠪᠠᡩᠠᡵᠠᠩᡤᠠ	ᠮᠠᡶᠠ	ᡝᠨᡩᡠᡵᡳ	ᡴᠠᡳ	ᠰᡝᠯᡝ	ᠪᡳᡵᠠ	ᠴᡳ	ᠸᠠᠰᡳᡴᠠ	ᠰᡝᠯᡝᡨᠠᡳ	ᠮᠠᠨᠨᡳ
博得棱我	**玛法**	**恩杜立**	**街**	**赊勒**	**必拉**	**七**	**瓦西哈**	**赊棱太**	**瞒尼**

阁	辉发	河	从	降临	第二	辈	太爷	师傅	虎	属
asari	hoifa	bira	ci	wasika	juweci	jalan	taiye	sefu	tasha	aniya
ᠠᠰᠠᡵᡳ	ᡥᠣᡳᡶᠠ	ᠪᡳᡵᠠ	ᠴᡳ	ᠸᠠᠰᡳᡴᠠ	ᠵᡠᠸᡝᠴᡳ	ᠵᠠᠯᠠᠨ	ᡨᠠᡳᠶᡝ	ᠰᡝᡶᡠ	ᡨᠠᠰᡥᠠ	ᠠᠨᡳᠶᠠ
阿沙立	**回伐**	**必拉**	**七**	**瓦西哈**	**侧**	**扎兰**	**太爷**	**赊夫**	**他思哈**	**阿狝**

山	从	山岗	居住	第三	山峰	耸立	在	金	楼	银
alin	ci	ala	tehe	ilaci	hada	sehehuri	de	aisin	taktu	menggun
ᠠᠯᡳᠨ	ᠴᡳ	ᠠᠯᠠ	ᡨᡝᡥᡝ	ᡳᠯᠠᠴᡳ	ᡥᠠᡩᠠ	ᠰᡝᡥᡝᡥᡠᡵᡳ	ᡩᡝ	ᠠᡳᠰᡳᠨ	ᡨᠠᡴᡨᡠ	ᠮᡝᠩᡤᡠᠨ
阿林	**七**	**阿拉**	**特合**	**一拉七**	**哈打**	**赊立**[2]	**得**	**爱心**	**他克秃**	**蒙文**

三	马叉	执	在	白	山	居住	天	上	山峰	楼	在
ilan	šaka	jafara	de	šanyan	alin	tehe	abka	dergi	hada	taktu	de
ᡳᠯᠠᠨ	ᡧᠠᡴᠠ	ᠵᠠᡶᠠᡵᠠ	ᡩᡝ	ᡧᠠᠨᠶᠠᠨ	ᠠᠯᡳᠨ	ᡨᡝᡥᡝ	ᠠᠪᡴᠠ	ᡩᡝᡵᡤᡳ	ᡥᠠᡩᠠ	ᡨᠠᡴᡨᡠ	ᡩᡝ
依兰	**沙卡**	**札伐拉**	**得**	**山眼**	**阿林**	**特合**	**阿巴卡**	**得拉鸡**	**哈打**	**他克秃**	**得**

承当	扎克他	瞒尼	佛	等	双	腰刀	执	胡阎	瞒尼	承当
alihangge	jakta	manni	fucihi	se	juru	loho	jafafi	hūyen	manni	aliha
ᠠᠯᡳᡥᠠᠩᡤᡝ	ᠵᠠᡴᡨᠠ	ᠮᠠᠨᠨᡳ	ᡶᡠᠴᡳᡥᡳ	ᠰᡝ	ᠵᡠᡵᡠ	ᠯᠣᡥᠣ	ᠵᠠᡶᠠᡶᡳ	ᡥᡡᠶᡝᠨ	ᠮᠠᠨᠨᡳ	ᠠᠯᡳᡥᠠ
阿立杭我	**扎克他**	**瞒尼**	**付七西**	**赊**	**朱禄**	**洛谷**	**扎伐腓**	**胡闫**	**瞒尼**	**爱砬哈**

河	从	降临	第三	辈	太爷	师傅	嘉美	玛法	神	等	接续
bira	ci	wasika	ilaci	jalan	taiye	sefu	saicungga	mafa	enduri	se	sirabuha
ᠪᡳᡵᠠ	ᠴᡳ	ᠸᠠᠰᡳᡴᠠ	ᡳᠯᠠᠴᡳ	ᠵᠠᠯᠠᠨ	ᡨᠠᡳᠶᡝ	ᠰᡝᡶᡠ	ᠰᠠᡳᠴᡠᠩᡤᠠ	ᠮᠠᡶᠠ	ᡝᠨᡩᡠᡵᡳ	ᠰᡝ	ᠰᡳᡵᠠᠪᡠᡥᠠ
必拉	**七**	**瓦西哈**	**以拉七**	**札兰**	**太爷**	**赊夫**	**筛冲阿**	**玛法**	**恩杜立**	**赊**	**西兰不哈**

激达枪	执	在	白	山	沿山走	第三	山峰	楼	居住	讷音
gida	jafara	de	šanyan	alin	alirame	ilaci	hada	taktu	tehe	neyen
ᡤᡳᡩᠠ	ᠵᠠᡶᠠᡵᠠ	ᡩᡝ	ᡧᠠᠨᠶᠠᠨ	ᠠᠯᡳᠨ	ᠠᠯᡳᡵᠠᠮᡝ	ᡳᠯᠠᠴᡳ	ᡥᠠᡩᠠ	ᡨᠠᡴᡨᡠ	ᡨᡝᡥᡝ	ᠨᡝᠶᡝᠨ
鸡达	**札伐拉**	**得**	**山眼**	**阿林**	**阿立拉莫**	**一拉七**	**哈打**	**他克秃**	**特合**	**纳音**

汉译	转写	满文	音译
带着	gai	ᡤᠠᡳ	**街**
白	šanyan	ᡧᠠᠩᠶᠠᠨ	**山眼**
山	alin	ᠠᠯᡳᠨ	**阿林**
山	alin	ᠠᠯᡳᠨ	**阿林**
残缺	edere	ᡝᡩᡝᡵᡝ	**我特勒**
松花	sunggari	ᠰᡠᠩᡤᠠᡵᡳ	**松阿立**
江	ula	ᡠᠯᠠ	**吴拉**
降临	wasikangge	ᠸᠠᠰᡳᡴᠠᠩᡤᡝ	**瓦西杭我**
第五	sunjaci	ᠰᡠᠨᠵᠠᠴᡳ	**孙札七**
辈	jalan	ᠵᠠᠯᠠᠨ	**札兰**
太爷	taiye	ᡨᠠᡳᠶᡝ	**太爷**

汉译	转写	满文	音译
残缺	eden	ᡝᡩᡝᠨ	**我很**
把	be	ᠪᡝ	**博**
沸腾	debe	ᡩᡝᠪᡝ	**得博**
来了	jihe	ᠵᡳᡥᡝ	**几合**
腿瘸	doholon	ᡩᠣᡥᠣᠯᠣᠨ	**多合洛**
瞒尼	manni	ᠮᠠᠨᠨᡳ	**瞒尼**
承受	alihangga	ᠠᠯᡳᡥᠠᠩᡤᠠ	**阿立杭我**
三	ilan	ᡳᠯᠠᠨ	**一兰**
股	gargan	ᡤᠠᡵᡤᠠᠨ	**戕拉干**
钢叉	šaka	ᡧᠠᡴᠠ	**沙卡**

汉译	转写	满文	音译
战斗	dain	ᡩᠠᡳᠨ	**打音**
在	de	ᡩᡝ	**得**
打	tūhe	ᡨᡡᡥᡝ	**秃合**
行走	yabume	ᠶᠠᠪᡠᠮᡝ	**牙不莫**
查憨不库	cahabuku	ᠴᠠᡥᠠᠪᡠᡴᡠ	**查憨不库**
瞒尼	manni	ᠮᠠᠨᠨᡳ	**瞒尼**
承当	aliyaha	ᠠᠯᡳᠶᠠᡥᠠ	**爱竝哈**
铁	sele	ᠰᡝᠯᡝ	**赊勒**
榔头	maitu	ᠮᠠᡳᡨᡠ	**买秃**
执着	jafafi	ᠵᠠᡶᠠᡶᡳ	**札伐腓**
高	den	ᡩᡝᠨ	**很**

汉译	转写	满文	音译
赊勒	sele	ᠰᡝᠯᡝ	**赊勒**
河	bira	ᠪᡳᡵᠠ	**必拉**
从	ci	ᠴᡳ	**七**
降临	wasika	ᠸᠠᠰᡳᡴᠠ	**瓦西哈**
第四	duici	ᡩᡠᡳᠴᡳ	**堆七**
辈	jalan	ᠵᠠᠯᠠᠨ	**札兰**
太爷	taiye	ᡨᠠᡳᠶᡝ	**太爷**
师傅	sefu	ᠰᡝᡶᡠ	**赊夫**
神奇	ferguwecuke	ᡶᡝᡵᡤᡠᠸᡝᠴᡠᡴᡝ	**佛拉国出克**
玛法	mafa	ᠮᠠᡶᠠ	**玛法**
神	enduri	ᡝᠨᡩᡠᡵᡳ	**恩杜立**
等	se	ᠰᡝ	**赊**

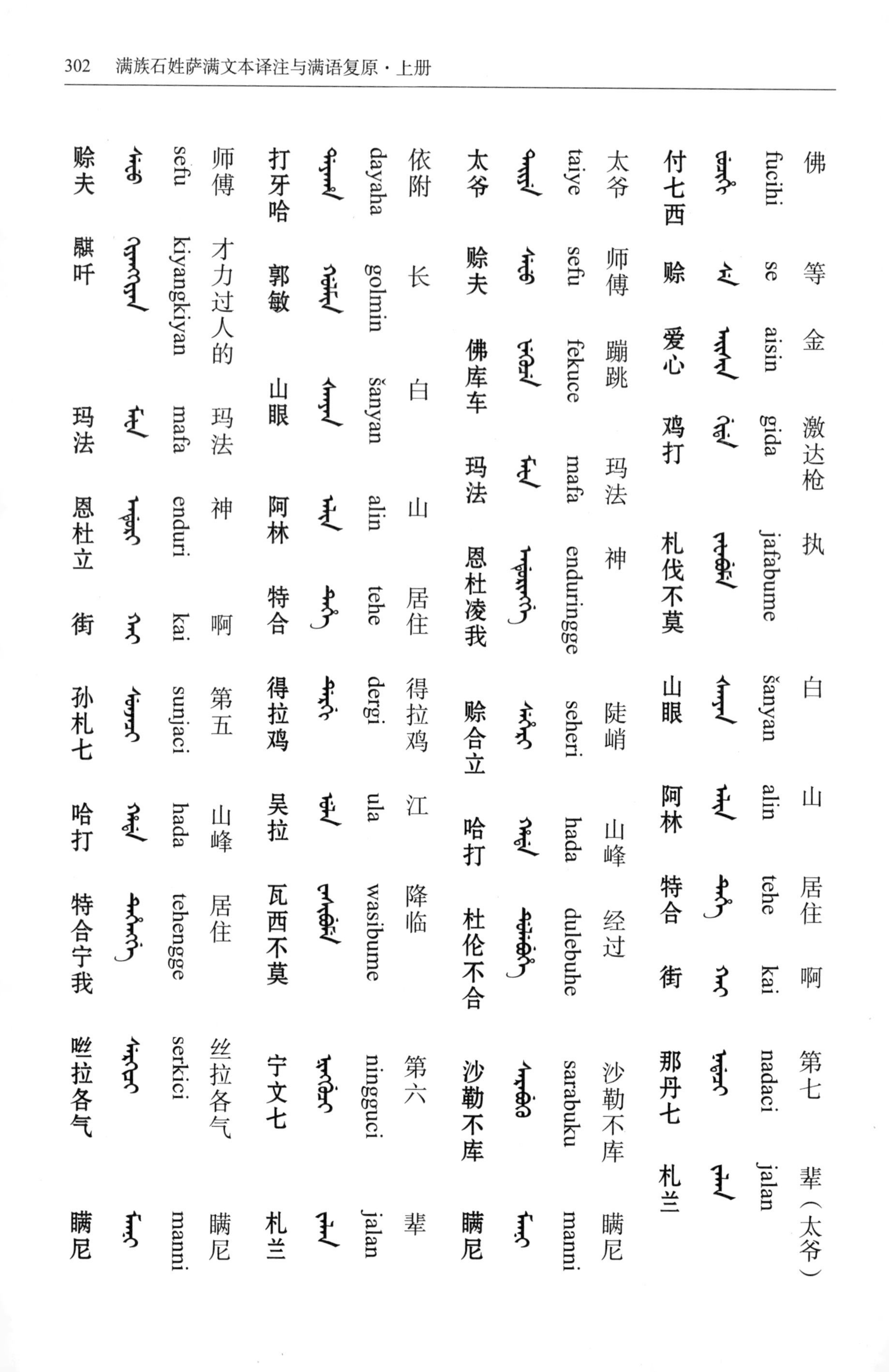

佛	等	金	激达枪	执	白	山	居住	啊	第七	辈（太爷）
fucihi	se	aisin	gida	jafabume	šanyan	alin	tehe	kai	nadaci	jalan
付七西	**赊**	**爱心**	**鸡打**	**札伐不莫**	**山眼**	**阿林**	**特合**	**街**	**那丹七**	**札兰**

太爷	师傅	蹦跳	玛法	神	陡峭	山峰	经过	沙勒不库	瞒尼
taiye	sefu	fekuce	mafa	enduringge	seheri	hada	dulebuhe	sarabuku	manni
太爷	**赊夫**	**佛库车**	**玛法**	**恩杜凌我**	**赊合立**	**哈打**	**杜伦不合**	**沙勒不库**	**瞒尼**

依附	长	白	山	居住	得拉鸡	江	降临	第六	辈
dayaha	golmin	šanyan	alin	tehe	dergi	ula	wasibume	ningguci	jalan
打牙哈	**郭敏**	**山眼**	**阿林**	**特合**	**得拉鸡**	**吴拉**	**瓦西不莫**	**宁文七**	**札兰**

师傅	才力过人的	玛法	神	啊	第五	山峰	居住	丝拉各气	瞒尼
sefu	kiyangkiyan	mafa	enduri	kai	sunjaci	hada	tehengge	serkici	manni
赊夫	**麒吁**	**玛法**	**恩杜立**	**街**	**孙札七**	**哈打**	**特合宁我**	**嗞拉各气**	**瞒尼**

山峰	在	天上	日	月	将	降临	翅膀	响声	来	按出兰
hada	de	abka	šun	biya	be	wasikangge	asha	urame	jihengge	anculan
ᡥᠠᡩᠠ	ᡩᡝ	ᠠᠪᡴᠠ	ᡧᡠᠨ	ᠪᡳᠶᠠ	ᠪᡝ	ᠸᠠᠰᡳᡴᠠᠩᡤᡝ	ᠠᠰᡥᠠ	ᡠᡵᠠᠮᡝ	ᠵᡳᡥᡝᠩᡤᡝ	ᠠᠨᠴᡠᠯᠠᠨ
哈打	得	阿巴卡	孙	叭	博	瓦西杭我	阿思哈	吴林莫	几恒我	按出兰

大	鹏	神	等	雕	鸟	宴请	送回	白	山	层
amba	daibun	enduri	se	damin	gasha	solime	benere	šanyan	alin	jergi
ᠠᠮᠪᠠ	ᡩᠠᡳᠪᡠᠨ	ᡝᠨᡩᡠᡵᡳ	ᠰᡝ	ᡩᠠᠮᡳᠨ	ᡤᠠᠰᡥᠠ	ᠰᠣᠯᡳᠮᡝ	ᠪᡝᠨᡝᡵᡝ	ᡧᠠᠨᠶᠠᠨ	ᠠᠯᡳᠨ	ᠵᡝᡵᡤᡳ
按巴	代朋	恩杜立	赊	代明	戉思哈	所立莫	（博讷勒）	山眼	阿林	折拉鸡

第七	辈	神主	啊	白	山	山峰	居住	大	鸟	虎	啊
nadaci	jalan	weceku	kai	šanyan	alin	hada	tehe	ayan	gasha	tasha	kai
ᠨᠠᡩᠠᠴᡳ	ᠵᠠᠯᠠᠨ	ᠸᡝᠴᡝᡴᡠ	ᡴᠠᡳ	ᡧᠠᠨᠶᠠᠨ	ᠠᠯᡳᠨ	ᡥᠠᡩᠠ	ᡨᡝᡥᡝ	ᠠᠶᠠᠨ	ᡤᠠᠰᡥᠠ	ᡨᠠᠰᡥᠠ	ᡴᠠᡳ
那丹七	扎兰	卧车库	街	山眼	阿林	哈打	特合	阿眼	戉思哈	他思哈	街

牛	属	神	黄	泉	灵魂	啊	各	都	听见	统统
ihan	aniya	enduri	suwayan	muke	fayangga	kai	geren	gemu	dunji	uheri
ᡳᡥᠠᠨ	ᠠᠨᡳᠶᠠ	ᡝᠨᡩᡠᡵᡳ	ᠰᡠᠸᠠᠶᠠᠨ	ᠮᡠᡴᡝ	ᡶᠠᠶᠠᠩᡤᠠ	ᡴᠠᡳ	ᡤᡝᡵᡝᠨ	ᡤᡝᠮᡠ	ᡩᡠᠨᠵᡳ	ᡠᡥᡝᡵᡳ
依憨	阿猕	恩杜立	舒拉[3]	木克	伐洋阿	街	各棱	各木	墩几	吴合立

在	经过	旷野	鸟	神	鹳鸰	鸟	宴请	送回	白
de	dulebuhe	falan	gasha	enduri	inggali	gasha	solime	benere	šanyan
ᡩᡝ	ᡩᡠᠯᡝᠪᡠᡥᡝ	ᡶᠠᠯᠠᠨ	ᡤᠠᠰᡥᠠ	ᡝᠨᡩᡠᡵᡳ	ᡳᠩᡤᠠᠯᡳ	ᡤᠠᠰᡥᠠ	ᠰᠣᠯᡳᠮᡝ	ᠪᡝᠨᡝᡵᡝ	ᡧᠠᠨᠶᠠᠨ
得	**杜伦不合**[4]	**伐兰**	**戓思哈**	**恩杜立**	**英兰**	**戓思哈**	**所立莫（博讷勒）**		**山眼**

山峰	在	白	鸟	神	有	苏录瞒尼	善佛	附体	芦苇	场地里
hada	de	šanyan	gasha	enduri	de	suru mamni	fucihi	singge	ulhū	falan
ᡥᠠᡩᠠ	ᡩᡝ	ᡧᠠᠨᠶᠠᠨ	ᡤᠠᠰᡥᠠ	ᡝᠨᡩᡠᡵᡳ	ᡩᡝ	ᠰᡠᡵᡠ ᠮᠠᠮᠨᡳ	ᡶᡠᠴᡳᡥᡳ	ᠰᡳᠩᡤᡝ	ᡠᠯᡥᡡ	ᡶᠠᠯᠠᠨ
哈打	**得**	**山眼**	**戓思哈**	**恩杜立**	**得**	**苏禄瞒尼**	**付七西**	**兴我**	**吴拉胡**	**伐兰**

降临	水	鸟	神	白	山	山	居住	天	上边	上边
wasika	muke	gasha	enduri	šanyan	alin	alin	tehe	abka	dergi	dergi
ᠸᠠᠰᡳᡴᠠ	ᠮᡠᡴᡝ	ᡤᠠᠰᡥᠠ	ᡝᠨᡩᡠᡵᡳ	ᡧᠠᠨᠶᠠᠨ	ᠠᠯᡳᠨ	ᠠᠯᡳᠨ	ᡨᡝᡥᡝ	ᠠᠪᡴᠠ	ᡩᡝᡵᡤᡳ	ᡩᡝᡵᡤᡳ
瓦西哈	**木克**	**戓思哈**	**恩杜立**	**山眼**	**阿林**	**阿林**	**特合**	**阿巴卡**	**得拉鸡**	**得拉鸡**

鹰	神	啊	白	山	层	山峰	在	天上	天	从
giyahūn	enduri	kai	šanyan	alin	jergi	hada	de	abka	abka	ci
ᡤᡳᠶᠠᡥᡡᠨ	ᡝᠨᡩᡠᡵᡳ	ᡴᠠᡳ	ᡧᠠᠨᠶᠠᠨ	ᠠᠯᡳᠨ	ᠵᡝᡵᡤᡳ	ᡥᠠᡩᠠ	ᡩᡝ	ᠠᠪᡴᠠ	ᠠᠪᡴᠠ	ᠴᡳ
鸦浑	**恩杜立**	**街**	**山眼**	**阿林**	**折拉鸡**	**哈打**	**得**	**阿巴卡**	**阿巴卡**	**七**

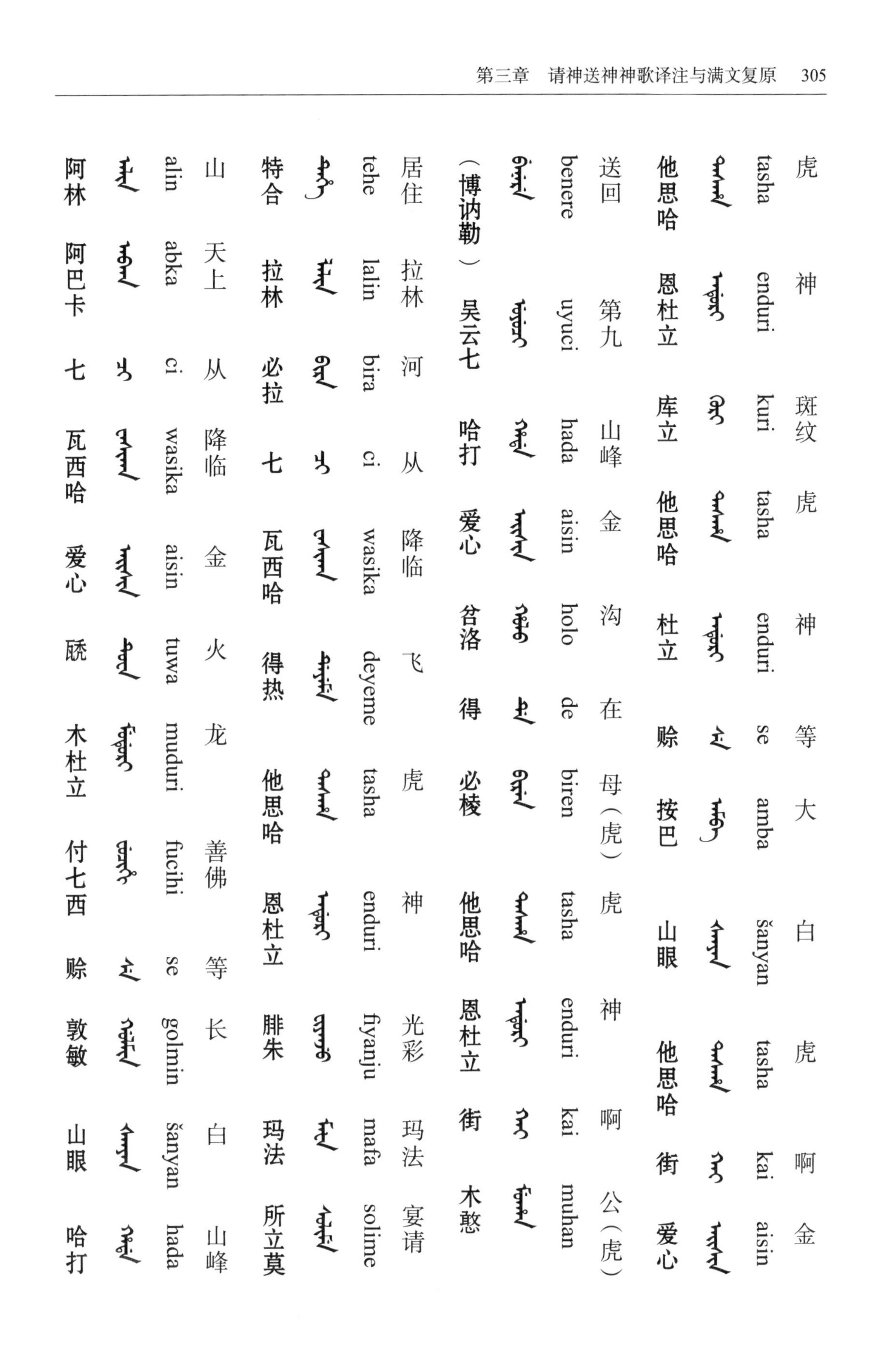

虎　神　斑纹　虎　神　等　大　白　虎　啊　金

tasha enduri kuri tasha enduri se amba šanyan tasha kai aisin

他思哈　恩杜立　库立　他思哈　杜立　赊　按巴　山眼　他思哈　街　爱心

送回　第九　山峰　金　沟　在　母（虎）　虎　神　啊　公（虎）

benere uyuci hada aisin holo de biren tasha enduri kai muhan

（博讷勒）　吴云七　哈打　爱心　岔洛　得　必棱　他思哈　恩杜立　街　木憨

居住　拉林　河　从　降临　飞　虎　神　光彩　玛法　宴请

tehe lalin bira ci wasika deyeme tasha enduri fiyanju mafa solime

特合　拉林　必拉　七　瓦西哈　得热　他思哈　恩杜立　腓朱　玛法　所立莫

山　天上　从　降临　金　火　龙　善佛　等　长　白　山峰

alin abka ci wasika aisin tuwa muduri fucihi se golmin šanyan hada

阿林　阿巴卡　七　瓦西哈　爱心　瑕　木杜立　付七西　赊　敦敏　山眼　哈打

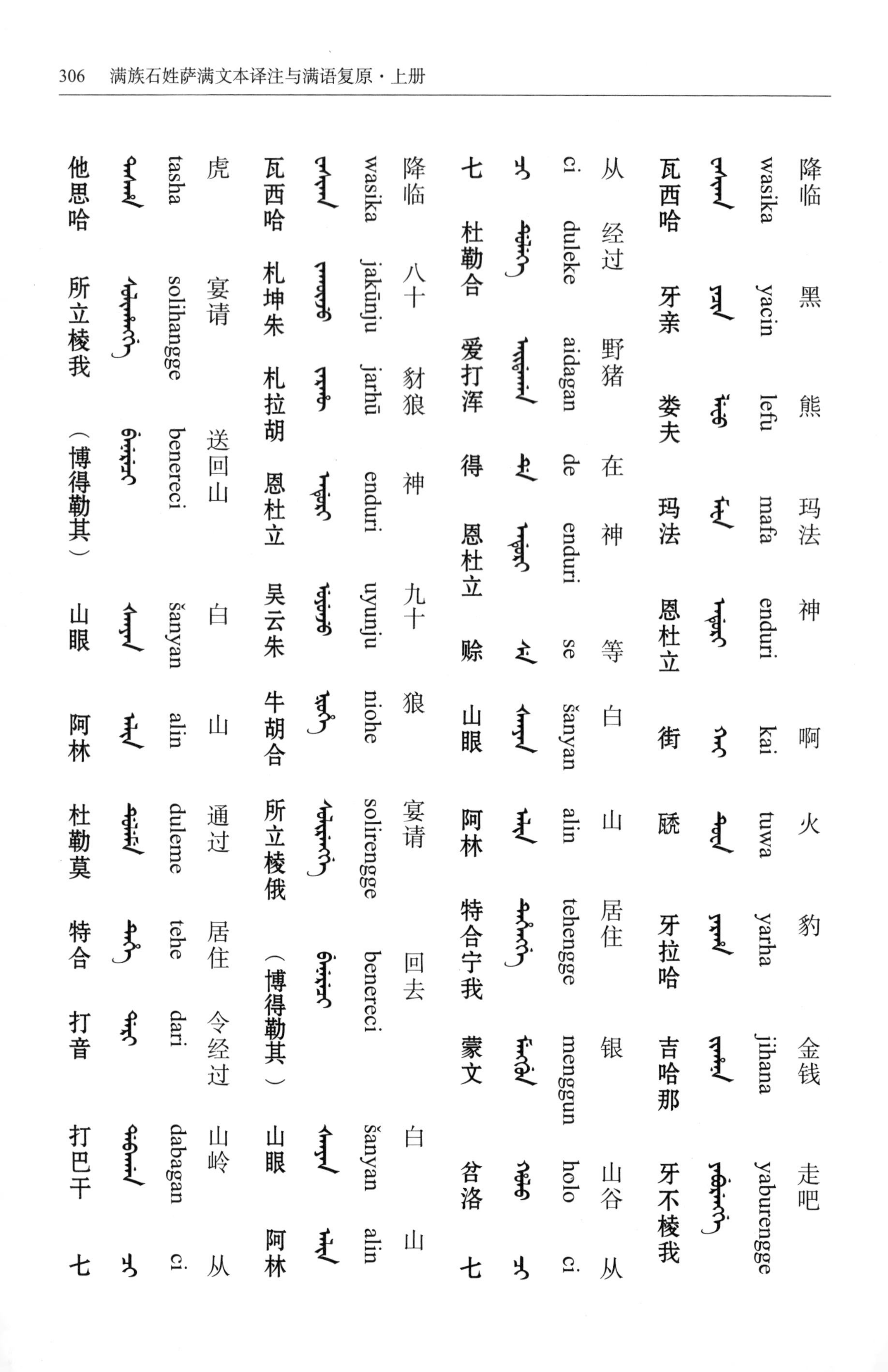

降临	黑	熊	玛法	神	啊	火	豹	金钱	走吧
wasika	yacin	lefu	mafa	enduri	kai	tuwa	yarha	jihana	yaburengge
瓦西哈	牙亲	娄夫	玛法	恩杜立	街	⿰瓦秃	牙拉哈	吉哈那	牙不楞我

从	经过	野猪	在	神	等	白	山	居住	银	山谷	从
ci	duleke	aidagan	de	enduri	se	šanyan	alin	tehengge	menggun	holo	ci
七	杜勒合	爱打浑	得	恩杜立	赊	山眼	阿林	特合宁我	蒙文	豁洛	七

降临	八十	豺狼	神	九十	狼	宴请	回去	白	山
wasika	jakūnju	jarhū	enduri	uyunju	niohe	solirengge	benereci	šanyan	alin
瓦西哈	札坤朱	札拉胡	恩杜立	吴云朱	牛胡合	所立棱俄	（博得勒其）	山眼	阿林

虎	宴请	送回山	白	山	通过	居住	令经过	山岭	从
tasha	solihangge	benereci	šanyan	alin	duleme	tehe	dari	dabagan	ci
他思哈	所立棱我	（博得勒其）	山眼	阿林	杜勒莫	特合	打音	打巴干	七

阿立 瞒尼 佛 附体 金 乌舌 神 啊 银 乌舌 神 等
ari manni fuci singge aisin keku enduri kai menggun keku enduri se
ᠠᡵᡳ ᠮᠠᠨᠨᡳ ᡶᡠᠴᡳ ᠰᡳᠩᡤᡝ ᠠᡳᠰᡳᠨ ᡴᡝᡴᡠ ᡝᠨᡩᡠᡵᡳ ᡴᠠᡳ ᠮᡝᠩᡤᡠᠨ ᡴᡝᡴᡠ ᡝᠨᡩᡠᡵᡳ ᠰᡝ
阿立 瞒尼 付七 兴我 爱心 克库 恩杜立 街 蒙文 克库 恩杜立 赊

神 火 龙 在 走吧 宴请 白 山 山岗 居住 一兰
enduri tuwa muduri de yaburengge solihangge šanyan alin ala tehe ilan
ᡝᠨᡩᡠᡵᡳ ᡨᡠᠸᠠ ᠮᡠᡩᡠᡵᡳ ᡩᡝ ᠶᠠᠪᡠᡵᡝᠩᡤᡝ ᠰᠣᠯᡳᡥᠠᠩᡤᡝ ᡧᠠᠨᠶᠠᠨ ᠠᠯᡳᠨ ᠠᠯᠠ ᡨᡝᡥᡝ ᡳᠯᠠᠨ
恩杜立 ⿰瓦秃 木杜立 得 牙不棱我 （所立杭我） 山眼 阿林 阿立 特合 一兰

蟒 九 庹 蛇 白 天上 天上 从 降临 金 火 花
jabjan uyun da meihe šanyan abka abka ci wasika aisin tuwa ilha
ᠵᠠᠪᠵᠠᠨ ᡠᠶᡠᠨ ᡩᠠ ᠮᡝᡳᡥᡝ ᡧᠠᠨᠶᠠᠨ ᠠᠪᡴᠠ ᠠᠪᡴᠠ ᠴᡳ ᠸᠠᠰᡳᡴᠠ ᠠᡳᠰᡳᠨ ᡨᡠᠸᠠ ᡳᠯᡥᠠ
札破占 吴云 打 梅合 山眼 阿巴卡 阿巴卡 七 瓦西哈 爱心 ⿰瓦秃 叶哈

宴请 白 山 过了 来了 尼西哈 河 从 岸 在 八 庹
solirengge šanyan alin duleme jifi nisiha bira ci dalin de jakūn da
ᠰᠣᠯᡳᡵᡝᠩᡤᡝ ᡧᠠᠨᠶᠠᠨ ᠠᠯᡳᠨ ᡩᡠᠯᡝᠮᡝ ᠵᡳᡶᡳ ᠨᡳᠰᡳᡥᠠ ᠪᡳᡵᠠ ᠴᡳ ᡩᠠᠯᡳᠨ ᡩᡝ ᠵᠠᡴᡡᠨ ᡩᠠ
（所立棱我） 山眼 阿林 杜勒莫 几腓 尼西哈 必拉 七 代林 得 扎坤 打

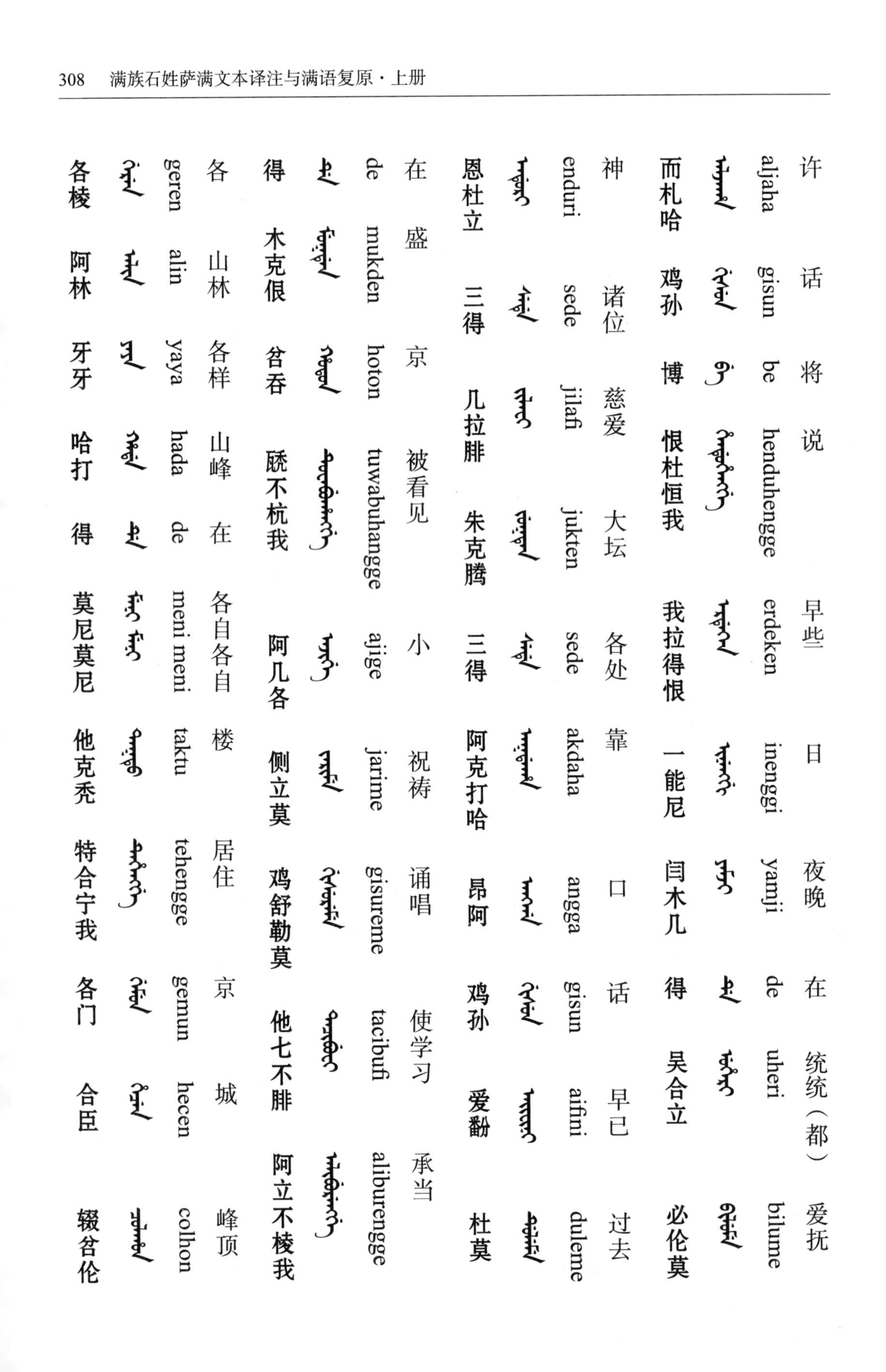

许 话 将 说 早些 日 夜晚 在 统统（都） 爱抚
aljaha gisun be henduhengge erdeken inenggi yamji de uheri bilume
而札哈 鸡孙 博 恨杜恒我 我拉得恨 一能尼 闫木几 得 吴合立 必伦莫

神 诸位 慈爱 大坛 各处 靠 口 话 早已 过去
enduri sede jilafi jukten sede akdaha angga gisun aifini duleme
恩杜立 三得 几拉腓 朱克腾 三得 阿克打哈 昂阿 鸡孙 爱翻 杜莫

在 盛 京 被看见 小 祝祷 诵唱 使学习 承当
de mukden hoton tuwabuhangge ajige jarime gisureme tacibufi aliburengge
得 木克佷 翁吞 砣不杭我 阿几各 侧立莫 鸡舒勒莫 他七不腓 阿立不棱我

各 山林 各样 山峰 在 各自各自 楼 居住 京 城 峰顶
geren alin yaya hada de meni meni taktu tehengge gemun hecen colhon
各棱 阿林 牙牙 哈打 得 莫尼莫尼 他克秃 特合宁我 各门 合臣 辍岔伦

男	儿子们	女孩	好	平安	身体	各处	娶	媳妇	儿子们	可为
haha	juse	sarganjui	sain	taifin	beye	sede	gaiha	urun	juse	obume
ᡥᠠᡥᠠ	ᠵᡠᠰᡝ	ᠰᠠᡵᡤᠠᠨᠵᡠᡳ	ᠰᠠᡳᠨ	ᡨᠠᡳᡶᡳᠨ	ᠪᡝᠶᡝ	ᠰᡝᡩᡝ	ᡤᠠᡳᡥᠠ	ᡠᡵᡠᠨ	ᠵᡠᠰᡝ	ᠣᠪᡠᠮᡝ
哈哈	**朱赊**	**沙拉干居**	**三音**	**太翂**	**博热**	**三得**	**街哈**	**吴伦**	**朱赊**	**卧不莫**

全	在	太平	为	好	平安	到老	太	平	令生	小
gubci	de	elhe	obure	sain	taifin	sakdabu	elhe	taifin	banjibu	ajige
ᡤᡠᠪᠴᡳ	ᡩᡝ	ᡝᠯᡥᡝ	ᠣᠪᡠᡵᡝ	ᠰᠠᡳᠨ	ᡨᠠᡳᡶᡳᠨ	ᠰᠠᡴᡩᠠᠪᡠ	ᡝᠯᡥᡝ	ᡨᠠᡳᡶᡳᠨ	ᠪᠠᠨᠵᡳᠪᡠ	ᠠᠵᡳᡤᡝ
古破七	**得**	**而合**	**卧不勒**	**三音**	**太翂**	**沙克打不**	**而合**	**太翂**	**班金不**	**阿几各**

女人	什么	属相	我的	我们的	此时	有	何	处	在	将来	日子	家
hehe	ai	aniya	mini	meni	erin	de	aika	ba	de	amaga	inenggi	boo
ᡥᡝᡥᡝ	ᠠᡳ	ᠠᠨᡳᠶᠠ	ᠮᡳᠨᡳ	ᠮᡝᠨᡳ	ᡝᡵᡳᠨ	ᡩᡝ	ᠠᡳᡴᠠ	ᠪᠠ	ᡩᡝ	ᠠᠮᠠᡤᠠ	ᡳᠨᡝᠩᡤᡳ	ᠪᠣᠣ
合合	**爱**	**阿雅**	**泌尼**	**莫讷**	**我林**	**得**	**爱卡**	**巴**	**得**	**阿玛干**	**一能尼**	**博**

宴请	行走	石	姓	小	男人	什么	属相	东家	是	小
solime	yabume	šekderi	hala	osohon	haha	ai	aniya	boigon	oci	osohon
ᠰᠣᠯᡳᠮᡝ	ᠶᠠᠪᡠᠮᡝ	ᡧᡝᡴᡩᡝᡵᡳ	ᡥᠠᠯᠠ	ᠣᠰᠣᡥᠣᠨ	ᡥᠠᡥᠠ	ᠠᡳ	ᠠᠨᡳᠶᠠ	ᠪᠣᡳᡤᠣᠨ	ᠣᠴᡳ	ᠣᠰᠣᡥᠣᠨ
所里莫	**（牙不莫）**	**石克特立**	**哈拉**	**卧思浑**	**哈哈**	**爱**	**阿雅**	**彪浑**	**卧七**	**卧思浑**

在	门	不给	福	路	将	得到	仇敌	门	使关闭	生
de	uce	burakū	hūturi	jugūn	be	bahabume	bata	duka	yaksibufi	banjire
ᡩᡝ	ᡠᠴᡝ	ᠪᡠᡵᠠᡴᡡ	ᡥᡡᡨᡠᡵᡳ	ᠵᡠᡤᡡᠨ	ᠪᡝ	ᠪᠠᡥᠠᠪᡠᠮᡝ	ᠪᠠᡨᠠ	ᡩᡠᡴᠠ	ᠶᠠᡴᠰᡳᠪᡠᡶᡳ	ᠪᠠᠨᠵᡳᡵᡝ
得	吴车	不拉库	胡秃立	朱滚	博	巴哈不莫	巴台	杜卡	牙克心不腓	班几勒

愿	院里	在	是	牛的	院里	在	脚踪	是	马的	盗	贼
okini	hūwa	de	oci	ihangga	hūwa	de	toron	oci	moringga	hūlha	holo
ᠣᡴᡳᠨᡳ	ᡥᡡᠸᠠ	ᡩᡝ	ᠣᠴᡳ	ᡳᡥᠠᠩᡤᠠ	ᡥᡡᠸᠠ	ᡩᡝ	ᡨᠣᡵᠣᠨ	ᠣᠴᡳ	ᠮᠣᡵᡳᠩᡤᠠ	ᡥᡡᠯᡥᠠ	ᡥᠣᠯᠣ
卧其尼	花	得	卧七	一行阿	花	得	多洛	卧七	莫凌阿	呼哈	豁洛

去的	地方	将	在	明白	好	在	可为	行走	有文采的	好	在
genehe	ba	be	de	getuken	sain	de	obume	yabuha	yangsangga	sain	de
ᡤᡝᠨᡝᡥᡝ	ᠪᠠ	ᠪᡝ	ᡩᡝ	ᡤᡝᡨᡠᡴᡝᠨ	ᠰᠠᡳᠨ	ᡩᡝ	ᠣᠪᡠᠮᡝ	ᠶᠠᠪᡠᡥᠠ	ᠶᠠᠩᠰᠠᠩᡤᠠ	ᠰᠠᡳᠨ	ᡩᡝ
各讷合	巴	博	得	各秃恳	三	得	卧不腓	牙不哈	羊桑阿	三	得

生养	儿子们	喜	可为	男	把	差事	在	勤奋	公务	行走
ujihe	juse	urgun	obume	haha	be	alban	de	hahilame	alban	yabume
ᡠᠵᡳᡥᡝ	ᠵᡠᠰᡝ	ᡠᡵᡤᡠᠨ	ᠣᠪᡠᠮᡝ	ᡥᠠᡥᠠ	ᠪᡝ	ᠠᠯᠪᠠᠨ	ᡩᡝ	ᡥᠠᡥᡳᠯᠠᠮᡝ	ᠠᠯᠪᠠᠨ	ᠶᠠᠪᡠᠮᡝ
吴几合	朱赊	吴拉滚	卧不莫	哈哈	博	而班	得	哈西拉莫[5]	而班	牙不莫

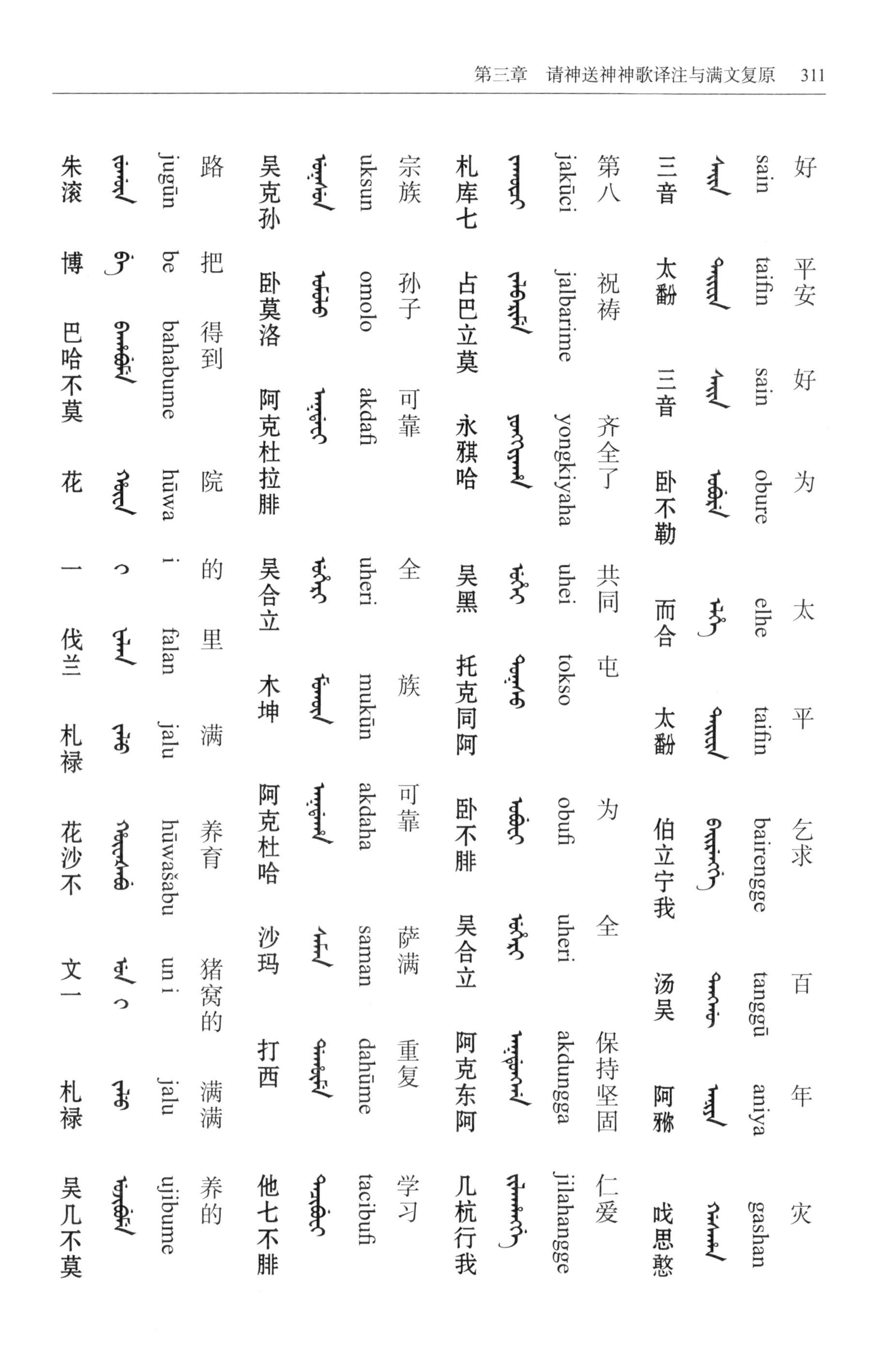

好　平安　好　为　太　平　乞求　百　年　灾
sain taifin sain obure elhe taifin bairengge tanggū aniya gashan
三音　太翂　三音　卧不勒　而合　太翂　伯立宁我　汤吴　阿猕　戗思憨

第八　祝祷　齐全了　共同　屯　为　全　保持坚固　仁爱
jakūci jalbarime yongkiyaha uhei tokso obufi uheri akdungga jilahangge
札库七　占巴立莫　永祺哈　吴黑　托克同阿　卧不腓　吴合立　阿克东阿　几杭行我

宗族　孙子　可靠　全　族　可靠　萨满　重复　学习
uksun omolo akdafi uheri mukūn akdaha saman dahūme tacibufi
吴克孙　卧莫洛　阿克杜拉腓　吴合立　木坤　阿克杜哈　沙玛　打西　他七不腓

路　把　得到　院　的　里　满　养育　猪窝的　满满　养的
jugūn be bahabume hūwa i falan jalu hūwašabu un i jalu ujibume
朱滚　博　巴哈不莫　花　一　伐兰　札禄　花沙不　文一　札禄　吴几不莫

福	把	乞求
hūturi	be	bairengge
ᡥᡡᡨᡠᡵᡳ	ᠪᡝ	ᠪᠠᡳᡵᡝᠩᡤᡝ
胡秃立	博	伯楞我

向后	世代	世代	更换	传扬	把	传扬	把	统计	力	把	出
amasi	Jalan	jalan	halame	ulan	be	ulan	be	tolome	hūsun	be	tucifi
ᠠᠮᠠᠰᡳ	ᠵᠠᠯᠠᠨ	ᠵᠠᠯᠠᠨ	ᡥᠠᠯᠠᠮᡝ	ᡠᠯᠠᠨ	ᠪᡝ	ᡠᠯᠠᠨ	ᠪᡝ	ᡨᠣᠯᠣᠮᡝ	ᡥᡡᠰᡠᠨ	ᠪᡝ	ᡨᡠᠴᡳᡶᡳ
阿玛西	札兰	札兰	哈拉莫	万	博	万	博	多洛莫	胡孙	博	秃七腓

无	百	罪	罪	全	无	啊	此	是	向前	此	是
akū	tanggū	weile	weile	gemu	akū	kai	ere	oci	julesi	ere	oci
ᠠᡴᡡ	ᡨᠠᠩᡤᡡ	ᠸᡝᡳᠯᡝ	ᠸᡝᡳᠯᡝ	ᡤᡝᠮᡠ	ᠠᡴᡡ	ᡴᠠᡳ	ᡝᡵᡝ	ᠣᠴᡳ	ᠵᡠᠯᡝᠰᡳ	ᡝᡵᡝ	ᠣᠴᡳ
阿库	汤吴	为勒	为勒	各木	阿库	街	我勒	卧七	朱勒西	我勒	卧七

跪地叩头。
屈身尘地，
全族来到一处，
代代子孙团结。
全族和睦，
三屯办事可为公正[4]。
主祭萨满何属相[3]？
是谁承担此次跳神，
学习着上香领神。
乘烧香之际，
大萨满何属相[2]？
在大坛之前祈祷。
老师傅何属相？
是石姓来乞求。
众姓氏之中的哪一姓氏？
在此时请神？
为谁家不顺心之事，
是什么原因，
排神[1]

【译文】

小声祈祷。
众侧立大声逐句诵唱，
一切情形甚善。
统请各位神灵，
贡献在大坛上，
遵照传统礼仪，
备制了阿木孙肉。
磨面制作了圆饼饽饽，
逐一燃着了汉香。
引旺了安春香，
点燃了把子香，
在七星斗前祈祷。
敬献了香火，
是吉日良辰，
今日夜晚，
木盘桌上排列。
高桌上供献，

东家站立一旁。
萨满学习跳神，

居住在大营的，
白牙银发，
等，
尼贞不库、巴那我贞瞒尼善佛
从尼西海河降临的，
二十名勇汉随行。
四十名强汉骑士护卫，
英俊的壮士。
红脸膛，
骑骏马，
也是善于用兵的超和占爷。
那是白山主玛法啊！
沿着胡墩河降临的神主，
带着风水龙脉，
成神四百余年，
统领七座帐篷[5]。
第九山峰的峰楼上，
居住在长白山山岗上，

为神通广大的玛法神。
是属虎的第二辈太爷师傅。
从辉发河而降临的，
金楼银阁中，
高高的山岗上，
居住在白山第三山峰上的
胡牙气瞒尼神。
所领是手执三股马叉的
从辉发河降临。
按巴瞒尼善佛，
手执大托立的，
盘旋于日月间的，

为众祖先的元老神灵。
头辈太爷师傅，
从松花江而降临的
修炼成金身、银身的，
沿着白山山路而降临。
从山峰上的峰楼内，
冷城的围墙中，

是先行战斗在军营中。
为神奇玛法神灵。
第四辈太爷师傅，

从赊勒河而降临。
天上山峰楼阁中，
居住在白山山上，
胡阎瞒尼神手执三股马叉，
手执双腰刀而降临。
是领扎克他瞒尼善佛等，
为嘉美玛法神灵。
第三辈太爷师傅，

从讷音河降临。
是沿着白山山路上行走，
他手执百斤重的激达枪。
巴克他瞒尼神，
宴请居住在第三山峰楼上的
是手执铁鞭的赊棱太瞒尼善佛。
从赊勒河而降临的，

居住在陡峭的的山峰上。
善于蹦跳的玛法神灵，
第六辈太爷师傅，

沿着得拉鸡江而降临。
居住在长白山上，
丝拉各气瞒尼，
居住在第五山峰上。
是才力过人的玛法神灵，
第五辈太爷师傅，

腿脚残疾的多岔洛瞒尼神。
沿松花江降临的，
争强好胜，
从白山山林中，
手执三股钢叉，
从高处降临。
居住在白山山林中。
善于摔跤的查憨不库瞒尼，
手执铁榔头的

居住在天上白山山峰中。
水鸟神啊！
从天上降临。
居住在白山山峰中，
鹰神啊！
从日月中降临。
雕神居住在白山山峰层中，
大鹏鸟神、雕神。
宴请各种鸟神、虎神啊！
统请诸位祖先神。
居住在白山山峰上。
第七辈神主啊！
为耳可听远方的神灵，
其灵魂在黄泉修炼成神。
第七辈太爷属牛，
居住在白山上。
善佛，
手执金激达枪的沙勒不库瞒尼

九十只狼神，
八十只豺神，
从山岭上降临。
居住在白山上，
统统宴请。
大白虎神，
悬犁虎神，
公坐虎神啊！
母卧虎神啊！
居住在第九山峰的金沟中。
飞虎玛法神全身闪亮光啊！
从拉林河降临。
居住在长白山山峰上，
金炼火龙善佛啊！
从白山天上降临。
鹡鸰鸟神啊！
旷野鸟神啊！
经过芦苇场地而降临。
与苏录瞒尼善佛一起，
白鸟神啊！

金舌鸟神啊！
请附萨满之体。
统统宴请。
依兰阿立瞒尼善佛，
金炼火龙神啊！
金火花神啊！
居住在白山山岗上，
从天上白山上降临。
九庹蛇神，
八庹蟒神，
从尼西海河降临。
经过白山上，
统统宴请。
金钱豹神，
黑熊玛法啊！
从银山谷降临。
居住在白山上，
野猪神啊！
从白山上降临。
统统宴请，

此时为我们的原因，
东家女主人何属相？
石姓男东家何属相？
诚心宴请诸神灵。
今是吉日的夜晚，
许愿不能不算。
时间天天过去，
烧香祭祀。
早先亲口许愿，
大坛前求吉祥。
诸位神灵慈爱保佑，
萨满学习着跳神领神。
小侧立学习诵唱祝祷，

盛京可见。
在山林楼阁中，
各自的山楼里。
居住在各自的山林中，
银舌鸟神啊！

关闭门户，防仇贼。
处处是马迹。
满院是牛羊，
诸位神灵保佑，

行事秉公正直。
行为光明磊落，
操劳公务，
当差者勤奋行走，
儿孙们茁壮成长。
娶媳生儿育女，
身体安康。
阖族儿女、子孙们，
幼者平安生长。
老者健康，
为保佑全族太平烧香，

此时吉日降临。
设坛请神，

万代传流。
出力烧香求福，
尽力祭祀。
世世代代，
从此以后，
永无犯事之举。
百年无灾，
乞求太平，
可谓吉祥顺利。
全屯族人仁爱，
八位祝祷人全面诵唱神歌。
萨满努力学习跳神，
儿孙团结。
全族和睦可靠，
满圈猪牛仔。
满院儿孙跑，
敞开生路。
善开福寿路，

【语音注释】

1 博查库（becebu），此词由『博查木毕』变化而来，意为『责备、阻止』。此处笔者用其引申意义为『不顺心』。

2 赊立（seri），汉义为『耸立』，规范化汉字转写满语为『色赫胡立』（sehehuri）。

3 舒拉（sura），此处汉义为『黄』，规范化汉字转写满语为『刷延』（sawayan）。

4 杜伦不合（dulunbume），汉义为『经过』，规范化汉字转写满语为『杜勒不合』（dulebuhe），与前面『杜棱不腓』是同一个动词变化而来。

5 哈西拉莫（hahilame），汉义为『赶快、赶紧、急快』。文本中将此词引申为『勤奋』。

【译文注释】

1 排神：就是清点神灵称谓，尽量将该家族所祭祀之神都数一遍，为最佳者。

2 大萨满：满文为『按巴沙玛』，这里是指因年老不能进行跳神的老萨满，但在举行跳神时，还必须把他的属相报给神灵听。

3 萨满：这里是指具体承担这次跳神的萨满。

4 三屯办事可为公正：满文为『依兰托克所团多卧七』。『三屯』即为石姓祖辈时的三兄弟，各居一屯，共三屯。

5 统领七座帐篷：满文为『那丹辍洛卡打拉拉』。这里是指白山主，也就是超和占爷，他是一位带兵打仗的武神，原始人认为在个位数中最大为『九』，白山主统领七座帐篷（这帐篷是军营），已是很大的数字了，也就是说它带兵的数目已是很多了，而且满族民间常把白山主与努尔哈赤联系在一起。

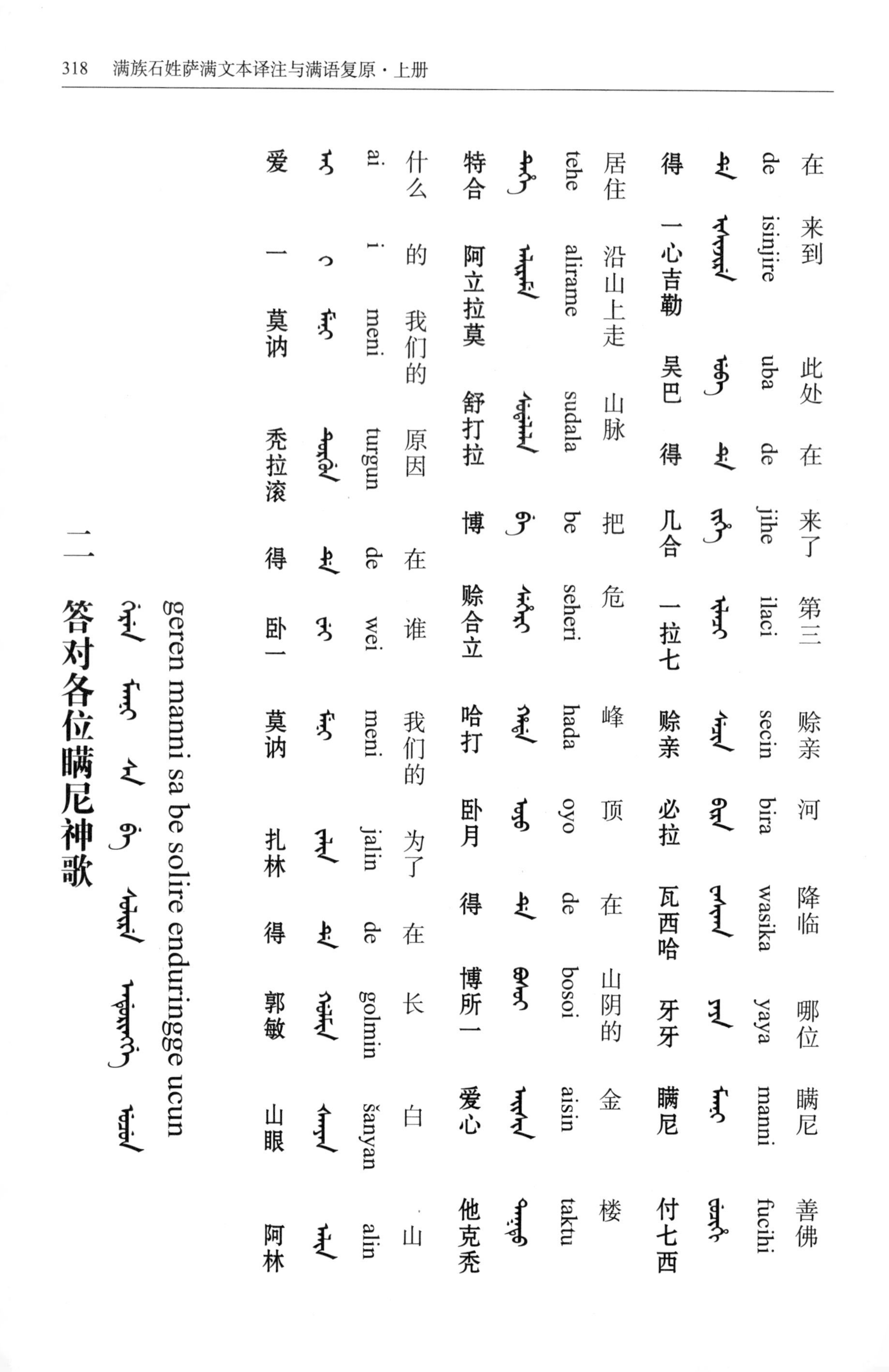

在 来到 此处 在 来了 第三 赊亲 河 降临 哪位 瞒尼 善佛

de isinjire uba de jihe ilaci secin bira wasika yaya manni fucihi

得 一心吉勒 吴巴 得 几合 一拉七 赊亲 必拉 瓦西哈 牙牙 瞒尼 付七西

居住 沿山上走 山脉 把 危 峰 顶 在 山阴的 金 楼

tehe alirame sudala be seheri hada oyo de bosoi aisin taktu

特合 阿立拉莫 舒打拉 博 赊合立 哈打 卧月 得 博所一 爱心 他克秃

什么 的 我们的 原因 在 谁 我们的 为了 在 长 白 山

ai i meni turgun de wei meni jalin de golmin šanyan alin

爱 一 莫讷 秃拉滚 得 卧一 莫讷 扎林 得 郭敏 山眼 阿林

二 答对各位瞒尼神歌

geren manni sa be solire enduringge ucun

大	坛	九	宴请	在	圆饽饽	阿木孙肉	饽饽	把	蒸笼	阿木孙肉
amba sa	jukten	uyun	solin	de	toholiyo	amsun	efen	be	feshen	amsun
ᠠᠮᠪᠠ ᠰᠠ	ᠵᡠᡴᡨᡝᠨ	ᡠᠶᡠᠨ	ᠰᠣᠯᡳᠨ	ᡩᡝ	ᡨᠣᡥᠣᠯᡳᠶᠣ	ᠠᠮᠰᡠᠨ	ᡝᡶᡝᠨ	ᠪᡝ	ᡶᡝᠰᡥᡝᠨ	ᠠᠮᠰᡠᠨ
按巴沙	朱克腾	吴云	所林	得	托岔脸	阿莫孙	俄分	博	佛思恨	阿莫孙

主子	在	大	坛	在	逐一	宴请	随降	尘	地在	跪
ejen	de	ambasa	jukten	de	aname	solime	dahame	buraki	nade	niyakūrahangge
ᡝᠵᡝᠨ	ᡩᡝ	ᠠᠮᠪᠠᠰᠠ	ᠵᡠᡴᡨᡝᠨ	ᡩᡝ	ᠠᠨᠠᠮᡝ	ᠰᠣᠯᡳᠮᡝ	ᡩᠠᡥᠠᠮᡝ	ᠪᡠᡵᠠᡴᡳ	ᠨᠠᡩᡝ	ᠨᡳᠶᠠᡴᡡᡵᠠᡥᠠᠩᡤᡝ
我贞	得	按巴沙	朱克腾	得	阿那莫	所立莫	打哈莫	不拉其	那得	硋库拉杭我

在	萨满	身	在	浸入	骨	肉	清洁	因为	什么	属相	萨满
de	ejen	beye	de	singgefi	giranggi	yali	bolgo	seme	ai	aniya	saman
ᡩᡝ	ᡝᠵᡝᠨ	ᠪᡝᠶᡝ	ᡩᡝ	ᠰᡳᠩᡤᡝᡶᡳ	ᡤᡳᡵᠠᠩᡤᡳ	ᠶᠠᠯᡳ	ᠪᠣᠯᡤᠣ	ᠰᡝᠮᡝ	ᠠᡳ	ᠠᠨᡳᠶᠠ	ᠰᠠᠮᠠᠨ
得	我贞	博热	得	兴我腓	鸡郎尼	夜立	博浑	赊莫	爱	阿硋	沙玛

等	什么	样	在	执	石	姓	乞求	来	七	星斗	祈祷
se	ai	hacin	de	jafafi	šekderi	hala	baime	jihe	nadan	naihū	fonjire
ᠰᡝ	ᠠᡳ	ᡥᠠᠴᡳᠨ	ᡩᡝ	ᠵᠠᡶᠠᡶᡳ	ᡧᡝᡴᡩᡝᡵᡳ	ᡥᠠᠯᠠ	ᠪᠠᡳᠮᡝ	ᠵᡳᡥᡝ	ᠨᠠᡩᠠᠨ	ᠨᠠᡳᡥᡡ	ᡶᠣᠨᠵᡳᡵᡝ
赊	爱	哈亲	得	扎伐腓	石克特立	哈拉	伯莫	几合	那丹	乃腓	佛几勒

宴请	石	姓	小	男人	什么	年	属相的	啊	口	话	
solirengge	šekderi	hala	osohon	haha	ai	aniya	aniyangga	kai	angga	gisun	
ᠰᠣᠯᡳᡵᡝᠩᡤᡝ	ᡧᡝᡴᡩᡝᡵᡳ	ᡥᠠᠯᠠ	ᠣᠰᠣᡥᠣᠨ	ᡥᠠᡥᠠ	ᠠᡳ	ᠠᠨᡳᠶᠠ	ᠠᠨᡳᠶᠠᠩᡤᠠ	ᡴᠠᡳ	ᠠᠩᡤᠠ	ᡤᡳᠰᡠᠨ	
所立棱俄	**石克特立**	**哈拉**	**卧思浑**	**哈哈**	**爱**	**阿猕**	**阿儜阿**	**街**	**昂阿**	**鸡孙**	

萨满	因为	学习	东家	因为	站立	房门	门	进入	正	把	门
saman	seme	tacifi	ejen	seme	iliha	uce	duka	dosifi	cin	be	duka
ᠰᠠᠮᠠᠨ	ᠰᡝᠮᡝ	ᡨᠠᠴᡳᡶᡳ	ᡝᠵᡝᠨ	ᠰᡝᠮᡝ	ᡳᠯᡳᡥᠠ	ᡠᠴᡝ	ᡩᡠᡴᠠ	ᡩᠣᠰᡳᡶᡳ	ᠴᡳᠨ	ᠪᡝ	ᡩᡠᡴᠠ
沙玛	**赊莫**	**他七腓**	**我贞**	**赊莫**	**一立合**	**吴车**	**杜卡**	**多西腓**	**秦**	**博**	**杜卡**

小	声	回答	一把把	汉香	把	火	点燃	双行	香	把	在前
ajige	jilgan	jabure	baksan	hiyan	be	tuwa	dabure	juru	hiyan	be	juleri
ᠠᠵᡳᡤᡝ	ᠵᡳᠯᡤᠠᠨ	ᠵᠠᠪᡠᡵᡝ	ᠪᠠᡴᠰᠠᠨ	ᡥᡳᠶᠠᠨ	ᠪᡝ	ᡨᡠᠸᠠ	ᡩᠠᠪᡠᡵᡝ	ᠵᡠᡵᡠ	ᡥᡳᠶᠠᠨ	ᠪᡝ	ᠵᡠᠯᡝᡵᡳ
阿几各	**鸡干**	**扎不勒**	**巴克山**	**先**	**博**	**秃**	**不勒**	**朱禄**	**先**	**博**	**朱勒立**

磨面	在	口	神歌	诵唱	祈祷	为	在	大	声	逐一	
ufara	de	angga	gisun	hūlafi	jalbarime	jalin	de	amba	jilgan	aname	
ᡠᡶᠠᡵᠠ	ᡩᡝ	ᠠᠩᡤᠠ	ᡤᡳᠰᡠᠨ	ᡥᡡᠯᠠᡶᡳ	ᠵᠠᠯᠪᠠᡵᡳᠮᡝ	ᠵᠠᠯᡳᠨ	ᡩᡝ	ᠠᠮᠪᠠ	ᠵᡳᠯᡤᠠᠨ	ᠠᠨᠠᠮᡝ	
五伐拉	**得**	**昂阿**	**鸡孙**	**胡拉腓**	**占巴立莫**	**扎林**	**得**	**按巴**	**鸡干**	**阿那莫**	

慈爱 旧 的 月 把 送走 新的 月 把 迎来 日 吉 新的
jilaha fe i biya be fudefi ice biya be alifi inenggi sain ice
ᠵᡳᠯᠠᡥᠠ ᡶᡝ ᡳ ᠪᡳᠶᠠ ᠪᡝ ᡶᡠᡩᡝᡶᡳ ᡳᠴᡝ ᠪᡳᠶᠠ ᠪᡝ ᠠᠯᡳᡶᡳ ᡳᠨᡝᠩᡤᡳ ᠰᠠᡳᠨ ᡳᠴᡝ
吉拉哈 佚 一 叭 博 付杜腓 一车 叭 博 阿立腓 一能尼 三 一车

随意 啊 商议 彻底 家的 神坛 恭敬 各 神坛 等
cihai be hebešeme hecefi booi jukten gingguleme geren jukten sa
ᠴᡳᡥᠠᡳ ᠪᡝ ᡥᡝᠪᡝᡧᡝᠮᡝ ᡥᡝᠴᡝᡶᡳ ᠪᠣᠣᡳ ᠵᡠᡴᡨᡝᠨ ᡤᡳᠩᡤᡠᠯᡝᠮᡝ ᡤᡝᡵᡝᠨ ᠵᡠᡴᡨᡝᠨ ᠰᠠ
七杭短[1] **博 合博赊莫 合车腓 博一 朱克腾 鹅文勒莫 各棱 朱克腾 沙**

迎来 父老们 母亲 孩子们 在 兄 弟们 真实 述说 情由 在
okdome amata eme juse de ahūn deote yargiyan seme turgun de
ᠣᡴᡩᠣᠮᡝ ᠠᠮᠠᡨᠠ ᡝᠮᡝ ᠵᡠᠰᡝ ᡩᡝ ᠠᡥᡡᠨ ᡩᡝᠣᡨᡝ ᠶᠠᡵᡤᡳᠶᠠᠨ ᠰᡝᠮᡝ ᡨᡠᡵᡤᡠᠨ ᡩᡝ
卧克杜莫 阿玛他 俄莫 朱赊 得 阿浑 兜特 牙拉尖 赊莫 秃拉滚 得

许下 上牙碰下牙 话 采纳 春天 把 耕种 秋天 把
aljahangga heheri gisun ganahangga niyengniyeri be tarifi bolori be
ᠠᠯᠵᠠᡥᠠᠩᡤᠠ ᡥᡝᡥᡝᡵᡳ ᡤᡳᠰᡠᠨ ᡤᠠᠨᠠᡥᠠᠩᡤᠠ ᠨᡳᠶᡝᠩᠨᡳᠶᡝᡵᡳ ᠪᡝ ᡨᠠᡵᡳᡶᡳ ᠪᠣᠯᠣᡵᡳ ᠪᡝ
而札杭我 合合勒 鸡孙 合讷恒我 儜㸦立 博 他立勒 博洛立 博

供献	情形	各种	出现	神主	诸位	靠	向上	各处	乞求
dobofi	turgun	sede	tukiyefi	weceku	sede	akdafi	wesihun	sede	bairengge
ᡩᠣᠪᠣᡶᡳ	ᡨᡠᡵᡤᡠᠨ	ᠰᡝᡩᡝ	ᡨᡠᡴᡳᠶᡝᡶᡳ	ᠸᡝᠴᡝᡴᡠ	ᠰᡝᡩᡝ	ᠠᡴᡩᠠᡶᡳ	ᠸᡝᠰᡳᡥᡠᠨ	ᠰᡝᡩᡝ	ᠪᠠᡳᡵᡝᠩᡤᡝ
多不腓	**秃拉滚**	**三得**	**秃楸腓**	**卧车库**	**三得**	**阿克打腓**	**卧西浑**	**三得**	**伯立僜俄**

圈养	庭院的	神猪	在	命	把	花费	节	把	弯曲	礼仪	各种
ujihe	hūwai	ulgiyan	de	ergen	be	fayafi	jalan	be	tuyafi	doro	sede
ᡠᠵᡳᡥᡝ	ᡥᡡᠸᠠᡳ	ᡠᠯᡤᡳᠶᠠᠨ	ᡩᡝ	ᡝᡵᡤᡝᠨ	ᠪᡝ	ᡶᠠᠶᠠᡶᡳ	ᠵᠠᠯᠠᠨ	ᠪᡝ	ᡨᡠᠶᠠᡶᡳ	ᡩᠣᡵᠣ	ᠰᡝᡩᡝ
吴几合	**花一**	**吴尖**	**得**	**我拉根**	**博**	**伐牙腓**	**札兰**	**博**	**秃牙腓**	**多伦**	**三得**

烧酒	把	供献	甜	酒	把	猪窝	在	养的	买的	家	中
arki	be	dobofi	jancuhūn	nure	be	un	de	ujihe	udahangge	boo	de
ᠠᡵᡴᡳ	ᠪᡝ	ᡩᠣᠪᠣᡶᡳ	ᠵᠠᠨᠴᡠᡥᡡᠨ	ᠨᡠᡵᡝ	ᠪᡝ	ᡠᠨ	ᡩᡝ	ᡠᠵᡳᡥᡝ	ᡠᡩᠠᡥᠠᠩᡤᡝ	ᠪᠣᠣ	ᡩᡝ
阿拉其	**博**	**多不腓**	**占出浑**	**侬勒**	**博**	**文**	**得**	**吴几合**	**吴打哈僜俄**	**博**	**得**

在	月的	祥	洁净	在	泔水	把	泼掉了	清洁	阿木孙肉	准备
de	biyai	sain	bolgo	de	suran	be	suitafi	bolgo	amsun	belhefi
ᡩᡝ	ᠪᡳᠶᠠᡳ	ᠰᠠᡳᠨ	ᠪᠣᠯᡤᠣ	ᡩᡝ	ᠰᡠᡵᠠᠨ	ᠪᡝ	ᠰᡠᡳᡨᠠᡶᡳ	ᠪᠣᠯᡤᠣ	ᠠᠮᠰᡠᠨ	ᠪᡝᠯᡥᡝᡶᡳ
得	**叭一**	**三**	**博勒浑**	**得**	**舒拉**	**博**	**遂他腓**	**博拉浑**	**阿莫孙**	**博勒合腓**

向前 此 由 向后 世世 代代 更换 流传把 流传把 礼仪
julesi ere oci amaci jalan jalan halame ulan be ulan be torolome
ᠵᡠᠯᡝᠰᡳ ᡝᡵᡝ ᠣᠴᡳ ᠠᠮᠠᠴᡳ ᠵᠠᠯᠠᠨ ᠵᠠᠯᠠᠨ ᡥᠠᠯᠠᠮᡝ ᡠᠯᠠᠨ ᠪᡝ ᡠᠯᠠᠨ ᠪᡝ ᡨᠣᡵᠣᠯᠣᠮᡝ
朱勒西 我勒 卧七 阿玛西 札兰 札兰 哈拉莫 弯博 弯博 多洛莫

乞求 百 年 忌 无 六十 年 疾病 无 此 由
baime tanggū aniya targa akū ninju aniya nimeku akū ere oci
ᠪᠠᡳᠮᡝ ᡨᠠᠩᡤᡡ ᠠᠨᡳᠶᠠ ᡨᠠᡵᡤᠠ ᠠᡴᡡ ᠨᡳᠨᠵᡠ ᠠᠨᡳᠶᠠ ᠨᡳᠮᡝᡴᡠ ᠠᡴᡡ ᡝᡵᡝ ᠣᠴᡳ
伯莫 汤吴 阿猕 他拉干 阿库 儜朱 阿猕 尼莫库 阿库 我勒 卧七

愉快 吉祥 愿 孩子们 萨满们 向前 乞求 众孙们 大坛前 屈身
urgun sede okini juse samasi julesi baime omosi jukteci oyome
ᡠᡵᡤᡠᠨ ᠰᡝᡩᡝ ᠣᡴᡳᠨᡳ ᠵᡠᠰᡝ ᠰᠠᠮᠠᠰᡳ ᠵᡠᠯᡝᠰᡳ ᠪᠠᡳᠮᡝ ᠣᠮᠣᠰᡳ ᠵᡠᡴᡨᡝᠴᡳ ᠣᠶᠣᠮᡝ
吴拉滚 三得 卧其尼 朱赊 沙茂西 朱勒西 伯莫 卧莫西 朱特七 卧永五

平 太 吉祥 为 平安 太 平 为 老 幼 生活
sain taifin sain obure elhe taifin elhe obume sakda asihan banjikini
ᠰᠠᡳᠨ ᡨᠠᡳᡶᡳᠨ ᠰᠠᡳᠨ ᠣᠪᡠᡵᡝ ᡝᠯᡥᡝ ᡨᠠᡳᡶᡳᠨ ᡝᠯᡥᡝ ᠣᠪᡠᠮᡝ ᠰᠠᡴᡩᠠ ᠠᠰᡳᡥᠠᠨ ᠪᠠᠨᠵᡳᡴᡳᠨᡳ
三音 太翻 三音 卧不莫 而合 太翻 而合 卧不勒 沙克打 阿西憨 班吉其尼

跪于尘地。
乘『乌云』宴请之际。
萨满和东家，
其骨肉清洁。
请附主祭萨满之身，
在七星斗前祈祷。
石姓子孙，
降临到此处了？
手执什么神器，
哪位瞒尼、善佛等？
沿第三条赊亲河而降临的
沿着山脉之路，
山阴面的金楼中，
在危峰顶上，
居住在长白山上，
在此时请神？
为了我们族内谁家之事，
是我们族什么原因，
答对各位瞒尼神歌[1]

【译文】

必须采纳。
亲口许了愿，
曾上牙碰下牙，
报明石姓东家属相，

降临神坛。
由房门入室内，
在正门前祈请，
东家立于一旁。
萨满学习跳神，
敬捋了双行年祈香，
点燃了一把把汉香，
小声回答。
大声祈祷，
逐一诵唱了神歌，
准备了阿木孙肉。
蒸好饽饽，
早已磨面，
各位瞒尼、善佛、神灵降临。
在大坛之前逐一宴请，

圈养在家中庭院里。
早买神猪，
酿造了甜酒。
备办了烧酒，
准备了清洁阿木孙肉、圆饽饽，
泼掉了泔水。
淘净了供米，
在洁净的新月里。
在新的好日子里，
新月来临。
旧月已去，

诸神慈爱石姓子孙。
恭设神坛，
兄弟们述说情由。
向全族父老、母亲、孩子、
举行祭祀，
阖族商议，
迎来了秋收之时。
送走了春播之日，

今举行祭祀，
神猪立刻丧命。
按节行刀，
传统礼仪供献，
一切情形甚善。
向西炕[2]神主
祈祷保佑各处吉祥。

保佑老幼太平，
吉祥如意，
愿生活处处平安愉快。
石姓众子孙，
屈身在大坛前，
萨满向前乞求祝祷，
百年无忌，

六十年无疾，
由此向前，
由此向后。
世世代代，
万代流传，
烧香祭祀。

【语音注释】

1 七杭短（cihang），汉义应为『随意』，规范化汉字转写满语为『七海』（cihai）。

【译文注释】

1 本篇是萨满和助手在祭祀瞞尼神时，所提供的内容。本篇无具体的瞞尼神。

2 西炕：满文的『卧西浑』是『上、尚、贵』等意思，此处是指西墙下西炕所设神坛，即神主。

夜晚	在	吉	日	十	因为	石	姓	乞求	来	七	
yamji	de	sain	inenggi	juwan	seme	šekderi	hala	baime	jihe	nadan	
ᠶᠠᠮᠵᡳ	ᡩᡝ	ᠰᠠᡳᠨ	ᡳᠨᡝᠩᡤᡳ	ᠵᡠᠸᠠᠨ	ᠰᡝᠮᡝ	ᡧᡝᡴᡩᡝᡵᡳ	ᡥᠠᠯᠠ	ᠪᠠᡳᠮᡝ	ᠵᡳᡥᡝ	ᠨᠠᡩᠠᠨ	
闫木几	得	三音	一能尼	专阿	赊莫	石克特立	哈拉	伯木	几合	那丹	
脉	降临	各个	山峰	各个	楼阁	各条	河	从	降临	今日	可以
siren	wasibume	yaya	hada	yaya	taktu	yaya	bira	ci	wasika	enenggi	oci
ᠰᡳᡵᡝᠨ	ᠸᠠᠰᡳᠪᡠᠮᡝ	ᠶᠠᠶᠠ	ᡥᠠᡩᠠ	ᠶᠠᠶᠠ	ᡨᠠᡴᡨᡠ	ᠶᠠᠶᠠ	ᠪᡳᡵᠠ	ᠴᡳ	ᠸᠠᠰᡳᡴᠠ	ᡝᠨᡝᠩᡤᡳ	ᠣᠴᡳ
西棱	瓦西不莫	牙牙	哈打	牙牙	他克秃	牙牙	必拉	七	瓦西哈	我能尼	卧七
各位	瞒尼	善佛	等	各	样	手执	白	山	山	居住	风水
yaya	manni	fucihi	se	yaya	hacin	jafafi	šanyan	alin	alin	tehe	šengsin
ᠶᠠᠶᠠ	ᠮᠠᠨᠨᡳ	ᡶᡠᠴᡳᡥᡳ	ᠰᡝ	ᠶᠠᠶᠠ	ᡥᠠᠴᡳᠨ	ᠵᠠᡶᠠᡶᡳ	ᡧᠠᠨᠶᠠᠨ	ᠠᠯᡳᠨ	ᠠᠯᡳᠨ	ᡨᡝᡥᡝ	ᡧᡝᠩᠰᡳᠨ
牙牙	瞒尼	付七西	赊	牙牙	哈亲	札伐腓	山眼	阿林	阿林	特合	声心一

三　往屋里领神神歌

saman ejen be yarulame solire enduri i ucun

ᠰᠠᠮᠠᠨ ᡝᠵᡝᠨ ᠪᡝ ᠶᠠᡵᡠᠯᠠᠮᡝ ᠰᠣᠯᡳᡵᡝ ᡝᠨᡩᡠᡵᡳ ᡳ ᡠᠴᡠᠨ

侧立	引路	正	把	门	宴请	门枢	门	降临	筛箩	门
jari	yarulame	cin	be	duka	solirengge	horgikū	duka	wasici	siseku	duka
ᠵᠠᡵᡳ	ᠶᠠᡵᡠᠯᠠᠮᡝ	ᠴᡳᠨ	ᠪᡝ	ᡩᡠᡴᠠ	ᠰᠣᠯᡳᡵᡝᠩᡤᡝ	ᡥᠣᡵᡤᡳᡴᡡ	ᡩᡠᡴᠠ	ᠸᠠᠰᡳᠴᡳ	ᠰᡳᠰᡝᡴᡠ	ᡩᡠᡴᠠ
侧立子	**牙路拉莫**	**秦**	**博**	**杜卡**	**所立棱我**	**岔拉鸡库**	**杜卡**	**卧西七**	**西侠库**	**杜卡**

善于	把	随机应变	年幼	求福人	传颂	往后	可	转换	小
mangga	be	maribume	deberen	bailisi	ulame	amasi	oci	forgo šoho	ajige
ᠮᠠᠩᡤᠠ	ᠪᡝ	ᠮᠠᡵᡳᠪᡠᠮᡝ	ᡩᡝᠪᡝᡵᡝᠨ	ᠪᠠᡳᠯᡳᠰᡳ	ᡠᠯᠠᠮᡝ	ᠠᠮᠠᠰᡳ	ᠣᠴᡳ	ᡶᠣᡵᡤᠣᡧᠣᡥᠣ	ᠠᠵᡳᡤᡝ
忙阿	**博**	**玛立不莫**	**得博棱**	**伯立西**	**吴拉莫**	**阿玛西**	**卧七**	**佚拉国所岔**	**阿几各**

进献	香	火	啊	什么	属相	萨满	主祭	在	东家	又	宴请
dosika	hiyan	tuwa	be	ai	aniya	saman	ejen	de	ejen	geli	soliha
ᡩᠣᠰᡳᡴᠠ	ᡥᡳᠶᠠᠨ	ᡨᡠᠸᠠ	ᠪᡝ	ᠠᡳ	ᠠᠨᡳᠶᠠ	ᠰᠠᠮᠠᠨ	ᡝᠵᡝᠨ	ᡩᡝ	ᡝᠵᡝᠨ	ᡤᡝᠯᡳ	ᠰᠣᠯᡳᡥᠠ
多西哈	**先**	**陁**	**博**	**爱**	**阿猕**	**沙玛**	**我贞**	**得**	**我贞**	**各立**	**所立哈**

星斗	下面	在	高	桌	在	端正	供	把子	香	把	点燃
naihū	fejile	de	den	dere	de	tob	dobofi	baksan	hiyan	be	daburengge
ᠨᠠᡳᡥᡡ	ᡶᡝᠵᡳᠯᡝ	ᡩᡝ	ᡩᡝᠨ	ᡩᡝᡵᡝ	ᡩᡝ	ᡨᠣᠪ	ᡩᠣᠪᠣᡶᡳ	ᠪᠠᡴᠰᠠᠨ	ᡥᡳᠶᠠᠨ	ᠪᡝ	ᡩᠠᠪᡠᡵᡝᠩᡤᡝ
乃腓	**佚吉勒**	**得**	**佷**	**得棱**	**得**	**多赍**	**杜腓**	**巴克山**	**先**	**博**	**打不棱我**

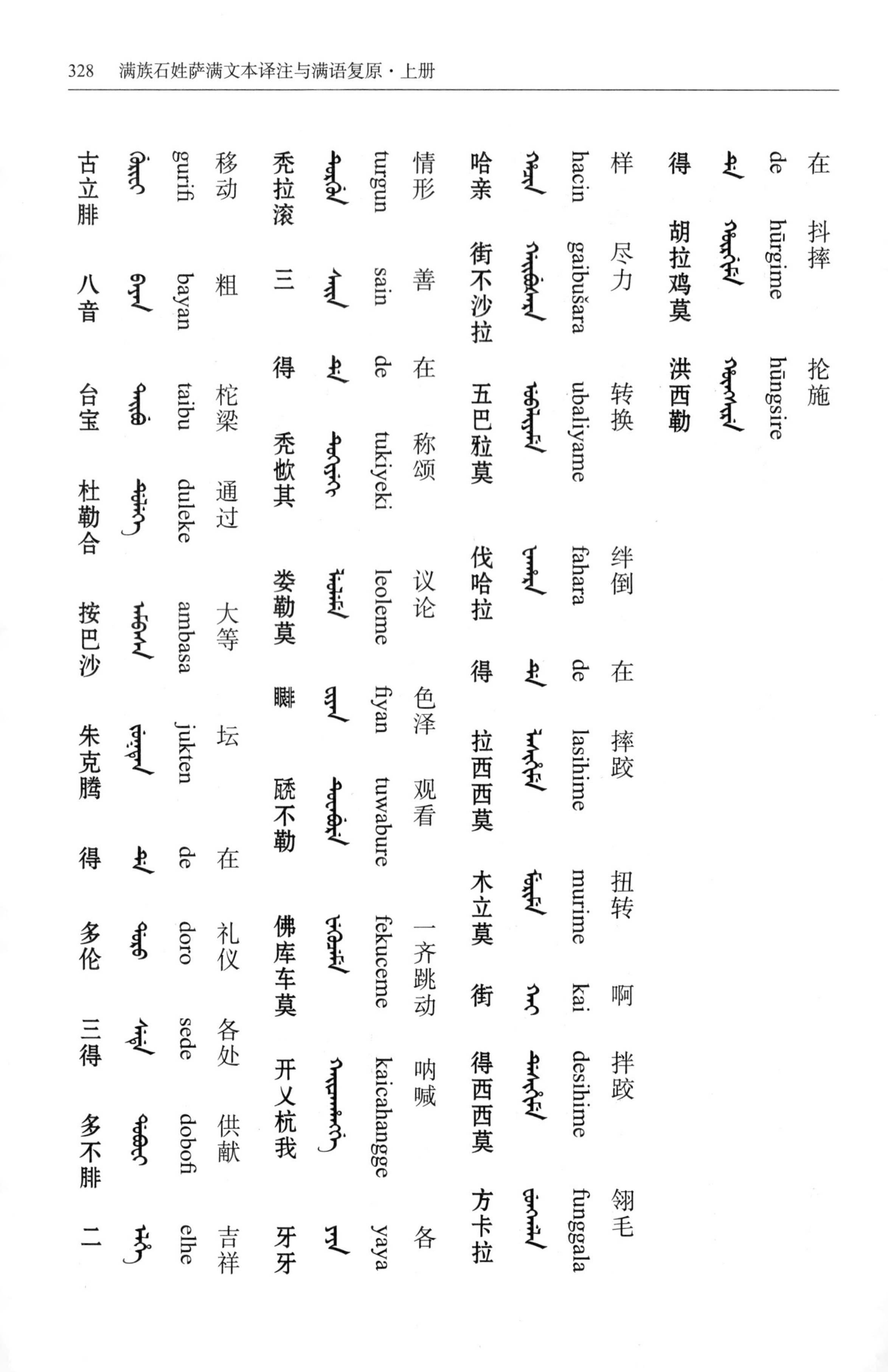

在　抖摔　抡施

de　hūrgime　hūngsire

得　胡拉鸡莫　洪西勒

样　尽力　转换　绊倒　在　摔跤　扭转　啊　拌跤　翎毛

hacin　gaibušara　ubaliyame　fahara　de　lasihime　murime　kai　desihime　funggala

哈亲　街不沙拉　五巴粒莫　伐哈拉　得　拉西西莫　木立莫　街　得西西莫　方卡拉

情形　善　在　称颂　议论　色泽　观看　一齐跳动　呐喊　各

turgun　sain　de　tukiyeki　leoleme　fiyan　tuwabure　fekuceme　kaicahangge　yaya

秃拉滚　三　得　秃欷其　娄勒莫　[目非]　[石秃]不勒　佛库车莫　开乂杭我　牙牙

移动　粗　柁梁　通过　大等　坛　在　礼仪　各处　供献　吉祥

gurifi　bayan　taibu　duleke　ambasa　jukten　de　doro　sede　dobofi　elhe

古立腓　八音　台宝　杜勒合　按巴沙　朱克腾　得　多伦　三得　多不腓　二

【译文】

往屋里领神神歌[1]

各位瞒尼善佛，
手执各样神器，
居住白山山林，
从风水之地降临。
从各自山峰，
各座楼阁，
各条河流降临。
今日是吉日良辰，
所以在今日夜晚，
石姓子孙来乞求。
在七星斗前，
高桌上供献。
点燃了把子香，
敬献了香火。
萨满何属相？
主祭东家何属相？
今日东家又宴请。
求福人善于随机应变，
祭祀仪式样样精通。
小侧立倒退着在前引路[2]，
在正门前宴请[3]，
在有门栓的门[4]前降临。
在挂有筛箩的门[5]前跳动，
从杚梁下通过[6]。
遵照各处礼仪供献，
一切情形甚善。
围观者观看萨满跳神，
称颂跳神精彩。
萨满装束美丽，
双脚齐跳，
侧立一齐跳动呐喊。
萨满跳神舞蹈，
旋着迷勒[7]，
旋转着抡摔神帽，
尽力表演。

【译文注释】

1 当萨满在庭院中完成跳神任务后（此时神灵已附体），还需要进入屋内，在西炕前进行跳神舞蹈，这时需要有一助手在前引路。本篇就是此时所诵唱的神歌内容。

2 小侧立倒退着在前引路：满文为『阿玛西卧七伕拉国所旮阿几各侧立子牙路拉莫』，当助手在前引导着萨满进屋时，需要面向萨满，即倒退着走。

3 在正门前宴请：满文为『秦博杜卡所立棱我』。这里是指在设在正门前的七星斗前宴请。

4 在有门栓的门前降临：满文为『岔拉鸡库杜卡卧西七』，这里是指朝南开的门，满族宅院常关大门，所以此门必设有门枢。此句的意思还是让神灵在庭院中降临，只是换一种说法而已。

5 在挂有筛箩的门前跳动：满文为『西侠库杜卡古立腓』。这里指西屋的开门向东的门前。在西屋的外边，满族常是厅房，是做饭和生炉子用的屋子。生活中所用工具也常挂在西屋外边的墙上，像筛箩等。此句的意思是让萨满必须在西屋门前跳神。

6 从柁梁下通过：满文为『八音台宝杜勒合』，其意是从西屋门上的大粗梁下进到西炕前神坛。

7 旋着迷勒：满文为『五巴立牙莫伐哈拉得拉西西莫木立莫街』，其意思是转着圈跳神，满族叫『旋迷勒』。

我的 处在 去了 行走 一伙伙 一伙伙 回去吧 各自 各自 楼阁 去了
mini bade genehe yabure baksan baksan bedereki meni meni taktu genefi
ᠮᡳᠨᡳ ᠪᠠᡩᡝ ᡤᡝᠨᡝᡥᡝ ᠶᠠᠪᡠᡵᡝ ᠪᠠᡴᠰᠠᠨ ᠪᠠᡴᠰᠠᠨ ᠪᡝᡩᡝᡵᡝᡴᡳ ᠮᡝᠨᡳ ᠮᡝᠨᡳ ᡨᠠᡴᡨᡠ ᡤᡝᠨᡝᡶᡳ
民 巴得 各讷合 牙不勒 巴克山 巴克山 博得勒其 莫尼 莫尼 他克秃 各讷腓

把 点燃了 各位 瞒尼 飞去 各 山林 送去 各 山峰 遥远
be daburengge yaya manni deyeneme geren alin benere geren hada goromime
ᠪᡝ ᡩᠠᠪᡠᡵᡝᠩᡤᡝ ᠶᠠᠶᠠ ᠮᠠᠨᠨᡳ ᡩᡝᠶᡝᠨᡝᠮᡝ ᡤᡝᡵᡝᠨ ᠠᠯᡳᠨ ᠪᡝᠨᡝᡵᡝ ᡤᡝᡵᡝᠨ ᡥᠠᡩᠠ ᡤᠣᡵᠣᠮᡳᠮᡝ
博 打不楞我 牙牙 瞒尼 得热讷莫 各棱 阿林 博讷勒 各棱 哈打 郭洛莫

今日 夜晚 在 小 求福人 诵歌 抓鼓 声 传扬 三 香
enenggi yamji de ajige bailisi gisureme imcin jilgan ulame ilan hiyan
ᡝᠨᡝᠩᡤᡳ ᠶᠠᠮᠵᡳ ᡩᡝ ᠠᠵᡳᡤᡝ ᠪᠠᡳᠯᡳᠰᡳ ᡤᡳᠰᡠᡵᡝᠮᡝ ᡳᠮᠴᡳᠨ ᠵᡳᠯᡤᠠᠨ ᡠᠯᠠᠮᡝ ᡳᠯᠠᠨ ᡥᡳᠶᠠᠨ
我能尼 闫木吉 得 阿几各 伯立西 鸡舒勒莫 以莫亲 鸡干 吴拉莫 依兰 先

四　请神灵归山神歌

enduringge fayangga be alin de bederebuki sere ucun
ᡝᠨᡩᡠᡵᡳᠩᡤᡝ ᡶᠠᠶᠠᠩᡤᠠ ᠪᡝ ᠠᠯᡳᠨ ᡩᡝ ᠪᡝᡩᡝᡵᡝᠪᡠᡴᡳ ᠰᡝᡵᡝ ᡠᠴᡠᠨ

爱	阿弥	沙玛	我贞	得	一尼	博热	得	三音	卧不勒	阿几各	伯立西
ᠠᡳ	ᠠᠨᡳᠶᠠ	ᠰᠠᠮᠠᠨ	ᡝᠵᡝᠨ	ᡩᡝ	ᡳᠨᡳ	ᠪᡝᠶᡝ	ᡩᡝ	ᠰᠠᡳᠨ	ᠣᠪᡠᡵᡝ	ᠠᠵᡳᡤᡝ	ᠪᠠᡳᠯᡳᠰᡳ
ai	aniya	saman	ejen	de	ini	beye	de	sain	obure	ajige	bailisi
什么	属相	萨满	主祭	在	他的	身体	在	好	可为	小	祝福人

得热讷莫	三音	太翂	卧不勒	而合	太翂	伯立宁俄	我林打立	我立勒莫
ᡩᡝᠶᡝᠩᡤᡠᠯᡝᠮᡝ	ᠰᠠᡳᠨ	ᡨᠠᡳᡶᡳᠨ	ᠣᠪᡠᡵᡝ	ᡝᠯᡥᡝ	ᡨᠠᡳᡶᡳᠨ	ᠪᠠᡳᠯᡳᠩᡤᠠ	ᡝᡵᡳᠨᡩᠠᡵᡳ	ᡝᡵᡳᠯᡝᠮᡝ
deyengguleme	sain	taifin	obure	elhe	taifin	bailingga	erindari	erileme
齐声诵唱	吉祥	平安	可为	太	平	乞求	时时	按时

【译文】

请神灵归山神歌[1]

今日夜晚，
祝神人求福诵唱着，
抓鼓声传四方，
点燃了汉香，
各位瞒尼飞速回去吧！

从我们这里回去吧！
请回到各自的山林，
回到各自遥远的山峰。
一伙伙地回去吧！
回到各自的楼阁。
主祭萨满何属相？

其身可谓清洁。
祝神人齐声诵唱，
乞求太平，
保佑吉祥平安。
今后必定应合适时，
烧香祭祀。

【译文注释】

1 请神灵归山：把神灵请下山来，纳享供品后，还必须送神灵归山，本篇神歌就是此时所诵唱。

子孙 小 男人 心意 出 什么 年 属相 啊 宗 族
omolo osohon haha gūnin tucifi ai aniya aniyangga kai uksun mukūn
ᠣᠮᠣᠯᠣ ᠣᠰᠣᡥᠣᠨ ᡥᠠᡥᠠ ᡤᡡᠨᡳᠨ ᡨᡠᠴᡳᡶᡳ ᠠᡳ ᠠᠨᡳᠶᠠ ᠠᠨᡳᠶᠠᠩᡤᠠ ᡴᠠᡳ ᡠᡴᠰᡠᠨ ᠮᡠᡴᡡᠨ
卧木洛 卧思浑 哈哈 古翀 秃七腓 爱 阿翀 阿宁阿 街 吴克孙 木坤

桌 供献 香 火 啊 众姓氏 姓 姓 我们的 石 姓
dere doboho hiyan tuwa be hasuri hala hala meni šekderi hala
ᡩᡝᡵᡝ ᡩᠣᠪᠣᡥᠣ ᡥᡳᠶᠠᠨ ᡨᡠᠸᠠ ᠪᡝ ᡥᠠᠰᡠᡵᡳ ᡥᠠᠯᠠ ᡥᠠᠯᠠ ᠮᡝᠨᡳ ᡧᡝᡴᡩᡝᡵᡳ ᡥᠠᠯᠠ
得棱 多不哈 先 瞇 博 哈苏立 哈拉 哈拉 莫讷 石克特立 哈拉

什么 的 我们的 为了 在 谁 我们的 原因 今日 晚 在 高
ai i meni jalin de wei meni turgunde enenggi yamji de den
ᠠᡳ ᡳ ᠮᡝᠨᡳ ᠵᠠᠯᡳᠨ ᡩᡝ ᠸᡝᡳ ᠮᡝᠨᡳ ᡨᡠᡵᡤᡠᠨᡩᡝ ᡝᠨᡝᠩᡤᡳ ᠶᠠᠮᠵᡳ ᡩᡝ ᡩᡝᠨ
爱 以 莫讷 札林 得 卧以 莫讷 秃拉滚德 我能尼 闫木吉 得 佷

五 七星斗前送神神歌

den dere jabure bedereki
ᡩᡝᠨ ᡩᡝᡵᡝ ᠵᠠᠪᡠᡵᡝ ᠪᡝᡩᡝᡵᡝᡴᡳ

路	把	得到	神	诸位	慈爱	神坛	处处	依靠	神主	诸位
jugūn	be	bahabume	enduri	sede	jilafi	jukten	sede	akdaha	weceku	sede
ᠵᡠᡤᡡᠨ	ᠪᡝ	ᠪᠠᡥᠠᠪᡠᠮᡝ	ᡝᠨᡩᡠᡵᡳ	ᠰᡝᡩᡝ	ᠵᡳᠯᠠᡶᡳ	ᠵᡠᡴᡨᡝᠨ	ᠰᡝᡩᡝ	ᠠᡴᡩᠠᡥᠠ	ᠸᡝᠴᡝᡴᡠ	ᠰᡝᡩᡝ
朱滚	**博**	**巴哈不莫**	**恩杜立**	**三得**	**几拉腓**	**朱克腾**	**三得**	**阿克打哈**	**卧车库**	**三得**

虎	神	我	处	在	去吧	走吧	仇人	门	关闭	生
tasha	enduri	mini	ba	de	gene	yabure	bata	duka	yaksibufi	banjire
ᡨᠠᠰᡥᠠ	ᡝᠨᡩᡠᡵᡳ	ᠮᡳᠨᡳ	ᠪᠠ	ᡩᡝ	ᡤᡝᠨᡝ	ᠶᠠᠪᡠᡵᡝ	ᠪᠠᡨᠠ	ᡩᡠᡴᠠ	ᠶᠠᡴᠰᡳᠪᡠᡶᡳ	ᠪᠠᠨᠵᡳᡵᡝ
他思哈	**恩杜立**	**民**	**巴**	**得**	**各讷**	**牙不勒**	**巴台**	**杜卡**	**牙克心不腓**	**班几勒**

在	跪下	杓中	山	山峰	居住	银	沟	从	降临	飞
de	niyakūraha	šaojung	alin	hada	tehe	menggun	holo	ci	wasikangga	deye
ᡩᡝ	ᠨᡳᠶᠠᡴᡡᡵᠠᡥᠠ	ᡧᠠᠣᠵᡠᠩ	ᠠᠯᡳᠨ	ᡥᠠᡩᠠ	ᡨᡝᡥᡝ	ᠮᡝᠩᡤᡠᠨ	ᡥᠣᠯᠣ	ᠴᡳ	ᠸᠠᠰᡳᡴᠠᠩᡤᠠ	ᡩᡝᠶᡝ
得	**祢库拉哈**	**杓中**	**阿林**	**哈打**	**特合**	**蒙文**	**岔洛**	**七**	**瓦西杭我**	**德热**

到齐了	第八位	侧立	到齐了	都	地	在	屈身	叩头	地
yongkiyafi	jakūci	jari	yongkiyaha	gemu	na	de	bukdari	hengkileme	na
ᠶᠣᠩᡴᡳᠶᠠᡶᡳ	ᠵᠠᡴᡡᠴᡳ	ᠵᠠᡵᡳ	ᠶᠣᠩᡴᡳᠶᠠᡥᠠ	ᡤᡝᠮᡠ	ᠨᠠ	ᡩᡝ	ᠪᡠᡴᡩᠠᡵᡳ	ᡥᡝᠩᡴᡳᠯᡝᠮᡝ	ᠨᠠ
永祺腓	**札库七**	**侧立子**	**永祺哈**	**各木**	**那**	**得**	**不可打立**	**恒亲**	**那**

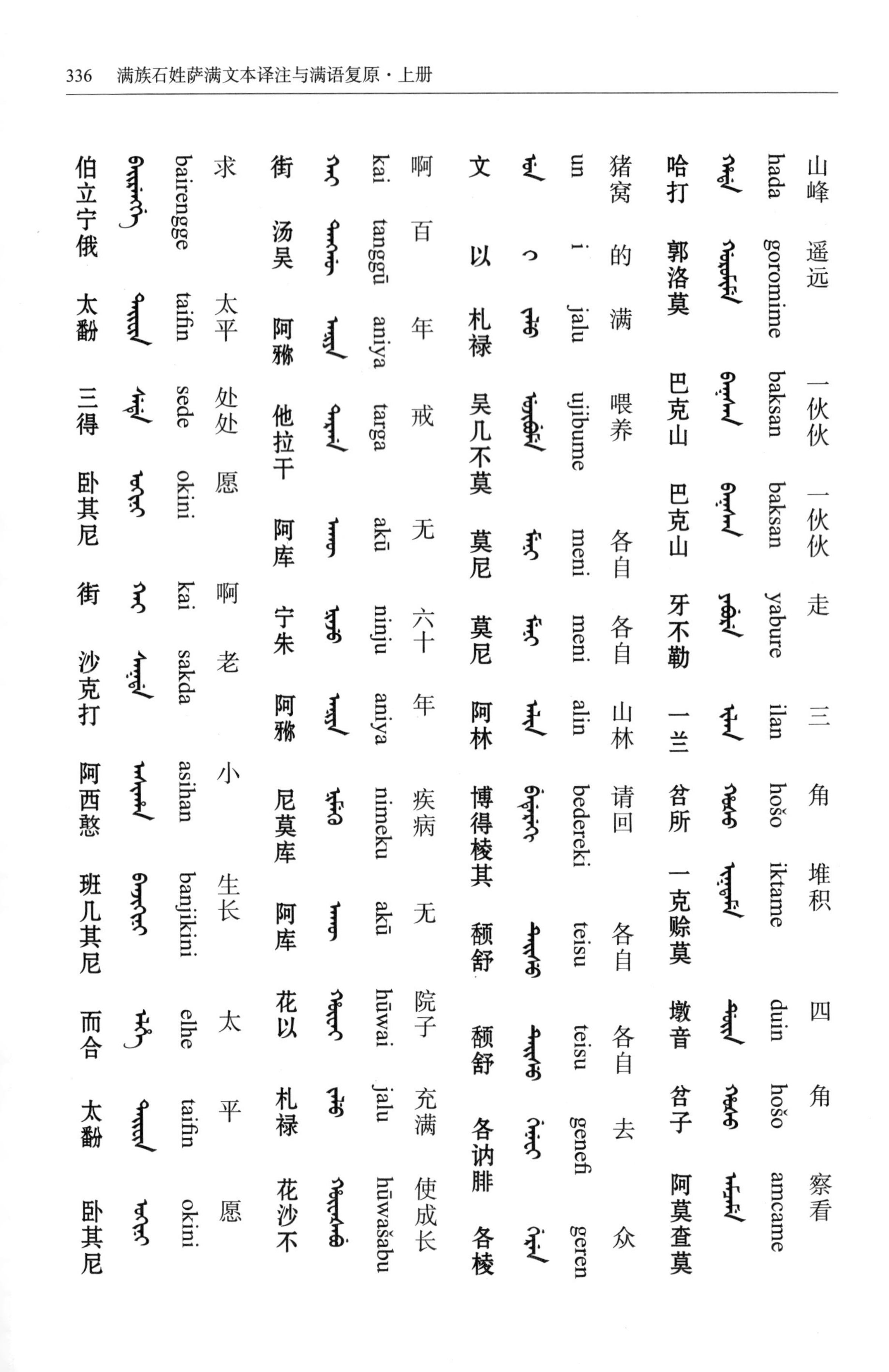

山峰	遥远	一伙伙	一伙伙	走	三	角	堆积	四	角	察看
hada	goromime	baksan	baksan	yabure	ilan	hošo	iktame	duin	hošo	amcame
哈打	郭洛莫	巴克山	巴克山	牙不勒	一兰	岔所	一克赊莫	墩音	岔子	阿莫查莫

猪窝	的	满	喂养	各自	各自	山林	请回	各自	各自	去	众
un	i	jalu	ujibume	meni	meni	alin	bedereki	teisu	teisu	genefi	geren
文	以	札禄	吴几不莫	莫尼	莫尼	阿林	博得棱其	额舒	额舒	各讷腓	各棱

啊	百	年	戒	无	六十	年	疾病	无	院子	充满	使成长
kai	tanggū	aniya	targa	akū	ninju	aniya	nimeku	akū	hūwai	jalu	hūwašabu
街	汤旲	阿猕	他拉干	阿库	宁朱	阿猕	尼莫库	阿库	花以	札禄	花沙不

求	太平	处处	愿	啊	老	小	生长	太	平	愿
bairengge	taifin	sede	okini	kai	sakda	asihan	banjikini	elhe	taifin	okini
伯立宁俄	太翻	三得	卧其尼	街	沙克打	阿西憨	班几其尼	而合	太翻	卧其尼

【译文】

七星斗前送神神歌[1]

为了我们家族什么事，
为了我们谁的事，
在此时请神？
将香火供于高桌上。
众姓氏之中的哪一姓氏？
是石姓子孙在此祈祷。
东家诚心诚意，
举行祭祀。
东家何属相？
全族人都已到齐，
八位侧立都来到。

屈身在尘地，
跪地叩头。

居住在杓中山山峰上，
从银沟中降临的
飞虎神。
从我处去吧！走吧！
堵塞仇人之门，
敞开生路。
诸位神灵慈爱，
神坛前处处吉祥，
神主前祈太平。
诸位保佑太平、吉祥，

保佑老少健康生活。
百年无戒，
六十年无疾。
子孙满堂，
猪羊满圈。

诸位神灵，
请回各自的山林吧！
各自去吧！
各个山峰遥远！
一伙伙、一群群走吧！
三角清查，
四角察看。

【译文注释】

1 七星斗前送神神歌：满文为『佷德棱札不勒博得勒其』，直译为『高桌前答送』。这里的高桌是指设在庭院中，摆放七星斗的高桌，是与东北地区放在炕上的矮桌相区分而言。故译为『七星斗前送神神歌』。

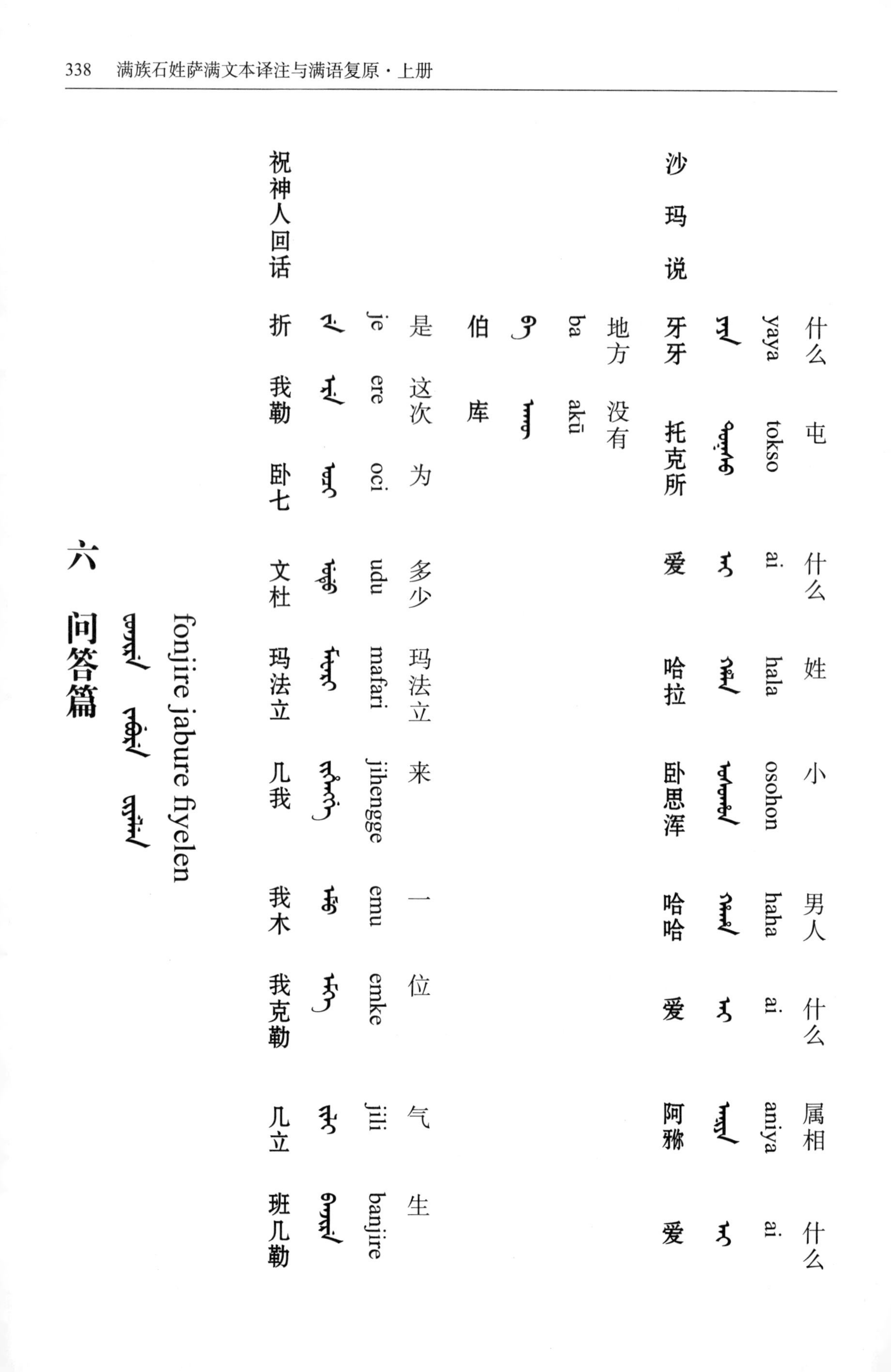

六　问答篇

fonjire jabure fiyelen

祝神人回话

折	我勒	卧七	文杜	玛法立	几我	我木	我克勒	几立	班几勒
je	ere	oci	udu	mafari	jihengge	emu	emke	jili	banjire
是	这次	为	多少	玛法立	来	一	位	气	生

伯	库
ba	akū
地方	没有

沙玛说

牙牙	托克所	爱	哈拉	卧思浑	哈哈	爱	阿称	爱
yaya	tokso	ai	hala	osohon	haha	ai	aniya	ai
什么	屯	什么	姓	小	男人	什么	属相	什么

沙玛说

汉义	转写	满文	音写
小	ajige	ᠠᠵᡳᡤᡝ	阿几各
侧立	jari	ᠵᠠᡵᡳ	侧立子
拉扯	ušambi	ᡠᡧᠠᠮᠪᡳ	吴沙泌
过硬	ušakū	ᡠᡧᠠᡴᡡ	吴沙库
哪位	ya	ᠶᠠ	牙
瞒尼	manni	ᠮᠠᠨᠨᡳ	瞒尼
来了	jihengge	ᠵᡳᡥᡝᠩᡤᡝ	几俄
何	ya	ᠶᠠ	牙
辈分	jalan	ᠵᠠᠯᠠᠨ	札兰

汉义	转写	满文	音写
什么	ai	ᠠᡳ	爱
原因	turgun	ᡨᡠᡵᡤᡠᠨ	秃拉滚

祝神人回答

汉义	转写	满文	音写
是	je	ᠵᡝ	折
小	ajige	ᠠᠵᡳᡤᡝ	阿几各
韩家	hangiya	ᡥᠠᠩᡳᠶᠠ	韩家
屯	tokso	ᡨᠣᡴᠰᠣ	托克所
居住	tehe	ᡨᡝᡥᡝ	特合
石	šekderi	ᡧᡝᡴᡩᡝᡵᡳ	石克特立
姓	hala	ᡥᠠᠯᠠ	哈拉
小	osohon	ᠣᠰᠣᡥᠣᠨ	卧思浑
男人	haha	ᡥᠠᡥᠠ	哈哈

汉义	转写	满文	音写
为了	jalin	ᠵᠠᠯᡳᠨ	札林
在	de	ᡩᡝ	得
什么	ai	ᠠᡳ	爱
原因	turgun	ᡨᡠᡵᡤᡠᠨ	秃拉滚
在	de	ᡩᡝ	得
什么	ai	ᠠᡳ	爱
事情	baita	ᠪᠠᡳᡨᠠ	伯他

祝神人回话

是 什么 山林 居住 什么 山峰 哪里 石砬子 什么 楼阁 哪

je ya alin tehe ai hada ya sengken ai taktu ya

ᠵᡝ ᠶᠠ ᠠᠯᡳᠨ ᡨᡝᡥᡝ ᠠᡳ ᡥᠠᡩᠠ ᠶᠠ ᠰᡝᠩᡴᡝᠨ ᠠᡳ ᡨᠠᡴᡨᡠ ᠶᠠ

折 牙 阿林 特合 爱 哈打 牙 恾恳 爱 他克秃 牙

有 徒弟

bi šabi

ᠪᡳ ᡧᠠᠪᡳ

必 沙泌

祝神人回话

是 你 好 人 过硬 小 侧立 祝神人 什么 地方

je si sain niyalma ušakū ajige jari bailisi ai ba

ᠵᡝ ᠰᡳ ᠰᠠᡳᠨ ᠨᡳᠶᠠᠯᠮᠠ ᡠᡧᠠᡴᡡ ᠠᠵᡳᡤᡝ ᠵᠠᡵᡳ ᠪᠠᡳᠯᡳᠰᡳ ᠠᡳ ᠪᠠ

折 西 三 年玛 吴拉库 阿几各 侧立子 伯立西 爱 巴

什么 属相 哪位 玛法

ai aniya ya mafa

ᠠᡳ ᠠᠨᡳᠶᠠ ᠶᠠ ᠮᠠᡶᠠ

爱 阿祢 牙 玛法

什么 属相 萨满 主 在 七 星斗 下面 在 萨满

ai aniya saman ejen de nadan naihū fejile de ejen

ᠠᡳ ᠠᠨᡳᠶᠠ ᠰᠠᠮᠠᠨ ᡝᠵᡝᠨ ᡩᡝ ᠨᠠᡩᠠᠨ ᠨᠠᡳᡥᡡ ᡶᡝᠵᡳᠯᡝ ᡩᡝ ᡝᠵᡝᠨ

爱 阿猕 沙玛 我贞 得 那丹 乃胐 佚几勒 得 我贞

金 楼 哪条 河 从 降临 哪位 瞒尼 善佛 等

aisin taktu yaya bira ci wasika yaya manni fucihi se

ᠠᡳᠰᡳᠨ ᡨᠠᡴᡨᡠ ᠶᠠᠶᠠ ᠪᡳᡵᠠ ᠴᡳ ᠸᠠᠰᡳᡴᠠ ᠶᠠᠶᠠ ᠮᠠᠨᠨᡳ ᡶᡠᠴᡳᡥᡳ ᠰᡝ

爱心 他克秃 牙牙 必拉 七 瓦西哈 牙牙 瞒尼 付七西 赊

白 山 山峰 居住 第九 层 山峰 在 阶（层） 磖子

šanyan alin hada tehe uyuci jergi hada de terkin sengken

ᡧᠠᠨᠶᠠᠨ ᠠᠯᡳᠨ ᡥᠠᡩᠠ ᡨᡝᡥᡝ ᡠᠶᡠᠴᡳ ᠵᡝᡵᡤᡳ ᡥᠠᡩᠠ ᡩᡝ ᡨᡝᡵᡴᡳᠨ ᠰᡝᠩᡴᡝᠨ

沙玛说

山眼 阿林 哈打 特合 吴云七 折拉鸡 哈打 得 额拉鸡 怆恳

瞒尼 来了 什么 河流 从 降临 哪位 玛法 领

manni jihengge yaya bira ci wasika ya mafa ailiyaha

ᠮᠠᠨᠨᡳ ᠵᡳᡥᡝᠩᡤᡝ ᠶᠠᠶᠠ ᠪᡳᡵᠠ ᠴᡳ ᠸᠠᠰᡳᡴᠠ ᠶᠠ ᠮᠠᡶᠠ ᠠᡳᠯᡳᠶᠠᡥᠠ

瞒尼 几俄 牙牙 必拉 七 瓦西哈 牙 玛法 爱砬哈[1]

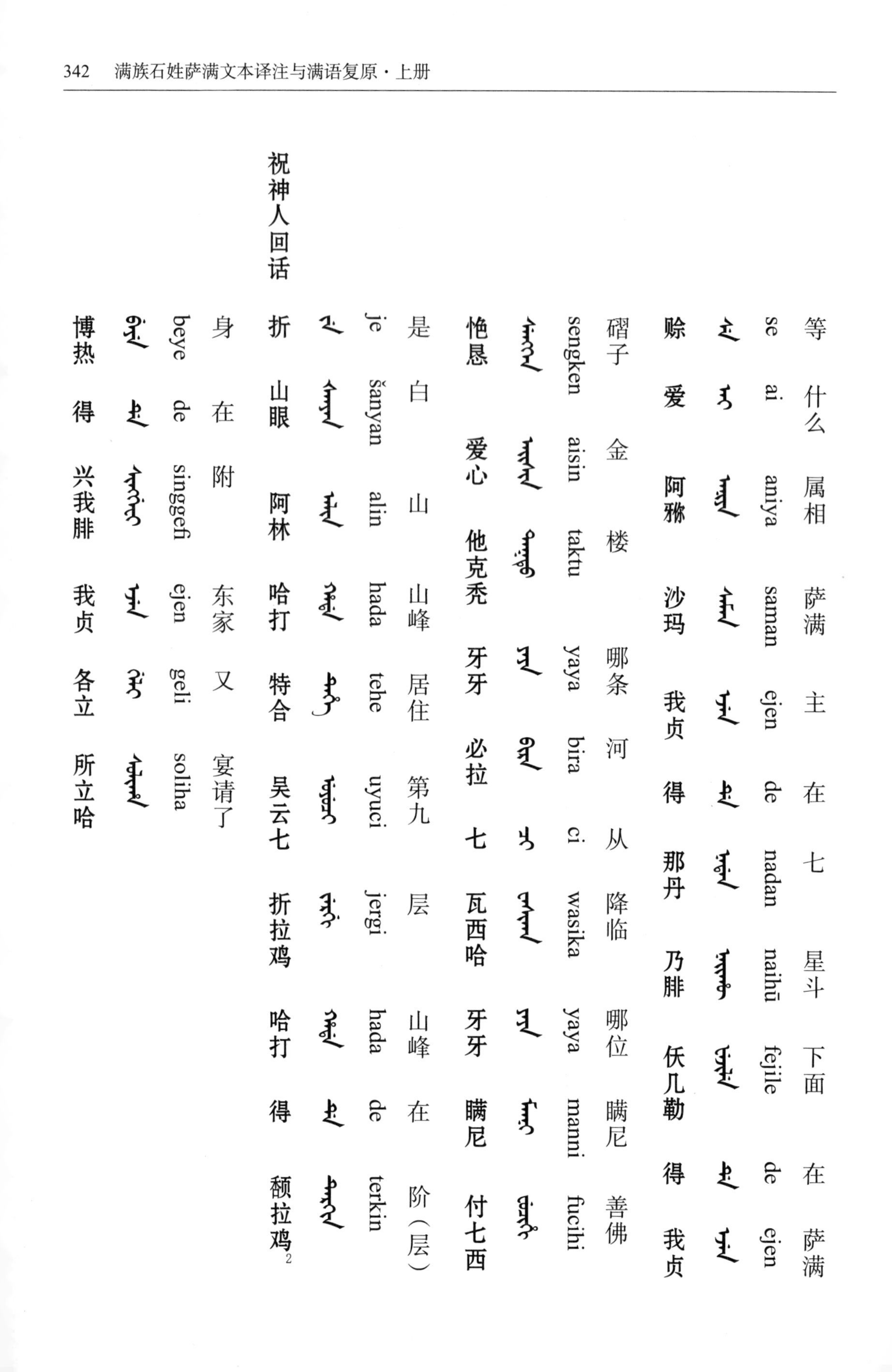

等 什么 属相 萨满 主 在 七 星斗 下面 在 萨满

se ai aniya saman ejen de nadan naihū fejile de ejen

赊 爱 阿祢 沙玛 我贞 得 那丹 乃腓 佛几勒 得 我贞

⿰石習子 金 楼 哪条 河 从 降临 哪位 瞒尼 善佛

sengken aisin taktu yaya bira ci wasika yaya manni fucihi

⿰忄色恳 爱心 他克秃 牙牙 必拉 七 瓦西哈 牙牙 瞒尼 付七西

是 白 山 山峰 居住 第九 层 山峰 在 阶（层）

je šanyan alin hada tehe uyuci jergi hada de terkin

折 山眼 阿林 哈打 特合 吴云七 折拉鸡 哈打 得 额拉鸡[2]

祝神人回话

身 在 附 东家 又 宴请了

beye de singgefi ejen geli soliha

博热 得 兴我腓 我贞 各立 所立哈

房门	门	宴请了	正	把	门	进入	盘旋着	门	降临
uce	duka	solime	cin	be	duka	dosire	hergire	duka	wasici
ᡠᠴᡝ	ᡩᡠᡴᠠ	ᠰᠣᠯᡳᠮᡝ	ᠴᡳᠨ	ᠪᡝ	ᡩᡠᡴᠠ	ᡩᠣᠰᡳᡵᡝ	ᡥᡝᡵᡤᡳᡵᡝ	ᡩᡠᡴᠠ	ᠸᠠᠰᡳᠴᡳ
吴车	杜卡	所立莫	秦	博	杜卡	多西勒	贺拉鸡库	杜卡	卧西七

祝神人回话

哪个	门	宴请了	哪个	正	把	厢房	把	小	门	宴请了
yaya	duka	solime	yaya	cin	be	hetu	be	ajige	duka	solire
ᠶᠠᠶᠠ	ᡩᡠᡴᠠ	ᠰᠣᠯᡳᠮᡝ	ᠶᠠᠶᠠ	ᠴᡳᠨ	ᠪᡝ	ᡥᡝᡨᡠ	ᠪᡝ	ᠠᠵᡳᡤᡝ	ᡩᡠᡴᠠ	ᠰᠣᠯᡳᡵᡝ
牙牙	杜卡	所立莫	牙牙	秦	博	合秃	博	阿几各	杜卡	左立勒

沙玛说

姓	乞求	来	哪样	样	在	拿着
hala	baime	jihe	yaya	hacin	de	jafafi
ᡥᠠᠯᠠ	ᠪᠠᡳᠮᡝ	ᠵᡳᡥᡝ	ᠶᠠᠶᠠ	ᡥᠠᠴᡳᠨ	ᡩᡝ	ᠵᠠᡶᠠᡶᡳ
哈拉	伯木	几合	牙牙	哈亲	得	札伐腓

身	在	附	东家	又	宴请	高	桌	供献	石
beye	de	singgefi	ejen	geli	soliha	den	dere	doboho	šekderi
ᠪᡝᠶᡝ	ᡩᡝ	ᠰᡳᠩᡤᡝᡶᡳ	ᡝᠵᡝᠨ	ᡤᡝᠯᡳ	ᠰᠣᠯᡳᡥᠠ	ᡩᡝᠨ	ᡩᡝᡵᡝ	ᡩᠣᠪᠣᡥᠣ	ᡧᡝᡴᡩᡝᡵᡳ
博热	得	兴我腓	我贞	各立	所立哈	很	得棱	多不哈	石克特立

【译文】

问答篇[1]

祝神人诵唱：

为了某某事而举行烧香祭祀，

嚏！降临了多位玛法神。

侍候周到，无使一位神灵生气

之处。

萨满提问：

你住什么屯？什么姓氏？

东家何属相？

有何原因？

为谁家之事请神？

祝神人回答：

嚏！我们居住在小韩乡，

都是石姓子孙，

为东家之事请神。

萨满提问：

侧立领神技术过硬否？

来的是哪位瞒尼？

几辈太爷？太爷何属相？

哪位玛法？

祝神人回答：

嚏！我们领神技术过硬，

都是石姓子孙。

西侠库	**杜卡**	**所立腓**	**阿几各**	**秦**	**博**	**杜卡**	**左立腓**	**各棱**	**杜卡**
ᠰᡳᠰᡝᡴᡠ	ᡩᡠᡴᠠ	ᠰᠣᠯᡳᡶᡳ	ᠠᠵᡳᡤᡝ	ᠴᡳᠨ	ᠪᡝ	ᡩᡠᡴᠠ	ᠰᠣᠯᡳᡶᡳ	ᡤᡝᡵᡝᠨ	ᡩᡠᡴᠠ
siseku	duka	solifi	ajige	cin	be	duka	solifi	geren	duka
筛子	门	宴请了	小	正	把	门	宴请	各处	门

多西勒	**巴音**	**台宝**	**杜勒合**	**翻**	**得棱**	**得**	**翻丹杜莫**
ᡩᠣᠰᡳᡵᡝ	ᠪᠠᠶᠠᠨ	ᡨᠠᡳᠪᡠ	ᡩᡠᠯᡝᡴᡝ	ᡶᠠᠨ	ᡩᡝᡵᡝ	ᡩᡝ	ᡶᠠᡳᡩᠠᠨᡩᡠᠮᡝ
dosire	bayan	taibu	duleke	fan	dere	de	faidandume
进入	粗（富）	柁梁	过去	木盘	桌	在	排列

走』，此处引申为『领』。

1 爱砬哈（ailiyaha），此词是由『爱立莫牙不哈』（ailime yabuha）变化而来，汉义为『躲着正路走，即有人领路行

【语音注释】

从哪条河流而降临？
某层石砬子的金楼内降临。
第九层山峰的
居住在白山山峰上，
萨满回答：
是哪位玛法神所领？
从什么河流降临？
是那位瞒尼神降临？
什么楼阁？
那里的石砬子？
什么山峰？
嚏！居住在什么山林，[2]
祝神人提问：
都是太爷师傅的徒弟。

高桌上供献。
石姓子孙来乞求，
石姓的东家又宴请了。
请附萨满之身。
在七星斗前宴请，
主祭萨满何属相？
是哪位瞒尼、善佛等降临？
从什么河流降临。
在第九层山峰石砬子金楼子中，
嚏！居住在白山山峰上。
祝神人回答：
东家又宴请了。
请附萨满之体，
哪位瞒尼、善佛等所领？

木盘桌上排列着供品宴请。
通过粗扛的柁梁降临。
从各个门前降临进入神坛。
在小门、正门前宴请了，
在挂有筛子的门前宴请了，
在那个房门前盘旋着降临？
祝神人回答：
神灵从哪个正门进入？
前宴请？
哪个正门、厢房门、小门房门
在哪个门前请神灵？
萨满说：
神灵拿着什么样的法器？

【译文注释】

1　本篇为萨满与助手互相提问而提供的神歌内容，原无题目，本题目为笔者自拟，同时本篇神歌中，有的仅提问题，没有回答，这是需要结合具体神灵来回答。

2　本句省略了主语，应加『你』或是『神灵』，本段提问中都是如此。

宋和平 著

满族石姓萨满文本译注与满语复原

（下册）

乙未之夏 陈云君题

中国社会科学出版社

目　录

（下册）

第一章

大神神歌篇

按巴瞞尼

他七木腓拉莫 卧思渾哈〻 爱阿獗 昂阿鸡孙 而札哈 合〻勒鸡孙 合納合 |

秃吹其佛拉郡既在 吴車杜卡 多西腓 各棱杜卡 多西棱我 阿立不勒側立子賒

按巴鸡干阿那莫 阿几各鸡干札不勒 很何棱多不哈 巴克山先特打不勒 烏朱特

我貞特他何吴俄腓 哈思呼梅棱一七梅分街 沙瑪賒莫他七腓 我貞賒莫一立合

那丹乃腓佛吉勒何 不拉其那何不克打立 恆其勒莫獗 庫拉哈 阿那莫卧立莫打哈莫

尼西哈思杜立街 松阿立必拉七在西勒 石克特立哈拉伯莫几合 爱阿獗沙瑪我貞何

孫法戍思哈 鸡孫何一戍孫代法 阿沙〻拉阿思衍俄 按巴托立札伐拉何 朱孫

孙以特舒何合 按巴瞞尼付七西賒 按巴托立札伐腓 左戍拉何不勒庫街 我不七朱

爱以莫納秃拉滚何 卧一莫納札亦〻〻法 山眼阿亦哈打特合 很一阿巴卡七在西哈

莫○　堆七哲子、阿莫查莫○

克打不○　而合大爵班金不○　我我特、我拉賒莫○　太爵三河、郎其凡街○　依兰　佰卧一古、

伐牙腓○　多倫三河、多不腓○　恩杜立、三河書拉腓○　朱克騰三河、阿克打腓○　三音太爵

年秦先特、阿眼杜莫打不腓○　文河吴吉合、吴打哈倍俄○　特河吴吉合、花一吴火陀○　我拉根

一車河○　以八三特、勒渾河○　舒拉特、遮他腓○　特勒渾敖木朱特河勒合腓○　阿眼先特、阿卯莫牙浯

料夫牛勒立特、杜棱不腓○　巴眼特、茶立特、阿立腓○　佛一以特、付杜腓○　一車以特、阿立肅腓○　一能

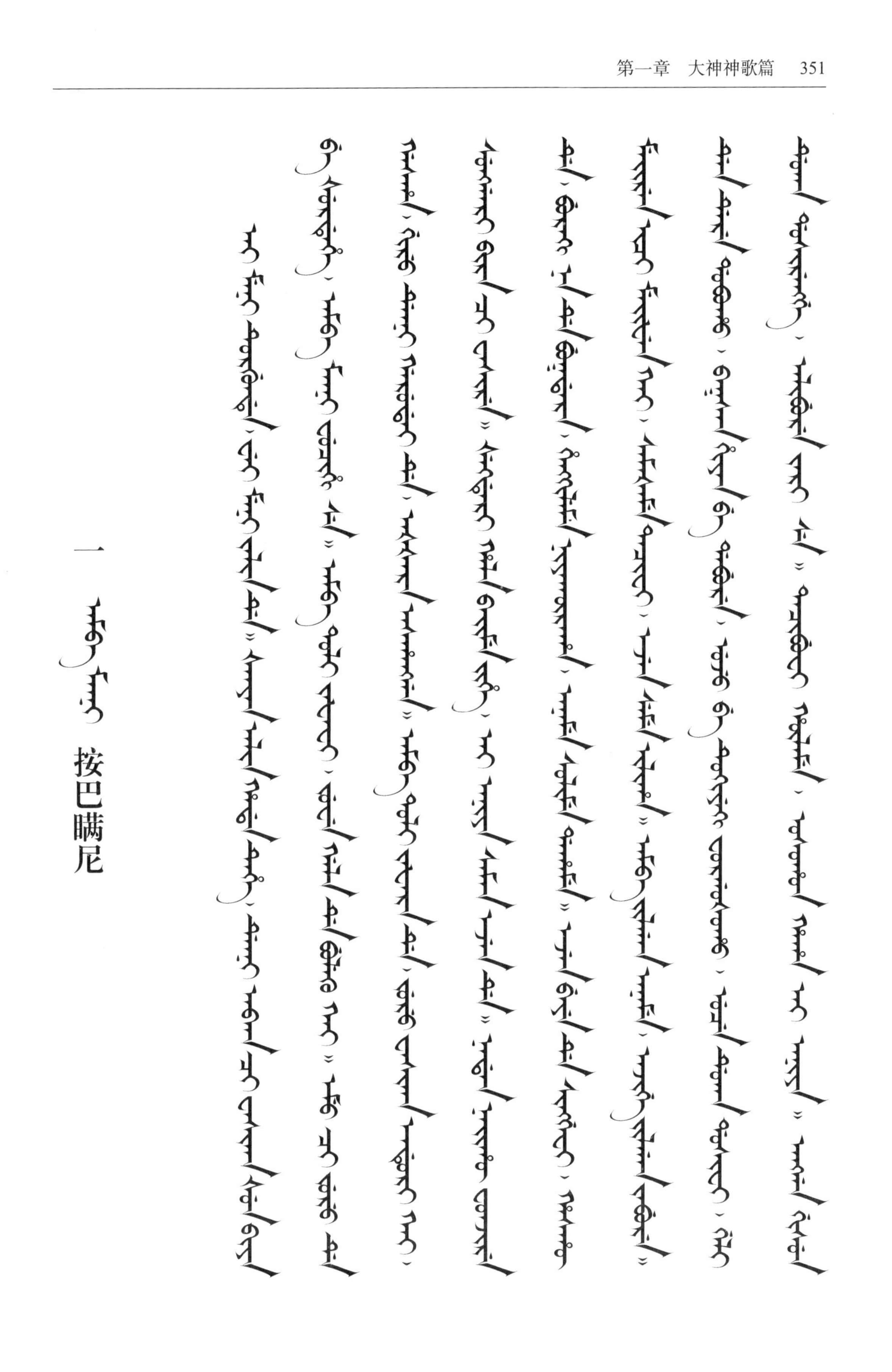

一

按巴瞒尼

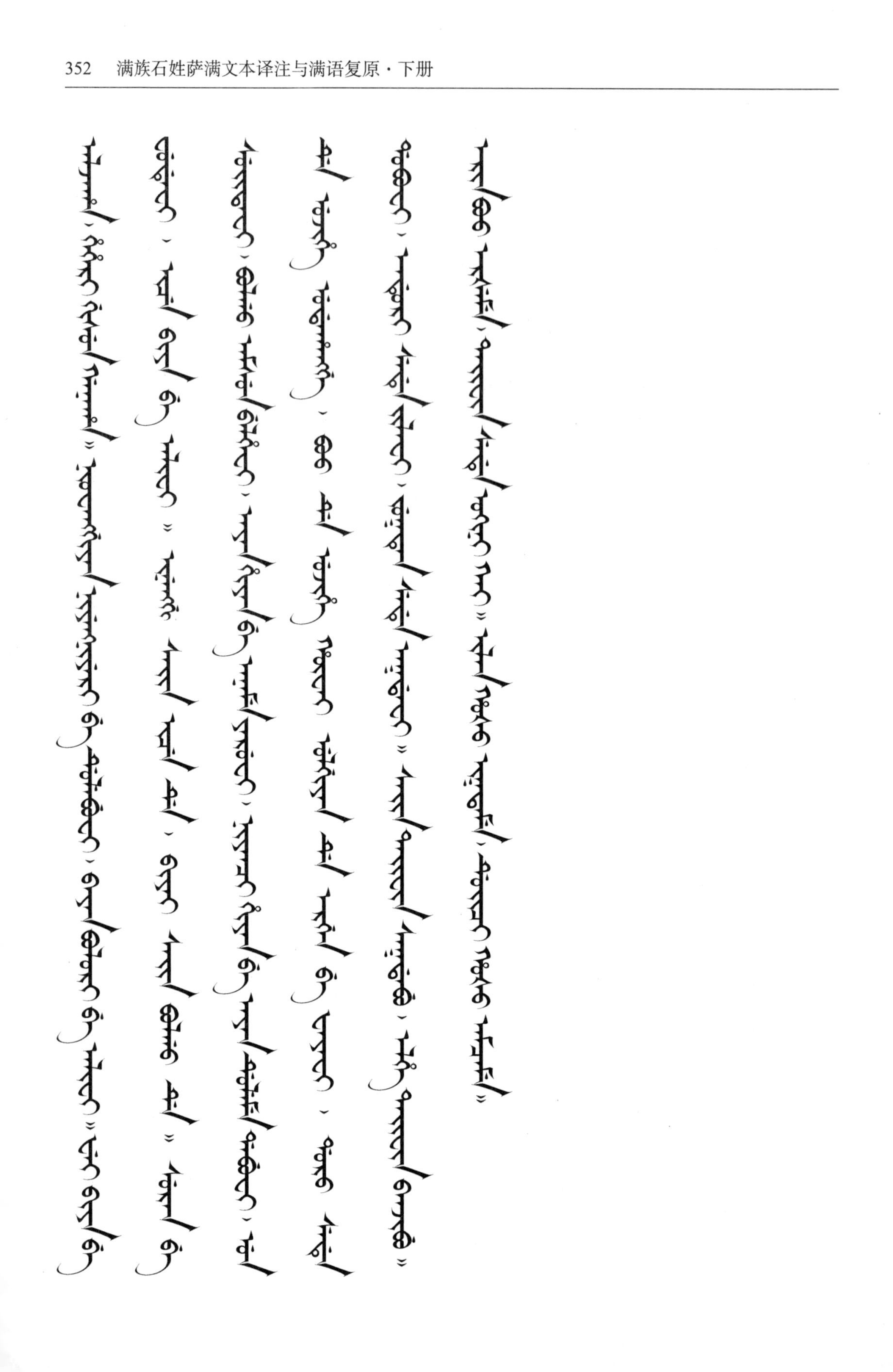

巴圖魯瞞尼

太坤、各棱阿打腓、阿几各伯立西、永棋腓、石克特哈拉、卧思渾、哈、〇 愛阿稱、阿寧
賒莫、所立莫〇 哈西拉莫、吉恒我〇 我貞得撫、阿、無、我腓〇 阿得棱、側立子、阿立不棱儀〇
沙瑪我貞阿〇 各木那阿、稱庫拉腓〇 一莫、親鴉、干墩吉起〇 同總、鴉、干、開又腓〇 我克
那丹、乃腓、佛吉勒阿〇 尼碗先得、打不楞儀〇 很阿棱、多不哈〇 翻阿棱、翻他哈〇 愛阿稱、
札伐腓〇 鵝拉胆、鴈鳥賒、我禿勒〇 我能尼、卧七、一長阿賒莫〇 石克特亦合拉、多莫哈〇
札庫七、勝尼、阿立杭我〇 伯松五、卧腓、轅海哈〇 阿伐拉阿、伐拉〇 五克心、沙查、
莫、多心吉勒〇 巴禿魯勝尼付、又付西賒〇 達太爺瑪法巴牙拉得〇 札坤、翻丹、其、様得〇
篩拉鴉、他、艮、愛心他克禿〇 哈打他克禿、卧月阿〇 松阿立、必拉七、老西哈〇 禿吉腓宋
愛一莫訥、札赤阿〇 卧一莫訥、禿拉滾阿〇 郭敏山脈、阿非七〇 吴雲七、折拉鴉、哈打阿〇

伯莫、胡秃立库。墩音佰子、阿莫查莫。
三音、阿秃打腓。卧车库三得、卧其、尼街。我勒卧七杰勒西。我勒卧七、阿玛西。胡孙
阿拉库、阿那腓。拔巴、蔡孙、为勒腓。多伦三得、多不腓。秃拉滚、三得、秃欢腓。沭克滕
德勒、立库、佛拉滚得。佛一叭库、付杜腓。一車叭库、阿立腓。一能尼三、一年得。叭一三、库拉浑得
阿街。昂阿鸡孙、而札哈。合又勒鸡孙、合秃勒恒俄。掛尖牛勒立库、杜棱不腓。

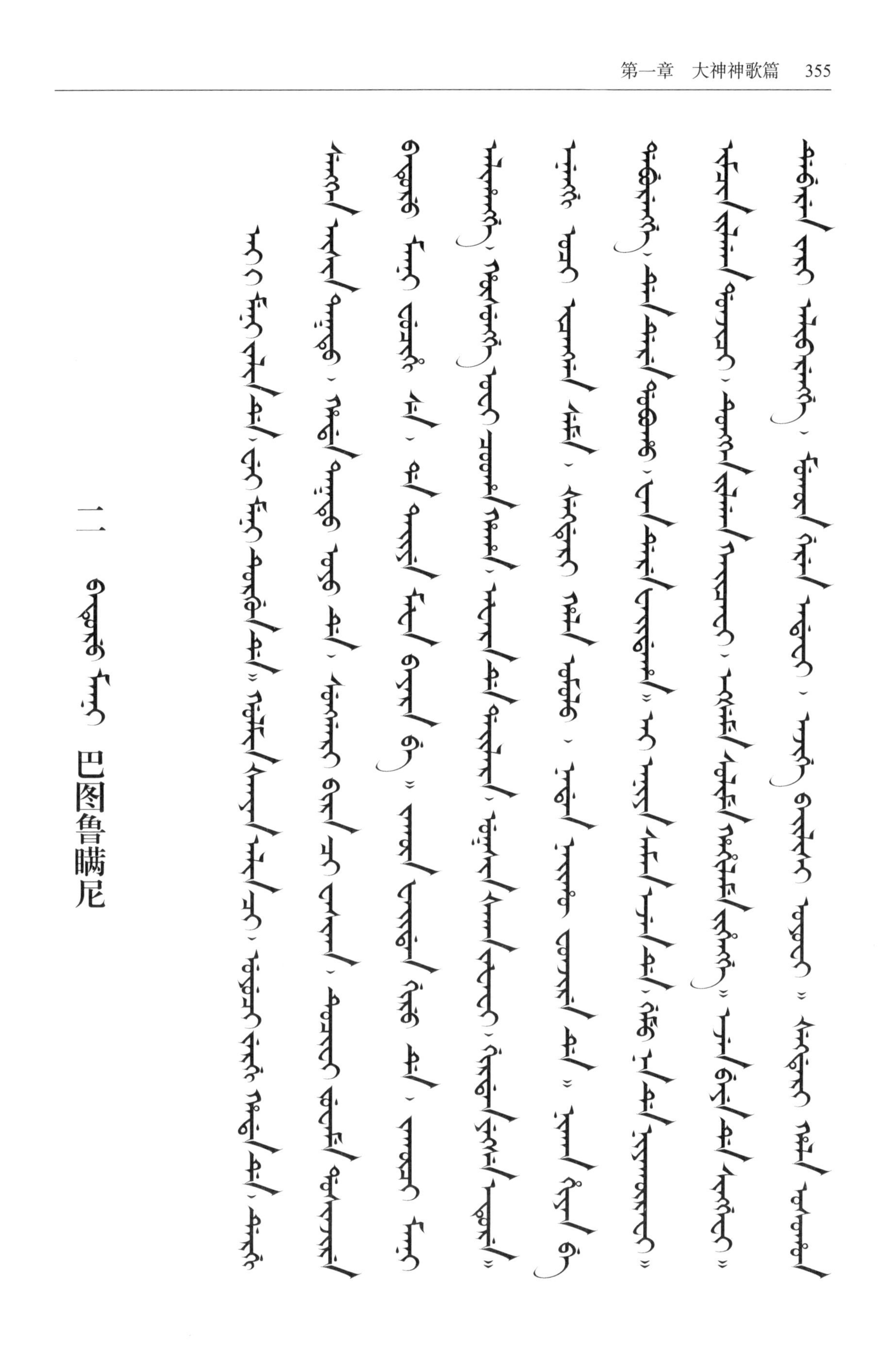

二　巴图鲁瞒尼

ᡥᡡᠸᠠᡵᠠ᠈ ᠠᡳ ᠠᠨᡳᠶᠠ ᠠᠨᡳᠶᠠᠩᡤᠠ ᠠᡳ᠈ ᠠᠨᡳᠶᠠᠩᡤᠠ ᡤᡳᠰᡠᠨ ᠠᠨᡳᠶᠠᡥᠠ᠈ ᡥᡡᠯᠠᡥᠠ ᡤᡳᠰᡠᠨ ᡥᡡᠯᠠᡥᠠᠩᡤᡝ᠉ ᡨᡠᠮᡝᠨ ᠵᡠᠸᠠᠩᡤᡳᠶᠠᠨ ᡩᡝ

ᡥᡡᡨᡠᡵᡳᠨ᠈ ᠪᠣᠯᡥᠣᠨ ᡩᡝ ᡨᡠᠮᡝᠨ ᡥᡝᠰᡝ᠈ ᡨᡝᠨ ᠪᠣᡳᠪᡝ ᡩᡝ ᡨᡠᠮᡝᠨ᠈ ᡨᡝᡵᡤᡳ ᠪᠣᡳᠪᡝ ᡩᡝ ᠠᡳᠰᡳᠨ᠉ ᡨᠠᠨᡳᡥᠠ ᡝᡵᡝ ᠵᠠᠯᠠ

ᡥᡝᠰᡝ᠈ ᠪᠣᠯᡥᠣᠨ ᠠᠮᠪᠠ ᠪᠣᠰᡥᠣ ᡥᡝᠰᡝ᠈ ᠠᡴᡡ ᡩᡝ ᠠᠨᡳᠶᠠ᠈ ᠠᠮᡠᡵᡠ ᠠᠨᡳᠶᠠᠩᡤᠠ ᡨᡠᠮᡝᠨ᠉ ᡥᡡᠸᠠᠩ ᠠᠨᡳᠶᠠ ᡥᡡᠯᠠᡥᠠᠨ᠈ ᡥᡡ

ᡥᡡᠯᠠᡥᠠᠨ᠉ ᡥᡡᠯᠠᡥᠠ ᠠᠨᡳᠶᠠ ᠠᠨᡳᠶᠠᡥᠠᠨ᠈ ᡨᡠᠮᡝᠨᠪᡝ ᠠᠨᡳᠶᠠ ᠪᠣᠯᡥᠣᠨ ᠠᠨᡳ᠈ ᠠᠨᡳ ᠪᠣᠯᡥᠣᠨ ᠪᡠᠴᡳᠨ᠈ ᠠᠨᡳ ᠪᠣᠯᡥᠣᠨ ᠠᠨᡳᠶᠠ ᠠᠮᠪᠠ᠈ ᡥᡡᠯᠠᠮᡝ

ᠪᡳᡨᡥᡝᠨ ᡥᡡᠸᠠᡵᠠᠨ᠈ ᡥᡡᠯᠠᠮᡝ ᠠᠮᠪᠠ ᠠᠮᡠᡵᡠᠮᠪᡳ᠉

多宮洛瞞尼

朱勒西三音沙克打不。依蘭宮子一克賒莫。堆七宮子、阿莫查莫。
三音阿克打哈。卧車庫三音伯立庫我。太翁三音卧其尼街。伯不特腓、班金不。
翻音棱、翁他哈。烏朱特、虎莎其。烏拉滚、三音、班吉其尼。恩杜立三音吉拉腓。朱克騰
多西腓。沙尼古際音、虎七腓。代渾音、代立腓。吴胡音、吴立腓。很音棱、多木哈。
千沙本街。賒付勒莫札伐腓。愛阿猕、我貞沙瑪音。特热音、坐我腓。坐上特音、
多宮洛腓尼付七西賒。我木特特合佛庫莫車。尼莫勒勒、札打哦拉腓。依蘭哦拉
洛特、阿莫查莫。納音郭洛特、搜棱莫。松阿立、必拉七尼西哈。多宮洛莫尼合街
額拉鳰他愁、愛心他克虎。哈打他克虎、卧月音。很我很特音特棱吉合。愛民郭
愛一莫納、虎拉滚音。卧一莫納札非音。山眼阿非、特合街。吉哦立哈打、杜棱不腓。

三 多岔洛瞞尼

胡牙氣瞞尼

文勒莫○ 文印吴吉合、吴貞舒子○ 愽印吴吉合、花一札箔○

巴眼、愽淶立愽、卧克杜莫○ 多倫三印、多不腓○ 虎拉滾三印、虎也腓○ 愽一朱克騰、胡

虎渾卧七、札赤印○ 昂阿鴉孙、而札哈○ 合〻勒鴉孙、合訥合○ 𫃞尖牛勒立愽、杜棱不腓、八

騰、吴云、所赤印○ 石克特立、哈拉、伯莫吉合○ 愛阿㣲、沙瑪我貞印○ 卧思渾、哈〻愛阿

多不哈○ 愽立哎破他拉、彪他哈○ 秦愽杜卞、古立腓○ 八音台宝、多西七○ 按巴沙宋

法、愛拉哈○ 我貞名立、所立哈○ 那丹、乃腓、佛吉勒印○ 先虎愽、多西哈○ 根印

回伐、必拉七、尾西哈○ 胡牙氣瞞尼、恩杜立沙○ 吴克沙心査、札伐腓○ 烏朱七、札芸

一拉七、他克虎、何沙立○ 愛心他克虎、蒙文阿沙立○ 各棱、各蓉印、古立不勒○

愛一莫訥、札赤印○ 卧一莫訥○ 虎拉滾印○ 山眼阿赤、哈打特合○ 吴云七、賒合立、哈打

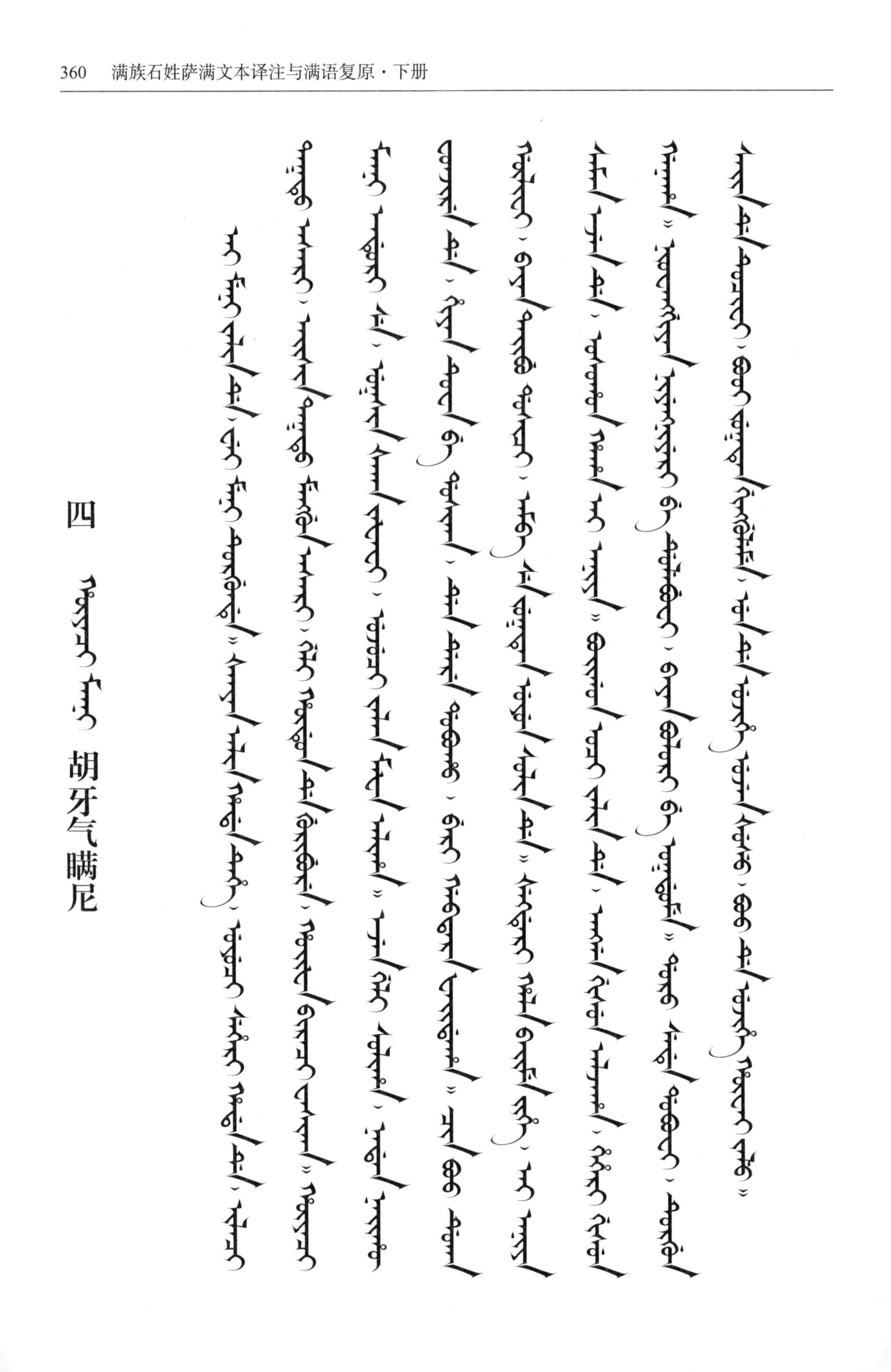

四 胡牙气瞒尼

玛克鸡瞒尼

吉哈 鸡拉胆 英赊 我秃勒 舆勒莫英 瞒非 秃不勒 那丹 吴西哈 佛吉勒 哈
瞒尼 付七西沙 西棱一 洪吴 哈 爱心一 洪吴 街 鞑鸽一 托立 哈 朱车 偎门 多
蒙文 栢克秃 尾西 杭我 讷音 必拉七 杜勒 瞒 玛克赊 莫多 心吉哈 玛克
爱一 莫讷 札木丫 丫哈 卧一 莫讷 秃拉滚 哈 山眼 阿林 阿立拉 莫 吴云 折拉鸡 哈打

五　[illegible]　玛克鸡瞒尼

[illegible]

按巴阿立瞒尼

木克打立恒其勒莫 那丹乃腓佛几勒阿 一纳庫 能尼三音賒莫 多而吞先麽搭

按巴鴉干阿那莫 阿几各鴉干扎不勒 石克特立哈拉瑪法立塔 爱阿那沙鴉瑪我貝阿

左哦拉阿扎伐腓 郭敏付他阿内勒莫 忙阿拉瑪立不莫 我騰你勒勒而折莫

蒙文他克禿杜倫不合 付拉尖必拉七尾西哈 按巴阿拉勝尼付七西 木克折莫付尖

爱一莫讷扎亦阿 卧一莫讷我亦阿 山眼阿亦阿阿立拉莫 阿巴卡折拉鴉哈打特

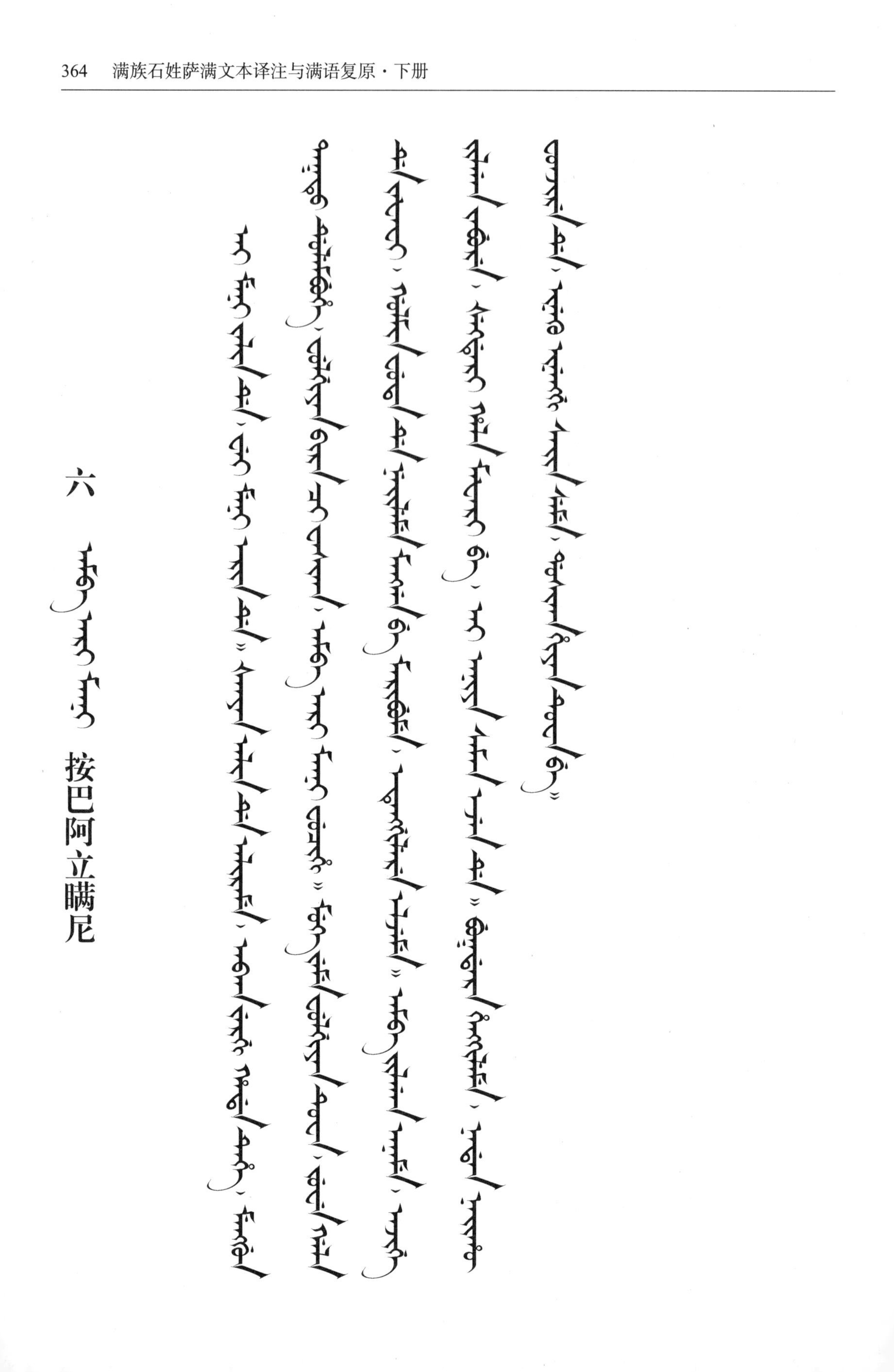

六 [illegible] 按巴阿立瞒尼

[illegible]

[illegible]

[illegible]

[illegible]

[illegible]

[illegible]

朱禄瞒尼

巴克山巴克山、侼洛勒見。一三佰卧、一克徐莫。嗷音佰子、阿莫查莫。

阿参阿查莫、一沙拉腓。卧立哈侼、打哈莫。莫尼莫尼、哈打、各讷合。

兑拉孤。合侼馀莫、合車腓。我汞洛、一能尼三音馀莫。朱禄先侼、打不勒。

侼一侼洛、多西腓。石克特立哈拉、卧莫西。依三戌拉干、哆多卧七。吴克孙木坤、

湯吴央侼。秃门一阿立那立。卧车库、玛法、恩杜立。我肖各立、卧立腓。

几哈。朱禄瞒尼、何七西赊。朱禄鸡打、木克沙腓。各棱阿汞、杜侼洛。𠆾卧安、

愛心一他克秃洛。蒙文一阿沙立侼。朱禄莫必拉七、尼西哈。朱車儂门、多心

愛一爲棱扎汞洛。爲一莫讷、我汞洛。山眼阿汞、特合悔我。孙扎七、拆拉鸡、哈打洛。

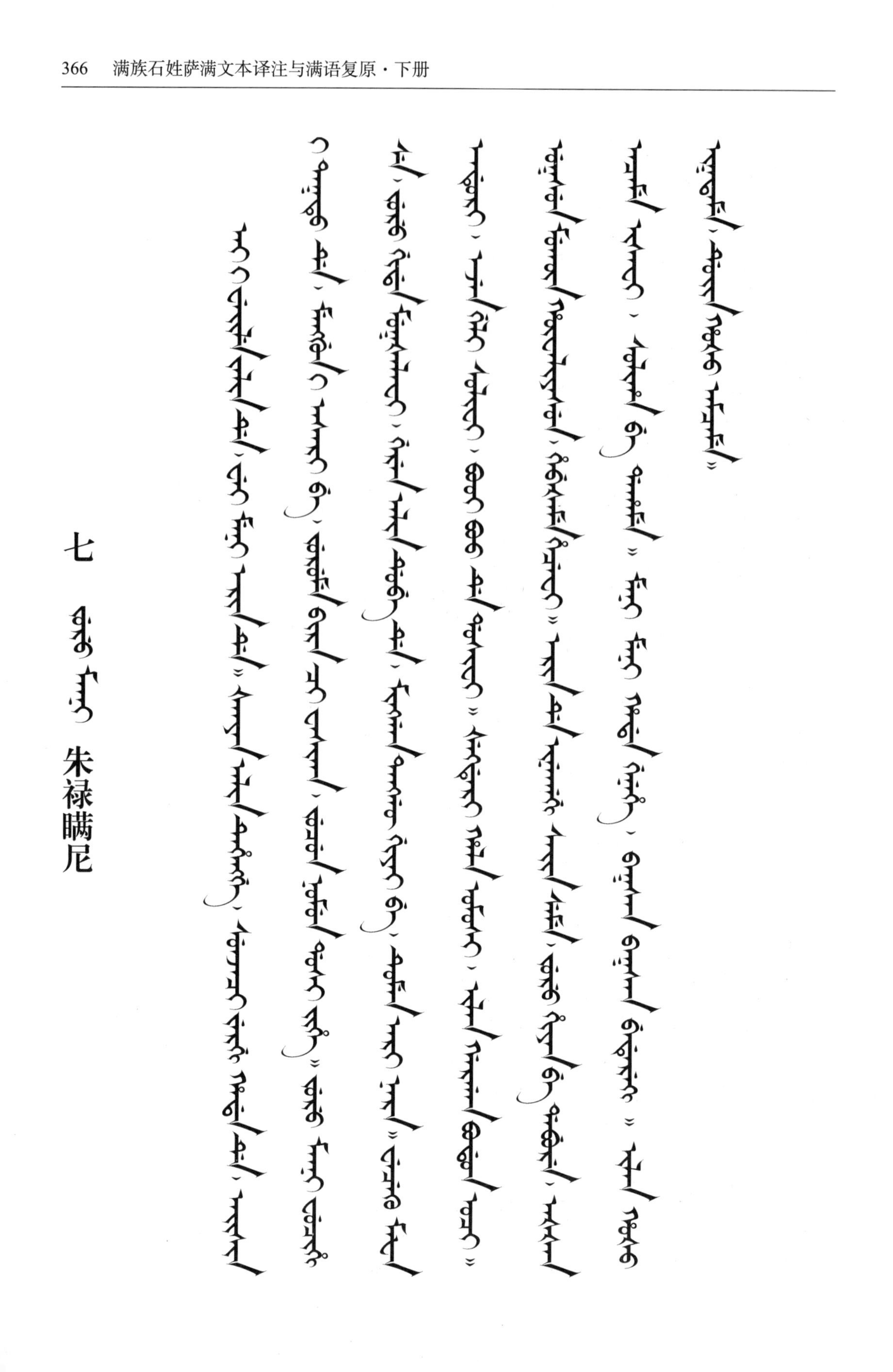

七　朱禄瞒尼

貞　莫、卧立莫〇　卧立哈楞、打哈莫〇　多西哈、先麟楞〇　那丹乃腓、佛吉勒〇　愛阿鄉、沙瑪我貞〇

巴那俄　立街〇　阿巴卡、那丹孙楞、舒罗合〇　我貞、吴合立、吴云、卧木何〇　按巴沙、朱克騰楞〇　阿那

庫　很、阿巴卡七、尼西哈〇　尼西哈、必拉七、尼西勒〇　尼貞不庫、巴那俄貞、腓尼付七西忠杜

尼貞不　靈賒勒、扎木〻〻何〇　卧一賒勒、我木何〇　郭敏山眼、阿木特合〇　烏朱七、哈打、愛心他克秃〇

八　ᠨᡳᠵᡝᠪᡠᡴᡠ 尼贞不库　ᠪᠠᠨᠠ ᡝᠵᡝᠨ 巴那俄贞

ᠮᡠᠰᡝ ᡳ ᡝᠵᡝᠨ ᠵᠠᠯᡳᠨ ᠪᡝ᠈ ᠪᡳ ᡝᠵᡝᠨ ᠵᠠᠯᡳᠨ ᠪᡝ᠉ ᠵᠠᡴᡡᠨ ᠵᡠᠰᡝ ᡩᡝ ᡝᠮᡠ᠈ ᡝᠨᡩᡠᡵᡳ ᡝᠵᡝᠨ ᡨᡝᡵᡝ ᠰᡠᡵᡠ ᡝᠵᡝᠨ ᠨᡳᡵᡤᠠᠨ ᡝᠪᡠᡥᡠ ᠨᠠᡵᡤᡠᠨ᠈ ᡩᠣᠯᠣ ᡨᡝᡵᡝ ᡩᡠᡵᡤᡠᠨ᠈ ᠪᡳᡨᡥᡝ ᠮᠠᠩᡤᠠ ᠪᡝ ᡩᠣᡵᠣ ᠪᡝ᠈ ᡳᠴᡝ ᠪᡝᠶᡝ ᡨᡠᠸᠠᠮᡝ᠈ ᡝᠵᡝᠨ ᡩᡝ ᠪᠠᠨᡳᡥᠠ ᡝᠵᡝᠨ ᠵᡳᡥᡝ᠈ ᡩᡝ ᡝᠵᡝᠨ ᡳ ᠨᡳᠩᡤᡠᠨ ᡥᡠᡵᡤᡠᠨ᠈ ᠪᠠᠨᡳᡥᠠ ᡝᠮᡠ ᠵᡠᠸᡝ ᡨᠣᠪᡨᠣ᠉ ᡳᠴᡳ ᡴᠣᠯᠣ ᡳᠯᡝᠨ ᡳᠴᡝᡵᡳ᠈ ᠠᠯᡳᡥᠠ ᠨᡳᠶᠠᠯᠮᠠ ᡝᠯᡤᡝᠨ ᠰᡠᡵᡠ ᠴᠠᡥᡳᠨ ᡨᡝᠩᡤᡳ ᠪᡳᠮᡝ ᡳᠴᡳ᠉

乃腓、佛考勒阿○ 特热阿、自我腓、

瞒尼 具我○ 石克特立喀拉、恩杜凌我○ 拔巴沙、朱克腾阿○ 爱阿猕、沙玛我贞阿○ 那丹

猕梯拉庫 猕梯々庫、特尼、付七西賒○ 猕梯拉庫、必拉七尼、西喀○ 他那不他拉、尼出合○ 猕梯拉庫、賒尼、付七

瞒尼 伐圣阿、杜勒合○ 折拉鸡、喀打、爱心他克庶○ 猕梯々庫、必拉七尼、西喀○ 他那不他拉尼出、合○

猕梯々庫 爱一莫讷、扎赤阿○ 卧一莫讷、我赤阿○ 山眼阿赤伏、阿拉特合○ 阿巴卡、阿拉鸡、喀打阿○ 吴拉胡、

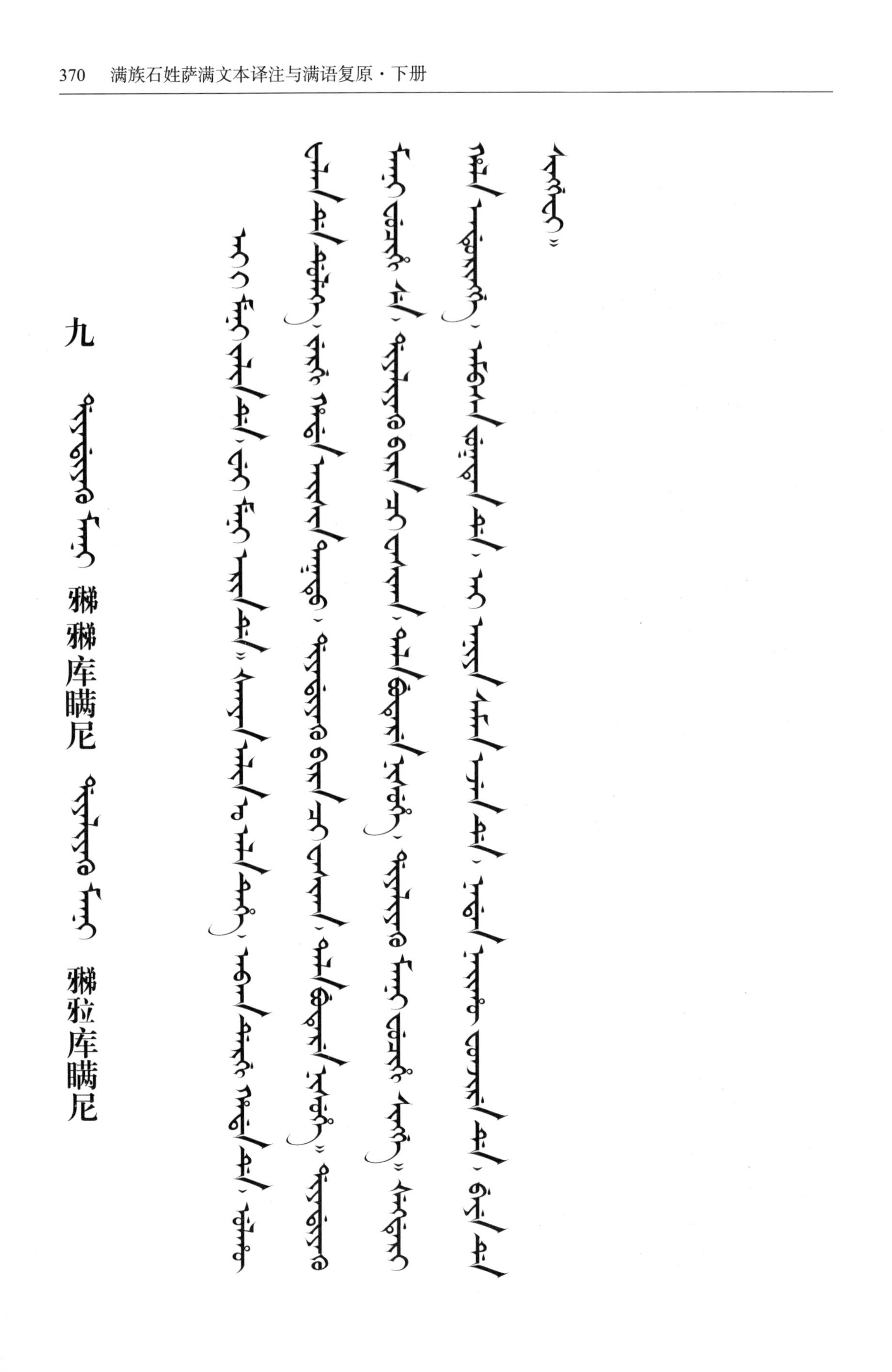

九 [illegible] 狮狮库瞒尼 [illegible] 狮粒库瞒尼

[illegible]

[illegible]

[illegible]

[illegible]

[illegible]

瞒尼
佛库
又憨

阿伐不勒。他那一、秃七勒㕥。不他拉佧尼出恒俄。石克特亨哈拉、伯木几合。爱何称、沙玛我肖。
付七西沙。那其、莫㕥、为恒我街。恩杜立㕥、不特勒佧。赊勒贵秃、札伐那。㕥西乙莫、
鞥迷一、恒绲、爱心伲克秃。蒙文、各洛㕥、古立不勒。赊勒必拉七、危西哈。又憨不库胯尼、
爱一莫讷、虎拉滚㕥。卧一莫讷、札林乙乙㕥。山眼阿林、安秃一、特合。依兰、哈打、辍克七先㕥。

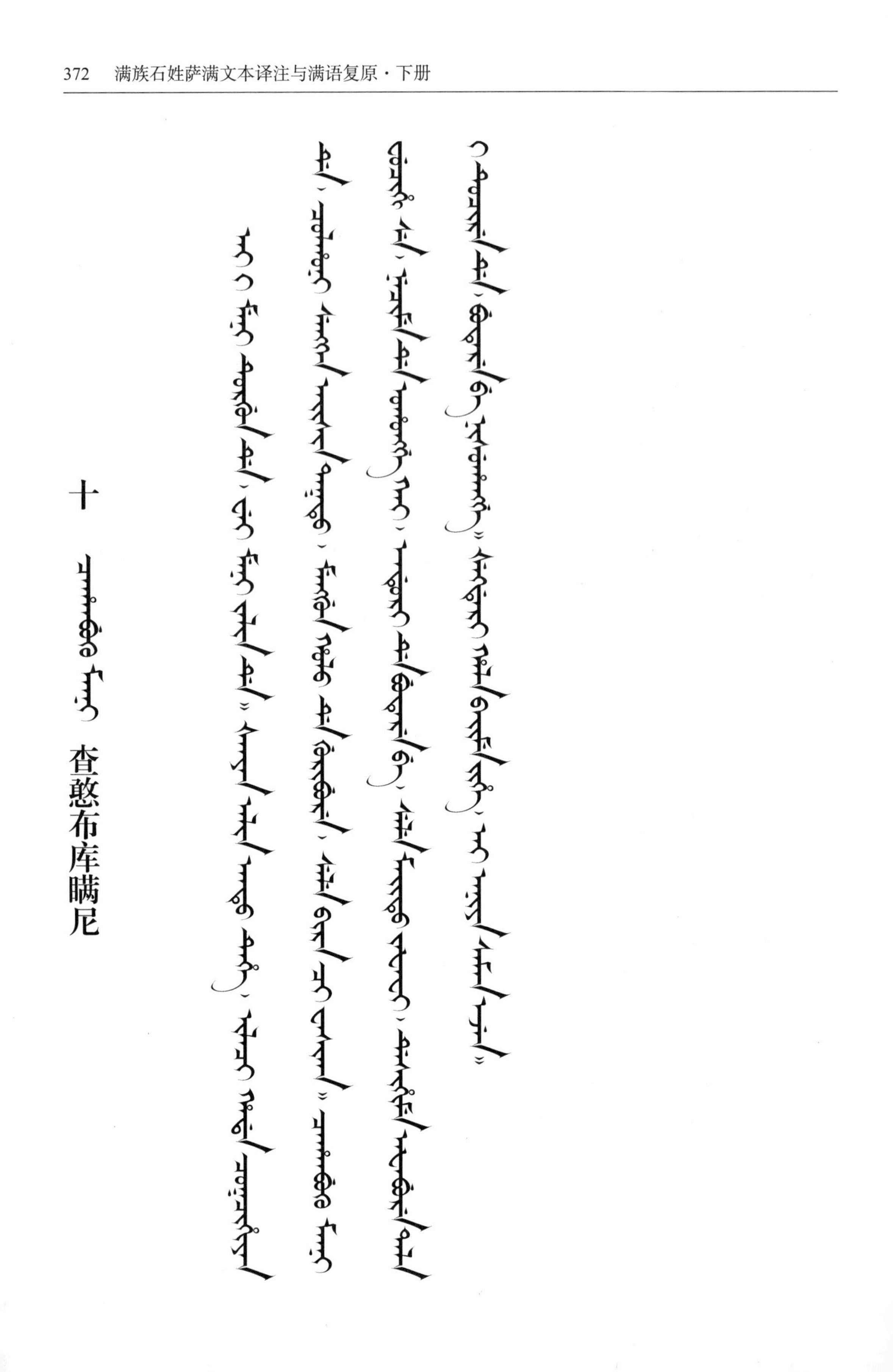

[illegible]

[illegible]

[illegible]

[illegible]

十 [illegible] 查憨布库瞒尼

尼　瞞　胡闫

騰阿○阿那莫、臥立莫打哈孚○我肯搭拖阿、里我腓○鳴郎尼、鄂立搭渾賒孚○

那丹、乃腓、佛若勒阿○不拉且那阿、不克打哈○恒其、勒莫、稱庫拉哈○拔巴沙、朱克、

依兰哦拉干、沙卡街○虎门、郭落、木克吉腓○明、安阿猕、阿立那立○愛阿猕、沙瑪我貞○

哈打、杜伦不合○安䓁一、愛心、端克秃阿○輝伐必拉、七尼西哈○胡闫瞞尼、付七西賒○

愛一為核扎、鳴腓○敖一為核、搭查庫○山眼阿林、阿拉特合○吉心一、西核、尼西勒○賒合立、

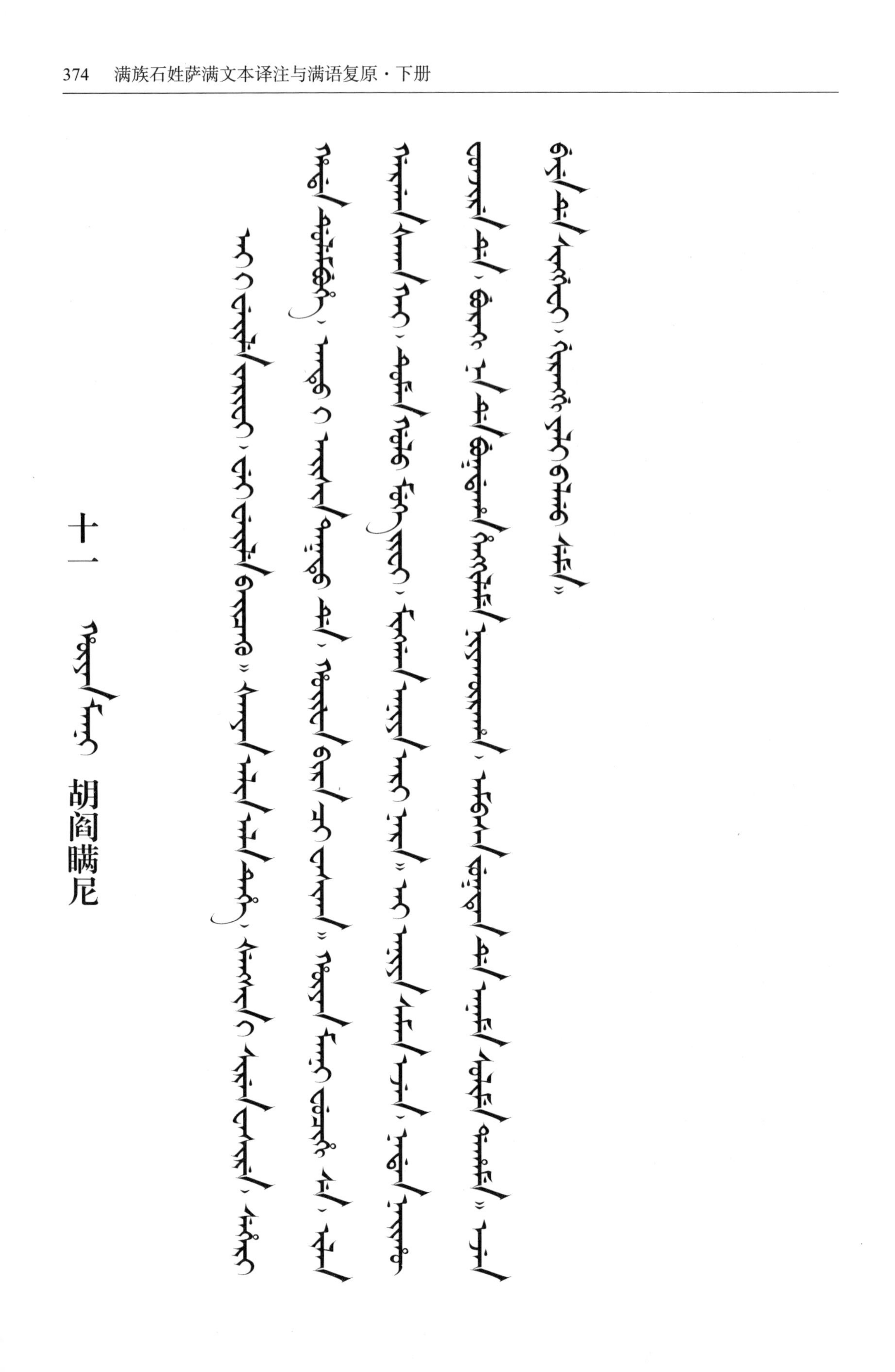

[illegible]

十一　[illegible]　胡阎瞒尼

[illegible]

沙勒佛库腓尼

佰卧一克赊莫　堆七特勒阿莫查莫
莫闹乂行我　巴克山巴克山埒哈勒耳　莫尼ミミ哈行各纳腓　一拉七
克山先埒打不楼我　我贞埒拖埒舆我腓　怔阿埒鸦立不莫　佛库车
卧亦埒　沙玛赊莫他七腓　我贞赊莫衣立合　那丹乃腓佛去勒埒　巴
不哈　翻压楼压彭舟杜莫　按巴沙朱克鹰埒我贞吴合立吴云
付七西赊　爱心鸡打扎伐腓　宁文七太俞赊夫巴牙拉埒　很压楼埒叟
巴卡七尾西不莫　赊合立哈打ミミ卧月埒　孙叭埒舒压合　沙勒佛库腾尼
依拉七哈打赊立埒　爱心摇克花舒打拉埒　崇文他克花阿沙立埒　很阿
爱们赊勒扎亦埒　卧一莫纳花拉滚埒　郭敏山眼阿亚七哈行特合

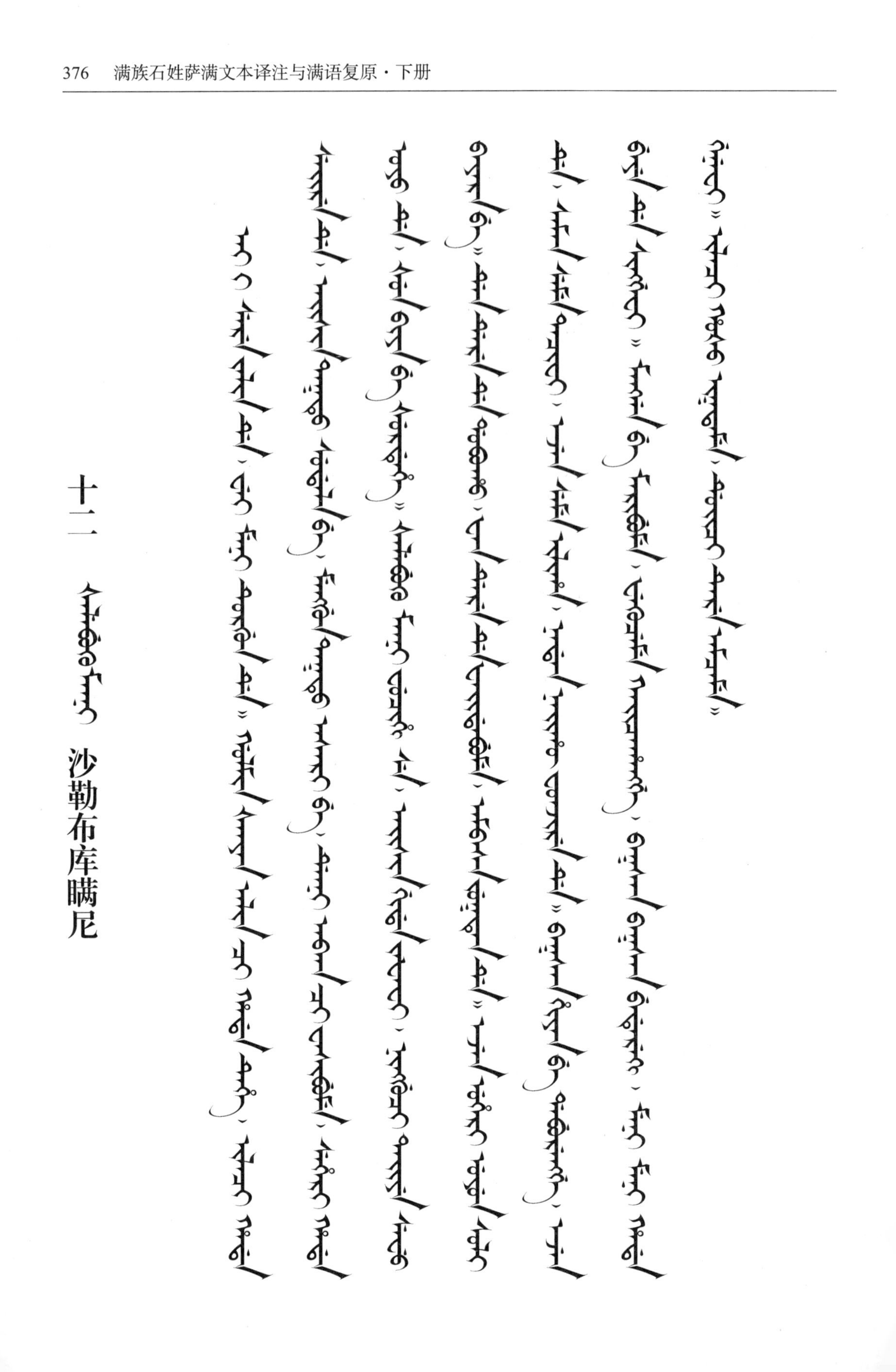

十二 沙勒布库瞒尼

依蘭阿立瞞尼

佛占不腓胡拉腓哦　占巴立莫札坤〇　兀门阿腓多隆巴哈腓〇　以卧阿腓瑪昊蘇奚〇

克騰〇　很㕭棱多禾腓〇　翻㕭棱都他〇　愛阿腓沙瑪我覓〇　那丹乃腓佛几勤〇

按巴沙禾克騰㕭〇　阿那莫卧立莫〇　卧立哈拉打哈莫〇　各木一卧木〇　各棱一禾

年秦先拉阿眼杜莫打不腓〇　巴克山先拉舒不腓〇　我木一卧木〇　按巴沙禾克騰㕭〇

我舒尼所七门木几〇　一莫彰鸡干燈占推不莫〇　阿眼先拉阿那莫牙禄腓〇

不克打立〇　恒其勒莫称庫拉哈〇　各棱賒夹王㕭若棱瞒尼〇　付七西三㕭伯楞哦〇

昊克孙木坤花拉㕭〇　木坤各棱阿克打腓〇　札庫七占巴立莫不雅哈〇　不含首那㕭

哈拉伯木几合〇　我舒尼门木几〇　三音一舒尼以長阿賒莫〇　卧莫隆朱賒卧木西〇

愛阿莫納札咔〃〃〇　卧一莫納兀拉兀遠〇　哈舒立哈拉〃〃莫納〇　石克特立〃

霓捉卧拉鸡卧　色宝以西棱卧舒札哈　阿立不勒伯立西卧热棱俄
热特卧阿立哈街　吴朱必木丹得以西木莫　色棱年玛塞坎苏卧　鸡莫哈
賒莫一立合　色宝卧他伐腓　木禄卧沙拉鸡七　很卧拉鸡卧拉宽不莫　木禄
莫腓苏木莫　秦得一立鸡拉卧　巴音台宝杜勒合　沙玛賒莫他七不腓　我貞
伐拉卧　我貞得热卧莫我腓　鸡郎尼夜立得弹賒莫　色棱杜卡多西腓　書莫勒
宽鸡以洛特合西莫西莫　卧西七宽西杭我得　依立阿立瞒尼付七西賒　湯吴鸡打札
七尼西哈　木克墩佋吞古立勒　宽鸡腓克賒莫賒克特腓　杜勒莫滚卧阿舒貞得
賒朋杜倫不合　吴乞哈射爱心鑾宽宽　嫩文七木禄卧蒙文阿沙立　松阿立哈拉
郭敏山眼阿林伏阿拉特合　阿立拉莫舒特拉得　書心以阿巴卡很一哈打卧　特拉朋

各棱阿拂、特讷勒 额舒ミミ牙不勒 牙ミ阿拂玛立勒 我拂卧佫、尾西勒

聃尼特阿勒直 各棱阿拂、各讷腓 巴克山ミミミ、郭诺莫 我拂卧佫、尾西勒

拉登占、打不勒 直一俄立、我拂阿、以西他拉 我拂翻库、沙哈连阿 依兰阿立

尾西勒 克凡讷、按不拉拨 怪打哈、我拂卧佫 一拉七、木丹、我拉特勒 以西他

以、宜撚、木杭阿 各棱各木、拉秃不勒 多特立、闫木凡阿、杜拂阿 俄拂卧佫、

卧车库、三阿、朱克特合 尾拉鸠、鸦拉撚ミ猎特 杜拂巴、朱拉干、木杭阿 秃鹏

石克特立哈拉、拇玛法立拨 讷ミ莫、杜特阿、舒克杜立赊 阿立聃尼特七 直、俄

勒、伯立西、鸠舒勒莫 阿立不勒、札拂阿 按巴鸠干、闲又腓 阿凡各鸠干吴拉哈

登占以打、不特我、侧木丹阿 多特立、闫木凡阿 侧木丹阿、登占、一推不莫 阿立不

卧克赊莫 堆七宜孚阿莫查莫
吴拉漾三音卧其尼街 我勒卧七朱勒白 我勒卧七阿玛西一兰占
渴吴阿猕他拉干阿库 宁朱阿猕尼莫库阿库 吴朱梯秃玖目
卧车库三音伯立宁我 沙克打阿西憨班几其尼 太翁三音卧其尼街
朱书浑音 朱克腾三阿克打哪 朱勒西三音卧其尼 思杜立三音几拉哪
木洛哈 卧思浑哈庞浑卧七 木坤各楼梯特合尼莫勒 伯立西梯抵
哈秃拉尼西勒 台宝音他伐哪 木禄音抵梯尼西木勒 君克特立哈拉卧
莫尼哈打辛淌勒 尼派先梯淌抵莫 籍书音抵纳莫 玛木

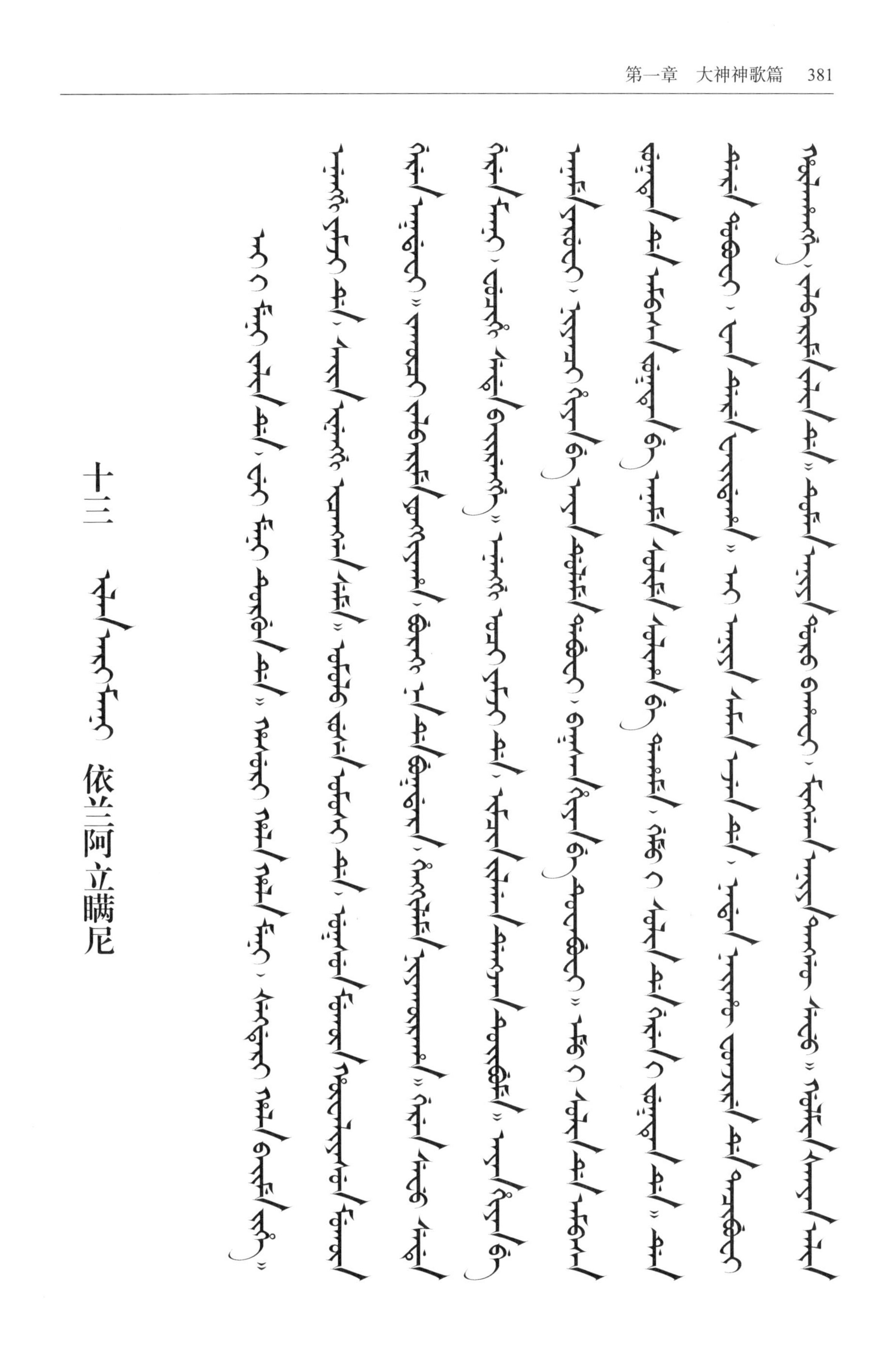

十三　依兰阿立瞒尼

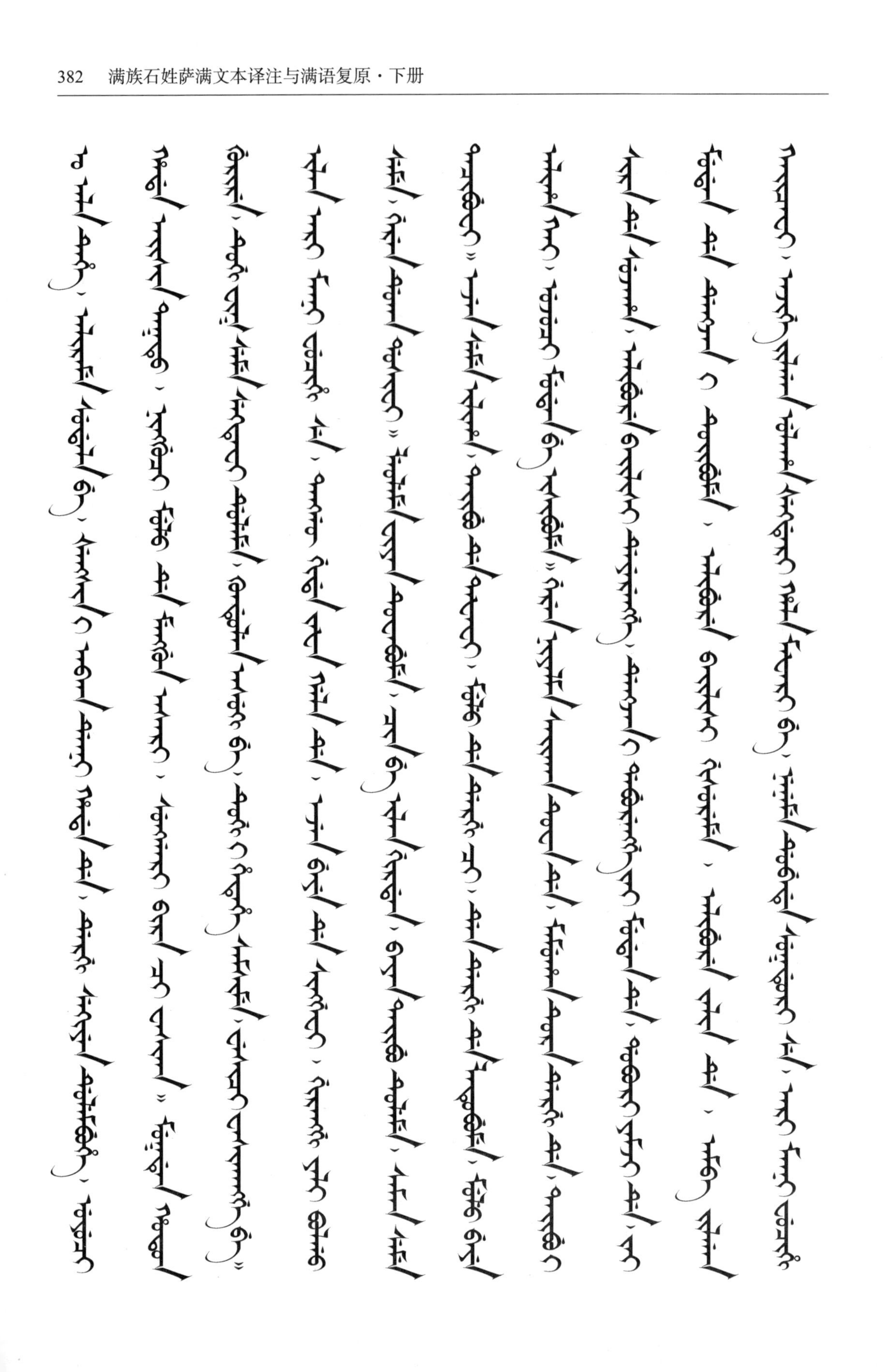

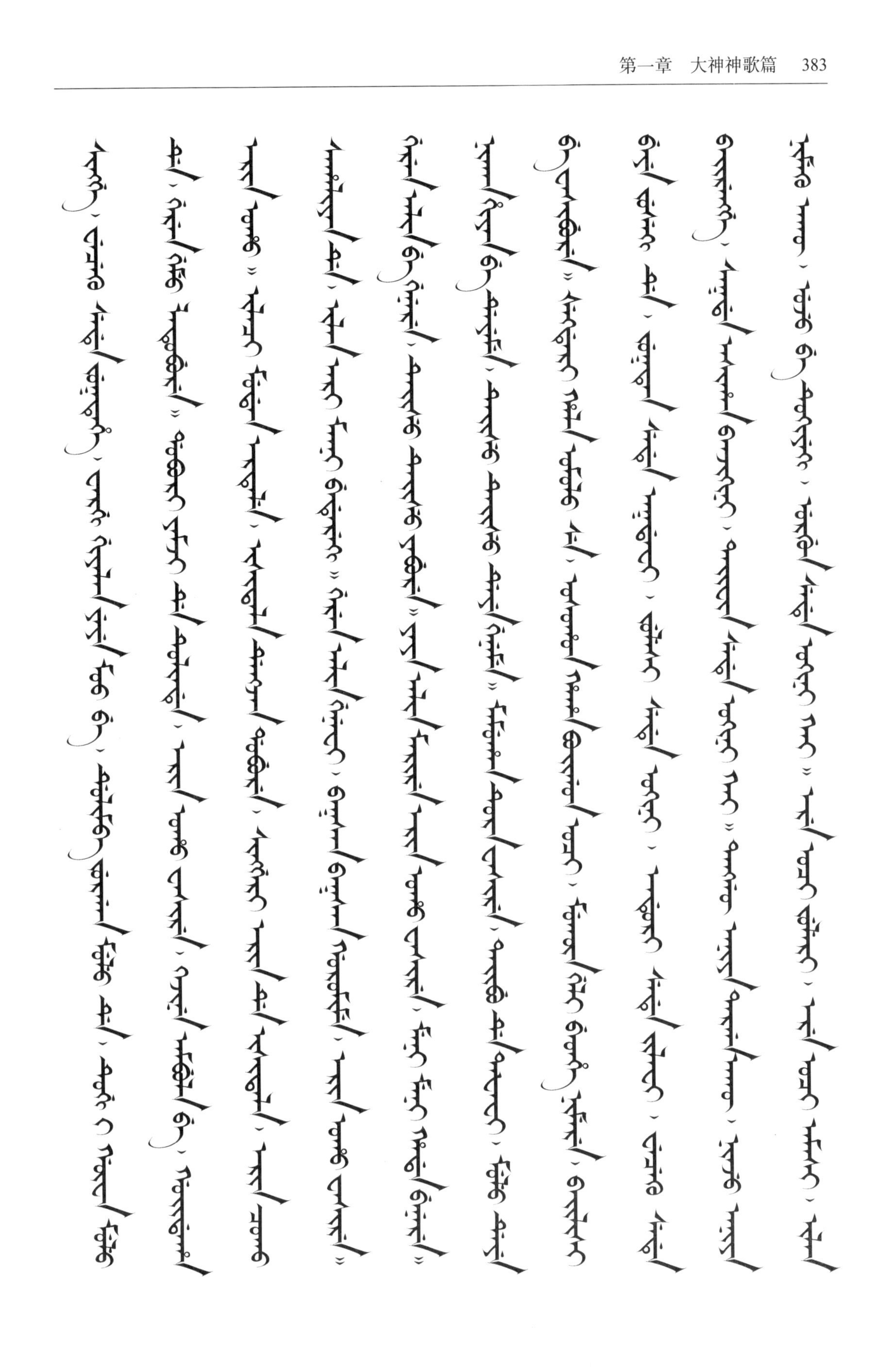

[illegible]

[illegible]

[illegible]

[illegible]

[illegible]

[illegible]

[illegible]

[illegible]

[illegible]

[illegible]

ᡩᠣᠪᠣ ᡝᠨᡩᡠᡵᡳ᠈ ᡤᡠᠯᡳᠨ ᡩᠣᠪᠣ ᠠᡵᡤᡳ᠉

開辟以來　就在花月昔住户　高立[illegible]搬過来

打七杜博德忒不合　暗哈阿不打哈忒合壹危　翁[illegible]瑪發說詞

原先留下　老根基

七伏賒合　咪泥阿不打哈阿拉辟哈　大爵子色艮比不合

石姓　結續　萬代川流　不能失傳

石克忒力哈拉扎蘭哈拉宋　灣博灣博多洛莫　所泥伏拉呼

因為　緣故　根基

受以賒勒扎林德　卧以賒勒飛林德　哈爵力哈拉哈拉郎七

頭輩太爺

长白山根基
合
國呡山音阿林德
三個嗡圖
衣蘭哈打卧胄德
分三到江河
衣兰必拉七棲卧们乌拉

老城
沙克打哈屯阿木文未
原已起根满人來原
舒崇阿媽發比不合
打乜林憐德縭余

曾祖
打媽發押不勒
男女小子子孫孫
哈哈朱翕卧木洛
屋裡外邊　全家幸福
憐以憐德乜訥啡

全家到老城
楞危
沙克打興西哈哈屯德
以用经多年
昊杜阿肥卧克楮魔

曠野　大川　長遠　奔來

昊心比干禿七啡　愛呢國洛阿木又來　訥音國洛多洛來

從天而降達日月相轉　由山灣下來

阿巴咔孫博舒德合　書林烏拉戈訥隊

大名旗號　頭輩太爺領的

七渥西哈　按巴瞞泥打押哈　舒崇阿嫣發愛鯉哈

三棵樹　樹上有窩　由上江老虎河下來

衣兰達扎呼達　佚杜渾　佚杜渾嘎拉干德　撥巴禿拉庫

賢閒哈酒 賢閒說笑談 日越說日越日笑

愛力尕奴樂折庫德 舒拉尕孫尕舒赤合 昂何尕孫勞丕桂卧七

與敖姓系親 六神 以様神

吳初大哈拉娘門渾七心 揆巴沙媽我貞博 恩杜力媽發何打力

出兵 到郎通屯洛戶 石族根基

博以一班虎七不啡 牛呼力通克遂托克說武合 哈舒力哈拉 哈拉卧七

松江兩岸 河坎 由烏拉衙門當差

松卧林必拉七櫻淋末 推我敦博德不申巳合 不武哈烏拉噹納末

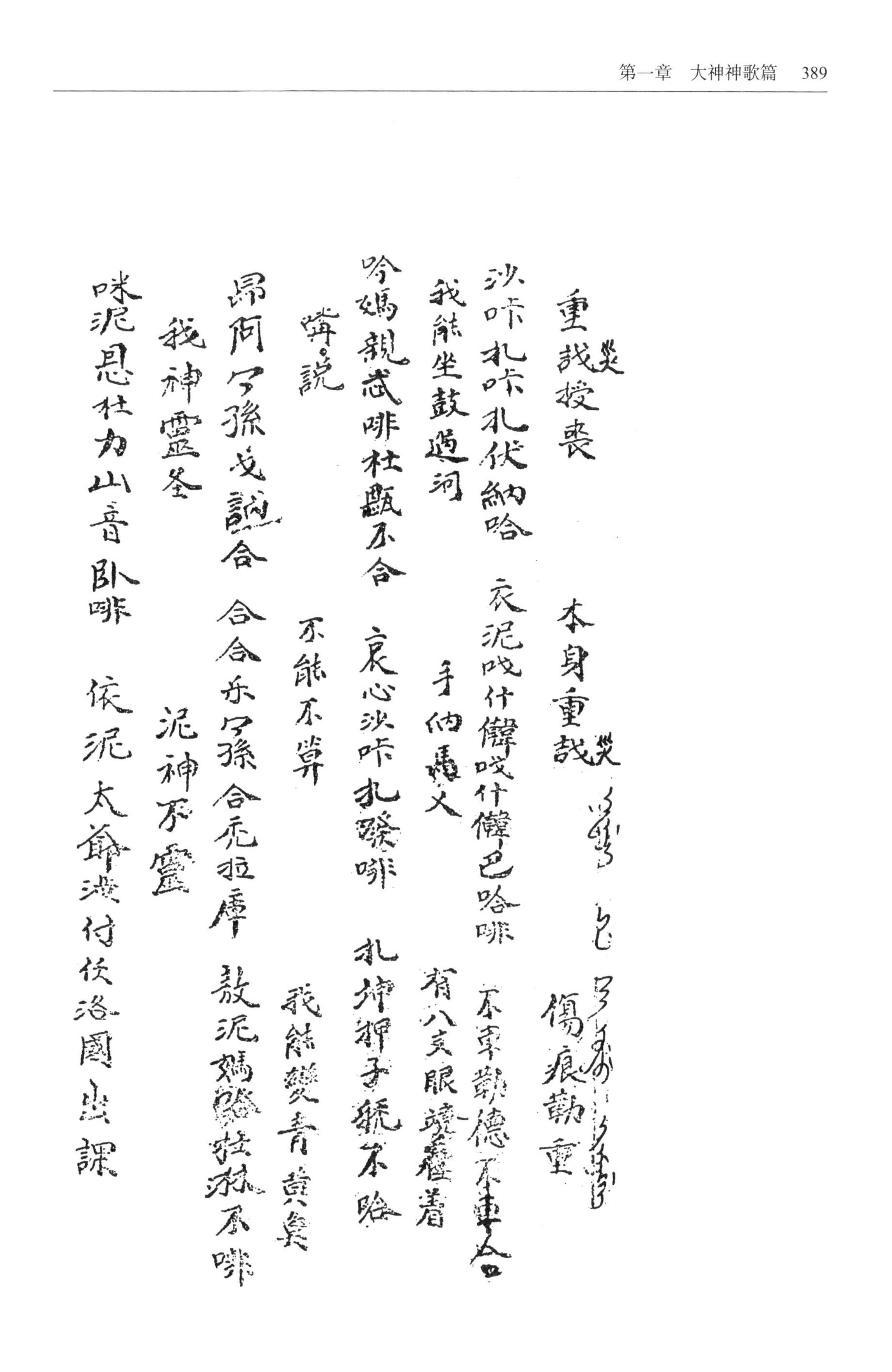

重戕㸚授喪 本身重戕㸚 傷痕勤重

沙咔扎咔扎伏納哈 衣泥戊什儺哎什儺巴哈咔 不車勤德不車合

我能坐鼓過河 手仍傷人 有八支眼睛看着

吟媽親忒咔杜甑不合 哀心沙咔扎璘咔 扎坤押子統不哈

嘴說 不能不算 我能變青黄臭

歸阿子孫戈誠合 合合乐子孫合元拉庠 敖泥媽嗡拉淋不咔

我神靈圣 泥神不靈

咪泥昆杜力山音臥咔 依泥太爺漫付伏洛國出課

石姓户族 天亮看見

扎克忒力哈拉目坤德 各似渾戈哦秃不奔必

老少商議 青夜之間偶然放火

沙克打阿什儰合慱德杰必 多不力哈乱押哈打不杰必

還魂 與親送信

山音以能沉發洋阿 丹沉呆力不危不啡而當阿街

與妻言說 七七四十九日

沙拉千古七西分車合 納丹七德西吴云以能泥

沙灘

灘阿滩打德泥不未
家神統歸白山修練
各淋恩杜力阿林蛾納啡
油火酒火發達
泥明愛力字伏拉嚬琉德
火燒三天三值
瓜兰以能泥阿木又末
鷹英神量璧
安春以彩渾尉克杜力
火起精惊人
按巴押哈槐他木必

油火酒火發達
泥明愛力字伏拉嚬琉惪
大沙滩比武
按巴滩打阿他摆未
鷹英翊神燾受火燄災
阿什哈杜儜扎吉予巴哈啡
沙滩以上
擁阿滩打德泥不未
家神都來就火
各甌恩杜力按巴琉德
坐山招呈灵
代鵬嘎什哈恩杜力

抓三輩妻故 挪夫身上
塞崇阿媽發扎伏納哈 我貞涉媽恳杜力發浮阿
十數餘年 歸山修練神魂
崇七阿恥分車合 卧車庫媽發涉不打不必
衆位神显灵圣 領神
各淋舒克杜力克子德 吴祿滚翁不貞卧歹泥
二十餘年 抓二輩
卧林七阿恥分車合 恳棱林危媽發瑰他哈
火練全身 身体練成
愛心慱哦阿庫卧非 猛温慱哦教已合
神佛劳苦 被陰人窯暗害
恳杜力媽發升文堵勒 不腿娘門瓦不木必

抓五輩太爺　原已從三歲許上

搶折媽發伕洛國出課　打七杜情德瓦兰翁

沉重　故去　百有餘年

班吉勒束不哦末　不車勒德麼車合　磨五阿鈮哈車合

四十余年　偶然間德病

古心德西阿鈮分車合　街台泥本摩巴哈啡

故去多年　成起神魂

班鴉勒末不哦末　恩杜力舒難莫發洋阿街

抓四輩　領三十餘年

佛洛國出課戈（媽發）不合　吉心七阿鈮白又啡

病去成神　病沉重又死了

不車勒德戈訥啡　吴嘿沙媽白又哈不車合

一件一件告訴　無人過多真　本屯老幼不明白
顛聯阿拉分巴咪　悶塗渾托洛巴哈㖒　嗒泥托克所阿打力
口說滿語　經族中人石噔滿語　老根不知
昂阿㗎孫分巴咪　目坤也哏口天㗎庫　滿洲㗎孫打賤力
抓他的弟子　因邪教法術起見
捘巴沙媽槐他哈　方阿娘門他七不㖒
祖先過時候　三歲訃上
媽發朱克騰哈郎阿畚合　打七衣兰賒我折合
四外看香　骨肉干净
吴云渋媽 吴植德合　㗎遠夜力愽渾賒魔
身德重病　大病不離身
吴貞㝉什僻丢奴合　捘巴泥衣庫杜淋不合

平安無事　三甲摞文　泗甲摞吳

扎選哈拉禾白攦危　衣三畚子衣克賒床　敦音畚子德克賒未

百壽其福　保佑合家老幼章福

扎三哈拉末　灣博灣博多洛末　胡孫博胡塗力博咢文勒未

重重疊疊　結結續續　子子孫孫

西三西三臥車庫街　達渾達渾臥夕泥　臥木洛多木洛戳木洛

石姓根基不能特失傳　一百有餘年

石克忒力哈拉打色思　我木唐吾我木阿貌

哄說一樣　商議合辦

吳合力夕孫吾合力拉魔　合不濮魔合章啡

三大枝　三危合議

衣三戌拉干合不逖賒未　衣三秃克所阿克打啡

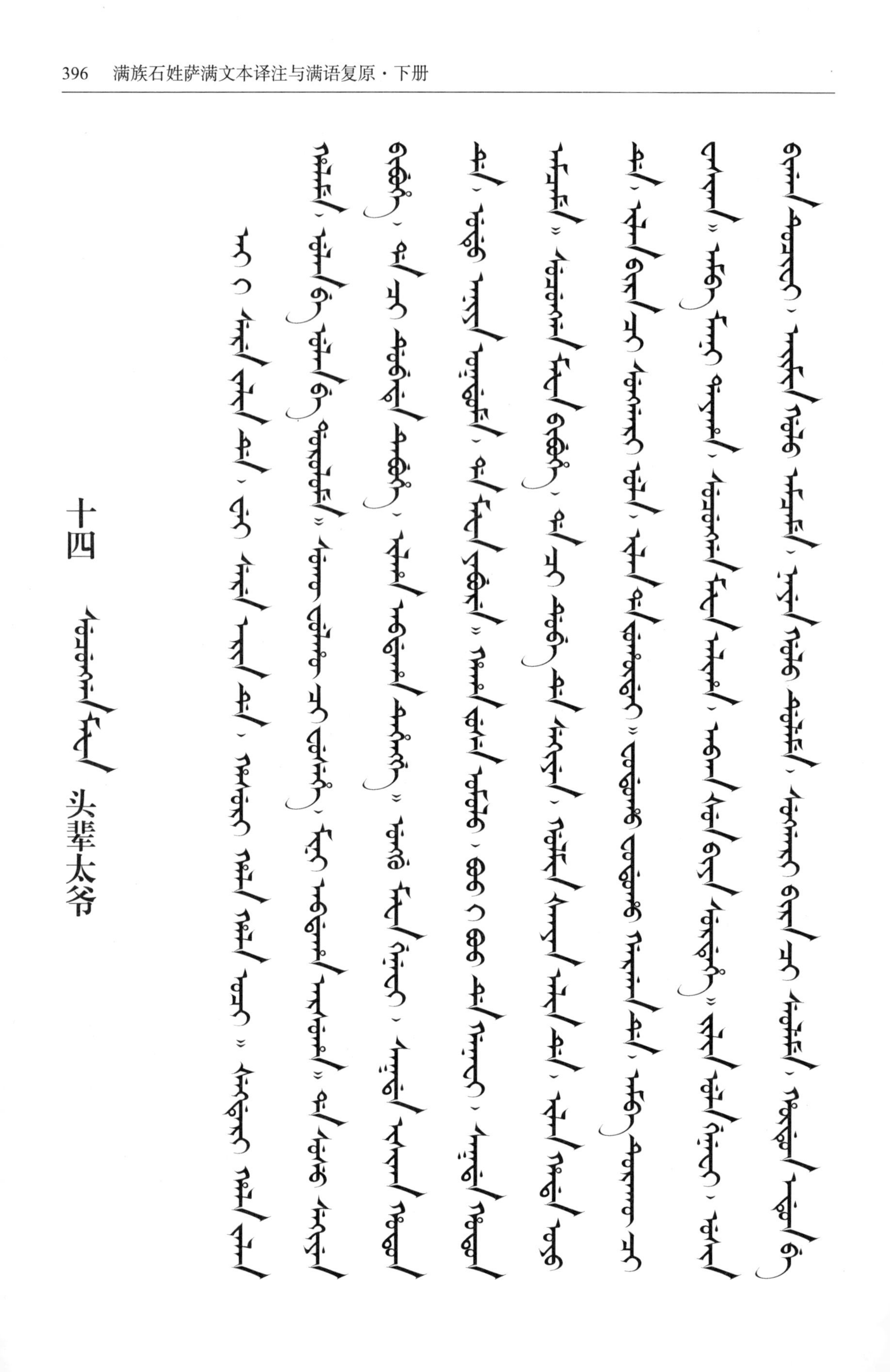

十四　头辈太爷

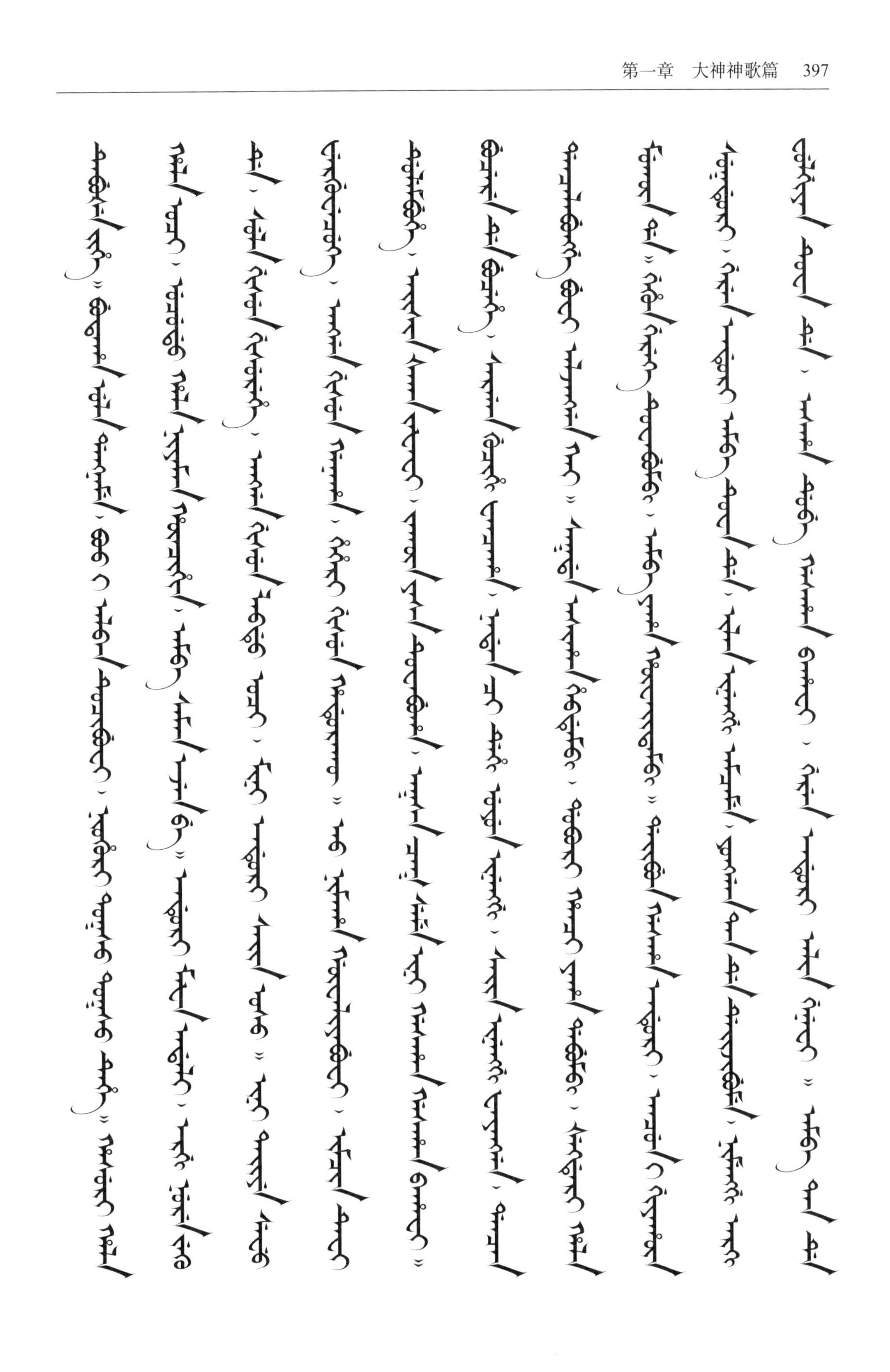

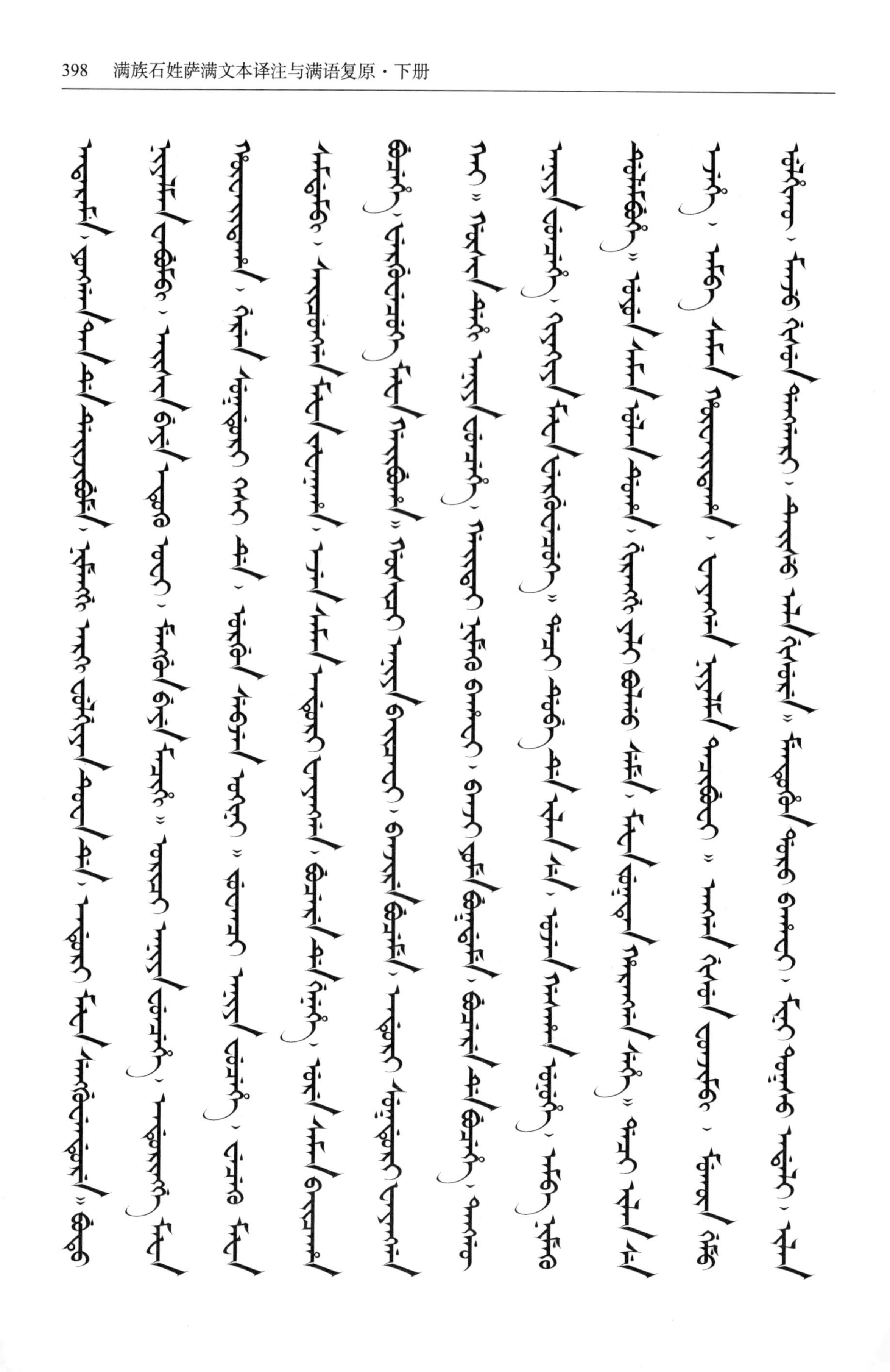

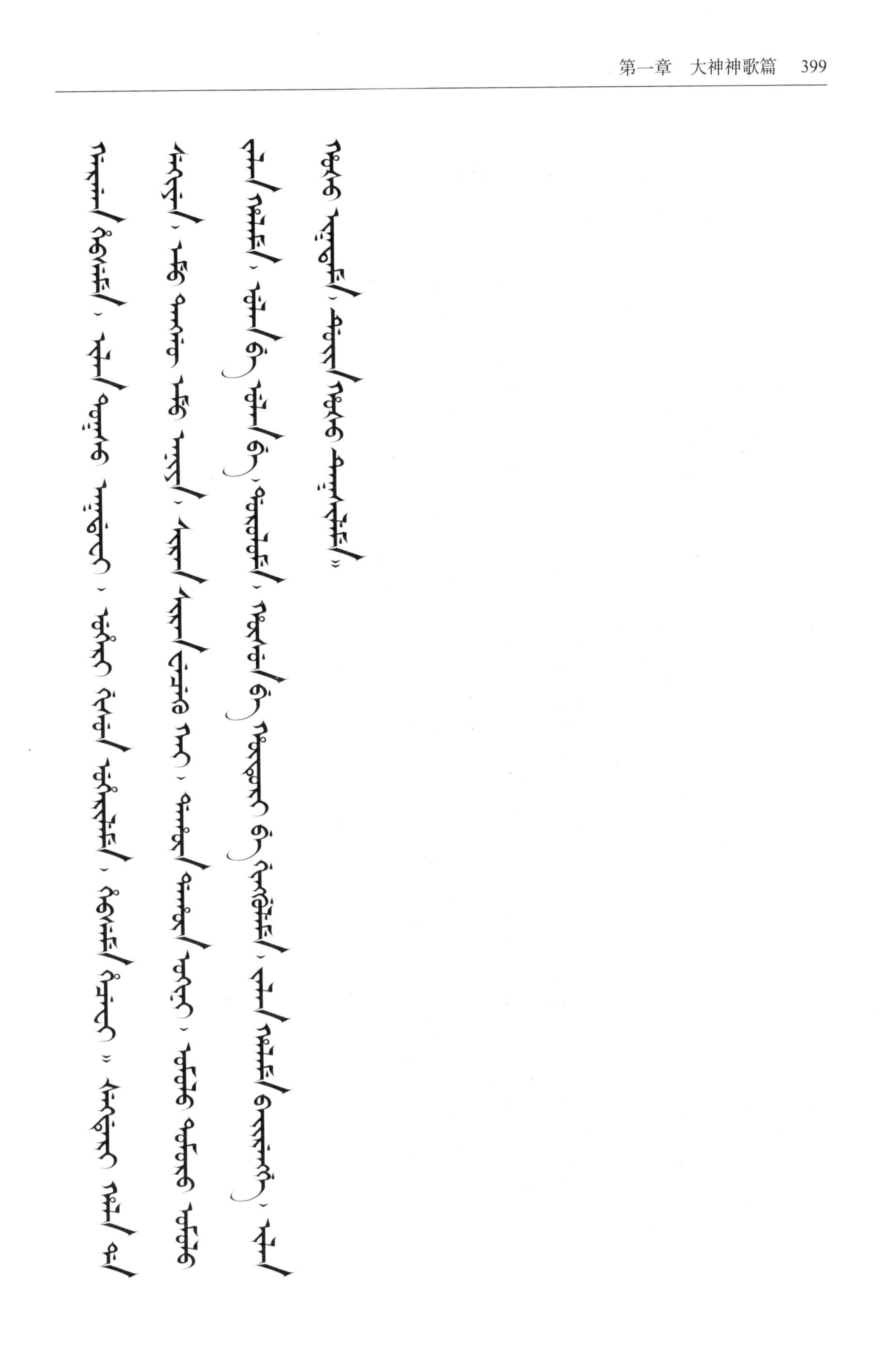

愛心克庫、蒙文克庫

（金鳥舌神）（銀鳥舌神）

石克特立哈拉、伯木几合○ 哈苫渾、愛阿𪃴○ 一三哈子卡拉哎莫库○ 敖音特勤、阿哈莫莫莫○

析莫○ 我貞特拖、貞我腓○ 我貞各立卧立杭我○ 各棱杜卡、多西七○ 多多西哈先舒特○

卧立莫○ 一莫親媽干、阿那莫○ 同銀心媽千開文腓○ 世阿特、媽立不莫○ 俄騰尼勒乙而、

瑪法○ 畏勒莫、腓舒不莫○ 愛阿腓、沙瑪我貞庄○ 我能尼、肉不書庄○ 巴克山先特、

胡倫、特拉、賒勒舒不腓○ 各思合、我腓合特○ 朱禄莫、特拉禿合○ 石克特立哈拉、思杜立

昂阿析莫、賒勒、博拉庄○ 朱禄博拉、付夾賒勒阿○ 孩渾特拉庄、嗦哈析特勒○ 沙

西不莫○ 付夾舒阿、特拉賒勒○ 愛心克庫、付七貞我○ 蒙文克庫、思杜立街○

拉鴙、禿西哈○ 孙扎七、哈打、愛心他克禿○ 一拉七、禿鴙尼、恒俄街○ 胡敦必拉七、禿

愛阿莫、納扎禿禿阿○ 卧一莫、納禿拉濱阿○ 山眼阿莫七、哈打特合○ 很一阿巴卡、庄

十五　爱心克库（金舌鸟神）　蒙文克库（银舌鸟神）

牙親畏付

（黑熊神）

巴克山巴克山、各訥腓〇 依三佰子、一克赊莫〇 堆七佰子、阿莫查莫〇

多西哈、先恐特卧〇 我貞各立、既立哈〇 民巴卧、各納合、牙不勒〇 莫尼莫尼、阿木、特卧勒且、〇

湯吴打、付他卧〇 五巴莊莫、卷西哈〇 依三沙文、札伐腓〇 吴克心、沙禾開入哈〇 我我尼、伺木吉卧〇

愚杜立街〇 吴合立、各㑀特、付际恒我〇 牙親昂阿、舒立渾卧〇 必特合、牛贵、伐他阿打立〇

杜勒腓〇 特既立、洞古、木哈連卧〇 秃门阿䧺、多洛巴哈腓〇 卧失阿䧺、阿立那立〇 牙親畏付、

爱一赊勒、札亦卧〇 卧一赊勒、我亦卧〇 拉亦、阿亦乜、杜勒合〇 拉亦、必拉七、莊西哈〇 胡拉胡、伐三卧。

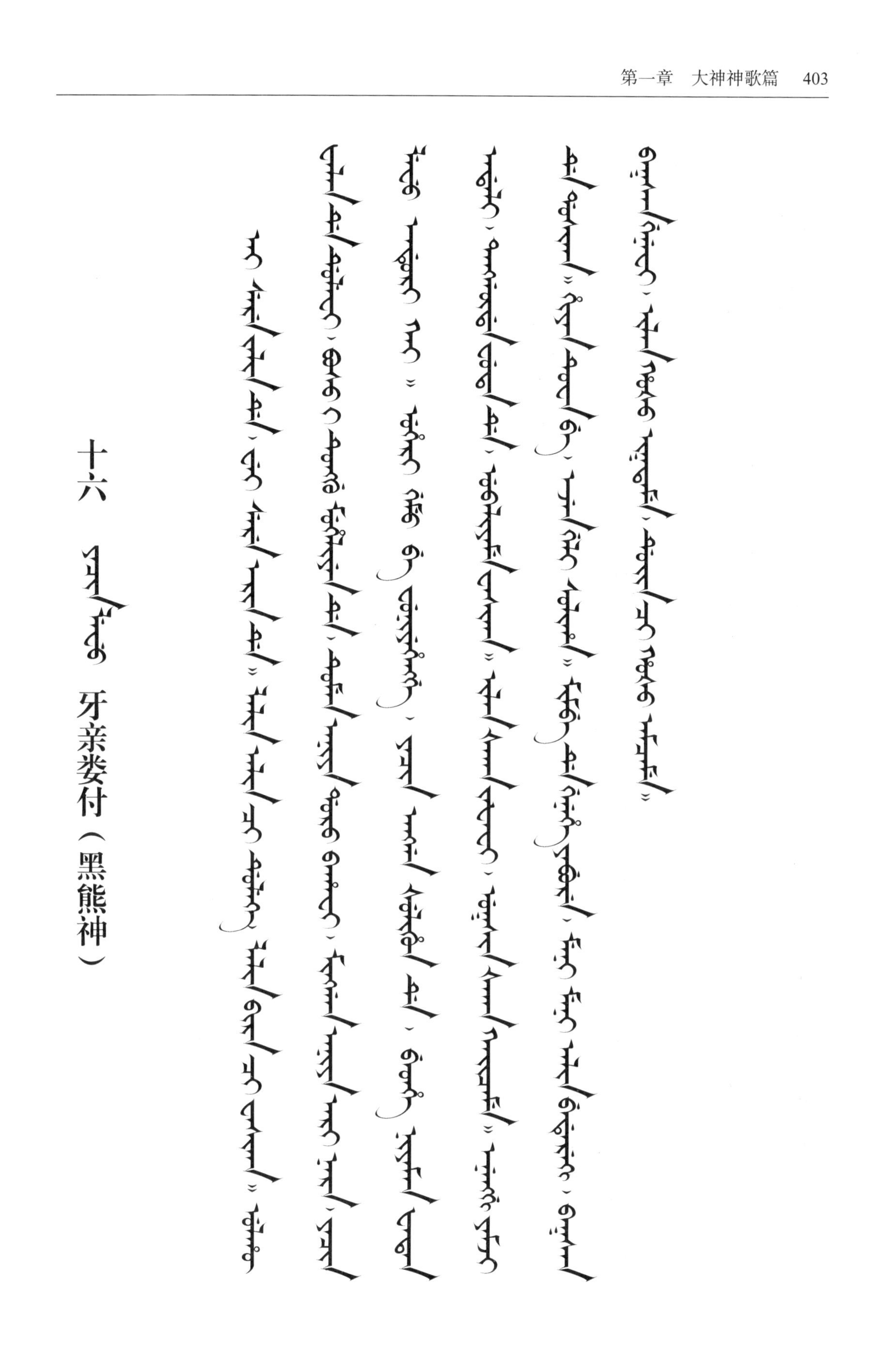

十六　牙亲娄付（黑熊神）

立
恩杜
打干
（野锘）
浑愛
愛打

尼莫（尼）阿苏、扐（得）勒甘○箬舒箬舒、各讷腓○依至名子、一克赊莫○堆七名子、阿莫查莫○
我楞尼、闫木吉○多西哈、先甦佟○我貞各立、跌立哈○民巴卯若讷合、牙木勒○莫
愛打浑卯、恩杜立街○愛打干卯、阿那杭我○沙哈連卯、付际阿街○海他一、阿拉干卯○
名洛七、杜勒腓○蒙文一佛热、卯立不合○秃门阿猕、多洛巴哈腓○朋安阿猕、那立阿立○
愛一莫讷、札苏卯○卧一莫讷、我苏卯○山眼阿苏、阿苏特合○月名倫卯、秦西勒○愛心、

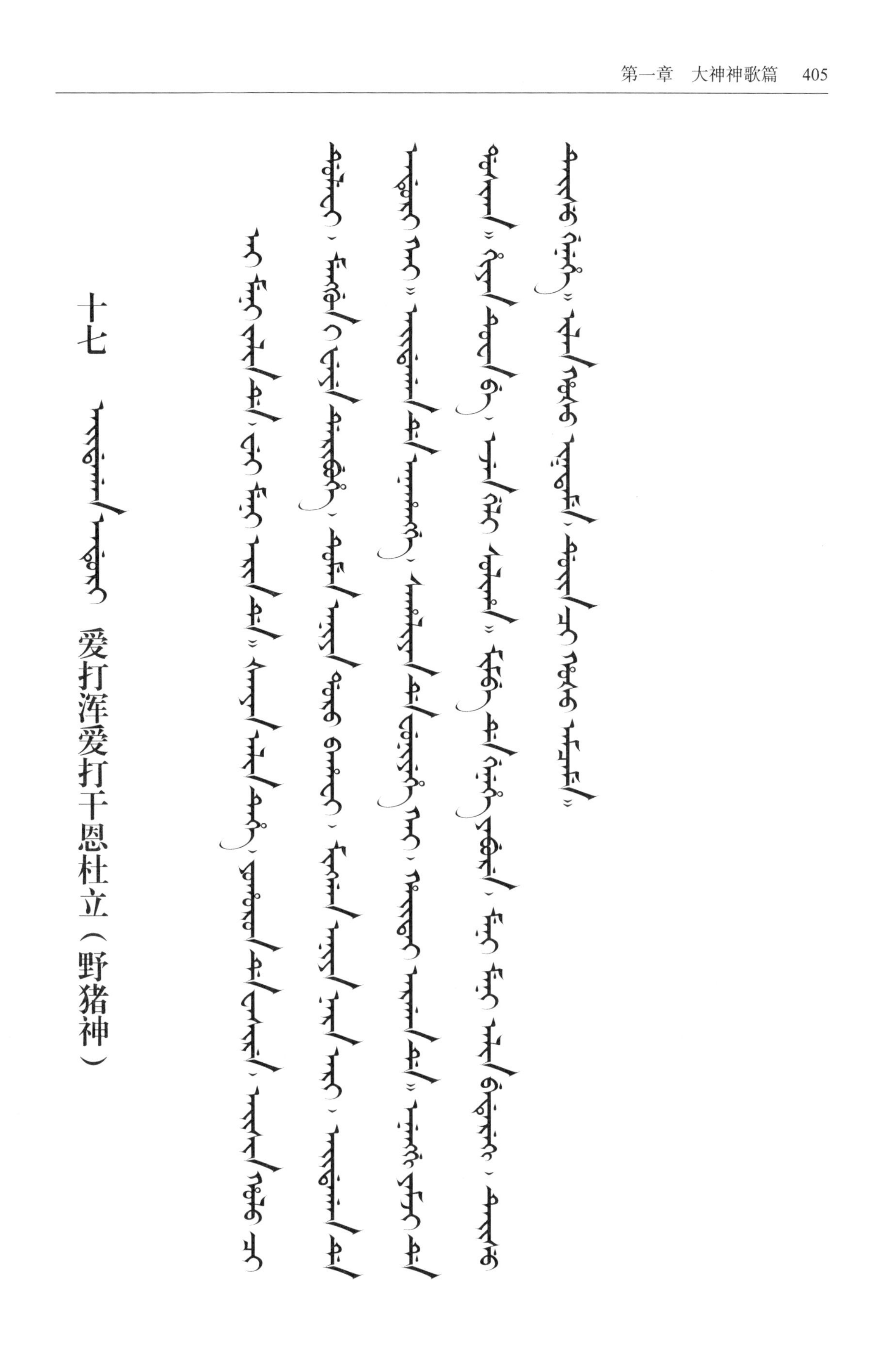

[illegible]

[illegible]

[illegible]

[illegible]

[illegible]

[illegible]

十七 [illegible] 爱打浑爱打干恩杜立（野猪神）

胡狼

牛

胡

札拉撒

各様哈打、倖阿勒其○ 各様阿扶阿、各讷腓○ 一旦伍子、一克徐莫○ 嘟音、伍臥、阿查莫○

我騰你勒乙、而折莫○ 按巴鸡平、阿那莫○ 阿几朱、鸡平、開大杌我○ 我然尼、肖木君阿○ 巴克山先伐、安讷恨我○

恨阿打喜、音打胡腓○ 其庫阿、郭敛付際合○ 先巍倖巴、拉鸦拉○ 賒莫阿参、阿查莫○ 壮阿倖、瑪音莫○

打音打巴乞、打巴莫○ 札坤朱、札拉胡牛合、都立○ 倖𢿎一刷眼、音打胡莫○ 吴云朱、牛呼、恩杜立街○ 文車

愛一莫讷、札非阿○ 卧一莫讷、我赤阿○ 崴眼阿赤乞、杜勒腓○ 拉非笞笔、尧西合○ 吴拉胡、伐三阿、偎吟达阿○

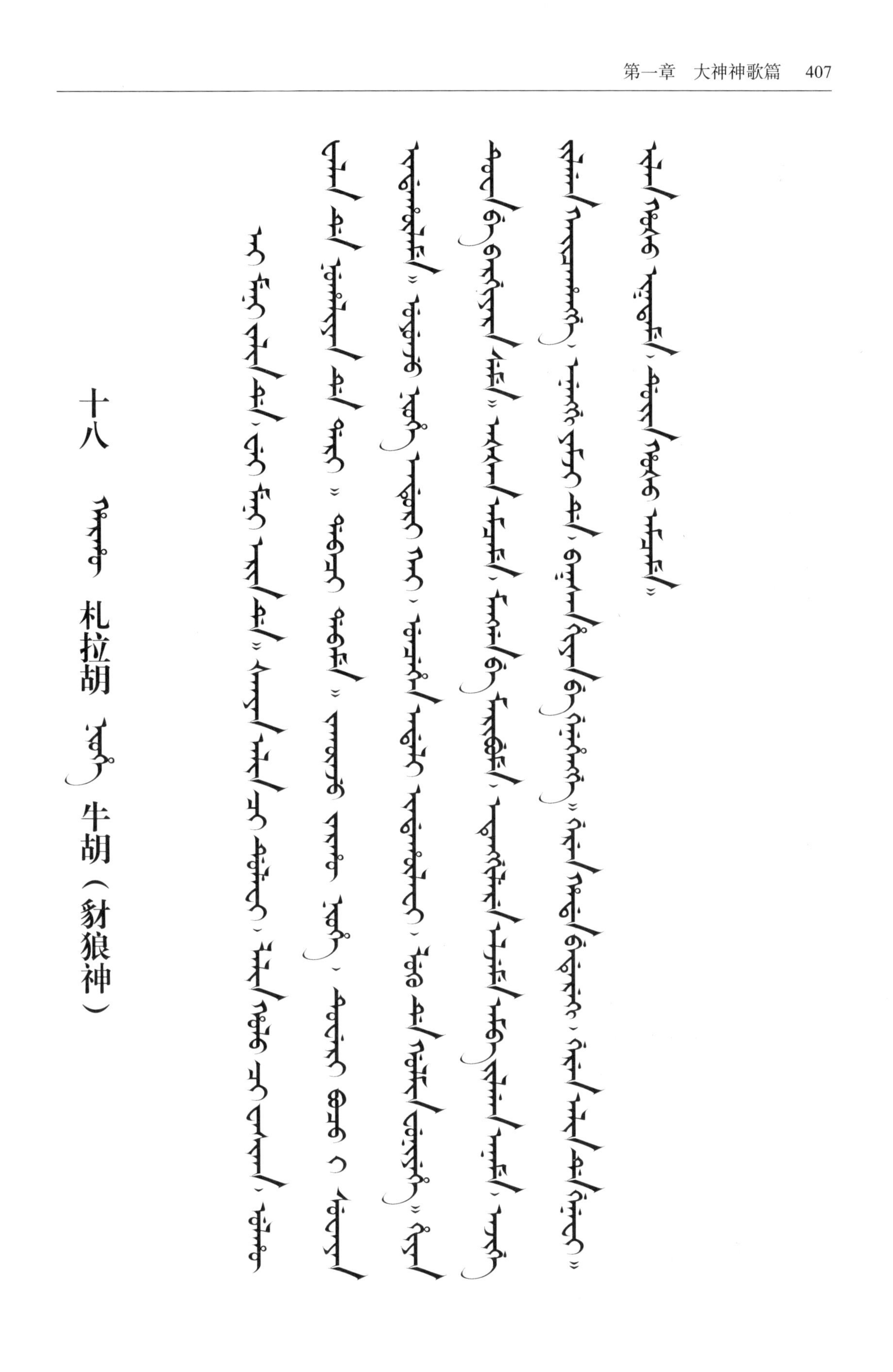

[illegible]

十八　ᠵᠠᠯᡥᡡ 札拉胡　ᠨᡳᠣᡥᡝ 牛胡（豺狼神）

[illegible]牙拉哈吉哈那
金钱豹

阿眯、哈、撒纳莫○　依兰佰、跌一克眼莫○　墩音它子、阿莫查莫○
熊尼、问木吉阿○　巴克山先特、各纳恒我○　各楼哈打、特阿勒其○　莫尼莫尼、
忙阿特、玛不莫○　我腾你勒了、而折莫○　按巴、鸡干、阿那莫○　通恳、鸡干、开文杭我○　我
折莫、付夹[illegible]阿○　各烽木合淋、特阿凌我○　付夹特、缀特葜俘俄○　先[illegible]特、巴拉鸦拉○
哈、吉哈那阿○　依兰他拉哈、恩杜立街○　牙哈特、喋哈阿○　各思合、我雕、合特阿○　昂阿
爱一莫纳、扎眯阿○　卧一莫纳、我折阿○　嶶阿眯、阿眯阿特合○　紫文、佛滁七、[illegible]阿哈○　[illegible]牙拉

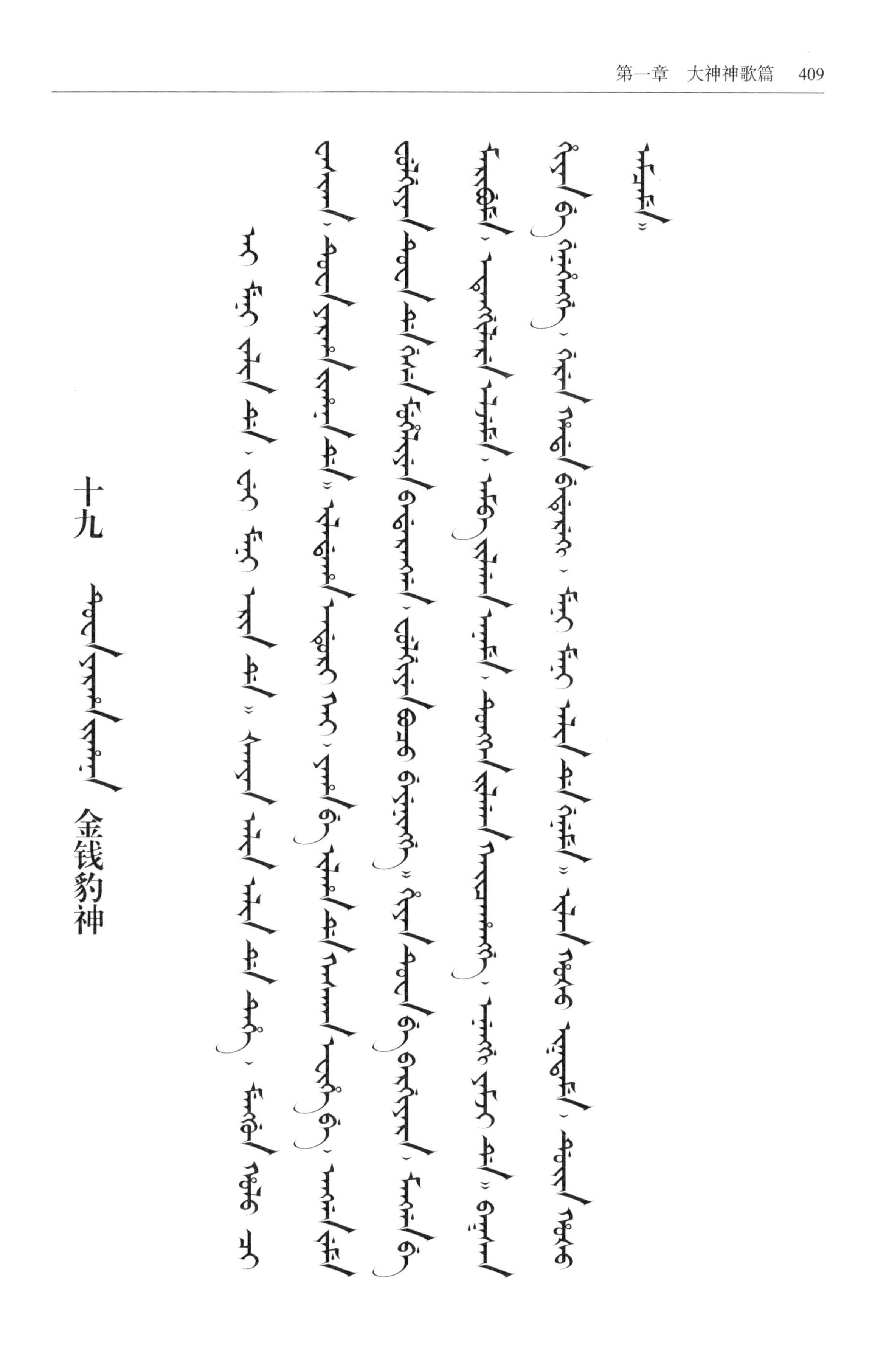

[illegible]

十九　[illegible] 金钱豹神

德熱他恩哈恩杜立

飛虎神

武立莫" 法捫他恩哈恩杜立" 阿恩哈、腓朱他恩哈街○ 杓中山服、阿林特合○

一莫親鴉干、吳拉西棱西沙、胡西○ 梭巴鴉干、阿那莫○ 阿几各鴉干、

必克特立哈拉、伯木几合○ 阿立不勒側立子、阿立不棱俄○ 昂阿鴉打胡拉杭俄○

愛阿猕、阿寧阿街○ 不拉其、那法、不可打哈○ 恒目、勒莫猕庫拉哈○

木坤各棱、阿克打腓○ 札庫七、伯立西、永祺哈○ 卧思渾哈七、魔渾卧七○

巴克山先德、打不穆俄○ 依三哦拉干、囤多卧七○ 吳能尼牙拉鴉、伯杭俄○

沙瑪賒莫、他七腓○ 阿几塔占巴立莫、一立合○ 我能尼阿木几比○

立哈拉、朱賒、卧木洛○ 吳克孫木坤、花拉孫○ 莽德戈洛莫、哈拉莫○

愛所莫納、札赤"卧○ 卧一莫納、我赤卧○ 哈爵立哈拉"卧七○ 召克特

朱合、卧莫浩、各讷合。阿巴卡、沙胡倫、各勒莫。朱合長賒莫、尼西勒。
闫木几卧。我莎打立、多娄立。闫木几卧、杜莎卧。麻杜立、阿巴卡、碑滚卧。
我莎卧伍、尼西勒。佉桃他思浩、思杜立。雕朱瑪法、他思浩衛。拉、我能尼、
鞥克七先猫、阿巴卡。各棱吱拉干卧、阿巴打浩。石克特立浩伯木卜合。
佳鸡卧。鸡郎尼、牙立、為立伯。札胡打、、、一至打卧。佛卧滓、、、吱拉干卧。
瑪克他鸡。吴貞、、他太七。吴貞阿瑪拉鸡、卧瑪克他伯。哈兵叭娄折雕
他伐雕。阿瑪勒鸡、阿琛卧、阿莫查莫。伐克沙、、、他太七。伐巴胡七、
吴朱娄、克吹且、阿沙、拉卧。阿眼烟古思克、沙拉浩。朱勒、鸡、阿莎七。
愛心、伍浩七、尼西浩。吴拉胡、伐巴卧、杜勒、莫几雕。必倫莫、多倫几哈。

堆七特勒、阿莫吉莫〇
麦西哈、先硕戋特〇
我未卧佛、尾西勒〇
卡〻其、〻、特衲勒〇
阿几各、闹又莫、高折莫〇
阿巴卡、西棱尼、尾西哈〇
一七鸡孙沙、札伐拉库〇
阿几各、伯立西、胡孙不腓〇

睬莫阿参、阿查莫〇
巴克山、〻〻、打不勒〇
其、〻〻、雅、〻、特沙勒伯〇
各棱卡卡立、尾西勒〇
阿巴卡、我敖沙、尾西杭我〇
昂阿鸡孙、鸡衔勒拉库〇
三音鸡孙、胡拉滚折佛〇

一兰吕卧、伐拉哦莫〇
朱禄先特、朱勒立〇
他恩哈我腓库、各衲合〇
各棱伐卡立、尾西哈〇
梭巴鸡下、陀折七〇
一尼特拱沙、我先库、阿库〇
哈恩哼、哦拉河、莫秋衔库〇

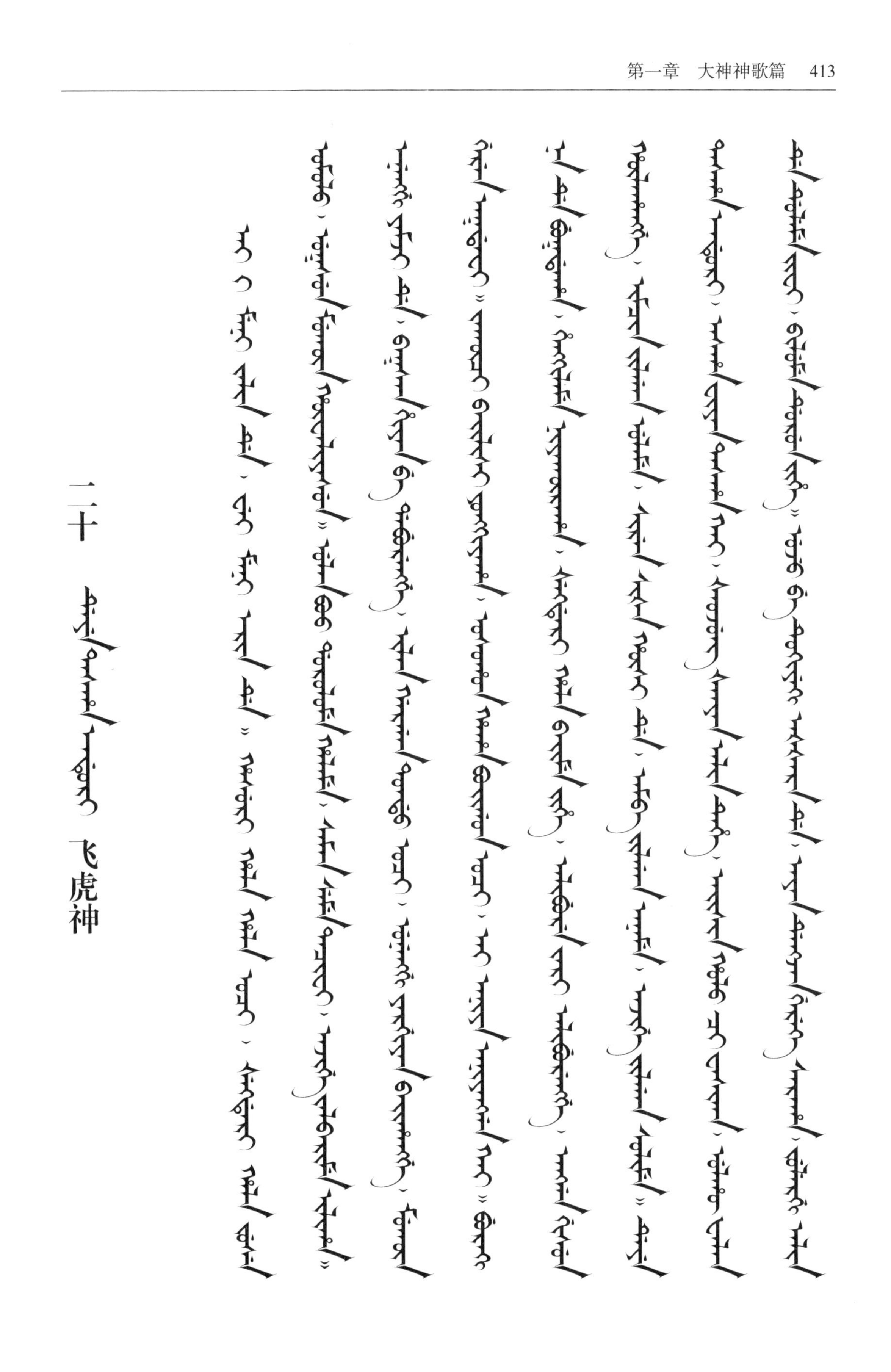

二十　飞虎神

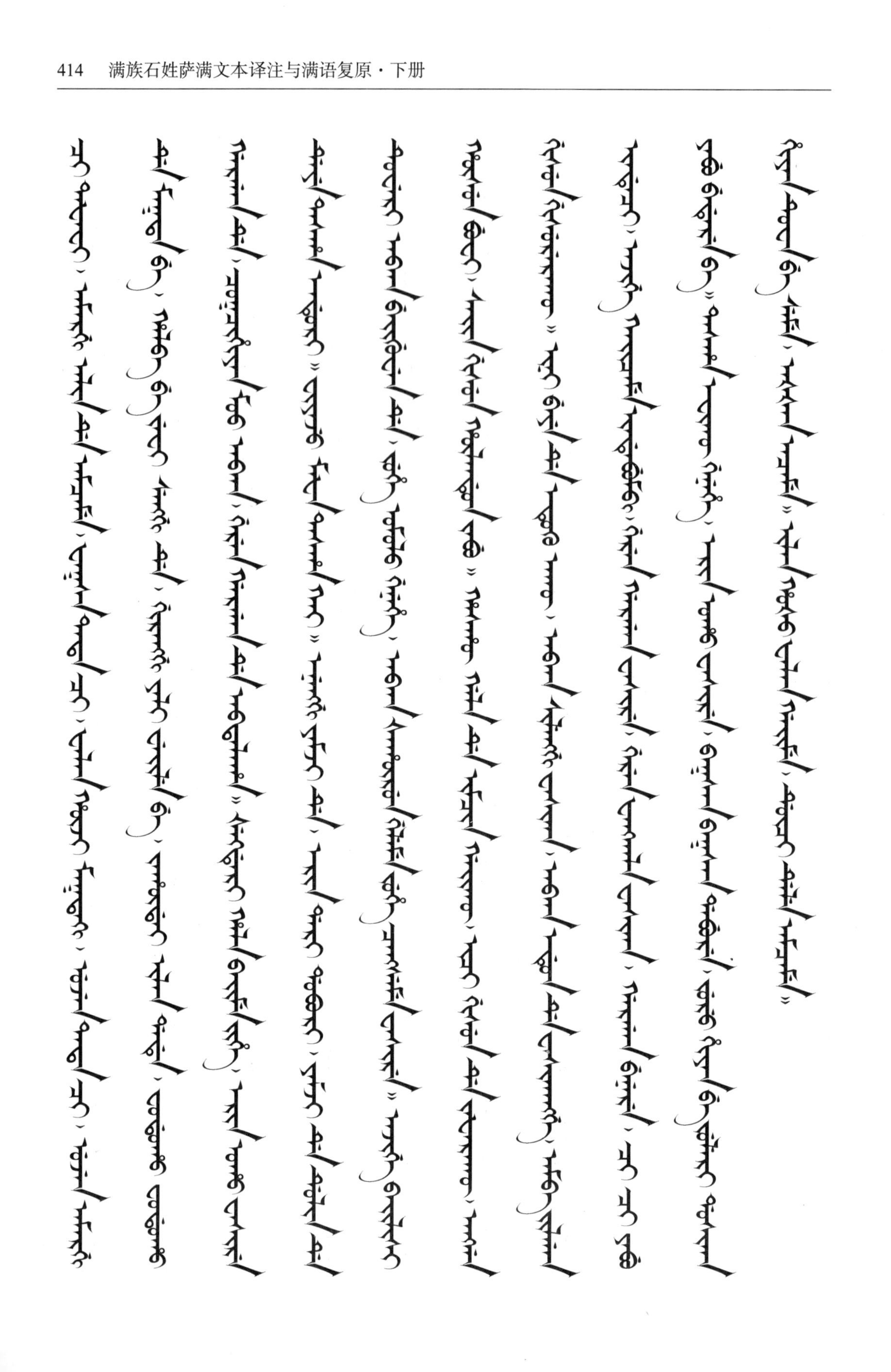

必棱他思哈

（母卧虎神）

鸡郎尼、夜立末立伯。合、他思哈土立干卧。阿几名、沙哈参、他思哈街。吴黑、古拉古、阿沙拉腓。巴克山、、塔卧
他太七。伐兰呼七、玛克他鸡。吴贞吴贞、他太七。吴贞阿玛鸡卧、玛克他伯。哈立叭塔析腓、生鸡卧。
阿莫查莫。阿玛勒鸡、阿赤七。多心卧拉库、阿莫查莫。太宝卧他伐卧西浑、瘥西哈。伐克沙伐克沙、
古立不勒。乌朱塔、秃奴耳。阿眼燈占、名思克沙拉哈。朱勒勒鸡、阿赤七。不樊塔卧、
西、狝库拉哈。一莫亲、鸡干卧立莫。很、鸡干、吴拉莫。秦塔杜卡、多西腓。名棱杜卡、
爱阿狝、沙玛我贞卧。我贞塔热卧、盘腓饿。我能尼卧七、闫木吉卧。阿几名、伯立
吴合立、必伦莫、多伦吉哈。巴克山先塔、打不楞我。那丹乃腓、佛吉勒卧。
莫、瓦西哈。木敢、他思哈、恩杜立。库立、他思哈、恩杜立街。梭巴山眼、他思哈街。
吴拉胡、伐兰卧、杜勒莫吉腓。必伦莫、多伦几哈。必棱、他思哈、恩杜立街。木赤
爱一莫、讷札赤卧。卧一莫讷、我赤卧。杓中阿赤、哈打特合。杓中伍洛七、尾西哈。

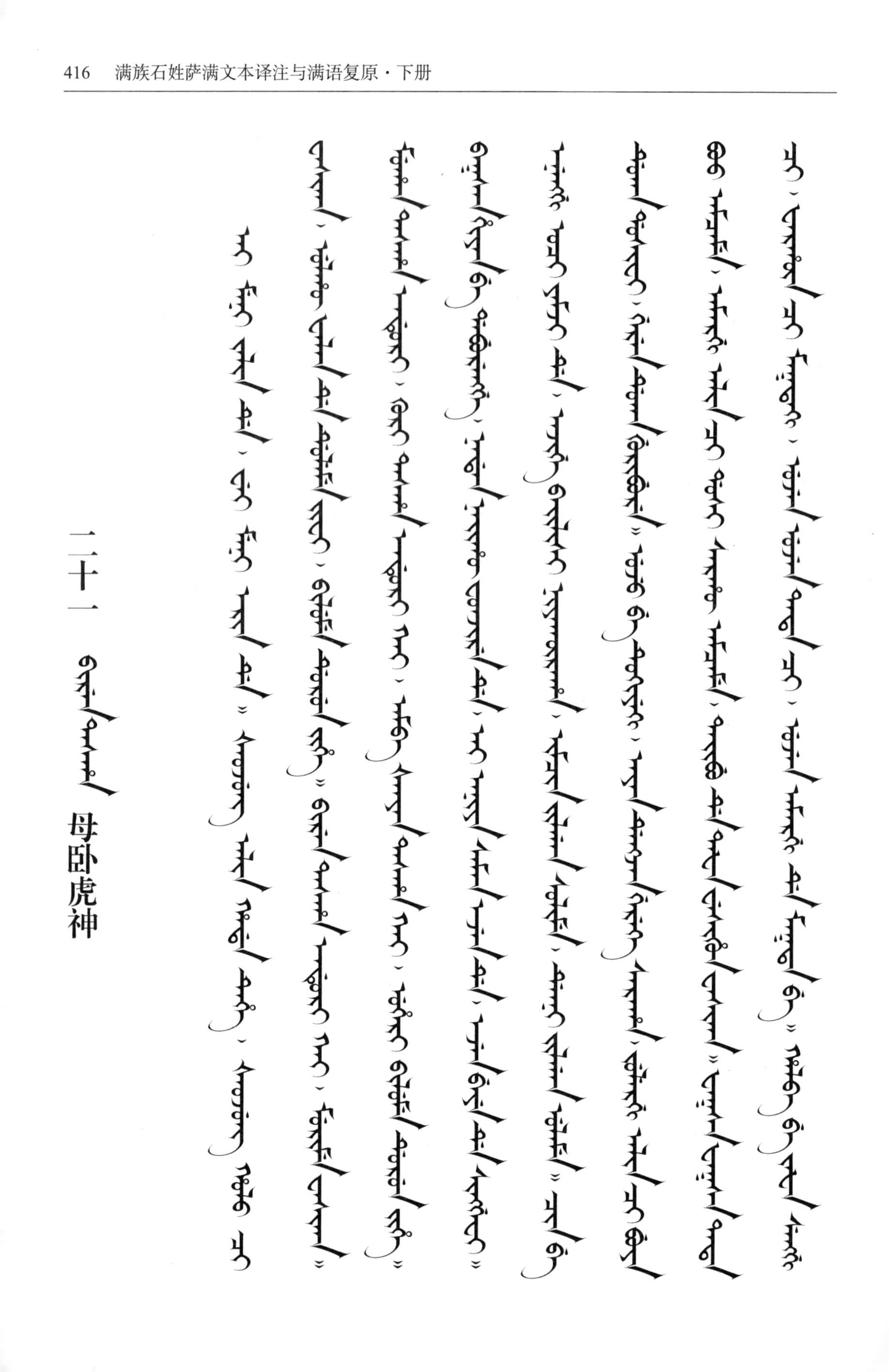

[illegible]

二十一 [illegible] 母卧虎神

[illegible]

札坤打札破占梅合

（蟒神）

阿那莫、卧立莫、佟一宋克膽、鷗文勒莫、吴拉滚三卯、伯立侮我、樹史牛勒立佟、

札庫七、占巴立、莫、承狠哈。他七不腓、胡拉行我。阿立不勒、札卉卯。梅巴沙、朱克膽卯。

多西腓。秦佟杜卡、卧立莫。很卯棱、多木哈。翻卯棱、勒他哈。木坤、各棱、阿克打腓。

佟燕卯、且腓。（我）鴉郎尼、夜文、佟渾賒莫。沙瑪賒莫、他七腓。我貞賒莫、一五合。佟一杜卡、

立除。梅巴、鴉干、阿那莫。很一、鴉干、札不勒。一莫親、鴉干、吴拉莫。同懇、鴉干、甫大哈。我貞

卧其尼。石克特立、除拉伯莫九合。那丹乃、胡、佛吉勒卯。愛阿撇、莎瑪我貞卯。我貞賒立卧

札破占、吴云、打梅合。我森尼、卧七、富木吉卯。多西除、先祖佟。吴朱佟、秃欧其。吴拉滚三卯、

懇、濛文、各洛卯。打音打巴、毛七、尾西哈。尼西哈、卧拉七、代卉卯。秃鴉、合特合、尾西不莫。札坤打、

愛一莫、納、札卉卯。卧一莫、納、我卉卯。山眼阿赤、哈打特合。吴云七、折拉鴉、哈打卯。頦拉鴉、他、

立停俄○　我扎打立我立勒莫○
卧、三音卧不勒○阿几各、伯立西卧撫納莫○　三音太勒、卧不莫○　而合太勒箱、
巴克山、停卧勒其○　莫尼[illegible]、他克秃、各納腓○　愛阿猕、沙瑪我貞卧○　一尼停、撫
各納合○　各棱阿扎、停納勒○　各棱哈打、郭洛莫○　諾巴卧各納、牙木不勒○　巴克山、
阿几各、伯立西、鴉舒勒莫○　一莫親、鴉干莫拉莫○　依蘭先停、打不棱我○　哈打伯洛、
停、我立勒莫○　三音太勒、三音卧不莫○　而合太勒、伯立停俄○　我棘尼、闊木吉卧○
朱勒立○　多倫三卧、多米腓○　秃拉滚三卧、表哎腓○　阿鴉西卧七、伏拉郭敢佐○　我扎
吵三、停勒渾卧○　阿拉停、阿那腓○　按巴、阿莫孙、為勒腓○　阿眼先停、阿那莫○　朱禄先停、
杜棱不腓○　巴眼、停洛立停、阿立腓○　佛一吵停、付杜腓○　一车吵停、阿立腓○　一棘尼三、一车卧○

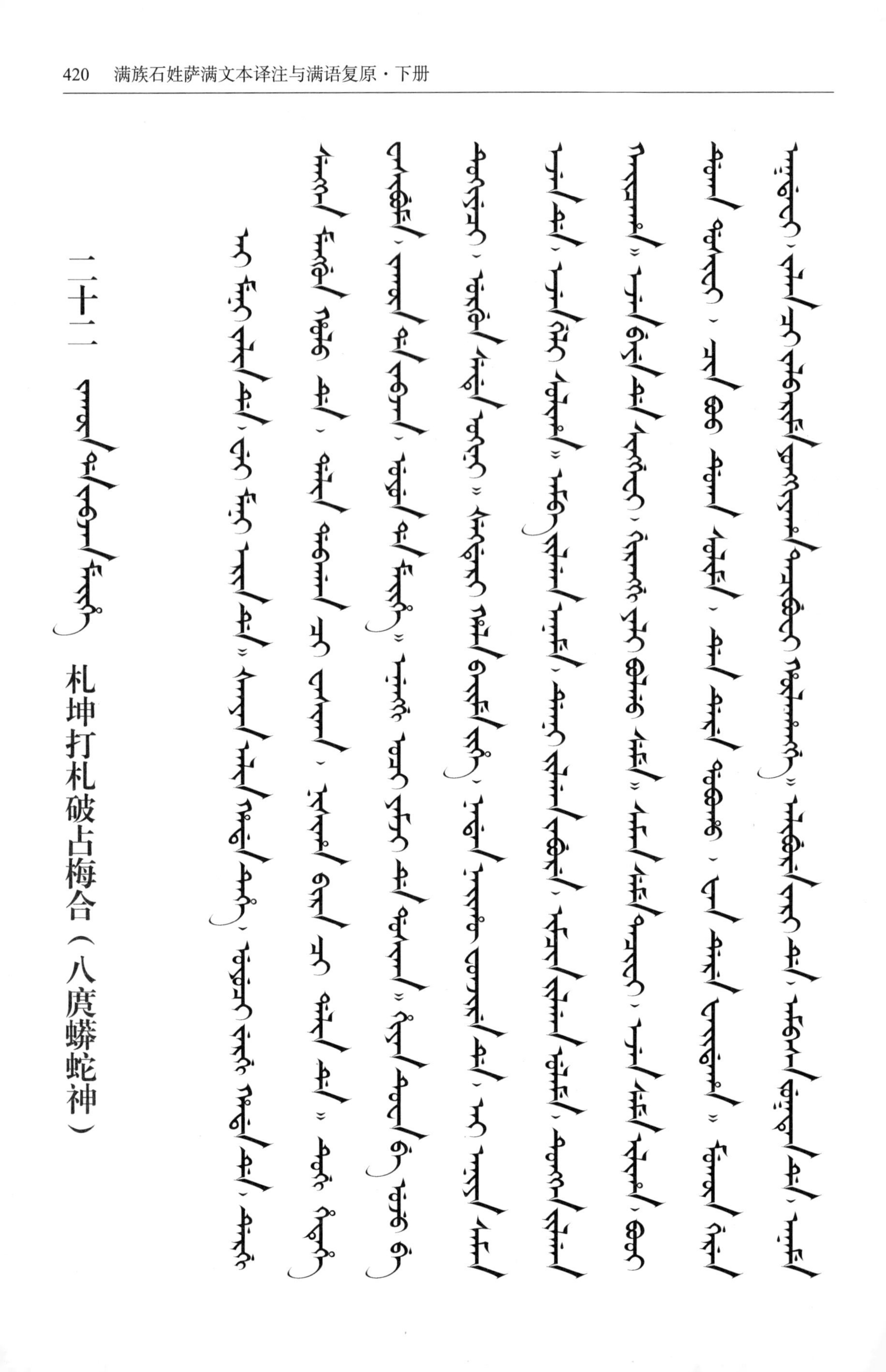

二十二 札坤打札破占梅合（八庹蟒蛇神）

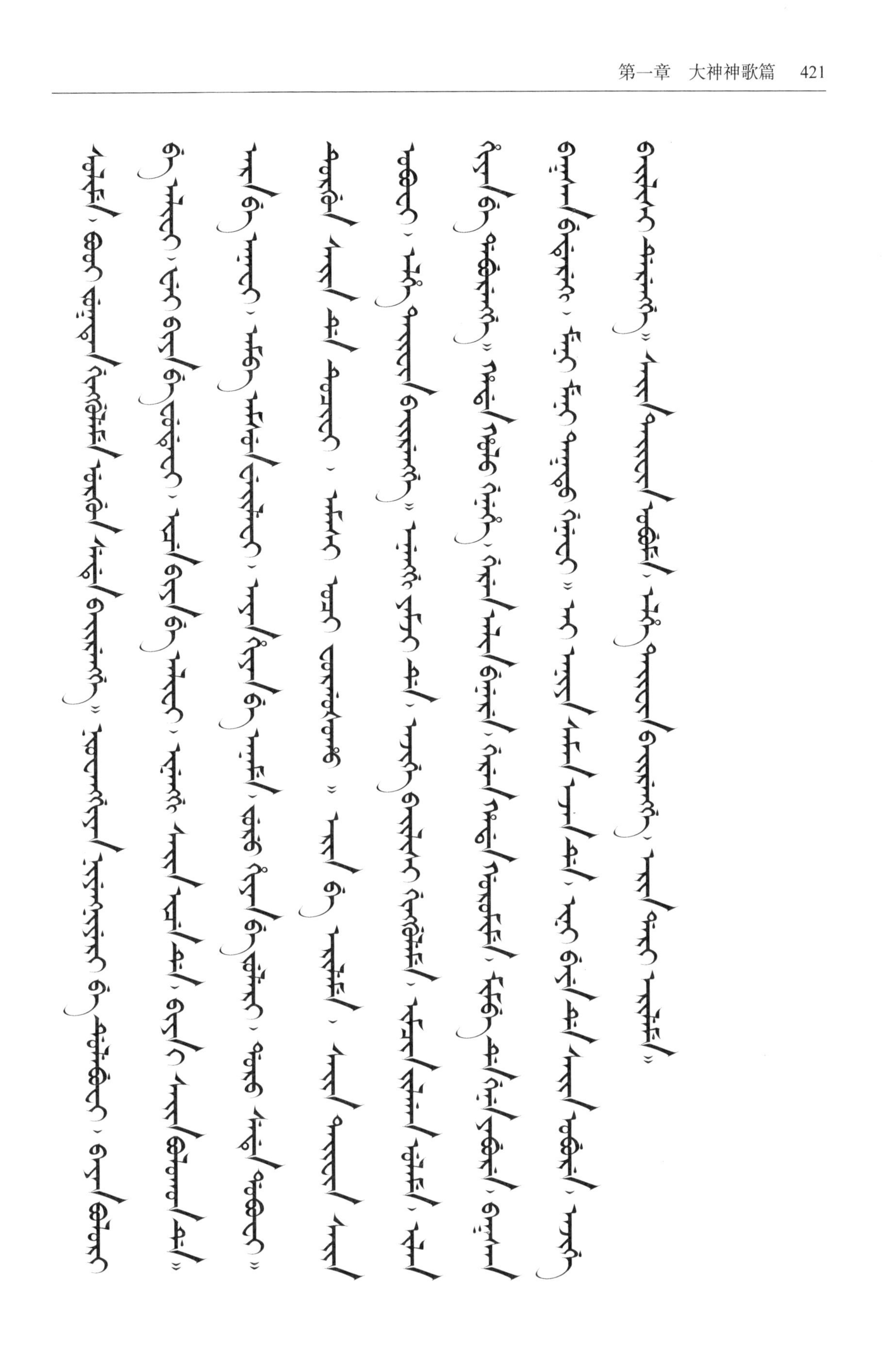

[illegible]

按巴代朋代明嘎思哈思杜立

鵰神

瑪立不莫〇 阿特棱佰立西、吳扎莫〇 阿瑪西䧟、佛扎国武伍〇 依兰留郎、一克翰莫〇

那丹乃雕、佛几勒你〇 巴克山先特打不棱我〇 爱阿那、沙瑪我貝你〇 我貝丢立郎、立哈〇 扎阿特、

沙扎雕〇 吴西哈吟特、打立哈〇 巴那哦思哈、佛扎国[illegible]〇 石克特立哈扎伯莫吉哈〇 我能尼阿杰你〇

牙青阿哈特、付餘莫〇 英阿哈特、西雕〇 阿思哈特、阿沙扎雕〇 阿巴卡那特、打木立哈〇 文车根特阿

蒙文佛拖、木立合〇 卧合以、吴朱、爱心昂阿〇 蒙文、卧佛洛、特孙梅分街〇 賒勒松库、托洛连打拉〇

拖棱我、吴莫西〇 札胡打〻〻〻、依兰打你〇 佛阿渾〻〻〻哦拉牙你〇 爱心佛拖、海拉鵰〇

孫吟特、舒勒阿合〇 按巴代、朋代、明哦思哈、思桂立〇 哦福代尔杜立特拖阿打立〇 按巴阿

哈打你〇 他克秃、〻〻〻阿沙立、〻〻〇 爱心他克秃、蒙文阿沙立〇 很阿巴卡七看西行我〇

愛一莫納札木〻〻你〇 卧一莫納、禿拉滚你〇 崑阿林特合寧我〇 阿巴卡札拉鳴、〻〻〻

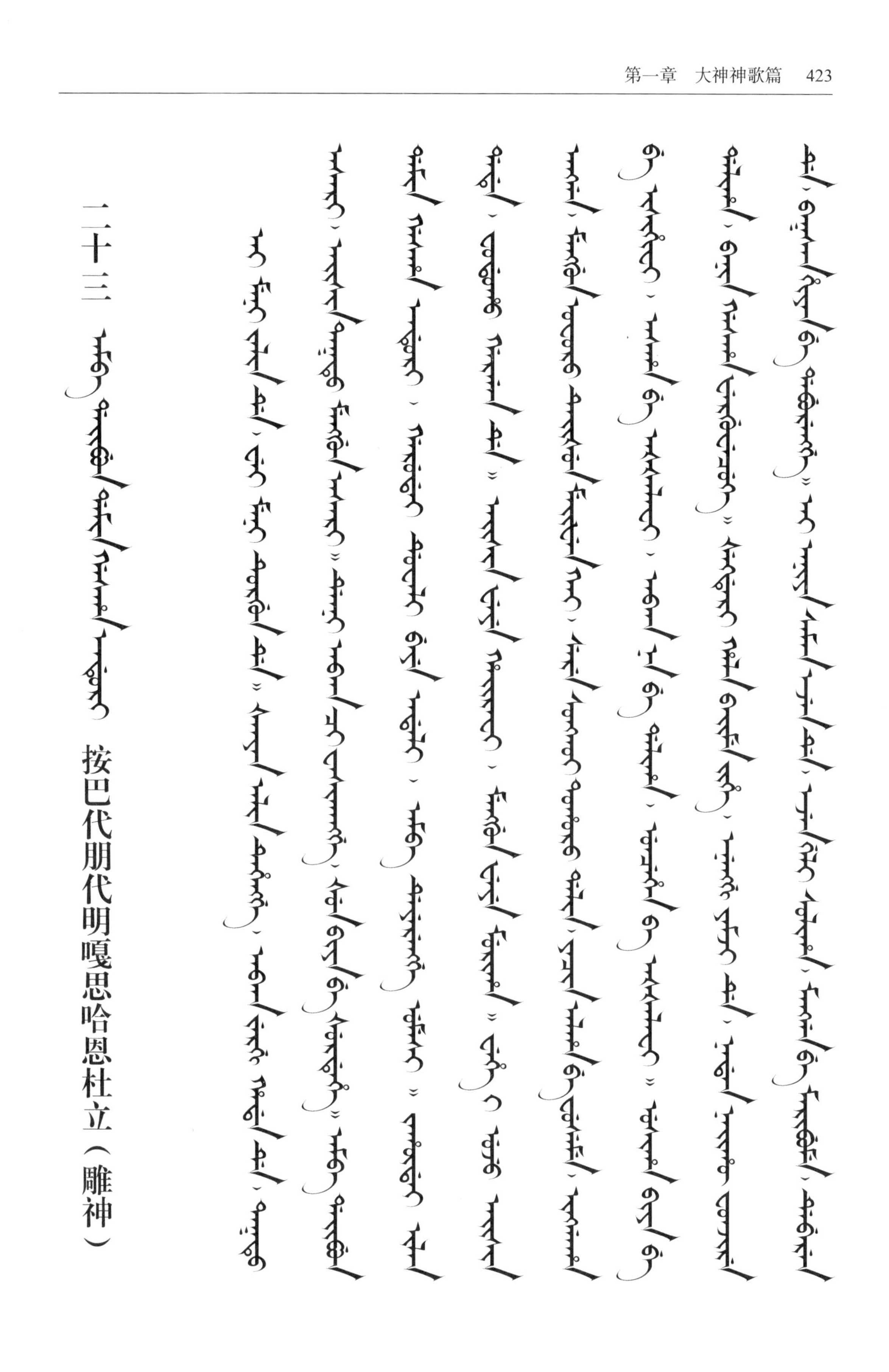

二十三　ᠠᠮᠪᠠ ᡩᠠᡳᡦᡝᠩ ᡩᠠᡳᠮᡳᠨ ᡤᠠᠰᡥᠠ ᡝᠨᡩᡠᡵᡳ　按巴代朋代明嘎思哈恩杜立（雕神）

[illegible]

[illegible]

[illegible]

[illegible]

[illegible]

[illegible]

[illegible]

[illegible]

ᠪᠠᠶᠠᠨ ᡩᠣᠰᡳᡶᡳ ᠠᠶᠠᠨ ᡨᡠᠮᡝᠨ ᠨᡝᡳᠪᡠᡥᡝᡴᡡ ᠠᠯᡳ ᡥᠣᡨᠣ ᠨᡝᡥᠣᡵᡳ᠉

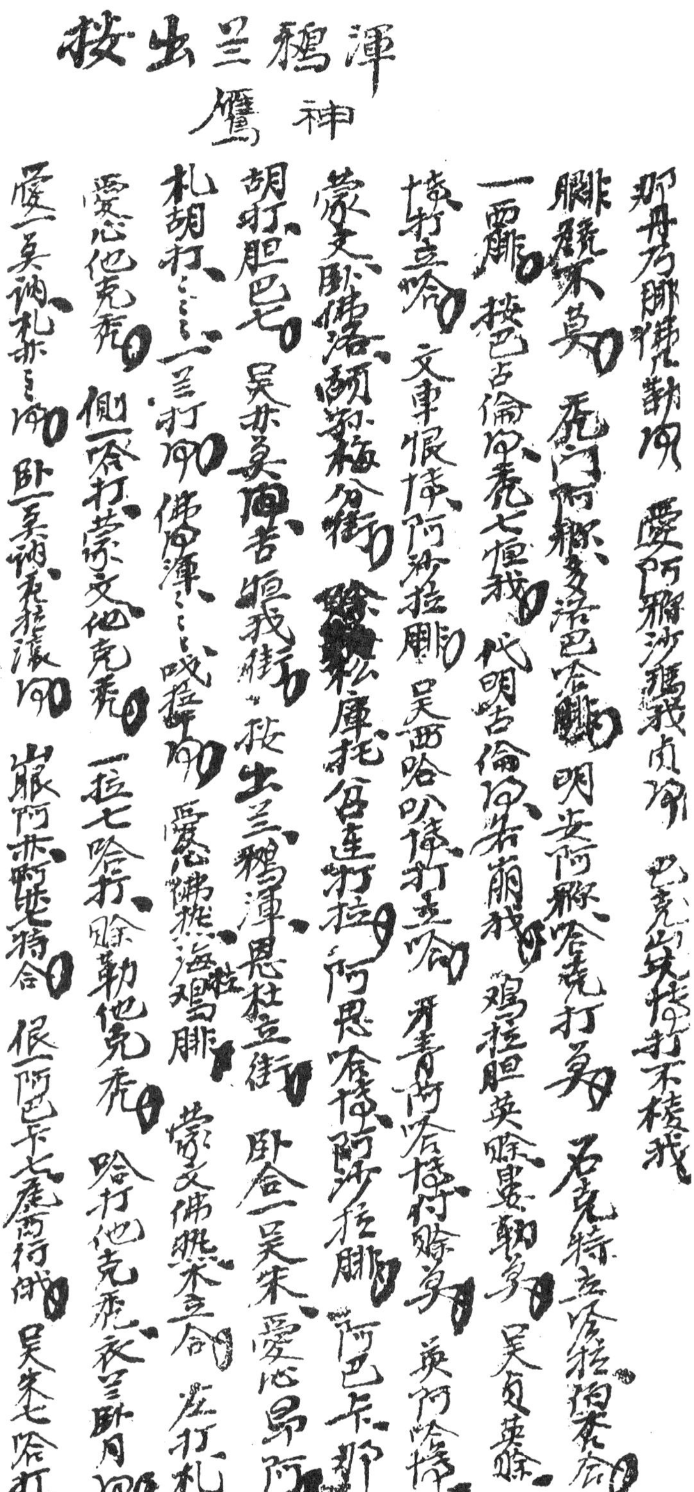
按出兰鵶渾
神鷹

渾神

鹅雁

出三

投

那丹方腺懷勒呵　愛阿辮沙鵶我贞呵　巴克岁嘮打不棱我

腺發呆莴　死门阿辮多浴巴含鹏　明去阿辮哈克打莴　石克特立度拉陶荣台

一鼎　接巴古倫台卷七恒我　代明古倫台弟萌我　鸡拉胆英除界觐莴　吴頁菜縣

埔特立哈　文東恨慌阿沙招鹏　吴西哈吟律打立呵　丹青何含悍待除莴　英阿哈悌

蒙文既佛落颜敉梅分糧　驗私厍托各連物拉　阿思含悍阿沙拉鹏　阿巴卡那

胡打胆巴弓　吴亦吴陣苦煩我街　投出三鵶渾思杜立街　卧含一吴朱愛心昂阿

札胡打三三打呵　佛佈㴆三啲拉牛呵　蒙文佛挑木立台　左打札

愛心他克瓦　佃一奈打蒙文他克瓦　愛佛挑海鸡腺　哈打他克乘衣三卧月呵

愛一吴讷札亦三呵　卧吴讷克拉濂呵　一班七哈招除勒他克瓦

嚴阿悲鹏毯特台　很阿巴卡七度商行呵　吴朱七除打

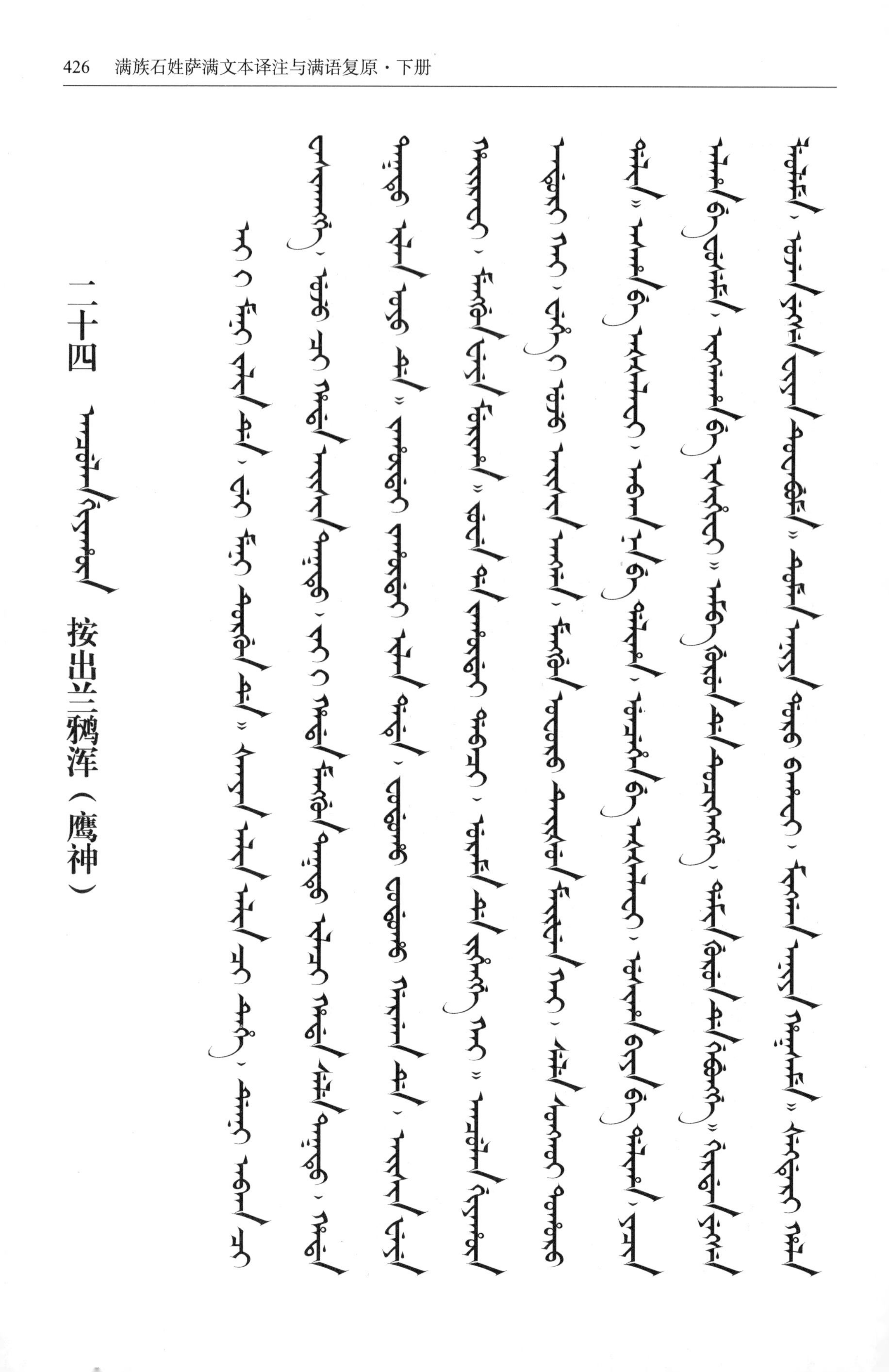

二十四　ᠠᠨᠴᡠᠯᠠᠨ ᠶᠠᡥᡡᠨ　按出兰鸦浑（鹰神）

ᠪᡝᡳᠰᡠᠨ᠈ ᠨᡳᠣᡥᡝ ᠨᡳᠶᠠᠩᡤᠣ ᡩᠣᡩᠣᠴᡳᠨᡝ ᡶᡝᡳᡝ᠈ ᠠᠨ ᠠᠩᡤᠠ ᠠᡨᡝ ᠠᠨᡳᡝ ᡶᡝᡳᡝ᠈ ᠪᡝᠰᡝ ᡤᡠᠸᠠᡵᡤᡠ ᠮᡠᡴᡡᠨ᠉

哈思嘎蘭英哈思吠兰伐

（神鳥野[illegible]）

巴克山先楼打不勒○ 爱阿娜沙玛我贝吟○ 我贝楼拉吟、鱼我腓○

我能尼能乞闭木尼吟○ 三音一能尼、一瑞西登郭○ 多西哈先秃楼○ 很吟顿、多多不吟○

伯立宁我○ 吴贞英赊、睢秃不吴○ 鸡拉胆英赊、妻勒吴○ 石克特立含拉、伯杰含○

打立哈○ 文车恨特、阿沙拉腓○ 吴西哈叭特、打立吟○ 楼巴古伦吟、秃七腓○ 各尔我花拉孙、

赊勒松库、托仓连打拉吟○ 巴那哉思哈、佛拉哑出克○ 阿[illegible]思含样、阿沙拉腓○ 阿巴卡那特、

爱心佛热、海拉鸡腓○ 蒙文佛热、木立合○ 卧合、吴朱爱心昂阿○ 蒙文、卧佛库、颜扎梅登○

伐兰哎思哈、思杜立街○ 英兰哎思哈、思杜立赊○ 札胡打、、、、兰打吟○ 佛吟滩、、、哎拉干吟○

七哈打、爱心他克秃○ 蒙文阿沙立、卧月吟○ 很一阿巴卡七、尾西行我○ 吴木莫吟、吉恒我街○

爱一莫阴、札木吟○ 卧一莫讷秃拉滚吟○ 山眼阿木阿木特合○ 阿巴卡、吟拉鸡、哈打吟○ 吴云、

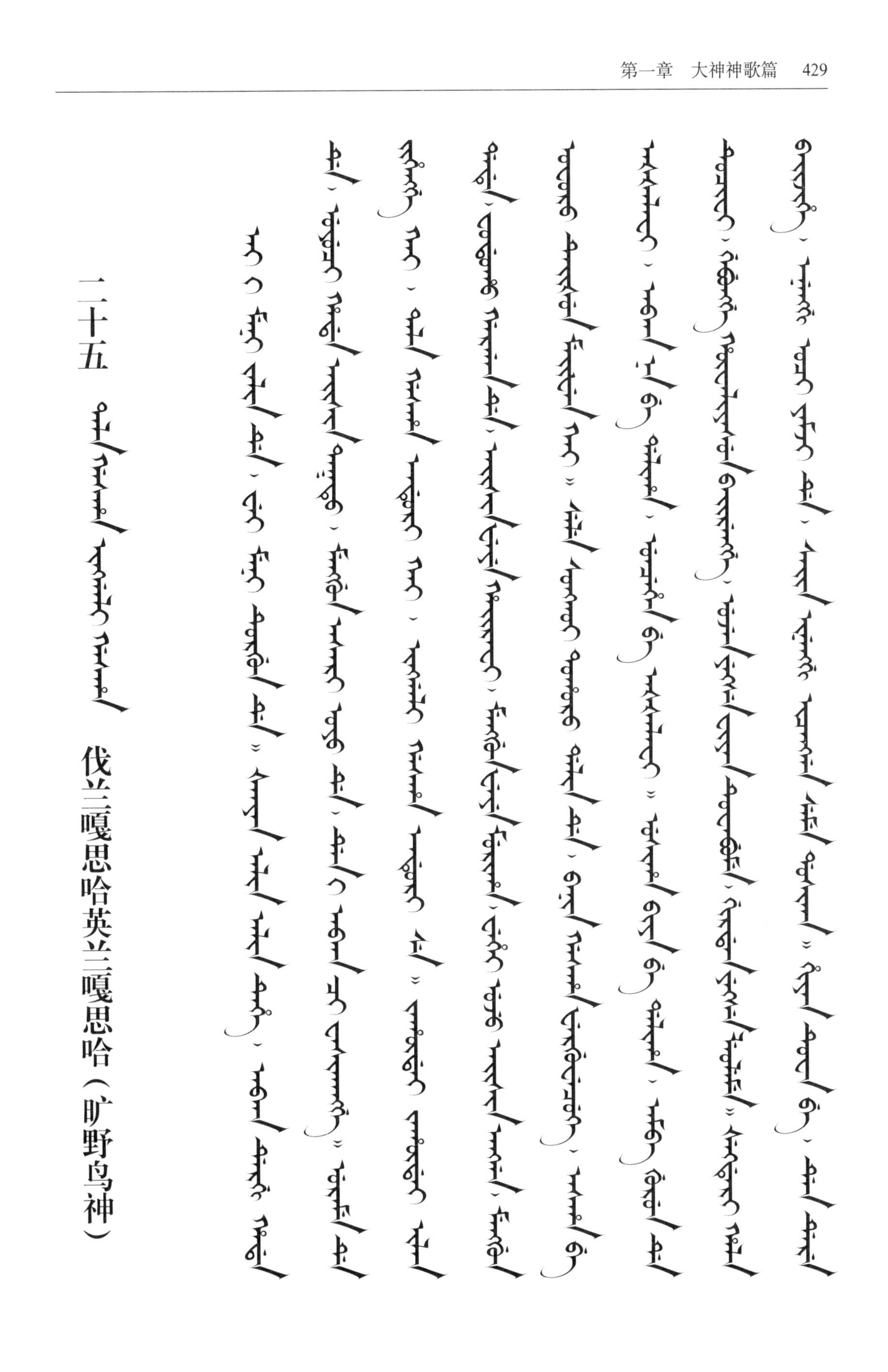

二十五　ᡶᠠᠯᠠ ᡤᠠᠰᡥᠠ ᡳᠩᠯᠠᠩ ᡤᠠᠰᡥᠠ　伐兰嘎思哈英兰嘎思哈（旷野鸟神）

ᠨᠣᠮᡥᠣᠨ᠈ ᠪᠠᡳᡵᡝᠩᡤᡝ ᠵᡳᠯᠠᡵᠠ ᠪᡝ ᠨᡠᡥᡠᠸᡝᡥᡝ᠉ ᡝᠮᡠ ᠰᠣᠨᠵᠣᡥᠣ ᠰᠠᡳᠨ ᠠᠨᡳᠶᠠ ᠪᡝ᠈ ᠰᠠᡳᠨ ᠪᡳᠶᠠ ᠪᡝ ᠰᠣᠩᡴᠣᠨ᠉

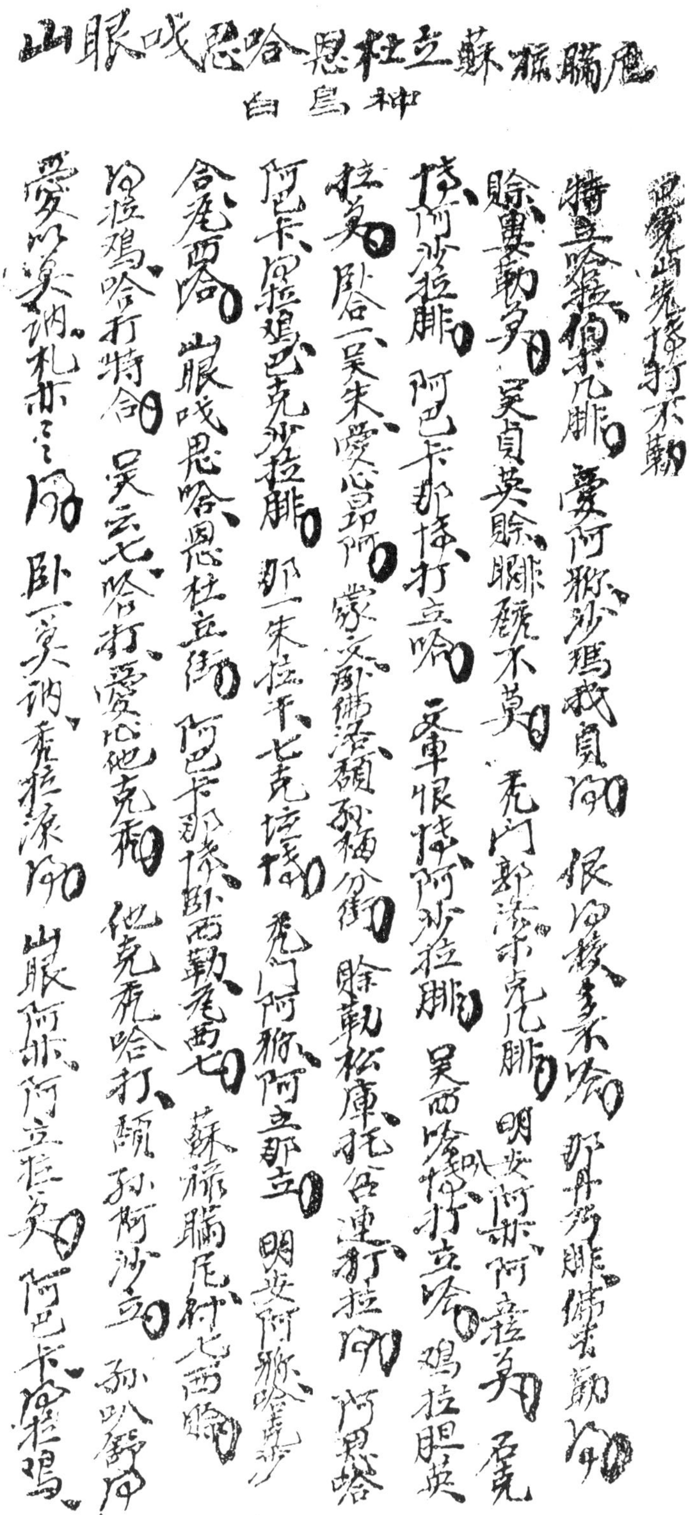
山眼哦思哈恩杜立蘇瓶腩扈
白鳥神

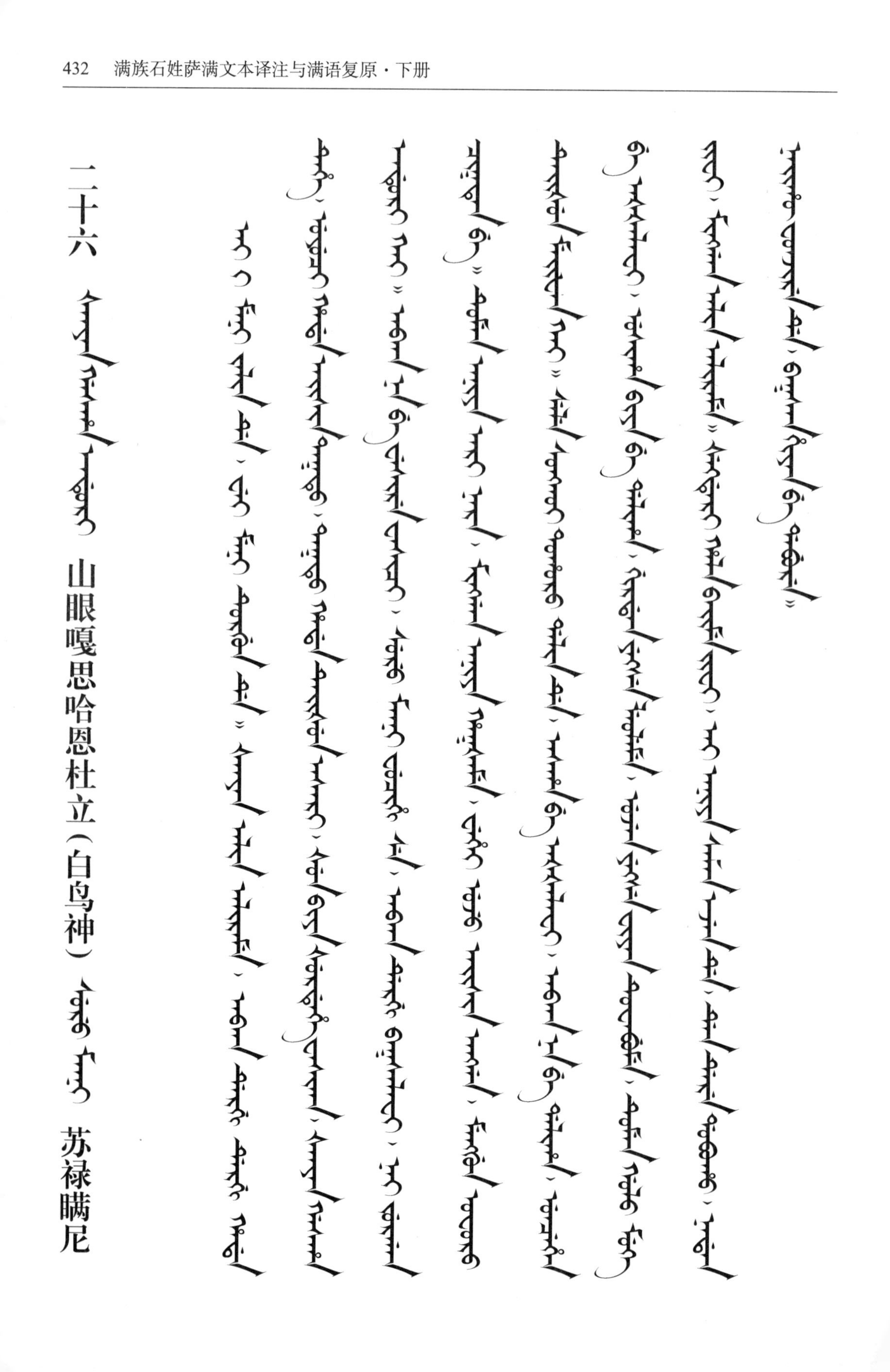

二十六　山眼嘎思哈恩杜立(白鸟神)　苏禄瞒尼

山眼木克哎思哈恩杜立

拉哈莫几合 色阿哈几郭托何 妳丹乃非伏几勒伯 爱阿那沙瑪我貢伯 我貢合立哎立合

吴貞英哈我秃几勒 秃门郎浓木几非 明安阿哈阿立拉莫 我能尼門木几伯 君克拉立哈

郊桂打立哈 文車恨桂阿沙拉非 吴西以得打立哈 要勒莫 瞅鋳木莫 鸡打沙卡札代非

爱心昂阿 嘗文卧伏洛 顏和梅合街 賒勒松庫托他達打拉伯 阿思哈搭阿沙拉非 阿巴卡

賒莫 石哎那拉庫碑之秃七勒 永阿賒莫拉破杜伯 卧合一阿福分单性我 卧合一吴殊

纳音郭浓佛叟倫莫 我亦打立木克未合伯 國一熊尼尼西哈折莫 阿思哈永阿賒勒

旋打冈佛棱瓜拉 卧合一拉打棱巴胡打 碑浓佰吞特莫合哈很 爱扎郭浓搭倚叠莫

松阿立必拉七尼西哈 山眼木克哎思哈恩杜立 棱巴拉打阿他拉莫 很一拉打永阿卧合 永阿

阿巴卡折拉媳〻〻〻哈打伯 吴立巴哈打打爱心他克尼 一拉七賒立哈福坎伯 賒阴莫拉尼西木莫

爱心莫纳尼拉滚伯 卧一莫那扎亦伯 郭敏山眼阿必巴哈打特合 书必一西棱厝打拉拉伯

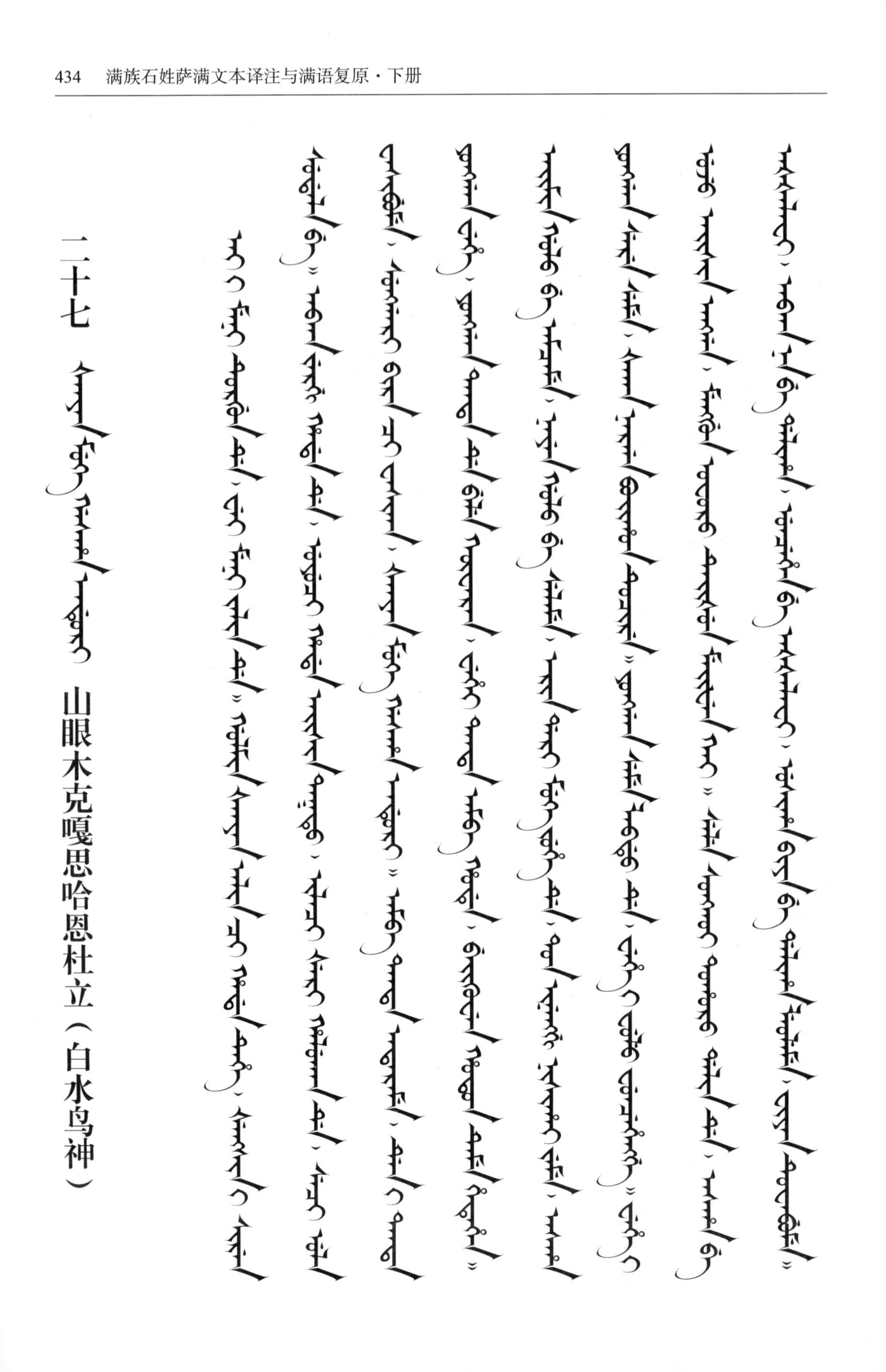

二十七 山眼木克嘎思哈恩杜立（白水鸟神）

立杜恩哈喋甂心愛

神火花金

石克特立喀拉多莫洛 卧思喀 愛阿獼瘛渾卧七

各立閔立喀 愛阿獼沙瑪我貞阿 各棱杜卡闞立莫 泰博杜卡吉莫勒

很阿棱阿發貴杜腓 翻阿棱阿鄂丹杜莫 那丹乃腓佛吉勒阿 我貞

尼佩先博喋哈甂不莫 孙扎七博辍博爱心甂阿 我能尼卧七门不几阿

西哈 愛心甂恩杜立街 我貞博燕阿莫我腓 巴克山先博左戏拉阿

析拉鸡析拉鸡哈打他克秃 辍还以赊合立愛心他克秃 付夹必拉七庵

愛以為棱札几腓 卧以為棱博查庫 山眼阿巴卡阿巴卡七秃西哈

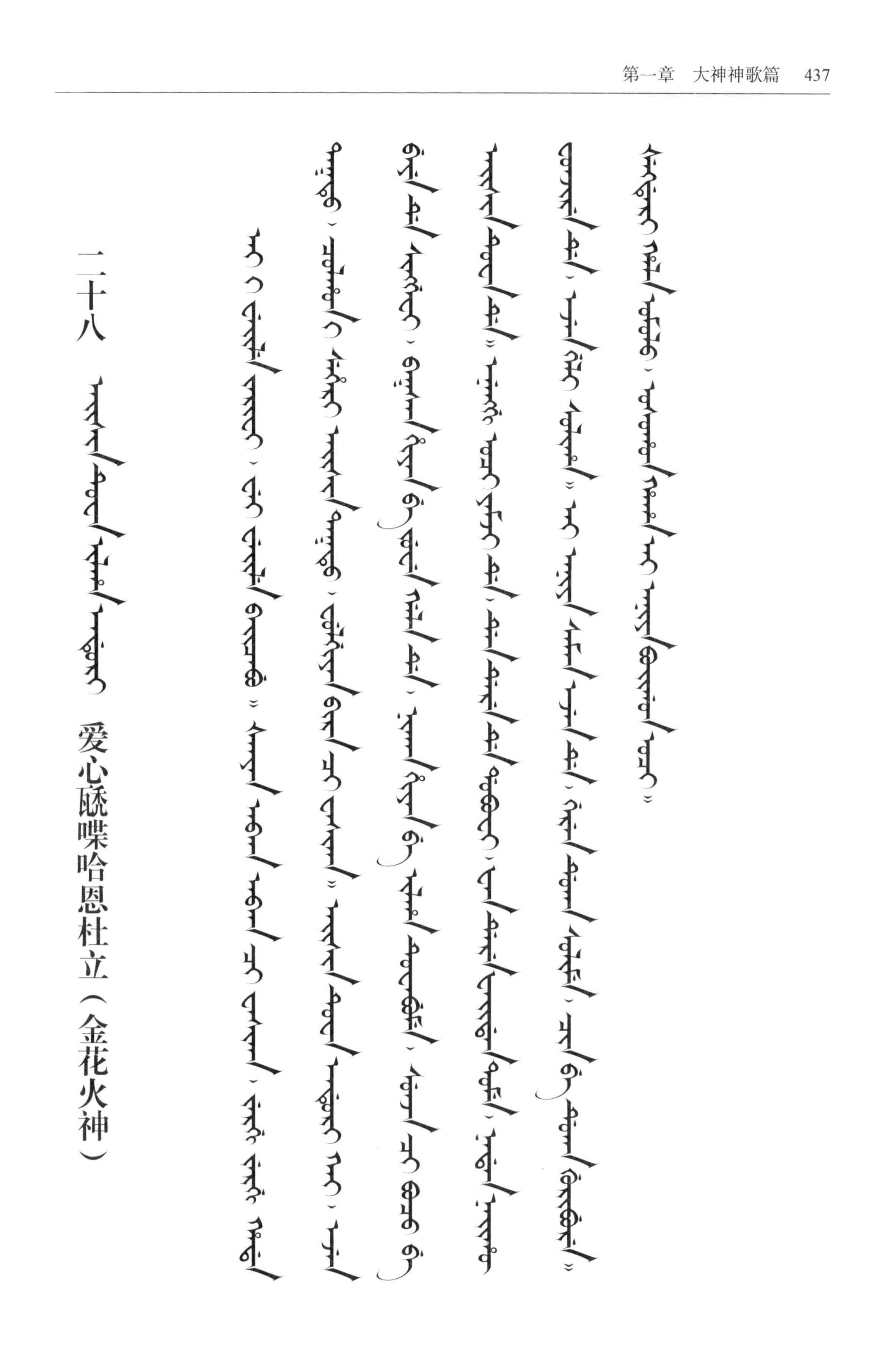

[illegible]

[illegible]

[illegible]

[illegible]

[illegible]

[illegible]

二十八　[illegible]　爱心瓯喋哈恩杜立（金花火神）

立杜恩杜木𤠣

神龍火煉金

很吟核伏、多青杜腓　那丹乃腓、佛几勒伏　愛阿㧱、沙瑪我貞伏

尼西勒　阿亦舒克敦、書打拉𠯈　我能尼、臥七閆不吉伏　巴克山　尖拉打不勒

木克、郭洛莫　明安阿㧱、阿立拉立　西兰杜莫、以心几勒　声心一西核

各莆我拉　吞核伍吞吟、古立腓　吞核伍吞吟、𤠣不莫　尼门阿㧱、

伐洋阿街　石克特立哈拉、瑪法立拉　按巴古倫伏、尼七恒我　代明古倫伏、

还卧心不合　賒勒付他、愛心𤠣伏　尼门阿㧱、多落巴哈腓　明安阿㧱、恩杜立

付拉火、必拉七、尼西哈　𤠣木杜立、恩杜立街　愛心賒勒、不勒合伏　付火付

几恒我　吴巴他克尼、尼西勒　孫札七、哈打、卧月　額拉鳩賒胆、崇文阿沙立

愛以莫納、札赤　卧以莫納、尼拉滚伏　山眼阿亦、特合寧我　阿巴卡、杜腓

合々勒鸡孙、合衲腓〇

三仰、尧克腓〇　卧恳浑哈々、要阿膦〇　庞浑卧七扎赤仰〇　昂阿鸡孙而扎喝

按巴沙、朱克腾伕〇　我贞吴合立、吴云民赤伕〇　多倫三仰、多不腓〇　秀秙嚎

杜卡古立腓〇　巴音台宝、戳立棱俄〇　按木吾光俸打不腓〇　翻仰棱仰、彰丹杜莫〇

尼开立、俸浑赊莫〇　阿几各、占巴立莫、卧立莫〇　各棱杜卡ㄆㄆ西七〇　春俸

杜阿俸、鸦立不莫〇　我腾尼勒々、而析莫〇　我贞俸䄛生鸡々勒俸〇　鸡郎

阿那莫、所立莫打哈莫〇　按巴鸡干、闲义杭俄〇　很一鸡干、吴拉莫〇

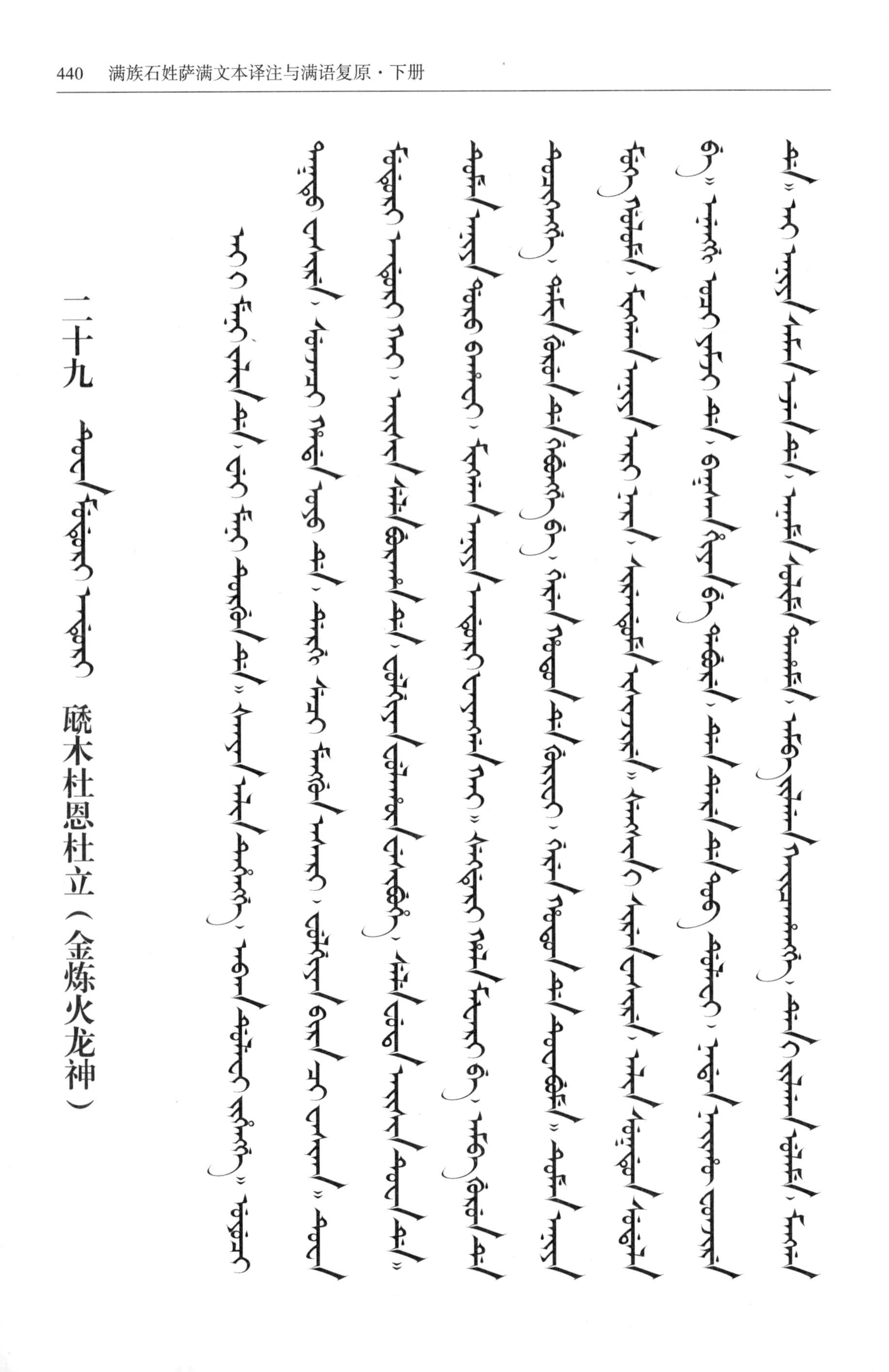

[illegible]

二十九 瑟木杜恩杜立（金炼火龙神）

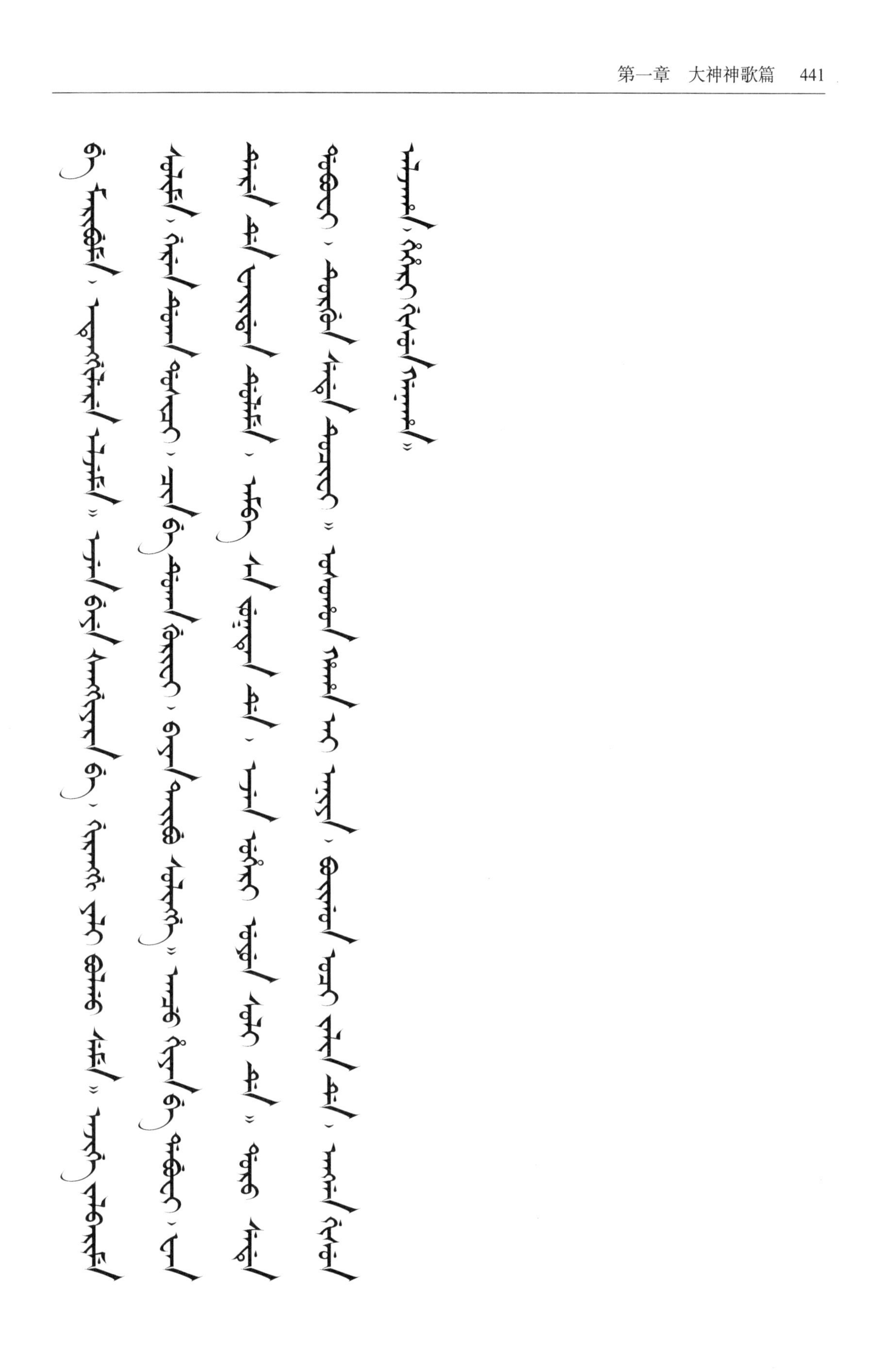

愛心巯佛勤合恩杜立

火煉金神

愛心巯嚎唫秃七勒 按巴拉打阿他拉莫 很一拉打哈尾不莫

愛心拔搋阿庫街 蒙文拔搋哈梅几合 付火巯哈付述舍佛楞

恩杜亦我佛拉旺土克 愛心巯哈不勒楞 蒙文不勒合哈恩杜立賒

拉七巷西哈 賒親吴拉巷西不莫 吴朱七札兰瑪法恩杜凌俄

昂阿鸡孙胡拉腓 按巴鸡干阿那莫 很一鸡干吴拉莫 松阿立必

特立哈拉伯秃腓 愛阿撇沙瑪我負哈 不克打立稱庫拉哈

秃鸡腓克賒莫巯不腓 杜勒莫孃哈勒阿舒其楞 石克

声心一哈打舒打拉楞 吴云七哈打 愛心他克秃 一拉七阿沙立卧月哈

愛心賒勒札亦哈 卧心莫納俄亦哈 山眼阿立拉莫阿拉特合

立侉、卧克杜莫○　佛一叭侉、何杜那○　一車叭侉、阿立那○
孙、昂阿、而札哈○　合ミ勒、鸠孙、合衲恒我○　宁际立侉他立哈○　巴眼侉陪
敦舟杜莫○　石克特立客拉、卧思淳哈ミ○　要阿那、阿宁阿街○　昂阿鸠
腾瑜、克卧不那○　叭心几勒、侉西兰打莫○　佷卧稜、多贵杜那○　翻卧稜卧、
不莫○　石克特立客拉、恩杜立玛陪○　侉佛侉卧卧、卧贝尼街○　翻不哈、朱克
要民、郭陪侉、阿莫查莫○　衲音郭陪侉、錚禄莫○　松阿拉、吴拉、尼西
按巴、瓜拉　卧、侉稜胡打○　乘阿、拉打、牌滚各合○　特木哈卧、佷一阿巴卡○

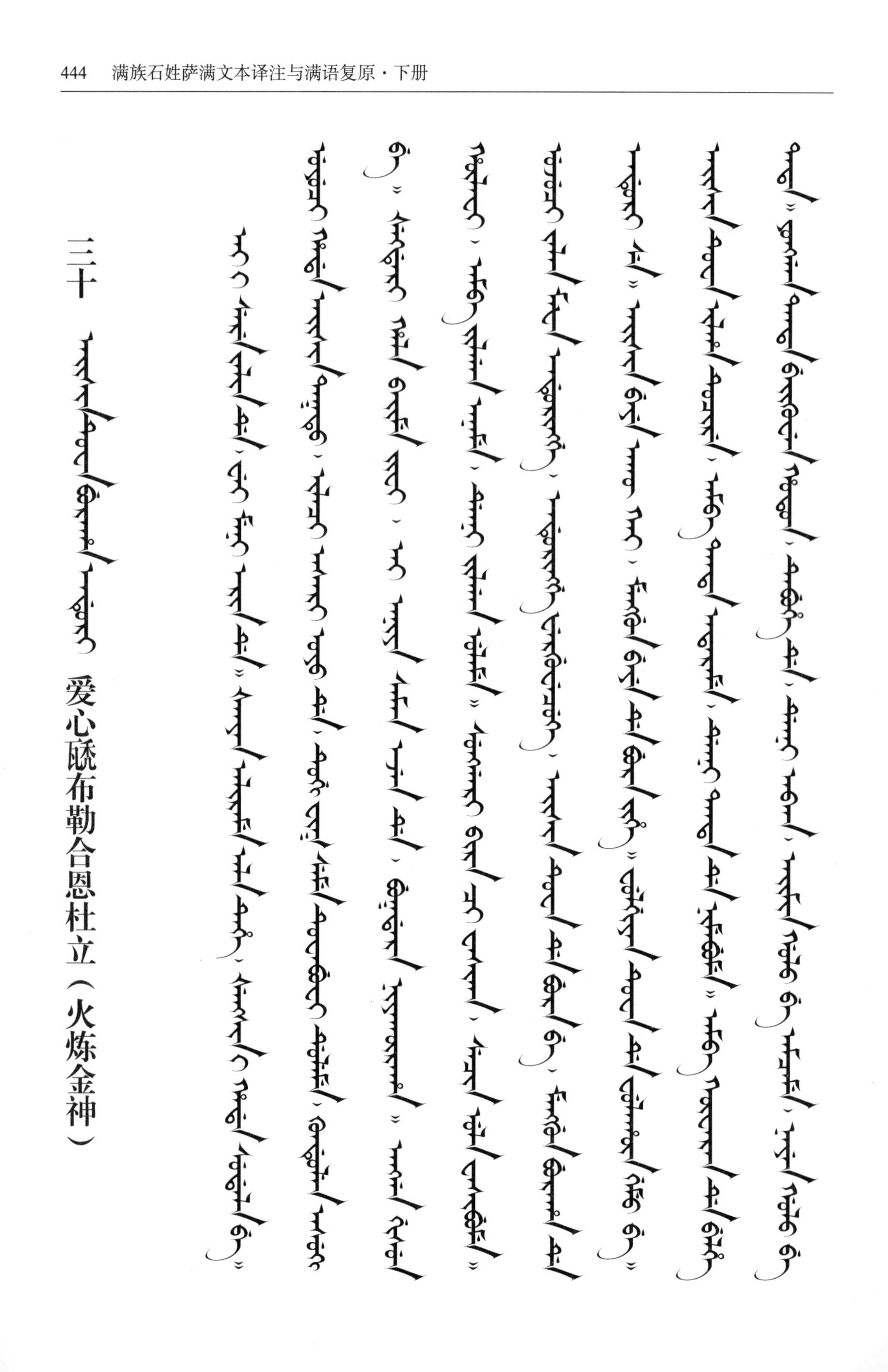

三十 爱心巙布勒合恩杜立（火炼金神）

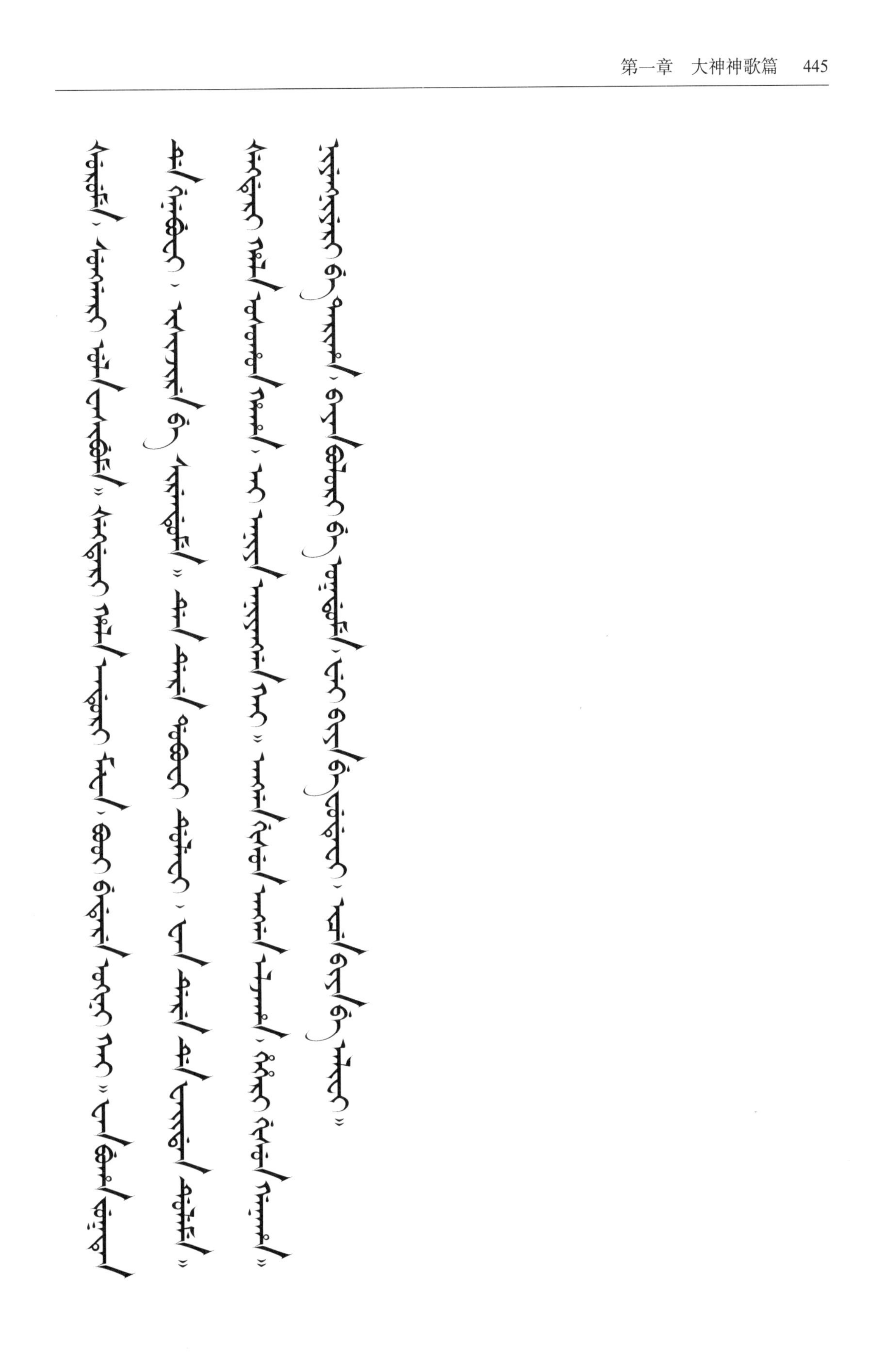

第二章 家神神歌篇

一南炕

跪地叩拜

不拉其那浮不克厅立

口中祝祷

拂阿鸭孫胡拉腓

子孫

卧木洛多莫洛

本姓

哈蘇立哈拉哈拉卧七

恒其那淂猕库拉哈

占巴立莫札林淂

兵懇何屬

古瑪渾阿猕兵懇沙瑪

左右

石克特立哈拉俄林淂

在大堂通请

按巴沙、朱克腾傳、

大堂摆供三路

伯棱俄、依嘿所林

往前退求神祇

朱勒西、卧車庫

跪心求諸位師夫

各棱賒夫三得、各棱瞞尼

阿那莫、所立莫、

按巴沙、朱克騰、

朱勒立、卧車庫得、

各位瞞尼

付七西三得、伯棱俄、

求事如是
俄勒以、伯杭俄、
求之必應
伯哈傅、打哈莫、
赴位享祭
所立哈傅、打哈莫、
請神降臨
谷棱以、朱克騰傅、

伯湯阿得、哦莫勒、
碑賒得、俄不勒、
所林得、瓦西勒、
格木以、所立莫、

云香按处焚
阿眼先博阿那莫、牙禄腓、
来酒摆上
占出渾、儴勒博、
罈中，酒供上
哈壇以、阿拉其博、
供物叔用
俄勒以、書恒俄、

漢香先燒、
朱禄先博朱勒立、堯禄腓、
札卡得、多不腓、
憨七得、多不腓、
三得以、嘎莫勒、

牲畜廢命
俄拉根博、發牙腓、
將猪綁上
合滾得、吳几合、
家猪肥胖
博得以、吳几合、
買猪重大
文得以、烏几合、

按節行刀
札兰博、乔牙腓、
合出渾、書子得、
博冲武、書子得、
吳貞以、書子得、

女何屬渾

卧思合合、虎虎阿獼、

挑事男何屬

倭思渾哈哈、愛阿獼、

因為何

愛一賒勒、扎林淂、

敬礼上供

愛倫三淂、多不腓、

因為我

墨尼莫訥、俄林淂、

因挑事男

扈渾卧七、扎林淂、

為誰事

倭一莫訥、俄林淂、

情形甚善

虎拉滾三淂、虎吹其、

有着也不刻俭
必合以、賖莫浔、
無着無来推托
阿庫以、賖莫浔、
重々叠々
西兰西兰、而札哈、
出口許愿
街阿鷄孫、而札哈、

不出渾、阿庫街、
阿那哈、阿庫街、
言語反復
打渾打渾、合訥腓、
女同應承
合合勒鷄、合訥合、

以水為淨
書拉博、遂他腓、
推朱出糠作大貢
阿拄傅、阿那腓、
擇定吉月良辰
一能尼三一車得、
除旧月換新月
佛一叭博、付杜腓、

備用敬供
博勒渾敖木朱、博勒合腓、
按巴敖木朱、末勒腓、
叭一三、博勒渾得、
一車叭博、阿立腓、

而扎不棱俄巴必七、

过錯太多

而扎不恒俄拉破杜、

知者少

莫拉根莫訥瓦几腓、

高卓擺供

很得棱、多不哈、

阿瑪而、瓦拉腓、

不好之処丢在后

恩得不題俄、付祿得、

愚者多

閔虎渾多洛、汾車合、

飯卓方盘擺列

翻得棱、翻他哈、

台腓吉喜
賒車恨博、苊吹其、
抬头吉庆
烏朱博、苊吹其、
神相恩爱容宽
恩杜立沙、几拉腓、
過犯拿去外边
恩得不库、朱滚博、

賒博貞三得、倭其尼、
烏拉滚三得、卧其尼、
朱克騰沙、瓦克侠腓、
文輟巴得、嘎瑪其、

胡孫博、秃七腓、
出力求福

札兰博、哈拉莫、
世代傳流

俄勒七、朱勒西、
往前至后

胡秃立博伯棱俄、

弯博以、多洛莫、

俄勒七、阿瑪西、

一 ᠵᡠᠯᡝᡵᡤᡳ ᠨᠠᡥᠠᠨ 南炕

[illegible]

[illegible]

西炜夫一腓棱

諸位師夫

賒夫三住各棱瞞尼付七西三住伯棱俄尼倫巴七尼倫巴七山眼

各位瞞尼善佛

始居佛落

依從

占巴立莫札赤住不拉其那住不克打立恆親那住那你庫拉腓各棱

跪地叩拜

懇求

哈拉我林住卧木洛多莫洛愛阿你兵懇沙瑪他其不腓胡拉莫

子孫兵懇

祝神人何属

祝禱念誦

因為何

愛一賒勒札赤住卧一賒勒我赤住哈蘇立哈拉哈拉那七石克特立

為誰事

本姓左石

天地日月晨光現出

貞阿巴卡那博、孫博書勒佉合俄貞吳合立孫札所卉佉桉巴泝朱克騰

共擺供五落在神堂

二十名強漢隨行

卧卉哈哈卧立勒尼西哈必拉七卧西勒瓦西哈尼貞不庫巴那俄

鱻魚河口而來

尼貞不庫巴那俄貞

強壯

尖佉勒牙祿哈莫林陽桑阿三佉卧莫尼佉西哈哈佉勒立

四十名勇漢護軍

天白山而來

管理出征

紅匠白山主總兵

坐騎

阿巴卡七瓦西哈卡打拉莫蝦哈拉哈山眼瑪法蝦哈占爺付拉

三汯一戌莫勒吟𡍼一阿拉其博憃七汯多不腓占出渾儂

碑中白酒摆上

米酒供上

汯俄不勒俄勒一伯杭俄伯湯阿汯戌木勒俄勒一書恒俄

求事如宜

供物收用

立莫所立吟博打吟莫所赤汯瓦西勒伯吟博打吟莫碑賒

遂情赴位

求之必應

在大壇擁請

諸神降臨

枝巴沙朱克騰博阿那莫所立莫各棱一朱克騰博各木一所

秃牙腓 爻倫三住 多不腓 秃几拉滾三住 秃欸其 愛一賒勒扎

敬礼上供 恃那甚善 因為何

書子 谷滾住 吴几合 谷出 書子住 俄拉根博 發牙腓 扎兰博

將猪綁上 淨 牲畜慶命 接節行刀

朱勒立 堯祿腓 文住 吴几合 吴貞 書子 博住 吴几合 博冲

買猪甚大 選猪肥胖

勒博扎 卡住 多不腓 阿眼 先博 阿那莫 牙祿腓 朱祿先墟

芸香按处焚 漢香先前焼

無者至無推托
阿庫賒莫、阿那哈、阿庫必合賒莫、不出渾、阿庫〇佛一以傳、
有有亦無刻倫
旧月已过換新月
女同應允
垂之聲之
言語反復
合合勒、鳩孫、合訥合〇西兰西兰、而札哈〇打渾打渾、合訥勝〇
女人何屬
為我
出口許愿
卧思渾、合合、禿禿阿聊〇泌尼莫訥、我朮法〇栱阿鳩孫、而札哈〇
為誰事
執事男何屬
因執事人
朮法〇卧一賒勒、我朮法〇卧思渾、哈哈、憂阿聊〇虎渾卧札朮法〇

知明者少

莫拉根莫訥、瓦几腓口闊禿渾多洛、分車合口而札不恒俄、

愚魯者多

过錯太多

備用敬供

博勒渾、敖木朱、博勒合腓口佷拉棱、多不哈口翻拉棱、翻他哈口

高卓備供

飯卓擺列

推米出庫作大供

阿拉博、阿那腓口按巴敖木朱、為勒腓口書拉博、遂他腓口

以水為淨

卜定吉月良辰

拉腓口一車以博、阿立腓口一能尼三、一車拉口以一三、博勒渾

台腮吉慶

三佉卧其厄睽車恨博虎吹其睽博貞三佉卧其厄

几拉腓朱克騰沙瓦克俠腓烏朱博秃吹其烏拉滾

台夭吉喜

神主容寬

拉腓恩佉不庫朱滾博文瞉巴佉哦瑪其恩杜京沙

過犯拿去外边

不好之処丢在後

拉破杜恩佉不恒戒付標佉而扎不棱戒巴必七阿瑪西瓦

梭俄

萼博一、多洛莫胡孫博、秃七朋胡秃立博、伯（尽力求福）

（往前至后）

俄勒七、朱勒西俄勒七、阿瑪西札兰博、哈拉莫（世代傳流）

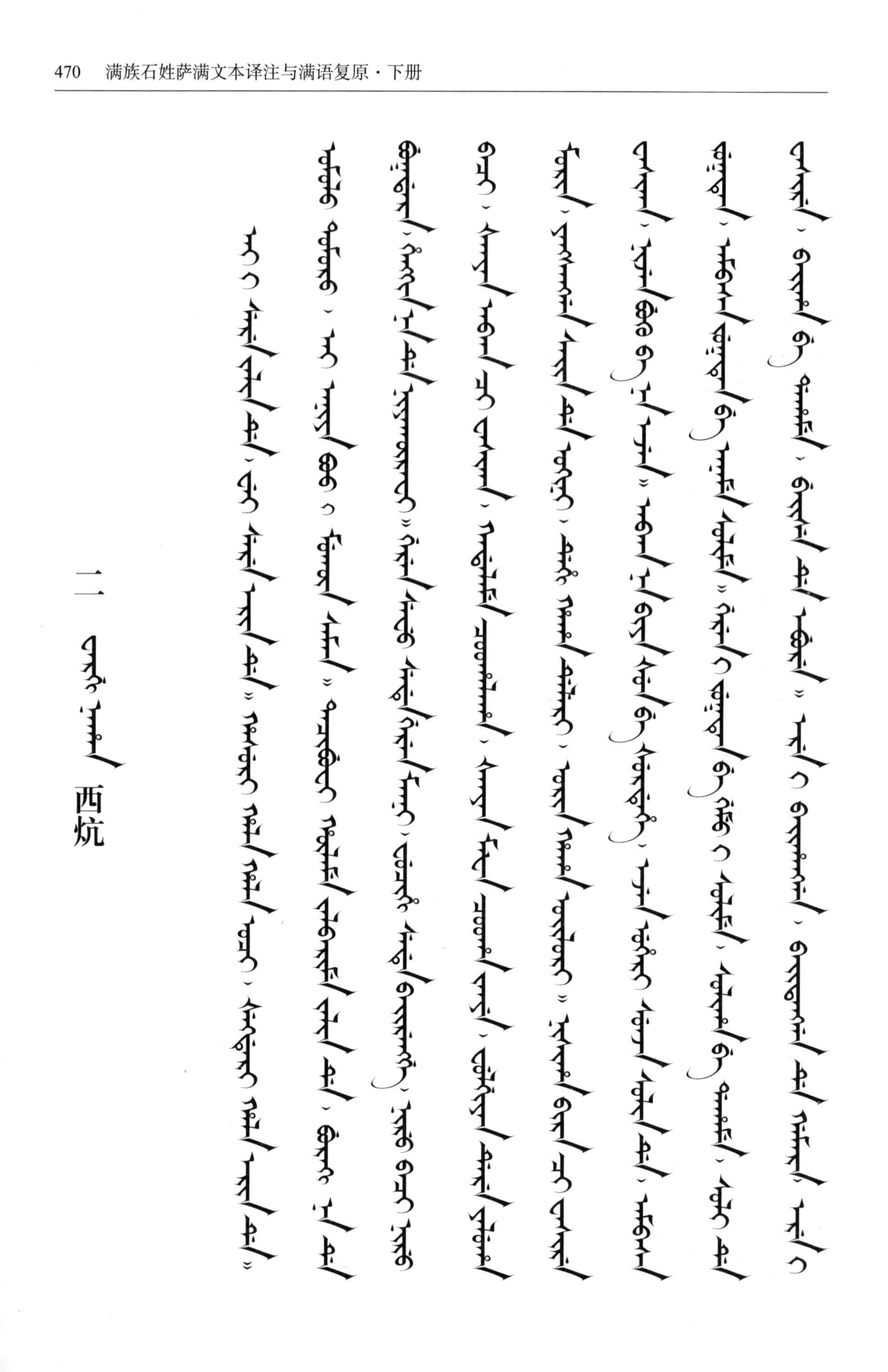

二　ᠸᠠᡵᡤᡳ ᠨᠠᡥᠠᠨ　西炕

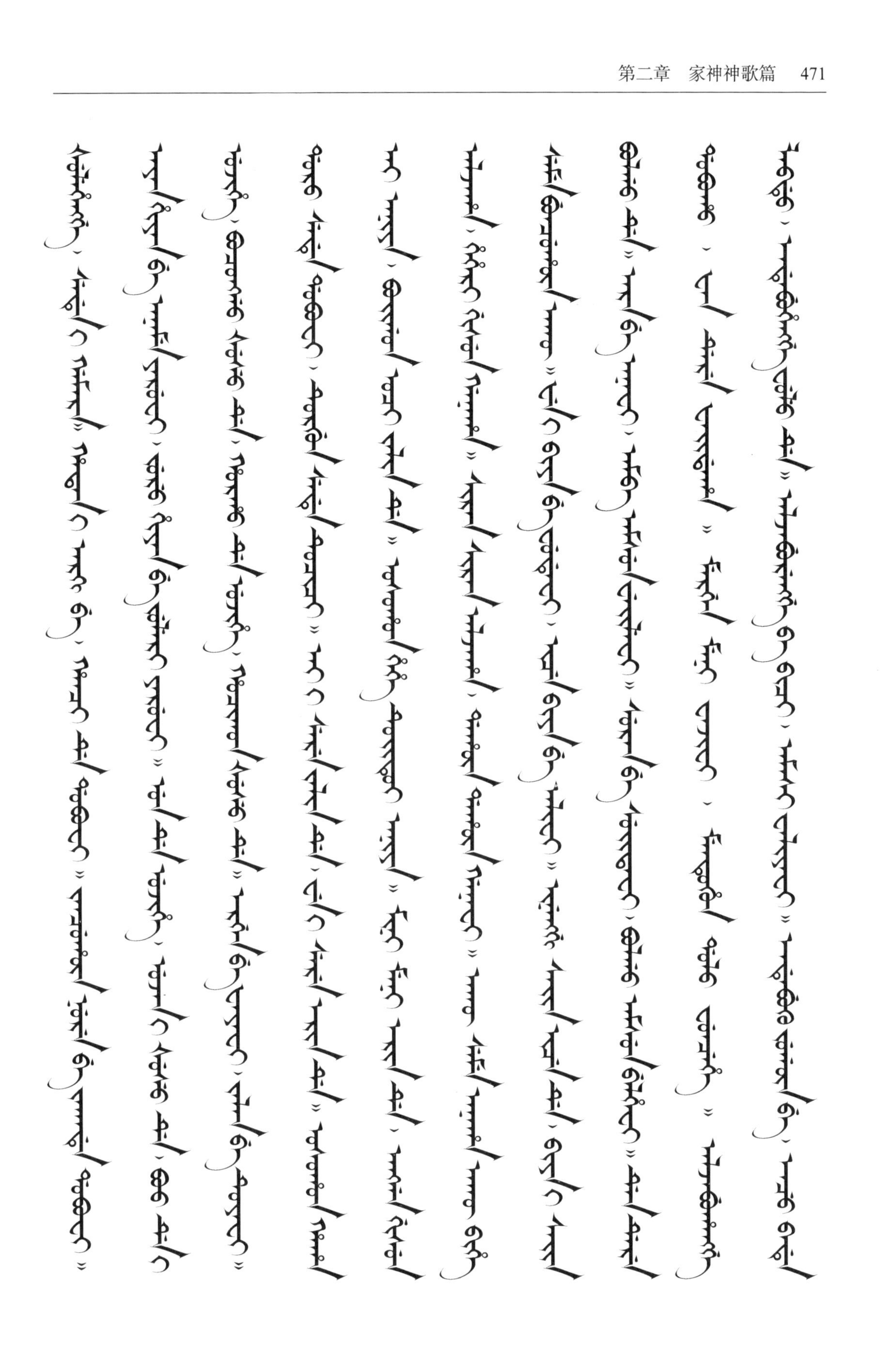

[illegible]

[illegible]

[illegible]

用米祷

付七西三佉、伯棱俄愛一訥莫札朩佉卧以莫訥摭拉佉

周為何　為誰事　虎拉滚

得不克打立恒親那佉猕庫拉腓各棱賒夫三佉各棱瞞尼

懇求諸位師夫各位瞞尼

祷念祝贊

猕兵鑁沙瑪他七不腓胡拉莫阿立不勒札朩佉不拉其那

跪地叩拜

本姓　左右　子子孫孫　何屬兵恩

哈蘇立哈拉哈拉卧七石克特立哈拉俄朩佉卧木洛多莫洛愛阿

札哈合合鴉孫合訥合西兰西兰而札哈打渾打渾合訥腓佛

再三再三的　言語反復

兄弟　小男小女　男女出口許愿

阿渾以斗特[illegible]阿几各哈哈朱賒沙拉干朱賒昂阿鴉孫而

因為我　父母　自本身

沁尼莫訥俄赤佳阿瑪以我莫博以尼博燕佳昊几合[illegible]

挑事男何屬　因挑事人　儿赤佳女何屬

卧思渾哈哈愛阿稱虎渾卧七卧思渾合合虎虎阿稱

倭立哈、我林得○伱尼立博、他立勒○博勒立博巴拉鶶莫○

春種秋收

莫○必拉木克朱合佉○各七勒博、我林佉○赊勒以不克博○

河水成冰之時

泉水細流之時

勒渾佉○御尖牛勒、立博、杜棱不腓○巴眼博洛立博、卧克杜

候到秋成

豐收富歲

以吹博付杜腓○一車吹博阿立腓○一能尼三、一車佉○吹一三、博

旧月已過换新月

择於吉月良辰

折庫博○他杜莫戌几哈○為立合、折庫博○巴拉粒杜莫戌几腓○

碾米已畢

佉拉鴉博、街哈得○卧芯歪立、遜渾博○倭以博街哈佉○垃打莫、

二十穗稽用

將粘谷打完

戌几哈○明安一、遜渾博○木几莫、街腓得○佉西歪立、遜渾博○

千細調逕

四十穗上用

將粘谷拉道錫中

我兰以、折庫博○巴拉鴉哈杜腓佉○湯吳以、遜渾博○垃打一○

百桐逕擇

買猪壹大

打不腓〇文佉吴几合、乌特哈侼俄〇博佉乌几合、花以吴尖佉〇

家猪肥胖

高卓摆供　桌上方盘摆列　七里香挼处焚

挼春香各处焚

很佉棱条翻佉棱、鄂他哈〇按出先博阿那莫、牙禄腓〇年七先博阿眼杜莫〇

降临聚会

腓、佛几勒佉〇巴克山先博、阿那莫〇先打不棱俄、賒莫阿查莫〇

放槽盆内

今日夜晚

在七星斗焚香

倭吞佉特、不腓〇賒勒木克哦几七〇我能尼〇闫木几佉〇那丹乃

朱克騰沙瓦克佚腓烏朱博禿畋其瑪拉滚三佳卧

台灵吉喜

過犯拿出外边

恩得不庫朱滚博文數巴佳戌瑪其恩杜立沙几拉腓

神主恩愛容寬

不好之處去在後

杜思佳不恒俄付祿佳而札不稜俄巴必七阿瑪西瓦粒腓

知明着少

愚鲁着多

过错太多

莫拉根訥瓦几腓悶禿渾多洛分車合而札不恒俄拉破

多洛莫胡孫博虎七腓胡虎立博伯棱俄

出力求福

至後

七、朱勒而我勒卧七阿瑪西札三博哈拉莫彎博以

世代傳流

其尼睬聿恨博虎妳其睬博貞三法卧其尼俄勒卧

台腮吉庆

從前

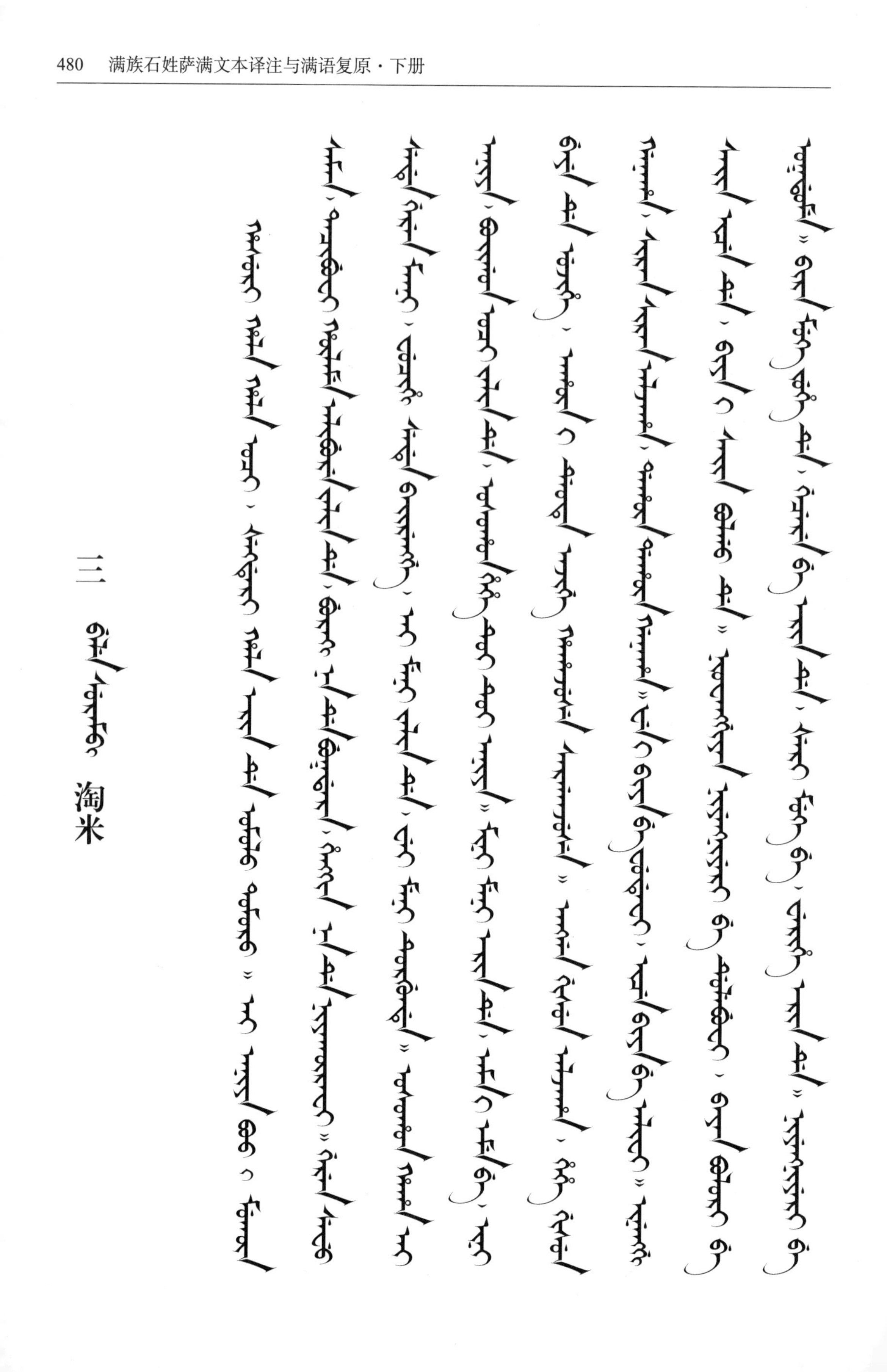

三 [illegible] 淘米

[illegible]

[illegible]

[illegible]

[illegible]

[illegible]

[illegible]

[illegible]

[illegible]

[illegible]

[illegible]

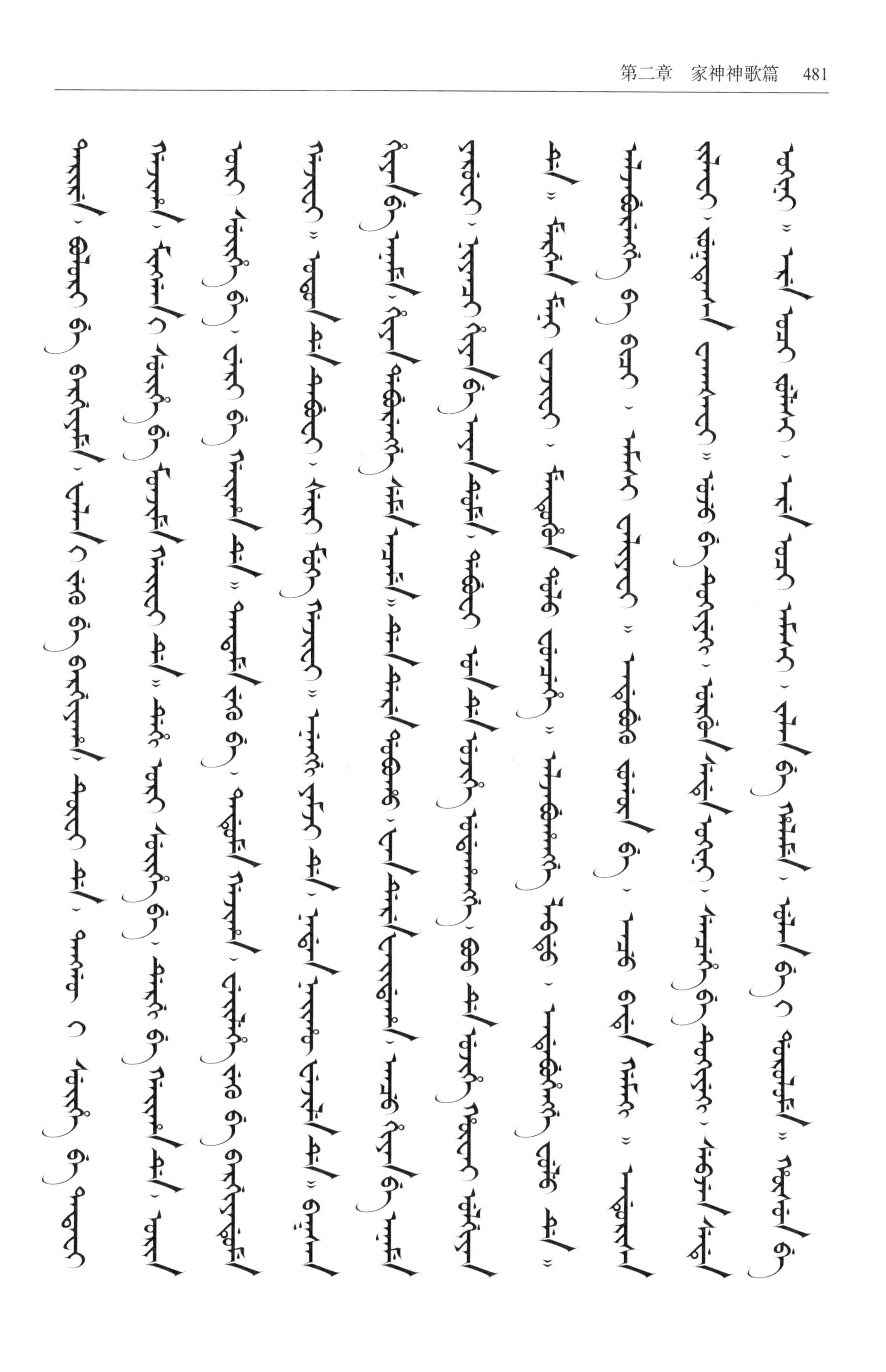

ᡥᡡᡨᡠᡵᡳ᠈ ᠵᠠᠯᠠᡶᡠᠨ ᠪᡝ ᠪᠠᡳᠮᠪᡳ᠉

佛讀媽媽換鎖用

懇求石姓始母

石克特立哈拉、佛杜媽媽、伯楞我禿門一、阿立、明安一、那立卧車庫

鶴赤神靈通天

祀祖神靈

叩拜

其那法、不克打立◯恒親那法、腓㖠庫拉山眼阿沭阿沭七瓦西哈◯

長白山而春

兵懇祝神人何屬

愛阿㖠、兵懇沙瑪◯他其不腓、胡拉莫◯阿立不勒、扎沭法◯不拉

祝贊念誦

跪地

本姓左石

子々孫々

哈蘇立哈拉哈拉卧七◯石克特立哈拉、我沭法◯卧莫洛、朱賒、卧莫西◯

豊收富歲
巴眼博洛立博、阿立腓〇佛一叭博、付杜腓〇一車叭博、阿立腓〇一能尼
旧月已过换新月
按日在此

苗裔之后
付思怕我〇付祿付祿朱賒、卧莫稀佉〇徘尖牛勒立博、杜棱不腓〇
候到秋成

思渾合合〇博热佉、烏几合、愛阿腳〇泌尼莫詢、儀棱佉〇付賒合、
已身所生
為我事
所生

瑪法、朱克特合〇佛一、佛、拉滾佉、佛多付杜庫〇石克特立哈拉卧
陈柳枝到季改换
石姓挑女何属

樹枝拴　淨布条　作成神鎖
立、蘭山法、怀他腓〇貴渾㕶春法、貴渾烏朮、哦几哈〇昊貞他拉哦
巧手剪成銀錢　紙条
巴烏朮法、哦几哈〇伐克西、哦拉法、鄂他腓〇蒙文鴂哈博、鄂他哈〇喋哦
為淨　取來柳枝栽在院中　大城内取來白綾
拉博、遂他腓〇哦几哈花、一、杜朮法特不合〇按巴㕶吞法、各訥合〇按
即紀念日　新小黄米　粢
杜卡、不哈庫〇我特合、一能尼、我法勒拉庫〇一卓腓、稀合巴哈腓〇薁

住○伯哈博打哈莫○年七先博牙禄莫打不腓○文住吴几合吴打
求之必應　按春英　買猪至大

伯莫○卧莫西木特七卧永五伯莫○我木所卧住○按巴沙朱克騰
小孫長大以先所求　在大壇摆供一落

博伯棱俄○阿拉蘇哈托卡尼按不拉博伯棱俄○朱賒沙茂西朱勒西
枝葉而求大　小兒長大以前求

禄阿庫○阿拉蘇哈托卡尼按不拉阿庫○付賒克托卡尼付禄
枝葉無大　所生求多

七付賒克停俄○阿巴打哈沙七阿拉蘇哈停我○付賒克託卡尼付
以樹葉而發生　所生無多

為勒合○朱賒卧莫西住合特莫○二合太歙卧不莫○阿拉胡沙
子孫代鎖保平安　以口代所生

博一多洛莫〇胡孫博秃七腓〇胡秃立博伯楞俄〇

出力求佃

尼莫庫阿庫〇我勒卧七朱勒西〇我勒卧七阿瑪西〇扎三博哈莫拉下〇弯

望前至

世代傳流

翻沙克打不〇二合太翻班金不〇湯吴阿㸿他拉干阿庫〇腓朱阿㸿

少者吉順

百年無災

六十年未病

分車合〇恩杜立三音几拉腓〇朱克騰三音阿克杜拉腓〇三音太

神主容寬

善佐保佑

老者平安

高卓摆供

卓上方盃摆上

知明者少

愚魯者多

佷佉棱多不腓〇翻佉棱翻他腓〇莫拉根莫訥瓦几腓〇阎秃渾多洛

家膳肥胖

推米出糠作大供

洛蘇乎〇博佉吴几合花一札糠〇阿拉博阿那腓〇按巴爾木㸿為勒腓〇

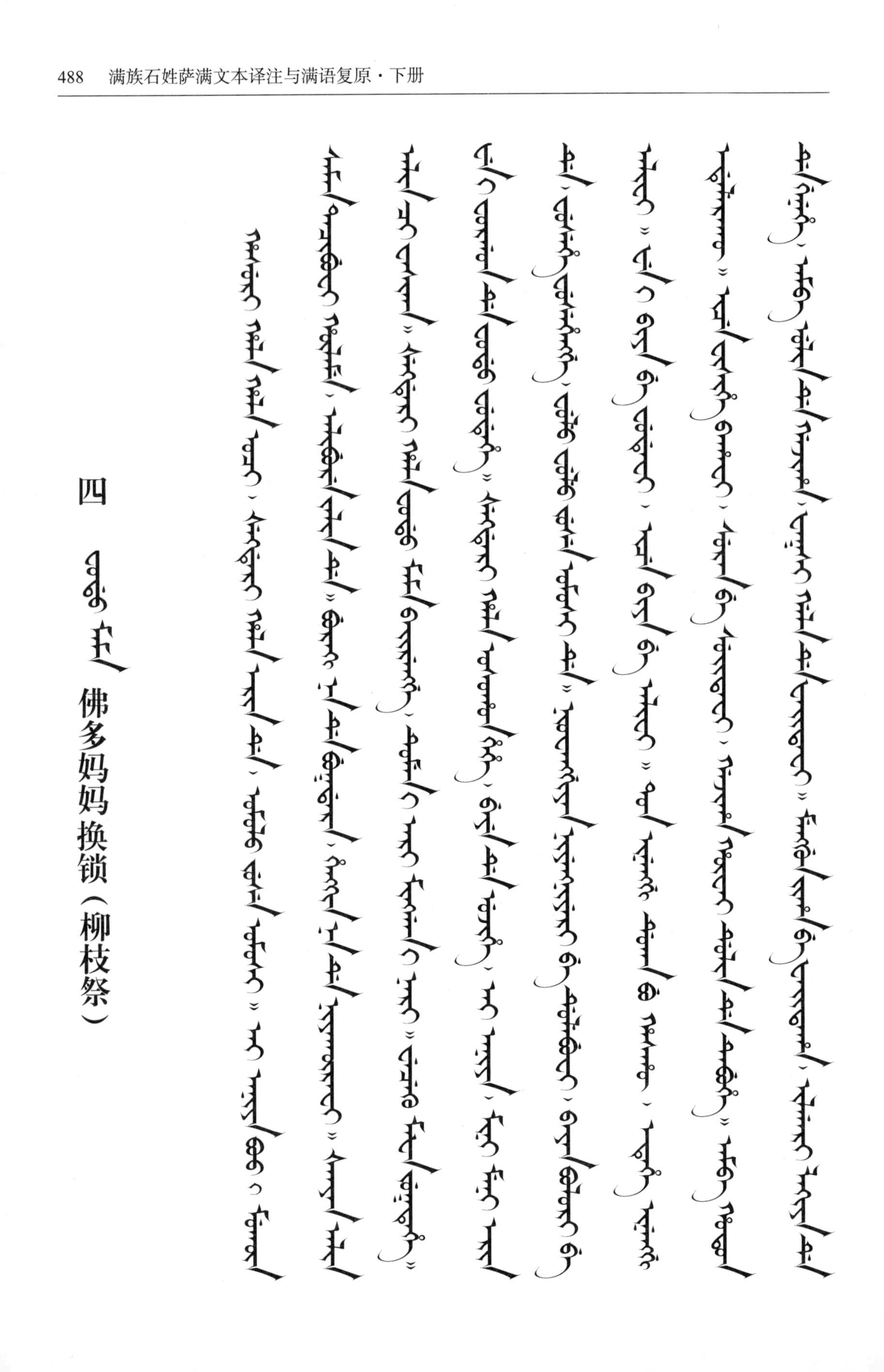

四 ᡶᠣᡩᠣ ᠮᠣᠣ 佛多妈妈换锁（柳枝祭）

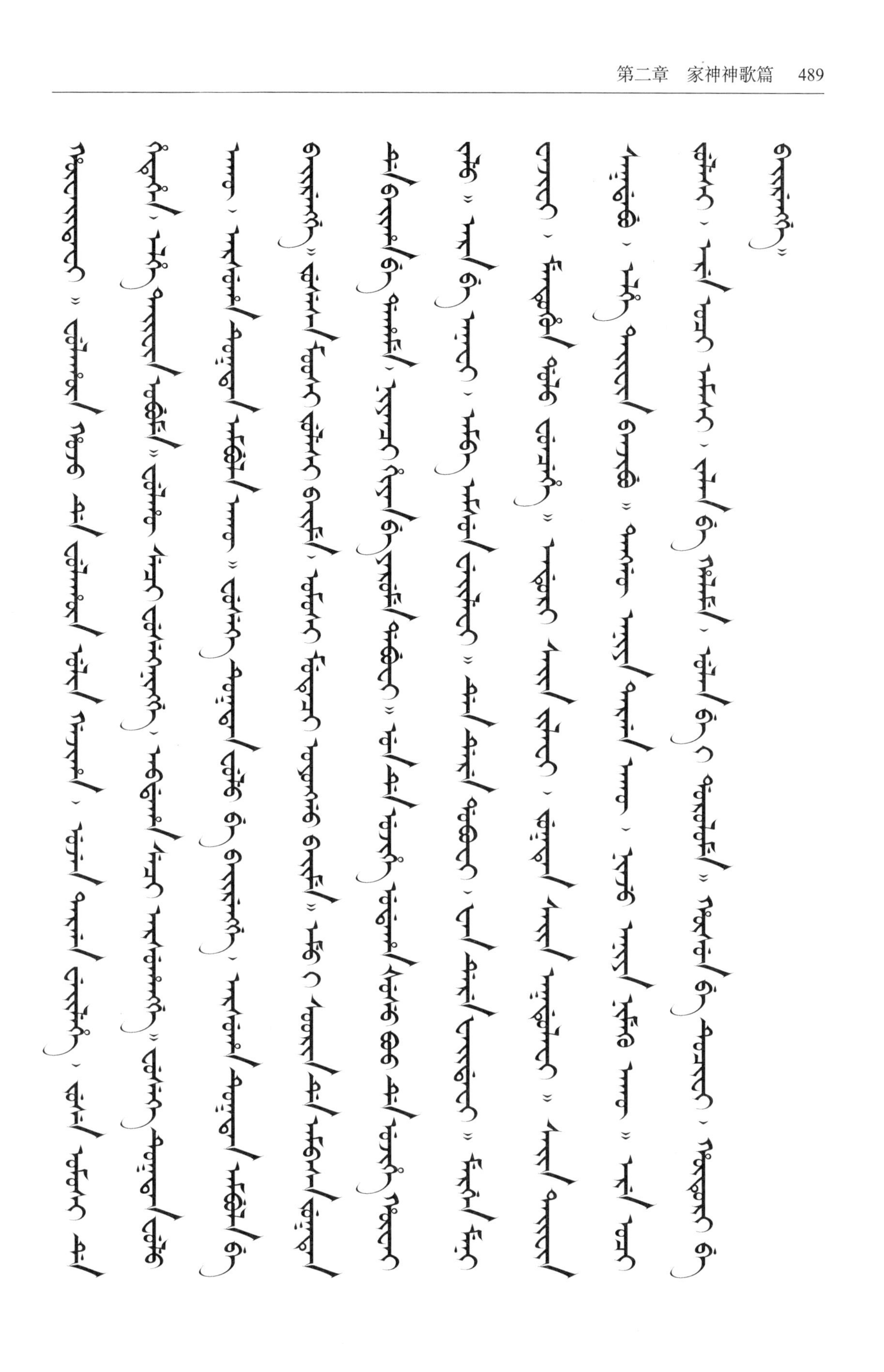

奥讀媽媽用

平營出征

阿古兰、誇兰厓阿伐拉厓、代拉拉𠰻分厓朱祿博莫凌阿陽

騎双驥強壮

莫、猕庫拉哈𠰻傲讀媽媽得、伯棱俄我木一所木厓𠰻撒海

恳求奥杜媽々

摆供一落

其若

沙瑪𠰻占巴立莫札林得𠰻不拉其那厓不克打哈𠰻恒其勒

祝祷

跪地叩拜

今姓左石

哈蘇立哈拉、哈拉卧七石克特立哈拉、我木厓𠰻恩阿猕、兵懇

兵丁恳祝神人何属

從前之善

勒西三佉卧七尼石克特立哈拉卧思渾哈哈愛阿称阿倖

召姓執男何屬

緊急而去遥遠

各謝合我克賒莫几佉其哈西拉莫朱克騰三得阿克打朏朱

神全容寬

晝走千里

夜行八百

我拉佉貌阿巴卡明安尖博多博立牙不棱俄扎坤湯吴

占馬行走各处太平

桑阿三佉倭其尼牙祿哈莫赤巴博太豁三佉卧其尼

木孫爲勒腓貢渾木克街戍几腓卧拉胡書書戍几哈很

净水取来

草料借用

商卓

腓能尼三一卑街叭一三博勒渾街阿拉博阿那腓楼巴敖

卜定吉月良辰

推禾去康作大供

哈巴眼博洛立博巴拉鸦莫佛一叭博付杜腓一卑叭博阿立

旧月已过换新月

阿街昂阿鸦孫愛勳杜莫合合鸦孫合訥恆俄傅厥立博他立

出口许愿

女同應允

春種秋收

瓦几腓问秃渾多洛分車合恩杜立[illegible]莽拉腓朱克騰三音
愚者多　神主容寬

冲武書舒子多倫三佳多不腓秃拉滾三佳秃妙腓莫拉根莫納
敬礼上供　因此情形　知明少

先博朱勒立牙祿莫文佳烏几合吴貞書子博佳吴几合博
先前奘　買猪壓大　家猪肥胖

佳棱多不腓翻佳棱彭他腓年親先博阿那莫牙祿腓朱祿
摆供　方盃摆列　枝春香奘　漢香

多洛莫胡孫博禿七腓胡禿立、博、伯棱娥

出力求细

七米勒西戒勒卧七阿瑪西札兰博哈拉莫莺博

世代傳流

阿狲、他拉干阿庫偉朱阿狲、尼莫庫、阿庫戒勒卧

六十年未病

從前至后

阿克杜拉腓三音太翰、沙克打石而合太翰、班金不湯吴

老幼平安吉順

百年無災

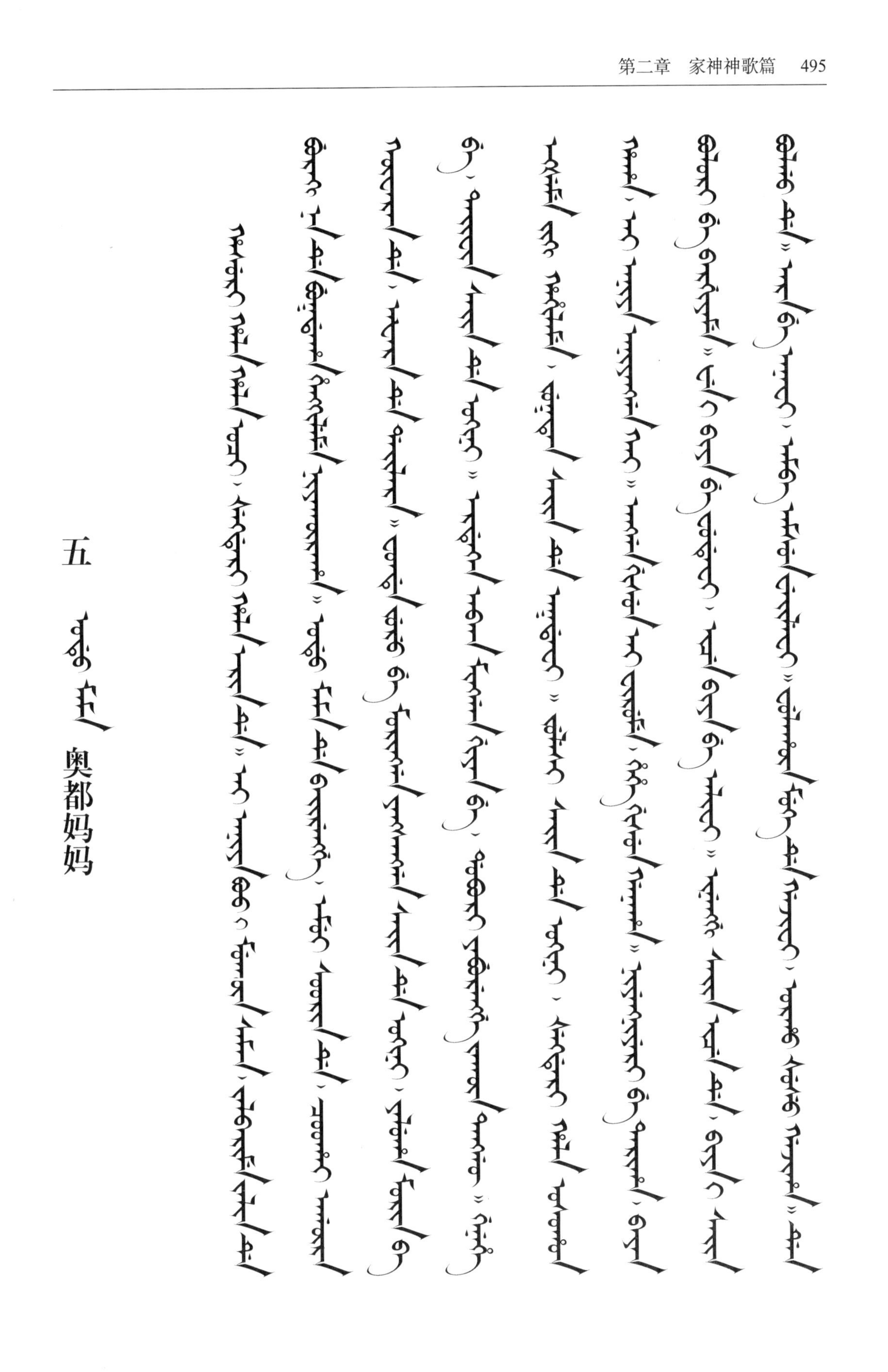

五 ᠣᡩᡠ ᠮᠠᠮᠠ 奥都妈妈

[illegible]

[illegible]

[illegible]

[illegible]

[illegible]

[illegible]

[illegible]

順星用

出口許愿

女用應承

春種

阿猕虑渾倭七昂阿鴉孫而札哈合合鴉孫合[illegible][illegible]（勒）俄停結

石姓执事男何屬

不克打立各不那（法）猕庫拉腓石克特立哈拉卧思渾哈哈愛

禱祝念誦

跪地叩拜

猕兵懇沙瑪他七不腓胡拉莫阿立不勒札亦法不拉其那法

本姓左石

子孫兵懇何屬

哈蘇立哈拉哈拉卧七石克特立哈拉我亦法卧木洛多莫洛愛阿

几勒得○很法棱、多不哈○翻法棱、勒他哈○巴克山先博、打不棱

高卓摆供 飯卓摆列 漢香先奠

吉月良辰

尼三一车法○叭一三、博勒浑法○我能尼闫木几法○那丹乃腓佛

今日夜晚 在七星斗下

法○而合太勒、卧不莫○佛一叭博、付杜腓○一车叭博、阿立腓○一能

旧月已过换新月 卜定

秋汲

立博、他立勒○博洛立博、卧克杜莫○我莫七、阿那、堆七佛拉滚

四季平安

三佉、虎吹其我能尼、闫不几佉伯棱俄不克打立、即心不腓、恒

今日夜晚

跪地叩懇

牲畜慶命

我拉根博、伐牙腓札兰博、虎牙腓多倫三佉、多不腓虎拉滚

按節行刀

敬礼供物

形情甚善

買勝重大

祿莫文佉吴几合、吴貞書子博佉吴几合、呂出渾書子

家猪肥胖

摆供一落

俄以兰一、所朩佉山眼阿莫孫、爲勒合卧車必特合、肖山、牙

餵馬子一遍

星君保佑

吴西哈阿克打腓虎门吴西哈虎七腓明安吴西哈虎七勒

萬之星君

千之星官

五斗星官

孫札七乃胡哈分吴西哈卧不札库七托克短吴西哈各棱

八宿星官

各位

吴西哈傅很一我貞玉皇上帝那丹乃胡哈拇哈吴西哈

玉皇上帝主君

七星北斗星君

同請各位享祭

青天星辰日月

其勒莫各棱各木阿那莫所立莫打哈莫豁鵰阿巴卡

七阿巴卡憨法卧西渾七伯楞俄卧思渾哈哈愛阿哳特尼

挑男何屬

同心

西哈朱克騰朱克特合吳西𤋮瑪法立博卧心不腓覩勒卧

祀祭星宿

奏懇衆祖

叩懇天君

銀鳥

蒙文錣庫吳中阿法多博立而很博鴉胆腓瑪法卧車合吳

夜祭光亮

神祖星君

三星宿官

高天祖祭

金鳥

㐅吳西哈秃七腓很一阿巴卡七那以氏西哈愛心錣庫沙哈連

舉三法卧其尼三音太勸三音卧不腓而合太勸而合卧不勒

温和良善

平安吉順

阿克打腓卧西渾三法卧其尼朱克騰三法阿克打腓君楼

大姪保佑

慶悦

滾賒博貞班几其尼博以朱克騰書克杜立卧車庫三法

家神主護佑

同意

他靚必故際渾七心伐渾法伐立腓吳胡法吳立腓吳拉

肝胆誠愿

口腮

四方赴出

墩音合子、阿莫查莫

吉庆

博、我拉賖莫太勤三陡、卧其尼依兰合子、一克賖莫

三角追行

拉滚三陡、卧其尼我勒卧七、阿玛西我勒卧七、朱勒立戒林

从前至后

时刻

老者康健

太勤三陡、沙克打不而合太勤、班金不吴依博、秃欧其吴

幼者平安

台腮吉喜

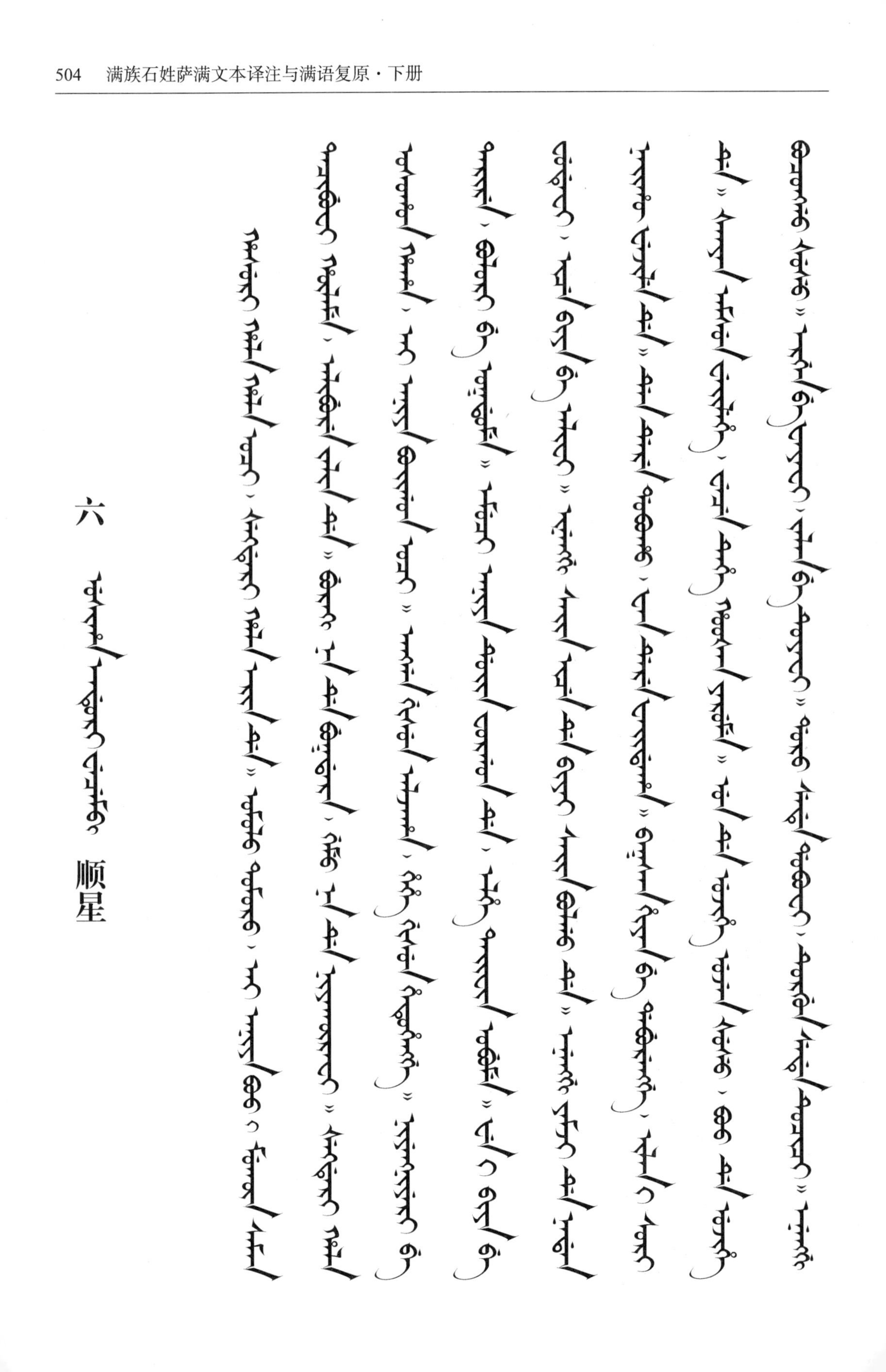

六 [illegible] 顺星

[illegible]

[illegible]

[illegible]

[illegible]

[illegible]

[illegible]

[illegible]

[illegible]

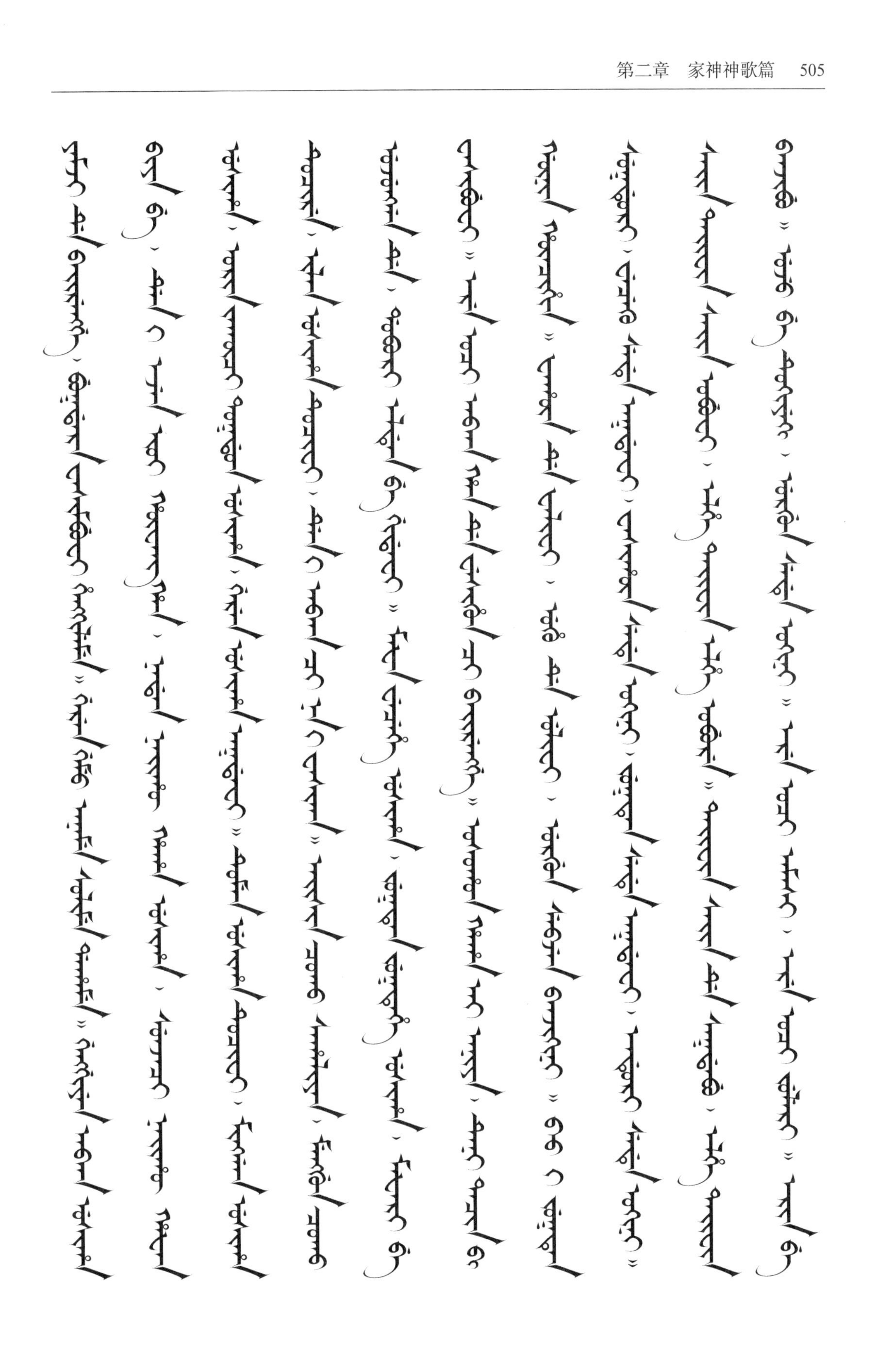

ᡳᠨᡝᠩᡤᡳ᠈ ᠪᠠᠨᠵᡳᠨ ᠠᠪᡴᠠ ᡩᠣᠪᠣᡵᡳ᠉ ᠠᠮᠪᠠ ᡩᠣᠪᠣ ᡝᠵᡝᠨ᠈ ᠪᡳᠰᡳᡵᡝ ᡩᠣᠪᠣ ᠠᠩᡤᠠ᠉

開天祭

早辰好　一　本姓　左石

七馬立卧七三音賒莫哈蘇立哈拉哈拉卧七石克特立哈拉

九層之天　分上分下　今日吉

吳雲阿巴卡吳德莫街書俄能尼倭七以常阿賒莫

重天之祭　祝禱天神

賭鴉阿巴卡各尼懇街書吽喂阿巴卡你立莫街書

開天闢地以來　有稟有索　清天之太

披朱阿巴卡阿立莫街書很一阿巴卡敦几莫街書

男屬甚么的　同女

哈拉卧思渾哈哈愛阿猕扁渾卧七札亦法卧思渾合合

二　梅　天神　石姓族長

戌瑪其左戌拉法阿立腓阿巴瑪法倭心不腓石克特立

跪叩拜

不拉其那法不克打立恒親那德猕渾拉[illegible]腓我不戌拉法　一

何屬兵猊薩瞞　祝神么念禱

俄林得愛阿猕兵猊沙瑪占巴立莫他七腓阿立不勤札亦法

祭天

三、博勒渾佉阿巴卡憨佉、卧西渾七、伯棱俄必猹木克

求神　净米

旧月已过换新月

腓佛一叭博、付杜腓一車叭博、阿立腓一能尼三、一車佉叭一

择於吉日良辰

是春　是秋

鸡孫、合訥合倂火牛勒立博杜棱不腓巴眼博洛立博、阿立

親口許應

秃秃阿狝沁尼莫訥、我棱德昂阿鸡孫、而札哈合合勒

莫伐兰佉心打腓佉棱佉、爱不腓伐卡立、翻丹杜莫

摆地桌　小件供上

按节行刀

吴貞書子博佉吴几合、博冲書子伐特哈莫訥伐开木

家猪肥胖　牲畜废命

上供品干淨具全

勒沙西哈、班几莫不腓賒勒木臣得阿查不腓文佉吴几合、

買猪全头

阿眼睛得，杜棱不啡。

上香

淘米　供二碗飯　米碟水碗擺上　以

嘎几莫不腓折庫不打、為棱杜腓賒勒木克、戊几腓賒

憨吴穠合那憨法得杜腓那丹朱一能尼分車合法拉鸡

洛坑　七八日　其

合那法尼莫庫巴哈拨巴戌思憨法阿付那腓吴貞戌思

大災之难　重病难起

搽钱愛阿瓈沤尼莫訥我棱法街台那法戌思憨巴哈依立

忽然　受災

还愿木杆　插腥骨草把　祭天乌鸦之恩

園多茂博園七伏腓尼禄猫博尼克不腓阿巴卡憨法阿立不

郎阿賒七○愛渋忌不合賒七○愛七俄阿巴卡博吴查拉哈

渋側立不莫俄七○吴雲沙瑪渋吴拉得莫俄喀○愛阿

不打阿莫阿湯阿阿庫○札眼不打占出渾阿庫○札坤沙瑪

渋得杜腓○渋西一能尼分車合○而班博伯腓○一能尼○昂阿

過事　天上之神　查看　何处　吃了　药不見工　八方薩滿　飯不

熱水能喝

賁渾木克博臥泌腓　賁渾內博虎七不其　昂阿不叮　阿莫

虽然口中不吃飯

木博虎七不其　三音木克博臥泌腓　三音內博博虎七不其

吉日見減哭

當日見効

勒莫　臥思撣　哈哈虎虎阿那　哈垯木克　臥泌腓　哈垯內

本家長許愿

設壇焚香

賒七阿巴卡博伯咯忙尼　班几勒博不熱莫不庫勒法各

懇求天保佑

貞、三洼、卧其尼昂阿為合、所洛托洛烏朱付勒合、沙藤托洛

口願以过 保佑全家 白头到老

阿庫烏朱博、禿欧其昊拉滾三洼、倭其尼賒車根博、禿欧其賒博

台头吉庆 平安賜福

乜、洼克洼不莫湯昊阿猕他拉干阿庫停朱阿猕尼莫庫

百年無病 六十年無災

湯、阿、卧不札眼不打、占出渾、卧不一五本、乜一五不莫洼拉鴉

不吃药 立刻見効

人人吉順

折莫而必不莫○查哈札莫。牛拉不莫○牙祿哈莫林○

朱媽

外行之处康泰

战马　强壮　似差

花伕多洛卧七、莫稜阿他拉瑪折莫他拉渾卧不莫○而班

朱祿卧不莫○吴九合朱賒、吴拉滾卧不○花伕卧七、衍阿○

往前至后　恩神　容寬

朱勒西卧七、朱賒卧不莫○阿瑪西、卧七、阿哈巴哈○街哈吴倫

卡法、戏瑪腓左戏拉法、禿歡其禿西法、戏瑪腓不克墩博、吴莫

心不腓班几勒、朱滚博、巴哈不莫戎木戏拉法、禿歡其阿巴

按露　搜寻　各处追赶

吴查不拉庫胡禿立、朱滚博、巴哈不莫巴台杜卡、呀克

胡黄　赶出　大门一里

陽桑阿、卧不莫戎仁桑阿法、禿合不拉庫胡哈洛法、

强贼不进院

赊莫○三音太勒卧其尼○卧心不合阿莫孫博○卧西渾三法哦瑪尼○其

太平安事

哈花祺哈○各赊沙瑪赊莫○吴立合腓○沙思呼博勒博沙勒○

鸡打横杰

平安　吉福　祝祷

而合太勒而合卧不莫○必特合法得破特亦○各赊不哈儇

卧立勒○哦沙菈哦思憨博○各不哦瑪菈三音太勒三音卧不莫○

站立无哭　太平无事

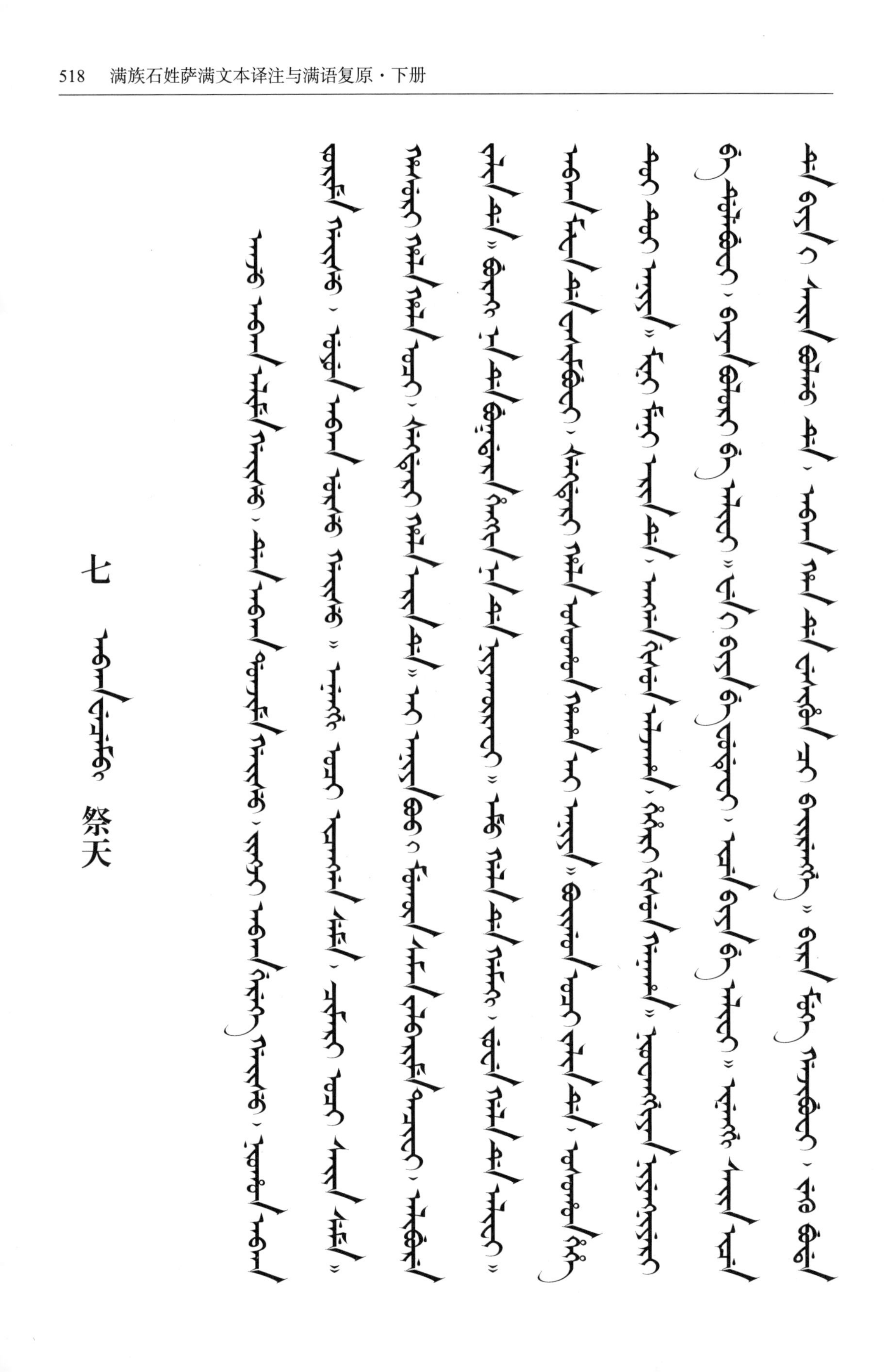

七　ᠠᠪᡴᠠ ᠸᡝᠴᡝᠮᠪᡳ　祭天

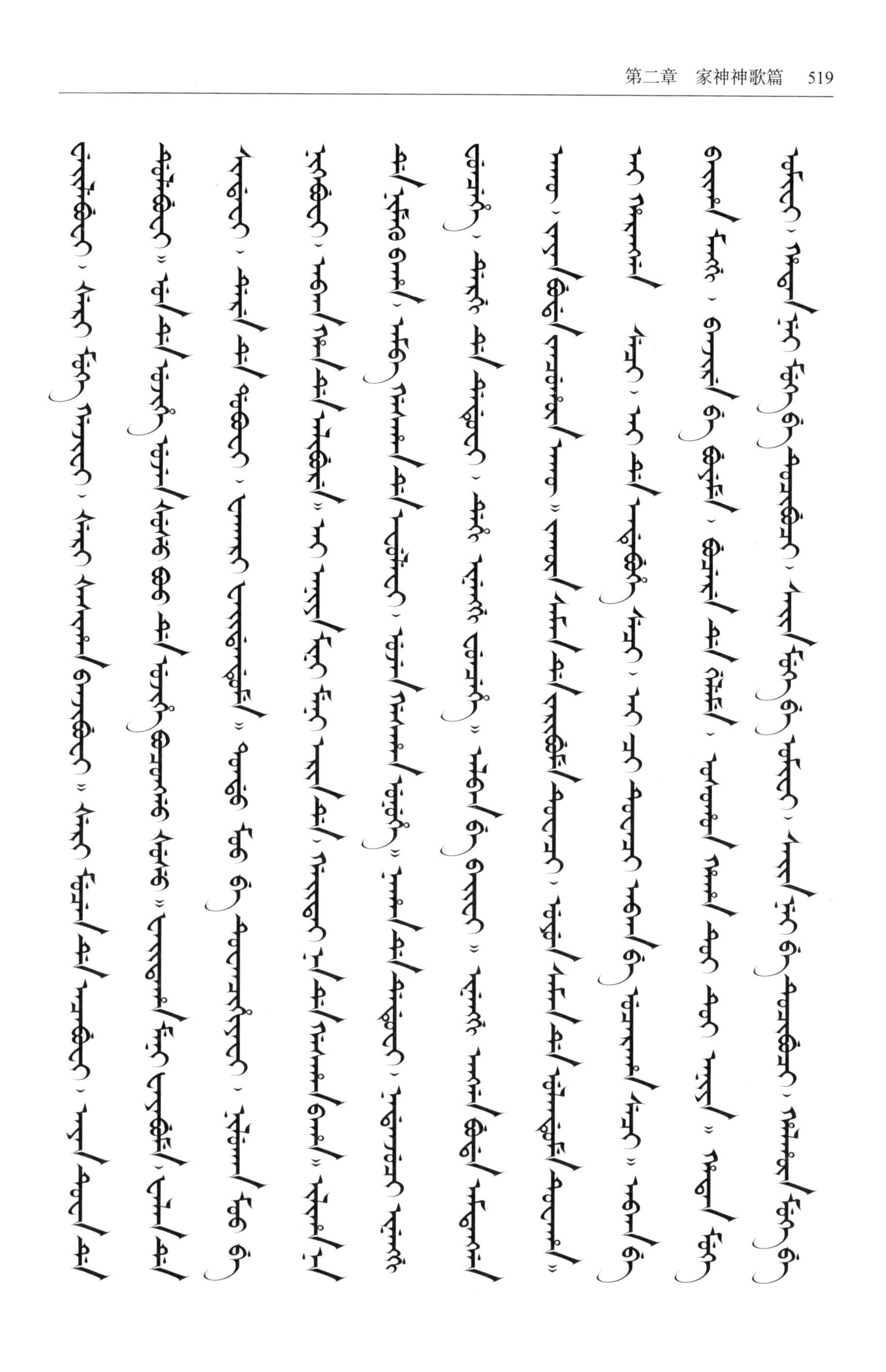

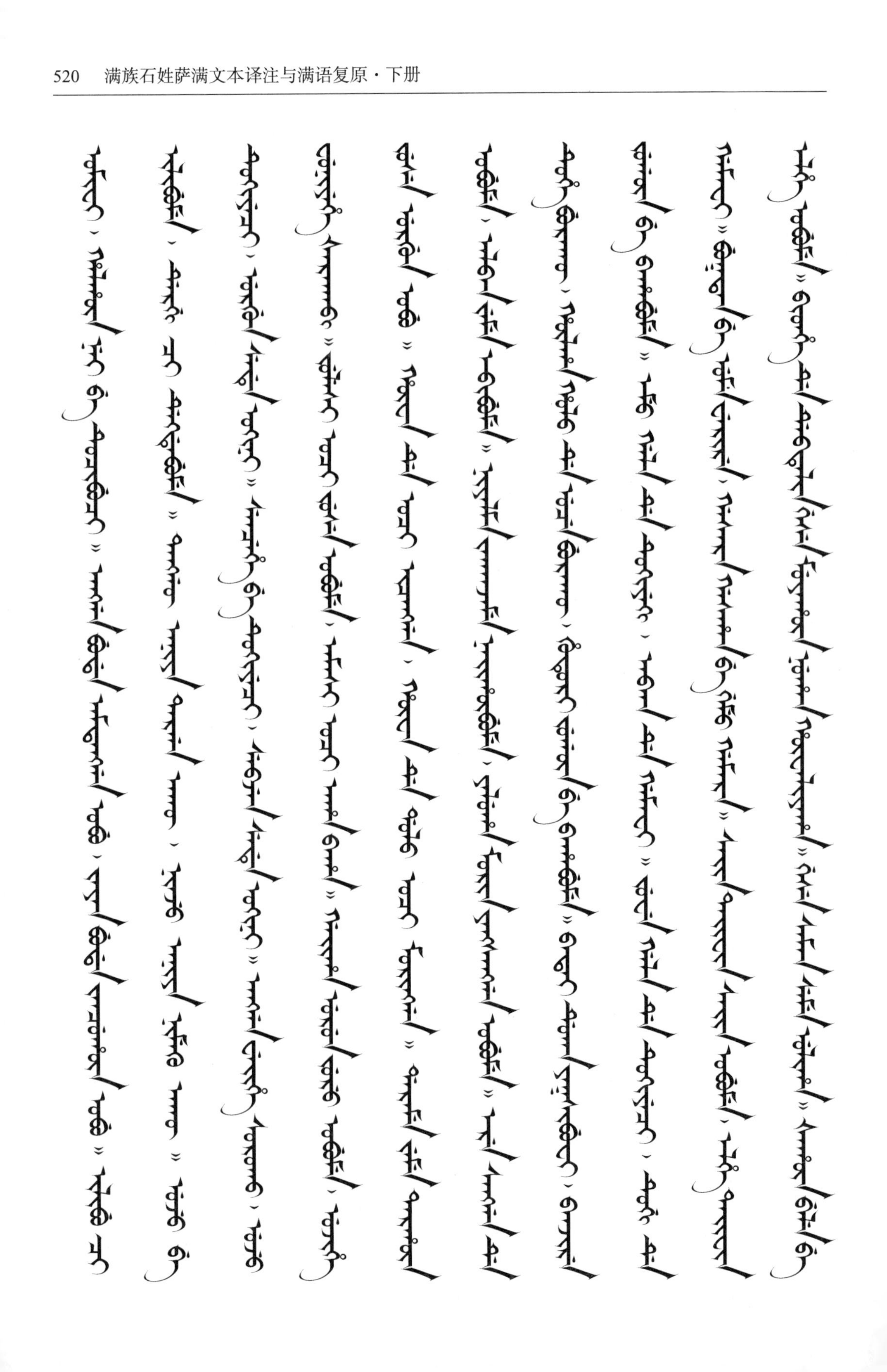

ᠰᡝᠮᡝ ᡝᠨᡩᡠᡵᡳ᠈ ᠠᠮᠪᠠᠯᡳᠩᡤᡡ ᠮᡠᡩᡠᠨ᠈ ᡤᠣᠰᡳᠩᡤᠠ ᠵᡳᡴᡳᠮᡝ ᠪᡝ᠈ ᠨᡳᠶᠠᠯᠮᠠ ᠨᡳᠶᠠᠮᠪᡳ»

太平用

法立博〇
共闻神堂摆供三落
各棱以朱克騰博〇各木墩几、吴合立〇脉兰以所林得〇[illegible]

懇求諸位師夫
各棱賒夫三得、各棱瞞尼〇
各位瞞尼
付七西三得、伯棱俄〇
石姓太尸
石克特立哈拉瑪[illegible]

祝神人念誦
他七不腓、胡拉拉〇
跪地叩拜
各木那得、不可打立〇夥庫拉腓、怔其勒莫〇[illegible]

本姓
哈蘇立哈拉哈拉卧七〇
左石
石克特立哈拉俄林得〇
兵懇何屬
愛阿夥兵懇沙瑪[illegible]

六位太卩属猪

鞅文七札兰瑪法、木杜立阿聊、各棱各木敦几吴合立、鞅文七

恳求六位師太卩

四位太卩属馬

阿聊、推七札兰瑪法、莫林阿聊、孫札七扎兰瑪法、梅合阿聊

五位太卩属蛇

二位太卩属虎

俄立阿聊、灰札兰瑪法、他恩哈阿聊、依拉七札兰瑪法、古瑪渾

三位太卩属兔

長白山神吴太卩

头位太卩属鼠

鄂敏山眼阿林七、卧車庫瑪法、恩杜立、鳥朱七札兰瑪法、星

吉慶　廿名強漢護　四十名勇漢轄行　占馬太平

渾三得倭其尼○倭林哈哈卧勒○立得西哈哈得立勒○牙標哈

往前吉順　神主護佑　富壽

打腓○朱勒西三得倭其尼○卧車庫三得阿克打腓○卧西

之良　精壯之喜　神壇保佑

懇三得卧不腓○陽桑阿三得卧其尼○朱克騰三得阿克

聰明

賒夫瑪法伯棱俄○阿那莫所立莫○所立哈博打哈莫○各虎

冲書子。谷滾得吳几合（將猪綁上）。谷出渾、書子得。欺拉根博。（牲畜壽命）

勒立、尭禄腓。文得吳几合（買猪重大）。烏貞書子。博得吳几合博。（家猪肥胖）

騰博、鵰文勒莫。阿眼先博阿那莫牙禄腓（芸香按処焚）。朱禄先博朱（漢香先前焚）

莫林博。太黔三得。卧其尼。俄勒以。秃拉滾得。博以朱克（為敬祖之情）

因為我
沁尼莫訥俄林○
男女同許口愿
阿鴉孫、而札哈○合合勒鴉孫、合訥合○

何屬
哈哈愛阿猕○
因之男人
虎渾卧七、札林得○
女屬甚么的
倭思渾合合、虎虎阿猕○

虎吹其○
因為何
愛一賒勒、札林得○
為誰事
倭一莫訥、俄林得○
执事男
卧思渾

發牙腓○
按節行力
札兰博、虎牙腓○
敬礼上供
灵倫三得、多不腓○
情那甚么喜
虎拉滾三得

推米出康作大貢

阿拉博、阿那腓◎　按巴敖不朱、未勒腓◎　書拉博、逐他腓◎

以水為淨

卜定吉月良辰

叭博、阿立腓◎　一能尼三、一車得◎　叭一三、博勒渾得◎

有者亦無刻儉

旧月已過換新月

阿庫◎　必合賒莫、不出渾、阿庫◎　佛一叭博、付杜腓◎　一車

言語反復

無者並無推托

重〻疊〻

西兰西兰、而札哈◎　打渾打渾、合訥腓◎　阿庫賒莫、阿那哈、

瓦粒腓〇

過犯拿出外边

恩得不庫、朱滾博〇

文輟巴得、戎瑪其〇

恩杜立

神主

10

拉破粒〇

恩得不恒俄付祿得〇

不好之処去在後

而札不棱俄巴必〇

阿瑪西、

過錯太多

知明者少

莫拉根莫訥、瓦几腓〇

恩魯者多

悶克渾多洛、分車合〇

而札不恒俄、

備用敬供

博勒渾敖不朱、博勒合腓〇

高卓擺供

很得棱、多不哈〇

飯棹方盃擺列

翻得棱、彀他哈〇

一　博一夊洛莫胡孫博乕七腓胡乕立博伯棱俄（盡力求祖）

倭其尼俄勒七朱勒西（往前至石）俄勒七阿瑪西札苦博哈拉莫弯（世代傳流）

烏拉滾三得卧其尼賒車恨博乕欧其賒博貞三得（台头吉喜）

（容寬）一

沙几拉腓朱克騰沙瓦克侠腓烏朱博乕欧其（抬頭吉慶）

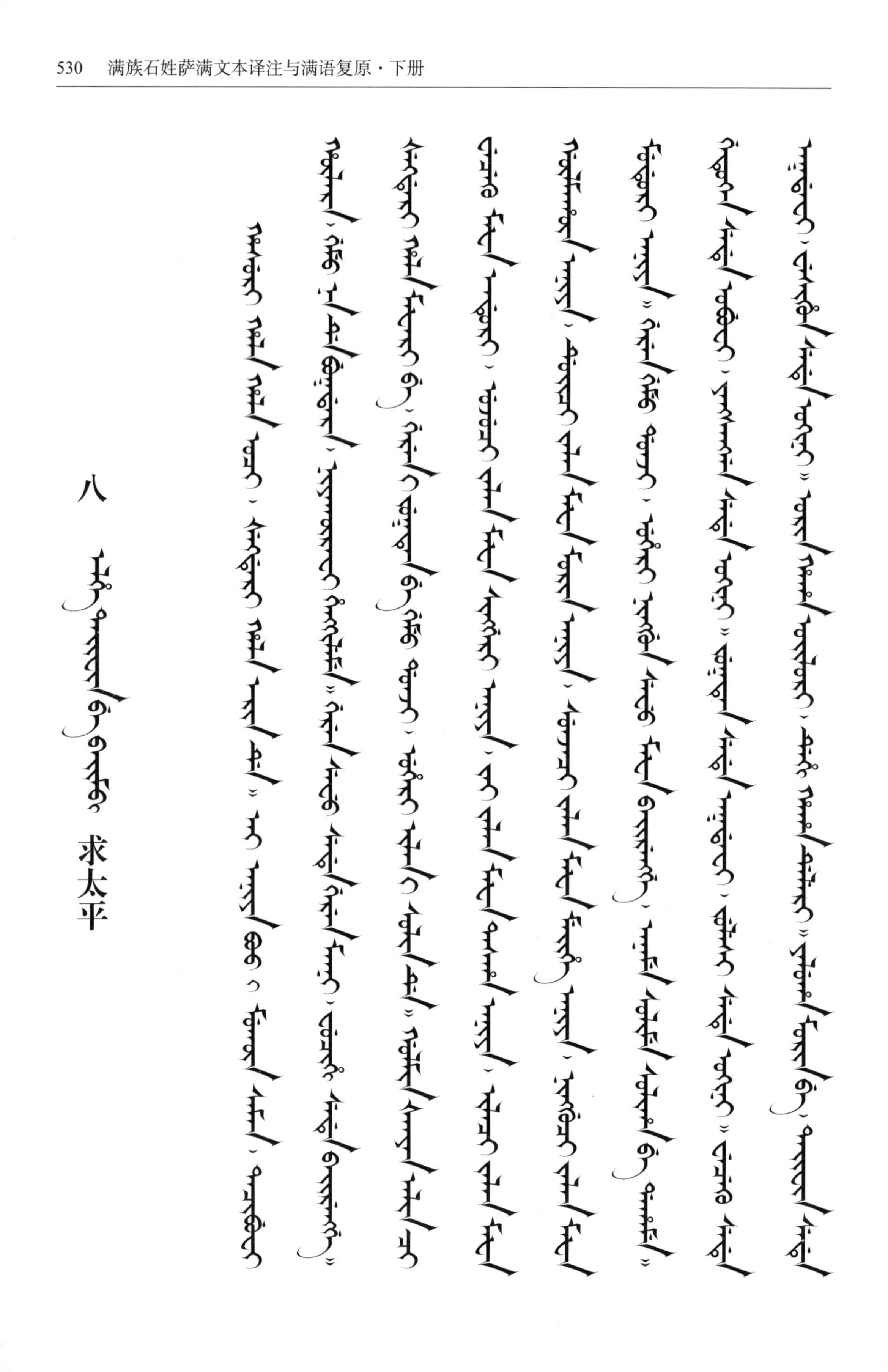

八 求太平

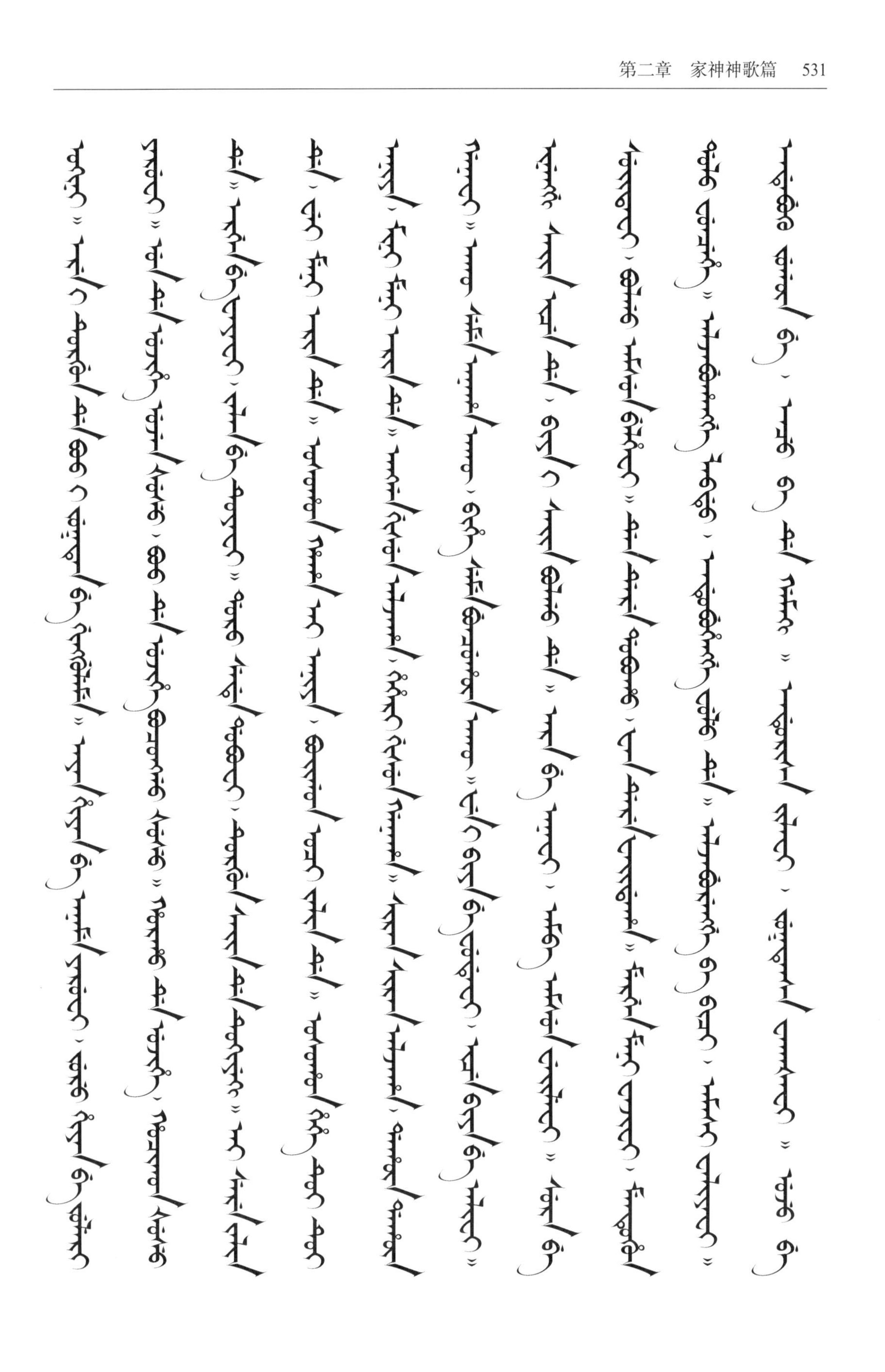

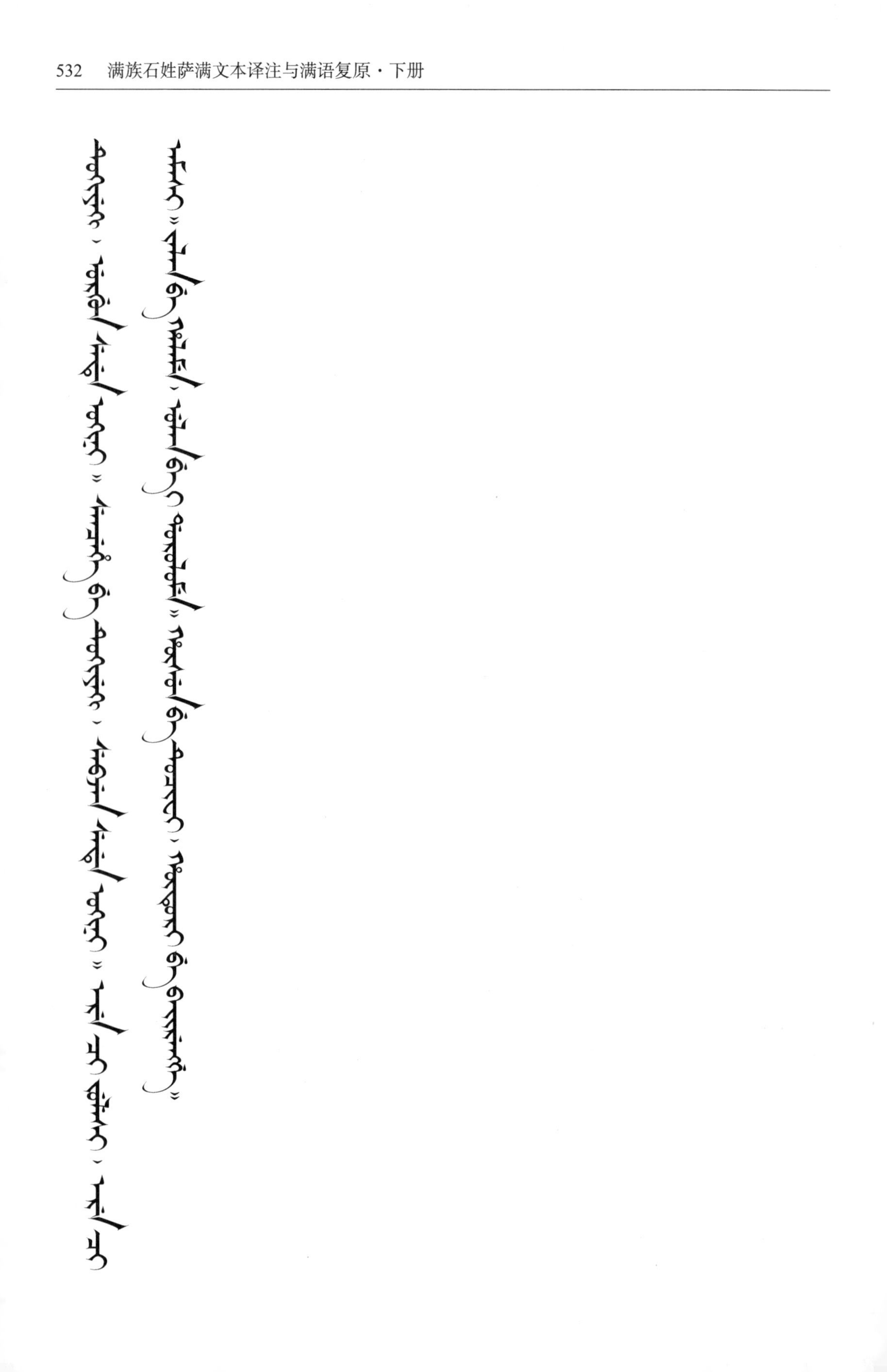

病災用

懇求師夫各位瞞尼集佛

打立叩恂親那德、彌庫拉哈。各棱賒夫三滑、各棱瞞尼。付。

祝誦呈上

瑪。他七不胇、胡拉莫。阿立不勒、札亦滑。不拉其那滑、不可

跪地叩拜

石克特立哈拉、俄亦得。卧木洛、多莫洛。愛阿聯、兵懇沙。

子孫兵懇何屬

因為何

愛一賒勒、札亦得。卧一莫訥、俄亦得。哈蘇立哈拉、哈拉味七。

為誰事

本姓左石

11

庫哦思憨巴哈腓〇（病災）

街台那塔哦思憨巴哈〇一立合那庄（忽然側如受災）（占立日病）

吴几恒俄〇阿几各·哈哈哈朱賒〇阿几各·沙拉千朱賒〇尼莫（小男小女）（因得）

德〇倭思渾合哈·禿禿阿聊〇泌尼莫訥·俄沭庄〇以尼熱庄·（女何屬）（因爲找自己子嗣）（博）

七西三得·伯楞俄〇倭思渾哈哈·愛阿聊〇虎渾卧七札沭（男何屬）（因挑事人）

男女同許口愿

昂阿鸡孫，而扎哈合合勒鸡孫，合訥合，博一朱克騰鵲，鴉

敬奉家主

查看甚么之過

憂法思阿不庫，查拉不哈，博一朱克騰，哈郎阿賒合

看出家神之过

八处阴媽雅

扎坤沙瑪法，側立不莫硫七，吳云沙瑪法，吳拉法莫硫七

九处跳神看

大災之难

尼莫庫巴哈，按巴哎思憨，阿付那彫，吳貞哎思憨，吳偎合

重病难逃

卜

定吉月良辰

立腓能尼三一車街叭一三博拉渾得阿拉博阿那腓

推采出康作大供

有者亦不刻儉

必合賒莫不出渾阿庫佛一叭博付杜腓一車叭博阿

旧月已过换新月

盡意宴言

不腓而扎哈鴉孫博阿坤不莫阿庫賒莫阿那哈阿庫

並無推托

神主容寬

文勒莫各棱朱克騰沙几拉哈尼莫庫哦思愍杜棱

病災容輕

恩佉不恒俄付祿佉而扎不棱俄巴必七阿瑪西瓦鞋

不好之處丢在後

訥瓦几腓閔秃渾多洛分車合二扎不恒俄拉破杜

愚魯者多

过錯太多

勒合腓很佉棱多不哈翻佉棱翻他哈莫拉根莫

高卓擺供

敘卓方盃擺列

知明者少

棱巴敖木朱木勒腓書拉博遂他腓博勒渾敖木朱博

以水為淨

往前宝石

俄勒七、朱勒西○我勒七、阿瑪西○扎三博、哈拉莫○弯博一、义洛莫○

世代傳流

胡孫博、秃七眺　出力求福

明秃立博、伯棱俄

拉滾三法、卧其尼○賒申根博、秃歟其○賒博三法卧其尼

台腮吉喜

凡拉眺○朱克騰沙、瓦克佚眺○烏朱博、秃欧其○昊

台夬喜悦

过犯拿出加边

眺○恩法不庫、朱滾博○文輟巴法、戌瑪其○恩杜立沙、

神主恩愛容寬

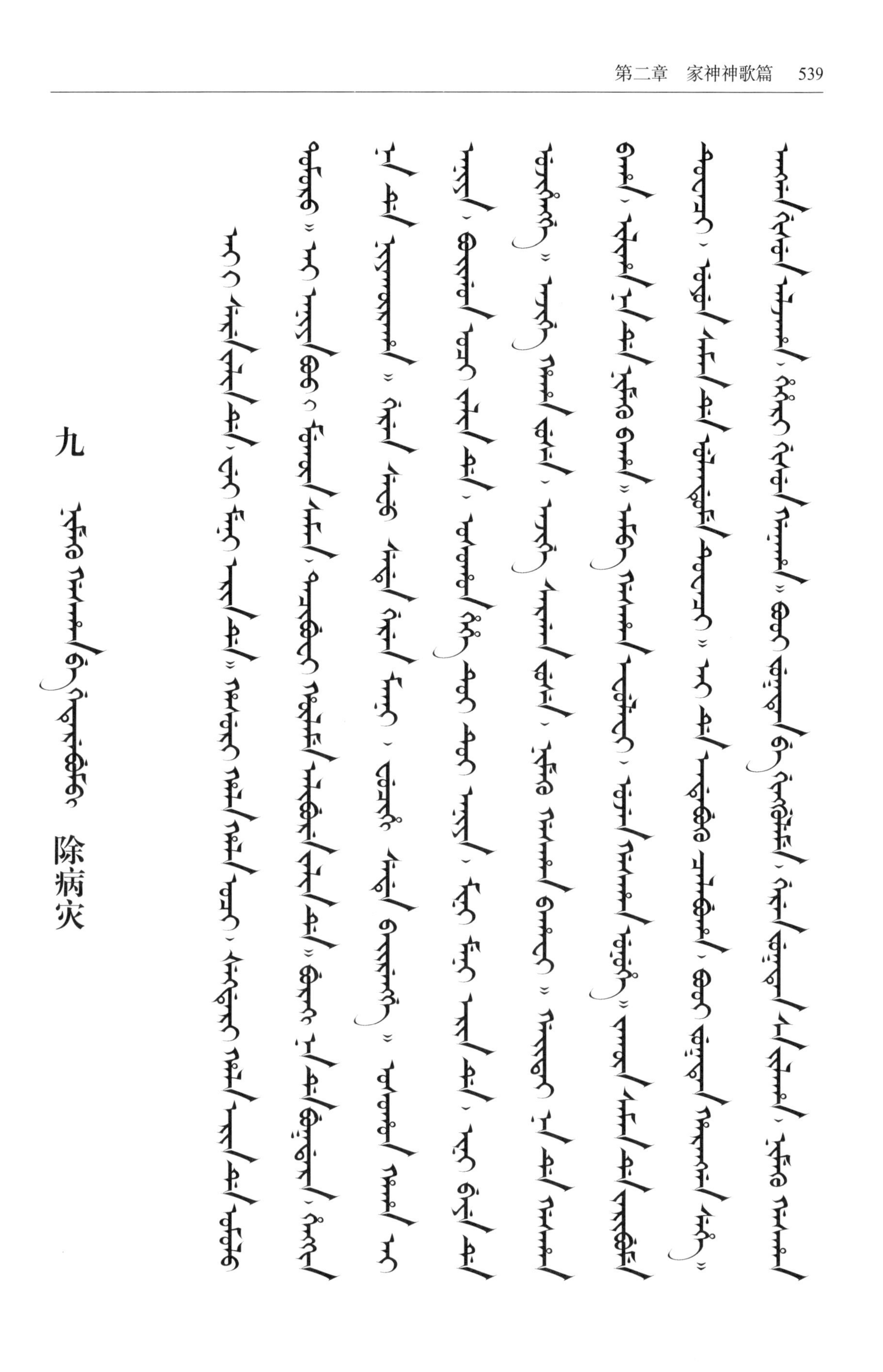

[illegible]

九 [illegible] 除病灾

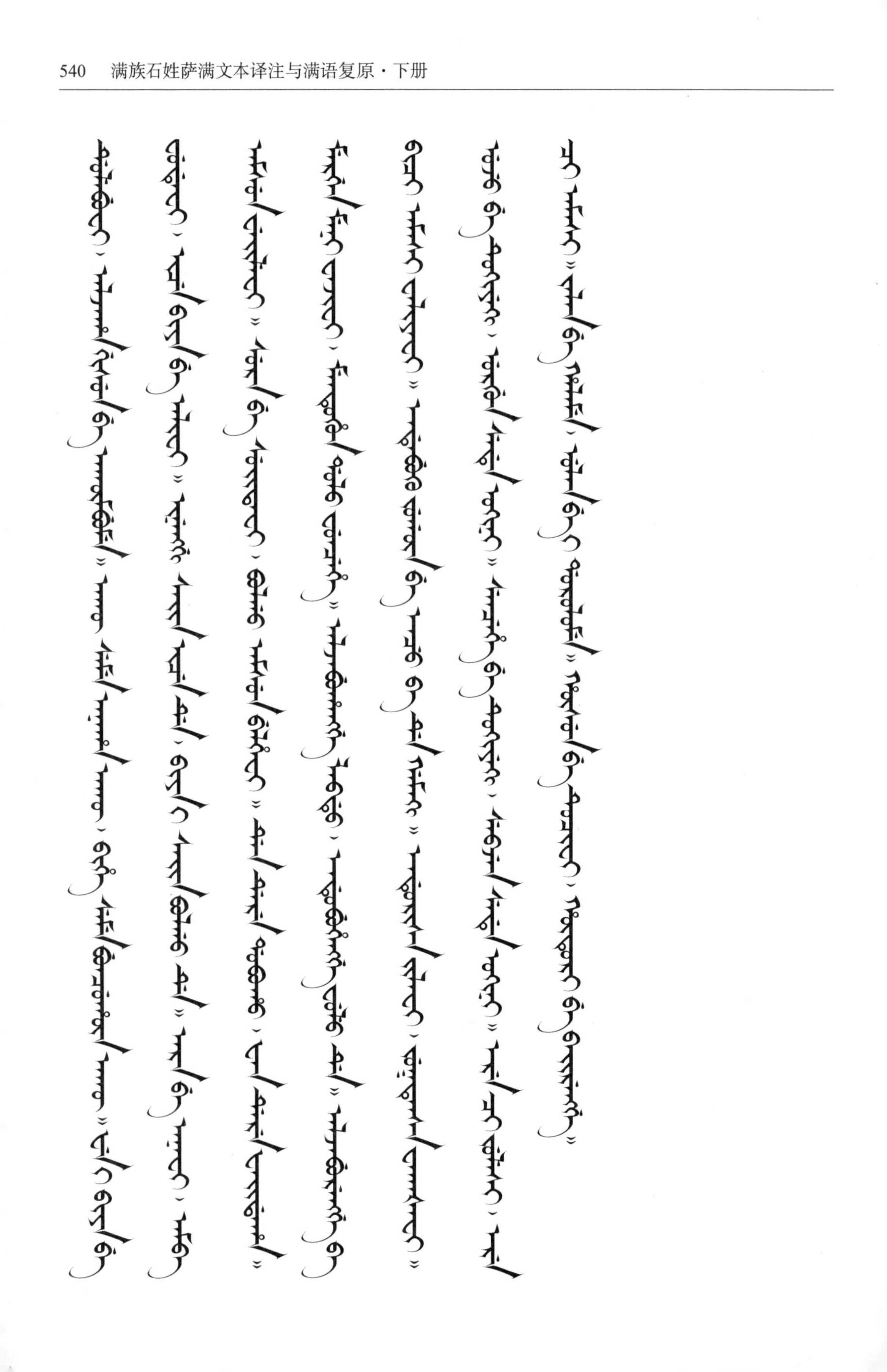

出兵用

哈各棱賒夫三住各棱賆尼付七西三住伯棱俄石克特立哈拉卧思渾

懇求諸位師夫名位賆尼善佚

石姓批事男何屬 14

胡拉拉阿立不勒札林住不拉其那住不可打立恒親那住那庫拉

跪地叩拜

哈拉俄赤得卧木洛床賒卧木西愛阿那兵懇沙瑪他七不腓

子孫兵懇祝神人何屬

祝禱念誦

因甚么

為我事

本姓左石

愛一賒勒札赤住卧賒勒俄赤住哈蘇立哈拉哈拉卧七石克特立

腓牙不哈巴博佉，陽桑阿三佉，卧其尼，卧車庫三佉，阿克打腓。

至处强壮

神主護佑

各訥合，各訥勒博拉破杜，牙不勒博付禄佉，各汆狠三佉，卧不

出衆出伐

到处精明各訥合巴博佉

莫俄訥，林佉，哈哈博而班佉，哈西拉莫，各訥合，俄貞博而班佉，我克賒莫，

遣兵急差出争

急速遵命到差

哈哈愛阿那，阿寧阿街，卧思渾哈哈愛阿那，虎渾卧七里尼

挑事男何属

為我

無推托　有者亦無剋儉　旧月已过换新月　15

賒莫、阿那哈、阿庫。必合賒莫、不出渾、阿庫。佛一叭博、付杜腓。

出口許愿男女甘心　無者並

博、鴉文勒莫必。衛阿鴉孫、而扎哈。合合勒鴉孫、合訥合阿庫

太平　因此情形　敬祀家主

哈、莫林博。太勸三法、卧其尼。我勒以虎拉滾法。博以朱克騰

富貴吉慶　二十名勇漢護軍　四十名強男排行　占馬

卧西渾三法、卧其尼。卧朱哈哈、卧勒立。佳西哈哈、法立勒。牙祿

詘瓦几腓〇阿秃渾多洛、分車合而札不恒俄拉破杜〇（遇魯者多）（过错太多）

敖木朱博勒合腓〇很佳棱、多不哈〇翻佳棱𩙿哈〇莫拉根莫（高卓摆供）（飯卓方盈摆列）（知明者少）

（出康作大供）

博、阿那腓〇按巴敖木朱、為勒腓〇書拉博、遂他腓〇博勒渾（以水為净）（备用献供）

一車以博、阿立腓〇一能尼三、車佳〇以一三、博拉渾佳〇阿拉（择定吉月良辰）（推米）

台肥吉庆

賒車根博、禿吹其。賒博貞三佉、卧其尼。𢧵勒七、朱勒西。

往前至後

騰沙、瓦克俠腓。吴朱博禿吹其。吴拉滚三佉、卧其尼。

台头吉喜

拿出外边

不庫、朱滚博。文輟巴佉、戌瑪其。恩杜立沙、几拉腓。朱克

神主恩爱容宽

恩佉不恆𢧵付祿佉。而札不棱𢧵、巴必七。阿瑪西、瓦拉腓。恩佉

不好之事丢在後

过犯

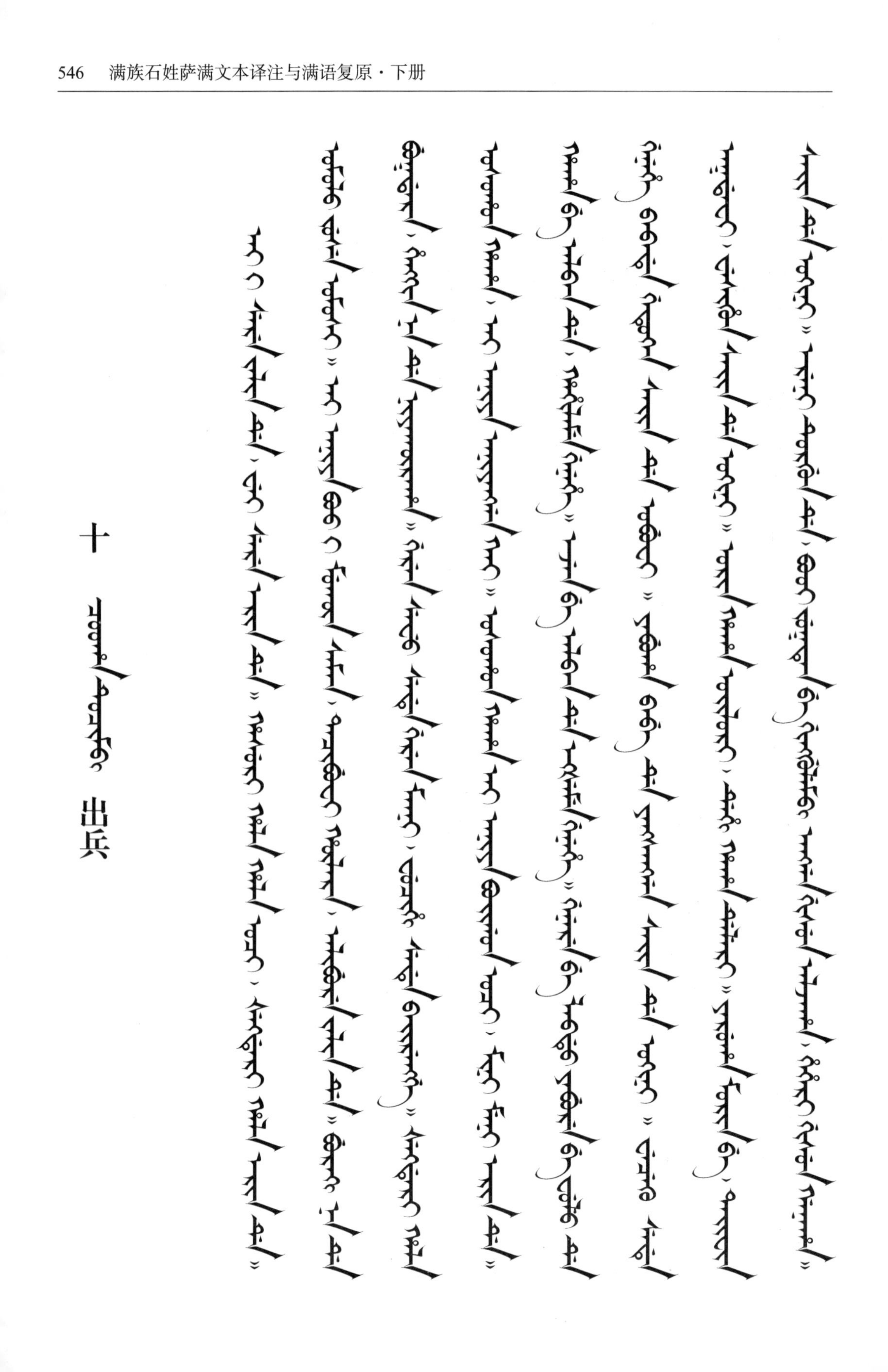

十 ᠴᠣᠣᡥᠠ ᡨᡠᠴᡳᠪᡠ 出兵

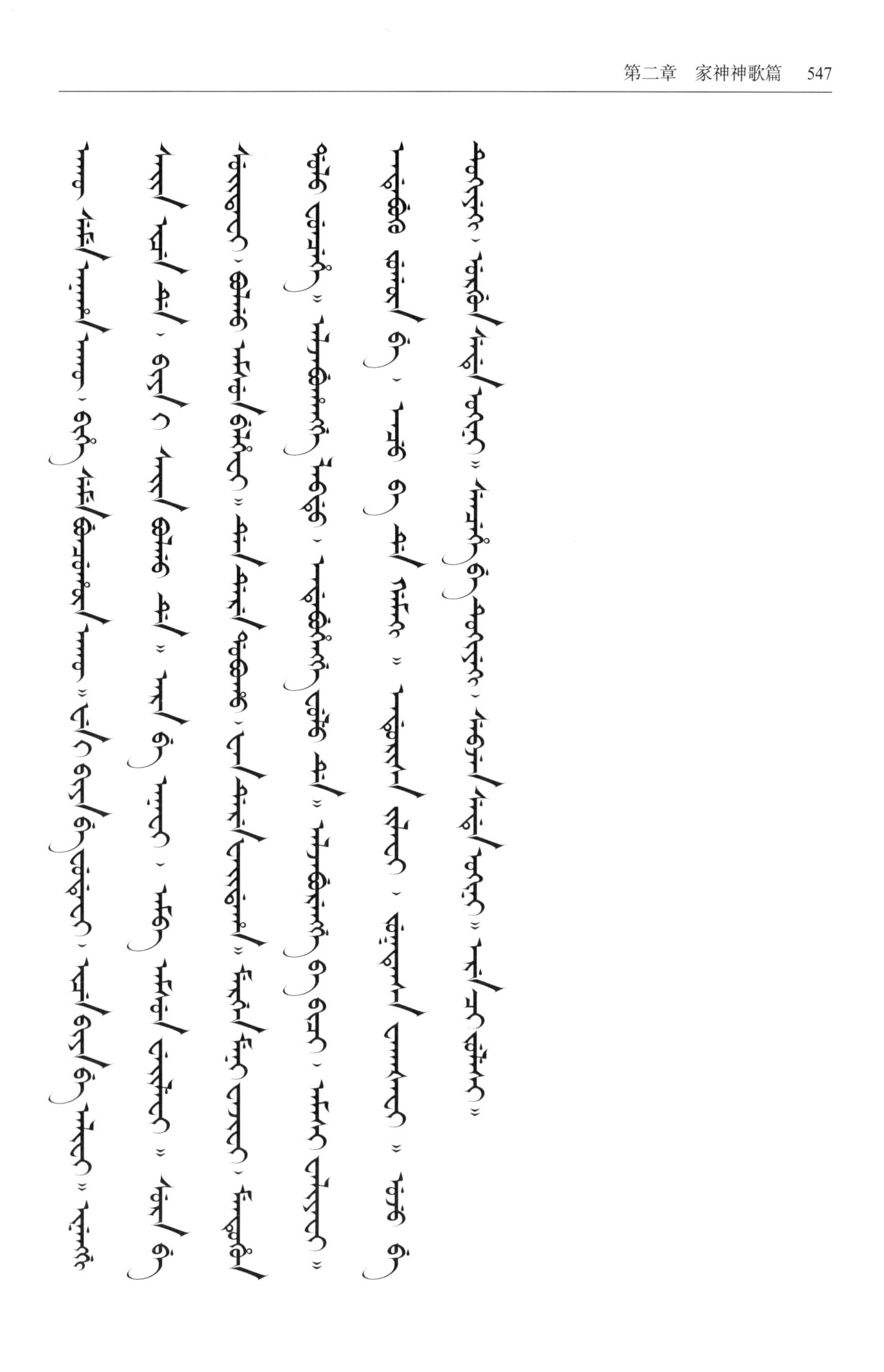

第三章 请送神歌篇

各木所立莫思杜立

請各神位臨壇

（排　神）

伏恩恨阿莫孫、五伏拉法　按巴沙、宋克騰阿　各棱、宋克騰、各木卧立莫

阿那莫　按出筆先特阿眼杜莫　尼佩先特、打不楞我　托各拉阿莫我各拉

多西哈先戒不莫　那丹乃腓、伏書勒阿　我能尼卧七、　三音賒莫　巴克山先特

尚木几阿

沙瑪賒莫、他七腓　我貞賒莫、一立合　很阿棱阿、莫不哈　蒲羽阿棱阿、蒲丹杜莫

木坤、花拉孫　各棱木坤、卧心不勒　各木那阿宋、克打立　瑯庫拉腓督、勒莫

勒、札非阿　依兰托克卧、圖多卧七　札兰哈拉莫、宋賒、卧木浯　吴、合立、

按巴沙瑪、愛阿獅　他七先特、阿立不哈　愛阿獅、沙瑪我貞阿　阿立不

石克特立哈拉、伯宋几合　沙克打、賒夫、愛阿獅　按巴沙、宋克特　合阿拉哈

愛以賒勒、札非德　為以莫訥、博查庫　哈舒立、哈拉、哈拉莫訥

舒從阿、瑪法、恩杜立賒○　和叭棒、舒佉合○　拔巴瞞尼付、七西賒○　拔巴托立乱、代腓○

愛、心棒、热、蒙文、梅吉合○　松、惡立、必拉七、庑西哈○　吳朱七、札兰、太、爺辟夫○

阿吉拉莫○　哈打他克庑、特合安我○　拔巴塔打何、棒棱瓜拉○　拔巴胡打、碑滚各吞○

俄貞瞞尼、付七西賒○　昂阿未合、沙稀托洛○　吳朱付尼合臥洛托洛○　山眼阿珠、

佉西哈ㄑ、何勒立○　卧珠哈ㄑ、卧立勒○　尼西哈、必拉七、庑西哈○　尼貞不庫、巴那

卧車庫街○　輟哈占爺、輟哈拉莫○　付火何勒、牙路哈莫珠○　陽桑阿三何、卧耳尼○

声心一、西棱舒打拉棒○　堆七、湯吳阿稀、分車合○　胡墩必拉七、庑西杭俄○　山眼瑪法、

札不勒○　郭敏山眼、阿珠佛、阿拉特合○　吳庑、哈打、輟丞他克禿○　那丹輟洛、卡打拉ㄑ○

另倫三何、另不腓○　禿拉滾三何、禿吹腓○　拔巴鴉干、阿那莫○　阿凡各鴉干

太爷賒夫乜　伏拉旺出克瑪法、思杜立賒○　打音卯虎合、牙不莫○　查憨不庫
拉卯○　山眼阿莫、特合○　阿巴卡鴉哈打、他克禿卯○　賒勒必拉七、尾西哈○　推七札兰、
札克他、肋尼付七西賒○　朱祿洛宮札伐刪○　胡闫肋尼、愛拉哈○　承羊沙卡愛心鴉打札伐
七尾西哈○　以拉七、札兰、太爷賒夫○　節冲阿、瑪法、思杜立賒○　西兰不哈、阿羊杭我○
湯吳鴉打札伐拉卯○　山眼阿莫、阿吉拉莫○　一拉七、哈打、他克禿特合○　納音必拉
七、尾西哈○　賒棱太瞞尼、付七西賒○　賒勒、舒西哈、札杖不莫○　巴克他肋尼、據納勒　卧立棱我○
尾西哈○　側札兰、太爷賒夫、他恩哈阿衍○　博卯凌我、瑪法、思杜立街○　賒勒必拉
山眼阿莫七阿拉特合○　一拉七、哈打、賒立卯○　愛心他克禿、賞文阿沙○　田伐必拉七○
輝伐、必拉七、尾西哈○　胡牙氣、瞞尼、巴牙拉特○　依兰、哎拉干、沙卡街○

山眼阿林杜瑪、吟打明○ 阿巴卡、孫以托、尼西杭我○ 阿思嗒、吳林尼恒我○

山眼阿林、吟打、將然○ 阿眼哦思嗒、也思吟街○ 莅巴代朋、恩杜立賒○ 代明哦思吟 拉沁 敢三

恩杜立、舒拉木克伐洋阿街○ 各夜各木、墩凡、吳合莒○ 那丹七、札兰、即車庫街○

付七西賒○ 愛心、鳴打、札伐不莫○ 山眼阿林、特合街○ 那丹七、札兰、依敢鄉○

太爺賒夫○ 佛庫車、瑪法、恩杜凌我○ 賒合立杜倫不合○ 喀打 沙勒、不庫勝尼。

氣勝尼、打牙哈○ 郎敏山眼、阿林特合○ 你拉鳴、吳拉尾西不莫○ 寧文七、札兰、

孫札七、札兰、太爺賒夫○ 鼎呼瑪法、恩杜立街○ 孫札七、吟打、特合寧我○ 喀拉君

阿立杭我○ 一兰哦拉下、沙卡街○ 山眼阿林、ㄍㄍ我特勒○ 松阿立、吳拉尾西杭我○

瞞尼、愛拉哈○ 賒勒賣秃、札伐勝○ 很我很怀、何楞凡合○ 多爸淡勝尼、

昊云宋、牛粥哈卧立核我 侍伊勒〇 山眼阿些杜勒哈、 爱心打浑哈思杜立朕色
山眼阿非、杜勒吴特哈〇 打畜打巴干七、花西哈〇 札蝉朱札、杜胡、思杜立〇
库立他思杜立哈〇 枝巴山眼他思哈街〇 爱心他思哈、 卧立核我〇 侍伊勒日、
昊云乜、哈打、爱心、库路哈〇 吡林、他思哈、思杜立街〇 木林、他思哈、思杜立〇
郭敏山眼哈打特哈〇 杜非吡杜七、花西哈〇 佃挑、他思哈、思杜立〇 那米打亨 伊搭伯勒〇 卧立立〇
英兰哦思哈 侍伊勒日 卧立立乜〇 山眼阿非、阿巴卡七、花西哈〇 爱心额木杜立付七西哈〇
思杜立哈〇 苏林、朕尼付七酉戒〇 昊杜胡、伐兰卧、杜偏思哈〇 伐兰哦思哈思杜立〇
木克哦思、哈思杜立〇 山眼阿杂、特哈〇 阿巴卡伊杜鸡、、、哈打哈〇 山眼哦思哈
极出兰、鵰浑、思杜立街〇 山眼阿非、折杜鸡、哈打哈〇 阿巴卡、、七、花西哈〇

我拉哈恨、一能尼图不几哈　莫合宜沙倫莫、瓦立立勒 牙不不呢 莫克特立哈拉那思挥哈
朱克腾三哈阿克打哈　昂阿鸡那、曼勒杜莫勒　而机哈鸡那博、恨杜恒我
不杭我　阿几各们立莫莫、鸡舒勤莫　他七不腓、阿立不棱我思杜立三阿几杜腓
莫尼、、他克虎几、特合宁我　各门、合臣缀伍倫哈　木克很、伍吞殿几
爱心克庫、思杜立街　蒙文克庫、思杜立哈　各棱阿乐、牙、、哈行哈
殿几木杜立哈 瓦立杭我 牙不棱我 山眼阿乐、阿立特合　一三、阿立腓尼、付七旦夫我
机坤打、机破占、吴云打梅合　山眼阿巴卡、、、、七尼西哈　爱心殿几噪哈、思杜立
殿几牙拉哈、吉哈那、瓦立棱我
牙不棱我山眼阿乐、杜勤莫几腓　尼西哈棱拉七代赤哈
山眼阿乐、特合宁我　蒙文伍浩七尼西哈　牙親、宴夫瑪法、思杜立街

吴合立木坤打阿克杜侬　沙玛打西他七不胭　扎库也吉巴立莫　不雅侬
花一伐苦　札隆瓦沙不　吴一札隆吴几不莫　吴克分卧莫洛阿克杜拉胭
胡秃立朱滚特巴峪不莫　巴各杜卡牙克心不胭　班几勒朱滚特巴峪不莫
花沙卧七一衍阿　花沙吕洛卧七莫凌阿　呼哈佰洛沙吴串不拉库
莫而班牙不莫　各讷合巴特沙若秃德三沙卧不胭　牙不哈革桑阿三沙卧甘尼
伦朱赊卧不莫　吴几合朱赊吴拉滚卧不莫　哈沙特而班沙　哈西拉
班金不　阿几各哈了朱赊沙拉干居　三音太翻特抚三沙　街哈吴
阿玛王能尼　特古破七沙而合卧不勒　三音太翻沙克打不　而合太翻
爱阿那扈浑卧七　卧思浑合　爱阿那滋鬼莫讷戒非沙　爱五吉巴沙

胡秃立侍伯楞我
札兰ㄟㄟ哈拉莫　莫侍ㄟㄟ莫洛ㄟ莫　胡秃侍秃七哪
湯吴為勒ㄟ者不阿库街　我勒卧七朱勒西我勒卧七阿玛西
三音卧不勒而合太翁伯立亨我　湯吴阿那哦恩都恩阿库
吴黑托克同阿卧不雕　吴合立阿克東阿几拉撫我　三音太翁

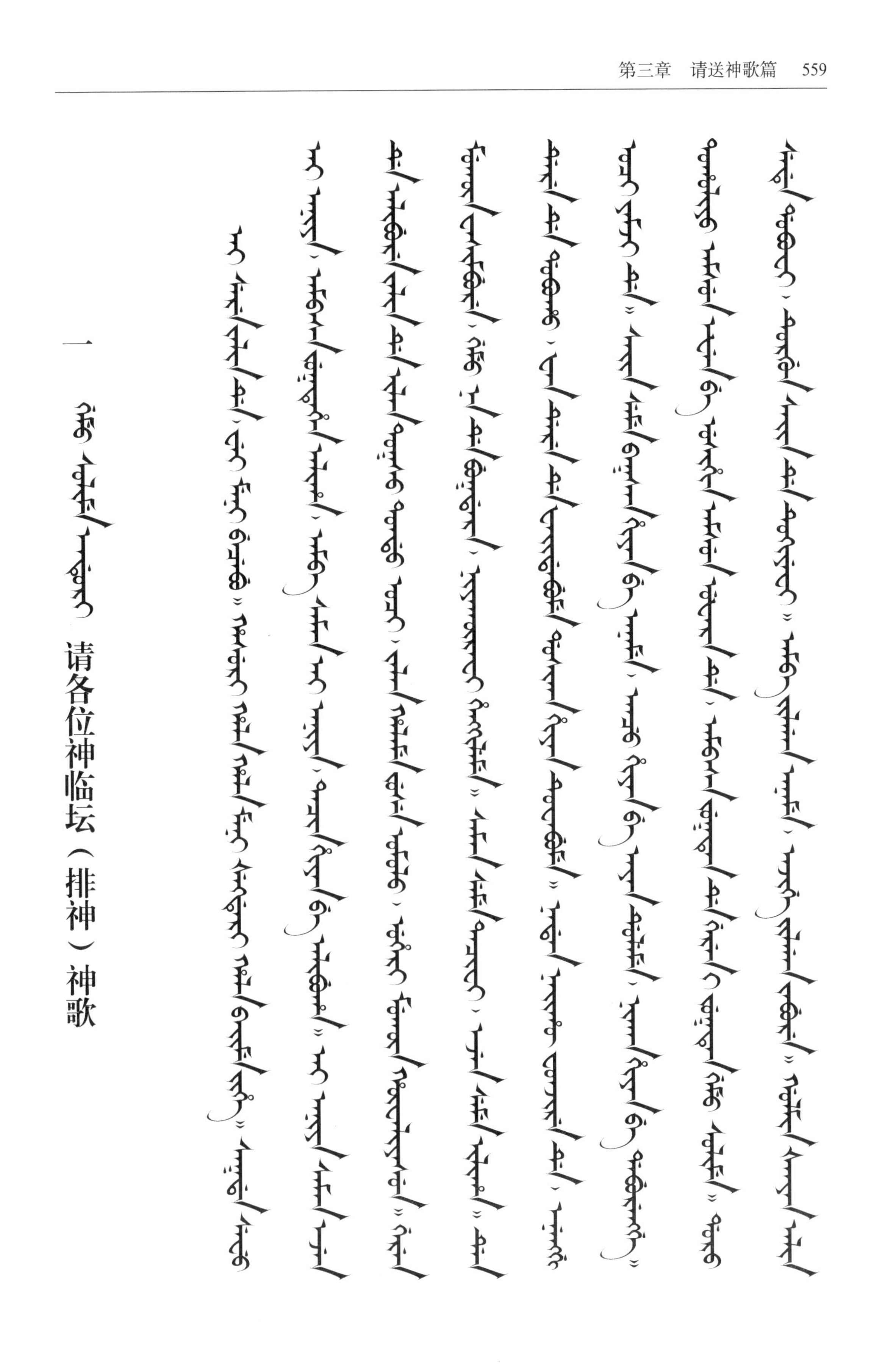

[illegible]

一 [illegible] 请各位神临坛（排神）神歌

[illegible]

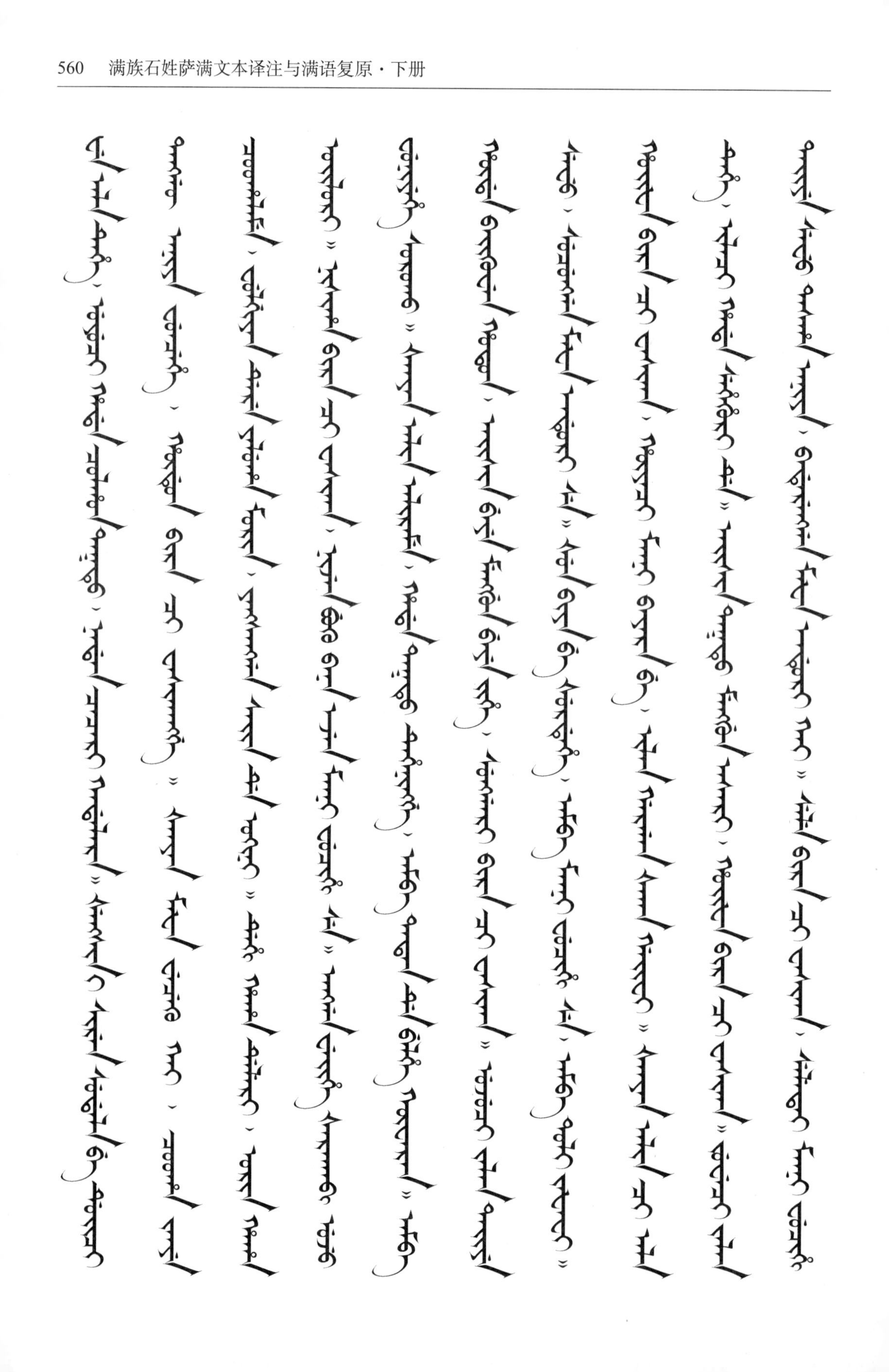

[illegible]

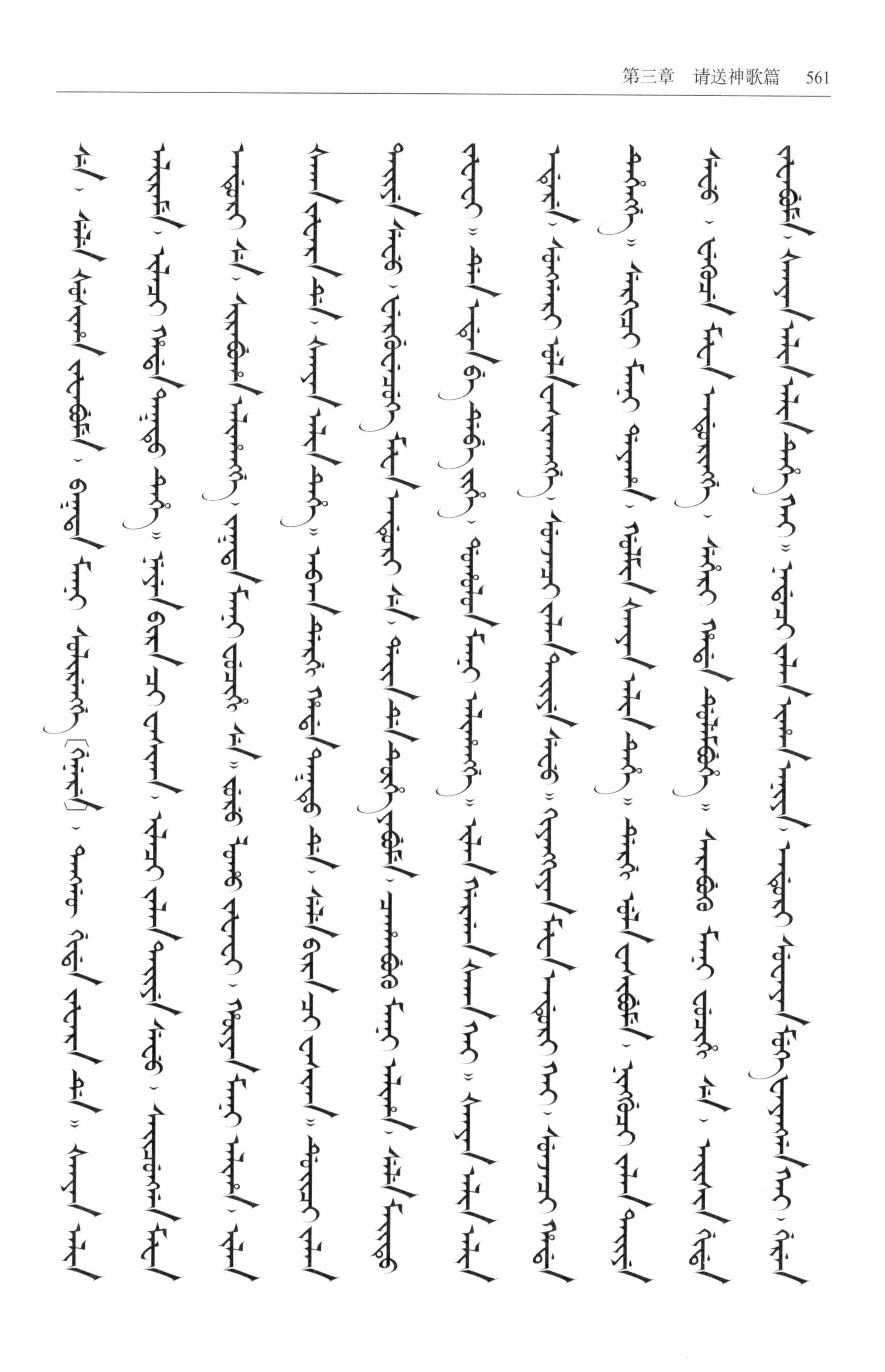

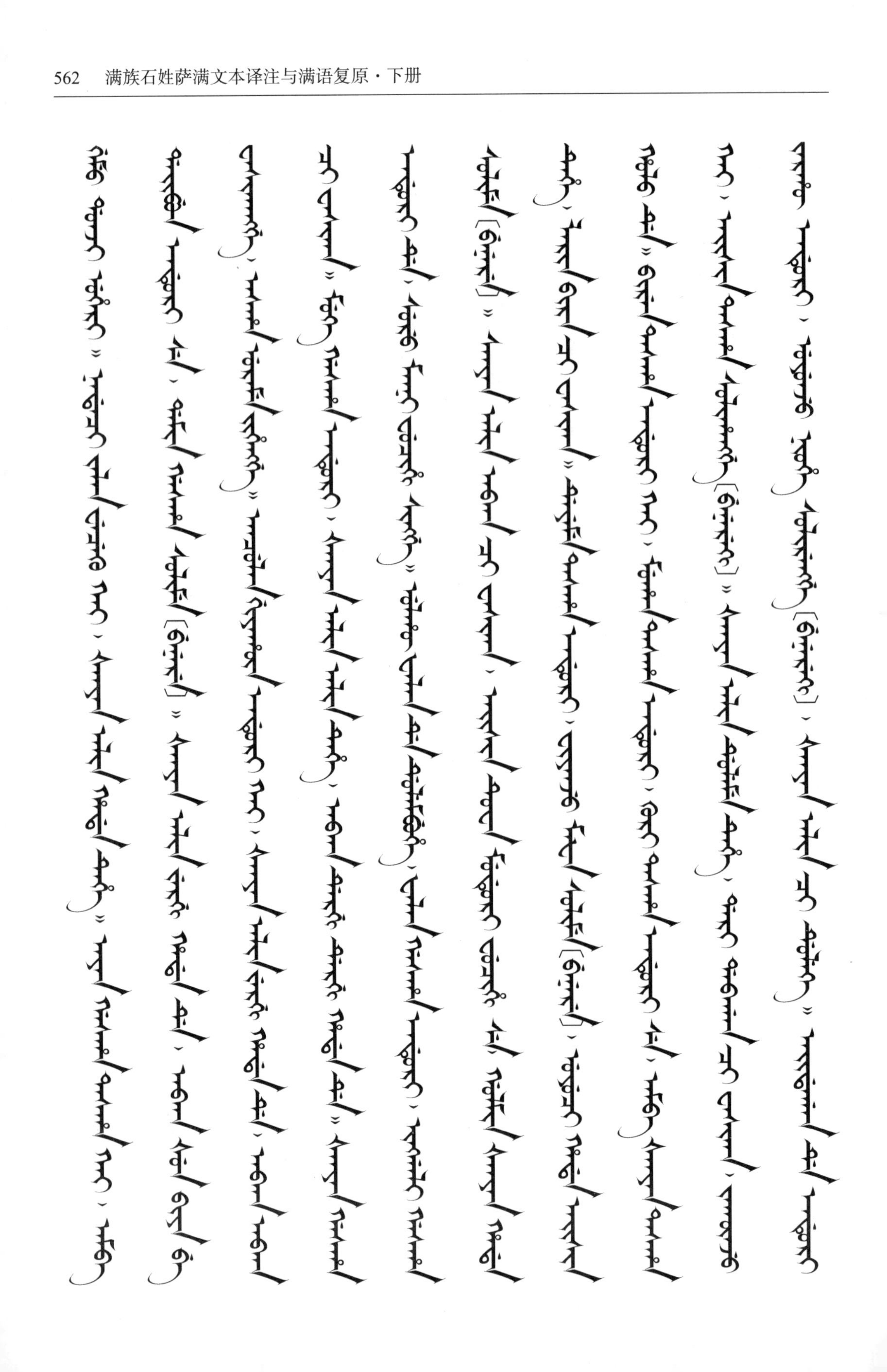

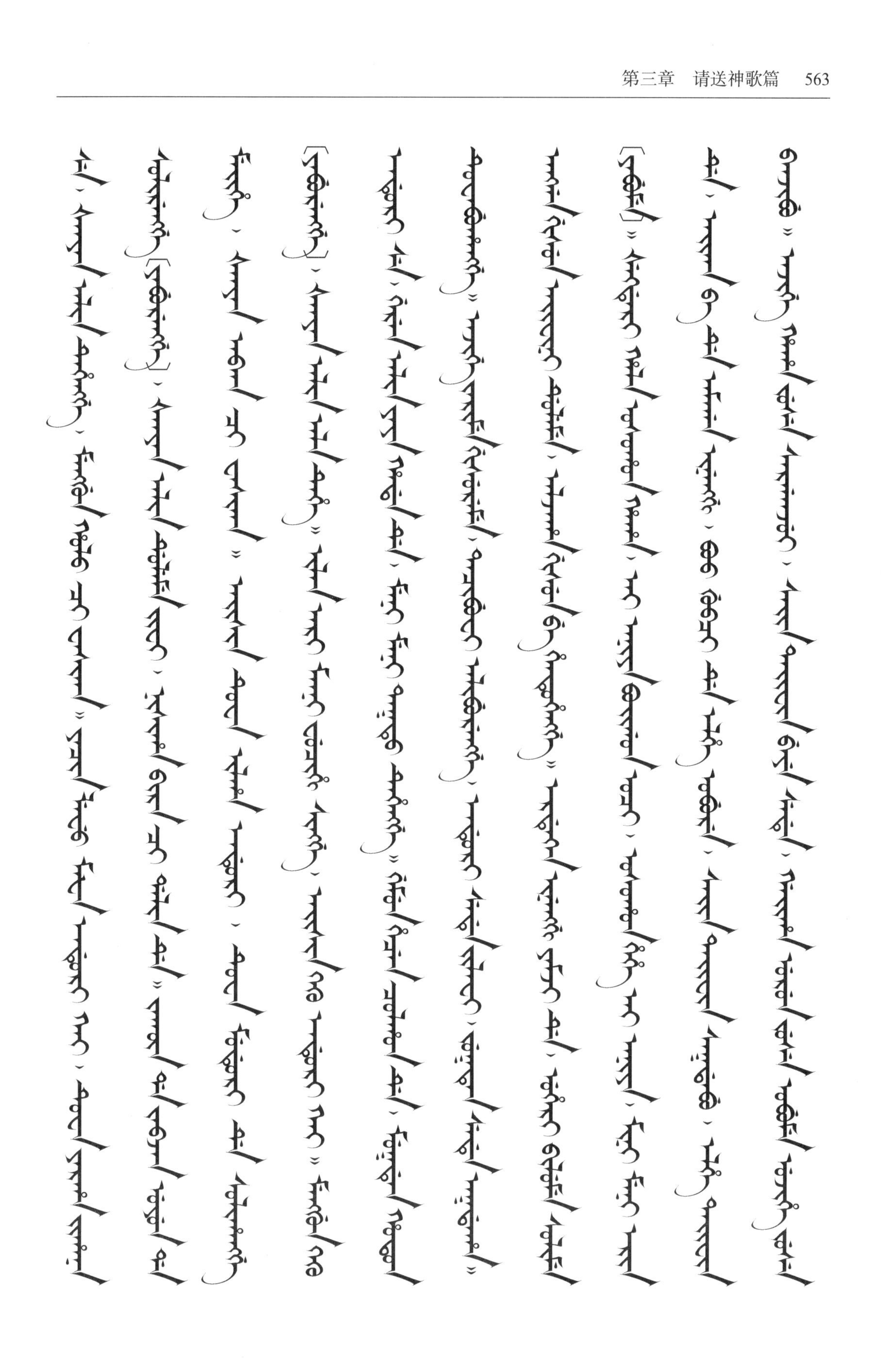

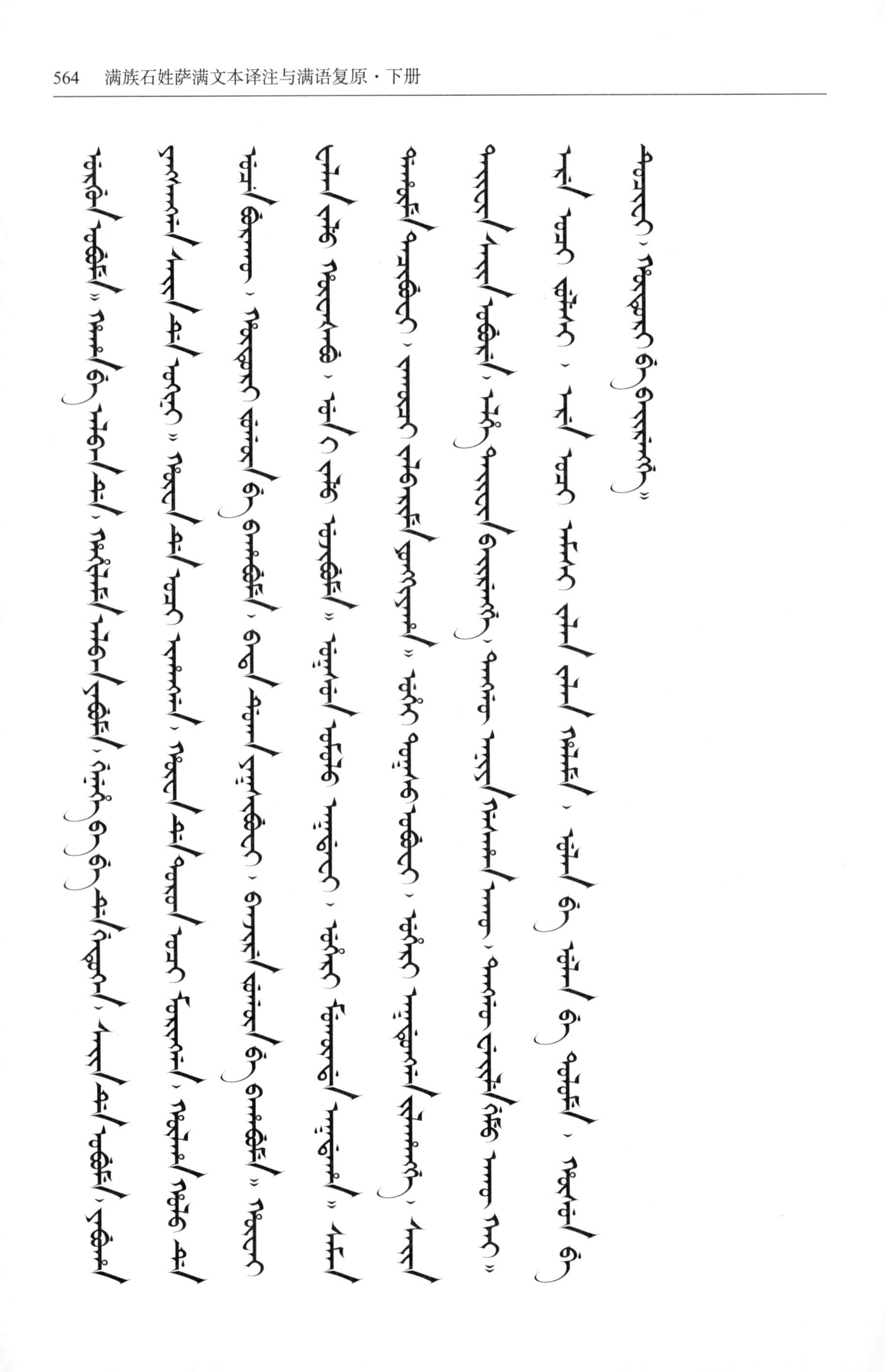

[illegible]

[illegible]

[illegible]

[illegible]

[illegible]

[illegible]

[illegible]

[illegible]

[illegible]

對答用俱尼瞞位各論無

石克特立哈拉卧思渾哈ㄟ 愛阿那阿傅阿街 昂阿鴉孫而札杭我 合ㄟ勒鴉孫

沙瑪賒莫他七腓。我貞賒莫一五合。吳車框卡多而腓。恭徳杜卡卧立核俄。

核巴鴉干阿那莫。阿几若鴉干札不勒。巴克山克徳爾不勒。泰蘇克徳朱勒立。

阿莫孫俄分徳。佛思恨阿莫孫五茂拉卧。昂阿鴉孫胡拉腓。占巴立莫札亦卧。

阿那莫卧立莫打哈莫。不拉其那卧那庫拉杭我。核巴沙朱克騰吳云卧亦卧。核騰脏

我貞徳熱卧魚我腓。鴉卧尼夜立徳渾賒莫。愛阿那沙瑪我貞卧。核巴沙朱克騰卧。

牙ㄟ勝尼付七西賒。愛哈親卧札茂腓。石克特立哈拉佰莫几合。那丹乃腓佛几勒卧。

哈打卧月卧。徳卧立愛心他克禿卧。一心吉勒吳巴卧几合。一拉七賒親必拉禿而哈。

愛一莫納禿拉滾卧。卧一莫納札亦卧。郭敏山眼阿亦特合。阿立拉莫爵打拉徳。賒合立

尼莫库、阿库。我勒卧七、朱勒西。我勒卧七、阿玛西。札兰札兰、僧拉莫。齐拉宁拉、多洛莫。

朱赊、沙茂西、朱勒西伯莫。卧莫西、朱特七、卧永五伯莫。汤吴阿哪、他拉干阿库。衡朱阿哪、

太翻、三音、卧不莫。而合太翻、而合、卧不勒。沙克打、阿西敢心班吉其、尼。吴拉滚三、卧其尼。

卧多不腓。乌拉滚三卧、乌欧腓。卧车库、三卧、阿克打腓。卧西浑三卧、伯立停俄。三音

者合、吴打哈、伟俄。博卧吴几合、苑一吴火卧。我拉根博、伐牙腓。札兰博、乌牙腓。多瑜三

街拉博、逵他腓。博拉浑、阿莫孙、博勒合腓。阿拉其博、多朱腓。书米浑、佛勒博。丈卧吴

各楼朱克腾、卧吉拉哈。伏一卧博、村杜腓。一车以博、阿立腓。一能尼三、一车卧。以三博、勒浑卧。

泼几特、牙拉尖赊莫。乌拉滚卧、七杭短博。合博赊莫、合车腓。博朱克腾鹃文勒莫。

合纳伯我。衙那立博、他立勒。博洛立博、卧克杜莫。阿玛他、俄莫朱赊卧。阿浑

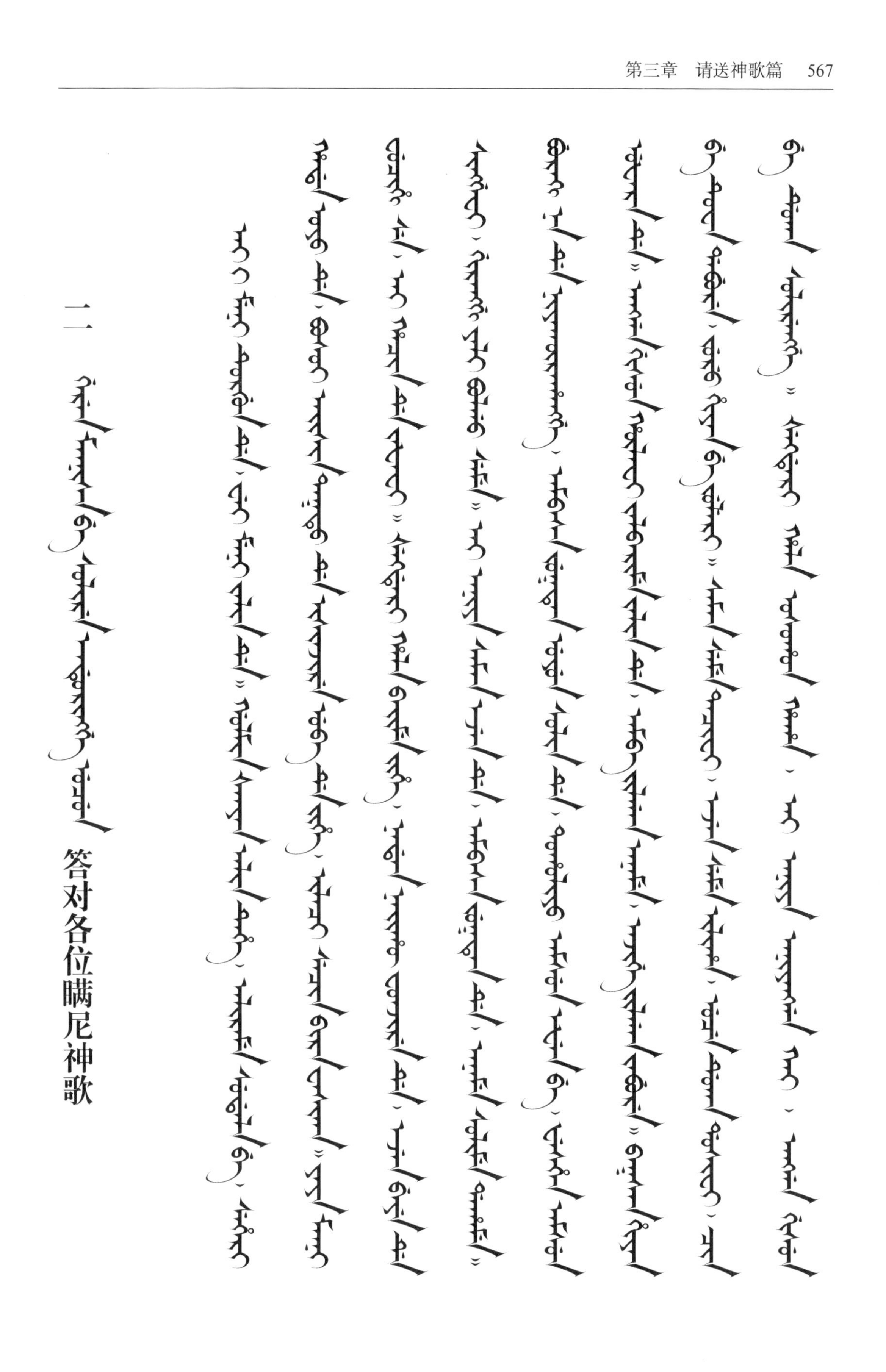

[illegible]

二　答对各位瞒尼神歌

[illegible]

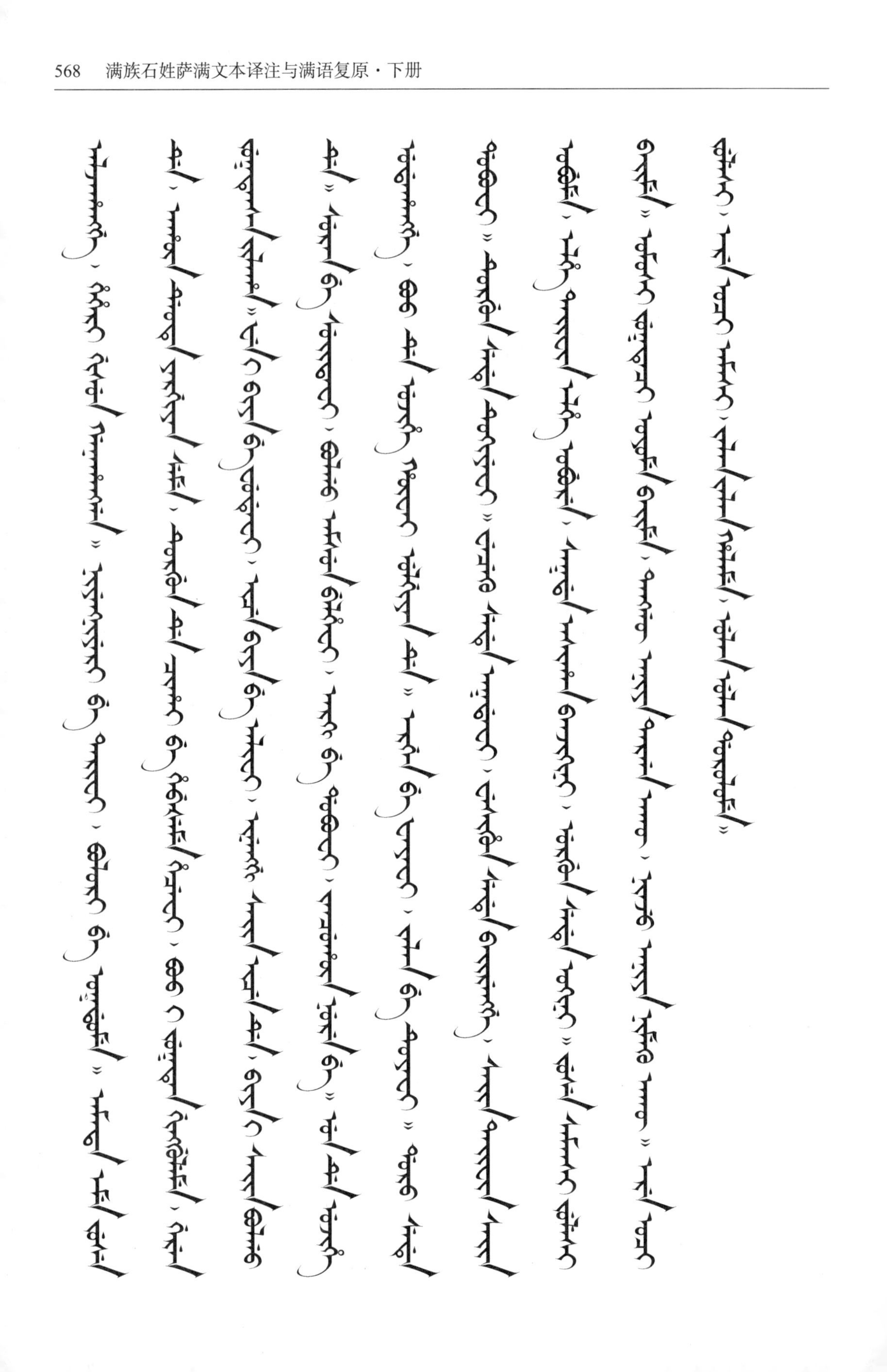

[illegible]

用請屋住立側位付尼腓

伐哈拉㖸 拉西〻莫木立莫衡㖸 㖸西〻莫莫卡拉㖸 胡拉鸡莫洪〻西勒㖸
畏勒莫〻腓毗木勒㖸 佛庫車莫闹文杭我㖸 牙〻哈秋〻街不沙㖸 五巴拉莫〻
八音台宝〻杜勒合㖸 按巴沙〻朱克腾㖸 旻倫三㖸〻旻木〻腓二㖸 虎拉滚三〻㖸虎吹㖸
子牙卧拉莫㖸 秦侍杜卡〻卧立棱我㖸 佀拉鸡庫〻杜卡〻卧西七㖸 西使庫杜卡〻古立腓㖸
㐷何侍〻瑪立不莫㖸 㖸侍棱伯立西〻昊拉莫㖸 阿瑪西卧七〻伏拉哇卧㖸 阿几各〻则立
嵬侏〻打不棱我㖸 旻西哈〻克麒侍㖸 愛何㕯〻沙瑪我貞㖸 我貞各〻立卧〻立㖸
賒莫〻石克特立哈拉〻伯木几合㖸 那丹乃腓〻伏舌勒㖸 很㖸棱㖸〻旻青粘腓㖸 巴克〻
牙〻哈打〻牙〻他克秃㖸 牙〻必拉七〻尼西哈㖸 我腓尼卧七〻木几㖸 三音一腓尼〻于阿
牙〻腓尼〻付七西賒㖸 牙〻哈親〻札伐腓㖸 巖阿〻㖿阿〻特合㖸 書心一西棱〻尼西不莫㖸

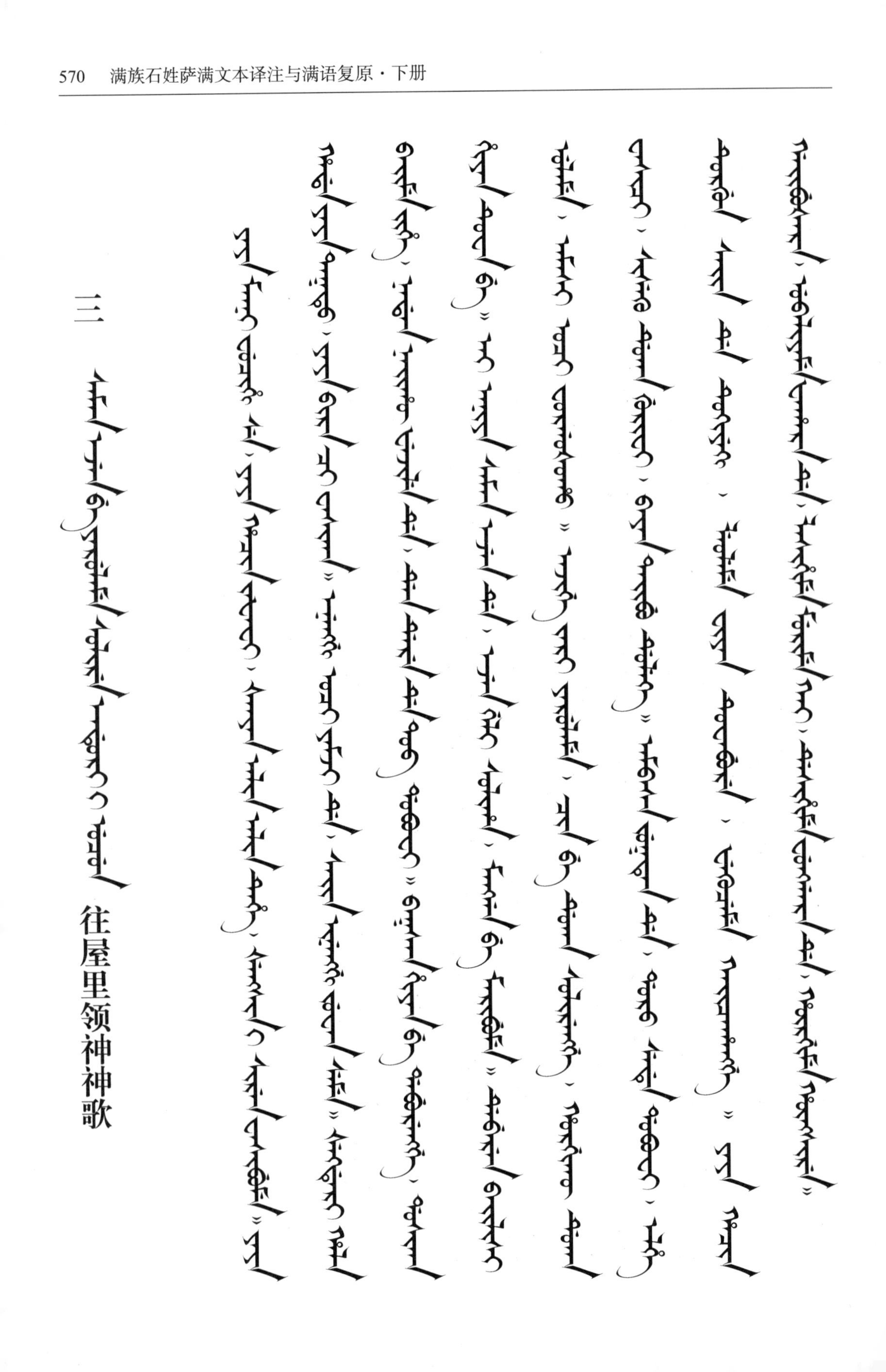

三 [illegible] 往屋里领神神歌

[illegible]

送各位神還位

俄　我卄打立我立勒莫

不勒　阿卜各伯立西卬拖讷莫　三音太翁卧不勒　而合太翁伯立盅

莫尼〻〻他克痄各讷腓　爱阿称涉瑪我貴卬　一尼拣撫卬三音卧

各楼哈折郭洛莫　民巴卬各讷合弃不勒　巴克山〻〻撑卬勒苜

依兰先撩打不楞我　牙〻勝尼卬撫讷莫　各楼阿抹撑讷勒

我能尼闫木吉卬　阿几各伯立西鸡斜勒莫　川莫觏鸡开吴拉莫

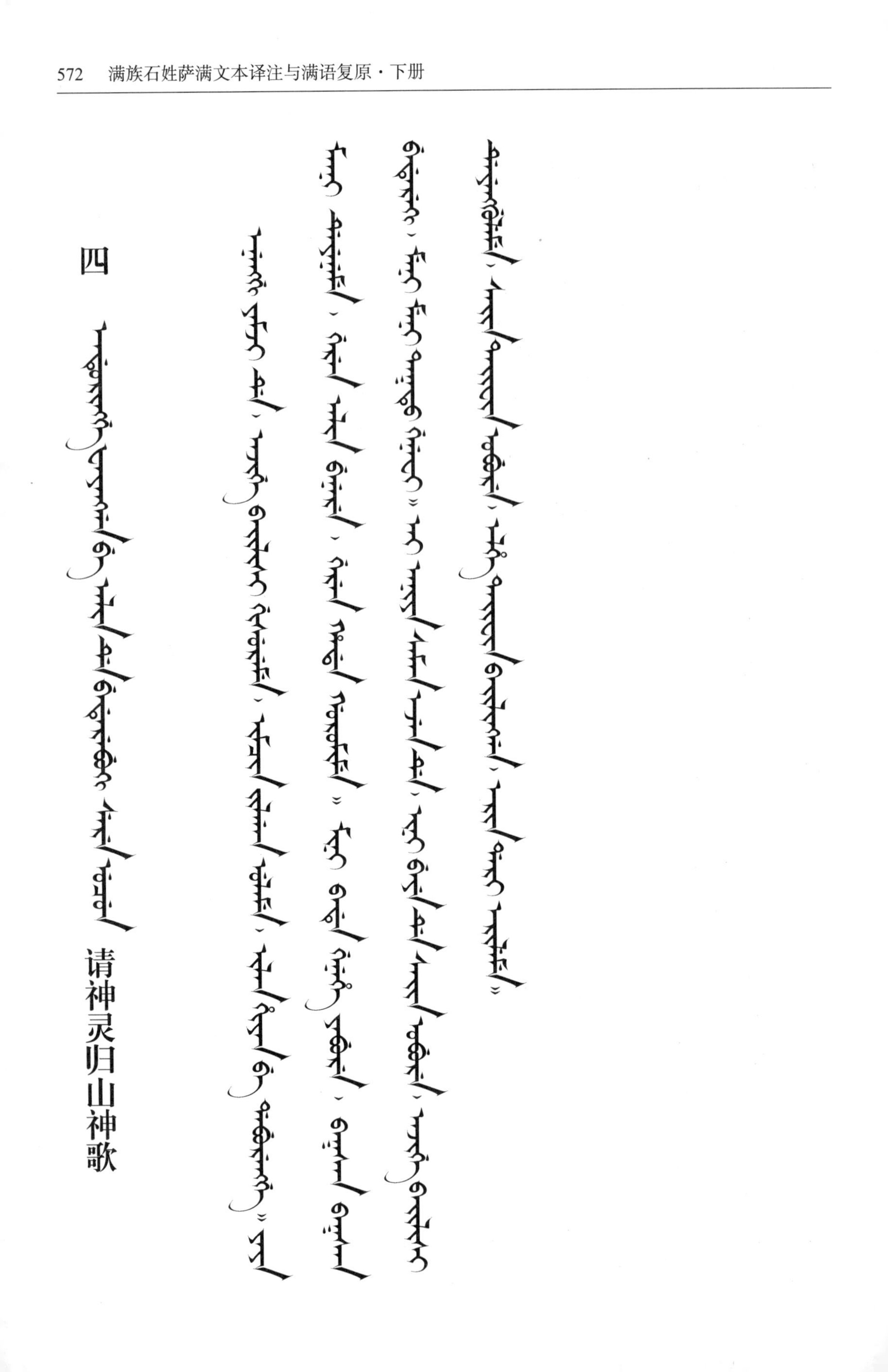

四 请神灵归山神歌

其勒德博勒不札核德恨

送答樟高在

额舒各纳腓 各核哈打那法莫 巴克山三三牙不勒 一三佛卧克恰莫墩哥佰子阿莫主莫

尼莫库阿库 克札杭哈涉禾 文禾札杭莫几不莫 莫尼三阿涉伦勒目 额舒

阿西憨班几其尼 而合太勤卧其尼街 汨滴昊阿猕他拉阿库 宁木阿猕

朱克腾三卧阿克打哈 卧车库三卧伯立宁俄 太勤三卧卧其尼街 沙克打

各讷牙不勒 巴占杜卡牙克心呆腓 班几勒宋滚德巴哈不莫 恩杜立三卧几拉腓

那库拉哈 村中阿求哈打特合 崇文佰莫乜尼西杭我 德拖他恩哈恩杜立 民巴卧

阿街 昊克那木坤不粗腓 札库乜侧立子不粗哈 佘那卧木可打立 恒札那卧

哈舒土哈拉三三莫衲 石克特莫拉卧木拉 卧思库哈三古麻克乜腓 爱阿猕阿宁

爱以莫衲札坎卧 卧以莫纳克拉滚街 我熊尼闫木吉卧 很卧核多木哈克苏佛

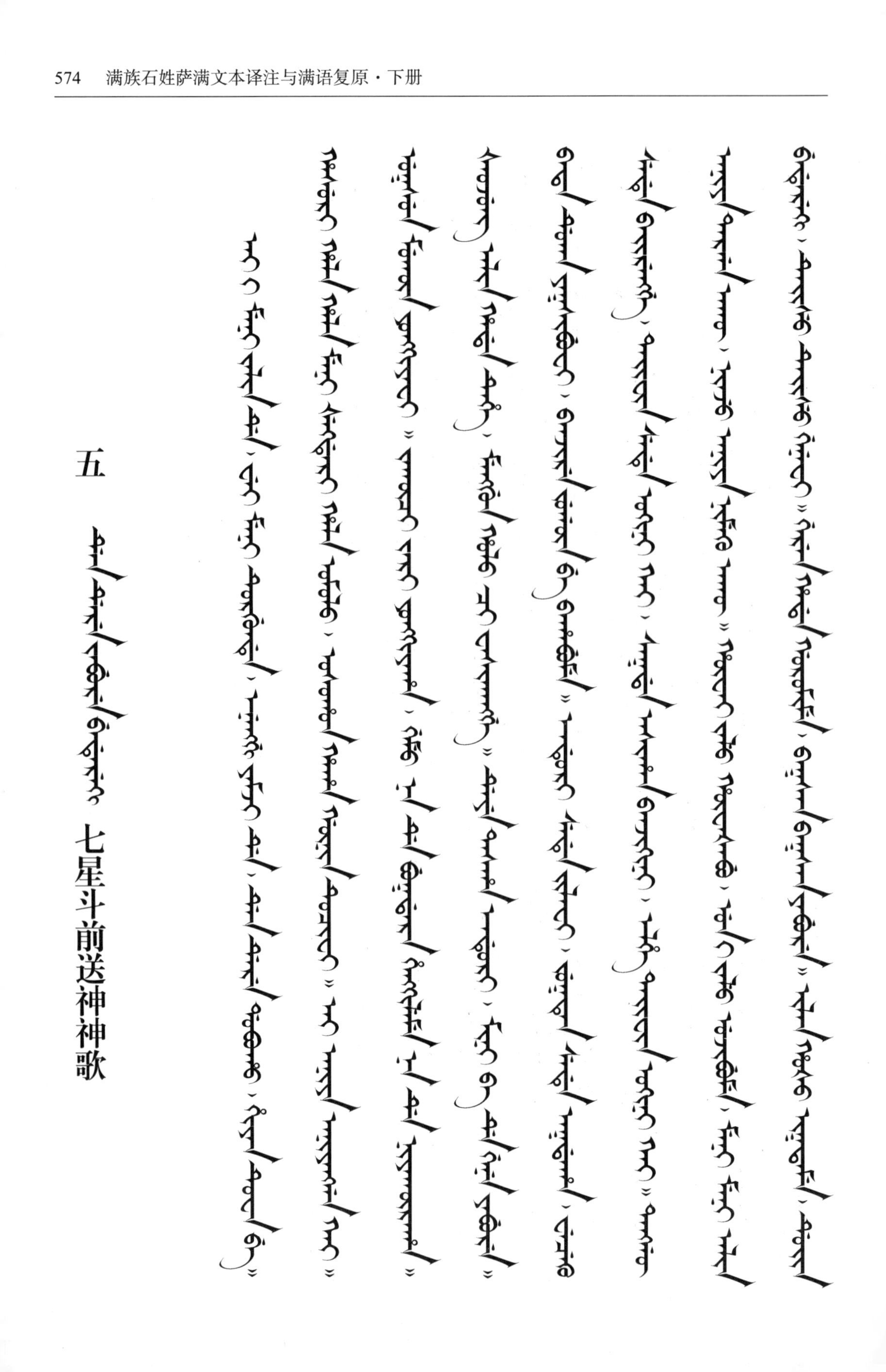

五 七星斗前送神神歌

ᡶᠣᡩᠣ ᡝᠨᡩᡠᡵᡳ

七衣西哈 牙〻腓尼衣七西腓 爱阿雅沙那哥牙占扎 一一一

○沙玛浅山眼阿沭哈打特合○ 吴云七折拉鸡哈打冈○ 额拉他鸡垒 爱心他克秃○ 牙〻必拉

必拉七衣西哈○ 牙玛法 爱雅哈○

祝神回话折○牙〻阿沭特合○ 爱哈打 牙他瑟 爱他克秃○ 牙腓尼几俄○ 牙〻

祝神人回话折○西三年玛 吴拉库○ 阿几各 伯立西 倒立子 爱巴必沙沭○

○沙玛浅○阿几各 倒立子 吴沙沭 吴沙库○ 牙腓尼几俄○ 牙札三 爱阿獬○ 牙玛法

祝神人回话折○阿几各 姊家托克民特合○ 石克特立哈拉 卧思浑哈〻爱秃拉浓

○沙玛浅○牙〻托克所 爱哈拉○ 卧思浑哈〻爱阿獬○ 爱札米哈 爱秃拉浓 安爱伯他○

祝神人回话折○我勒卧七○ 文杜玛法立几我○ 我木我克勒○ 几立班几勒 伯库○

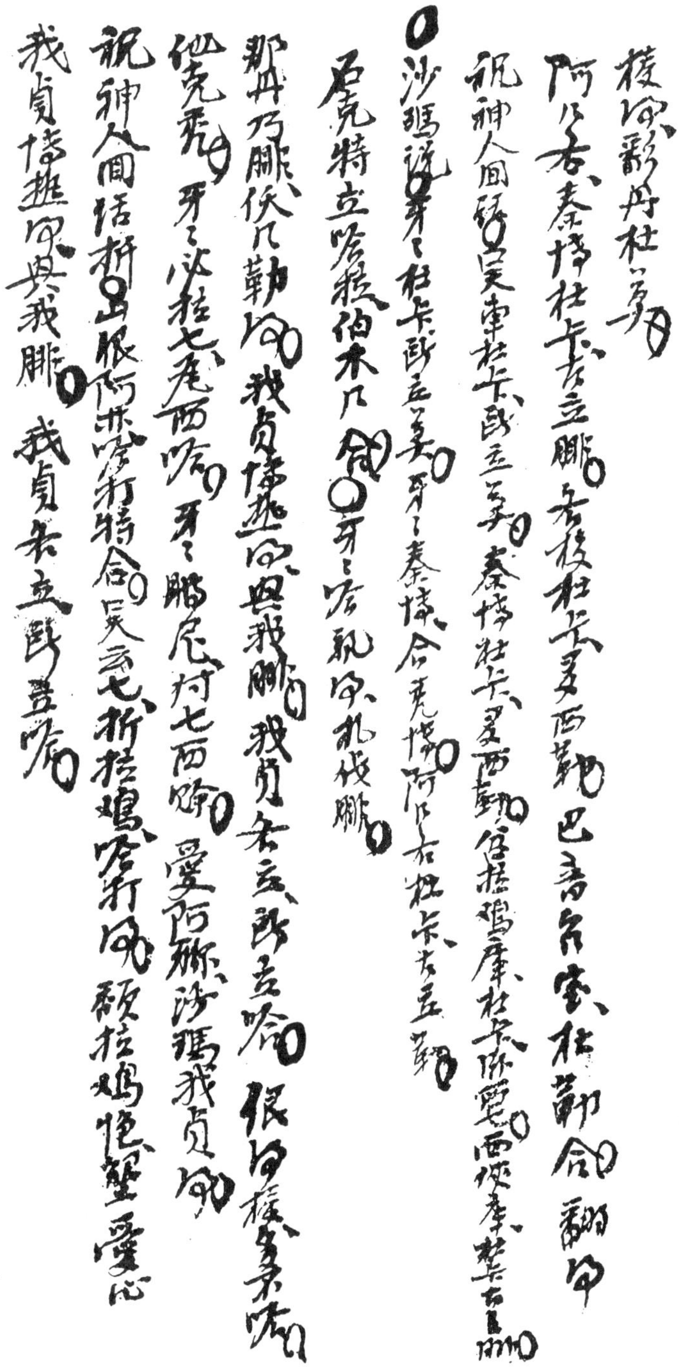

梭吗彩丹杜多
阿拉木秦博杜卡木立瞒　各梭杜卡多西勒　巴青各宝杜勒合　翻布
祝神人间话　吴肃杜卡卧立尔多　秦博杜卡多西勒　宝括鸡库杜卡附瓦西伏库杜卡木立瞒
沙玛说　牙牙杜卡卧立尔多　牙牙秦博合克德阿拉木杜卡木立瞒
瓜克特立哈拉伯木几　牙牙卧克吗扎伐瞒
那丹乃瞒伏几勒吗　我贞博拢吗与我瞒　我贞各立卧立哈　根布梭多木哈
仙克秃　牙牙必拉七尾西哈　牙牙鹏尼村七西哈　爱阿琳沙玛我贞吗
祝神人间话析　根阿非哈衍特合　吴克七析拉鸡哈衍吗　额拉鸡德蟹　爱心
我贞博拢吗与我瞒　我贞各立卧登哈

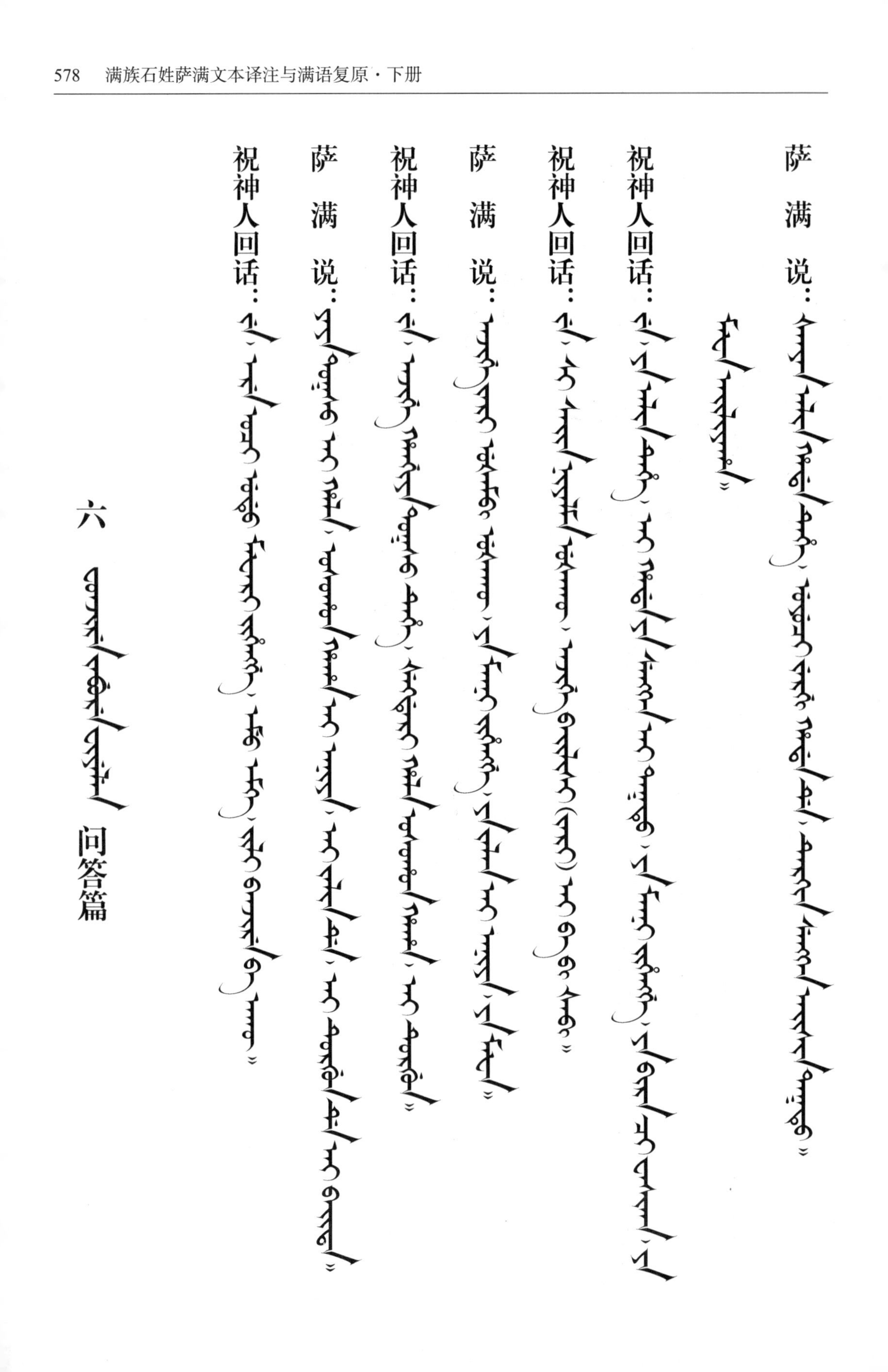

萨　满　说：[illegible]

祝神人回话：[illegible]

祝神人回话：[illegible]

萨　满　说：[illegible]

祝神人回话：[illegible]

萨　满　说：[illegible]

祝神人回话：[illegible]

六　[illegible]　问答篇

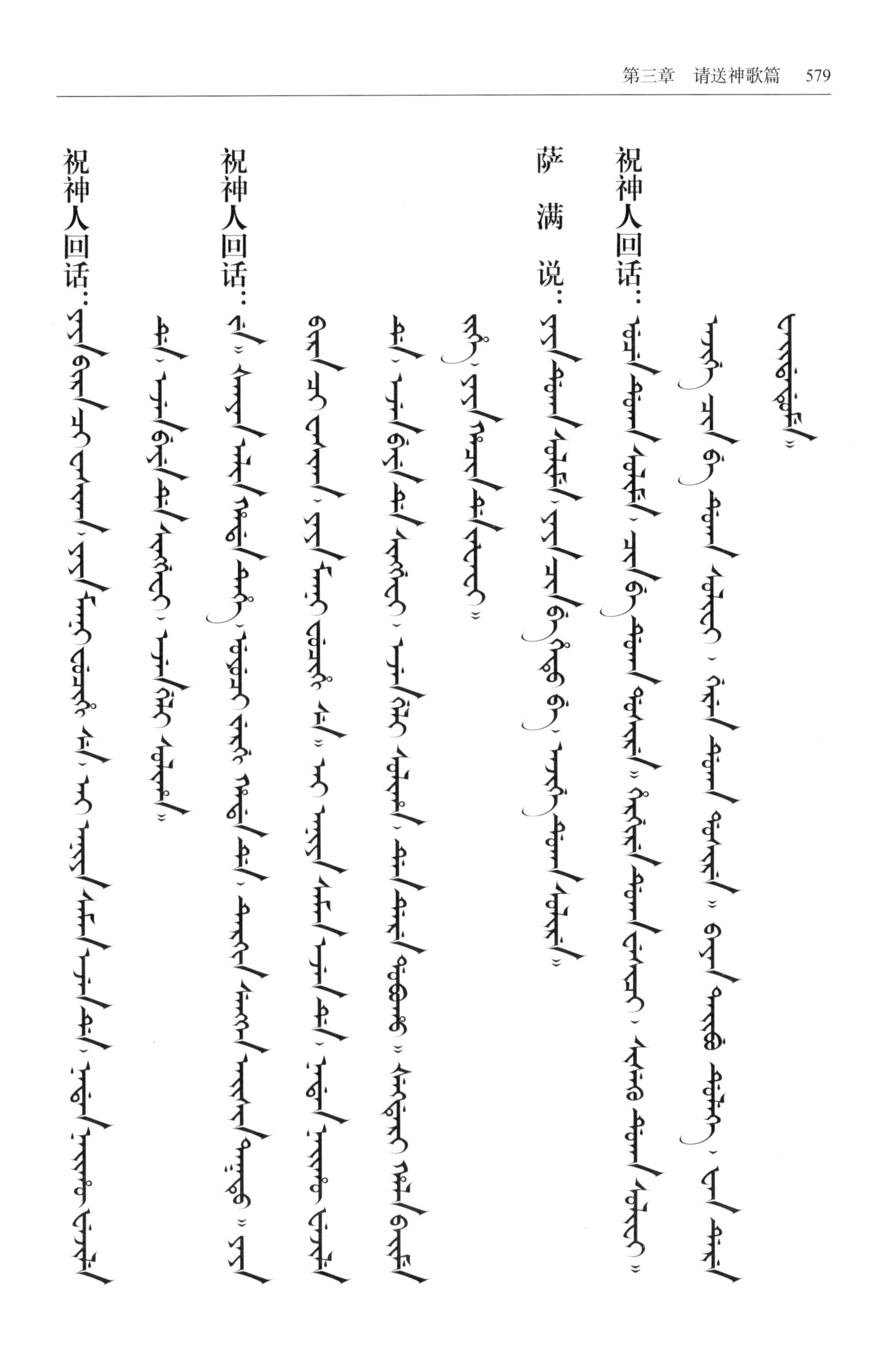

[illegible]

[illegible]

祝神人回话：[illegible]

萨　满　说：[illegible]

[illegible]

[illegible]

[illegible]

祝神人回话：[illegible]

[illegible]

祝神人回话：[illegible]

附录一

神谱

頭位太爺、大沙瑪、屬鼠名號、嵩吉德、

吴木七札兰瑪法。與惡立阿㺚。按巴沙瑪。各佛博、嵩吉德。

大神、各位師夫、瞞尼、善佛、名號、

按巴沙朱克騰。各棱恩杜立。賒天瞞尼。付七西、各佛博。

白山總兵

山眼瑪法。輟哈占爺。尼貞不庫。巴那俄貞。佛杜瑪々。與杜瑪々。

家神、各位、名號、

博以朱克騰。各棱恩杜立。各佛博。

五位太爺、太沙瑪、屬蛇、名號、麦明阿、
孫札七札苎瑪法○按巴沙瑪○梅合阿彌○名佛博、多明阿○
四位太爺、大沙瑪、屬馬、名號、東海
堆七札苎瑪法○按巴沙瑪○莫木阿彌○名佛博、東海○
三位太爺、太〻、兵懇沙瑪、屬兔、名號、烏木巴、
依拉七札苎、瑪法○尼貝、兵懇沙瑪○古瑪渾阿彌○名佛博、烏木巴○
二位太爺、大沙瑪、屬虎、名號、打卡佈、
側札苎、瑪法○按巴沙瑪○他思哈阿彌名佛博、名號、打卡佈○

沙克沙瞞尼
呢拉庫瞞尼
瑪克鷄瞞尼
按巴瞞尼

賒棱太瞞尼
呢〃庫瞞尼
考各洛瞞尼
巴虎魯瞞尼

賒傅貞瞞尼
巴克他瞞尼
查憨不庫瞞尼
胡牙氣瞞尼

法拉鷄瞞尼
札克他瞞尼
呢〃庫瞞尼
胡閻瞞尼

七位太爺、太沙瑪、屬牛、名號、
那丹七札兰瑪法。按巴沙瑪。依敢憨阿呢。名佛、傅、名號
六位太爺、兵懇沙瑪、名號、坤東阿、
停文七札兰瑪法。兵、懇沙瑪。木杜立阿呢。各搏傳。坤東阿。

朱禄瞒尼

沙勒不库瞒尼

按巴阿立瞒尼

法勒稜不库瞒尼

赊挑鸡七瞒尼

按巴阿拉瞒尼

额克赊瞒尼

法拉鸡七瞒尼

额挑鸡瞒尼

胡拉亲瞒尼

伐克沙瞒尼

付拉亲瞒尼

舒挑鸡瞒尼

依兰阿立瞒尼

舒禄瞒尼

朱克腾瞒尼

法拉鸡瞒尼

金虎神
愛心他思哈
飛虎神
法熱腓朱他思哈○
水魚鳥神
木克哦思哈
大代朋鵰神
按巴代朋哦思哈

大墨虎神
按巴山眼他思哈
母卧虎神
必稜他思哈
腰野鳥神
伐兰哦思哈
大代明鵰神
按巴代明哦思哈

黑熊神
牙親曷夫思杜立
公墅虎神
木憨他思哈
爛融鳥神
英兰哦思哈
老坐山皂鵰神
阿眼他思哈立哦思哈

野猪神
愛打渾愛打干
懸犁虎神
庫立他思哈
白鳥神於舒祿腓尼
山眼哦思哈舒祿尼
狼獾鷹神
按出兰鵰渾哦思哈

金鳥舌神
愛心克庫
八位蟒神
扎坤打扎破占
金錢豹神
琥芽拉哈几哈那

銀鳥舌神
黨文克庫
金炼失就神
愛心覡木杜立
八位豺貔神
扎坤朱扎拉胡

火煉金神
愛吟克沙眼恩杜立
金花火神
愛心覡嚓吟恩杜立
九位猴神
吴云朱牛胡牛合

老鳥舌神
阿眼克庫
九位蛇神
吴云打搭合

家神神名

1 山眼玛法超和占爷（白山总兵）

ᡧᠠᠩᠶᠠᠨ ᠮᠠᡶᠠ ᠴᠣᠣᡥᠠᡳ ᠵᠠᠩᡤᡳᠨ

2 尼贞布库

ᠨᡳᠵᡝᠨ ᠪᡠᡴᡠ

3 巴那额贞

ᠪᠠ ᠨᠠ ᡳ ᡝᠵᡝᠨ

4 佛多妈妈

ᡶᠣᡩᠣ ᠮᠠᠮᠠ

5 奥都妈妈

ᠣᡩᡠ ᠮᠠᠮᠠ

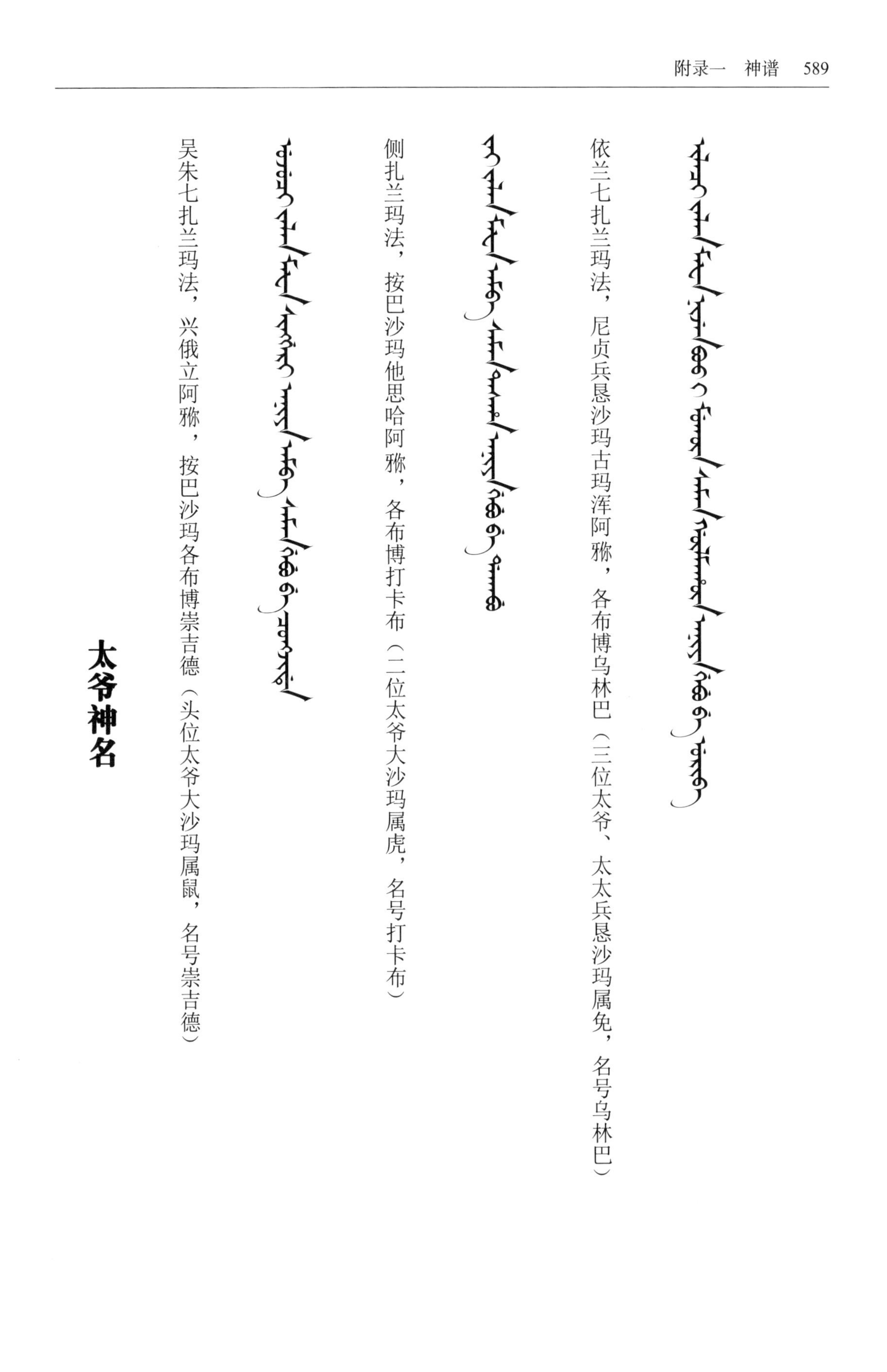

依兰七扎兰玛法，尼贞兵恳沙玛古玛浑阿秭，各布博乌林巴（三位太爷、太太兵恳沙玛属兔，名号乌林巴）

侧扎兰玛法，按巴沙玛他思哈阿秭，各布博打卡布（二位太爷大沙玛属虎，名号打卡布）

吴朱七扎兰玛法，兴俄立阿秭，按巴沙玛各布博崇吉德（头位太爷大沙玛属鼠，名号崇吉德）

太爷神名

ᠨᡳᠩᡤᡠᠴᡳ ᠵᠠᠯᠠᠨ ᠮᠠᡶᠠ ᠪᡳᠩᡴᡝᠨ ᠰᠠᠮᠠ ᠮᡠᡩᡠᠯᡳ ᠠᡤᡝ ᡤᡝᠪᡠ ᡴᡠᠨᡩᡠᠩᡤᠠ

宁文七扎兰玛法，兵恳沙玛木杜立阿称，各布博坤东阿（六位太爷兵恳沙玛属龙，名号坤东阿）

ᠰᡠᠨᠵᠠᠴᡳ ᠵᠠᠯᠠᠨ ᠮᠠᡶᠠ ᠠᠨ ᠪᠠ ᠰᠠᠮᠠ ᠮᡝᡳᡥᡝ ᠠᡤᡝ ᡤᡝᠪᡠ ᡩᠣᠮᡳᠩᡤᠠ

孙扎七扎兰玛法，按巴沙玛梅合阿称，各布搏多明阿（五位太爷大沙玛属蛇，名号多明阿）

ᡩᡠᡳᠴᡳ ᠵᠠᠯᠠᠨ ᠮᠠᡶᠠ ᠠᠨ ᠪᠠ ᠰᠠᠮᠠ ᠮᠣᡵᡳᠨ ᠠᡤᡝ ᡤᡝᠪᡠ ᡩᡠᠩᡥᠠᡳ

堆七扎兰玛法，按巴沙玛莫林阿称，各布博东海（四位太爷大沙玛属马，名号东海）

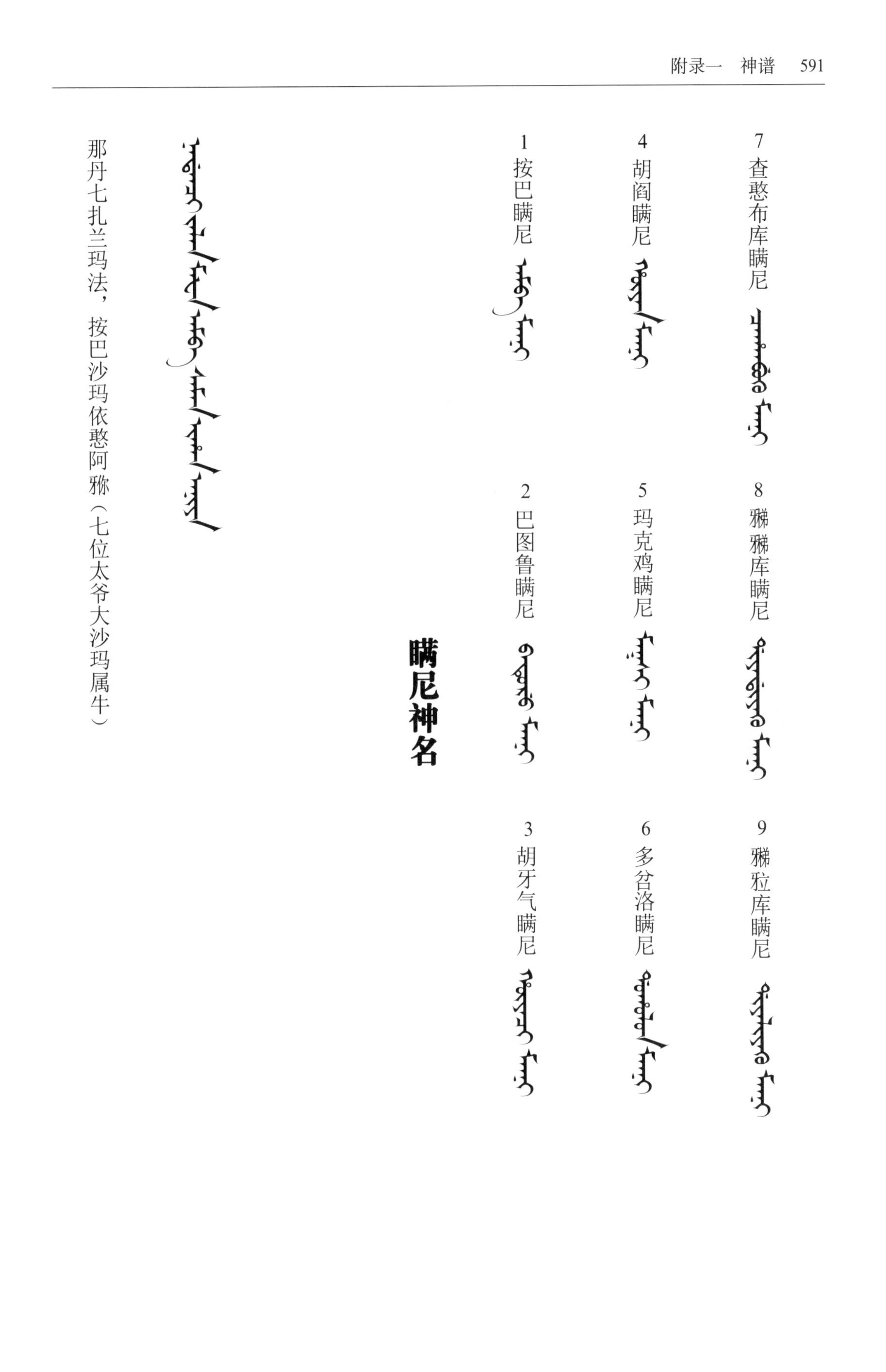

1 按巴瞒尼

2 巴图鲁瞒尼

3 胡牙气瞒尼

4 胡阎瞒尼

5 玛克鸡瞒尼

6 多岔洛瞒尼

7 查憨布库瞒尼

8 猕猕库瞒尼

9 猕粒库瞒尼

瞒尼神名

那丹七扎兰玛法，按巴沙玛依憨阿称（七位太爷大沙玛属牛）

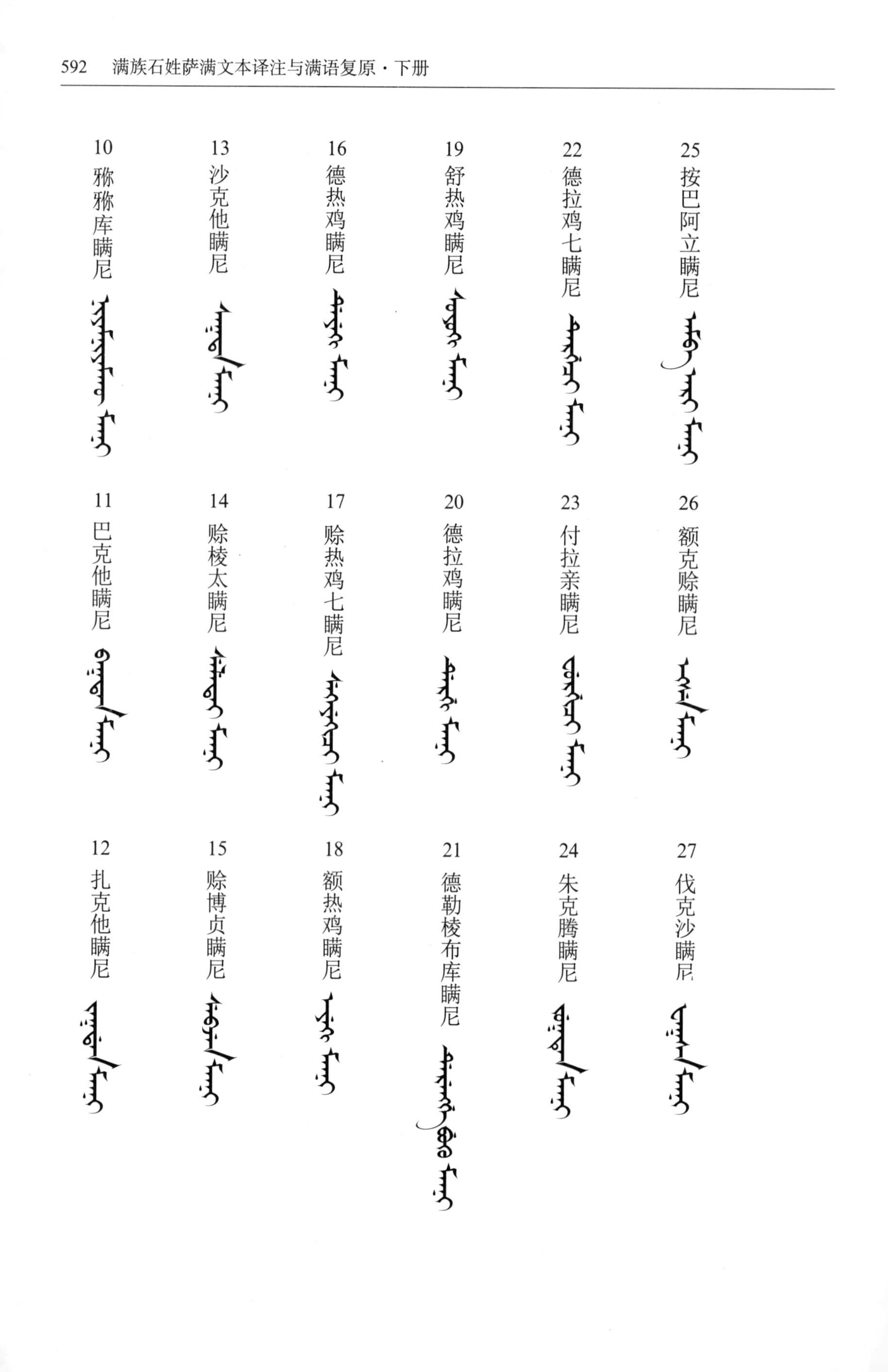

10 称称库瞒尼

11 巴克他瞒尼

12 扎克他瞒尼

13 沙克他瞒尼

14 赊棱太瞒尼

15 赊博贞瞒尼

16 德热鸡瞒尼

17 赊热鸡七瞒尼

18 额热鸡瞒尼

19 舒热鸡瞒尼

20 德拉鸡瞒尼

21 德勒棱布库瞒尼

22 德拉鸡七瞒尼

23 付拉亲瞒尼

24 朱克腾瞒尼

25 按巴阿立瞒尼

26 额克赊瞒尼

27 伐克沙瞒尼

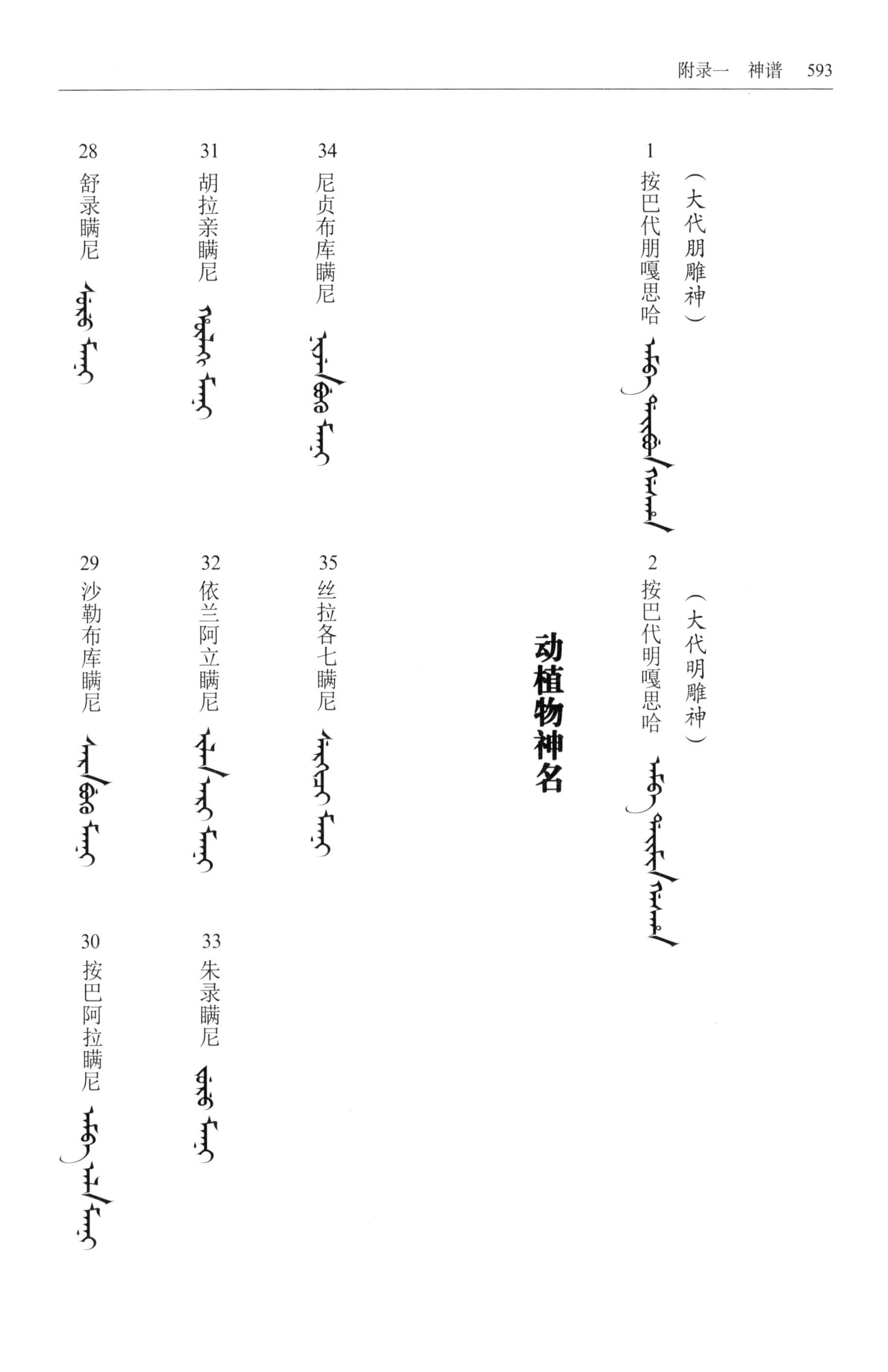

28 舒录瞒尼

29 沙勒布库瞒尼

30 按巴阿拉瞒尼

31 胡拉亲瞒尼

32 依兰阿立瞒尼

33 朱录瞒尼

34 尼贞布库瞒尼

35 丝拉各七瞒尼

动植物神名

1 按巴代朋嘎思哈（大代朋雕神）

2 按巴代明嘎思哈（大代明雕神）

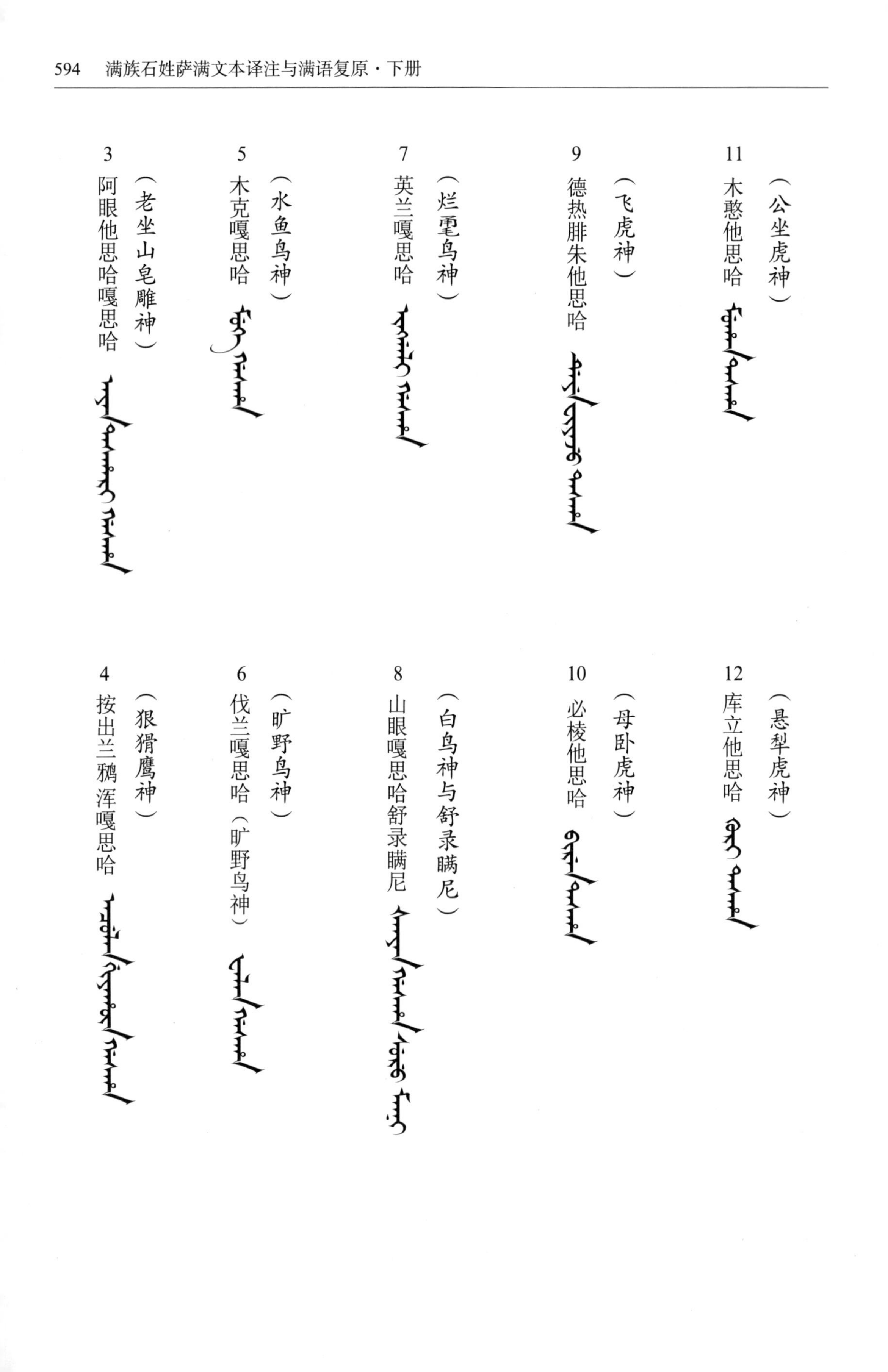

3 阿眼他思哈嘎思哈（老坐山皂雕神）

4 按出兰鸦浑嘎思哈（狼猾鹰神）

5 木克嘎思哈（水鱼鸟神）

6 伐兰嘎思哈（旷野鸟神）（旷野鸟神）

7 英兰嘎思哈（烂雹鸟神）

8 山眼嘎思哈舒录瞒尼（白鸟神与舒录瞒尼）

9 德热腓朱他思哈（飞虎神）

10 必棱他思哈（母卧虎神）

11 木憨他思哈（公坐虎神）

12 库立他思哈（悬犁虎神）

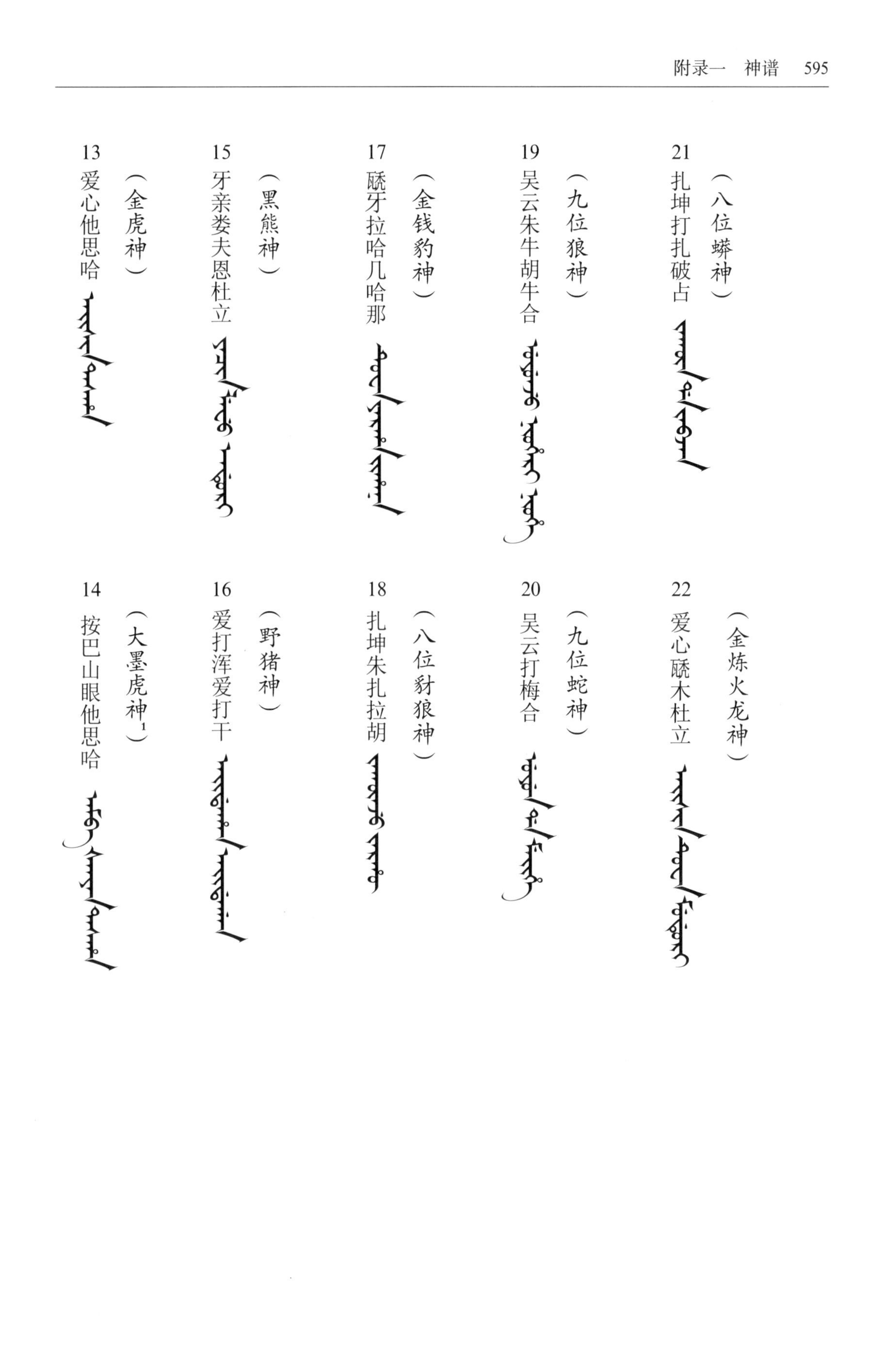

13
爱心他思哈
（金虎神）

14
按巴山眼他思哈
（大墨虎神[1]）

15
牙亲娄夫恩杜立
（黑熊神）

16
爱打浑爱打干
（野猪神）

17
豗牙拉哈几哈那
（金钱豹神）

18
扎坤朱扎拉胡
（八位豺狼神）

19
吴云朱牛胡牛合
（九位狼神）

20
吴云打梅合
（九位蛇神）

21
扎坤打扎破占
（八位蟒神）

22
爱心豗木杜立
（金炼火龙神）

1 此神应为大白虎神。

27 爱心哈克沙腓恩杜立 ᠠᡳᠰᡳᠨ ᡥᠠᡴᠰᠠᡶᡳ ᡝᠨᡩᡠᡵᡳ
（火炼金神）

25 爱心克库 ᠠᡳᠰᡳᠨ ᡴᡝᡴᡠ
（金鸟舌神）

23 爱心𬌗叶哈恩杜立 ᠠᡳᠰᡳᠨ ᡨᡠᠸᠠ ᡳᠯᡥᠠ ᡝᠨᡩᡠᡵᡳ
（金花火神）

26 蒙文克库 ᠮᡝᠩᡤᡠᠨ ᡴᡝᡴᡠ
（银鸟舌神）

24 阿眼克库 ᠠᠶᠠᠨ ᡴᡝᡴᡠ
（老鸟舌神）

附录二

词汇表

阿莫查莫：amcame，追赶，及时，捞本
阿克打腓：akdafi，信赖、依靠、凭借
阿眼：ayan，大，（旺盛），蜡
阿眼先：ayan hiyan，芸香
敖木朱：应为『阿木孙』，amsun，祭肉
阿立腓：alifi，承受、接受，载，架，（迎来）
而扎哈：应为『阿尔扎哈』，aljaha，许、离、变色
昂阿：angga，口、嘴，口供，关隘
阿立不勒：alibure，呈递、授献、与、充当
阿几各：ajige，小，幼小
阿那莫：aname，推诿、迁延、克，挺（逐一、挨次）
阿祢：aniya，年，属相
阿思行俄：ashangga，有翅膀的
阿沙沙拉：aššara，动，行动
按巴：应为『按木巴』amba，大、弘、巨
阿巴卡：abka，天
阿林：alin，山
爱：ai，何，什么，呜呼

A

阿拉其：arki，烧酒，烈性酒
阿浑：ahūn，兄长，哥哥
阿玛他：amata，父辈
阿立：ali，令承担，令人手架鹰，令抵，令盛
安秃：antu，山阳（太阳照射之处）
阿拉：ala，山岗，矮平山
阿查莫：acame，和好，会见，应当
阿参：aššan，行动，震（卦名）
阿立：ari，无处不到者，狂妄，鬼
阿立拉莫：alirame，沿山走
爱⿰歹立哈：aliyaha，悔之，侍候，等着
阿沙立：asari，楼阁之『阁』
爱民：应为『爱蛮』，aiman，部落，外藩，夷，藩主
阿玛西：amasi，向后，往后，返回
阿拉：ara，糠、令做，令写
阿打腓：adafi，陪伴、附，帮
阿立不棱俄：aliburengge，呈递，授与，给与，献于（承担）
阿伐拉：afara，攻伐，招惹，攻占
阿立枕俄：与『阿立腓』意义相同
爱心：aisin，金

爱翻：应为『爱非尼』，aifini，早已，业已
按不拉：ambula，大，甚，最
阿舒其：asuki，一点点声音
阿巴打哈：应为『阿布他拉哈』，abtalaha，折断
阿他拉莫：atarame，喧闹
按出兰佳浑：ancula giyahūn，鹰神
阿思哈：asha，翅膀，配饰物
阿哈：应为『阿尔哈』，alha，花色，闪缎
阿沙拉腓：asarafi，收贮、存放（灵柩），（集合）
阿参：应为『阿山』，行动摇动之『动』（跑了）
阿拉干：argan，芽，锯齿，獠牙
阿那杭俄：与『阿那莫』意义相同。
爱打浑：在满文工具书中无从查找。向会说满语的老萨满石清山、石清民、石清泉调查时，他们都说是『野猪』。此词汇很可能是『爱打干』（aidagan）的音变，即『野猪』。
爱打干：aidagan，四岁的公野猪
阿打立：adali，一样，相同
阿库：akū，没有，无
阿西憨：asihan，幼小，年幼
彪浑：boigon，家事，产业，户口之户

B

阿坤不莫：akūmbume，尽心，竭尽
阿拉苏哈我：arsuhangge，发芽的
阿莫阿汤阿：应为『阿莫汤阿』amtangga，有味的
按朱：anju，摆设的『宴席』
阿古兰：agūra，器械，器皿
阿拉苏哈：应为『阿拉苏』，arsun，萌芽
而扎不棱俄：aljaburengge，使离开，使许诺，使失色
而扎不恒俄：aljabuhangge，被神鬼见罪了
敖：ao，无从查找，根据神歌中上下文的意思，再结合神本中满文旁注的汉译来看，应是青色之『青』，姑暂且译为『青』
阿拉舒哈：arsuha，发芽
阿不打哈：abdaha，叶子
而班：alban，公务，官差，差役，正赋
阿玛干：amaga，将来之将，后日之后
爱卡：aika，相是，岂，曾，何，甚，如，若

满）

伯立西：bailisi，求福人，僧道巫师之类（祝神人，家萨满）

毕拉：bira，河流

巴图鲁：baturu，英勇，勇敢

不拉库：应为『包尔查库』，bulcakū，躲闪

班舍不：banjibu，编纂，作做，编派，使生长

博：boo，家、房

博勒合腓：belhefi，预备、备办

博勒浑：应为『博尔果』，bolgo，洁净、干净

博洛立：bolori，秋天

巴眼：bayan，富，富人

巴克山：baksan，队，把，束，收容处，（一伙伙，一群群）

博热：beye，身体、本身、自己

不克打立：bukdari，折叠，屈，弯

不拉其：buraki，灰尘，尘地

伯莫：baime，寻求，乞求

不勒库：buleku，镜子

博：be，把、将、以，啊

叭：biya，月，月亮

博讷勒：benere，解送，送去

必哈参：应为『必哈萨』，bihasa，很小，小小的

必棱：biren，雌性兽类

必伦莫：bilume，爱抚，安抚，抚养；切薄肉片

博得凌我：badarangga，广开，扩大，滋蔓

巴拉鸦拉：bargiyare，收割，收藏，收成

必特合：与『博特合』相同

博所：boso，山阴之处，太阳晒不着之处；布匹

彪浑：应为『包衣果吉』，boigoji，主人，东家

博查库：应为『博查不』，baicabu，令查察

不特勒：与『不他拉』相同

不他拉：butere，令沿着，沿山根走

不库：buku，善于摔跤者，会武的人

博得勒其：bedereki，请回去，退朝，归，驳回，后退

博多：bodo，筹划，谋略、估量、计算

博立：beri，弓箭之『弓』

伯不：bebu，小奶孩睡觉时发出的声音，（年幼者）

伯立宁俄：bairengge，伏乞、求者

班吉其尼：banjikini，（希望）生长

博特哈：bethe，脚、足

伯库：应为『伯阿库』，ba akū，没有地方

博得：bede，不济的人，才力不及，庸碌之人

巴牙拉：bayara，护军

博查库：应为『博查布』，becebu，被责怪（不顺心）

博棱：应为『博棱合』，belhe，令预备

布勒合：与『不勒合』相同

巴音：应为『拜』，bai，令寻找

巴哈不莫：bahabume，使得，使领取

班几勒：banjire，生活，生育，生长

巴台：batai，仇家，敌人

不勒合：buraha，《清文总汇》解释为『凡物上用水从上倒灌之，烧酒在锡锅上用冰倒倾，造烧酒之造』。铸造，火炼

碑还：boihon，泥土

碑滚：beikuwen，冷

博棱：bele，米

巴克沙拉腓：baksalafi，分队，捆束

巴哈腓：bahafi，得，领取

巴尼：banin，性，形象

博超：boco，颜色

沙玛：saman，萨满

C

博拉：与『博超』相同

博秃七：bodoci，筹划，谋略，估量

不库勒：与『不车勒』相同

不热莫：buyeme，爱慕，愿意

不打：buda，饭

巴哈腓：bahafi，得到，领取

巴拉牙鸡莫：与『巴拉牙鸡拉』相同

不出浑：buncuhūn，水等物不冷不热，温温的

博冲武：boconggo，有色的，彩色的，颜料

伯汤阿：baitangga，有用的，执事人，事情的

碑赊：beise，贝子

不我非：bukme，以是为非压派人，（沉重）

不非：bufi，给

不车勒：bucere，死

不特哈：butaha，扑，打，来渔猎

比不合：bibuhe，留住，留下

登：den，高

得：de，在……地方，在……时候

D

查拉不哈：calabuha，导致错误

七马立：cimari，明天

扎伏纳哈：应为『扎克色莫』，cakseme，狠狠，紧紧

超哈拉莫：coohalame，行兵，用兵，发兵

超库：coko，鸡，酉（地支）

长赊莫：cang seme，硬弓弹的响声，凡物硬

七克坛：cikten，箭杆，梗子，天干

七杭短：cihai，随意

超还：colhon，山峰，山岳

超克七先：cokcihiyan，山尖，峰尖

秦：cin，正，正向，南面

超海：应为『绰哈』，cooha，军队，武，兵

错

查哈扎莫：应为『查拉不尔库』，calaburakū，不能有差

杜博：dube，头尾，尖，终结

杜勒腓：dulefi，过，燃烧，痊愈

多合洛：doholon，瘸子

得博棱：deberen，崽子，幼小

墩吉起：donjici，听、闻

打不楞俄：与『打不勒』意义相同

代拉拉：dailara，征讨，发疯

达：da，首领，本，源，根

多心吉勒：dosinjire，进来

得拉鸡：dergi，居上，高，东

堆七：duici，第四

多伦：应为『多洛』，doro，礼仪，道理、常例，道

杜棱不腓：dulebufi，使燃烧，使度过，冲入

多西腓：dosifi，进入，（考）中

杜卡：duka，城门，大门

打不勒：dabure，点燃，算

多不哈：与『多不腓』意义相同

多不腓：应为『多包腓』，dobofi，供献

得棱：dere，桌子

打哈莫：dahame，降服、跟随，随降

打得：dade，原初，根本

得热棱我：deyerengge，飞翔的

代明：damin，雕

代朋：daipun，大鹏

多贲：应为『多不』，dobu，供献

热讷莫：应为『各讷莫』，同『各讷合』

多西哈：同『多西腓』

代林：同『打林』

打巴干：dabagan，山岭

打巴七：dabaci，越过，超过

打音：应为『打林』dalin，河岸

得立不合：deribuhe，开始

打：与『达』相同

多洛莫：应为『多洛罗莫』，dorolome，行礼

兜特：deote，弟辈，众弟们

特勒：dere，方，脸面，桌子，罢了

得西西莫：desihime，拌跤，两手举着摔

入

梯拉库：darakū，不管，点火不着，箭射不进去，砍不

梯梯库：应为『代兰』，dailan，征伐，讨伐

呆力不危：应为『担查拉不俄』，dancalabungge，使女

当纳末：dangname，代人上班，抵挡

杜博：duben，末，终

得热讷莫：deyenehe，飞去

打西：应为『打黑』，dahi，令重复

打巴莫：同『打巴七』

打音：dari，经过，路过

杜伦不合：duribuhe，被夺，使夺，使上摇车

打牙哈：dayaha，跟随，附和

打音：应为『打西』，dasi，令掩，令盖

德西：dehi，四十

得勒立：deleri，擅行，轻率做事，上边

杜林巴：dulimba，中间，中央

杜林：dulin，半，中午之中

多博立：bodori，夜

灯占：dengjan，灯盏

多伦：应为『杜伦』，durun，模样，模子，定规，仪

德热：deye，令飞

杜腓：同『杜勒腓』

打立哈：daliha，遮挡，遮蔽，赶回逃走的兽

我能尼：eneggi，今日

我秃勒：eture，穿，戴

佑）

我拉赊莫：eršeme，照看，服事，出痘疹，（祈祷，保

我林：elin，此时

而合：elhe，安，缓，太平，康

我拉根：ergen，生命，气息

我贞：ejen，君主，主人，东家

恩杜立：enduri，神

我木：emu，一

E

德克德不莫：dekdebume，使浮起，掀起，生事，升起

德杜非：dedufi，卧，睡，宿

打浑打浑：dahūn dahūni，再三再四，重复

打我力：danggari，众长辈

德泥不末：应为『呆七不末』，daicibume

丹沉：dancan，内亲，妻之母家

回娘家

恩得不恒俄：endebuhengge，有过失，有差失了

我不勒：ebure，下来，下店，降临

我克勒：应为『我木克』，emke，一个

我立勒莫：erileme，以时，应和其时

我拉得恨：erdeken，略早些，早早的

我拉特勒：ertele，至于今

我腓库：efirakū，不玩耍了

我敦：edun，风

我克库：应为『我突库』，etuku，衣服

我林打立：erindari，时时，每时

我分：efen，饽饽，面食，纸牌的饼子

用威

我能尼勒勒：应为『我特尼勒勒』，etenggilere，好强，

我腓合：efihe，玩耍

折特勒：应为『额尔特勒』，ertele，至今，这时候

而折莫：eljeme，抵御，相争，争强

我腾你勒勒：etenggilere，用强，用威，太强大，好胜

我很：应为『我登』，eden，不完全，欠缺，残缺

我勒：ere，这里，这个

我克赊莫：ekšeme，急忙

佛库莫：fekume，跳，蹦

佛拉滚：forgo，季，天运，时序

翻他哈：应为『翻达哈』，faidaha，排列，列名

翻：fan，木盘

翻丹：faidan，依仗，排班，行列，阵容

伐牙腓：fayafi，耗费，花费，（丧）

付杜腓：应为『付得腓』，fudefi，送，陪送

佛：fe，旧

佛拉郭所含：forgošoho，转来转去，调换，颠倒

佛吉勒：fonjire，问，祈祷

付七西：fucihi，佛，善佛

F

阿付那腓：应为『额付勒腓』，efulefi，毁坏，革职

而很：应为『额尔登』，elden，光

我拉德恳：eldeke，光照，光亮

我得勒拉库：eterakū，当不得，辞不掉，不能错过

我特合：etehe，胜，赢，强

恩得不库：endebuku，过失，过错

伐兰：应为『他拉』，tala，旷野

非眼：fiyan，胭脂，脸色，毛色

佛拉国出克：ferguwecuke，神奇的，非常的

付赊莫：fuseme，滋生，繁衍，生长

佛得浑：应为『佛多活』，fodoho，柳树

伐兰呼：farhūn，昏暗，昏昧，幽暗

伐克沙：fakse，繁盛，群，（多处）

付⿰尹你阿：应为『付尹你合』，funiyehe，头发，毛

佛思恨：feshen，笼屉，蒸笼

腓牙瓦秃不莫：fiyan tuwabume，显示威风，使之有光泽、润色

付夹：同『付拉尖』

佛库车莫：fekuceme，一齐跳动，（冲杀）

翻丹杜莫：faidandume，各自排列

伐兰：falan，家内地，场地，邻里之里，（平川，野地）

付他：futa，绳子

付拉尖：fulgiyan，赤色，红色，丙

非眼：应为『法凡』，faifan，拍手合着节拍

伐立腓：falifi，亲厚，交结，结（弓弦等）

伐浑：fahūn，肝，胆，车圈

发牙腓：同『伐牙腓』

分车合：funcaha，生气，愤恨

佚洛国出课：同『佛拉国出克』

佚杜浑：同『佛多活』

伏舍合：同『付赊莫』

伏拉呼：fulhū，口袋

伐哈拉：fahara，顿足之顿，投掷，绊倒

佛库车：同『佛库莫』

舒从阿：sucungga，初，元，始

付尼合：同『付尹你阿』

分车合：funcehe，剩余，余

托合立：toholiyo，用麦做的『小圆饼』

腓克赊莫：fik seme，多多的，茂盛，充实

伐卡立：fakari，许多木杈子

伐克沙：faksa，盛怒之盛

腓朱：fiyaju，颜色

伐洋阿：fayangga，灵魂之魂，殃

付还：应为『付拉还』，fulahūn，淡红色，净光，裸体

分车恒我：funcehengge，有余的，剩

付禄：fulu，多，强胜，长

合讷合：应为『嘎纳合』，ganaha，取去，提（水），

鸡孙：gisun，语言，话、句，鼓槌，（许愿之愿）

各棱：geren，群、众，庶

嘎录代：garudai，凤凰

鸡录：giru，模样，骨骼，弓胎

嘎思哈：gasha，鸟

街：应为『改』，gai，啊，令拿去

嘎拉：gala，手，翼

G

分得：fonde，时候，时节

赍浑：同『付还』

伐克西：faksi，匠人，巧

腓稀合：fisihe，小黄米，稷

付杜库：同『佛多活』

付赊合：同『付赊莫』

拉滚：同『佛拉滚』

佛杜：fodo，跳神求福时所竖的『柳枝』

腓棱：fiyelen，篇章，癣疮

敦敏：应为『果尔敏』，golmin，长（采纳）

其录：同『鸡录』

鸡拉胆：jirdan，神帽上的彩带

各木：gemu，皆，同，俱

郭洛：golo，河心，江心，山谷，省会之省，（长白山上几道沟之沟）

嘎拉腓：galafi，满文工具书上无从查找，『嘎拉』是『手』之意。『嘎拉腓』可能是『手』的动词，结合神歌上下文，暂且译为『拄着』之意

嘎拉干：gargan，枝，支，河叉，扇

古⿰尹你：gūnin，心意，念头，情志

古立不勒：guribure，使迁移，（行走），移动，搬动

嘎破他拉：gabtara，射（箭）

古立腓：gūlifi，心意相合，相契，相投

鸡文勒莫：gingguleme，恭敬，尊敬

鸡打：gida，枪，矛，（花棍）

各讷合：genehe，去了

古立不勒：gūlibure，使相投，使相和，使相契

鸡拉尼：giranggi，骨骸

克思克：应为『克勒克』，gereke，明亮

古拉古：应为『古尔古』，gurgu，兽

郭洛莫：应为『郭洛迷莫』，goromime，长远

古伦：gurun，国，部落

各崩我：gebungge，有名的

古立腓：同『古立不勒』

郭洛莫：golome，惊吓，厌恶，闪（腰），（惊人，吃惊）

各思克：应为『各混』，光亮，明亮，明白，清楚

各勒莫：geleme，畏，怕

街库：gaikū，没有取来，神歌中应为『扎伐库』，拿不住

古立勒：同『古立腓』

牙鸡拉：giyalan，令间隔，隔断

寡：gūwa，别，其他

怪打哈：goidaha，久，迟久，永恒

瓜拉：gūwaran，营，围起来的场地

各门：gemun，京城

古破七：gubci，全，遍，皆

各秃恳：getuken，明白

街不沙拉：gaibušara，力所不及，勉强，不能支持

哈打：hada，山峰，崖

H

牙鸡文勒莫：gingguleme，恪谨，恭敬

嘎思憨：gashan，灾，祸

街台：gaitai，忽然

鸡胆腓：gidafi，压，压迫，隐匿，腌，抱窝，强让酒，劫营，碾平，（闭灯，背灯）

鸪鸫：genggiyen，光明，聪明，青

尖：giyan，理，道理，房间的间

街腓：gaifi，摘取，娶，（选择）

各七勒：应为『各车勒』，gecere，下霜，冻

嘎莫勒：应为『嘎玛勒』，gamare，区处，拿去，依从

古玛浑：应为『古尔玛浑』，gūlmahūn，兔，卯

戈我：应为『戈勒克』，gereke，天亮了

戈似浑：同『各混』

古七西：gucihi，二妻互称

杜瓦不非：gūwaliyabufu，使变

各布：gebu，名

合洛：holo，虚假，山谷，垅沟

合车腓：hecefi，尽，完，彻底

合博赊莫：hebšeme，商议，商量

花狉孙：hūwaliyasun，和气，和顺，和睦

洪吴：honggon，神铃，铃铛

回伐必拉：hoifa bira，辉发河

合吞：hūdun，快、速

胡秃立：hūturi，福

胡孙：hūsun，力量，力役

合秃勒恒俄：heturehengge，拦阻、拦截

哈西拉莫：hahilame，急忙

合松五：hūsungge，有力量的

合所：hošo，方的，有棱角的，隅，角

花一：hūwa i，庭院的

合合勒：heheri，上牙磕牙花，（上牙碰下牙），上颚

哈哈：haha，男人

胡拉莫：hūlame，呼叫、诵读、鸡叫，（诵唱）

先：hiyan，烧香之『香』

哈思呼：hashū，左

哈拉：hala，姓

哈克沙腓：同『哈克沙莫』

花沙不：hūwašabu，使养育，使栽培

胡拉滚：应为『胡拉顿』，hulandun，令一齐诵唱

胡七：应为『胡济』，hūji，哄赶卧虎

胡西：hūsi，令围

胡打：hoda，枪、矛

合得很：hetehen，挂钉，挂钩

合吞：hoton，城

哈禄坎：halukan，温暖

焦，（修炼之炼）

哈克沙拉莫：应为『哈克沙莫』，hakšame，火烧焦之

晒，（修炼）

哈克打莫：应为『哈克萨莫』，haksame，焦躁，烤，

海拉鸡：hairaki，舍不得，爱惜

合特合：hetehe，卷，叠，满洲妇女叩头，（戴）

哈立叭：halba，琵琶骨

海他：haita，野猪大牙向外、往上逆长着

哈拉莫：halame，改换，烫

胡拉腓：同『胡拉莫』

哈亲：hacin，件，种类，样，上元节

阿巴打哈：应为『阿布打哈』，abdaha，树叶

合特莫：同『合特合』

合春：应为『合捉』，hojo，俊美，好看

怀他腓：同『槐他木必』

先打不棱俄：hiyan daburengge，点香

胡孙：hūsun，力，工人，壮夫

合出浑：应为『合七阔』，hocikon，标致，俊美，齐整

合滚：应为『合尔合』，horho，竖柜，鸟笼，猪羊圈

憨七：hanci，近的

哈坛：hatan，酒性烈，暴躁，刚烈

槐他木必：hūwaitambi，拴，系

合秃拉库：hadurakū，不割断

浑七心：hūncihin，亲戚，门风

推：同『合吞』

洪西勒勒：hongsire，扔，掷，绊脚，（打秋千的样子）

合拉鸡库：horgikū，门枢

呼哈合洛：hūlha holo，盗贼

恨杜恒我：henduhengge，说、言。曰，谓

合臣：hecen，京城

胡打：hūda，交易，买卖，价

尹你其莫：应为『依尔其莫』，irkime，招惹，发怒

一沙拉腓：应为『一萨腓』，isafi，聚集，盘起头发

一讷库：ineku，还是，照旧，照前，本年之本

一莫亲：imcin，太平鼓，抓鼓

一长阿：icangga，顺适，美味

一克赊莫：iktame，堆积，积蓄，（清查，清除）

依兰：ilan，三

一能尼：inenggi，昼，日

一车：ice，新，初一

一立合：iliha，止住，站立，歇

一七：ici，右

I

孩浑：应为『孩胡勒』，heihule，白鳔鱼，（白色）

恒其勒莫：hengkileme，叩头

贲浑：应为『哈尔浑』，harhūn，热，温

哈坛：应为『哈他』，hata，烧，憎嫌

阿郎阿：harangga，所属，部下

哈分：应为『哈凡』，hafan，官，有顶戴者

叶嘎立：ilgari，求福跳神时，竖立在柳枝上，吊挂的五色纸条

一行阿：ihangga，牛的

依憨：ihan，牛，丑（地支）

以心几勒：同『一心吉勒』

以西他拉：isitala，至于

以西不莫：isibume，致，及，到

阴折莫必：同『阴得布必』，indebumbi，使留宿，使歇

阴折七：应为『阴得七』，indeci，歇

以心几勒：isinjire，来到

英兰：应为『英嘎立』，inggali，鹡鸰鸟

一西腓：应为『一西西腓』，isihifi，抖毛

英阿哈：inggaha，鸟雀鹰的绒毛

一尼：ini，他的

叶哈：应为『叶尔哈』，ilha，花，称星

依兰他拉哈：应为『依尔达木』，ildamu，风流，伶俐，（技巧）一起摔倒，（搅动，躺下）

音打胡：应为『音打胡拉莫』，indahūlame，拌跤之人

一心吉勒：isinjire，来到

扎库：应为『章库』，jangkū，大刀

扎坤：jakūn，八

朱莫：应为『抓莫』，juwame，口张开，（呐喊）

折拉鸡：jergi，等，层，次，套，级

朱克腾：jukten，祀，祠，（神坛，神主）

吉拉腓：jilafi，慈爱，（保佑）

侧立子：jari，萨满的助手，二神

扎不勒：jabure，回答，回话

鸡干：jilgan，声音

几合：jihe，来了

朱录：juru，双，对

左：应为『卓』，juwe，二

火化

扎伐腓：jafafi，拿，抓，缉拿，赶车，献，冻，结亲，

扎林：jalin，为（什么）

J

一立不莫：ilibume，使止住，阻止，禁止，建立

一立本：应为『一立』，同『一立合』

扎破占：jabjan，蟒

扎腓：jafafi，拿着，执

扎拉胡：jarhū，豺狼

扎坤朱：jakūnju，八十

占出浑：jancuhūn，甘，甜

吉拉哈：同『吉拉腓』

朱赊：juse，孩子们，儿子们

朱勒立：juleri，在前面

占巴立莫：应为『扎尔巴林莫』，jalbarime，祝，祷

朱录莫：jurume，《清文总汇》解释为：『吃的饮食不

对，呕吐不息。』（俯冲）

扎鸡腓：应为『扎林腓』，jarifi，祝祷，念诵

朱录莫：应为『朱录勒莫』，jurulеme，成双

折莫：jeme，吃

朱车：应为『朱春』，jucun，戏耍

扎录：jalu，充满

扎兰：jalan，世，代，辈，队，节，甲喇

扎打：应为『扎打哈』，jadahan，残疾

朱勒西：julesi，向前，往前

吉恒俄：jihengge，来了的

扎眼：jayan，牙关，口角

景鸡：jingji，重大

扎库七：jakūci，第八

朱克特合：juktehen，寺，（神坛）

扎卡得：jakade，因为，时候，跟前

几立：jili，生气之生

折：je，是

专阿：juwan，十

侧立莫：同『扎立腓』

朱书浑：应为『朱色其』，juseki，孩子气

朱滚：jugūn，道路

扎伐拉库：应为『扎伐沙库』，jafasakū，只管拿不住了

折布：jebu，令回答

朱合：juhe，冰

之条

朱拉干：jurgan，仁义之义，部分之部，成行之行，一条

扎胡打：应为『扎胡代』，jahūdai，船

扎几腓：同『扎林腓』

占巴立非：应为『扎尔巴立非』，jalbarifi，祝祷

扎库：同『扎兰』

克子：应为『克西』，kesi，恩惠，造化，福

杰，英雄，才力过人者

昂其干：应为『客英其千』，kiyangkiyan，有本事，豪

卡打拉拉：kadalara，管人管事之管

克几讷：kejine，良久，好一会

滚得：应为『滚杜勒』，kundule，令恭敬

瓜拉：kūwaran，营盘，局厂，强圈，院子，月晕

库立：kuri，杂色，斑纹，黎狗

（不怕）

各思合：应为『卡思砍』，kaskan，轻视，下眼待人

为『用竹、木、棍儿刮物之刮』，意为『清除』

卡拉嘎莫：karkame，与神歌有关，在《清文总汇》解释

克库：keku，小舌

开叉行俄：kaicahangge，呐喊，喊叫

景其：kingkin，钟磬之磬

街：kai，矣，哉

开叉腓：kaicafi，呐喊，喊叫，（敲响）

K

抢迁：kiyakiyan，赞美

卡达拉莫：kadalame，管辖

娄勒莫：leoleme，议论，谈论

娄付：lefu，熊

芦库：luku，毛厚，茂密

拉破杜：labdu，多，博

拉秃不莫：latubume，粘帖

兰山：lakiya，悬挂，吊

M

莫讷：mene，此词在满文工具书中无从查找，此处暂且以衬词而论

瞒尼：manni，是『mangga』的变音，坚硬，艰难，善于，能干，英雄，昂贵

梅分：meifen，脖子

玛法：mafa，祖父，老翁

木坤：mukūn，宗族，群，党，伙，帮

泌尼：应为『莫尼』，meni，我们的

蒙文：menggun，银

玛克鸡：应为『玛克西』，maksi，令舞蹈，舞蹈

木克：muke，水

玛立不莫：maribume，使转回，使回头，拨马回头，（马上拼杀）

木克沙脏：应为『木克沙拉脏』，makšalafi，耍棍，打棍

明安：minggan，千

莫尼 莫尼：meni meni，各自

卖秃：maitu，木棒，榔头，棍子

木哈连：muheliyen，圆的

民巴：minbe，把我

木合淋：同『木哈连』

木林莫：murime，拧，扭动，执拗

木憨：muhan，公虎

玛克他鸡：maktaki，称赞，抛掷，摔，放，撒

米立：mila，走开，敞开

梅合：meihe，蛇，巳（地支）

木立哈：同『木林莫』

木卡：同『木克』

木杜立：muduri，龙，辰（地支）

忙尼：manggi，以后

木特七：muteci，能，克，胜

茂西：moosi，木

必泥：同『米泥』

妈妈：mama，祖母，老妪，痘子

木几莫：应为『木几勒』，mujilen，心

闷秃浑：mentuhun，愚昧

莫拉根：mergen，智，贤，神射手

枚巳合：应为『玛七合』，macihe，外露着

米泥：mini，我的，（东家）

莫棱阿：moringga，骑马的

莫林：morin，马，午（地支）

梅：应为『玛』，ma，令人接物之词，给

玛立勒：marire，转回，回头，回去

玛莫哈秃拉：mamuhan tura，上下驼梁中间的『短柱』

木丹：mudan，弯曲，次回，音

木克墩合吞：mukden hoton，盛京，今沈阳

木禄：mulu，房脊，正梁，山梁

猫：moo，树，木头

玛法立：mafari，众祖先

尼莫库：nimeku，疾病，弊病

依勒：nure，酒

宁文：ninggun，六

水里推拉网

尼出合：应为『尼苏合』，nisuhe，从高处往下滑，向

那立：nari，令恋着，令不舍，（修炼）

内勒莫：neileme，开导，启发

侬门：nomun，经书（诵唱）

尼莫勒：nimere，害病，病痛

尼侃：nikan，汉人

年秦先：niyanci hiyan，安春香

牛勒立：niyengniyeri，春

牪尖：niowanggiyan，绿、青，甲

牙你库拉哈：niyakūraha，跪

那：na，地

七星

那丹乃腓：『乃腓』应为『乃呼』，nadan naihū，北斗

N

尼克不腓：nikebufi，使倚，使靠，着落

尼禄：nilukan，柔和，润泽，光滑

内：nei，汗，令人开门之开

那丹朱：nadanju，七十

那憨：nahan，炕

那立：应为『讷尔鸡』，nergi，聪明果决伶俐之人

泥明：应为『泥猛泥』，nimenggi，油

尼妈哈：nimaha，鱼

奴乐折库：nure jeku，黄酒，米酒，甜酒

娘门：同『年卖』

尼不莫：应为『尼莫不莫』，nimebume，责打，痛打

讷讷莫：neneme，先

年玛：应为『年尔玛』，niyalma，人

宁朱：ninju，六十

那拉库：narga，耙，（铁）

尼西哈：nisiha，小鱼，纸牌的索子

牛合：niohe，狼

侬哈连：nuhaliyan，洼地

年卖：niyaman，亲戚，心，树木之『中心』

倭吞：oton，木槽盆

歪立：ori，琉璃珠，（颗粒）

文超：onco，宽

卧立勒：oilori，平空，上面

卧林：orin，二十

倭：on，道路之道，路程之程

卧佛洛：oforo，鼻

多莫洛：同『卧莫洛』

卧永五：应为『卧月莫』，oyome，弯曲

卧莫西：omosi，众孙子

卧克杜莫：okdome，迎接，迎敌

永祺腓：应为『奥月腓』，oyofi，凡物屈弯，凡物拳环

卧莫洛：omolo，孙子

卧七：同『卧腓』

卧腓：ofi，由于，可以，因为，是

卧月：oyo，顶

卧其尼：okini，表示『愿望、希望』之词

卧思浑：应为『卧索浑』，osohon，小

O

搜棱莫：应为『索罗莫』，solome，逆流而止行船，孔，挽口提系子，耳绊子（石砽子）

色恳：应为『僧恳』，sengken，印纽（即拿手），纽

桑阿：sangga，窟窿

沙克打不：sakdabu，老者，到老远、传统』之意，即sede

三得：此词在神歌中有两种含义：（一）表示『吉祥如意，好』之意，即sain de；（二）表示多数，是『永

遂他腓：suitafi，灌水，浇水，泼水

舒拉：sura，泔水

三：应为『三音』，sain，吉，贤能，美好，良，善，佳

赊莫：seme，等因，等情，晕晕，由于，因为

沙玛赊莫：samašame，跳神

兴俄腓：singgefi，渗浸、消化、入己，附

所立莫：solime，征号，宴请，聘请

S

卧泌腓：应为『卧迷腓』，omifi，饮

卧永五：oyonggo，重要，要紧，讲面子

舒扎哈：sujaha，支撑，拄之

塞坎：saikan，美，好看，标致，芬芳

西莫西莫：应为『萨莫西莫』，samsime，聚散之散

赊克特腓：sektefi，铺炕，铺

赊也欠：sekiyen，源头

西棱尼：silenggi，露，唾液

舒克敦：sukdun，气

西兰杜莫：sirendume，连结线，相联系，接连不断

叟伦莫：selame，畅快

苏录：suru，白马

松库：songkoi，依照，照样，仿照

生鸡：senggi，血

所拉哈：solku，《清文总汇》解释为『凡架花的竹成木做的花架子』，（山林中自然形成的『草棚』）

沙拉哈：saraha，张开，展开，散开

嗓合：应为『色斯合』，seshe，令抖动

赊夫：sefu，老师，师傅

舒打拉：sudala，脉，气

赊付勒莫：seferеme，攥拳，攥（沿着）

少哈连：应为『萨哈连』，sahaliyan，黑，壬（天干），

所林：soorin，龙位，帝王位，宝座

遂浑：suihe，印绶，鞭梢，穗子

赊博贞：sebjen，快乐

赊车恨：sencehe，下颏，夹子腮

西兰 西兰：siran siran，接连不断

升文杜勒：sengguwedure，畏惧，倦怠

沙拉干：sargan，妻子

沙卡扎卡：应为『萨卡山』，saksan，防备

舒拉：sula，闲散，松散

所尼：应为『所库』，sukū皮

西侠库：siseku，筛箩

沙拉干居：sargan jui，女孩

筛冲阿：应为『塞冲阿』，saicungga，嘉，夸

舒拉：sure，聪明之聪，水凉冷，解脱

赊立：seri，稀，少

所洛托洛：sorotolo，变黄了

西兰打莫：同『西兰杜莫』

兴俄立：singgeri，鼠，子（地支）

舒克杜立：sukduri，气

沙必：šabi，徒弟，门生

沙胡伦：šahūrun，寒冷

生鸡鸡勒：šanggiyare，熏烟。

石嘎：应为『沙卡』，马叉，钢叉，矛

赊立：šeri，泉水之泉

舒立浑：šulihun，尖细

沙胡伦：šahūrun，寒冷

声心西棱：šengsin siren，龙脉，风水宝地

舒子：šusu，供品

声俄立：šanggiyari，白色的烟，（云霄）

沙查：应为『沙卡』，šaka，叉，矛

环绕

舒得合：应为『舒尔得合』，šurdehe，盘旋，画圈儿，

孙：šun，日，太阳

山眼：šanyan，白色

Š

沙拉干 朱赊：sargan juse，儿女们

（夜间）

瓦秃不勒：tuwabure，使看，被看见，被看见，引见，占

彪浑：boigon，家事，人口

台宝：taibu，柁梁，过梁。（山梁）

瓦秃：tuwa，火

秃七腓：tucifi，出去、长出，（献出）

同恳：tungken，抬鼓，大鼓

多莫洛：temero，略大一些的碗，（大）

秃吉腓：应注为『秃七腓』，tucifi，出去，长出

他克秃：taktu，楼阁之『楼』

秃合：tuhe，跌倒

太翂：taifin，太平、康宁，熙

他七不腓：tacibufi，教，教诲，（指教）

秃欻其：tukiyeki，抬，捧，举，推荐，超用

他七腓：tacifi，学习，习惯

托立：toli，神境，小孩裤带

特合：tehe，居住

T

书恒俄：应为『书勒合俄』，sulehengge,征收，敛取

杜腓：应为『托莫』，tome，每人之『每』

瓦秃不莫：tuwabume，使看，占，引见

他思哈书立干：tasha šurgan，三岁的虎

他伐：tafa，爬上之『上』

太宝：同『台宝』

他思哈：tasha，虎，寅，（地支）

多伦：应为『托伦』，飞尘，痕迹

杜瓦立：tuweri，冬秋之秋

洞古：tunggu，深渊之渊

汤吴：tanggū，百

　丁，令戒

他拉干：targan，忌门的草把，跳神时小孩肩背上盯的补

秃拉滚：turgun，缘故，情由

秃牙腓：tuyafi，弯曲，曲折

他立勒：tarite，耕种。

秃合：应为『秃他合』，tutaha，落后，贻，（落下）

秃鸡：tugi，云

他那：应为『他拉』，tala，山野小路

秃门：tumen，万

汤吴尖：tanggū ging，亮钟

旁所注汉意，暂定为『滩』

滩打：tahda，满文工具书中无从查找，根据神本中满文

杜林不合：tulibuhe，使过

多洛莫：tolome，数数目之数，点火之点

秃合：应为『秃汉』，连根到底的大树，独木桥

托克所：tokso，屯，庄

他立哈：与『他立勒』相同

志，印信

特木合：应为『特木克突』，temgetu，证据，记号，标

杜勒莫：tuleme，下套，张网

秃鸡合特合：tugi hetehe，云散完了

推不莫：tuibume，背灯祭，闭灯

他伐腓：tafafi，攀登，上炕之上，爬上

团多：tondo，公，正，直，忠

多贲：tob，正，正直

团：ton，数目，节气之节

坛打：tanta，令打

胆巴七：应为『他布七』，tabcin，掳取

托合连：应为『托合洛』，tohoro，车轮。

特孙：teisun，金银铜之『铜』

吴胡：应为『吴付胡』，ufuho，肺

五克心：uksin，盔甲之甲，（钢）

吴云七：uyuci，第九

吴尖：ulgiyan，猪，亥（地支）

吴打哈宁俄：udahangge，买了的

吴吉合：ujihe，养

文得：unde，尚未，尚早

吴车：uce，房门

乌朱：uju，头，首，首领。

U

团七侠腓：tuwancihiyafi，端正，矫正，御（马）

托克短：tokdon，星宿之宿

托克尼：tuktan，初，始

他杜莫：tadume，扯断

坛打莫：tantame，打

杜腓：tūfi，打，打场，锤打

秃秃：tutu，那样

秃牙腓：tuyafi，弯曲，曲折

吴几不莫：ujibume，使养之
吴能尼：unenggi,真实，诚实
万：应为『吴兰』，ulan，令传言，令传达，令传授
吴克孙：uksun,宗室
吴林莫：应为『吴拉莫』，urame，山谷回声，余韵
吴莫西：umesi，甚，最，很，至
吴贞：ujen，重，重大，庄重，（危严浩大）
文车恨：uncehen，字尾，车尾、尾巴
吴云朱：uyunju，九十
五巴拉莫：ubaliyame，改变，翻转
胡拉胡：应为『吴尔胡』，ulhū，芦苇
弯博：应为『吴兰』，ulan，壕沟，传授，（传扬）
五伐拉：ufara，磨面
吴巴：uba，此地，此处
吴拉胡：urhu，偏歪
吴合立：uheri，共，都，统
吴克孙木坤：uksun mukūn，宗族
吴西哈：usiha，星，准星
乌拉滚：urgun，喜，愉乐，怡
吴立腓：ulifi，供献，穿线，（连结）
吴查拉哈：ucaraha，相遇，遇到
吴农合：unuhe，负，背物，背手
吴德莫：应为『吴不』，ubu，分，份数，执，信
吴中阿：ujungga，头的，（弯脖）
乌林：ulin，财帛之财
为立哈：同『吴立腓』
乌几合：同『吴吉合』
文得：应为『吴打』，uda，令买
吴合力拉末：uherileme，总，共
吴初刀：ucudo，敖（姓），（此词是在石姓神本中出现的）
翁故玛法：unggu mafa，曾祖
吴沙库：ušakū，嘴硬的马拉不住者
吴沙必：ušambi，拉扯，牵连
文杜：udu，多少数，几多
吴伦：urun，儿媳妇
未合：uihe，牙
吴伐拉：ufara，磨面
吴思恨：usihin，干湿之湿
文：un，猪窝

倭立哈：werihe，留下

瓦几腓：wajifi，完毕，完成

瓦拉鸡：wargi,东西之西

卧心不合：wesibuhe，上升，升用，（物价）上涨

卧车库：weceku，神主，神位

为勒腓：weilefi，造作，作事，制造，事

瓦西哈：wasika。（从高处）下，跌下，瘦，（降临）

为勒杜腓：weilendufi，众人齐造作

瓦克侠腓：同『瓦西不莫』

瓦牙立腓：waliyafi，丢弃，吐出，祭坟

卧合：wehe，石头

瓦西不莫：wasibume，使降下

卧西浑：wesihun，贵，上，升官、崇，高处

卧西浑：wasihūn，向西，向下，神歌中是指满族向西墙的家神案子乞求，所以应译为『家神』

为棱：weile，罪，事，工作

卧：we，谁

W

热：ye，小椽子

热热：yeye，胶泥，粘，繁琐

牙克心不腓：yaksibufi，使关闭

牙拉鹅：同『牙拉尖』

永阿：yonggan，泥沙之沙子

牙青：yacin，青色，皂青

永琪哈：yongkiyaha，全备，齐全

牙哈：yaha，黑炭，炭火，（无烟之火）

牙拉哈吉哈那：yarha jihana，金钱豹

月合伦：yohoron，山沟，渠，沟

牙亲：yacin，青色，皂色，黑

牙拉尖：yargiyan，真实，诚实，确实

牙牙：yaya，诸，凡

阎木吉：yamji，早晚之晚

鹰赊：应注为『也可赊』，yekse，巫人带的神帽

牙禄腓：yarufi，引导、引行（引燃）

Y

末勒腓：同『为勒腓』

牙不棱俄：**yaburengga**，行走的

乐末：**yome**，行走

阳桑阿：**yangsangge**，有文采，姿美好看的

牙路哈：**yaluha**，骑马之骑

附记

从有人类社会以来，宗教因素几乎就存在了。原始社会时期，在生产力发展水平十分低下、自然条件非常恶劣的情况下，人类在自然界面前显得软弱无力，更无法摆脱它的沉重压迫，对于千变万化的自然现象，如日月星辰的时隐时现，以及人类自身的生老病死等，无从索解，便认为在人类生活周围有一种超自然的神秘力量，并使人感到莫大的恐惧。人类幻想着摆脱这种超自然的神秘力量和现实生活中的困难，以求自身的发展，便把自然力和自然物神化起来，并加以崇拜。恩格斯指出：『宗教是在最原始的时代从人们关于自己本身的自然和周围的外部自然的错误的、最原始的观念中产生的。』原始人正是这样错误地、歪曲地解释自然界和人类自身的。这便是最早的原始宗教观念，也是最早的神灵崇拜。据考古学家考证，在旧石器时代中期，已经有了原始宗教的萌芽。

作为原始宗教范畴的萨满教，民族学和考古学的大量资料都充分证明在母系氏族社会的中期，也就是新石器时代的早期，已有萨满教简单的祭祀活动了。人类社会进入文明时代后，萨满教仍以它特有的流传方式，盛行于许多民族中，尽管其内容和仪式随人类历史的发展而变化着。直至今天，在后进民族或是偏僻的、与外界交通不发达的地区，还能搜集到它的活态资料。萨满教的深层文化和丰富的内容，不仅多侧面地反映了民族文化，而且在它的深层结构里，还蕴藏着人类远古时代的文化因素。所以萨满文化是综合性的学科，具有百科全书的功能。

从萨满教的内容来看，它与同样被世界各民族普遍信仰的巫教（也属原始宗教范畴）有着千丝万缕的联系。它们之间既有相同的一面，也有不同之处。其共同点，首先，它们都是以万物有灵为思想基础的多神崇拜，即祖先神和动植物神崇拜。其次，萨满教中的萨满和巫教中的巫师，都是人神之间的中介人，他们向人们传达神灵的意志，又向神灵反映人们的愿望和要求。最后，萨满在承袭上也有共同点，即充当萨满和巫师之前，都有精神反常现象，如狂呼乱舞等。它们的不同点，是萨满教学术领域的热门话题之一，也是萨满教独立存在并流传久远，不会与巫教混同的条件。根据我们目前所掌握的萨满教活态资料，其源头和历史发展暂且不论，它与巫教的不同之处主要有以下几点：

首先，萨满教具有氏族性特点。信仰萨满教的各民族，由于生态环境和民族发展历程不同，萨满教中所崇拜的具体神灵也因民族而异。仅就满族而言，如白山主神，除了吉林省九台县石姓，黑龙江省宁安市付姓等有此神外，其他如关、赵、郎、孟等姓氏，均无此神。供奉白山主神的姓氏都是长白山一带的满族，但所供奉的白山主神的名称、供品及仪式等内容都因不同姓氏而异。萨满教祭祀中所用供品，虽然多用猪献牲，但有的也用牛、羊、鹿等。同时，制作供品的方式方法也各有不同。具体到跳神舞蹈更是内容各异，如跳鹰神时，杨姓是猎人用生肉喂鹰，关姓是猎人逗耍鹰的表演，石姓则是萨满站在高桌上，模仿鹰飞翔等，都体现了各个姓氏鹰神的不同特点。而巫教则具有地域性和民族性特点，更多的是地域性。如汉族中流行的『胡、黄、白、柳』，总称为『四大门』的巫教，多盛行于黄河流域。至于东北和其他地区流行的汉军旗香，虽然在神灵崇拜和祭祀内容方面，与满族的萨满教相比有很大变化，但它仍属于萨满教祭祀范畴。

其次，萨满教跳神仪式的规范化。萨满教从人类原始社会流传至今，其祭祀活动早已形成了一整套规范的祭祀仪式。如准备用来献牲的猪，满族称为『神猪』，不仅必须是纯黑毛猪，而且还需要在猪仔时就定为『神猪』，在猪耳朵上做一记号，加以特殊喂养，还有不能用石头等物投打猪等禁忌。做供糕的谷子，成熟时需要在田间一穗一穗地挑选出来，专门晒打，另行保管。至于萨满教请送神灵仪式，更是具有很强的传统性。巫教则不需这样神圣地准备供品，更没有萨满教的庄严性。

最后，萨满教文化的艺术性和娱乐性。巫教中的巫师只是烧香叩头。而萨满在举行跳神仪式时，不仅要模拟各种动物神灵，如狼嚎虎吼和各种动作，还要表演英雄神灵的英雄行为，等等。所以，每一位萨满和助手不仅要有嘹亮的歌喉，还要擅长舞蹈、魔术、武术等。如黑河地区臧姓有一萨满，曾从一丈多深的坑里（坑中有一木杆，上裹着鸡肠子），沿木杆一纵身就爬上来了，这叫『拔撮子』。该地区关姓萨满于二十世纪三十年代曾在长春市从两层楼上跳下来，毫无损伤，至今还在黑河一带被人们颂扬着。吉林乌拉一带传颂着的石姓萨满『钻水眼』和『跳火池』的故事。

其他神灵表演的舞蹈，都有很高的艺术价值，也起到了娱神乐人的作用，满族称为『人神同乐』。正是这种娱乐作用，使萨满文化经久不衰。石姓家族曾于一九五七年举行跳神，原计划办三至五天，后因人多拥挤，致使跳神无法进行，第一天就被迫停止了。这正是萨满跳神的艺术性和娱乐性吸引了人们。

总之，从性质、作用、目的及表演形式来看，萨满教与巫教有着严格的区分。萨满教具有明显的氏族、部落特点，有传统规范化的祭祀仪式，并具有艺术性、娱乐性，是历史上从事渔猎经济生活的民族所信仰的原始古朴的宗教。凡具备这种性质和作用的，都应属于萨满教的范畴。

萨满教是各民族普遍信仰的世界性宗教，它分布于世界各大洲。西伯利亚诸民族、澳大利亚的土著居民、美洲的印第安人和爱斯基摩人、非洲的布须曼人、亚洲的阿依努人、太平洋岛屿的巴布亚人和美拉尼西亚人等，都信仰萨满教或含其因素的宗教。在中国少数民族中，历史上曾有不少民族信仰过甚至至今还残存着萨满教，如西北地区的维吾尔族、哈萨克族、柯尔克孜族、撒拉族、乌孜别克族、塔塔尔族、锡伯族；东北地区的满族、赫哲族、鄂温克族、鄂伦春族、达斡尔族和蒙古族。中国历史上一些地方的古代民族，如丁零、铁勒、匈奴、鲜卑、乌桓、肃慎、靺鞨、女真等，也都信仰过萨满教。

萨满教是以专祭司祝『萨满』而得名。『萨满』一词最早出现在十二世纪中叶，南宋学者徐梦莘所著的《三朝北盟会编》（卷三）中明确指出：『珊蛮者，女真语巫妪也。以其变通如神，粘罕以下皆莫能及。』这里所说的『珊蛮』就是萨满，女真语的使用者便是满族先人。其后，在西清的《黑龙江外记》、姚元之的《竹叶亭杂记》、吴振臣的《宁古塔纪略》、方式济的《龙江记略》、索礼安的《满训四礼集》《清史稿·礼志》等文献中，分别记录为『萨满』『叉玛』『萨麻』『萨莫』『沙漫』『撒牟』等，《大清会典事例》中最先写作『萨满』。

从以上文献中，可知满族及其先民信仰萨满教历史久远，萨满教是该民族的原始信仰。事实上，满族萨满教所崇信的内容和有关神话传说，都有力地证明了这一点。如《满族神话故事》中的《他拉伊罕妈妈》《多龙格格》《阿达格恩都立》《鄂多玛法》等，都反映了满族的先民在母系氏族社会时期，就信仰萨满教，而且是以女神居于主导地位，调查中能够获得大量萨满文化活态资料的社会条件。

是无法将它清除掉的，萨满教祭祀仍保留在他们的记忆中，有的姓氏还保存着实物，有些萨满还健在。这也是我们在迷信清除了，尤其是在『文化大革命』的十年浩劫中，大量的萨满教文物和文献资料被毁掉，但在满族的思想意识中了佛教文化的影响，但即使北京的清宫中，也保留了萨满教的一席之地。中华人民共和国成立后，萨满教被当作封建来讲，虽然逐渐被佛教所代替，但在满族民间，尤其是偏僻之地，仍是萨满教起主导作用，尽管这些地区也多少受到当满族在努尔哈赤以十三副兵甲南下，并逐步统一满洲各氏族、部落后，直至进入中原，定都北京后，其信仰就全国『竟达三百多位』。因此，萨满教是满族先民固有的宗教信仰。在满族民族共同体形成以后，其主要信仰仍是萨满教。

后记

我于一九六六年毕业于中央民族学院（现中央民族大学）民族语文系满文班。自一九七八年十一月起，曾在郭沫若家工作一年多。一九七九年，中国社会科学院少数民族文学研究所成立，我便在此工作。

一九八一年冬天，由少数民族文学研究所所长贾芝先生和富育光老师主持，召开了萨满文化座谈会，出席的有从事萨满音乐研究的石光伟老师，吉林省九台县小韩乡的石姓家族大萨满石清山、助手石清民与石清泉，还有被黑龙江省民间文学研究会评为『满族故事家』的傅英仁老师。这五位与会者现都已离世。座谈会历经十天，虽然参加者不多、形式简单，但是意义重大。因为在这次座谈之前，萨满文化研究很少有人涉足，更没有专业的研究队伍进行调查、搜集、研究，基本上是一片尚未开垦或者说被禁止开垦的处女地。

会上，石姓家族代表赠送给少数民族文学研究所石姓萨满文本六册，还有关姓、杨姓、赵姓文本等十几册。让我不仅得以学习萨满祭祀、诵唱、舞蹈和相关神话传说，更学习到满语的方言土语。由此，我走上了调查研究翻译满族萨满神歌的道路。

后来，我多次到东北三省保存萨满文化习俗的地方深入调查研究，收集手抄的『神本子』。本书收录的神歌大多是从居住在吉林九台县小韩乡和松花江沿岸东阿屯的石姓家族搜集到的，共四十六篇，其中野祭大神（动植物神、萨满神、英雄神）三十篇，家祭神十篇，请送神歌六篇。

一九九三年，社会科学文献出版社出版了拙著《满族萨满神歌译注》，该书得到满学界的认可，荣获一九九八年中国少数民族文学学会第二届学术成果『最佳奖』，并获全国首届满学研究优秀成果奖。二十多年过去了，市面上已找寻不到该书的踪迹。为此，还是有不少萨满文化研究的学者、朋友向我建议，希望可以再版。

自二〇一一年起，我在原书的基础上作了较大的修订，修改了原书疏漏之处。同时，这次再版对满语进行了复原，由于本人水平有限，难免有错误和不足之处，敬希读者批评指正。

编辑、中国社会科学出版社顾世宝编辑也为本书付出了许多心血，在此一并表示衷心感谢。

成，中国第一历史档案馆研究员屈六生同志为本书做了审校，书法家陈云君先生为本书题写了书名，华艺出版社殷芳

在拙著的成书及出版过程中，得到了中国社会科学院老干部局的出版资助，满文录入由郝超、郑再帅两位同志完

并附上了萨满文本的影印件，希望能够帮助读者了解萨满文本的原貌。

二〇一七年三月二十五日于北京

宋和平